Le phénomène disciplinaire dans le droit public hellénique contemporain

Logiques Juridiques

Fondée par Gérard Marcou

Dirigée par Jean-Claude Némery et Thomas Perroud

Le droit n'est pas seulement un savoir, il est d'abord un ensemble de rapports et pratiques que l'on rencontre dans presque toutes les formes de sociétés. C'est pourquoi il a toujours donné lieu à la fois à une littérature de juristes professionnels, produisant le savoir juridique, et à une littérature sur le droit, produite par des philosophes, des sociologues ou des économistes notamment.

Parce que le domaine du droit s'étend sans cesse et rend de plus en plus souvent nécessaire le recours au savoir juridique spécialisé, même dans des matières où il n'avait jadis qu'une importance secondaire, les ouvrages juridiques à caractère professionnel ou pédagogique dominent l'édition, et ils tendent à réduire la recherche en droit à sa seule dimension positive. À l'inverse de cette tendance, la collection « Logiques juridiques » des éditions L'Harmattan est ouverte à toutes les approches du droit. Tout en publiant aussi des ouvrages à vocation professionnelle ou pédagogique, elle se fixe avant tout pour but de contribuer à la publication et à la diffusion des recherches en droit, ainsi qu'au dialogue scientifique sur le droit. Comme son nom l'indique, elle se veut plurielle.

Dernières parutions

Claire AGUILON, *Justice constitutionnelle et subsidiarité. L'apport de l'expérience canadienne pour la construction européenne*, 2018.
Jackeline Patricia CESPEDES ARTEAGA, *La contribution de la CJUE dans la construction du droit de la Communauté andine*, 2018.
Michaël MARTINEZ, *Le train de vie en droit privé*, 2018.
Hafedh BOUAZIZ, *La conversion des actes juridiques,* 2018.
Gabriel ECKERT et Jean-Philippe KOVAR, *La régulation économique et financière face aux défis de l'information,* 2018.
Adil MOUSSEBBIH, *Le contentieux électoral dans la jurisprudence du Conseil constitutionnel marocain, Étude comparative*, 2018.
CLUB MARC BLOCH, *Citoyen !*, 2018.
Lamine TIRERA, *L'État stratège*, 2018.
Léa CASTELLON, *La place de la victime dans le procès pénal,* 2018.
Soror BAHBOUHI, *Le conflit d'intérêts du banquier*, 2018.
Tenile MASCOLO GIL, *Les droits de l'homme dans le Mercosur,* 2018.
Mohammed BERRAOU, *La responsabilité des acteurs de la gestion publique devant la Cour des comptes. Le modèle marocain*, 2017.
Eric GILARDEAU, *Cicéron, père de la codification du droit civil*, 2017.

Sotirios LYTRAS

LE PHENOMENE DISCIPLINAIRE DANS LE DROIT PUBLIC HELLENIQUE CONTEMPORAIN

L'Harmattan

Du même auteur »

« La notion de sanction et la distinction fondamentale des sanctions », L'Harmattan 2015.

5-7, rue de l'École-Polytechnique ; 75005 Paris

http://www.editions-harmattan.fr

ISBN : 978-2-343-16125-9

EAN : 9782343161259

L'auteur remercie Vassilis PAPAKRIVOPOULOS, traducteur juriste – professeur de français, d'avoir bien voulu effectuer la traduction française de cet ouvrage.

Avant-Propos

Si l'inexistence de bibliographie dans un domaine précis constitue une forte stimulation pour écrire un livre, ce défi ne s'avère pas moindre quand, lors de la première approche d'un sujet, s'esquisse clairement le contraste entre les données réelles d'un problème et leur prise en compte et présentation par la doctrine. Vu qu'un tel contraste saute immédiatement aux yeux de toute personne examinant les données relatives à la notion de discipline ou à l'étendue de celle-ci dans le droit positif hellénique - en d'autres termes relatives au phénomène disciplinaire - notre choix d'écrire le présent livre n'est pas difficile à expliquer.

Dans le cadre de la présente étude, notre intention ne fut pas d'apporter des solutions à des problèmes d'application et d'interprétation de certaines règles de droit et d'autant moins de rédiger un manuel de droit disciplinaire. Notre seul objectif consistait en l'approche de certaines notions fondamentales de notre droit positif. Après une première analyse, il s'avéra que celles-ci auraient dû faire depuis bien longtemps l'objet d'un traitement systématique de la part de la doctrine ; néanmoins, nous pouvons affirmer avec certitude que cette démarche fut reléguée au second plan par la tendance de la science de s'occuper prioritairement de sujets présentant un intérêt plus manifeste. Toutefois, force est de constater que cette approche s'avère également utile pour la « pratique » elle-même, vu qu'elle facilite la compréhension de notions auxquelles cette dernière est quotidiennement confrontée.

Principales Abréviations

AJDA	Actualité juridique Droit administratif
Allg.	Allgemeine(r)
Aufl.	Auflage
B.	Band
B.Ver.G.	Bundesverfassungsgericht
B.Verwal.G.	Bundesverwaltungsgericht
CE	Conseil d'État (Français)
CEH	Conseil d'État (hellénique)
Coll.	Collection
D.	Dalloz
Diss.	Dissertation
DVBL	Deutsches Verwaltungsblatt
éd.	Éditions
EDCE	Études et Documents du Conseil d'État
JCP	Jurisclasseur Périodique
JZ	Juristen Zeitung
Hrsg.	Herausgegeben
NF ou nf	Neue Fassung
par.	paragraphe
RDP	Revue du droit public
Rec. Dalloz –Sirey	Recueil Dalloz-Sirey
Rec	Recueil Lebon
S.	Sirey
Teilb.	Teilband
VVDStRL	Veröffentlichungen der Vereinigung der Deutschen Staatsrechtslehrer
ZfB	Zeitschrift für Beamtenrecht

SOMMAIRE

(un plan détaillé figure à la fin)

Introduction

a. Présentation du problème

Dans le droit public hellénique contemporain, il est souvent question de pouvoir ou de responsabilité disciplinaires, de fautes disciplinaires ou de sanctions disciplinaires, de relations ou de mesures disciplinaires : nous rencontrons tous ces cas dans les secteurs les plus divers de l'organisation de l'État ou du déploiement des activités étatiques. À titre indicatif, nous évoquons les dispositions des articles 205-247 du Code des fonctionnaires[1], avec lesquelles est institué le droit disciplinaire des fonctionnaires et des agents des personnes morales de droit public, les dispositions des articles 120 et suivants du Code des communes et des municipalités[2] qui prévoient l'infliction de sanctions disciplinaires à des maires, des adjoints au maire, des présidents de commune et des membres de conseils municipaux et communaux, le décret 13/4/11-1-1979 qui institue le droit disciplinaire des propriétaires et du personnel des établissements scolaires privés d'enseignement technique et professionnel[3] et, enfin, les dispositions des articles 62 et suivants de la loi 3601/1928[4], qui ont trait aux responsabilités de ceux qui exercent le métier du pharmacien et aux sanctions qui sont imposées à ces personnes quand elles ne se conforment pas à leurs obligations.

Cette constatation nous amène à nous poser la question suivante : à chaque fois que le droit public fait usage du terme de discipline ou caractérise certaines données de disciplinaires, sommes-nous confrontés à des manifestations du même phénomène[5]? N'y aurait-il

[1] D.P. 611/1977, « Décret présidentiel portant codification, sous le titre de "Code des fonctionnaires", des dispositions en vigueur concernant le statut des fonctionnaires de l'État et des personnes morales de droit public ».

[2] Loi 1065/1980, « De la ratification du Code des communes et des municipalités ».

[3] D.P. 13/4/11.1.1979, « Du droit disciplinaire des propriétaires et du personnel, au sens général du terme, des établissements scolaires privés d'enseignement technique et professionnel de tous les échelons de l'éducation ».

[4] Loi 3601/1928, « De la création des Associations des Pharmaciens ».

[5] Avec le terme "phénomène", nous entendons ici tout ce qui est perçu dans le monde naturel (et psychique) ; nous considérons également qu'il est possible d'y intégrer les règles définissant de manière contraignante les relations entre les hommes, c'est-à-dire les règles de droit. Avec le terme de "phénomène disciplinaire", nous entendons par ailleurs tous les cas où des règles de droit caractérisent de disciplinaire une certaine

qu'une seule notion de discipline qui traverse tout notre droit positif ? Ou bien se peut-il qu'il y ait autant de notions de discipline que de cas où est manifesté le phénomène disciplinaire ? Enfin, se pourrait-il que le droit public hellénique emploie le terme de « discipline » de manière abusive - c'est-à-dire sans que soient réunies les conditions que lui-même a instituées - pour intégrer au phénomène disciplinaire d'autres cas considérés comme prioritaires ou ayant une plus grande importance?

La réponse à toutes ces questions qui constituent en effet des volets qui pivotent autour d'une seule question - à savoir quelle est la notion de discipline dans le droit public hellénique contemporain - constitue le premier objectif de la présente étude.

Néanmoins, nous ne pouvons pas nous contenter de connaître ce que signifie le terme de « discipline » ou - ce qui revient au même - quel trait particulier est exprimé par l'adjectif « disciplinaire »[6]. En effet, tant que nous ne connaissons pas quels sont les cas qui, selon notre droit, relèvent de la notion de discipline et du phénomène disciplinaire, nous ne sommes pas en mesure de nous forger une idée complète du droit positif hellénique dans le domaine qui nous intéresse et qui est examiné par la présente étude[7].

La réponse à la question « quels sont les cas particuliers qui relèvent du phénomène disciplinaire selon le droit hellénique ?» constitue le second et le dernier objectif de cette recherche.

---

relation entre personnes morales et physiques ou entre personnes morales ou entre celles-ci et leurs organes ou même une certaine donnée, les assujettissant de la sorte à une certaine réglementation. Sur le terme de "phénomène", voir A. Lalande, *Vocabulaire technique et critique de la philosophie*, 14e éd., 1983, p. 765.

[6] Si avec le terme de « discipline » est exprimé un certain sens, il est évident que ce même sens – c'est-à-dire son essence - est aussi exprimé à travers tout ce qui est qualifié de disciplinaire (par exemple, relation disciplinaire, sanction disciplinaire, mesure disciplinaire, etc.). D'ailleurs, la notion abstraite de discipline résulte de l' « observation » de telles données concrètes, comme cela sera clairement démontré lors de la suite de la présente étude.

[7] Cela est dû au fait que - avec les cas analysés dans un premier temps dans le but d'arriver à définir la notion de discipline - nous ne pouvons pas prétendre étudier exhaustivement les cas de la manifestation du phénomène disciplinaire dans le droit hellénique. Il arrive même - comme nous aurons l'occasion de le constater par la suite - que l'analyse effectuée dans le but d'évaluer si une donnée précise a un caractère disciplinaire renforce le cas échéant les résultats de l'analyse effectuée sur la notion de discipline, vu qu'à travers cette première remontent à la surface des données qui, selon le droit positif, constituent le phénomène disciplinaire.

b. Champ de notre étude

Notre recherche s'appuie exclusivement sur les données du droit positif hellénique et tente de les identifier et de les analyser. Il nous arrive naturellement (le cas échéant) de nous référer aux droits en vigueur dans d'autres pays. Toutefois, ces références - qui ne sont pas par ailleurs fréquentes - sont faites uniquement dans le but d'une meilleure appréhension des institutions dont l'équivalent existe également en Grèce ou bien dans le but d'identifier d'autres institutions nous permettant - vue leur antériorité - de retracer l'évolution du droit public. Par contre, nous recourons fréquemment à la doctrine prévalant dans d'autres pays, surtout à la doctrine française ou allemande. Et cela en raison de la fréquence et, le cas échéant, le sérieux avec lesquels y est traité le phénomène disciplinaire : cela permit à la doctrine étrangère, non hellénique, de procéder à une approche satisfaisante de ce dernier ou, du moins, à une approche qui prend en considération ses principaux paramètres. Parallèlement, pour les mêmes raisons, ce recours pourrait sans doute être considéré comme obligatoire. Ceci est évident même dans les cas - bien fréquents d'ailleurs - où la doctrine prévalant dans d'autres pays n'est pas en mesure d'identifier et d'exprimer, du moins de façon systématique, la grande portée qu'a acquise à notre époque le phénomène disciplinaire.

De l'autre côté, toutes les manifestations du phénomène disciplinaire dans l'ordre juridique hellénique ne constituent pas l'objet de notre recherche. Tout d'abord, nous n'étudions que les cas appartenant à ce que nous pourrions plus généralement appeler « cadre de l'Administration Publique ». De la sorte, bien qu'ils présentent un caractère disciplinaire, certains phénomènes qui sont identifiés dans le champ d'action du pouvoir législatif ou judiciaire ne constituent pas l'objet de la présente étude, sans que cela exclue cependant la possibilité d'y puiser le cas échéant des exemples pertinents et utiles[8].

Surtout, l'exploration du phénomène disciplinaire ou de certains de ces aspects ne fait pas partie des objectifs du présent ouvrage, quand le

---

[8] Étant données ces réflexions, il devient évident que le titre adopté pour notre ouvrage ne pourrait pas être considéré de précision absolue, vu que l'adjectif « public » couvre des phénomènes de l'action, tant du pouvoir exécutif que du judiciaire ou du législatif. Si, toutefois, nous persistons à l'employer, cela est dû exclusivement au fait qu'il permet de prendre immédiatement conscience du fait que le phénomène étudié ici fait son apparition dans un domaine qui n'est pas celui de l'action privée.

phénomène en question se manifeste dans le champ d'action des particuliers, qu'il s'agisse de personnes physiques ou morales. Cela ne signifie pas pourtant qu'un recours pareil soit dénué de toute valeur pour notre démarche[9].

Par contre, une chose qui nous intéresse et qui est examinée dans le cadre de la présente étude, c'est le caractère disciplinaire des relations entre l'État ou d'autres organismes publics et leurs « agents », relations qui sont régies par le droit privé. Cela est dû au fait que, dans ce cas, bien que nous soyons dans le champ d'application des règles du droit privé, nous continuons à nous trouver dans le secteur public, constatation dont la pertinence apparaîtra clairement par la suite. En conclusion, notre objet d'analyse est constitué ici des manifestations du phénomène disciplinaire qui apparaissent dans le champ d'action du pouvoir exécutif et, plus précisément, de l'Administration Publique, sans que le statut juridique auquel sont soumises les manifestations en question nous intéresse particulièrement.

c. Originalité de notre sujet

À première vue, nous pourrions penser que le domaine d'étude que nous avons choisi est, sinon épuisé, plutôt déjà suffisamment traité et que, en conséquence, il ne nécessite d'aucun traitement ou recherche plus approfondis. Le fait même que nous pourrions citer des ouvrages importants du début du XX siècle ou bien même du XIX siècle qui se rapportent à la notion de discipline[10], pourrait indéniablement pousser à de pareilles réflexions.

De l'autre côté, vu que la notion de discipline paraît assez connue, même chez les non-juristes (il est ainsi souvent question de discipline

---

[9] Dans ce cas, le recours à la doctrine s'avère particulièrement utile. Voir, entre autres, A. Légal et J. Brèthe de la Gressaye, *Le pouvoir disciplinaire dans les institutions privées*, 1938 et, quant à la doctrine hellénique, A. Karakatsanis, *L'ordre juridique de l'exploitation. Des pouvoirs de l'employeur,* 1966, et T. Mitsou, *Le droit disciplinaire de l'entreprise*, Athènes 1979.

[10] Nous signalons, entre autres, les travaux de H. Nézard, *Les principes généraux du droit disciplinaire*, Thèse, Paris 1903 et de R. Bonnard, *De la répression disciplinaire des fautes commises par les fonctionnaires publics*, Thèse, Bordeaux 1903, et de la doctrine allemande, E. Hochstaedter, *Die rechtliche Natur der Discziplinarstrafe Insbesondere gegen Beamte*, Diss. Göttingen 1896.

dans l'école, l'armée et même dans la famille), notre choix et notre démarche pourraient bien susciter au moins certaines réserves et objections quant à leur pertinence.

Il n'en est pas cependant ainsi et la conclusion susmentionnée ne coïncide pas avec le constat suivant qui résultera de notre analyse : la notion de discipline - bien que « diffuse » dans plusieurs domaines et, de toute première vue, très connue, même chez les non-juristes - n'est pas facilement repérable et identifiable à travers une première approche.

En premier lieu, même au niveau international, d'autant que nous sachions, il n'y a pas eu d'études ayant eu comme objet d'étude systématique et globale le phénomène disciplinaire qui se manifeste dans le champ d'action de l'Administration Publique.

Le plus souvent, on rencontre dans les études l'examen d'un seul secteur du phénomène disciplinaire[11] ou bien la notion de discipline est conçue de manière tellement large que sa délimitation perde toute valeur[12].

Certaines autres études, choisissant systématiquement de focaliser sur un sujet se trouvant entre ces deux approches « extrêmes », entreprennent fréquemment une approche systématique du phénomène

---

[11] Ainsi - à titre indicatif - R. Bonnard, *De la répression disciplinaire des fautes commises par les fonctionnaires publics*, *op.cit.*, qui se réfère exclusivement à la responsabilité disciplinaire et à la sanction disciplinaire des fonctionnaires, O. Henggeler, *Das Disziplinarecht der freiberuflichen Rechtsanwälte und Medizinalpersonen, Diss.* Zürich 1976, qui se réfère au droit disciplinaire des professions libérales et, plus précisément, de certaines catégories d'elles et H. Maack *Grundlagen des studendischen Disziplinarrechts* (Diss. Freiburg im Br. 1956), qui traite du droit disciplinaire des étudiants.

[12] Comme cela se passe avec l'étude de J. Mourgeon, *La répression administrative*, Paris LGDJ 1967, dans laquelle la notion de discipline est fondée sur la notion de l'institution ; il en résulte que, à travers la distinction entre institutions primaires (comme l'État) et secondaires (comme une personne morale), le droit disciplinaire et le droit pénal sont assimilés de manière que le phénomène disciplinaire perde toute particularité. Sur les thèses susmentionnées de Mourgeon, voir ce qui sera par la suite exposé (p. 93 et s. et plus particulièrement, p.108 et s.).

disciplinaire, sans toutefois jamais arriver au point de l'identifier et de le traiter à l'étendue et à la profondeur souhaitables[13] [14].

Il en résulte que, presque 90 ans plus tard, reste encore actuel le constat de Duguit que l'exploration du phénomène disciplinaire n'a pas grandement avancée. « Il n'est peut-être pas - écrivait Duguit au début du XX siècle[15] - de domaine dans le droit public moderne qui ait été moins exploré que la nature juridique de la discipline ».

---

[13] Il faut, néanmoins, réserver ici une place particulière à l'étude de M. Lefondré, *Recherches sur les sanctions administratives et leur nature juridique*, Thèse Caen 1973, qui entreprend, dans sa tentative de définir la nature des sanctions administratives, une exploration systématique et approfondie du domaine du phénomène disciplinaire. Bien que nous ne soyons pas toujours d'accord avec les résultats de cette très intéressante étude, nous soulignons ici l'intérêt de l'approche du phénomène disciplinaire qui y fut entreprise, d'autant plus que cette approche se fonde sur les données du droit positif français.

[14] Pour une documentation bibliographique plus complète, en plus des études déjà citées jusqu'à présent, voir, à titre indicatif : J. Dinkelmann, *Die Rechtsstellung des Schüllerdisziplinarrechts*, Diss. Freiburg in der Schweiz, 1985, W.Wiese, *Der Verfassungssatz ne bis in idem - Art. 103, Abs. 3GG und das Verhältnis von Kriminalrecht und Dienststrafrecht: Verwaltungs Archiv* B. 56 p. 203 et s., W. Leisner, *Öffentliches Amt und Berufsfreiheit, AöR* 1968 (93) p. 161 et s., G. Gunderdie, *Das Disziplinarstrafrecht des Sports*, (Diss. Iena 1937), H. Plotke, *Disziplinarrecht,* Schweizerisches Schulrecht 1979, C. Portner, *Die Anstaltsgewalt öff. Schulen mit Beispielen aus dem zürcherischen Recht*, Diss. Zürich 1979, J. Baumann, *kritische Gedanken zur Disziplinarstrafe*, JZ 1964 p. 612 et s., E. Schmidt, *Strafrecht und Disziplinarrecht: Deutsche Landesreferräte zum III Internationaler Kongress für Rechtsvergleichung*, London 1950, K. Behnke, *Bundesdisziplinarordnung*, 2e Aufl. Kohlhanmer Kommentar, 1969, E. Lindgen *Handbuch des Disziplinarrechts für Beamten und Richter in Bund und Ländern*, 1 B. 1966. Ou encore : S. Salon, *Délinquance et répression disciplinaires dans la fonction publique*, Paris 1969, C. Colliard, *La sanction administrative*, Annales de la Faculté de droit d'Aix 1943 p. 3 et s., G. Viché, *La sanction professionelle. Notion du droit administratif nouveau* (Thèse Montpellier 1948), F. Delperée, *L'élaboration du droit disciplinaire de la fonction publique*, Paris LGDJ, 1969, M. de Juglart, « Les sanctions administratives dans la législation récente », *JCP*, *Semaine Juridique* 1942, I Doctrine n° 283. Voir aussi des œuvres plus générales qui présentent, le cas échéant, un intérêt particulier : A. Plantey, *Traité pratique de la fonction publique*, 3ème ed. 1971 T 1 p. 515 et s., H. Welzel, *Das deutsche Strafrecht*, 11e Aufl. 1969, p. 16 et s., J. Baumann, *Strafrecht, Allgemeiner Teil,* 8e Aufl. 1977 p. 42 et s., R. Maurach, H. Zipf, *Strafrecht* Allg. Teil, Teilb. I, 5e Aufl. 1977, p. 8 et s., G. Jacobs, *Strafrecht, Allgemeiner Teil*, 1983, p. 45 et s., A. Merkl, *Allgemeines Verwaltungsrecht*, 1927, p. 266 et s., O. Mayer, *Deutsches Verwaltungsrecht*, II Band, 3e Aufl. 1924 (réédition 1969) p. 181 et s., A. De Laubadère, *Traité élémentaire de droit administratif*, T. II 5ème éd. 1970 p. 94 et les auteurs qui y sont cités.

[15] L. Duguit, *L'État, les gouvernants et les agents*, Paris 1902, T. II p. 462.

De plus, en ce qui concerne plus précisément la Grèce, nous pouvons sans exagérer affirmer que le phénomène disciplinaire, dans le champ d'action de l'Administration Publique, n'a pas fait l'objet d'étude systématique de la part de la doctrine du droit administratif dans notre pays[16].

Cela ne signific pas pour autant que la doctrine hellénique n'ait pas traité le sujet en question[17] ni que sa contribution ne soit pas remarquable.

L'approche cependant du phénomène disciplinaire qui est entreprise par la doctrine hellénique - comme d'ailleurs par la doctrine prévalant dans d'autres pays - est effectuée, soit en comparaison avec le droit pénal, soit en analysant séparément certains champs isolés de sa

---

[16] Par ailleurs, il ne fut pas non plus étudié par la doctrine d'une autre quelconque branche du droit et surtout par celle du droit pénal. En effet, cette dernière étudie parfois même systématiquement, le phénomène disciplinaire. Néanmoins, elle ne l'étudie pas « en soi », mais par comparaison avec le phénomène pénal. La suite de notre étude démontrera l'impasse à laquelle l'analyse est conduite par l'unilatéralité de cette approche qui est obligée de se cantonner dans la dimension sanctionnatrice du phénomène disciplinaire.

[17] Voir ainsi - entre autres - C. Fthenakis, *Système de droit des fonctionnaires (selon le Code)*, vol. C, 1ere éd., 1967, p. 129 et s. (en langue hellénique), G. Nafpliotis, *Interprétation du Code des fonctionnaires de l'État et des personnes morales de droit public*, vol. 3, *Droit disciplinaire*, 1978, (en langue hellénique), D. Oikonomou, *Le contrôle disciplinaire des fonctionnaires publics*, Athènes, 1960, (en langue hellénique), G. Papadakis, *Droit disciplinaire des fonctionnaires publics*, 1973, (en langue hellénique), E. Makridakis, *Droit disciplinaire des fonctionnaires, des agents des collectivités territoriales et d'autres personnes morales de droit public*, 1973 (en langue hellénique), T. Tsatsos, « Esquisse de principes généraux du droit disciplinaire » *in Études de Droit Administratif*, 1958, p. 73 et s. (en langue hellénique), K. Chiolos, *Code disciplinaire des fonctionnaires d'État, des personnes morales de droit public, des collectivités territoriales*, 2ème édition, 1979 (en langue hellénique), I. Drougkas, *Le droit disciplinaire des fonctionnaires publics*, 1953 (en langue hellénique), T. Aggelopoulos, *Droit des fonctionnaires civils en Grèce*, Athènes 1913-1914, p. 262 et s. (en langue hellénique), ainsi que des œuvres plus générales, tant du droit administratif que du droit pénal : T. Iliopoulos, *Système du droit pénal hellénique*, vol. 1, 5e éd., 1936 (en langue hellénique), N. Androulakis, *Droit pénal, Première Partie Générale, Des fondements*, p. 20 et s. (en langue hellénique), M. Stassinopoulos, *Cours de droit administratif*, 1957 (réédition 1976), (en langue hellénique), p. 389 et s. I. Kyriakopoulos, *Droit administratif hellénique, vol. 3, Partie Spéciale*, 4e édition, (en langue hellénique), 1962, p. 276 et s., G. Papachatzis, *Système du droit administratif en vigueur en Grèce*, 6e éd., 1983, (en langue hellénique), p. 420 et s., M. Dendias, *Droit administratif*, T.A΄ 5e éd, 1964, (en langue hellénique), p. 406 et s.

manifestation, notamment celui des relations entre l'État et les fonctionnaires.

Le résultat dans les deux cas en est négatif. Dans la première approche (nous venons juste de nous y référer à ce point, notamment dans la note n°16), la raison en est que la comparaison entre le droit pénal et le droit disciplinaire conduit directement et surtout - la plupart des fois - à la différenciation des délits pénaux et disciplinaires, autrement dit à l'identification de la dimension purement sanctionnatrice du phénomène disciplinaire. Or, de cette façon, l'accent n'est pas mis sur la relation directe du phénomène disciplinaire avec l'action de l'Administration Publique, c'est-à-dire sur sa dimension substantielle, comme nous pourrions l'appeler[18], laquelle le différencie du phénomène pénal[19]. Étant donné ici que cette dimension n'est pas uniquement identifiée dans les relations entre l'État et les fonctionnaires, domaine dans lequel la doctrine du droit pénal[20] cantonne le phénomène disciplinaire, il est évident - et la suite de cette analyse le démontrera de façon plus claire - à quel degré est incomplète l'approche du phénomène disciplinaire à travers sa comparaison avec

---

[18] Sur les notions de dimension sanctionnatrice et de dimension substantielle de la relation disciplinaire et, par extension, du phénomène disciplinaire, voir ce qui est présenté par la suite, p. 29 et s., notamment p. 52 et s. Il faut néanmoins observer ici que sa dimension substantielle, malgré son importance déterminante, n'est pas en mesure de priver le phénomène disciplinaire – du moins dans sa forme usuelle, ainsi que dans sa forme classique - de son caractère sanctionnateur, dû au fait qu'un certain mal est prévu, dans le champ des relations disciplinaires, en tant que réaction à une certaine infraction. Voir à ce sujet S. Lytras, *La notion de sanction et la distinction fondamentale des sanctions*, L 'Harmattan 2015, p. 69 et s., p.115 et *infra* p. 56 et s.

[19] Voir *infra* p. 53 et s. et, plus particulièrement, p. 59 et s.

[20] Voir à ce propos N. Androulakis, *Droit pénal Partie Générale*, *Les fondements*, V° 1 (en langue hellénique), p. 20 et N. Chorafas, *Droit pénal*, 9e éd., 1978, (en langue hellénique), p. 84. Il paraît que la raison devrait en être recherchée dans le droit allemand plus ancien qui prévoyait exclusivement des délits pénaux des fonctionnaires ; au fil du temps, certains d'entre eux furent transformés en disciplinaires. Vu que, en conséquence, le phénomène disciplinaire était identifié dans les relations entre l'État et les fonctionnaires, la nécessité de la distinction entre les délits pénaux et disciplinaires devenait évidente ; par extension, il en allait de même quant à la distinction entre le droit pénal et le droit disciplinaire. Voir, sur ce sujet H. Behnke, *Strafe und Massnahme im Disziplinarrecht. Ein Beitrag zur Neuorientierung des Beamtendisziplinarrechts unter Berücksichtigung (besonderer) des Problems der Doppelbestrafung* (Diss. München), 1972, particulièrement p. 39 et s., et. E. Schmidt, *Strafrecht und Disziplinarrecht: Deutsche Landesreferräte zum III Internationaler Kongress für Rechtsvergleichung, op.cit.* p. 92 et s.

le phénomène pénal. Il en résulte comme une évidence que cette analyse ne peut pas réaliser et tenir compte de l'élargissement considérable de la portée du phénomène disciplinaire qui eut lieu à notre époque.

Dans le deuxième cas, l'exploration de certains champs de sa manifestation, même si elle ne comporte pas le risque de nous conduire tout simplement à la dimension sanctionnatrice du phénomène disciplinaire, elle n'est pas non plus en position de traiter ce phénomène dans sa totalité, aboutissant de la sorte au même résultat décrit ci-dessus.

La question ainsi posée - à savoir si le phénomène disciplinaire identifié dans les relations entre l'État et ses fonctionnaires est identique à celui qui apparaît dans le champ d'activité des professions libérales (par exemple les avocats, les médecins, les pharmaciens, etc.) ou bien à celui qui apparaît dans les relations entre les étudiants et les Universités, pour nous limiter seulement aux exemples susmentionnés - bien que fondamentale[21], n'a pas fait l'objet, d'autant que nous sachions, d'une étude complète et systématique de la part de la doctrine hellénique, tant du côté du droit pénal que du droit public au sens le plus large. De plus, le fait suivant en est particulièrement caractéristique : bien que cette dernière prenne conscience de l'expansion impressionnante du phénomène disciplinaire à notre époque, elle refuse de l'étudier globalement, ne pouvant sans aucun doute se débarrasser du préjugé que la notion de discipline concerne exclusivement les relations entre l'État et ses agents. De ce point de vue, la position de Stassinopoulos à l'œuvre duquel nous nous référerons souvent dans le cadre de la présente recherche, en est représentative ; celui-ci, constatant que l'expansion du phénomène disciplinaire dans des domaines autres que ceux dans lesquels il était identifié jusqu'à son époque, parle de quasi discipline ou de notion abusive de discipline, refusant d'admettre que dans ces cas il s'agit bel et bien de manifestations du même phénomène[22].

Étant donnée l'analyse précédente, l'intérêt que présente le sujet que nous traitons dans le cadre de la présente recherche, est évident.

---

[21] Sur l'intérêt et la nécessité d'une telle approche, voir M. Hartmer *Disziplinarrecht der freien Berufe* (Diss. Hagen) 1985, et plus particulièrement p. 14.

[22] Voir M. Stassinopoulos, *Le droit de défense devant les autorités administratives*, 1974, p 137 et 139. Voir également ce qui sera mentionné *infra* p. 33 et s.

d. Difficultés de cette démarche

La première difficulté de cette étude coïncide avec le constat que les cas de la manifestation du phénomène disciplinaire - à savoir les cas où le droit positif se réfère aux sanctions disciplinaires, aux fautes disciplinaires, à la responsabilité disciplinaire, etc. - sont nombreux, de manière qu'il apparaît particulièrement difficile, voire impossible, qu'ils puissent être traités globalement et, d'autant plus, en adoptant des critères identiques.

Néanmoins, cette difficulté - aggravée par le fait que tous les cas susmentionnés ne relèvent pas du même régime juridique - est certes sérieuse, sans toutefois être insurmontable. En premier lieu, identifier tous les cas de la manifestation du phénomène disciplinaire ne constitue pas une condition *sine qua non* pour arriver à une conclusion sur la notion de discipline. Une conclusion pareille peut être formulée en se basant seulement sur certains cas et, d'autre part, sa validité dépend de l'inexistence de données éventuelles du droit positif qui la contrediraient et qui, éventuellement, n'ont pas été étudiées jusqu'alors. Au demeurant, notre étude n'est pas obligée de conclure que le domaine disciplinaire relève d'un régime juridique, non seulement particulier, mais aussi unique. La recherche de la notion de discipline dans des cas connus pour relever d'un régime juridique différent est ici totalement « licite », vu que le fait qu'un certain objet rentre dans une certaine catégorie juridique ne signifie pas pour autant nécessairement la mise de celui-ci sous un régime juridique unique dont relèvent tous les objets appartenant à la catégorie juridique en question[23].

Quoi qu'il en soit, dans le cadre de la présente étude, il devient évident que réunir et évaluer un matériel si étendu pose de sérieuses difficultés qui ne devraient pas être sous-estimées. Néanmoins, la difficulté principale que nous rencontrons alors que nous traitons le présent sujet est d'un registre différent. Elle coïncide avec le constat que la recherche de la notion de discipline ne peut pas être effectuée en se fondant sur la distinction entre le droit pénal et le droit disciplinaire,

---

[23] Un exemple caractéristique nous est fourni par les actes administratifs individuels et les actes administratifs réglementaires qui, bien qu'appartenant à la catégorie plus large des actes administratifs, sont pourtant régis par des règles présentant des différences sur plusieurs points. Par exemple, les actes réglementaires sont publiés obligatoirement, tandis que cette règle n'est pas valable pour les actes administratifs individuels.

pour les raisons que nous venons d'exposer plus haut, alors que nous traitions un autre aspect de la question[24].

Une telle approche risque en effet de nous désorienter considérablement, vu que l'objectif serait dans ce cas d'identifier la distinction - ainsi que son essence - entre la sanction pénale et disciplinaire (ou entre le délit pénal et disciplinaire) et non la notion de discipline, qui est recherchée dans le cadre de notre étude et qui consiste en une chose clairement très différente.

En ce sens, si la distinction entre le droit pénal et le droit disciplinaire est importante (plus dans la doctrine que dans le droit positif[25]), il serait exagéré de l' « identifier » au phénomène disciplinaire, conférant de la sorte à ce dernier une orientation sanctionnatrice claire dont - comme il apparaît à première vue - il ne dispose pas ou, du moins, il n'en dispose pas l'exclusivité.

Parallèlement, la difficulté principale que nous rencontrons dans l'approche de notre sujet devient évidente, vu que nous nous trouvons dans l'obligation d'étudier un domaine presque vierge, mais aussi de nous éloigner d'un cadre théorique d'analyse qui est, en principe, tant fertile qu'assez familier pour nous[26].

e. Questions de terminologie

D'après tout ce qui précéda, il devient clair que nous sommes en mesure d'aborder notre sujet – qui consiste, comme nous l'avons vu, en la définition de la notion de discipline et en la délimitation de son étendue dans le droit positif hellénique - en employant les termes de

[24] Voir à ce propos p. 20 et s.

[25] Quant à la relativité de la distinction dans le droit positif, voir S. Lytras, *La notion de sanction et la distinction fondamentale des sanctions*, *op.cit.*, p. 69 et s.

[26] Nous espérons, certes, qu'il devient tout à fait évident que - en procédant de la sorte - nous ne sous-estimons pas les efforts théoriques, souvent exhaustifs, axés sur la distinction entre le droit pénal et le droit disciplinaire, entre le délit pénal et le délit disciplinaire, etc. Il faut cependant qu'il devienne clair que, en abordant notre sujet d'une certaine manière - et d'autant plus que cette dernière nous est imposée par l'analyse du droit positif- nous ne pouvons pas avancer dans notre étude en utilisant des points de référence qui lui seraient étrangers. Ce serait comme - pour emprunter un exemple de la science de la médecine - si nous adoptions un traitement contraire à notre diagnostic et à nos connaissances sur les moyens de traiter la maladie en question.

« discipline » et de « disciplinaire » selon les besoins auxquels notre analyse est à chaque fois confrontée. Nous pouvons affirmer la même chose quant à l'emploi du terme de « phénomène disciplinaire », qui contient, tant les données disciplinaires (par exemple la relation disciplinaire et la sanction disciplinaire) que leur substance, à savoir ce que c'est la discipline.

Au fur et à mesure que notre étude avance, nous exploiterons les possibilités susmentionnées qui nous permettent d'ailleurs une approche satisfaisante de la notion de discipline, comme il sera démontré par l'analyse qui suit.

Sous la réserve des approches plus approfondies auxquelles nous procéderons par la suite, nous soulignons également ici que dans le cadre de la présente étude : a) nous employons indifféremment les termes d'« ensemble public » et de « personne morale publique » en tant que domaines dans lesquels se manifeste et est identifié le phénomène disciplinaire dans le champ de l'exercice de l'activité publique, c'est-à-dire de l'activité qui n'est pas l'œuvre de l'action des particuliers[27].

b) nous employons fréquemment le terme de « fonctionnaire », non avec le sens technique du terme désignant exclusivement une personne reliée par une certaine relation spécifique avec la personne morale de l'État[28], mais la personne reliée par une certaine relation juridique spécifique tant avec l'État qu'avec d'autres personnes morales publiques, par exemple les collectivités territoriales ou les autres catégories de personnes morales de droit public.

---

[27] Pour la science, c'est de nos jours un lieu commun que le régime juridique qui régit une certaine personne morale ne désigne pas automatiquement son caractère public ou privé. Un exemple caractéristique en constituent les personnes morales du domaine public dont le fonctionnement est régi le cas échéant par les règles du droit privé ou du droit public. Ce constat nous oblige désormais à parler, d'une part de personnes morales publiques, désignant avec ce terme toute personne morale créée par l'État et servant à atteindre ses objectifs, indépendamment du régime juridique qui la régit et, d'autre part, de personnes morales privées, entendant avec ce terme toute personne morale fondée par un particulier, agissant pour satisfaire ses intérêts et régie - évidemment - par les règles du droit privé. Sur ce sujet particulièrement intéressant que nous ne pouvons pas malheureusement explorer lors de la présente étude, voir, entre autres, E. Spiliotopoulos, *La distinction des institutions publiques et des institutions privées en droit français*, LGDJ 1959, ainsi que les observations intéressantes et très pertinentes de C. Eisenmann dans la Préface de cette œuvre, E. Spiliotopoulos, *ibid.*

[28] E. Spiliotopoulos, *Institutions fondamentales du droit des fonctionnaires*, 1984, p. 5, (en langue hellénique).

c) Nous employons le terme d'organe pour ne désigner fréquemment que la personne physique porteuse de la fonction organique.

f. Plan de l'étude

D'après l'analyse qui précéda, le plan que notre étude suivra prend la forme suivante :

Dans une première partie, nous définissons ce que c'est la discipline selon les données du droit positif hellénique. Cette partie est intitulée « La notion de discipline dans le droit public hellénique contemporain ».

Dans une deuxième partie, nous repérons les cas où, en vertu du droit positif hellénique, nous nous retrouvons - dans le champ d'action de l'Administration - devant la notion de discipline. Cette partie est intitulée « Étendue de la notion de discipline dans le droit public hellénique contemporain ».

PREMIÈRE PARTIE. LA NOTION DE DISCIPLINE DANS LE DROIT PUBLIC HELLÉNIQUE CONTEMPORAIN

Introduction

Comme il fut déjà mentionné plus haut, l'objet qui sera étudié dans la présente partie de notre recherche consiste en la définition de la notion de discipline dans le droit public hellénique.

La définition d'une notion implique de définir ses traits principaux, c'est-à-dire ses traits essentiels. Cela revient - quant au sujet étudié - à répondre à la question suivante : qu'est-ce que -dans le cadre de l'ordre juridique hellénique - la discipline et, plus précisément, quels en sont les traits essentiels selon le droit positif hellénique[29] ?

Nous identifions les traits principaux et essentiels de la notion de discipline, ainsi que les dimensions de cette notion dans notre droit positif[30], dans un premier chapitre qui s'avère d'importance déterminante pour notre étude ; il est intitulé « Le contenu de la notion de discipline (Approche) ».

Néanmoins, identifier les traits principaux d'une certaine notion ne signifie pas pour autant être en mesure d'identifier toutes les prolongations logiques de cette notion, ni la connaître aussi profondément que nous le désirons : en effet, nous ne pouvons atteindre cet objectif qu'à travers un examen plus approfondi des traits en question.

---

[29] La réponse à cette question est corrélée à la recherche de la définition essentielle de la notion de discipline, c'est-à-dire à l'identification des qualités qui érigent cette notion en une catégorie d'objets distincte et - plus précisément, du point de vue juridique - en une catégorie juridique distincte. Quant à la définition essentielle, ainsi qu'à l'étendue d'une certaine notion - qui est dans le cas qui nous intéresse corrélée à la question « Dans quels cas concrets le droit positif hellénique tranche-t-il que nous rencontrons la notion de discipline ? » - voir S. Lytras, *Agents et organes administratifs*, thèse, Paris, 1973, p. 57 et s., ainsi que p. 250 et s., et C. Eisenmann, *Cours de doctorat*, 1955-1956, p. 29 et s.

[30] Avec le terme de « dimension d'une notion », nous entendons les différents champs de perception de cette notion. Nous parlons ainsi d'un homme en état de maladie ou de bonne santé, d'un arbre en floraison ou non, etc. Si une certaine notion est perçue dans tous les champs sous les mêmes traits - sinon nous ne pourrions pas parler de catégorie juridique distincte - l'intérêt que présente l'identification des dimensions de la notion en question devient évident : cela sera clairement démontré au fil du progrès de notre analyse.

Nous procéderons à cet examen approfondi des traits principaux de la notion de discipline, à savoir de ceux qui constituent son essence même, dans un deuxième chapitre, d'une aussi grande importance pour le sujet étudié ; ce chapitre sera intitulé : « Le contenu de la notion de discipline : les traits principaux (Analyse) ».

CHAPITRE A. Le contenu de la notion de discipline (Approche)

Comme il en résulte de l'observation du droit positif hellénique, le législateur hellène n'a pas donné lui-même de définition de la notion de discipline[31], même dans les cas classiques de la manifestation du phénomène disciplinaire (ceux appartenant au domaine des relations entre l'État et ses fonctionnaires).

Par conséquent, théoriquement, une fois face à ce constat, pour définir en quoi consiste la discipline selon le droit hellénique[32], il faudrait suivre une des deux voies suivantes : soit examiner tous les cas lors desquels le droit de notre pays fait usage du terme de « discipline » ou de « disciplinaire » pour définir par la suite leur contenu, soit mettre sous la loupe de la critique un modèle théorique que nous aurons préalablement élaboré et vérifier par la suite sa validité selon les données du droit hellénique.

Néanmoins, il y a deux raisons fondamentales qui nous empêchent de choisir les voies susmentionnées lors de la poursuite de notre recherche. La première consiste au fait que nous sommes confrontés à l'impossibilité pratique d'identifier exhaustivement tous les cas lors desquels le droit de notre pays fait usage des termes de « discipline » et de « disciplinaire », ce qui relativise dans un certain degré les résultats de notre recherche. La deuxième est due à l'inexistence d'un modèle théorique communément admis qui pourrait être mis sous la loupe des données de notre droit positif, dans le but de constater quelle est la notion de discipline que celui-ci admet. En outre, en optant pour un modèle précis, nous serions éventuellement amenés à expliquer pourquoi nous avons décidé d'adopter ce modèle et non pas un autre : cela nous obligerait fréquemment de prendre position sur l'essence de la notion de « discipline », ce qui est pourtant l'objectif recherché.

---

[31] La valeur d'une définition législative ne nous intéresse pas en l'occurrence. Il est en effet évident que la seule chose qui nous intéresse c'est de constater si le législateur a défini la notion de « discipline » et, le cas échéant, d'identifier son contenu. La réponse à cette question est négative.

[32] Dans la langue hellénique, le mot « *πειθαρχία* » (« discipline ») signifie en général « obéissance ». Le même sens dégagent les mots « *πειθαρχικός* » (« discipliné ») (celui qui obéit facilement, volontiers) et « *πειθαρχώ* » (obéir, être discipliné). Voir à ce propos les entrées correspondantes du dictionnaire du Grec Ancien de Stamatakos, I. Stamatakos, *Dictionnaire du Grec Ancien*, (1972) (en langue hellénique). Voir dans le même sens, en ce qui concerne la signification du mot, *Disziplin*e, J. Dinkelmann, *Die Rechtsstellung des Schülers im Schülerdisziplinarrecht*, *op.cit.* p. 18 et s., qui étudie l'étymologie du mot en latin.

Si toutefois nous rejetons ces deux méthodes d'analyse, de quelle manière pourrions-nous aborder notre objet de recherche ?

Tout d'abord, il n'y a qu'une chose qui est certaine. Notre recherche devrait commencer par les données du droit positif. Car il n'y a qu'elles qui constituent des données mesurables qui soient à même de nous permettre d'aborder une notion abstraite, comme l'est la notion de discipline.

Comme il résulte à présent de l'analyse, la donnée empirique la plus importante que nous pouvons percevoir et qui nous permet d'aborder la notion de discipline, c'est la notion de relation disciplinaire qui est indissociablement liée à la notion de discipline, vu qu'elle forme avec elle le phénomène disciplinaire. En effet, comme il apparaît lors de la première approche - extérieure encore - du droit positif, le phénomène disciplinaire ne se manifeste pas « de manière autonome » - c'est-à-dire sans être relié à une certaine relation - mais dans le domaine des relations existant parmi certaines personnes.

De ce point de vue, la formulation de l'article 1, alinéa 2 du Code des fonctionnaires en est caractéristique : il stipule que « fonctionnaires et agents des personnes morales de droit public sont les organes indirects, salariés de l'État ou de la personne morale publique respectivement, qui entretiennent avec eux une relation facultative et directe, une relation de service, une relation disciplinaire[33]».

Se basant sur ce constat, il devient évident que, si le terme de « discipline » a un sens, celui-ci devra forcément être recherché parmi les données qui constituent la notion de relation disciplinaire. Par nécessité logique incontournable, notre recherche devra y rechercher la notion de discipline.

Or, quelles sont les données en question ?

En nous engageant encore plus dans cette voie, nous constatons qu'elles sont étroitement liées, soit aux personnes assujetties à la relation disciplinaire, soit à la spécificité de la relation disciplinaire, soit au contenu de la relation disciplinaire.

---

[33] Indirectement - mais clairement - le droit disciplinaire est perçu comme le droit des relations disciplinaires par S. Salon, *Délinquance et répression disciplinaires dans la fonction publique*, *op.cit.* p. 11, tandis que l'analyse qui suit démontre le rôle « majeur » de la relation en question dans le domaine du droit positif.

Concernant ces trois éléments susmentionnés, nous recherchons par la suite si d'après le droit hellénique, il est possible de définir la relation disciplinaire[34].

§ 1. Les personnes assujetties à la relation disciplinaire et la notion de discipline.

Avec le terme de « personnes assujetties à la relation disciplinaire », nous entendons les personnes entre lesquelles existe la notion de relation disciplinaire, de manière que se manifeste le phénomène disciplinaire. Dans le domaine étudié, les personnes en question sont, d'une part l'État ou une autre personne morale publique et, d'autre part, les personnes physiques ou morales qui sont en relation avec eux[35].

Il en résulte la question suivante : pouvons-nous définir la notion de discipline en nous basant sur les personnes susmentionnées ? Cette question pourrait être spécifiée comme il suit : une relation, peut-elle être qualifiée de « relation disciplinaire » quand ses sujets sont exclusivement des personnes appartenant à une catégorie particulière [par exemple des fonctionnaires ou des personnes exerçant certaines professions (médecins ou avocats notamment)] ?

---

[34] Nous pourrions aussi tenter de définir la notion de discipline en nous basant sur les règles de droit régissant les relations disciplinaires, c'est-à-dire leur statut juridique. Néanmoins, cet élément ne sera pas étudié lors de la présente recherche. Notre refus d'identifier et d'évaluer une donnée pareille n'est pas dû au fait qu'il ne serait pas possible d'y fonder une définition, comme on pourrait éventuellement le supposer. Même s'il ne s'avère pas toujours satisfaisant du point de vue analytique, l'intérêt que présente une définition fondée sur des éléments du statut juridique de la notion que nous tentons de définir est incontestable. Au bout du compte, qu'est-ce qu'une loi d'après l'ordre juridique hellénique, sinon un acte promulgué par un certain organe, selon une procédure définie préalablement et sujet pour cette raison à certaines règles définies ? Néanmoins, vu qu'il s'agit présentement de définir une notion complètement abstraite, il est évident que notre intérêt est de focaliser sur la possibilité de l'aborder dans une première phase à travers des éléments plus « substantiels ». Comme ceux qui furent évoqués plus haut.

[35] En ce qui concerne le champ généralement plus large des relations de droit public, voir F. Fleiner, *Institutionen des Deutchen Verwaltungsrechts*, 8e Aufl., 1928, Traduction en langue hellénique de G. Stymfaliadis (1932), p.137. D'autre part, de ce point de vue, dans les analyses qui suivent, nous considérons cette relation comme donnée. Dans la suite de notre étude - voir p. 85 et s.- nous démontrons l'existence d'une relation profonde entre le phénomène disciplinaire et tout ce que nous pourrions appeler « ensemble organisé ».

Si une réponse affirmative était donnée à cette question, nous ne pourrions qualifier de disciplinaire qu'une relation entre - par exemple - l'État et les fonctionnaires, ou entre l'État et certaines personnes morales publiques ou entre l'État et les personnes exerçant certaines professions, excluant de la sorte les relations entre d'autres catégories de personnes. Le résultat immédiat en serait que comme « disciplinaire » pourrait être exclusivement entendu tout ce qui se réfère aux relations des personnes mentionnées ci-dessus et comme « discipline » seulement le reflet de ce fait.

Le fait que l'approche de la notion de discipline à laquelle nous procédons ici ignore les données substantielles de cette notion ne peut que surprendre. Car, si le phénomène disciplinaire peut éventuellement être identifié exclusivement dans les relations de certaines personnes, cela ne signifie nullement que le seul point de sa différenciation soit cet élément-là.

Néanmoins, aucune objection éventuelle ne serait fondée.

Premièrement, nous sommes appelés à constater si la notion de relation disciplinaire, et plus généralement la notion de discipline, ont un contenu intérieur, entendu ici comme étant caractérisé par des éléments substantiels, selon lesquels une définition du type décrit plus haut serait forcément reléguée au second plan. Nous ne sommes pas donc en mesure d'empêcher notre étude de s'orienter vers certaines directions en adoptant - et en les considérant comme bien fondées - des données dont l'exactitude nous n'avons pas encore vérifiée.

De plus - et en cela consiste l'argument le plus pertinent - il n'est pas rare que des données de cette catégorie constituent dans le domaine du droit les traits essentiels d'une notion, comme nous venons juste de le constater[36].

En outre, pour puiser un exemple dans le domaine plus large des règles du droit pénal, les personnes relevant d'une juridiction spéciale ne peuvent appartenir qu'à certaines catégories (avocats, prélats, préfets, etc.[37]), tout comme - dans le domaine des règles du droit administratif cette fois - les décrets sont ceux promulgués exclusivement par le Président de la République, selon la procédure et la forme prescrites par la Constitution[38], indépendamment de leur contenu à chaque fois.

---

[36] Voir note 34.

[37] Voir sur ce sujet art.11 par. 6 du Code de procédure pénale.

[38] E. Spiliotopoulos, *Manuel de droit administratif*, 4e éd., 1986, p. 245 (en langue hellénique).

Notre refus de rechercher la définition de la notion de discipline dans des données sans relation avec ce que nous pourrions qualifier de contenu intérieur de la notion en question s'avérerait donc contraire à des données fondamentales de notre ordre juridique. Par ailleurs, l'étude ici entreprise ne se substitue pas à la recherche d'une définition de la notion de discipline fondée sur des données substantielles, ce qui ressortira clairement par la suite de notre étude. Quoi qu'il en soit, l'analyse du droit positif démontre, de manière incontestable, que la discipline en tant que notion ne peut pas être définie en se fondant sur la donnée suivante : les personnes assujetties à la relation disciplinaire. Cette conclusion est valable, tant pour le cas où il s'agirait de constater si le phénomène disciplinaire est observé exclusivement dans les relations entre l'État et les fonctionnaires (A) ou s'il serait exclusivement lié à des personnes exerçant une certaine profession (B).

A. Discipline et fonctionnaires

Tant dans le cadre de l'ordre juridique hellénique qu'ailleurs, la thèse que le phénomène disciplinaire est exclusivement relié à la notion de fonctionnaire et à la relation de celui-ci avec l'État fut fortement soutenue dans le passé par la doctrine, de manière directe ou indirecte: elle en conclut par conséquent que – dans le cadre de l'ordre juridique hellénique ou de tout autre ordre juridique - la relation disciplinaire est exclusivement cantonnée dans la relation entre l'État et le fonctionnaire (a).

Or, comme il en résulte clairement de l'analyse, cette thèse n'est pas confirmée par les données du droit positif de notre pays, ce qui est souligné actuellement par la doctrine ou du moins par une partie de celle-ci (b).

a. Les points de vue théoriques

Dans la doctrine hellénique, il paraît que le premier à soutenir que la notion de discipline est exclusivement reliée à la qualité de fonctionnaire fut T. Aggelopoulos. En effet, il écrivit que « le pouvoir disciplinaire de l'État sur les fonctionnaires qui constituent ses organes naît et disparaît au même moment que la situation statutaire de fonctionnaire[39] ».

Par la suite, partant de cette phrase, Stassinopoulos est amené à la conclusion que « la responsabilité disciplinaire présuppose le statut de fonctionnaire[40] ».

Néanmoins, comme il résulte d'une étude plus approfondie de son œuvre, cette phrase d'Aggelopoulos n'a pas le sens que lui prête Stassinopoulos. Elle signifie tout simplement qu'il n'y a pas de pouvoir disciplinaire sur des fonctionnaires, s'il n'existe pas de situation statutaire entre le fonctionnaire, et l'État et non - comme le soutient ce dernier - que la situation statutaire de fonctionnaire constitue la condition de la responsabilité disciplinaire. Par ailleurs, Aggelopoulos souligne de manière fort caractéristique à la page 263 de son œuvre susmentionnée que le pouvoir disciplinaire ne constitue pas une institution spécifique et distincte du droit public, vu qu'il est également présent dans les personnes morales de droit privé. Par conséquent, est sérieusement confortée la thèse que cet auteur traite exclusivement le sujet de la discipline dans le cadre du droit de la fonction publique (c'est-à-dire entre l'État et les fonctionnaires), sans viser à en tirer des conclusions générales[41].

Il apparaît ainsi - ou du moins nous sommes conduits à cette conclusion - que Stassinopoulos fut le premier à soutenir dans notre pays cette thèse théorique, en « paraphrasant » en substance

---

[39] T. Aggelopoulos, *Droit des fonctionnaires civils en Grèce*, *op.cit.*, p. 268.

[40] M. Stassinopoulos, *Le droit de défense devant les autorités administratives*, *op.cit.*, p. 137. Voir aussi, dans la même œuvre, p. 139, le passage dans lequel l'auteur - commentant le CEH 1/1938- souligne : « L'arrêt emploie le terme « poursuivi disciplinairement » de manière abusive, vu que - comme nous venons de le souligner- la responsabilité disciplinaire authentique implique nécessairement une relation de type employeur-employé ».

[41] Il faut noter que des auteurs contemporains d'Aggelopoulos connaissent l'étendue du phénomène disciplinaire dans des domaines se trouvant en dehors du domaine étroit des relations entre l'État et les fonctionnaires ; par conséquent, il serait difficile de prétendre que ce dernier cantonne le phénomène disciplinaire exclusivement dans le cadre du statut de fonctionnaire et de la situation statutaire de fonctionnaire. Voir, à titre indicatif, T. Iliopoulos, *Système du droit pénal hellénique, op.cit.*, p. 499, dans lequel l'auteur examine les peines disciplinaires infligées par les parents aux enfants, par les dirigeants d'associations à leurs membres et - ce qui nous intéresse particulièrement du point de vue de la présente étude - par les enseignants à leurs élèves.

Aggelopoulos. Tout de même, il est évident qu'en réalité ce constat ne change pas l'état des choses.

Par la suite, Magkakis paraît adopter indirectement l'identification du phénomène disciplinaire à la notion de fonctionnaire, en écrivant que la faute disciplinaire porte atteinte au bien juridique du dévouement et de la loyauté dont une certaine classe de personnes doit faire preuve envers l'État[42].

L'invocation du lien entre le phénomène disciplinaire et le statut de fonctionnaire est fréquente même dans la doctrine juridique prévalant dans d'autres pays. Ainsi, comparant les sanctions administratives et disciplinaires, Demichel écrit[43] que les premières concernent toutes les personnes, tandis que les deuxièmes concernent exclusivement les organes de l'État, pour compléter par la suite que « la sanction disciplinaire et la faute qui la justifie sont donc liées à l'exercice d'une fonction publique, alors que la sanction administrative est liée à n'importe quelle autorité privée ». Hartmer[44] est amené à une thèse similaire quand il souligne que le terme de droit disciplinaire *« sowohl von der historischen Entwicklung her, als auch in der heutigen Rechtssprache eng mit dem Beamtenrecht verknüpft ist" »*[45].

De plus, il faut aussi tenir compte des prises de position de Letourneur et d'Isaac qui - dans le but d'exprimer le phénomène disciplinaire en dehors du domaine des relations existant entre les fonctionnaires et

---

[42] G. Magkakis, « Le problème du Droit Pénal Economique. Parallèlement contribution à la doctrine du Droit Pénal Administratif », (en langue hellénique), *Poinika Chronika H΄*, p. 396, note 27. Dans le même sens, voir N. Androulakis, *Droit pénal Partie Générale A΄, Les fondements*, *op.cit.* 20.

[43] A. Demichel, *Le contrôle de l'État sur les organismes privés. Essai d'une théorie générale*, Thèse Paris 1958, LGDJ, p. 293.

[44] M. Hartmer, *Disziplinarrecht der freien Berufe*, *op.cit.*, p. 8. Voir aussi à propos, O. Fliedner, *Die Zumessung der Disziplinarmassnahmen*, *Schriften zum Öffentlichen Recht*, Band. 203, 1972, p. 32.

[45] Constatation qui ne l'empêche pas certes, après avoir comparé les cas des fonctionnaires et des professions libérales, d'être amené à la conclusion que les nombreuses similitudes que présentent les deux catégories susmentionnées justifient l'utilisation des termes de "*den Topos*", "*Disziplinarrecht" auch für das Berufsrecht und die Berufsgerichtsbarkeit der freien Berufe (...)*", M. Hartmer, *ibid*, p. 10.

l'État - emploient les termes de « quasi-disciplinaire » le premier[46] et de « para-disciplinaire » le deuxième[47].

Plus conciliant - et donc plus proche de la réalité juridique - Morange, pour opposer les sanctions disciplinaires imposées aux fonctionnaires à celles infligées à d'autres personnes, parle de domaine disciplinaire *stricto sensu*[48], tandis que - comme l'affirme Stassinopoulos - Auby et Drago sont amenés à la même conclusion[49].

Or, sur la base des données du droit positif hellénique, quelle est la valeur de cette conception théorique ?

b. La critique

La thèse que le phénomène disciplinaire est exclusivement lié à la notion de fonctionnaire et que - en conséquence - la notion de discipline est exclusivement cantonnée dans le domaine des relations entre les fonctionnaires et l'État ne peut pas être admise, vues les données du droit hellénique.

Tout d'abord, si cette thèse est poussée à l'extrême, il nous faudrait admettre que seules les personnes jouissant d'une situation statutaire de fonctionnaire et liées juridiquement à l'État à travers elles, seraient soumises au phénomène disciplinaire et qu'en seraient donc exclues les personnes liées juridiquement par exemple à d'autres personnes morales publiques qui n'en constituent moins des dépositaires de l'autorité publique. Car, comme fonctionnaire s'entend - selon la définition technique du terme en question - la personne qui est liée exclusivement à l'État via une relation juridique spécifique[50].

---

[46] M. Letourneur, « Les principes généraux du droit dans la jurisprudence du Conseil d'État », *EDCE*, 1951, p. 25.

[47] G. Isaac, *La procédure administrative non contentieuse*, Thèse, Toulouse, 1966, p. 397.

[48] G. Morange, « Le principe des droits de la défense devant l'Administration active », *D.* 1956 *Chronique* XVIII, p. 122, qui emploie néanmoins l'adjectif « paradisciplinaire ».

[49] J. M. Auby, R. Drago, *Traité de contentieux administratif*, V. II, p. 609 ; M. Stassinopoulos, *Le droit de défense devant les autorités administratives*, *op.cit.*, p. 142, note 3.

[50] Pour une démonstration directe de la thèse susmentionnée, voir l'énoncé de l'art.1 par. 2 du Code des fonctionnaires, selon lequel « Fonctionnaires (...) sont les organes indirects, salariés de l'État », ainsi que la doctrine : E. Spiliotopoulos, *Institutions fondamentales du Droit des fonctionnaires*, *op.cit.*, p.6.

Et, car, de plus, parmi toutes les personnes qui sont liées avec l'État par une relation juridique spécifique, ne seraient soumises au phénomène disciplinaire que celles qui seraient liées avec lui avec une relation de droit public. En effet, si la notion d'agent public lié juridiquement à l'État avec une relation régie par le droit privé constitue de nos jours une réalité[51], il n'en était pas le cas à l'époque où fut élaborée la thèse théorique qui est réfutée dans le présent texte[52]. Si la logique de la thèse susmentionnée était adoptée, la relation des agents de cette catégorie avec l'État ne pourrait pas être considérée comme disciplinaire et la notion de discipline serait exclue du domaine en question. Or, cette thèse est contraire au droit positif. En effet, ce dernier, non seulement inclut dans le phénomène disciplinaire toutes les catégories d'agents qui sont liés juridiquement à une personne morale publique autre que l'État, pourvu que celle-ci porte le titre de personne morale de droit public[53], mais soumet également au même phénomène les personnes physiques qui sont liées juridiquement avec lui par une relation de droit privé, comme nous aurons l'occasion de le démontrer de manière détaillée dans la deuxième partie de la présente étude[54] [55].

---

[51] Ainsi, voir l'art. 103, par.3 de la Constitution, selon lequel des postes organiques de personnel spécialisé scientifique, technique ou auxiliaire peuvent être pourvus avec du personnel embauché avec une relation de travail régie par le droit privé.

[52] Voir à propos, d'une part CEH1430/49 qui ne reconnaît pas le statut de fonctionnaire à ceux qui, bien qu'exerçant des compétences de puissance publique, sont liés à l'État avec une relation de droit privé et, d'autre part, la doctrine : M. Dendias, *Droit Administratif*, *op. cit.*, p. 241.

[53] Cela résulte clairement de la combinaison des dispositions des articles 205-247 du Code des fonctionnaires instituant, comme nous venons de le voir, le droit disciplinaire des fonctionnaires et de l'art. 2 par. 1 al. d de ce même Code, selon lequel sont aussi soumis aux dispositions en question les agents des personnes morales de droit public.

[54] Voir à ce propos *infra* p. 133 et s. Par ailleurs, à cette occasion, nous rappelons et nous soulignons que, si nous employons le cas échéant des exemples dont nous n'avons pas vérifié l'exactitude quant au droit positif, c'est que, sinon, nous aurions dû attendre la fin de notre analyse pour employer des données dont l'importance est déterminante pour notre enquête. Néanmoins, nous soulignons que, en tout état de cause: a) nous démontrons a posteriori le caractère disciplinaire des relations concernées b) le caractère en question résulte manifestement de la lettre de la loi, là où il est explicitement question de fautes disciplinaires, de sanctions disciplinaires, de pouvoir disciplinaire, etc.

[55] De l'adoption de cette thèse résulterait une image très peu flatteuse du droit positif, vu qu'il apparaîtrait se contredisant de manière criante : car, il refuserait dans l'un des cas (relation avec l'État des agents recrutés sous une relation de travail régie par le

De plus, même si nous admettons que la théorie de Stassinopoulos n'a pas les implications que nous lui attribuons, elle ne peut tout de même pas être admise, vu qu'elle n'est pas conforme aux données du droit hellénique. En effet, comme il résulte de l'analyse de notre droit positif[56], ce dernier reconnaît un caractère disciplinaire, non seulement aux relations entre l'État et les fonctionnaires, mais aussi aux relations existant entre les étudiants et les établissements d'enseignement supérieur ou aux relations de certaines personnes morales de droit public à base corporative (par exemple les Barreaux, les Chambres des Notaires et les Ordres des médecins) avec leurs membres pour ne nous limiter qu'aux exemples cités ci-dessus.

Prétendre que dans les deux derniers cas il s'agit d'un emploi abusif de la notion de discipline ou de quasi-discipline comme le fait une partie de la doctrine - et plus particulièrement, en ce qui nous concerne, Stassinopoulos - constitue une affirmation qui ne serait valable que si elle était fondée sur les données du droit positif. Or, vu que ce dernier n'apporte dans aucun cas la preuve que le phénomène disciplinaire - entre autres dans le domaine des relations des ordres professionnels avec leurs membres ou entre les établissements d'enseignement supérieur et leurs étudiants - diffère de celui qui est constaté dans les relations entre l'État et ses fonctionnaires, il est évident qu'il ne nous est pas possible de qualifier de « para-discipline » ou de « quasi-discipline » toute manifestation du phénomène disciplinaire observée en dehors du cadre des relations existant entre l'État et les fonctionnaires[57].

---

droit privé), ce qu'il admet clairement dans un autre cas (relation des entreprises privées avec leurs salariés). En effet, le phénomène disciplinaire dans le domaine du secteur privé fait partie de la réalité juridique de notre époque. Voir, entre autres, A. Karakatsanis, *L'ordre juridique de l'exploitation*, *op.cit.* p. 267 et s., ainsi que, du même, A. Karakatsanis, *Droit du Travail*, vol. B/1, 3e édition, Athènes 1977, (en langue hellénique), p. 135 et s.

[56] Voir, pour plus de précisions, tout ce qui est exposé dans la deuxième partie de notre étude, p. 159 et s.

[57] Voir dans ce sens ce que Drago observe, à juste titre, dans son commentaire sur le CE 16 déc. 1955, Dame Bourokba, *Rec. Dalloz et Sirey*, 1956, p. 392 et s., note R. Drago. Voir aussi, quant à l'élargissement du phénomène disciplinaire : J. Mourgeon. *La répression administrative*, *op.cit.*, p. 59 et s. ; M. Lefondré, *Recherches sur les sanctions administratives et leur nature juridique*, *op.cit.*, p. 164 et s. Voir aussi, dans le domaine d'un premier élargissement, comprenant toutefois l'exercice d'un pouvoir disciplinaire sur des organes d'organismes décentralisés, G. Aggelopoulos, *Système de Droit Administratif*, 1886-1894, (en langue hellénique), p. 239 et s.

Par ailleurs, la jurisprudence du Conseil d'État hellénique - et cela dès les premières années de son existence - en soulignant l'élargissement du phénomène disciplinaire en dehors du domaine classique de sa manifestation (à savoir, la relation entre l'État et les fonctionnaires), mettait l'accent sur le fait suivant : « Vu que l'exercice du pouvoir disciplinaire, et en conséquence l'infliction de sanction disciplinaire, s'entendent, non seulement à l'encontre des agents qui sont soumis - directement ou indirectement - à la subordination hiérarchique, mais aussi à l'encontre de toute personne utilisant des établissements publics ou des services publics régis par des règlements internes spécifiques permettant la poursuite disciplinaire et prononçant la sanction disciplinaire pour les infractions aux règlements susmentionnés (…) »[58].

Conclusion : la thèse que le phénomène disciplinaire dans le cadre de l'activité de l'Administration Publique est identifié uniquement dans les relations entre l'État et les fonctionnaires n'est pas confirmée par les données du droit hellénique.

Donc, d'après tout ce qui fut mentionné plus haut, cette thèse ne pourrait pas nous permettre d'élaborer la définition du terme de « discipline ». Comme il résulte ici de l'analyse, nous sommes amenés à la même conclusion en étudiant cette fois la relation existant entre la discipline et les personnes assujetties à la relation disciplinaire qui sont caractérisées par le fait qu'elles exercent une certaine profession.

B. Discipline et qualité professionnelle des personnes assujetties à la relation disciplinaire

a. Les points de vue théoriques

La thèse que la notion de discipline est reliée juridiquement à l'exercice d'une certaine profession (médecin, avocat, notaire ou autre)

---

[58] CEH 235/31. Parallèlement, il est de cette manière démontré que la notion de discipline ne peut pas être fondée sur la donnée de la structure hiérarchique de l'Administration, puisque le phénomène disciplinaire n'est pas exclusivement observé dans les relations entre les fonctionnaires et l'État. Voir à ce propos ce qui est mentionné par la suite dans la deuxième partie de la présente étude et, plus particulièrement, p. 159 et s.

fut souvent soutenue par la doctrine, bien que non par celle de notre pays[59].

Ayant identifié le cas susmentionné, Légal et Brèthe de la Gressaye écrivent fort caractéristiquement que certains auteurs définissent le droit disciplinaire « comme le droit auquel sont soumis les membres d'une profession en vue de les contraindre à remplir les devoirs de leur charge, de leur fonction, de leur métier ou de leur travail »[60].

Baumann est amené à la même conclusion quand il écrit[61]: *"Weitgehend bekannt ist, das für bestimmte Berufsgruppen Sonderrechte bestehen, die auch eine Art Bestrafung bei Verstoss gegen die besonderen Berufspflichten ermöglichen, so gibt es ein besonderes Disziplinarrecht der Beamten, aβer auch Disziplinarrecht der Anwälte, Wirtschaftsprüfer, Apotheker und der Universitätsangehörigen".*

Lors de la Seconde Guerre mondiale, l'accent fut mis sur le lien reliant le phénomène disciplinaire au statut professionnel des personnes assujetties à la relation disciplinaire, privilégiant la conclusion que disciplinaire n'est que tout ce qui se réfère à l'accomplissement des obligations assumées par les personnes en question. Cela devint particulièrement évident dans des pays comme la France de Vichy où l'exercice de certaines professions et métiers (par exemple de ceux qui avaient comme objet l'agriculture ou la pêche maritime) acquit un caractère corporatiste, reflétant de la sorte la philosophie politique des dirigeants et rappelant fortement les corporations qui existaient avant la Révolution française[62].

La question qui resurgit dans ce cas pourrait être ainsi résumée : est-

---

[59] Dans la doctrine hellénique, du moins d'autant que nous sachions, une telle thèse ne fut jamais affirmée. Peut-être parce que les principes de l'organisation corporatiste des professions et des métiers, sur lesquels fut fondé - comme nous aurons l'occasion de le constater par la suite - un élargissement considérable du phénomène disciplinaire pendant les années de la Seconde Guerre Mondiale, n'eurent pas dans notre pays l'influence qu'ils exercèrent ailleurs. Voir néanmoins en ce sens Karanikas quand il soutient que la faute disciplinaire consiste en la violation d'un règlement appartenant à la catégorie de ceux « visant à la protection de certains intérêts ou à la promotion des intérêts d'un milieu restreint de professionnels », D. Karanikas, *Manuel de Droit Pénal, vol. A΄*, Partie générale, 2e éd, (en langue hellénique), p. 51.

[60] J. Brèthe de la Gressaye, A. Légal, « Discipline », *Répertoire de droit pénal et de procédure pénale*, vol II, Encyclopédie Dalloz, p. 2 n° 9, ainsi que tous les auteurs qui y sont cités. Voir aussi G. Maack, *Grundlagen des studentischen Disziplinarrechts*, *op.cit.* p. 84 et, enfin, M. Hartmer, *Disziplinarrecht der freien Berufe*, *op.cit.*, p.198.

[61] J. Baumann, *Strafrecht, Allgemeiner Teil*, *op.cit.* 42.

[62] Voir sur cette évolution une brève, mais édifiante récapitulation, J. Brèthe de la Gressaye, A. Légal, « Discipline », précit. dans la note 60.

elle confirmée par les données du droit hellénique la thèse que - toujours dans l'espace public - le phénomène disciplinaire caractérise exclusivement les activités de certains professionnels (médecins, avocats, pharmaciens) dont la relation avec certaines personnes morales de droit public auxquelles ils sont « affiliés » est dotée de caractère disciplinaire, comme nous venons de le souligner ? Nous répondrons par la suite à cette question.

b. La critique

Il faudrait tout d'abord admettre en ce point que la réponse à la question posée ci-dessus est négative dans la mesure où la définition proposée ne tient pas compte du cas des fonctionnaires : en effet, le phénomène disciplinaire est toujours identifié dans leurs relations avec l'État. Car ces derniers, bien qu'ils offrent leurs services à l'État ou à d'autres entités ou établissements publics sur une base professionnelle[63] - dans le sens où ils offrent leurs services contre une rémunération leur permettant de subvenir à leurs besoins - ils ne peuvent pas pour autant être considérés comme des membres des classes professionnelles au même titre que les professionnels mentionnés ci-dessus. Il est même à noter que, de manière fort caractéristique, la doctrine du droit administratif qui est adoptée par la jurisprudence des tribunaux helléniques, considère que le traitement des fonctionnaires ne constitue pas une contrepartie pour les services qu'ils offrent, mais est destiné à leur assurer un train de vie digne de leur rang[64].

Exprimant en fait une thèse similaire, Behl écrit fort caractéristiquement[65] que le droit disciplinaire des fonctionnaires *"ist kein ßerufsständisches Recht, da es den Berufsstand der Beamten nur mitellbar bettrift"*. Or, forcément, vu que le phénomène disciplinaire

---

[63] En principe au moins. L'exception concerne les cas des agents considérés comme des fonctionnaires, bien qu'ils offrent des services à l'État sans rémunération (du moins sous forme de traitement) : pilotes de mer, consuls honoraires, etc. Voir à ce propos E. Spiliotopoulos, *Institutions fondamentales du droit de la fonction publique*, *op.cit.*, p. 6 et la jurisprudence CEH 573 /60 (Ass) et 3180/67.

[64] Voir à ce propos E. Spiliotopoulos, *ibid*, p.79 et la jurisprudence CEH 1525/1966.

[65] W. Behl, *Verändertes Strafrecht, verändertes Disziplinarrecht*, Diss. Würzburg, p.1. Dans le même esprit, voir aussi, H. Behnke, *Bundesdisziplinarordnung, 2e Aufl. Kohlhammer Kommentar*, 1969 p. 61. De plus, l'impossibilité de l'assimilation des fonctionnaires aux autres professionnels est soulignée par G.Viché, *La sanction professionnelle*, *op.cit.*, p. 107, 108.

caractérise - comme nous eûmes l'occasion de le constater- les activités des fonctionnaires, la thèse examinée ici ne peut pas être admise.

De surcroît, même si nous considérions éventuellement - ignorant toutes ces objections bien fondées - que la relation reliant les fonctionnaires à l'État est de nature professionnelle et que la notion de discipline pourrait donc être fondée sur ladite donnée, même alors cette thèse n'est pas confirmée par les données du droit positif hellénique. En effet, selon ce dernier, il y a des relations auxquelles le phénomène disciplinaire est étendu, sans qu'aucun critère ne puisse permettre d'affirmer que les personnes assujetties à la relation disciplinaire ont le moindre statut professionnel. C'est le cas par exemple des sanctions disciplinaires infligées par des organes étatiques à des élus locaux (maires, conseillers municipaux, conseillers communaux, etc.) : bien que ceux-ci constituent incontestablement des organes administratifs, les personnes physiques, porteuses de la fonction organique ne pourraient aucunement être considérées comme titulaires d'un statut professionnel[66]. De même - et nous nous contenterons de ces deux exemples - le statut des élèves et des étudiants ne pourrait aucunement être qualifié de professionnel, bien que le phénomène disciplinaire soit étendu à ces personnes par l'ordre juridique hellénique[67].

Conclusion : Nous considérons que, après cette courte analyse, la conclusion s'impose d'elle-même. Dans l'ordre juridique hellénique, le phénomène disciplinaire ne peut pas être fondé sur le caractère professionnel de l'activité à laquelle s'adonnent les personnes assujetties à la relation disciplinaire. Parallèlement, il devient évident qu'une définition de la notion de « discipline » fondée sur la donnée des « personnes assujetties à la relation disciplinaire » n'est pas possible dans le droit positif hellénique.

Si en effet le champ des relations entre les fonctionnaires et l'État ou d'autres personnes morales publiques d'une part, ou entre certaines catégories de professionnels et les personnes morales publiques auxquelles ils sont « affiliés » d'autre part, constituent incontestablement un domaine dans lequel se manifeste le phénomène

---

[66] Voir sur ce point l'article 111, alinéa 1 du Code des municipalités et des communes, selon lequel la fonction du maire, de l'adjoint au maire, du président de commune, du conseiller municipal ou communal est honorifique et non rémunérée.

[67] Voir à ce propos de manière plus détaillée ce que nous mentionnons à la deuxième partie de cette étude, p. 159 et s.

disciplinaire dans le champ d'action de l'Administration publique. Cependant, ils ne constituent pas pour autant les domaines exclusifs dans lesquels se manifeste le phénomène en question et ne permettent d'ailleurs pas de donner une définition du type précité pour chacun des domaines en question.

Nous sommes donc obligés d'examiner ici, si l'étude du droit positif dans le domaine constitué par la notion de « spécificité de la relation disciplinaire » permettrait éventuellement de donner une définition pareille. Or, avant de procéder à cette démarche, nous devons impérativement répondre à une autre question posée depuis longtemps et qui pourrait être énoncée de la manière suivante : pourrions-nous qualifier de disciplinaire tout ce qui caractérise exclusivement un certain milieu de personnes - *a contrario* de l'ensemble de la population du pays par exemple - quelles que soient les personnes en question (fonctionnaires, avocats, étudiants, ou personnes appartenant à d'autres catégories) ? Ou même de qualifier de disciplinaire tout ce qui caractérise exclusivement un certain cercle d'intérêts, ce qui revient au même [68]?

Le cas échéant, la spécificité du phénomène disciplinaire serait identifiée, non dans le caractère particulier des personnes concernées par ledit phénomène, mais dans le fait exclusif que les personnes en question constituent à chaque fois un cercle distinct de personnes. Ou un cercle distinct d'intérêts, ce qui revient au même.

Comme il résulte de l'analyse, la réponse à cette question ne peut qu'être encore une fois négative. Dans le sens que –sinon- nous serions amenés à qualifier de disciplinaire tout ce qui concernerait un cercle de personnes restreint, donc toutes les règles régissant les fonctionnaires, les avocats, etc., ce qui nous conduirait automatiquement à une généralisation inadmissible. Notre tentative de définir de cette manière et avec une plus grande précision les éléments constitutifs de la discipline nous obligerait immédiatement à admettre que nous nous sommes retrouvés à notre point de départ.

Nous constatons la difficulté logique insurmontable de définir la notion de discipline à travers sa limitation et son identification dans un

---

[68] Selon Bouropoulos, Voir N. Bouropoulos, *La notion de la fonction juridictionnelle*, Athènes, 1951, (en langue hellénique), p. 185, « Le caractère spécifique des intérêts de groupe, contrairement au caractère général de l'intérêt public, constitue le facteur qui distingue le pouvoir disciplinaire des entités sociales du pouvoir de l'État visant à la répression des infractions pénales ».

cercle particulier de personnes en analysant le point de vue de Dubach – comme celui-ci nous est présenté par Henggeler[69] - qui, sans s'en rendre compte, commet une tautologie inexcusable, notamment quand il définit le droit disciplinaire comme "*die Gesamtheit der Rechtssätze (...) die der Aufrechterhaltung der Disziplin innerhalb eines besonderen Rechtskreisen dienen*".

Pour autant, cette conclusion négative ne nous impose pas – et cela ressortira clairement par la suite de notre analyse - de rejeter la thèse que la donnée de la restrictivité constitue un des éléments du droit disciplinaire. Néanmoins, avant d'examiner le point en question, il faudrait tout d'abord rechercher une définition de la notion de « discipline » dans le domaine suivant : celle de la spécificité de la relation disciplinaire.

§ 2. La spécificité de la relation disciplinaire et la notion de discipline

Avec le terme « spécificité de la relation disciplinaire », nous entendons le caractère particulier que peut avoir la relation disciplinaire en tant que relation entre deux ou plusieurs personnes. De ce point de vue, la relation disciplinaire pourrait consister par exemple en une relation de dépendance, de parité, de soumission, d'égalité, etc. Nous étudierons par la suite la possibilité de définir la notion de « discipline » en fondant notre étude sur l'élément de la spécificité de la relation disciplinaire.

a. Discipline et relation de soumission

La question principale qui est posée à ce stade de notre étude pourrait être formulée de la manière suivante : est-ce possible de qualifier la relation disciplinaire de relation de soumission - ou de domination respectivement - et de fonder sur elle, en tant que telle, le phénomène disciplinaire ? Le cas échéant, nous pourrions par exemple considérer comme discipline - sans procéder à l'examen des données substantielles - la relation entre deux personnes, lors de laquelle l'une des personnes

---

[69] O. Henggeler, *Das Disziplinarrecht der freiberuflichen Rechtsanwälte und Medizinalpersonen*, *op.cit.*, p. 5.

se trouve dans un état de soumission envers l'autre (*Unterordnung*). En outre, nous pourrions le cas échéant opérer une approche du type : « Est disciplinaire la relation qui consiste à la soumission ou à la domination de ses sujets » et nous pouvons considérer comme discipline « la situation dans laquelle les personnes assujetties à une relation entretiennent une relation fondée sur la soumission ou la domination[70]».

Poser de la sorte cette question revient à y répondre en même temps. En effet, si avec la notion de soumission (ou de domination, ce qui constitue le revers de la médaille), nous entendons seulement le cas dans lequel une certaine personne (celle qui se trouve en position de force) a la possibilité, le « pouvoir » de façonner de manière unilatérale la situation de droit, c'est-à-dire les droits et les obligations d'une autre personne (de celle qui se soumet), alors ce cas ne présente aucune spécificité sur laquelle nous pourrions considérer qu'il est possible de fonder le phénomène disciplinaire. Car, il en est de même dans tous les cas de relation entre l'administré et l'État ou une autre personne morale publique exerçant des compétences de puissance publique. Vu que les relations de ce type s'étendent actuellement à toute la gamme de l'activité étatique, dans le domaine de l'Administration publique - il suffit de songer, à titre indicatif, aux relations entre l'État et les citoyens qui se développent dans des domaines aussi variés que l'éducation, la santé, le service militaire obligatoire ou la fiscalité - il en ressort clairement que la donnée de la soumission ne peut pas caractériser une simple manifestation des relations en question qui coïncide avec le phénomène disciplinaire. La relation de soumission - ou de domination respectivement - des personnes assujetties à la relation disciplinaire n'est donc présentée que comme une manifestation plus spécifique des relations de soumission - ou de domination respectivement- observées entre les administrés et l'État ou les autres entités exerçant des compétences de puissance publique.

---

[70] Une telle approche est par exemple adoptée par Oikonomou, voir D. Oikonomou, *Le contrôle disciplinaire des fonctionnaires administratifs*, *op.cit.*, p. 9 : « Par conséquent, la discipline n'est que le fait de se conformer aux instructions et aux ordres de la hiérarchie, à travers la soumission de tout subalterne à tout supérieur : il en résulte de la sorte le pouvoir disciplinaire du deuxième et, respectivement, la responsabilité disciplinaire du premier ». À la différence (de taille) que, avec cette approche, la relation de soumission est observée entre organes et non entre l'État et ses organes comme dans le cas que nous analysons dans le cadre de la présente étude.

Si d'autre part avec la notion de soumission - ou de domination respectivement - nous entendons la relation dans le cadre de laquelle une certaine personne (celle qui domine) a la possibilité de prédéfinir les actions d'une autre personne (de celle qui se soumet), réussissant de plus que sa volonté l'emporte à chaque fois qu'elle le désire sur celle de la personne soumise, alors, il est évident que, d'après le droit hellénique, nous ne pouvons pas considérer que le phénomène disciplinaire puisse être fondé sur des relations de soumission (ou de domination respectivement).

Et cela, car, si nous pouvions qualifier de la sorte les relations existant entre l'État et ses organes[71], nous ne pourrions en aucun cas considérer que les relations entre l'État et les collectivités territoriales ont un caractère de ce genre, malgré le fait que le phénomène disciplinaire y est étendu avec une disposition de la Constitution[72]. Nous ne pourrions non plus identifier le caractère en question dans les relations existant entre, d'une part l'État et les personnes morales publiques et, d'autre part, les professionnels qui y sont affiliés, bien que ces relations soient - comme nous venons de le déceler et nous le prouverons par la suite - empreintes d'un caractère disciplinaire. Il est en effet évident que, si par exemple la manière dont les avocats exercent leur métier pourrait éventuellement leur faire encourir des sanctions disciplinaires, cela ne signifie pas pour autant que, en vertu des dispositions existantes, leur

---

[71] Il faut néanmoins souligner que, dans ce domaine, la donnée de « relation de soumission » ne caractérise pas exclusivement le phénomène disciplinaire, mais, plus généralement, le phénomène hiérarchique dans lequel s'intègre ce premier, du moins selon la doctrine classique du droit administratif. Ainsi, et à condition que nous réservions au phénomène hiérarchique un domaine de manifestation plus large que celui du phénomène disciplinaire, il est évident que la définition de la notion de « discipline » ne peut pas être fondée sur la donnée étudiée ici, puisqu'elle ne constitue pas une donnée qui caractérise exclusivement et uniquement le phénomène disciplinaire. À propos des notions de « hiérarchie » et de « discipline » et des relations existant entre ces deux notions, voir - entre autres - J. Rivero, *Droit administratif*, 4e éd, 1970, p. 312 et s., A. De Laubadère, *Traité élémentaire de droit administratif*, Tome I, 5e éd., 1970, p. 89 et s., E. Spiliotopoulos, *Manuel de droit administratif*, 4e éd., 1986, *op.cit.*, p.233 et s., P. Dagtoglou, *Droit administratif général*, 2e éd.,1984 (en langue hellénique), p. 351 et s. ainsi que tout ce qui sera par la suite présenté de manière détaillée, p. 134 et s.

[72] Voir l'article 102 par. 5 de la Constitution, dans lequel sont explicitement mentionnées les peines disciplinaires de mise à pied et de révocation, qui peuvent être infligées aux organes élus des collectivités territoriales.

comportement puisse être prédéfini par des ordres ou des instructions que leur adresseraient les organes de leur Barreau ou de l'État[73].

Il en est de même concernant les relations entre l'État et les organes des collectivités territoriales, sur lesquels est exercée une tutelle administrative et non un contrôle hiérarchique[74].

Pour conclure, si dans certains cas - et même si nous concédons qu'il s'agit de la majorité des cas - les relations disciplinaires paraissent être des relations de soumission (ou respectivement de domination), il est évident que nous ne pouvons pas généraliser cette thèse et fonder la définition du phénomène disciplinaire sur cette donnée, dans la mesure où - comme il fut plus haut démontré - cette donnée est manifestement absente dans d'autres cas.

Nous sommes donc obligés de rechercher la définition de la notion de discipline dans l'essence, dans le contenu de la relation disciplinaire. Néanmoins, avant de procéder à cette démarche, nous devons nous demander et examiner si la notion de discipline pourrait éventuellement être définie en référence à la notion de relations de pouvoir spécifiques (*besondere Gewaltverhältnisse*) que la doctrine allemande rattache notamment au phénomène disciplinaire comme nous aurons par la suite l'occasion de le constater ; nous considérons que cet examen pourrait être intégré à la présente partie de notre étude, vu qu'il concerne en fin de compte la nature des relations existant entre l'État d'une part et les autres personnes morales publiques et les administrés d'autre part.

b. La notion de discipline et les relations de pouvoir spécifiques (*besondere Gewaltverhältnisse*)

La doctrine allemande procède traditionnellement à la distinction entre, d'une part les relations de pouvoir générales (*Allgemeine Gewaltverhältnisse*), désignant les relations de tous les citoyens sans distinction avec l'État ou les autres personnes morales publiques

---

[73] Les relations entre l'avocat et son client (mandant) sont dépourvues de caractère disciplinaire, même si le premier est rémunéré avec des honoraires forfaitaires périodiques fixes, S. Tsatsonis, *Le droit disciplinaire des avocats*, Athènes, 1970, (en langue hellénique), p. 48.

[74] Voir à ce propos E. Spiliotopoulos, *Manuel de droit administratif, op.cit.* p. 301 et s., ainsi que l'article 102 par. 5 de la Constitution, selon lequel la tutelle exercée par l'État sur les collectivités territoriales ne doit pas empêcher leurs initiatives et la liberté de leur action.

exerçant des compétences de puissance publique et, d'autre part, les relations de pouvoir spécifiques (*Besondere Gewaltverhältnisse*), qui désignent les relations qu'entretiennent avec l'État ou les autres personnes morales publiques exerçant des compétences de puissance publique certaines catégories de citoyens (par exemple les fonctionnaires, les étudiants, les détenus, etc.), qui sont liées aux autorités par certains liens particuliers[75].

La question qui en résulte en ce point pourrait être formulée de la manière suivante : Est-ce possible de relier le phénomène disciplinaire à la notion de *Besondere Gewaltverhältnisse* comme le fait si souvent la doctrine[76], de manière que soit valable une définition du type « est disciplinaire et réalise le phénomène disciplinaire toute relation avec l'État des personnes qui sont reliées avec lui par des relations de pouvoir spécifiques » ?

En guise d'introduction, il faudrait souligner ici que la théorie des relations de pouvoir spécifiques n'a pas été adoptée par le droit positif hellénique, car elle entraîne une faille à la légalité des actes administratifs, faille que l'ordre juridique hellénique n'admet pas[77]. Donc, malgré le fait que la jurisprudence des tribunaux helléniques et la doctrine hellénique[78] flirtent parfois avec cette théorie, celle-ci ne reflète pas les thèses admises par le droit hellénique.

---

[75] À propos de ces notions, voir aussi C.H. Ule, *Gewaltverhältnis, besonderes in Evangelisches Staaslexikon*, 2e Aufl. p. 862 et les auteurs qui y sont cités ; du même auteur, C.H. Ule, *Das besondere Gewaltverhältnis* VVDStRL, Heft 15 (1957), p.133 et s., H. Krüger, *Das besondere Gewaltverhältnis* VVDStRL, Heft 15 (1957,p. 109 et s.; enfin –à travers une approche différente, « sociologique » - E.W. Luthe, *Besonderes Gewaltverhältnis und "Sachstrukturen" - Ein Beitrag zur Theorie des besonderes Gewaltverhältnisses* - DVB1, 1986, p. 440 et s. ; quant à la doctrine hellénique, voir A. Pantelis, *Questions de réserve constitutionnelle*, 1984, (en langue hellénique), p.113 et s., P. Dagtoglou, *Droit Administratif Géneral*, *op.cit.* p. 107 et s., I. Kyriakopoulos, *Droit administratif hellénique, B΄(Partie Générale)*, 4e édition, 1961, (en langue hellénique), p. 274 et s. Voir sur le même sujet, dans un contexte différent cependant, *infra* p. 166 et s.

[76] Voir, à titre indicatif, C. Portner, *Die Anstaltsgewalt öffentlichen Schulen mit Beispielen aus dem zürcherischen Recht*, *op.cit.* p. 41, Wolff-Bachof, *Verwaltungsrecht*, B. I, 9e Aufl, 1974, p. 212 (par. 32 IV C3).

[77] Voir ce qui est exposé par la suite et, plus particulièrement, la note 79.

[78] Plus récemment encore, CEH 190/86 et, quant à la doctrine, A. Tachos, *Droit des fonctionnaires*, 1985, (en langue hellénique), p. 85. Pour une revue des données du droit positif hellénique, voir A. Pantelis, *Questions de réserve constitutionnelle* (en langue hellénique), *op.cit.* p.113 et s. et plus particulièrement p. 116 et s., ainsi que la note 79 (suivante).

La notion de relations de pouvoir spécifiques fut une création de la doctrine allemande de l'époque de la monarchie constitutionnelle. Vu qu'elle laissait une grande partie de l'action de l'Administration[79] en dehors du cadre de la réserve de la loi (et donc relevant de la compétence exclusive de l'Administration), elle assurait de considérables marges d'action et de manœuvre à l'Administration

[79] La "philosophie" des relations de pouvoir spécifiques est surtout fondée sur la thèse que, là où sont instaurées des relations spécifiques entre les citoyens et l'État, autres que celles que le citoyen en tant que tel entretient avec l'État, l'Administration (dont l'action doit être normalement fondée sur la loi dans le reste des cas) peut alors agir de manière « autonome » en limitant les droits individuels, c'est-à-dire sans qu'il soit nécessaire qu'une manifestation législative préalable le lui permette. Cette construction théorique visait manifestement à réserver au profit de la monarchie allemande un champ étendu d'action « autonome », vu que -selon la doctrine allemande- seule la *Eingriffsverwaltung* nécessitait l'assistance législative pour agir légalement. Voir à propos H. Rupp, *Grundfragen der heutigen Verwaltungslehre*, 1965, p. 1 et s., D. Jesch, *Gesetz und Verwaltung*, 2 Aufl. 1968 et, de la doctrine hellénique, E. Spiliotopoulos, *Questions de compétence réglementaire de l'Administration*, 1968, (en langue hellénique), notamment p. 45 et s. Dans le cadre de l'ordre juridique hellénique, dans lequel le principe de la légalité domine sur l'action de l'Administration, cette thèse ne peut pas être admise, puisque selon le principe susmentionné - comme il est appliqué dans le droit de notre pays - l'Administration ne peut exercer des compétences de puissance publique que si elle se fonde sur la loi, que son action soit dirigée envers des particuliers ou ses propres organes ; de plus, il faut souligner que nous entendons ce dernier terme dans son sens le plus large, de manière qu'il inclue toute personne se trouvant face à l'État ou tout autre porteur public exerçant des compétences de puissance publique, soumise à une relation de pouvoir spécifique selon la doctrine allemande. Donc, dans le cadre de l'ordre juridique hellénique, l'invocation de cette doctrine qui est en train d'être abandonnée en Allemagne, n'a aucun sens et aucun intérêt, comme l'affirme fort pertinemment A. Pantelis, *Questions de réserve constitutionnelle*, *op.cit.*, p. 116 et s. Le droit hellénique par contre s'appuie sur la notion de mesures d'ordre intérieur, qui est adoptée par le droit français et qui assure incontestablement à l'Administration un champ d'action étendu. Ce dernier s'avère même dans certains cas d'importance décisive, là où pourtant n'est pas portée atteinte au statut individuel de ceux qui sont soumis aux relations de pouvoir spécifiques avec l'État, mais est tout simplement facilitée l'activité administrative. À propos de la notion en question et de sa relation avec le phénomène disciplinaire, voir tout ce qui est exposé par la suite, p. 115 et s. À propos, d'une part de la plus large thématique dans laquelle s'inscrit l'analyse précédente et, d'autre part, des différences et des ressemblances des deux institutions, voir C. H. Ule, *Das besondere Gewaltverhältnis, op.cit.*, p. 165. Quant à la thématique abordée dans le présent chapitre, voir aussi la Deuxième partie, p. 162 et s.

monarchique. Par ailleurs, cette notion est en passe d'être abandonnée même en Allemagne[80].

Quoi qu'il en soit, une chose est sûre. Si la notion de *besondere Gewaltverhältnisse* ne peut pas être fondée sur la possibilité de l'Administration d'imposer unilatéralement des réglementations - au - delà des limites d'une prévision législative concrète ou à défaut d'elle- cela ne signifie pas pour autant qu'il n'existe pas de relations juridiques spécifiques entre certaines catégories de citoyens (étudiants, soldats, fonctionnaires, etc.) et l'État. Par conséquent, la question que nous venons de poser reste sans réponse et notre analyse est par la suite invitée à démontrer si l'existence des relations en question - indépendamment des effets légaux qu'elles entraînent et de la nature de celles-ci - peut servir de base pour définir la notion de discipline.

Comme il est démontré par l'analyse du droit positif, la réponse à cette question doit être négative.

Tout d'abord, les personnes qui sont liées à l'État avec une relation spécifique ne sont pas que celles qui sont assujetties aux règles que celui-ci instaure unilatéralement : il y a aussi celles qui, non seulement ont contracté avec lui, mais qui en plus l'ont fait selon les règles du droit privé.

Pourtant, personne ne pourrait considérer comme disciplinaire la relation existant entre l'État (ou toute autre personne morale publique) et le bailleur d'un immeuble dans lequel sont logés des services administratifs ou, inversement, entre l'État et le locataire d'un bien immobilier apparentant à l'État ; et naturellement, le droit positif ne considère pas non plus pareille relation comme disciplinaire.

De plus, même si nous focalisons notre étude sur les relations spécifiques entre l'État et certaines catégories de citoyens, relations qui sont cette fois régies exclusivement par les règles du droit public - comme la doctrine allemande perçoit les choses - nous ne pourrions non plus fonder le phénomène disciplinaire sur des relations de ce type, conformément aux données du droit hellénique.

---

[80] Voir à ce propos - entre autres - M. Hartmut, *Allgemeines Verwaltungsrecht*, 4e Aufl. 1985, p. 192 et s., K. Kaiser, "Enziehungsmassnahmen und Ordnungsmassnahmen, Rechtliche Sanktionen der Schuldisziplin" *in Schulpädagogische Aspekte, H.J. Ipfling, (Hrsg.), Disziplin ohne Zwang. Begründung und Verwirklichung,* p. 50. Nous soulignons l'attitude inflexible de la jurisprudence de la Cour Constitutionnelle Fédérale allemande, qui ne laisse aucune marge à la moindre interprétation erronée et qui obligea la doctrine allemande à se replier quant au point que nous étudions. Voir à propos B.Verf.G., 33, 1.

Et cela, car, pour que nous puissions le fonder de la manière décrite ci-dessus, il faudrait que ces relations présentent un caractère spécifique et que l'existence de cette spécificité puisse être vérifiée dans tous les cas de la manifestation du phénomène disciplinaire. Une telle thèse s'avère-t-elle néanmoins valide quand elle est comparée aux données du droit hellénique ?

Tout d'abord, nous ne sommes pas en mesure de fonder le phénomène disciplinaire sur les relations entre l'État et certaines catégories de citoyens si les relations en question sont considérées comme le veut la doctrine allemande[81] - comme des relations de soumission, pour des raisons déjà citées dans l'analyse qui précéda[82].

Par la suite, nous considérons que la situation ne change pas si nous parlons ici, non de relations de pouvoir ou de soumission spécifiques, mais – comme le veut une partie de la doctrine allemande - de « relations spécifiques de droit administratif » (*Verwaltungsrechtliche Sonderverhältnisse*)[83] ou de « relations de statut spécial » (*Sonderstatusverhältnisse*)[84].

La raison en est que, si avec ce terme nous entendons tout simplement les relations régies par le droit public, il devient évident que ces relations ne sont pas en mesure de fonder le phénomène disciplinaire puisque telles sont toutes les relations créées entre l'Administration et les administrés lors de l'application de la loi, c'est-à-dire l'ensemble des cas où l'Administration agit unilatéralement. Comme il est évident, le phénomène disciplinaire serait alors fondé sur une donnée qui ne caractériserait pas uniquement - c'est-à-dire exclusivement - les rapports disciplinaires.

Donc, par exemple, bien que la relation entre l'État et la personne assujettie à la conscription soit régie par le droit public, elle n'est pas pour autant dotée de caractère disciplinaire, comme l'est par contre la relation entre l'État et la personne qui effectue son service militaire.

---

[81] Voir à ce propos C. Hesse, *Grundzüge des Verfassungsrechts der Bundesrepublik*, Deutschland, 13e Aufl., 1982, p.129.

[82] Voir *supra* p. 44 et s.

[83] Voir à ce propos, H. Wollf, O. Bachoff, *Verwaltungsrecht*, B 1, 9e Aufl 1974, p. 212 (par. 32, IVC 3).

[84] Voir à ce propos, C. Hesse, *Grundzüge des Verfassungsrechts der Bundesrepublik*, Deutschland, *op.cit.* p. 129, 130.

Vu que le terme de « pouvoir » n'exprime dans le présent cas rien de particulier, ni d'exclusif[85], si d'autre part nous souhaitons désigner avec le terme en question le phénomène de ces relations de manière plus moderne et plus substantielle - comme le font notamment les auteurs allemands précités[86]- nous revenons tout simplement au point de départ de notre analyse, et est valable – par analogie - tout ce qui fut mentionné plus haut.

Au demeurant, il ne faut pas oublier que, dans le cadre de l'ordre juridique hellénique, le phénomène disciplinaire caractérise même les relations entre l'État et les personnes qui sont liées avec lui par des règles de droit privé, ce qui n'est pas valable dans le cas de la théorie allemande des *besondere Gewaltverhältnisse*, qui présuppose des relations régies par le droit public[87].

En conclusion, en nous fondant sur les données du droit hellénique, nous ne sommes pas en mesure de corréler - pour les raisons qui furent exposées ci-dessus - le phénomène disciplinaire aux relations de pouvoir spécifiques[88].

Le temps est donc venu d'examiner la possibilité de puiser la définition de la notion de discipline dans ce que nous qualifions de « contenu de la relation disciplinaire ».

§ 3. Le contenu de la relation disciplinaire et la notion de discipline

Il faut tout d'abord considérer que la notion de « contenu de la relation disciplinaire » comprend tout ce qui constitue l'essence de la relation disciplinaire, en d'autres termes tous ses éléments constitutifs.

---

[85] Voir ici les remarques pertinentes de H. Wollf, O.Bachoff, *Verwaltungsrecht* B I p. 212 et C. Hesse, *ibid*, p. 129.

[86] Voir p. 47 et s., notamment les notes 83 et 84.

[87] Voir l'article 103 par. 3 de la Constitution, ainsi que tout ce qui est présenté par la suite, p. 144 et s.

[88] Pour autant, cela ne signifie pas que la corrélation du phénomène disciplinaire aux relations de pouvoir spécifiques, qui est soulignée par la doctrine allemande, ne nous aide pas de manière déterminante à identifier les caractéristiques de la notion de « discipline » ; néanmoins, les caractéristiques en question ne sont pas liées à la particularité des relations de pouvoir spécifiques en tant que relations, mais, exclusivement - comme nous aurons par la suite l'occasion de le constater - aux liens qu'entretiennent les personnes assujetties aux relations de pouvoir spécifique avec l'État ou d'autres personnes morales publiques. Pour plus de précisions, voir à ce propos tout ce qui est présenté par la suite, p. 88 et s.

L'approche du contenu substantiel de la relation disciplinaire coïncide totalement avec l'identification des éléments qui définissent sa spécificité.

À son tour, la spécificité en question peut être recherchée, comme il en résulte de l'analyse, dans deux domaines.

Soit dans le domaine de la dimension sanctionnatrice de la relation disciplinaire, dans lequel le phénomène disciplinaire est identifié en tant que réaction sous forme d'infliction d'un mal (sanction) contre un agissement que l'ordre juridique n'admet pas, en d'autres termes reprouve (A) ; soit dans le domaine de la dimension substantielle de la relation disciplinaire, là où le phénomène disciplinaire est identifié en tant que définition du comportement que certaines personnes doivent adopter, vu que cela est exigé par les nécessités de l'ordre juridique et que tout manquement éventuel entraîne l'infliction de sanctions, donc l'activation de la dimension sanctionnatrice du rapport disciplinaire (B)[89].

A. La dimension sanctionnatrice de la relation disciplinaire et la notion de discipline

Rechercher la spécificité de la relation disciplinaire dans le domaine de sa dimension sanctionnatrice implique, évidemment, d'identifier les données qui constituent la dimension en question dans le droit positif. Nous chercherons donc ces données dans un premier paragraphe (a) pour examiner par la suite si les résultats de notre analyse nous permettent de formuler une définition de la notion de discipline (b).

---

[89] Cependant, la spécificité en question n'a aucun rapport avec la spécificité de la relation disciplinaire que nous venons d'examiner dans le paragraphe précédent. En effet, ce que nous y recherchions, c'était de savoir si la relation disciplinaire - en tant que relation entre deux personnes, en tant que relation statique - faisait ressortir un caractère particulier. Par contre, ce que nous recherchons dans le présent paragraphe, c'est de savoir si un caractère de ce type peut éventuellement être identifié dans les droits et les obligations qui se développent entre les personnes assujetties à la relation disciplinaire, c'est-à-dire dans le domaine dynamique de la relation disciplinaire.

a. La dimension sanctionnatrice de la relation disciplinaire

Tout d'abord, l'identification coïncide avec le constat que dans le droit positif sont prévus le cas échéant certaines infractions qualifiées de disciplinaires, ainsi que certaines sanctions qualifiées, elles aussi, de disciplinaires. Un exemple pertinent nous en est fourni par l'article 41, al. 1 de la loi 682/1977[90], dans lequel il est explicitement stipulé que « Toute infraction - résultant d'un acte positif fautif ou d'une abstention fautive- aux dispositions en vigueur concernant l'enseignement privé, de la part des propriétaires d'établissements d'enseignement privé, des directeurs d'établissement ou des enseignants, dans leur domaine de responsabilité respectif, est constitutive d'un délit disciplinaire encourant le cas échéant les peines prévues dans l'article suivant » ; cette disposition est combinée à l'article 42, par. 1 de cette même loi, qui fixe les peines encourues[91].

Le cas susmentionné - dont on pourrait affirmer qu'il constitue la forme typique de la manifestation de la dimension sanctionnatrice de la relation disciplinaire[92] - peut acquérir un caractère encore plus représentatif lorsque les dispositions se référant aux infractions et aux sanctions disciplinaires ne se contentent pas seulement du binôme infraction-sanction ou des prolongements qui s'avèrent nécessaires pour assurer ce couplage ou qui résultent de celui-ci : en effet, est établi tout un ensemble de règles qui est généralement désigné sous le terme de « droit disciplinaire ».

---

[90] Loi 682/1977 « Portant dispositions relatives aux écoles privées d'Enseignement général et aux Internats scolaires ».

[91] Article 42 de la Loi 682/1977 portant le titre « Peines encourues ». Dans le par. 1 il est stipulé que : « Sanctions disciplinaires. A. Prononcées à l'encontre des propriétaires d'établissements d'enseignement privé : a) blâme écrit, b) amende jusqu'à 200.000 drachmes. c) (…) d) (…) B. Prononcées à l'encontre des enseignants : a) blâme écrit, b) amende jusqu'à la hauteur de 3 mois de salaire. c) (…) d) (…) ».

[92] Dans sa forme la plus simple, elle apparaît en tant que simple binôme, infraction-sanction, sans référence quelconque à d'autres éléments. Voir ainsi CE (hel) 280/36 (Ass), dans lequel on peut lire : « Vu que des dispositions en question (il s'agissait de l'article 26 de la Loi 5607/1932, qui donnait le pouvoir au ministre de l'Hygiène d'infliger une amende de 5-10.000 drachmes aux grossistes - répartiteurs vendant des médicaments à des particuliers) il résulte que le législateur, pour sanctionner les infractions à la loi pharmaceutique, instaura, d'une part la peine principale infligée par le tribunal et, d'autre part, parallèlement à celle-ci, la sanction administrative disciplinaire infligée par le ministre de l'Hygiène ».

Cela se passe par exemple dans le domaine des relations entre l'État et les fonctionnaires, avec les articles 205-247 du Code des fonctionnaires qui constituent la huitième partie dudit Code sous le titre « droit disciplinaire » et qui régissent limitativement la manière et les conditions de la réaction disciplinaire sanctionnatrice à l'encontre des infractions disciplinaires.

Le cas examiné ci-dessus ne constitue pas pour autant le seul cas dans lequel fut repérée par notre analyse la dimension sanctionnatrice de la relation disciplinaire dans le droit positif. Il arrive en effet que ce dernier caractérise de disciplinaire une certaine relation, bien qu'une telle qualification n'existe pas dans le texte de la loi lui-même. Un exemple caractéristique nous en est fourni par l'article 1, par.2 de la Loi 3968/1929[93] stipulant que le ministre des Transports peut sanctionner et même révoquer les membres titulaires nommés - et même les membres élus - des Commissions de Port pendant leur mandat s'ils commettent des fautes punissables ou s'ils s'avèrent - de quelque manière que ce soit, directement ou indirectement - incompétents ou s'ils portent préjudice aux intérêts des Bureaux portuaires. Bien que l'article en question n'eut pas mentionné de sanctions disciplinaires ou d'infractions disciplinaires, la jurisprudence considéra que ses dispositions fondent le phénomène disciplinaire[94].

Selon l'arrêt 862/38 du Conseil d'État hellénique, « vu que le motif formulé dans la requête - à savoir que les griefs reprochés au requérant ne constituent pas de faute encourant une sanction disciplinaire - s'avère dénué de fondement, puisque de la conclusion de l'enquête administrative effectuée, ainsi que d' autres pièces du dossier, il résulte que le requérant a commis les actes et les manquements susmentionnés qui, ayant été préjudiciables pour les intérêts du Bureau portuaire, pouvaient encourir la peine qui fut infligée au requérant, à savoir la révocation, conformément à l'article 1 de la Loi 3968 ».

Certes, le plus souvent, dans les cas où la relation formelle entre l'infraction disciplinaire et la sanction disciplinaire est absente, la jurisprudence n'utilise pas le terme de « discipline », préférant ainsi recourir à d'autres termes (par exemple mesures administratives, mesures d'ordre juridique interne, etc.).

De ce point de vue en est caractéristique la formulation de l'arrêt CEH 651/72, dans lequel la Cour suprême administrative jugea qu'un

---

93 Loi 3968/1929 « De la ratification du Décret législatif du 23/30 septembre 1925 (...) ».

94 CEH 862/38 (Ass.).

fonctionnaire auquel son supérieur adressa un avertissement pour fait sérieux ne devait pas être préalablement appelé à présenter sa défense, car, - comme il est mentionné dans l'arrêt - « il ne s'agit pas de procédure disciplinaire, mais d'une mesure interne visant au maintien de l'ordre au sein du service et du bon fonctionnement de celui-ci[95] ».

Néanmoins, en fait, cette attitude de la jurisprudence ne signifie pas pour autant qu'elle refuse le phénomène disciplinaire dans le cas en question.

Comme il l'admet l'arrêt lui-même, vu que le comportement qui entraîna l'avertissement pour fait sérieux causa des perturbations du fonctionnement du service - et est par conséquent lié au phénomène disciplinaire, comme nous le constaterons par la suite, mais aussi comme l'observation la plus commune le révèle - il est évident que la Cour refuse le caractère disciplinaire de la mesure pour la simple et seule raison que celle-ci ne s'inscrit pas dans une procédure aboutissant à l'infliction de sanctions, c'est-à-dire à l'activation du phénomène disciplinaire dans le domaine sanctionnateur[96].

Or, si l'analyse du droit positif révèle l'existence de la dimension sanctionnatrice de la relation disciplinaire, quelle est la contribution de cet élément à la définition de la notion de discipline ?

b. Dimension sanctionnatrice et essence du phénomène disciplinaire

Comme il résulte clairement de l'analyse qui précéda, basée sur la dimension sanctionnatrice de la relation disciplinaire, le caractère disciplinaire consiste en tout ce qui se réfère à la réaction juridique - aussi bien qu'à la procédure débouchant à celle-ci - contre l'infraction, à savoir aux sanctions infligées à la personne fautive en raison de l'infraction qu'elle a commise. Et, évidemment, au comportement (infraction disciplinaire) qui rend possible l'infliction des sanctions susmentionnées.

---

[95] Dans le même esprit, voir CEH 2942/1964 (Ass).

[96] Pour une évaluation plus précise de l'intérêt que présente cette prise de position de la jurisprudence pour la définition du contenu de la « discipline », voir la suite de notre recherche, p.121 et s.

« Cette sanction - dit Duguit[97] se référant aux sanctions infligées dans le but de la préservation du bon fonctionnement d'une Administration - les législations positives l'ont toutes organisée plus ou moins complètement, c'est la discipline qui se traduit dans les actes disciplinaires. On peut la définir d'une manière générale, les décisions d'un fonctionnaire frappant un autre fonctionnaire d'une certaine répression pour faute commise dans l'exercice de ses fonctions ou pouvant réagir sur l'exercice de ses fonctions ».

Comme il est évident, en se fondant sur ces données, nous ne sommes pas en mesure d'aboutir à une définition de la notion de « discipline » basée sur des critères substantiels, vu que ce qui résulte ici de l'analyse, ou ce qui pourrait en résulter - du moins directement - ce n'est pas ce que c'est la discipline, mais quand (en d'autres termes sous quelles conditions) peuvent être imposées des sanctions disciplinaires à certaines personnes.

Sans s'intéresser à l'essence du phénomène disciplinaire, le droit positif ne focalise dans le présent cas que sur le couple infraction-sanction, en d'autres termes sur le domaine de l'activation du phénomène disciplinaire dans le domaine sanctionnateur, quand sont réunies les conditions prévues par la loi.

Nous sommes également amenés au même résultat négatif lorsque nous nous efforçons de trouver la réponse à une autre question similaire qui pourrait être posée maintenant.

En effet, si - après avoir identifié sa présence dans le droit positif - nous nous interrogeons en quoi consiste la relation disciplinaire, la première réponse à laquelle nous serons conduits sera que, selon les données du droit hellénique, l'essence de la relation disciplinaire consiste au fait que certaines personnes doivent subir des sanctions disciplinaires pour avoir commis des infractions disciplinaires.

Cette réponse résulte aisément des dispositions des articles 205 par. 1 et 215 par. 1 du Code des fonctionnaires ; la première définit la notion d'infraction disciplinaire pour les fonctionnaires[98], tandis que la

---

[97] L. Duguit, *L'État, les gouvernants et les agents*, vol. II, p. 462. Par ailleurs, la notion de sanction est traitée de manière très détaillée in S. Lytras, *La notion de sanction et la distinction fondamentale des sanctions, op.cit.*

[98] Article 205 par. 1 du Code des fonctionnaires, selon lequel « Constitue une infraction disciplinaire toute faute commise par un fonctionnaire dans l'exercice de ses fonctions, par acte fautif ou par omission, en violation de son devoir de fonctionnaire et pouvant lui être imputée ».

deuxième érige en devoir du juge disciplinaire la sanction de l'infraction en question[99].

Il est cependant évident que ladite prise de position, que nous connaissons par ailleurs à travers la doctrine pénale[100], ne nous fournit qu'une caractéristique - et, de plus, seulement extérieure - du phénomène disciplinaire qui focalise sur la procédure d'infliction d'une certaine sanction, en raison de la commission d'une certaine infraction.

Elle ne répond nullement à la question suivante : en quoi consiste l'essence de la relation disciplinaire, vu qu'elle ne dévoile pas les éléments constituant l'essence du phénomène disciplinaire, mais seulement ceux qui l'activent - et ceci dans un sens univoque de surcroît, celui de l'infliction de sanctions. En conséquence, l'examen des données constituant la dimension sanctionnatrice de la relation disciplinaire au vu des données du droit hellénique ne conduit, en fin de compte, à aucun résultat qui puisse nous permettre de définir la notion de discipline. Il révèle tout au plus les cas d'activation du phénomène disciplinaire dans le domaine sanctionnateur.

Si toutefois l'analyse qui précéda ne fut en mesure de nous fournir aucun résultat positif, elle put néanmoins nous indiquer le chemin que nous devons suivre dans la suite de notre recherche.

En effet, en vertu des dispositions de l'article 205 par. 1 du Code des fonctionnaires citées ci-dessus, l'infraction disciplinaire - dont la commission suffit pour déclencher, en vertu de l'article 215 du Code des fonctionnaires, le phénomène disciplinaire dans le domaine sanctionnateur - existe quand il y a une violation du devoir du fonctionnaire, fautive et imputable à son auteur.

Il devient de la sorte évident que nous pouvons valablement rechercher l'essence de la discipline dans l'élément de la « violation du devoir du fonctionnaire », avec lequel le droit positif semble relier le

---

[99] Article 215 par. 1 du Code des fonctionnaires selon lequel « La poursuite et la sanction de l'infraction disciplinaire constituent le devoir du juge disciplinaire, toute omission de sa part constituant exclusivement une infraction disciplinaire ». Voir aussi l'article 246 par. 1 du Code des fonctionnaires selon lequel « Le jugement disciplinaire rendu irrévocable est obligatoirement exécutoire ».

[100] Voir à ce propos ce qui est mentionné par N. Chorafas, *Droit pénal*, *op.cit.*, p.19 et s., quant à l'action pénale de l'État contre l'auteur d'un certain délit, consistant précisément à la prétention de l'État que le tribunal déclare celui-ci coupable et le punisse en lui infligeant la peine prévue par la loi.

phénomène disciplinaire dans le domaine des relations entre l'État et les fonctionnaires[101].

Vu que le terme de « devoir du fonctionnaire » révèle l'existence d'un contenu intérieur, cette recherche nous conduit directement à cerner et à examiner la dimension substantielle de la relation disciplinaire.

B. La dimension substantielle de la relation disciplinaire et la notion de discipline

Avant d'entreprendre d'identifier quelle est la contribution de l'élément « dimension substantielle de la relation disciplinaire » à la définition de la notion de « discipline » (Unité B), il faut identifier l'existence de l'élément en question dans le droit positif et définir son contenu (Unité A).

Cette double approche, d'une part est jugée nécessaire pour obtenir une réponse positive à la question qui constitue l'objet de notre recherche et, de l'autre, il est évident qu'elle définit la manière dont nous allons procéder par la suite.

Unité A. La dimension substantielle de la relation disciplinaire

La reconnaissance de la dimension substantielle de la relation disciplinaire par le droit positif implique, naturellement, une analyse de la part de ce dernier axée sur la question suivante : existe-t-elle dans le droit positif une telle notion et, si oui, quel est son contenu ? Nous procéderons à cette approche dans un premier paragraphe (a).

Néanmoins, vu qu'il s'avère d'importance fondamentale de tenir compte du point de vue de la doctrine, nous consacrerons par la suite un deuxième paragraphe à cette question (b).

---

[101] Si la notion de discipline constitue dans le droit positif hellénique une catégorie particulière, il est évident que nous devons rencontrer ses traits spécifiques dans tous les cas dans lesquels nous identifions le phénomène disciplinaire. De ce point de vue, il devient clair que notre démarche – pénétrant dans la notion de discipline à travers l'observation du phénomène disciplinaire, de préférence dans le domaine des rapports entre l'État et les fonctionnaires, mais non exclusivement - ne pose absolument aucun problème. Il nous incombe seulement le devoir supplémentaire de prouver que les conclusions auxquelles nous serons éventuellement conduits sont valables plus généralement pour l'ensemble du domaine dans lequel se manifeste le phénomène disciplinaire.

a. Relation disciplinaire substantielle et droit positif

De l'analyse qui précéda résulte clairement que le phénomène disciplinaire est identifié en tant que réaction sanctionnatrice à l'encontre d'un comportement désapprouvé par l'ordre juridique. Comme il en résulte par la suite de l'analyse du droit positif, il est également identifié en tant qu'obligation de certaines personnes de se conformer au comportement que l'ordre juridique attend d'elles dans certaines circonstances[102].

Cette dimension de la relation disciplinaire que nous pourrions qualifier de substantielle, résulte en premier lieu du seul fait que le droit positif prévoit des sanctions disciplinaires. En effet, du fait que les personnes qui sont obligées par la « loi[103] » d'adopter un comportement particulier ne sont pas punies si elles se conforment à cette obligation, il résulte clairement que dans ce cas il n'y a la moindre activation de la dimension sanctionnatrice de la relation disciplinaire[104]. Il serait pourtant absurde d'affirmer que dans ce cas il n'y a pas de relation disciplinaire et que celle-ci ne naît que lors de la commission d'une certaine infraction entraînant l'infliction d'une certaine sanction. Dans une telle perspective, il devient évident que la disposition par exemple de l'article 1 par. 2 du Code des fonctionnaires, selon laquelle - comme on eut l'occasion de le voir plus haut - « les fonctionnaires sont

[102] Ou - en examinant les choses d'un point de vue différent - en tant que détermination par l'ordre juridique du comportement que certaines personnes doivent adopter, car les nécessités de l'ordre juridique l'exigent. Avec le terme d'« ordre juridique » nous entendons ici cette « organisation » dont découlent les règles qui régissent la vie des membres d'une société. Il pourrait également être question de l'État ou du pouvoir politique. Vu que les « prescriptions » du pouvoir politique, de l'État, sont exprimées à travers des règles de droit, il s'avère aisé de procéder à l'association de l'ordre juridique et de l'État. D'ailleurs, cette thèse n'est que la quintessence de la théorie kelsenienne de l'État ; voir à ce propos H. Kelsen, *Théorie pure du droit,* traduction française de la 2e édition de Reine Rechtslehre par C. Eisenmann, Paris, 1962, et plus particulièrement p. 378 et s., p. 417 et s.

[103] Avec le terme « la loi » nous entendons ici l'ordre juridique en tant qu'ensemble de règles de droit qui peut être exprimé le cas échéant à travers des lois formelles, des actes administratifs réglementaires, etc.

[104] Dans ce cas, la dimension sanctionnatrice est exclusivement identifiée dans le domaine abstrait de l'institution par la loi d'une certaine sanction quand concourent les conditions d'une infraction punie par la loi.

assujettis à une relation disciplinaire envers l'État » n'aurait aucun sens. Cette divergence devient encore plus marquée dans le cas des pays où ce sont les tribunaux qui infligent les peines disciplinaires. En nous cantonnant exclusivement dans le contenu sanctionnateur du rapport disciplinaire, nous nous trouverions dans l'obligation de considérer que, dans ce cas, la relation disciplinaire n'existe qu'entre l'organe infligeant la sanction et le fonctionnaire puni, et non entre ce dernier et l'État ; cela serait absurde[105].

Cette même dimension résulte de manière encore plus claire dans les cas où la sanction disciplinaire sanctionne, non seulement un comportement précis, suivant le modèle des dispositions pénales[106], mais aussi un comportement décrit dans une clause générale, dans laquelle n'est pas défini une conduite précise, mais en fait toute une attitude. Comme l'illustre l'arrêt Amestoy du Conseil d'État français[107], sauf disposition contraire de caractère législatif ou réglementaire, les juridictions disciplinaires des Ordres des médecins, quand elles siègent pour juger une plainte déposée à l'encontre d'un médecin exerçant la profession, peuvent légalement - à condition d'assurer à l'intéressé le droit de se défendre - se saisir « de l'ensemble du comportement professionnel de ce praticien et ne sont pas tenues de limiter leur examen aux seuls faits dénoncés par la plainte ».

L'article 62 de la Loi 3601/28 (précité), dans lequel sont définis les devoirs du pharmacien, nous fournit également un autre exemple caractéristique : « Tout pharmacien est tenu d'exercer consciencieusement sa profession, de se conformer aux lois en vigueur et de se montrer digne de l'estime qu'exige l'exercice de sa profession,

---

[105] La même analogie nous est fournie par la relation existant entre un fonctionnaire et le Conseil d'État hellénique qui, saisi par un fonctionnaire, peut lui infliger une sanction disciplinaire différente de celle qui lui fut infligée par l'organe administratif compétent. Voir à ce propos CEH 3006/80.

[106] Concernant la différenciation en ce point du phénomène pénal et du phénomène disciplinaire, voir, entre autres, C. Fthenakis, *Système de droit des fonctionnaires (selon le Code), vol. C, op.cit.*, p. 131 et s, T. Tsatsos, « Esquisse de principes généraux du droit disciplinaire », précit., p. 75 et s. (plus particulièrement p. 81 et s.), S. Andreadis, *Eléments de droit administratif*, 1956, p. 428 et s. (en langue hellénique), D. Oikonomou, *Le contrôle disciplinaire des fonctionnaires administratifs*, op.cit. p. 22 et s. De la doctrine juridique prévalant dans d'autres pays, voir K. Behnke, *Bundesdisziplinarordnung, op.cit.*, p. 59 et s., S. Salon, *Délinquance et répression disciplinaires dans la fonction publique, op.cit.* p. 47 e s., K. Dau, *Der Begriff des Dienstvergehens und sein Verhältnis zum Straftatbestand,* DVB1, 1968, p. 62 et s.

[107] CE 8 juin 1956, *Amestoy, Rec.* p. 240.

tant lors de l'exercice de ladite profession que dans toutes ses autres relations »[108].

Nous pouvons aussi considérer que les cas sous - mentionnés figurent également parmi ceux qui confirment l'existence dans le droit positif d'une telle dimension du rapport disciplinaire :

Premièrement celui où, bien que la commission de l'infraction disciplinaire existe ou soit présumée, l'organe compétent n'engage pas de procédure d'infraction pour infliger la sanction prévue[109]. Dans ce cas, en fait, il ne peut pas être question de dimension sanctionnatrice de la relation disciplinaire, étant donné que la procédure d'infliction de sanction ne fut même pas engagée. D'autant plus que tout cela se passe malgré le fait que nous sommes témoins de la manifestation du phénomène disciplinaire[110].

Par la suite - et cela illustre encore plus clairement la dimension substantielle de la relation disciplinaire - le cas où la réaction à l'encontre d'une certaine infraction n'est pas exprimée à travers une réponse standardisée intégrée dans un binôme « institutionnalisé » de type infraction - sanction, mais à travers une action ne pouvant pas être intégrée dans le couplage susmentionné, sans pour autant qu'il soit facile de contester son caractère disciplinaire. En voici un cas

---

[108] Bien que, de manière plus indirecte, le paragraphe 2 de l'article 205 du Code des fonctionnaires aille en fait dans le même sens dans sa description des obligations du fonctionnaire, notion à laquelle nous nous sommes déjà référés.

[109] Cette possibilité est offerte dans le cadre du droit de la fonction publique par le par. 2 de l'article 215 du Code des fonctionnaires, selon lequel la poursuite disciplinaire pour les infractions n'encourant qu'un blâme est laissée à la discrétion de l'organe compétent.

[110] On pourrait certes objecter que ledit cas s'inscrit dans la dimension sanctionnatrice de la relation disciplinaire, à la seule différence près qu'il n'y a pas ici d'infliction de sanction. Cet argument est logique, car fondé sur le fait que dans la dimension sanctionnatrice de la relation disciplinaire s'inscrit - comme nous venons de le voir - tout ce qui se réfère aux conditions de l'infliction d'une sanction (disciplinaire). Néanmoins, la différence réside au fait que, dans le cas analysé, il n'y a pas d'activation de la relation disciplinaire dans le champ sanctionnateur, puisqu'une telle activation implique l'ouverture d'une poursuite disciplinaire, dont il n'est pas –par définition - question. En outre, dans le champ sanctionnateur de la relation disciplinaire - du point de vue sémantique du moins - est intégré tout ce qui a trait avec l'infliction d'une certaine sanction ; pourtant, de sanction, ici il n'y en a point. Du point de vue sémantique toujours, la base d'un comportement pouvant conduire à l'infliction d'une sanction, mais qui n'y conduit finalement point, constitue une autre dimension de la relation afférente que nous appelons substantielle; sans elle, une donnée resterait incomplète. La suite de notre analyse éclairera mieux cette thèse.

caractéristique : les « remarques » adressées à un fonctionnaire par son supérieur, en raison d'un certain comportement dont il a fait preuve : bien que les « remarques » en question ne constituent pas de sanctions disciplinaires dans la mesure où il ne s'agit pas de réponse standardisée à un certain comportement standardisé, elles font néanmoins indiscutablement partie du phénomène disciplinaire[111] [112].

Il est à noter que ce cas est d'autant plus caractéristique, puisqu'il dissocie la dimension sanctionnatrice de la relation disciplinaire de sa relation substantielle, ce qui n'est pas toujours facile à réaliser[113], vu que la relation sanctionnatrice n'est activée que lorsqu'elle est précédée

---

[111] Voir à ce propos CEH 2942/1964 (Ass).

[112] Nous pouvons affirmer la même chose quant aux mesures préventives prises par les autorités portuaires pour réguler le trafic et les travaux effectués dans la zone du port, en vertu des dispositions de la législation y afférente (voir à ce propos l'art. 1 par.1 de la Loi codifiée 499/1947, Décret royal 9.5.1948) ; bien que les mesures susmentionnées soient privées de caractère sanctionnateur - à savoir de réponse standardisée à un comportement apparenté à une infraction - leur non-respect peut néanmoins entraîner l'infliction de sanctions disciplinaires. Voir aussi à ce propos CEH 1333/63 (Ass). Ce phénomène est bien plus clairement identifié par l'arrêt Roland du Conseil d'État français, Roland CE 4 nov. 1960 *Rec.* p. 602, dans lequel la Cour administrative suprême française a qualifié une certaine mesure (la mention dans le dossier individuel d'un fonctionnaire d'un acte du préfet dans lequel était exprimé son vif mécontentement pour certains agissements du fonctionnaire) de disciplinaire, malgré le fait que ladite mesure n'était pas comprise parmi les sanctions disciplinaires pouvant être infligées aux fonctionnaires en vertu de la loi. Voir aussi à ce propos Casanova CE 4 déc. 1953, p. 708, ainsi que Vigne CE 4 déc. 1935 *Rec.* p. 1133.

[113] Au fur et à mesure que notre analyse progresse, il deviendra clair ce que nous soulignons ici et que nous avons déjà indirectement affirmé pour éviter que certaines objections soient soulevées : que la dimension sanctionnatrice de la relation disciplinaire n'est pas privée de contenu substantiel, vu que l'infraction (la condition de l'activation du phénomène disciplinaire sanctionnateur) n'existe que quand une personne fait preuve d'un comportement contraire à celui exigé par la loi. Ainsi, le contenu du comportement en question apparaît, d'une part comme la condition de l'activation du phénomène sanctionnateur - et donc absolument lié à la dimension sanctionnatrice de la relation disciplinaire - et, d'autre part, dans la mesure où son existence est vérifiée, comme la donnée sur laquelle est fondée la relation disciplinaire qui est ainsi identifiée, sous une nouvelle dimension, que nous venons d'appeler substantielle. Néanmoins, l'analyse qui précéda démontra clairement que la dimension substantielle de la relation disciplinaire ne coïncide pas toujours avec les conditions substantielles de l'activation du phénomène sanctionnateur, vu qu'un certain comportement, malgré son caractère disciplinaire incontestable, n'active pas toujours le phénomène en question.

d'un comportement consistant au contraire du comportement dont il faut faire preuve d'après les dispositions du droit.

Dans le présent stade de notre étude, l'existence de la dimension substantielle de la relation disciplinaire doit être considérée comme fondée. Quelle est, cependant, l'opinion de la doctrine sur ce point?

b. Doctrine et relation disciplinaire substantielle

La doctrine focalise ordinairement sur la dimension sanctionnatrice de la relation de discipline, vu que celle-ci constitue comme nous venons de le constater la donnée directe et visible du droit positif, ignorant - sciemment ou inconsciemment - toute autre dimension. Ainsi, en plus de Duguit, dont nous avons déjà mentionné le point de vue dans le paragraphe précédent, Nézard se cantonne - lui aussi - dans la dimension sanctionnatrice de la relation disciplinaire quand il écrit[114] que « le droit disciplinaire est l'ensemble des règles qui organisent la répression des fautes professionnelles », suivi de Légal et de Brèthe de la Gressaye pour lesquels[115] la discipline consiste en « l'ensemble des règles qui ont pour objet de réprimer la violation de leurs devoirs par les membres d'un corps, et de sauvegarder ainsi en sanctionnant leurs écarts de conduite, l'intérêt collectif de ce corps ».

Quant à la doctrine hellénique, dans la même vision étroite se cantonne Stassinopoulos, comme il est facile de le constater en recourant à son œuvre[116]. Nous considérons que nous pouvons nous en tenir aux exemples susmentionnés.

Néanmoins, il ne faudrait pas pour autant affirmer que la doctrine du droit administratif n'a pas identifié la dimension substantielle de la relation disciplinaire et qu'elle a focalisé seulement sur les cas de l'activation du phénomène disciplinaire dans le champ sanctionnateur. Même si cela n'est observé que rarement, parfois sans que soient même réalisées les conséquences découlant de l'identification de cette dimension, une telle affirmation serait inexacte.

Ainsi, même pour Nézard, la discipline consiste en l'ensemble des règles « qui régissent un groupement social, qui assujettissent chacun de ses membres à des obligations spéciales distinctes des obligations

---

[114] H. Nézard, *Les principes généraux du droit disciplinaire*, *op.cit.*, p. 9.

[115] J. Brèthe de la Gressaye, A. Légal, « Discipline », précit.

[116] Voir, entre autres, M. Stassinopoulos, *Cours de Droit administratif*, *op.cit.*, p. 389.

politiques de tout citoyen, afin de maintenir la considération de ce corps et de lui assurer dans l'intérêt social de sa fonction, la confiance publique »[117].

La même conclusion résulte de la thèse de Spiliotopoulos, selon laquelle la donnée de la discipline est identifiée dans le respect - de la part des personnes formant un certain groupement - de leurs obligations envers le groupement en question, dans le but d'assurer la réalisation de ses objectifs[118].

Cette dimension est identifiée même dans les thèses défendues par Rotis[119], tandis qu'elle domine dans celles de Delpérée quand il écrit que[120] « la discipline est rarement une situation. Elle ne peut pas être seulement une fin. Elle doit être une action »[121].

D'autres auteurs pourtant, du moins dans le domaine de la doctrine hellénique, ne paraissent pas avoir conscience de cette dimension de la relation disciplinaire, ou même des deux dimensions parallèles de ce terme, insistant dans la pluralité des fois à l'identifier à son contenu sanctionnateur[122].

---

[117] H. Nézard, *Les principes généraux du droit disciplinaire*, *op.cit.* p. 7.

[118] E. Spiliotopoulos, *Institutions fondamentales du droit des fonctionnaires*, *op.cit.* p. 107, note 127.

[119] V. Rotis, « L'exercice itératif du pouvoir disciplinaire », *Revue du Droit Public, (Revue hellénique en langue hellénique)*, 1966, p. 23 et notamment p. 24.

[120] F. Delpérée, « Discipline et changement dans la fonction publique », *Rec.* de jurisprudence du droit administratif et du Conseil d'État, 1969, p. 258.

[121] Pour une prise de position similaire dans le domaine du droit du travail, voir R. Müller, *Betriebs Disziplinarwesen*, Diss. 1983, p. 16 et s.

[122] Par contre, au niveau international, l'approche du champ substantiel de la relation disciplinaire effectuée par la doctrine est rendue plus facile. Cela est grandement dû à l'influence de la théorie de l'institution qui – tentant d'expliquer tout par l'idée de l'institution - est obligée d'aborder la dimension substantielle de la notion de « discipline ». Voir à ce propos J. Mourgeon, *La répression administrative*, *op.cit.* et plus particulièrement p. 53 et s., précité., et O. Mayer, *Le droit administratif allemand*, édition française IV, p. 79 quant à la question de la désapprobation ou des critiques et des reproches que le fonctionnaire reçoit de la part de son supérieur et qui sont considérés comme disciplinaires. Pour se faire une idée de cette dimension, voir aussi les commentaires J-L, K *in* CE 25 mars 1981, *ministre du Budget c/M.A. AJDA* 1982, p. 46 et s., dans lesquels le phénomène disciplinaire est identifié même dans les cas des sanctions « voilées », qui ne sont pas intégrées en tant que données dans le champ disciplinaire sanctionnateur, étant donné qu'en principe de telles mesures défavorables ne sont pas prévues par la loi. À propos de la notion de sanction déguisée, voir S. Lytras, *La notion de sanction et la distinction fondamentale des sanctions*, *op.cit.*, p. 42 et s.

Stassinopoulos en constitue l'exemple le plus caractéristique : en effet, bien qu'il identifie tous les éléments faisant partie du problème, il n'arrive jamais à relier entre eux les cas analysés plus haut, bien que découlant aisément de l'examen du droit positif : il se cantonne toujours dans une conception étroite du phénomène disciplinaire[123].

Cette même remarque est également valable pour Bouropoulos, à une différence - de taille - près : dans son œuvre, c'est le contenu substantiel de la notion qui est décrit avec une précision et une clarté absolues et non pas le contenu sanctionnateur[124].

Conclusion :

Au résultat de tout ce qui fut mentionné plus haut, la dimension substantielle de la relation de discipline constitue une donnée du droit positif hellénique et une partie au moins de la doctrine de notre pays adopte cette conclusion.

Si toutefois ce constat est conforme aux données du droit hellénique, il en naît la question suivante : quelle est la relation de cette dimension avec la notion de « discipline », dont la définition nous recherchons tout au long de cette partie de notre étude ?

La réponse à cette question sera donnée dans la suite de notre étude.

Unité B : La notion de discipline résulte des données de la dimension substantielle de la relation disciplinaire

Dans l'unité précédente, nous ne nous bornâmes pas à constater seulement l'existence de la dimension substantielle de la relation disciplinaire dans le droit positif : il apparut parallèlement que la substance de la discipline pourrait éventuellement se trouver dans cette donnée, vu que le droit positif paraissait relier le phénomène disciplinaire à tout ce qui constitue cette dimension de la relation disciplinaire, et plus précisément aux obligations pesant sur les personnes assujetties à la relation disciplinaire.

---

[123] M. Stassinopoulos, *Le droit de défense devant les autorités administratives*, *op.cit.*, p.137 et s.

[124] N. Bouropoulos, *La notion de fonction juridictionnelle*, Athènes, 1951, *op.cit.* p. 182 et s.

Or, d'après l'analyse qui précéda, quelles sont les données de la dimension substantielle de la relation disciplinaire, dans lesquelles nous pourrions rechercher la substance du phénomène disciplinaire ?

Il paraît que, a priori, on y retrouve les données suivantes :

Le but pour lequel sont instituées les obligations qui pèsent sur les personnes assujetties à la relation disciplinaire et, en conséquence, les sanctions infligées en cas de violation des obligations en question. (I) La spécificité des obligations des personnes assujetties à la relation disciplinaire envers des ensembles publics avec lesquels elles sont reliées. (II)

Nous comparerons par la suite ces données à d'autres données du droit positif de notre pays pour constater s'il nous est possible de nous appuyer sur elles pour y fonder une définition de la notion de discipline.

I. Le but de l'institution des obligations des personnes assujetties à la relation disciplinaire et la notion de discipline

Il ne serait pas exagéré d'affirmer que la thèse identifiant l'essence du phénomène disciplinaire à la finalité pour laquelle furent instituées les obligations pesant sur les personnes assujetties à la relation disciplinaire est adoptée - directement ou indirectement - par tous ceux qui sont confrontés à ce phénomène, notamment dans le champ des relations entre l'État et les fonctionnaires.

Ainsi, pour Aggelopoulos[125] - qui, par ailleurs, identifie précisément à cette donnée la spécificité du phénomène disciplinaire - la finalité du droit disciplinaire consiste à forcer les fonctionnaires à respecter rigoureusement leurs obligations professionnelles envers l'État ; cette thèse est également et immanquablement adoptée par la doctrine allemande[126].

---

[125] T. Aggelopoulos, *Droit des fonctionnaires civils en Grèce*, *op.cit.* p. 265-266. Voir également T. Iliopoulos, *Système du droit pénal hellénique, op.cit.*, p. 499, N. N. Saripolos, *Études sur les fonctionnaires*, 1906, (en langue hellénique), p. 68.

[126] Voir à ce propos P. Laband, *Das Staatsrecht des deutschen Reiches*, B 1 5e Aufl. 1911, p. 484 et s., E. Lindgen, *Handbuch des Disziplinarrechts für Beamten und Richter im Bund und Ländern*, *op.cit.*, p. 1 et s., G. Mayer, *Lehrbuch des deutschen Verwaltungsrechts*, 3e Aufl., Leipzig 1910, p. 59.

Il en est de même pour Kyriakopoulos[127] : la finalité du droit disciplinaire consiste en la préservation du bon fonctionnement de l'Administration et pour Papachatzis : l'institution de la responsabilité disciplinaire des fonctionnaires vise au maintien du bon ordre au sein des services de l'Administration[128].

Quelle est néanmoins la valeur des affirmations théoriques de la doctrine susmentionnées en comparaison avec les données de notre droit positif ?

Premièrement, nous devons ici souligner que, quand on délimite une notion de droit en se fondant sur le critère du but, il n'en résulte pas une délimitation substantielle, à savoir une délimitation fondée sur des données substantielles, pour la simple raison que le but constitue une donnée extérieure à l'acte qui ne pourrait en principe caractériser aucun acte ou action juridiques[129].

Quoi qu'il en soit néanmoins, l'analyse du droit positif démontre clairement que la notion de « discipline » ne peut être délimitée par aucun recours à toute donnée reliée, directement ou indirectement, avec tout ce qui pourrait être qualifié de finalité visant à l'institution des obligations des personnes assujetties à la relation disciplinaire, qu'il s'agisse du bon fonctionnement d'un service de l'Administration ou, plus généralement, d'un ensemble public (a), ou de la préservation de l'ordre en son sein (b), ou, enfin, de la contrainte imposée aux personnes assujetties à la relation disciplinaire (et plus particulièrement aux fonctionnaires) de respecter leurs obligations (c).

Et cela, car, ni la préservation de l'ordre, ni le bon fonctionnement d'un ensemble public et, encore moins, ni la contrainte imposée aux personnes assujetties à la relation disciplinaire de respecter leurs obligations ne peuvent pas être considérés comme une spécificité du phénomène disciplinaire.

---

[127] I. Kyriakopoulos, *Droit administratif hellénique, vol. 3, Partie spéciale,* 4e éd., 1962, *op.cit.*, p. 278.

[128] G. Papachatzis, *Système du droit administratif en vigueur en Grèce*, *op.cit.* p. 422.

[129] Sur la notion du but et de son importance pour l'analyse des données du droit positif, voir - entre autres - S. Lytras, *La notion de sanction et la distinction fondamentale des sanctions*, *op.cit.*, p. 84 et s.

a. La notion de bon fonctionnement d'un ensemble public[130] et l'essence du phénomène disciplinaire

La thèse que l'essence du phénomène disciplinaire consiste à instaurer des règles ou à prévoir des mesures dans le but d'assurer le bon fonctionnement d'un service public ou d'un ensemble public, thèse adoptée par une partie de la doctrine comme nous venons de le constater[131], ne peut pas être admise. En effet, nous pouvons affirmer sans craindre de nous tromper, que cette finalité est servie - et même bien mieux servie, vue la sévérité de la sanction infligée, selon les données du droit hellénique - par les dispositions instituant des sanctions pénales. Étant donné que l'objectif visé par ces dispositions consiste exactement à assurer le fonctionnement satisfaisant des services de l'Administration[132], il devient par conséquent évident que ledit résultat ne peut pas être considéré comme une spécificité du phénomène disciplinaire.

En outre, à lui tout seul le fait que, le cas échéant, un certain comportement est parallèlement passible de sanctions pénales, disciplinaires ou même administratives plus généralement[133], démontre

---

[130] Bien que les prises de position présentées ici se réfèrent le plus souvent à la notion de « bon fonctionnement d'un service public », il est clair qu'elles reflètent une thèse plus générale couvrant tous les cas de la manifestation du phénomène disciplinaire. De ce point de vue, nous pouvons aisément parler ici du bon fonctionnement d'un ensemble public, notion à laquelle est également intégrée, comme nous aurons l'occasion de le définir par la suite (voir p. 93 et s. et 99 et s.), celle de service de l'Administration au sens technique du terme.

[131] En plus de Kyriakopoulos, voir aussi – dans le domaine de la doctrine juridique prévalant dans d'autres pays- Binding, pour lequel, comme l'affirme Maack, voir G. Maack *Grundlagen des studentischen Disziplinarrechts, op.cit.* p. 83, l'objectif de la sanction disciplinaire consiste en "*in der Sicherung der Ordnungsmässigkeit, Würdigkheit und Reinheit der staatlichen Amtsfuhrung durch den Beamtenstand sowie in der Erhaltung seiner Funktionsfähigkeit*". Et Reuss (voir aussi G. *Maack ibid*), qui identifie la spécificité (*Besonderheit*) du droit disciplinaire des services publics à la *"Funktionssicherung des Beamtentums"*. Voir enfin R. Kugler, *Ist das Disziplinarrecht verfassungswidrig?* ZfB, 1960, p. 33.

[132] Voir ainsi les art. 235 et s. du Code pénal instituant le délit de forfaiture : la finalité poursuivie par le législateur est évidente.

[133] Comme nous l'avons ailleurs soutenu - voir S. Lytras, *La notion de sanction et la distinction fondamentale des sanctions, op.cit.*, p.115 et s.- les sanctions disciplinaires ne constituent qu'une catégorie de sanctions administratives. De ce point de vue, cette référence à la notion de sanctions administratives plus générales, a comme seul but de

la relativité de la thèse ici réfutée, vu qu'un résultat prévu avec précision et toujours identique ne peut pas être considéré comme relié à la prévision et l'infliction d'un genre de sanctions, en l'occurrence des sanctions disciplinaires[134]. Enfin, selon les mêmes données, au bon fonctionnement par exemple d'un service de l'Administration visent les actes ou les actions des organes administratifs (à titre indicatif, un décret ou un arrêté ministériel par lesquels sont restructurés - en tout ou en partie- les services centraux d'un ministère dans le but d'assurer une plus grande efficacité de leur action). Pourtant, ces opérations ne pourraient jamais être considérées comme disciplinaires, du moins selon les critères adoptés par la doctrine classique du droit administratif (dans notre pays ou ailleurs), vu que celle-ci focalise surtout sur la dimension sanctionnatrice du phénomène disciplinaire[135] [136].

Au résultat de la présente analyse, selon le droit hellénique, la donnée du bon fonctionnement d'un service de l'Administration ou d'un ensemble public n'est pas en mesure de fonder la spécificité du phénomène disciplinaire et de constituer de la sorte la base d'une définition de la notion de « discipline ». Malheureusement, cette fois, l'analyse de la relation du phénomène disciplinaire avec la notion de maintien de l'ordre au sein d'un ensemble public ou d'un service de l'Administration nous a conduits au même résultat.

---

mentionner une catégorie de sanctions qui ne dispose pas d'un caractère étroitement disciplinaire.

[134] Voir à ce propos ce que nous écrivons sur ce point in S. Lytras, *ibid*, p. 87 et s. et plus particulièrement, p. 89, note 31.

[135] Sur ce sujet particulièrement intéressant, voir - entre autres - J.L De Corail, « La distinction entre mesure disciplinaire et mesure hiérarchique dans le droit de la fonction publique », *AJDA* 1967 p. 3. Voir *infra* p. 121 et s. les cas sur lesquels s'étend, selon le droit positif, le phénomène disciplinaire, sans qu'il y soit parallèlement identifié aucun prolongement sanctionnateur ; par ailleurs, ces cas constituent également -selon les données de l'ordre juridique hellénique - la limite que le phénomène en question peut atteindre.

[136] Sur le fait que - en fin de compte - tout acte administratif est en mesure de servir l'objectif du fonctionnement régulier et efficace des services de l'État, CEH 1144/34 (Ass).

b. La notion de maintien de l'ordre au sein d'un ensemble public ou d'un service et l'essence du phénomène disciplinaire

Pour de nombreux auteurs, la donnée du maintien de l'ordre au sein d'un ensemble public ou d'un service de l'Administration est considérée comme la donnée cruciale et déterminante pour la délimitation de la notion de discipline. Comme l'écrit de manière fort caractéristique Henggeler[137] *« Es geht hier um die Erhaltung der guten Ordnung innerhalb eines besonderen Personenkreises »* et, juste un peu plus loin, page 4, *« Unter Disziplinarrecht verstehen wir somit diejenigen Rechtsnormen, durch welche gegen Verletzungen der guten Ordnung entsprechende Massnahmen angedroht »*. En outre, comme nous venons de le constater[138], Papachatzis adopta, lui aussi, cette prise de position.

D'autre part, la relation entre le phénomène disciplinaire et le maintien de l'ordre au sein d'un ensemble public ou, plus particulièrement, d'un service de l'Administration, paraît résulter également de manifestations plus concrètes du droit positif ; un exemple pertinent en constitue ici l'art. 1 par. 1 de la Loi codifiée 499/1947 (précité), selon lequel l'exercice d'un pouvoir disciplinaire sur tous ceux qui utilisent les ports, rades, baies, etc. helléniques est directement lié au maintien de l'ordre et de la tranquillité dans les endroits en question.

Quelle est cependant la valeur de ces constats sur la base des données du droit positif hellénique ?

La réponse à cette question n'est nullement difficile. Il faut néanmoins convenir à ce que nous entendons quand nous nous parlons de maintien de l'ordre.

---

[137] O. Henggeler, *Das Disziplinarrecht der freiberuflichen Rechtsanwälte und Medizinalpersonen*, *op.cit.* p. 3, ou encore, dans le même sens, *Strafgesetzbuch, Leipziger Kommentar*, Erster Band, Einleitung n° 15, 9e Aufl. 1974 et les notes y figurant.

[138] Voir plus haut, p. 68 note128. Voir aussi E. Tsouloufis, « Du délit disciplinaire de la non-perception de traitement ou d'autres émoluments de la part du fonctionnaire », *Revue du Droit Public*, 1982, (Revue hellénique et en langue hellénique), p. 323.

Si avec ce terme nous entendons la perspective d'éviter les troubles au sein du service ou de rétablir le calme après le déclenchement de troubles et d'émeutes, il est évident que cette donnée ne peut pas constituer une spécificité du phénomène disciplinaire, pour la simple raison qu'elle constitue aussi une caractéristique de la notion de Police.

En effet, selon tout ce qui est communément admis, dans la notion de Police (*Polizei*) est intégrée toute mesure prise ou action entreprise dans le but de maintenir l'ordre public, le calme et la sécurité[139].

Cependant, même si nous admettons que la notion de Police n'a rien à voir ici[140], relier le phénomène disciplinaire à la notion de maintien de l'ordre ne serait pas non plus compatible avec les données du droit positif hellénique. Et cela, car, d'après celui-ci, dans le phénomène disciplinaire sont intégrés des comportements n'ayant aucune relation – ou ayant une relation seulement exceptionnelle - avec la prévention d'une situation irrégulière au sein du service de l'Administration : par exemple, le non-accomplissement injustifié des tâches qui sont confiées au fonctionnaire[141] ou même l'exercice par celui-ci d'une activité économique privée et rémunérée sans en avoir parallèlement demandé l'autorisation[142] ; il est tout à fait évident que tout cela ne concerne aucunement le maintien de l'ordre au sein du service. Et cela

[139] Voir - entre autres - sur ce sujet, A. De Laubadère, *Traité élémentaire de droit administratif, op.cit.* p. 529 et s., E. Picard, *La notion de police administrative*, Paris, LGDJ, 1984, Drews B., Wacke G., Vogel K., Martens W. *Gefahrenabwehr*, 9e Aufl. von K. V. et W. Martens, 1986, p. 33 et s. Quant au fait que la notion de Police peut être entendue dans un sens encore plus large, de manière à inclure aussi les réglementations législatives appartenant même au domaine de la limitation des droits individuels (police législative), voir A. De Laubadère, *ibid.*

[140] Comme cela pourrait arriver dans le cas où prévaudrait la thèse que la notion de Police ne peut pas être appliquée dans le cas examiné ici, invoquant le fait que la notion en question est reliée au maintien de l'ordre public et non de l'ordre au sein d'un service de l'Administration ou d'un ensemble public, car, dans ce cas, le maintien de l'ordre ne concerne qu'eux exclusivement (*Hausrecht*). Cependant, au-delà du fait que tout ce qui se passe au sein d'un service de l'Administration peut grandement intéresser le cas échéant l'ordre public - de manière qu'il devienne impossible de distinguer à chaque fois clairement ces deux cas - cela ne signifie nullement que la notion de police n'est pas utilisée dans son sens littéral, quand il s'agit tout simplement d'un trouble limité au sein d'un service public. Sur les questions et les notions respectives que nous abordons ici, voir - entre autres - G. Nafpliotis, *Die Anstaltsgewalt und ihre Grenzen*, München 1967, p. 22 et s.

[141] Article 206 par. 1 (18) du Code des fonctionnaires.

[142] Article 77 par. 1 et 2 du Code des fonctionnaires, combiné à l'art. 205 par. 1 et 2 du même Code.

indépendamment du fait que le même résultat visent – ou qu'au même résultat aboutissent - certaines données du champ sanctionnateur pénal qui n'ont aucune relation avec le phénomène disciplinaire[143].

Il s'agit là d'arguments qui affaiblissent considérablement l'influence de certaines dispositions, telle celle de l'article 1 paragraphe 1 de la Loi codifiée 499/47 précité, qui paraît relier la notion de discipline à celle de maintien de l'ordre.

Si d'autre part avec le terme « maintien de l'ordre » nous entendons l'exécution des tâches du service sous des conditions de régularité régnant en son sein – comme il apparaît évident que cela doit se passer[144]- alors le cas que nous sommes appelés à examiner est en réalité identique à celui examiné dans le paragraphe précédent et, en conséquence, nous n'avons qu'à renvoyer à ce qui y fut soutenu.

Conclusion :

Le maintien de l'ordre au sein d'un service de l'Administration ou d'un ensemble public - entendu en tant que l'objectif des dispositions instaurant dans l'ordre juridique de notre pays les obligations des personnes assujetties à la relation disciplinaire envers les ensembles publics, auxquelles sont liées et, le cas échéant, en tant que sanctions pour le non-respect desdites obligations - ne peut pas constituer selon

---

143 Ainsi, selon l'article 160 par. 2 du Code pénal, toute personne perturbant ou empêchant délibérément la séance d'un conseil communal, municipal ou général, ainsi que de tout autre conseil ou commission des collectivités territoriales, est passible d'une peine de prison allant jusqu'à un an, soit d'une peine pécuniaire.

144 Il en est de même pour Krüger, qui, comme l'affirme Maack, G. Maack, *Grundlagen des studentischen Disziplinarrechts*, *op.cit.*, p. 96, voit le maintien de l'ordre dans les établissements universitaires se limiter *« auf den eigentlichen Lehr – und Lernbetrieb »* et non au *« Wahrung des Friedens und der inneren Einheit des civitas academica als nicht zur Selbsterhaltung der Hochschule gehörig ausdrücklich davon ausnimmt »*. Voir aussi –dans le cadre de l'ordre juridique hellénique cette fois- l'arrêt CEH 2522/66, selon lequel la sanction disciplinaire est infligée uniquement et exclusivement dans l'intérêt du service de l'Administration, « visant plus particulièrement à la consolidation de l'ordre en son sein » et CEH 3807/73, selon lequel la poursuite disciplinaire et la sanction infligée à un fonctionnaire « sont effectuées uniquement et exclusivement dans l'intérêt du service public, visant à la consolidation de l'ordre en son sein, sans viser la satisfaction d'un tiers – fonctionnaire ou particulier- qui serait éventuellement lésé par la faute disciplinaire ; celui-ci serait privé d'intérêt légal pour déposer un recours pour excès de pouvoir contre l'omission de l'organe compétent d'intenter une poursuite disciplinaire contre un fonctionnaire ».

les données du droit positif hellénique la base sur laquelle est fondé le phénomène disciplinaire et nous fournir donc la définition de la notion de « discipline ».

Il en est de même quand nous entreprenons cette fois de relier la notion de « discipline » avec la contrainte qui est imposée aux personnes assujetties à la relation disciplinaire de se conformer à leurs obligations.

c. La contrainte imposée aux personnes assujetties à la relation disciplinaire de se conformer à leurs obligations et la notion de discipline

La tentative de relier le phénomène disciplinaire à la contrainte imposée aux personnes assujetties à la relation disciplinaire de se conformer à leurs obligations envers les ensembles publics avec lesquels elles sont liées, peut très facilement être attribuée à la doctrine allemande qui voyait dans l'action disciplinaire un moyen pour obliger le fonctionnaire à accomplir ses tâches[145]. Laband écrivait: « *Hierin liegt auch das Wesen der Disziplinargewalt des Staates gegen seine Beamten; es ist das Mittel, um die Erfüllung der Dienstpflicht zu erzwingen* » [146] et, un peu plus haut[147], « *die Disziplinarstrafen sind keine Strafen im Sinne des Strafrechts, sondern Mittel zur Erhaltung der Zucht und Ordnung innerhalb des Dienstverhältnisses und zur Sicherung der Erfüllung der Dienstpflichten* »[148].

Dans la doctrine hellénique, une thèse pareille est défendue par Aggelopoulos[149], Kyriakopoulos[150] et, enfin, T. Tsatsos[151].

Néanmoins, cette thèse ne peut pas être admise. D'autant plus qu'elle fut associée à la conception contractuelle des relations entre l'État et les

---

[145] Voir à ce propos le par. 14 de Bundesdisziplinarordunung nf.

[146] P. Laband, *Das Staatsrecht des Deutschen Reiches*, B. 1, *op.cit.* p. 486.

[147] P. Laband, *ibid.*

[148] Voir aussi cette thèse in G. Mayers, *Lehrbuch des deutschen Verwaltungsrechts*, *op.cit.*, p. 59 et, plus récemment, *in* H. J. Engelhard, I. Hövelmann, *Bundesdisziplinarrecht*, 1970, p. 9.

[149] T. Aggelopoulos, *Droit des fonctionnaires civils en Grèce*, *op.cit.* p. 263 et s., (notamment p. 265 et 266).

[150] I. Kyriakopoulos, *Droit administratif hellénique, vol. 3, Partie spéciale*, *op.cit.*, p. 278.

[151] T. Tsatsos, *Esquisse de principes généraux du droit disciplinaire in Études de droit administratif*, *op.cit.*, p. 77.

fonctionnaires, qui a désormais cessé d'être défendue par la doctrine[152]. Premièrement, comme nous venons de le démontrer ailleurs[153], la donnée de la contrainte visant à assurer un certain comportement – le comportement contraire à celui qui constitue la condition de l'infliction d'une certaine sanction - est présent dans tous les genres de sanctions, de manière qu'il nous soit impossible de la considérer comme constituant une spécificité des sanctions disciplinaires et, en conséquence, du phénomène disciplinaire.

Ce résultat nous est surtout imposé, si nous songeons aux sanctions pénales prévues contre les personnes assujetties à la relation disciplinaire (par exemple contre les fonctionnaires) ; la force de contrainte desdites sanctions est manifestement particulièrement puissante et, le cas échéant, bien plus puissante que celle des sanctions disciplinaires. De plus, il est évident que la donnée en question ne présente aucun intérêt dans les cas où la personne faisant partie d'un ensemble (par exemple un fonctionnaire) est expulsée irrévocablement de l'ensemble : en effet, dans le cas en question, elle ne dispose plus par définition d'aucune possibilité d'exécuter dans l'avenir les tâches qui lui incombent. Il en résulte qu'une mesure par excellence disciplinaire selon les données du droit positif (la révocation d'un fonctionnaire due à des fautes disciplinaires) ne correspond pas aux critères constituant la mesure disciplinaire qui sont adoptés par la thèse que nous réfutons.

On pourrait certes affirmer ici que le caractère disciplinaire de la mesure en question ne disparaît pas, vu que dans le champ dans lequel

---

[152] Aujourd'hui, est communément admise la thèse que la relation entre l'État et les fonctionnaires est de nature réglementaire et non contractuelle. Voir à ce propos A. De Laubadère, *Traité élémentaire de droit administratif*, Tome II, *op.cit.*, p. 23 et s., dans lequel est présentée l'évolution survenue sur ce sujet ; quant à la doctrine hellénique, voir E. Spiliotopoulos, *Institutions fondamentales du droit des fonctionnaires*, *op.cit.* p. 47 et s. Il ne faut pas toutefois ignorer le fait que le droit positif hellénique permet - sinon impose - de repenser à la doctrine contractuelle, vu que dans l'art. 57 par. 1 du Code des fonctionnaires il est expressément stipulé que la relation de subordination du fonctionnaire est établie avec sa nomination et l'acceptation de celle-ci par le fonctionnaire nommé : cet énoncé de la loi ne peut pas être facilement ignoré. Quoi qu'il en soit cependant, une chose est sûre. Que l'établissement de la relation reliant le fonctionnaire à l'État ait un caractère contractuel ou unilatéral, la situation statutaire en soi du fonctionnaire est dotée d'un caractère réglementaire, dans le sens que le fonctionnaire n'est pas en mesure d'exiger le maintien du « statut » dont il bénéficiait lors de sa nomination.

[153] Voir S. Lytras, *La notion de sanction et la distinction fondamentale des sanctions*, *op.cit.*, p. 75 et s., p. 87 note 28.

la peine est prévue, la donnée de la contrainte existe également aux dépens de la personne à laquelle elle fut finalement infligée, tandis que dans le champ de l'infliction de la peine, cette donnée agit au moins aux dépens des autres fonctionnaires, servant de la sorte les besoins de la prévention générale.

Néanmoins, cet argument doit également être réfuté. Car, si nous adoptions cette logique, il faudrait en tirer la conséquence logique que cette mesure disciplinaire a un caractère disciplinaire pour de tierces personnes et non seulement pour la personne à laquelle elle est directement infligée ou qu'elle concerne directement ; il serait également permis de conclure que le caractère disciplinaire consiste à prévoir et non à infliger une certaine sanction. Or, de pareilles conclusions ne peuvent pas être admises par notre logique.

Enfin, il ne faudrait pas qu'il échappe à notre attention le fait que nous sommes ici revenus aux données de la dimension sanctionnatrice de la relation disciplinaire qui, néanmoins, pour les raisons déjà exposées plus haut, ne sont pas en mesure de nous révéler l'essence du phénomène disciplinaire. En conséquence, même si la donnée de la contrainte était en mesure de caractériser exclusivement le phénomène disciplinaire, elle ne pourrait pas révéler son essence, vu que la dimension sanctionnatrice de la relation disciplinaire ne couvre pas la totalité du phénomène en question.

En guise de conclusion, la donnée de la contrainte des personnes assujetties à la relation disciplinaire de respecter leurs obligations ne peut pas, pour les raisons exposées ci-dessus, être considérée comme une caractéristique substantielle de la notion de discipline. Vue la logique des choses, nous devons également affirmer qu'il en est de même quand cette donnée existe de manière cumulative avec d'autres données que nous avons déjà examinées et réfutées lors de l'analyse qui précéda[154].

Cette donnée négative nous oblige à ce point de rechercher l'essence du phénomène disciplinaire dans la spécificité éventuelle des obligations des personnes assujetties à la relation disciplinaire, ce que nous allons faire par la suite.

---

[154] C'est la thèse de I. Kyriakopoulos, *Droit administratif hellénique, vol 3, Partie spéciale*, *op.cit.* p. 278: pour lui, *« Le droit pénal vise à assurer l'ordre juridique, tandis que le but du droit disciplinaire consiste à protéger le bon fonctionnement de l'Administration, à travers la contrainte imposée au fonctionnaire d'accomplir rigoureusement ses obligations de service »*. La thèse de Laband est identique : P. Laband, *Das Staatsrecht des Deutschen Reiches*, *op.cit.* p. 485, précité.

II. La spécificité des obligations des personnes assujetties à la relation disciplinaire et la notion de discipline

Pour arriver à une définition de la notion de « discipline » basée sur la donnée de la spécificité des obligations des personnes assujetties à la relation disciplinaire, nous devrons constater - à travers l'analyse du droit hellénique - soit que les obligations en question sont reliées exclusivement à une certaine activité publique, soit qu'elles ont exclusivement un contenu précis. Dans le premier cas, nous arriverions à une définition du type : appartiennent au phénomène disciplinaire les relations dont les personnes qui y sont assujetties assument des obligations relevant par exemple de la défense nationale, de la santé publique, de l'éducation publique, etc. Dans le deuxième cas, nous serions conduits à une définition du type : appartiennent au phénomène disciplinaire les relations dont les personnes qui y sont assujetties assument des obligations d'un contenu tant prédéterminé qu'unique ; pour nous limiter à un seul exemple, ce contenu pourrait consister en l'obligation d'obéissance aux décisions des organes des ensembles publics auxquels les personnes en question sont reliées.

Or, comme il résulte clairement de l'analyse du droit positif, aucune de ces deux conditions susmentionnées n'est valable.

Premièrement, les obligations des personnes assujetties à la relation disciplinaire s'étendent dans toute la gamme de l'action publique, vu qu'elles relèvent - pour nous contenter de l'exemple des relations entre l'État et les fonctionnaires - de la défense nationale, de la santé publique, de l'éducation publique, etc., tâches entreprises par les fonctionnaires et tendant vers l'accomplissement des activités en question. En outre, le contenu des obligations susmentionnées n'est ni déterminé ni exclusif et, en conséquence, nous ne pouvons pas considérer qu'il appartient au type décrit ci-dessus. Pour nous limiter encore une fois à l'exemple des fonctionnaires, ces derniers doivent assumer l'obligation d'obéir aux ordres de leurs supérieurs (art. 71 par. 2-4 du Code des fonctionnaires), l'obligation de confidentialité (art. 72 du Code des fonctionnaires), ainsi que toutes les obligations découlant des dispositions, circulaires, instructions et ordres en vigueur selon la disposition de l'article 205 par. 2 du Code des fonctionnaires. Et, d'autre part, les obligations en question sont tout à fait différentes de celles pesant par exemple sur les élèves et les professionnels exerçant une profession libérale (ainsi des avocats ou des pharmaciens) qui sont à leur tour également des personnes assujetties aux relations de discipline en vertu des données du droit hellénique.

Manifestement donc, l'essence du phénomène disciplinaire ne peut pas être le reflet de la spécificité des obligations des personnes assujetties à la relation disciplinaire, vu que - comme il fut démontré clairement - cette spécificité n'existe pas.

Si toutefois l'analyse qui précéda ne conduisit pas à un résultat positif, elle laissa s'esquisser clairement le lien existant entre le phénomène disciplinaire et l'accomplissement de certaines obligations par les personnes assujetties à la relation disciplinaire ; ce lien s'était déjà esquissé lors de l'analyse que nous effectuâmes dans l'Unité A.

Ainsi, et étant donné que ni la spécificité des obligations assumées par les personnes assujetties à la relation disciplinaire ni la finalité pour l'accomplissement de laquelle ces obligations furent instituées ne sont pas en mesure de nous fournir – selon le droit positif - une définition de la notion de discipline, la question qui naît ici est si une telle définition coïncide avec le fait en soi que certaines personnes sont obligées d'observer un certain comportement, qui tend à l'accomplissement de leurs obligations envers certains ensembles, en l'occurrence envers des ensembles publics.

III. L'accomplissement des obligations des personnes assujetties à la relation disciplinaire et la notion de discipline

L'identification de l'essence du phénomène disciplinaire dans le fait en soi de l'accomplissement des obligations des personnes assujetties à la relation disciplinaire résulte comme une évidence lors de l'analyse du droit positif (b) ; parallèlement, elle est communément admise par la doctrine (a).

a. La doctrine

La thèse que l'essence du phénomène disciplinaire consiste au fait que les personnes assujetties à la relation disciplinaire accomplissent leurs obligations est soutenue de plus en plus fréquemment par la doctrine, bien que pas toujours par celle de notre pays. Plus précisément, cette thèse est soutenue par ceux qui envisagent le phénomène disciplinaire avec la largeur d'esprit que les circonstances de notre époque exigent.

Ainsi, dans son approche de l'essence de la discipline, Spiliotopoulos[155] écrit : « Dans tous les cas de groupements de personnes physiques, organisés par des règles de droit (unilatérales ou contractuelles) qui régissent certaines obligations spécifiques des personnes en question, l'élément de la "discipline" en devient une condition nécessaire : les personnes constituant le groupement se conforment à leurs obligations dans le but d'atteindre l'objectif que les règles de droit ont assigné au groupe ». La thèse de Mourgeon en est également caractéristique ; il voit dans la discipline[156] « l'obligation, pesant sur tous ceux participant d'une façon quelconque à une activité, de respecter les règles (même implicites) indispensables au bon exercice de cette activité ». Il en est de même pour Légal et Brèthe de la Gressaye, cités par Ghenima[157] [158], pour lesquels les sanctions disciplinaires constituent des manquements de caractère plutôt moral que juridique et correspondent à des obligations qui sont dans tous les cas « beaucoup plus strictes que les infractions pénales ». Enfin, caractéristique en est aussi la thèse d'Odent, pour lequel l'épuration n'a pas de caractère disciplinaire, vu que les sanctions infligées lors de son application ne punissent « ni des fautes de service, ni une manière de servir, ni un comportement général professionnel[159] ».

D'après les auteurs susmentionnés, auxquels on pourrait indiscutablement ajouter plusieurs autres encore, du moins provenant de la doctrine juridique prévalant dans d'autres pays[160], le terme de

---

[155] E. Spiliotopoulos, *Institutions fondamentales du doit des fonctionnaires*, *op.cit.* p. 107, note 127.

[156] J. Mourgeon, *La répression administrative*, *op.cit.* p. 53.

[157] M. Ghenima, *Les sanctions administratives. En dehors de la fonction publique*, Thèse Bordeaux 1955, p. 37.

[158] Et voir aussi A. Légal et J. Brethe de la Gressaye, *Le pouvoir disciplinaire dans les institutions privées*, 1938, *op.cit.*

[159] R. Odent conclusions in CE 26 Oct. 1945 Aramu S. 1946 3.I.

[160] Voir ainsi - entre autres- H. Nézard, *Les principes généraux du droit disciplinaire*, *op.cit.*, p. 7, G. Viché, *La sanction professionnelle*, *op.cit.*, et particulièrement p. 107; de plus, de la doctrine hellénique, voir également Svolos et Vlachos, A. Svolos, G. Vlachos, *La Constitution hellénique*, Partie I, vol. 2, 1955, p. 110 *(en langue hellénique)*, quand ils écrivent : « Contrairement aux peines disciplinaires, les peines administratives n'impliquent pas de relation spécifique de subordination entraînant un devoir individuel qui oblige à adopter un comportement spécifique, dont toute

discipline signifie l'obligation de se conformer aux règles qui assurent l'exercice de manière satisfaisante de l'activité de l'ensemble ou, ce qui revient au même, l'action de s'y conformer elle-même[161].

Par conséquent, la doctrine - ou du moins une partie de celle-ci - voit l'essence du phénomène disciplinaire dans l'élément de l'action de se conformer aux obligations légales des personnes assujetties à la relation disciplinaire, tout en y identifiant la dimension substantielle de la relation disciplinaire, comme nous eûmes l'occasion de le constater auparavant[162]. Quelle est toutefois la thèse adoptée en ce point par le droit positif hellénique ?

b. Le droit positif

La première preuve - la plus officielle pourrions-nous même affirmer - que selon les données du droit positif hellénique, l'essence de la discipline se trouve dans le fait en soi que les personnes assujetties à la relation disciplinaire se conforment à leurs obligations résulte de l'énoncé de l'article 205 du Code des fonctionnaires, qui nous a par ailleurs déjà fourni la possibilité de faire avancer notre analyse jusqu'à ce point.

En effet, selon le paragraphe 2 dudit article, le devoir et la tâche du fonctionnaire - dont la violation, si elle est fautive et peut lui être

---

violation, même non expressément prévue par la loi, constituerait en soi une faute pouvant être punie selon le jugement de l'organe compétent ». Voir aussi S. Tsatsonis, *Le droit disciplinaire des avocats*, *op.cit.*, p. 45 et s.

[161] La thèse de Mourgeon, J. Mourgeon *La répression administrative*, *op.cit.*, p. 53, selon laquelle la discipline consiste en « (…) l'ensemble des obligations auxquelles les membres d'une institution sont assujetties conformément aux exigences de ses finalités et pour en permettre l'accomplissement », n'ajoute en fait rien à la thèse que nous venons de développer. En identifiant la discipline à l'ensemble des règles qui doivent être respectées, elle ne fait que déplacer l'intérêt, du côté de la personne sur laquelle pèse l'obligation ou de la situation résultant de ses actes, à celui du contenu de son obligation. Par ailleurs, l'invocation de la part de l'auteur d'éléments qui sont reliés avec le but de l'instauration des obligations disciplinaires (éléments finalistes) n'influence nullement la valeur de nos constatations. Ayant ci-dessus démontré l'insuffisance de l'élément de « but » en tant que fondement de la notion de discipline, nous nous fondons ici tout naturellement sur l'analyse de Mourgeon (naturellement, dans celle-ci, cet élément est déterminant) pour y puiser la dimension du phénomène disciplinaire que nous avons qualifiée de substantielle et que la plupart des auteurs ignorent - sciemment ou inconsciemment - bien que sans elle certaines dispositions du droit positif paraissent presque incompréhensibles.

[162] Voir *supra* p. 59 et s.

imputée, constitue une infraction disciplinaire - sont définis, tant par les obligations qui lui sont imposées par les dispositions en vigueur, les circulaires, les instructions et les ordres, que par le comportement (conduite) dont celui-ci doit faire preuve plus généralement, non seulement au sein du service, mais également en dehors de celui-ci.

Il devient donc évident que, selon cette disposition, dans le champ des relations disciplinaires entre l'État et les fonctionnaires du moins, l'essence du phénomène disciplinaire est identifiée dans l'accomplissement de la part du fonctionnaire de ses obligations envers le service auquel il appartient, ou à l'observation d'un certain comportement de sa part, lequel se traduit à son tour par l'accomplissement de son obligation de faire preuve d'un comportement précis, au sein du service, mais aussi en dehors de celui-ci.

Nous arrivons à la même conclusion en analysant aussi d'autres données du droit hellénique, situées au-delà du champ des relations entre l'État et les fonctionnaires[163].

Ainsi, selon les articles 4 et 5 du Décret législatif 3999/1959 « Du contrôle du commerce d'exportation - Promotion et crédits au commerce d'exportation », constitue une infraction disciplinaire « tout acte ou omission de l'exportateur, délibéré ou commis par négligence, entraînant le manquement à ses obligations envers le client acheteur étranger, qu'il s'agisse d'obligations expressément convenues ou découlant de la bonne foi, en tenant compte des coutumes et des usages commerciaux, ainsi que des traités commerciaux ».

De la même manière, selon l'article 64 par.1 du Code des avocats[164], le manquement aux devoirs et aux obligations qui sont imposés à l'avocat par les dispositions dudit code, par le règlement intérieur du Barreau des avocats auquel l'avocat est affilié, ainsi que par une décision éventuelle du Conseil d'Administration de celui-ci, constitue une faute disciplinaire qui est jugée et sanctionnée avec une sanction disciplinaire selon les dispositions y afférentes, indépendamment de

---

[163] Dans ce même champ sont aussi situés : l'art. 164 de la Loi 1118/81 « De la ratification du Code « Du statut du personnel des collectivités territoriales », qui se réfère à la notion de délit disciplinaire du personnel des collectivités locales en adoptant les solutions préconisées par le Code des fonctionnaires, ainsi que l'art. 31 de la Loi 993/79 qui propose la même solution pour le personnel scientifique spécial, technique ou auxiliaire de l'État ou d' autres personnes morales de droit public embauché avec une relation de travail régie par le droit privé.

[164] Décret législatif 3026/1954 "Du Code des avocats".

toute responsabilité pénale ou de toute autre conséquence qui découlerait de la législation en vigueur.

Enfin, bien que présentée de manière sommaire, la profonde relation entre la notion de discipline et l'accomplissement des obligations des personnes assujetties à la relation disciplinaire est fondée sur l'article 26 du décret présidentiel 104/1979, dans lequel il est mentionné consécutivement que : 1) le comportement des élèves - qui est manifesté de toute manière que ce soit, à l'école ou en dehors de celle-ci, à travers des actes ou des omissions - constitue leur conduite (...) 3) « La conduite convenable et requise des élèves -entendue en tant que le respect effectif des règles régissant la vie scolaire et des principes moraux régnant au milieu social dans lequel ils vivent- constitue une obligation pesant sur ceux-ci ; dès lors, en cas de tout écart de celle-ci, manifesté à travers un acte fautif ou une omission, les instances pédagogiques doivent en être saisies et, si cela s'avère nécessaire, il doit être puni via l'infliction de sanctions scolaires, en vertu des dispositions du présent décret présidentiel » (voir aussi à ce propos CEH 1861/1986 et 99/1987).

Bien que les arguments avancés jusqu'à ce point puissent être considérés comme suffisants, nous ne voudrions pas toutefois achever l'étude du présent champ sans nous référer à la jurisprudence, mentionnant l'énoncé exemplaire du CEH 2564/68 (Ass) sur le devoir disciplinaire des étudiants, où l'on lit : « Car, le pouvoir disciplinaire des autorités universitaires sur les étudiants –prévu par la Loi universitaire (L. 5343/1932) « De l'Organisation de l'Université d'Athènes» (...) comme elle fut modifiée par le Décret législatif du 7/7septembre 1935 (...), article 120 et suivants- vise à les contraindre à se conformer à leurs obligations envers l'État et l'Université ; les obligations en question découlent de leur qualité d'étudiant et sont décrites dans ladite loi ».

Il convient de souligner que, dans l'arrêt susmentionné, l'association de la notion de discipline et de l'accomplissement de certaines obligations est également effectuée de manière négative. Ainsi, le Conseil d'État rejette le caractère disciplinaire de l'imposition du redoublement universitaire - l'étudiant avait été expulsé des cours pendant une année universitaire sur initiative du régime dictatorial - invoquant que « ladite expulsion constitue une conséquence de la peine infligée selon les dispositions de la loi et non l'infliction d'une peine disciplinaire pour des actions commises dans le passé (...) »[165].

Ces constats, confortés aussi par d'autres données de notre droit positif[166], nous amènent à constater que le résultat qui découle de l'analyse de l'article 205 paragraphe 2 du Code des fonctionnaires constitue une conclusion généralisée dans le champ des relations disciplinaires observées dans l'espace public, nous amenant à accepter la thèse que - selon le droit positif hellénique - l'essence du phénomène disciplinaire consiste principalement dans le fait que les personnes assujetties à la relation disciplinaire se conforment à leurs obligations. Néanmoins, cette approche, qui nous conduit à des définitions du type « est disciplinaire tout ce qui se réfère au fait que les personnes assujetties à la relation disciplinaire se conforment à leurs obligations » et « la discipline consiste à ladite action de se conformer », ne peut pas être considérée comme satisfaisante.

La raison en est qu'il ne résulta de l'analyse aucune donnée stable pour qu'autour de celle-ci puissent s'articuler les obligations : en effet, c'est précisément le fait de se conformer aux obligations en question qui nous conduit à la notion de discipline.

Certes, il s'agit - comme cela fut démontré clairement - d'obligations pesant sur les personnes assujetties à la relation disciplinaire ; pourtant, cette donnée ne s'avère pas d'importance particulière, pour la simple raison que la relation disciplinaire ne constitue jusqu'à présent pour nous qu'une simple donnée qui nous est fournie à travers l'observation du droit positif. Si cette donnée nous permet - en tant que seule dimension visible et mesurable - d'explorer l'essence du phénomène disciplinaire, elle ne constitue pas pour autant une dimension sur

---

[165] Il en est de même pour Waline, note in CE 1 avril 1955 Delarue, *RDP* 1955, p. 990, sur la question des mesures prises par l'Administration pour appliquer automatiquement les peines accessoires. Voir aussi sur ce sujet la jurisprudence française Roland CE 4 nov. 1960 *Rec.* p. 602, précité, qui qualifie de sanction disciplinaire la décision d'intégrer au dossier individuel d'un agent territorial une lettre que le préfet lui avait adressée, dans laquelle il exprimait son mécontentement profond « en raison de l'attitude adoptée par l'intéressé devant le conseil de la préfecture de la Seine », malgré le fait que ladite mesure n'était nullement prévue. Dans le même sens, CE 4.12..1935, Vigne, *Rec.*, p. 1133 et, quant à la jurisprudence allemande, BVerwG. 73.187 (20-5-1981) sur le droit disciplinaire des soldats et BVerwG. 73.361 (15-3-1982) sur le droit disciplinaire des fonctionnaires.

[166] Voir ainsi l'art. 62 de la Loi 3601/1928 « Des Ordres des pharmaciens », *op.cit.*, tandis qu'en ce sens plaide presque l'ensemble des dispositions mentionnées dans la deuxième partie de la présente étude, identifiant de la sorte l'étendue du phénomène disciplinaire dans l'ordre juridique hellénique actuel.

laquelle nous pourrions fonder la notion de discipline. Si nous nous fondions sur ladite donnée, nous aurions tout au plus une définition de type : « est discipline le fait que les personnes assujetties à une relation que le droit positif qualifie de disciplinaire se conforment à leurs obligations » : même si nous ne qualifions pas cette définition de tautologie, elle n'en reflète pas moins une approche absolument formelle du phénomène disciplinaire.

Logiquement, l'articulation de certaines obligations autour de la notion de « personnes assujetties à la relation disciplinaire », ne peut pas fonder à elle seule la notion de discipline et cela nous oblige à orienter notre étude vers un horizon plus lointain.

En ce point, de l'analyse qui précéda, il apparaît clairement que la notion de discipline devra être recherchée dans le lien existant entre les personnes assujetties à la relation disciplinaire et l'organisation et le fonctionnement de certains ensembles, comme par exemple les personnes morales publiques. Et cela, car, comme il apparut indirectement lors de l'analyse en question, les personnes assujetties à la relation disciplinaire sont liées à des ensembles de ce type. Nous nous fondons sur les points en question dans notre démarche pour définir avec précision l'essence du phénomène disciplinaire, comme celui-ci résulte de l'analyse des données du droit administratif hellénique contemporain.

CHAPITRE B. Le contenu de la notion de discipline : les traits principaux (Analyse)

De l'analyse qui précéda, il ressortit que - selon le droit hellénique - le phénomène disciplinaire caractérise exclusivement les relations de certaines personnes avec certains ensembles publics avec lesquels les personnes en question sont organiquement liées.

De cette même analyse il devint clair - sur la base d'un prolongement logique cette fois - que le phénomène disciplinaire est lié à la fonction desdits ensembles publics, laquelle est constamment renforcée par l'activité desdites personnes, qui sont organiquement liées avec eux.

Lors de la suite de notre étude, nous examinerons consécutivement :

Dans un premier paragraphe, la relation du phénomène disciplinaire avec l'organisation d'un ensemble.

Dans un second paragraphe, la relation du phénomène disciplinaire avec le fonctionnement d'un ensemble organisé.

§ 1. Le phénomène disciplinaire en tant que caractéristique des ensembles organisés

Nous constatâmes dans le chapitre précédent que l'essence du phénomène disciplinaire est en principe identifiée dans l'accomplissement des obligations que certaines personnes (personnes assujetties à la relation disciplinaire) ont assumées. Si, comme il fut souligné ci-dessus, le phénomène disciplinaire semble caractériser exclusivement les relations des personnes susmentionnées avec certains ensembles organisés (publics), il faudra que de notre analyse résulte clairement : a) que les obligations qui doivent être accomplies concernent des ensembles publics organisés, qu'il s'agit en d'autres termes d'obligations envers lesdits ensembles. b) que les personnes sur lesquelles pèse le devoir d'accomplir les obligations en question sont organiquement liées avec les ensembles publics. Si ces conditions ne sont pas remplies, il en ressort avec la plus grande évidence qu'il est impossible de relier le phénomène disciplinaire aux ensembles organisés. Dans le premier cas, la raison en est que le comportement en question n'a la moindre relation avec l'ensemble public, tandis que dans le deuxième, les personnes sur lesquelles pèse le devoir de faire preuve d'un certain comportement envers un ensemble n'appartiendraient pas à l'organisation dudit ensemble, lui seraient en d'autres termes extérieures : en conséquence, le phénomène disciplinaire ne serait pas un phénomène caractérisant exclusivement un ensemble organisé.

Comme il ressortira de l'analyse du droit positif, l'existence de ces deux conditions est vérifiée.

Néanmoins, avant de procéder par la suite à l'identification et à la vérification desdites conditions, il s'avère d'une importance primordiale d'examiner brièvement - à titre d'avant-propos - les notions d'organisation et d'ensemble organisé. Cette approche est jugée indispensable dans le cadre d'une étude pareille, vu qu'elle permet non seulement de définir le champ dans lequel évolue notre étude, mais aussi de délimiter parallèlement le phénomène disciplinaire (identifier en d'autres termes la base sur laquelle se fait cette délimitation), pour le cas où notre étude conduirait à des résultats positifs.

Avant-propos : Ensembles organisés et organisation

Selon le dictionnaire de Lalande[167], la notion d'ensemble (sens A´) renvoie à notre capacité de réunir, matériellement ou conceptuellement, « plusieurs objets possédant un caractère commun, ou faisant partie d'une même totalité de type organique ».

De cette définition ressort clairement que tous les ensembles ne sont pas caractérisés par l'élément de l'organisation, ce qui nous oblige ici à aborder également cet élément, si nous souhaitons identifier la signification du terme d'«ensemble organisé ».

a. La notion d'organisation

Selon ce même dictionnaire (Lalande, p. 724), le terme d'organisation signifie « un ensemble formé des parties différentes qui coopèrent ».

D'après cette définition, un ensemble peut être qualifié d'organisé quand il est formé de parties coopérant entre elles. Sur la base de ce constat, il devient évident qu'à la notion d'organisation et, en conséquence, à celle d' « ensemble organisé » participent - du moins

[167]A. Lalande, *Vocabulaire technique et critique de la philosophie*, *op.cit.*, Supplément, p. 1246.

dans le domaine du droit sur lequel est focalisée notre étude - les organes de l'ensemble, à savoir les personnes exerçant des activités pour le compte de ce dernier et auquel est imputée leur action.

En effet, qu'il s'agisse, d'une part de personnes exprimant la volonté de l'ensemble, selon les principes de la théorie organique[168] (organes au sens strict du terme), ou, d'autre part, de personnes dont l'action est simplement imputée aux ensembles en question, selon une bien plus correcte conception de l'état des choses dans le domaine du droit[169] (organes au sens large du terme), il devient évident que les organes font partie de l'ensemble organisé, voire l'expriment en grande partie. Vu que ce sont les organes qui exercent les fonctions de l'ensemble, il devient clair que, sans eux, l'ensemble organisé ne peut pas exister[170].

Sur la base du constat susmentionné, nous devons logiquement admettre qu'à l'organisation d'un certain ensemble participent même les personnes qui - sans être des organes de l'ensemble au sens strict du terme que nous avons examiné ci-dessus - affectent à un si grand degré l'activité de ses organes qu'elles arrivent finalement à influencer considérablement sa fonction elle-même. La condition *sine qua non* de la participation d'une certaine personne à l'organisation d'un ensemble donné consiste en ce dernier cas à l'influence décisive du comportement de la personne en question sur l'activité des organes *stricto sensu* de l'ensemble[171].

b. Schémas d'organisation

D'après tout ce qui précéda, l'organisation d'un ensemble donné est basée sur un « noyau dur » (schéma de base), constitué de personnes-organes de l'ensemble (organisation de base) et sur un « schéma plus

---

[168] Voir à ce propos S. Lytras, *Agents et organes administratifs*, *op.cit.*, p. 222 et s., et les auteurs qui y sont cités.

[169] Voir à ce propos S. Lytras, *ibid*, p. 223 et s.

[170] Voir à propos de la notion d'organe et de sa relation avec la notion de fonction, S. Lytras, *ibid*, p. 51 et s.

[171] D'autre part, il est évident que ce n'est pas facile de le déterminer avec précision quand nous nous trouvons face à une influence de ce genre. Par contre, nous sommes en mesure d'affirmer que nous identifions une influence pareille à chaque fois que le droit positif « érige » le comportement d'une certaine personne en élément déterminant la bonne marche de l'ensemble. Comme nous aurons l'occasion d'analyser en détail dans la deuxième partie de la présente étude, l'institution de procédures disciplinaires joue un rôle déterminant dans le processus en question.

large », constitué - en plus des personnes susmentionnées - de personnes affectant de manière déterminante le fonctionnement de ses organes (organisation élargie)[172]. Quant à la participation d'une certaine personne à l'organisation d'un ensemble donné, elle coïncide en principe avec sa « promotion » en organe de l'ensemble (lien direct). Elle coïncide dans un deuxième temps avec la « reconnaissance » de l'activité de la personne en question, comme un élément déterminant de la bonne marche de l'ensemble (lien indirect).

Dans les deux cas, ce lien est organique ; cependant, il conduit automatiquement - en raison de l'interdépendance des liens organiques et fonctionnels - au lien fonctionnel, de base ou élargi, selon la distinction adoptée plus haut.

Or, si telle est la notion d'organisation, quelle est sa relation exacte avec la notion de discipline dans le droit hellénique ?

Comme il est démontré par l'analyse, l'élément de l'organisation caractérise dans tous les cas le phénomène disciplinaire, vu qu'il est considéré, tant comme la nécessité de créer des liens entre les obligations qui constituent la notion de discipline, avec les ensembles organisés que, par la suite, comme la nécessité que les obligations en question sont accomplies par des personnes liées organiquement à ces ensembles.

I. Les obligations des personnes assujetties à la relation disciplinaire, obligations envers un ensemble public

Il n'est pas difficile de démontrer ici que les obligations qui constituent la notion de discipline dictent un certain comportement envers un ensemble organisé.

---

[172] En participant à l'organisation d'un ensemble donné, une personne participe également automatiquement à sa fonction. Elle participe à sa fonction de base en participant à son organisation de base et à sa fonction élargie en participant exclusivement à son organisation élargie. Nous sommes amenés à cette conclusion – que, pour l'unité du discours, nous étendons également au champ du parallélisme « organisation élargie - fonction élargie » - via le constat qu'un organe est constitué exclusivement pour exercer une certaine fonction et que, inversement, toute activité fonctionnelle présuppose l'existence d'un organe. À propos de ces sujets, voir S. Lytras, *Agents et organes administratifs*, *ibid*, p. 210 et s.

Tout d'abord, ce constat résulte indirectement de l'analyse qui précéda, vu que le législateur – en instituant le phénomène disciplinaire - souligne fréquemment cette relation.

Ainsi, dans l'article 1, paragraphe 2 du Code des fonctionnaires est stipulé, comme nous venons de le voir, que les fonctionnaires sont assujettis à une relation disciplinaire avec l'État, l'ensemble public organisé par excellence ; cette stipulation est combinée avec celle de l'article 205, paragraphe 2 dudit code, selon laquelle la notion de service constitue l'axe principal autour duquel sont articulées les obligations des fonctionnaires[173].

À son tour, la jurisprudence relie de manière déterminante ce phénomène avec l'organisation de l'Administration. En est caractéristique de ce point de vue l'arrêt CE 1115/65 (hellénique), dans lequel la Cour suprême administrative considère que les sanctions disciplinaires imposées à des militaires « relèvent exclusivement de l'ordre intérieur de l'armée », désignant de la sorte fort caractéristiquement le point de référence des obligations des militaires ; l'arrêt CE 2610/64 (hellénique) évolue également dans ce sens exactement[174].

Enfin, cette situation est repérée - pas toujours cependant - par la doctrine. Ainsi, Cambier (du moins comme il est cité par Tsouloufis[175]) considère que le droit disciplinaire est le droit des ensembles organisés[176] [177].

Nous pouvons donc considérer ici que, d'après le droit positif hellénique, est bien étayée la thèse que les obligations des personnes

---

[173] Nous rappelons qu'en vertu de cette disposition, le devoir du fonctionnaire est défini, tant par les obligations imposées au fonctionnaire par les dispositions de la loi, les circulaires, les instructions et les ordres que par le comportement dont celui-ci doit faire preuve, au sein de son service ou en dehors de celui-ci.

[174] Selon lequel, l'exercice du pouvoir disciplinaire envers des magistrats constitue une question ressortant exclusivement de l'ordre prévalant dans le corps des magistrats.

[175] E. Tsouloufis, *De l'infraction disciplinaire, de la non-perception du traitement ou d'autres appointements de la part du fonctionnaire*, *op.cit.*, p. 323.

[176] C. Cambier, *Droit Administratif*, Bruxelles 1968 p. 312.

[177] Voir à ce propos E. Spiliotopoulos, *Institutions fondamentales du droit des fonctionnaires*, *op.cit.*, p. 107, note 127, et, de la doctrine non hellénique, A. Légal, J. Brèthe de la Gressaye, *Discipline*, *in Encyclopédie Dalloz Répertoire de droit pénal et de procédure pénale*, T II n° 11 - avec des renvois à des prises de position identiques de M. Hauriou – et S. Salon, *Délinquance et répression disciplinaires dans la fonction publique*, *op.cit.*, p. 2.

assujetties à la relation disciplinaire consistent en des obligations envers des ensembles organisés.

En est également révélatrice l'analyse du droit positif sur les liens existant entre, d'une part la personne obligée de faire preuve d'un certain comportement et, d'autre part, l'ensemble organisé envers lequel la personne en question doit faire preuve dudit comportement : pour le droit positif, il s'agit de liens organiques.

II. Les obligations des personnes assujetties à la relation disciplinaire, obligations de personnes participant à l'organisation d'un ensemble public

La principale question qui s'ensuit alors est la suivante : la notion de discipline, implique-t-elle un lien des personnes assujetties à la relation disciplinaire avec un ensemble organisé, dont la nature dépasse le cadre d'une simple relation de droit ? Ou, tout bonnement, un simple lien entre les obligations d'une personne et un tel ensemble suffit-il pour que la relation existant entre eux soit qualifiée de disciplinaire ?

Comme il résulte de l'analyse, dans le droit hellénique, nous rencontrons des manifestations du phénomène disciplinaire exclusivement quand la personne sur laquelle pèse l'obligation de faire preuve d'un certain comportement envers un ensemble organisé est liée à l'organisation de ce dernier.

Nous sommes amenés à cette conclusion via deux approches du droit positif, une positive et une négative.

Selon l'approche positive, le lien d'une certaine personne avec l'organisation d'un ensemble public (sur lequel est fondé le phénomène disciplinaire) ne suscite le moindre doute dans le cas des fonctionnaires, dont le lien organique avec l'État est manifeste. En effet, dans l'article 1, paragraphe 2 du Code des fonctionnaires, ils sont explicitement qualifiés, comme nous venons de voir, d'organes indirects de l'État[178].

Néanmoins, nous identifions un lien pareil – bien qu'il faille souvent fournir un certain effort pour y arriver - dans tous les cas où le droit

[178] Voir également, du côté de la doctrine, entre autres, E. Spiliotopoulos, *Institutions fondamentales du droit des fonctionnaires*, *op.cit.* p. 7, voir aussi tout ce qui est mentionné - de manière plus complémentaire - dans la deuxième partie de notre étude, p. 133 et s.

positif reconnaît le caractère disciplinaire de certaines relations; par exemple, quand il qualifie de disciplinaires les sanctions infligées à des personnes qui sont les usagers d'un service public ou qui exercent des professions réglementées, pour nous contenter de ces deux exemples[179].

Aussi importante, dans le domaine qui nous intéresse, l'approche négative du droit positif, qui coïncide avec l'approche du phénomène disciplinaire à travers les cas où celui-ci refuse d'intégrer un certain comportement dans ledit phénomène.

Il faut tout d'abord souligner ici que, selon notre droit positif, n'est pas permise la poursuite disciplinaire des personnes privées de la qualité de fonctionnaire ou d'agent public pour des fautes commises pendant la période de leur service. La disposition de l'article 214 §1 du Code des fonctionnaires en est caractéristique : « Toute personne privée de la qualité d'agent public, pour quelle raison que ce soit, n'est pas poursuivie disciplinairement ». Par ailleurs, cette thèse est constamment adoptée par la jurisprudence[180].

En outre, comme il résulte clairement de l'analyse, le droit positif refuse le caractère disciplinaire aux comportements de personnes qui,

---

[179] Nous nous référons ici à des cas relevant de ce qui – lors de l'analyse qui précéda- fut qualifié d'organisation élargie ou collatérale d'un ensemble, sans toutefois qu'elle en fut apportée la moindre preuve. La vérification de nos allégations sera présentée dans la deuxième partie de notre étude - consacrée à l'étendue du phénomène disciplinaire dans l'ordre juridique hellénique - dans laquelle sont analysés tous les cas de la manifestation du phénomène en question, y compris ceux ici abordés. Nous rappelons que – bien que la preuve recherchée résulte ici seulement du cas de la relation des fonctionnaires avec l'État - notre thèse ne présente le moindre problème méthodologique, à condition naturellement de fournir en temps utile les preuves que nous devons présenter.

[180] Voir à propos CEH 164/1937 (Ass), ainsi que CEH 1911/1967. Par ailleurs, cette thèse n'est pas contrebalancée par la disposition de ce même article 214 § 1 du Code des fonctionnaires, en vertu de laquelle « le cas échéant, un procès disciplinaire déjà entamé, est continué après la fin de la qualité d'agent public », ni par celle de l'article 211 § 1 du même Code, en vertu de laquelle « les actes, commis antérieurement par un fonctionnaire ou par un agent des collectivités territoriales ou de toute autre personne morale de droit public lors de ses fonctions, sont sanctionnés disciplinairement s'ils relèvent d'un des cas du paragraphe 4 de l'article 207 ». Et cela, car, dans le premier cas, la poursuite était déjà entamée pendant que l'agent public exerçait encore ses fonctions et il ne serait donc pas opportun que celui-ci ait la possibilité d'y mettre fin en démissionnant, tandis que dans le deuxième, la poursuite est dirigée contre un agent public ayant réintégré son service : dès lors, tout comportement antérieur de celui-ci a de nouveau des répercussions sur le service en question, notamment quand il s'agit d'un comportement de gravité particulière.

bien que liées à l'État ou à un autre ensemble public, elles ne participent pas à son organisation.

Ainsi, par exemple, le droit positif considère que, manifestement, le comportement d'une personne contractant avec un ensemble public ne relève pas du phénomène disciplinaire, car, si l'activité d'une telle personne (physique ou morale) intéresse le cas échéant le fonctionnement dudit ensemble, elle ne fait pas toutefois partie inhérente de sa fonction principale ou collatérale, vu que les personnes en question ne participent pas à son organisation principale ou collatérale.

Un exemple caractéristique nous est fourni en ce point par l'arrêt CEH 26/1929, qui était appelé à juger de la légalité de certaines dispositions du règlement du Service de Voirie de la Municipalité de Florina ; ledit règlement réservait un traitement différent aux éboueurs de la municipalité (auxquels étaient infligées des sanctions disciplinaires) et aux charretiers avec lesquels la municipalité avait signé un contrat de marché forfaitaire dans lequel il était stipulé ce qui suit : a) en cas d'attitude récalcitrante ou de refus de se conformer aux ordres et aux instructions émanant du service, est infligée au charretier une amende en tant que clause pénale au profit de la municipalité, déduite de son forfait mensuel, et b) la possibilité de résiliation du contrat (…) « au cas où le Conseil Municipal jugerait que les charretiers délaissent les obligations et les devoirs fixés par le règlement ». La différence de traitement que notre droit positif réserve à ces deux cas est manifeste[181].

Ayant à présent démontré – dans la mesure certes que nous le fîmes, sur la base de la méthode employée - l'association absolue de la notion de discipline à la notion d'organisation et, par la suite, à la notion des ensembles organisés[182], nous pourrions procéder à l'identification d'un deuxième élément qui, d'après l'analyse qui précéda, constitue un

[181] Il faudrait néanmoins souligner que, si le contrat signé s'avère d'une importance particulière pour l'intérêt général, et donc pour l'ensemble public, le droit positif, dépassant ces thèses, reconnaît le caractère disciplinaire du comportement des cocontractants de l'Administration Publique, intégrant celui-ci dans le phénomène disciplinaire. Un exemple caractéristique nous en est fourni par la concession d'un service public à un concessionnaire, dont le personnel est soumis le cas échéant aux obligations des fonctionnaires. Voir à propos M. Dendias, *Droit administratif, op.cit*, p. 374 (en langue hellénique), ainsi que la jurisprudence [CEH 1068/35 (Ass)].

[182] Pour une prise de position équivalente dans le domaine du droit privé – et, de plus, adoptant le terme « ensemble organisé » - voir A. Karakatsanis, *L'ordre juridique de l'exploitation. Des pouvoirs de l'employeur, op.cit.*, p. 276.

élément caractéristique de la notion de discipline: il s'agit du lien existant entre les personnes sur lesquelles pèse l'obligation de faire preuve d'un certain comportement envers des ensembles publics et le fonctionnement de ces derniers.

Néanmoins, avant de procéder à cette analyse, nous considérons qu'il faudrait préciser certains points qui - étant relatifs à la notion d'organisation et associés à la notion de discipline - rendent cette dernière mieux compréhensible dans toute sa profondeur et tous ses prolongements logiques.

a. La notion de discipline, notion avec un champ d'application restreint

L'association de la notion de discipline à la notion d'organisation nous conduit assez facilement à la conclusion que la notion de discipline est une notion du droit positif avec un champ d'application restreint. En effet, vu que les ensembles - à l'organisation (et au fonctionnement) desquels se réfère la notion de discipline - sont forcément limités (d'ailleurs, du point de vue pratique, seuls des ensembles pareils peuvent faire l'objet d'une organisation, même rudimentaire), il paraît en principe que l'étendue de cette notion (en d'autres termes, tous les cas auxquels l'ordre juridique reconnaît un caractère disciplinaire) doit être respectivement limitée.

Dans tous les cas, c'est précisément ce résultat qui est tiré des données du droit positif et, sur ce point, en est caractéristique la formulation des arrêts CEH 2610/64 (Ass) et CEH 1115/65 précités. Sur ce même sujet, l'arrêt CEH 607/65 présente également un intérêt particulier, vu qu'il tranchât, en interprétant l'article 10 de la Loi 3601/28 (« Des Ordres des pharmaciens »), que les peines disciplinaires instaurées éventuellement par un règlement intérieur de l'Ordre à l'encontre de ses membres sont exclusivement liées à la bonne marche des activités de l'Ordre et ne peuvent donc aucunement concerner les relations de ses membres avec des autorités lui étant supérieures (et d'autant plus étatiques).

En ce point, nous sommes cependant obligés de nous poser une question. Elle concerne la relation existant entre le phénomène disciplinaire et l'État lui-même et pourrait être formulée de la manière suivante :

Est-ce possible que le phénomène disciplinaire occupe toute l'étendue de l'État ?

Naturellement, cette question ne concerne pas les relations existant entre l'État et ses organes, ou du moins certains d' entre eux, vu qu'il fut jusqu'à présent démontré qu'il s'agit de relations disciplinaires. Ni les relations entre l'État et les personnes appartenant éventuellement à son organisation élargie ou collatérale à laquelle, en principe du moins, peut être étendu le phénomène disciplinaire.

Elle concerne exclusivement la relation que chacun des citoyens entretient avec l'État. La question alors en est, si l'État, en tant qu'ensemble organisé par excellence, peut être lié avec eux avec une relation disciplinaire[183].

En principe, tout ensemble, quelle que soit son étendue - même l'État - est susceptible d'organisation. Dès lors, le phénomène disciplinaire peut incontestablement être identifié dans tout ensemble, et donc dans l'État également, caractérisant de la sorte tout comportement d'une personne liée organiquement avec cet ensemble.

La doctrine ne rejette pas en principe cette thèse et elle identifia le phénomène disciplinaire dans des cas qui, à première vue, ne paraissaient pas s'y prêter.

En effet, il est caractéristique de ce point de vue qu'une partie de la doctrine voie un caractère disciplinaire même dans les relations entre l'État et les citoyens[184], relations qui sont élaborées à travers l'institution et l'infliction de sanctions pénales, en d'autres termes dans le cadre des règles du droit pénal[185].

---

[183] L'État est ici entendu en tant qu'une communauté de population organisée (l'État au sens large du terme) et non en tant que personne morale constituée exclusivement d'organes participant à son organisation, de base ou éventuellement élargie (l'État *stricto sensu*).

[184] En tant que citoyen, nous considérons ici toute personne se trouvant dans le champ d'application des ordres de l'État, à savoir des règles de droit édictées par l'État, sans que la personne en question soit liée avec l'État avec une relation spécifique la rendant organe de l'État ou l'intégrant dans l'organisation de celui-ci (de base ou élargie). C'est ce que la doctrine allemande appelle *Allgemeine Gewaltverhâltnisse*.

[185] Voir à propos J. Mourgeon, *La répression administrative*, *op.cit.*, p. 21 et 52 et s et plus particulièrement 56 et s.: sur la base de la notion d'institution, il assimile le phénomène pénal au phénomène disciplinaire, à la seule différence près que le premier relève de l'institution suprême (L'État), tandis que le deuxième relève d'institutions secondaires qui se développent, en ce qui nous concerne, dans le cadre de l'Administration Publique. Quant aux bases d'une conception plus large de la notion de discipline voir J. Dinkelmann, *Die Rechtsstellung des Schülers im*

En effet, la seule raison pour laquelle la doctrine admit si facilement l'étendue acquise par le phénomène disciplinaire consiste en la conjoncture de la Seconde Guerre mondiale, quand celui-ci concernait de larges couches de la population, notamment dans le domaine des relations économiques[186].

Néanmoins, au niveau d'un ordre juridique donné, il est difficile de vérifier et de prouver que les relations entre l'État et les citoyens relèvent du phénomène disciplinaire.

Car, si le noyau dur de la notion d'organisation est reproduit presque identiquement lors de la constitution de tout ensemble, il n'en est pas de même quant à l'organisation élargie, qui n'existe que quand le droit positif érige un certain comportement en condition de l'exercice régulier de l'activité des organes de l'ensemble.

Il est dès lors évident que tout comportement sans exception des personnes formant l'ensemble de la population, sur lequel est exercée la « domination » de l'État, ne peut pas être érigé en condition assurant la régularité de l'activité et la bonne marche des organes publics (et notamment des organes administratifs) sans que, parallèlement, la notion d'homme libre, telle que nous la connaissons actuellement, ne subisse une altération grave et profonde. Par ailleurs, cela ne pourrait pas se passer valablement dans le cadre de notre Constitution.

Vu que les références du législateur constituant à des dispositions qui pourraient permettre une telle organisation sociale ne sont ni nombreuses[187], ni ne peuvent servir de base pour une pareille

---

Schülerdisziplinarrecht, op.cit., p. 18. Quant à la doctrine hellénique, voir D. Oikonomou, *Le contrôle disciplinaire des fonctionnaires publics*, *op.cit.*, p. 5 et s.

[186] Voir sur ce sujet, auquel nous reviendrons par la suite, M. Lefondré, *Recherches sur les sanctions administratives et leur nature juridique*, *op. cit.* p. 185, et les auteurs qui y sont cités, notamment J. Mourgeon, *La répression administrative*, p. 81 et s., G. Viché, *La sanction professionnelle, op.cit.*, p. 105-124 et 272-276, G. Morange, Note à l'arrêt Chaverou *D.* 1945, p. 228 et s., J.- G. Merigot, *Essai sur les Comités d' Organisation* LGDJ 1943, p. 348-356, P.-H. Teidgen, *L'organisation provisoire de la production industrielle et les principes du droit public français*, Coll. Droit Social 1941, n° IX, P. 2 et s. et, du même auteur, P.-H. Teidgen, « La loi du 16 août 1940 sur l'organisation de la production industrielle », *JCP* 1941, I, 196. Quant à la doctrine allemande, voir H. Mattes, *Untersuchungen zur Lehre von den Ordnungswidrigkeiten Erst.* Halbband, Berlin, 1977, p. 167 et s. et, plus particulièrement, p. 172 et les auteurs qui y sont cités.

[187] Voir néanmoins les articles suivants de la Constitution: l'article 25, par. 1 qui érige en obligation de l'État la garantie de la personnalité humaine en tant qu'individu et de membre de la société, ainsi que la préservation de ses droits ; l'article 25, paragraphe

interprétation, il devient évident que l'organisation élargie de l'État à laquelle nous nous sommes référés précédemment, n'est pas en mesure d'englober l'ensemble de la population du pays[188].

En fin de compte, le phénomène disciplinaire ne peut pas être étendu à l'ensemble de l'activité humaine qui est déployée dans le cadre de l'organisation étatique ou de l'organisation d'autres ensembles constitués par des populations humaines (par exemple d'une municipalité ou d'une commune[189]).

---

4 qui stipule que l'État est en droit d'exiger de tous les citoyens d'accomplir leur devoir de solidarité sociale ou nationale ; enfin l'article 106, selon le premier paragraphe duquel est possible la planification et la coordination de l'activité économique dans le but d'assurer le développement de tous les secteurs de l'économie nationale, tandis que selon son deuxième paragraphe, est interdit le développement de l'initiative privée au dépens de la liberté ou de la dignité humaine ou au préjudice de l'économie nationale. Toutefois, il s'agit de dispositions isolées qui, bien que permettant à l'État d'imposer des limitations le cas échéant dans le but de préserver des secteurs vitaux de l'économie nationale, ne sont pas pour autant en mesure de transformer en disciplinaires les relations entre l'État et les citoyens. Notre thèse est considérablement étayée par l'article 5, paragraphe 1 de la Constitution qui réserve à l'individu un espace d'épanouissement de sa personnalité et, indirectement, par l'article 22, par. 3 qui ne permet le travail forcé qu'en période de guerre ou de crise.

[188] Nous soulignons à propos que la prolifération du phénomène disciplinaire entraîne de sérieux problèmes constitutionnels – dans la mesure du moins où il déclenche le mécanisme sanctionnateur - même quand le phénomène en question est limité à des ensembles publics plus étroits que l'État ou quand il ne couvre pas toute l'étendue de ce dernier. En effet, dans une recherche précédente, S. Lytras, *La notion des amendes administratives et la conformité à la Constitution de leur infliction*, Athènes 1986, (en langue hellénique), p. 263 et s., nous avions souligné l'inconstitutionnalité des amendes administratives, dans le cas du moins où elles ne sont pas infligées par des tribunaux, à l'exception des amendes les plus faibles. Nous avons néanmoins formulé des réserves quant aux cas où une certaine sanction est qualifiée par la Constitution de disciplinaire, comme c'est le cas de l'infliction de sanctions disciplinaires à des fonctionnaires (art. 103) ou à des organes des collectivités locales dans le cadre de l'exercice de la tutelle de l'État (art. 102, par 5). De tout ce qui fut mentionné plus haut, il devient évident que l'acceptation de l'intégration de phénomènes si étendus dans le domaine disciplinaire n'entraîne pas pour autant *ipso facto* la libération du pouvoir étatique respectif de l'engagement constitutionnel qui ne lui permet pas d'infliger des sanctions en se substituant aux tribunaux. Ainsi, le législateur ne peut pas limiter le pouvoir judiciaire en qualifiant certaines sanctions de disciplinaires. Voir des réserves analogues in M. Hartmer, *Disziplinarrecht der freien Berufe*, *op.cit.*, p. 3.

[189] Lors des périodes de crise très grave, par exemple dans des périodes de guerre, quand la survie de l'ensemble de la société dépend grandement du comportement de

Et c'est en effet cela qu'exprime la doctrine quand elle conçoit l'organisation - dans le domaine de laquelle se développe le phénomène disciplinaire - comme un sous-système fonctionnant au sein d'une organisation étatique ou sociale plus large[190].

Par ailleurs, c'est cette thèse qui est validée par notre droit positif qui érige - comme nous le constatâmes ou comme nous le constaterons de manière plus détaillée dans la deuxième partie de la présente recherche- les comportements de certaines personnes seulement (par exemple ceux des fonctionnaires) ou certains comportements seulement de personnes exerçant une activité professionnelle particulière (médecins, avocats et autres professions libérales) en des éléments sur lesquels est construite une sorte d'organisation collatérale (élargie) de l'État.

Ou encore le droit français, quand il refuse le caractère disciplinaire des sanctions qui furent infligées dans le cadre de l'épuration : « En soulignant l'unité et le but d'intérêt général des diverses sanctions d'épuration - écrit Lefondré, commentant l'attitude de la jurisprudence des tribunaux français[191] - la jurisprudence vient ainsi ruiner en grande partie la thèse de la nature disciplinaire qui implique, au contraire, le morcellement de la répression ». Et plus loin : « Dans son fondement, la répression administrative d'épuration constitue une répression de type pénal »[192].

---

chacun des membres de la société et quand la coordination de toutes les activités individuelles est rendue nécessaire pour assurer cette survie, alors la notion de « discipline » peut être conçue même dans le champ de relations existant d'une part entre l'État et toute autre communauté humaine plus petite et, d'autre part, l'ensemble de leurs effectifs de population, vu que du comportement de chaque membre des ensembles en question dépend l'accomplissement du résultat poursuivi. Il faut néanmoins remarquer que dans le présent cas - auquel nous pouvons assimiler celui des États où l'organisation et la planification de la société constituent la quintessence de leur philosophie politique - l'activité sociale qui est soumise à la réglementation ne coïncide pas avec l'ensemble de l'activité humaine qui est déployée dans le cadre social, mais exclusivement avec des activités relevant d'un secteur précis (la défense nationale ou l'économie par exemple), dans lequel le besoin d'organisation et de planification à l'échelle nationale devient particulièrement impératif.

[190] Voir à propos plus précisément G. Jacobs, *Strafrecht, Allgemeiner Teil.*, p. 45 et 47.

[191] M. Lefondré, *Recherches sur les sanctions administratives et leur nature juridique*, *op.cit.*, p. 371.Voir encore dans le même sens J. Georgel, « Sanctions administratives » *in Jurisclasseur Administratif Fasc.* 202, 1975, n° 49.

[192] Le caractère disciplinaire de pareilles mesures est plus difficilement réfuté quand celles-ci concernent des fonctionnaires. L'arrêt CE (hell) 508/45 (Ass.) nous offre ici

Et c'est incontestablement la raison pour laquelle le droit positif n'intègre pas dans le phénomène disciplinaire les relations entre l'État et les citoyens qui sont développées dans le cadre de l'activité policière de l'État, vu qu'à travers les relations en question les citoyens ne sont pas érigés en organes de l'État *stricto sensu* et ne participent pas par ailleurs à une organisation étatique du genre décrit plus haut[193].

Conclusion :

Sur la base de l'analyse qui précéda, force est d'admettre que, dans l'ordre juridique hellénique, le phénomène disciplinaire caractérise des ensembles organisés - et dispose en conséquence d'un champ d'application limité - sans pour autant que cette conclusion soit infirmée

---

un exemple caractéristique : la Cour réfute le caractère disciplinaire de la révocation d'un fonctionnaire qui avait collaboré avec l'ennemi, se fondant sur les dispositions de l'Acte constitutionnel 26/1945, alléguant que la révocation en question est prononcée directement par la loi, dès que le fait de la collaboration soit constaté, sans qu'il soit laissé à l'Administration aucun champ de pouvoir discrétionnaire. Il devient toutefois clair que si le tribunal administratif suprême refuse le caractère de la peine disciplinaire à la mesure de révocation, il le fait exclusivement, car il juge en prenant en considération ce qui se passe ordinairement, à savoir que les sanctions disciplinaires sont infligées par l'Administration après la constatation de la commission d' une faute disciplinaire ; or ce n'était pas le cas en l'occurrence. Néanmoins, selon la base de notre analyse jusqu'à présent, le caractère disciplinaire de la mesure ne peut pas être réfuté si nous admettons que parmi les obligations du fonctionnaire figure le refus de collaborer avec l'ennemi, ce que chacun peut facilement déduire de la Constitution (voir par exemple l'art. 103 par. 1 de la Constitution). Voir, en faveur du caractère disciplinaire des mesures de l'épuration prises à l'encontre des fonctionnaires, A. De Laubadère, *Traité élémentaire de droit administratif*, T II, *op.cit.* p. 104.

193 L'idée de collaboration – écrit ici Lefondré, M. Lefondré, *Recherches sur les sanctions administratives et leur nature juridique*, *op.cit.* p. 236, qui fonde également sur cette notion la particularité de la relation existant entre l'État et le citoyen - est étrangère à la notion de police administrative, celle-ci ne donnant naissance qu'à des rapports de sujétion entre l'Administration et les particuliers ». Voir également des prises de position similaires de l'auteur susmentionné dans M. Lefondré, *ibid* p. 68, 248, 282 et 438. Par contre, Mourgeon affirme que la participation, « *même en tant qu'assujetti, à une activité de police, réalise une participation à une mission administrative, à une mission de service public, et donc à une subordination à une discipline* », v. J. Mourgeon *La répression administrative*, *op.cit.*, p. 190-191. Il s'agit toutefois d'une prise de position de l'auteur qui fait partie de sa conception plus large du phénomène disciplinaire, comme nous eûmes l'occasion de le constater et qui ne peut pas être admise. Par ailleurs, pour se faire une idée sur la largesse de contenu que peut acquérir la conception de la notion de police, voir CE hellénique 492/1933 (Ass).

dans le cas où l'ensemble en question prend la forme de l'État. Néanmoins, si le droit positif hellénique relie le phénomène disciplinaire à la notion d'ensemble organisé, est-ce que cela signifie pour autant qu'il associe le phénomène disciplinaire à des ensembles publics disposant nécessairement d'une telle autonomie de forme qui leur permet d'être considérés comme ne pouvant pas être intégrés - du point de vue organisationnel - dans d'autres ensembles publics, plus larges qu'eux ? Nous considérons que cette affirmation n'est pas valable.

En effet, comme il résulte de l'analyse, selon le droit hellénique, le droit disciplinaire concerne des activités relevant de l'action de formations organisationnelles faisant partie d'ensembles plus larges, bien que privées elles-mêmes d'autonomie organique[194].

Par la suite, dans le paragraphe suivant, nous aurons l'occasion de le constater.

b. Ensemble organisé et personnes morales

Dans le domaine public étudié dans le cadre de la présente étude, les ensembles organisés chez lesquels devra être recherchée et identifiée la notion de discipline ont en principe le statut de personne morale. En effet, il est bien connu que, s'il n'est pas effectué dans le cadre d'une personne morale publique, le déploiement d'une activité relevant de l'organisation étatique au sens large du terme n'est pas possible[195].

---

[194] Dans le sens que, dans le domaine du droit, elles ne disposent pas d'existence autonome, en d'autres termes elles ne constituent pas de sujets de droits et d'obligations.

[195] Voir à propos E. Spiliotopoulos, *La distinction des institutions publiques et des institutions privées en droit français*, *op.cit.*, p. 13 et S. Lytras, *Agents et organes administratifs*, *op.cit.*, p. 174 et s. Par contre, dans le domaine où est déployée l'activité privée, chez laquelle est également identifié le phénomène disciplinaire [et il est fort caractéristique le fait que l'objet de l'œuvre classique de A. Légal, J. Brèthe de la Gressaye, Le pouvoir disciplinaire dans les institutions privées, consiste en le phénomène disciplinaire dans le domaine de cette activité] les divers ensembles organisés ont le statut, soit de personne morale (par exemple les sociétés commerciales), soit d'entreprise individuelle. Voir à ce propos A. Karakatsanis, *L'ordre juridique de l'exploitation. Des pouvoirs de l'employeur*, *op.cit.* p. 267, vu que les employeurs peuvent être, tant de personnes morales que de personnes physiques.

Néanmoins, en principe, ce constat n'exclut pas la possibilité d'identifier le phénomène disciplinaire dans l'activité de formations organisationnelles particulières qui relèvent des personnes morales publiques, sans pour autant disposer elles-mêmes de personnalité juridique.

Par ailleurs, nous sommes conduits à cette conclusion via l'examen du droit positif. En effet, de l'analyse de celui-ci résulte clairement que le phénomène disciplinaire est identifié le cas échéant dans des comportements de personnes qui s' « adressent », non à de personnes morales publiques, mais à des formations organisationnelles particulières (ensembles particuliers) qui y sont intégrées. Destinataires de tels comportements qui sont intégrés selon le droit positif au phénomène disciplinaire sont, par exemple, les divers ministères et les entités organisationnelles auxquels est réparti –de quelle manière que ce soit- l'ensemble de l'œuvre administrative de l'État et qui sont incontestablement dénués de personnalité morale et, par extension, de statut d'ensemble « autonome »[196].

Ainsi, selon les dispositions de l'article 217, paragraphe 1a du Code des fonctionnaires, le ministre qui - en vertu des dispositions de l'article 16 paragraphe 1a de la Loi 1558/85 « Du gouvernement et des organes gouvernementaux » - exerce la direction suprême des services relevant du Ministère qu'il dirige, constitue un pouvoir disciplinaire pour « tous les fonctionnaires se trouvant sous sa compétence, qu'ils appartiennent aux services centraux ou régionaux de son Ministère ». Par ailleurs, en vertu des paragraphes 2 - 7 de l'article susmentionné, entre autres, le Secrétaire général du Ministère, les Directeurs du Ministère et les Chefs des services régionaux du Ministère constituent également des pouvoirs de ce genre, bien que sous leur compétence ne soit pas placé l'ensemble des fonctionnaires du Ministère.

Il faudrait néanmoins souligner que dans ce cas également, cette extension du phénomène disciplinaire à toute l'étendue de la personne morale publique, est en fait obligatoire, puisqu'en fin de compte c'est envers la personne morale publique (État, collectivité territoriale) qu'existe l'obligation d'observer un certain comportement, et c'est celle-ci qui inflige la sanction disciplinaire en cas de manquement,

---

[196] À propos du statut organisationnel des Ministères, dans le cadre de l'organisation globale de l'État, voir plus particulièrement E. Spiliotopoulos, *Manuel de droit administratif*, *op.cit.* p. 229 et s.

tandis que c'est précisément à cette personne morale qu'est imputée l'infliction de la sanction en question, etc.[197].

Il convient d'affirmer qu'il en est de même dans le cas des services publics déconcentrés ou d'autres formes d'organisation administrative indépendante (par exemple l'Imprimerie Nationale ou la Caisse d'Épargne), qui sont également privés de personnalité morale et dans lesquels l'analyse décèle une divergence importante de la manière classique ou « orthodoxe » d'organisation d'une personne morale publique. Et cela est dû au fait que, même alors, le phénomène disciplinaire est en fin de compte « étendu » à l'ensemble de la personne morale publique au sein de laquelle fonctionne le service public déconcentré[198] [199].

Toutefois, les constatations susmentionnées n'entament pas l'importance de notre approche qui révèle une dimension du phénomène disciplinaire fréquemment sous-estimée par la doctrine[200].

---

[197] Nous rappelons l'énoncé de l'article 1, par. 2 du Code des fonctionnaires, en vertu duquel les fonctionnaires et les agents des personnes morales de droit public sont assujettis à une relation disciplinaire envers l'État ou les personnes morales de droit public ; d'autre part, dans le même sens, bien que d'une importance plus générale, l'énoncé de l'article 103, paragraphe 1 de la Constitution en est également caractéristique : les fonctionnaires sont les exécutants de la volonté de l'État : ils sont au service du peuple et doivent faire preuve de fidélité à la Constitution et de dévouement envers la patrie.

[198] Un exemple caractéristique nous est ici fourni par le cas des centres hospitaliers universitaires Aiginition et Aretéion, qui constituent des annexes de l'Université d'Athènes : leur personnel, malgré l'indépendance très étendue dont ils jouissent (révélée par le fait qu'au sein de chacun des hôpitaux fonctionne un organe spécifique, doté aussi de compétences décisionnelles), est poursuivi disciplinairement par le Recteur de l'université, c'est-à-dire par un organe « central » de l'Université. Voir dans ce sens les articles 329 et 330 de la Loi 5343/32 « De l'organisation de l'Université d'Athènes ».

[199] Quant à la notion du service public déconcentré, voir entre autres E. Spiliotopoulos, *Manuel de droit administratif, op.cit.*, p. 229 et s. et S. Lytras, *Les structures de l'administration centrale grecque, Annuaire Européen de l'Administration Publique*, 1978, p. 446.

[200] Parallèlement à la faculté dont nous disposons – comme nous le soulignâmes dès l'introduction (voir p.24) - d'utiliser indifféremment les termes de « personne morale publique » et d'« ensemble public ». La possibilité en question n'est nullement limitée par le fait que, fréquemment, comme il fut démontré par l'analyse qui précéda, au sein d'une personne morale publique (et notamment de l'État) existent des unités organisationnelles dotées de larges marges d'indépendance, à tel point qu'elles puissent être considérées à leur tour comme des ensembles organisés. La raison en est que - en fin de compte et comme cela fut clairement démontré par tout ce qui précéda-

Par ailleurs, cette dernière sous-estime (ou elle ne lui accorde pas l'importance qui conviendrait) le fait suivant : à l'organisation d'un ensemble – en l'occurrence d'un ensemble public - peuvent participer, sous des formes déjà mentionnées, tant des personnes physiques que des personnes morales.

c. Personnes participant à l'organisation d'un ensemble et ensembles organisés

Les personnes qui sont soumises à l'observance d'un certain comportement envers un ensemble organisé, tout en participant à son organisation, sont en principe des personnes physiques.

En effet, d'une part dans la mesure où tous ceux qui exercent les fonctions organiques (porteurs de la fonction-trägers) sont toujours des personnes physiques et, d'autre part, vu que nous constatâmes déjà que dans l'organisation d'un certain ensemble participent en principe les organes de celui-ci, le lien entre les ensembles organisés et les personnes physiques devient évident.

Par ailleurs, le constat en question correspond également à la conception communément admise quant à la notion de discipline. En effet, il existe l'impression diffuse - due à une conception du droit focalisée sur l'individu - que le phénomène disciplinaire consiste en une affaire impliquant les personnes physiques et les ensembles organisés[201].

Il faut néanmoins admettre que les personnes en question peuvent également être des personnes morales, même si une affirmation pareille peut paraître assez paradoxale pour les raisons que nous venons juste de mentionner.

Cette thèse nous est imposée - et cela sera clairement démontré dans la deuxième partie de la présente étude - par la constatation que, de nos jours, l'efficacité du déploiement de l'activité des ensembles dépend de

---

la relation disciplinaire existe également ici envers l'État ou envers une autre personne morale publique et non envers un ensemble plus restreint (Ministère, service public déconcentré), comme il paraissait initialement en être le cas.

[201] À la même raison est en outre dû le refus persistant de la doctrine du droit pénal d'admettre l'existence de la responsabilité pénale des personnes morales. Sur ce sujet, qui se trouve actuellement au seuil d'évolutions importantes, voir - entre autres - R. Morel, *Les destinées contemporaines du principe de la personnalité des peines*, Thèse, Lille 1968, p. 436 et s., ainsi que tout ce qui est mentionné dans la deuxième partie de la présente étude, p. 206 et s.

l'action convergente, tant des personnes physiques que des personnes morales.

Ainsi, le phénomène disciplinaire, dont l'existence est liée directement à l'obtention du résultat susmentionné, s'entend, non seulement quand sur des personnes physiques pèse l'obligation de faire preuve d'un certain comportement, duquel dépend l'exercice efficace de l'activité d'un ensemble public, mais également quand l'obligation en question pèse sur des personnes morales, exclusivement ou conjointement à celle pesant sur des personnes physiques[202].

Ce constat nous permet par ailleurs de réfuter l'objection éventuelle que l'extension du phénomène disciplinaire au domaine des relations entre les ensembles publics et les personnes morales est impossible, pour la simple raison qu'un lien organique entre eux est concevable ; or, comme il fut démontré par l'analyse, celui-ci constitue une condition *sine qua non* pour l'élaboration de la notion de discipline.

En effet, non seulement une personne morale peut exercer des fonctions d'organe[203], mais elle peut également sans aucun problème participer à une organisation élargie - collatérale - de l'État, selon la distinction que nous adoptâmes dans les pages précédentes[204]. De cette manière, elle peut participer au phénomène disciplinaire.

Quoi qu'il en soit, le résultat en question ressort de l'examen du droit positif - comme nous aurons l'occasion de le constater lors de l'analyse qui sera entreprise dans la deuxième partie de la présente étude - qui ne réserve exclusivement le phénomène disciplinaire à aucun cas précis, à savoir exclusivement aux relations entre les ensembles publics et les personnes physiques. Tout comme d'ailleurs,

---

[202] Le fait que les obligations des personnes morales sont accomplies à travers l'action des personnes physiques n'altère ni ne diminue l'importance de notre observation. Et cela, car sur les personnes physiques à travers lesquelles sont exercées les activités des personnes morales pèsent des obligations envers les personnes morales et non envers les ensembles publics, envers lesquels sont exclusivement responsables les personnes morales. Le simple fait que les obligations de ces dernières sont accomplies à travers l'action de personnes physiques, n'est pas en mesure de modifier l'essence des choses, laquelle est exprimée par le fait qu'en l'occurrence les personnes sur lesquelles pèse l'obligation de faire preuve d'un certain comportement sont les personnes morales et non les personnes physiques. Voir aussi à ce propos p. 206 et s. et note 447.

[203] C'est le cas quand elle fait partie d'un organe collégial. Par exemple, quand l'État (l'Administration) « constitue » - en tant qu'actionnaire unique - l'assemblée générale de DEP (Entreprise Publique de Pétrole) en vertu de l'article 9 paragraphe 3 de la Loi 87/1975 « De la création de l'Entreprise Publique de Pétrole ».

[204] Voir *supra* p. 86 et s.

quand nous focalisons exclusivement sur le cas où les personnes sur lesquelles pèse l'obligation de faire preuve d'un certain comportement sont des personnes physiques, le droit positif ne réserve pas le phénomène en question à une qualité certaine de la personne physique.

d. Personnes physiques participant à l'organisation d'un ensemble et ensembles organisés.

D'après l'analyse qui précéda, on serait tenté d'affirmer que les personnes physiques sur lesquelles pèse l'obligation de faire preuve d'un certain comportement envers certains ensembles définis disposent toujours - quand elles constituent des organes de ceux-ci (tant *stricto sensu* qu'au sens large du terme) - de la « qualité d'agent » ; en d'autres termes qu'elles leur fournissent un travail salarié et subordonné. Néanmoins, cette thèse n'est pas vérifiée par l'analyse du droit positif. En effet, bien que les cas de lien entre les agents publics et les ensembles publics constituent ici la règle (surtout quand il s'agit du lien existant entre les personnes morales publiques et les fonctionnaires[205], à savoir ce qui est appelé « champ classique de la manifestation du phénomène disciplinaire »[206]), le droit positif de notre pays connaît des cas assez nombreux où les personnes sur lesquelles pèse l'obligation de faire preuve d'un certain comportement ne disposent pas de « qualité d'agent[207] ». De ce point de vue, le cas des organes élus des collectivités territoriales (maires, présidents de commune, conseillers municipaux ou communaux) en est caractéristique, vu qu'ils exercent des fonctions organiques sans toutefois être liés à la collectivité territoriale respective avec une relation salariée et subordonnée et qu'ils sont soumis à des sanctions disciplinaires dans le cadre de la tutelle de l'État sur les collectivités territoriales[208].

---

[205] Nous rappelons que, dans le cadre de la présente étude, quand nous nous référons aux fonctionnaires, nous entendons également les agents des collectivités territoriales et les agents des autres personnes morales de droit public, à condition, bien entendu, que de notre analyse ne résulte rien qui contredise cette affirmation.

[206] Voir en ce point ce qui est mentionné dans la deuxième partie de la présente étude, p. 133 et s.

[207] Ce qui n'empêche certes nullement – nous pourrions même affirmer valablement le contraire - que leur comportement soit imputé aux personnes morales publiques respectives.

[208] Voir, plus particulièrement, l'article 102, paragraphe 5 de la Constitution et tout ce qui est mentionné dans la deuxième partie de la présente étude, p. 209 et s.

Il convient ici de souligner que seules les personnes physiques peuvent disposer de la qualité d'agent, en tant que personnes assujetties à la relation disciplinaire et liées aux ensembles publics par leur qualité d'organe au sens strict du terme.

Cette constatation nous conduit à présent à laisser en dehors de la portée de notre analyse tout comportement d'une personne qui ne pourrait jamais être considérée comme organe de l'ensemble public, bien que liée à l'organisation de celui-ci.

Logiquement, et sur la base de l'analyse qui précéda, il faudrait s'attendre à la constatation que toute personne participant à l'organisation d'un ensemble public - soit en tant que son organe *stricto sensu*, soit en tant que personne influençant directement le fonctionnement de ses organes - participe également au phénomène disciplinaire.

Néanmoins, comme il résulte de l'analyse du droit positif, les activités de toutes les personnes physiques exerçant des fonctions pour le compte d'un ensemble public ne sont pas intégrées dans le phénomène disciplinaire, du moins quand ce dernier est envisagé sous sa dimension sanctionnatrice.

Au phénomène disciplinaire, à cette dimension, sont intégrées les activités des personnes physiques-organes de l'ensemble public dont l'action conforme ou non aux règles de droit est érigée en condition de l'infliction de sanctions disciplinaires[209].

Ainsi, n'est pas intégrée à cette dimension du phénomène disciplinaire l'activité des ministres qui – comme il est bien connu dans la doctrine du droit administratif[210]- n'est pas soumise au pouvoir disciplinaire d'un autre organe administratif. Et tout ce qui fut mentionné ci-dessus concernant les ministres est valable –a fortiori - pour le Premier ministre et le Président de la République qui sont les organes suprêmes de l'État[211].

---

[209] C'est le cas des fonctionnaires, au régime disciplinaire desquels nous nous sommes déjà référés à plusieurs reprises (article 205 et s. du Code des fonctionnaires).

[210] Voir, entre autres, E. Spiliotopoulos, *Manuel de droit administratif*, *op.cit.*, p. 257 et s., M. Dendias, *Droit administratif*, *op.cit.*, p. 243.

[211] Nous attirons toutefois l'attention sur le fait que les ministres participent d'une certaine manière au phénomène disciplinaire, bien qu'ils ne soient pas assujettis à la relation disciplinaire. Cela se passe en premier lieu quand ils déterminent, à travers des circulaires ou des ordres, le comportement que les fonctionnaires doivent observer, activant de la sorte la clause générale de l'article 205 par. 1 du Code des fonctionnaires sur la définition du devoir des fonctionnaires, ou bien quand ils

Cependant, cette remarque n'affecte nullement les résultats auxquels nous fûmes amenés quant à l'essence du phénomène disciplinaire. Si en effet le comportement de certains organes de l'État (tels les ministres qui, sans aucun doute, assument des obligations envers l'État, découlant de la Constitution et de la législation en vigueur) ne participe pas au phénomène disciplinaire, ce dernier ne cesse pas pour autant de caractériser toujours des ensembles organisés. Ainsi, si l'équation « obligation, pesant sur les personnes liées organiquement avec un ensemble organisé, d'observer un certain comportement envers celui-ci » = « phénomène disciplinaire » n'est pas toujours vérifiable, l'équation inverse « phénomène disciplinaire » = « comportement de personnes liées organiquement avec certains ensembles organisés envers ces derniers » est toujours vérifiable.

Il faut également noter que, si les ministres ne sont pas assujettis aux sanctions disciplinaires, cela est dû au fait qu'il n'existe dans la « hiérarchie » des organes administratifs aucun organe qui puisse les leur infliger. Il se pourrait évidemment que les sanctions en question soient imposées par les tribunaux; or, dans ce cas, il y aurait un subvertissement du statut constitutionnel particulier des ministres : ceux-ci rendent en effet compte exclusivement à la Haute Cour de Justice pour les ministres en vertu de l'article 86 de la Constitution. Ainsi, des raisons purement pratiques - combinées toutefois à la garantie de la primauté du statut des ministres dans le système des organes de l'État - empêchent l'extension du phénomène disciplinaire dans le cas que nous traitons. Néanmoins, notre hypothèse est validée par le cas des organes élus des collectivités territoriales auxquels, comme nous le constaterons dans la deuxième partie de la présente étude[212], les sanctions sont infligées par les organes de l'État.

---

infligent des sanctions aux fonctionnaires quand leur comportement diverge de celui qui est défini par la loi. En ce qui concerne le pouvoir disciplinaire des ministres, nous rappelons l'article 217 par. 1 du Code des fonctionnaires, en vertu duquel les ministres sont les supérieurs disciplinaires de tous les fonctionnaires relevant du Ministère qu'ils dirigent, indépendamment de leur appartenance aux services centraux ou régionaux du Ministère.

[212] Voir *infra* p. 208 et s.

e. Types de liens entre les personnes physiques-organes et les ensembles publics

Théoriquement, le lien entre les personnes physiques - organes qui sont assujetties à une relation disciplinaire envers l'ensemble public auquel elles appartiennent ne doit pas forcément se conformer à un modèle précis. Dans la mesure où il n'en résulte pas de contradiction systématique, est en principe acceptée toute manière à travers laquelle les personnes physiques deviennent des organes de l'ensemble public. Ainsi, une personne physique peut être liée organiquement avec un ensemble public soit par sa nomination (entendue ici comme un acte unilatéral) ou par contrat, tant de droit privé que de droit public, soit par son élection ou son tirage au sort[213].

Dans tous les cas, ce qui importe c'est que, à travers le lien en question, une certaine personne soit érigée en organe de l'ensemble ; cela se passe, en fin de compte, quand la personne en question agit « ès qualités », à savoir quand elle exerce des activités relevant selon l'ordre juridique d'un ensemble public et quand les activités en question sont imputées à ce dernier[214].

Nous pouvons considérer que la recherche des aspects de la notion d' « ensemble organisé » nous permettant d'identifier et de comprendre la notion de discipline est en ce point achevée.

Bien que ce constat soit essentiellement correct, nous considérons qu'il ne faudrait pas toutefois quitter le domaine ici étudié et passer à la recherche de la relation existant entre la discipline et le fonctionnement de l'ensemble organisé, sans avoir auparavant examiné la relation existant entre le phénomène disciplinaire et la théorie de l'institution. Et cela, car, à travers la théorie de l'institution, il est possible d'être amené à un fondement du phénomène disciplinaire différent de celui

---

[213] Quant aux types de lien entre la personne physique-organe et l'État ou un autre ensemble public, voir S. Lytras, *Agents et organes administratifs*, *op.cit.*, p. 220 et s. et, plus particulièrement, p. 227 et s.

[214] Cette condition explique pourquoi le fournisseur de l'État ne constitue pas un organe de l'État, du moins au sens strict du terme examiné ici, tandis que, par contre, est considérée comme organe de ce type toute personne exerçant des activités étatiques en vertu d'un contrat de droit privé conclu avec l'État dans le cadre des articles 10 et s. de la Loi 993/79 « Du personnel de l'État, des collectivités territoriales et des autres personnes morales de droit public embauché en vertu d'un contrat de travail de droit privé ».

présentement entrepris. En conséquence, il ne faudrait pas ignorer ou contourner une telle thèse.

f. Lien organique avec un ensemble public et théorie de l'institution, en tant qu'élément pouvant fonder le phénomène disciplinaire

La thèse adoptée plus haut - selon laquelle, dans le cadre de l'ordre juridique hellénique, le phénomène disciplinaire est identifié dans les relations existant entre des personnes et des ensembles publics avec lesquels celles-ci sont liées organiquement- nous amène également à la conclusion que le droit hellénique n'admet pas la notion d'institution en tant qu'élément sur lequel est fondé le phénomène disciplinaire.

Nous vérifierons par la suite l'exactitude de cette thèse (bb), après avoir néanmoins entrepris une courte présentation de la théorie de l'institution, focalisée plus particulièrement sur le sujet qui nous intéresse (aa).

aa. Théorie de l'institution et phénomène disciplinaire

Selon la théorie de l'institution, dont la paternité - de l'avis général - est attribuée à M. Hauriou[215], l'idée de l'institution reflète une œuvre réalisée par un groupe social qui est *ad hoc* organisé par le droit dans ce but[216].

Selon la théorie de l'institution - du moins comme celle-ci est présentée par Hauriou - les éléments qui sont nécessaires pour l'existence de l'institution consistent, tant en un ensemble social, organisé par des règles de droit en vue de réaliser une œuvre, qu'en l'idée de l'œuvre en question qui doit être réalisée. Les éléments secondaires de l'institution consistent en la durée relative que doit

---

[215] À ce propos, voir plus particulièrement J. Mourgeon, *La répression administrative*, *op.cit.*, p. 236 et s.

[216] À ce propos, voir M. Hauriou, *La théorie de l'institution et de la fondation*, 4e Cahier de la Nouvelle Journée, 1925, p. 10, pour qui *« Une institution est une idée d'œuvre ou d'entreprise qui se réalise et dure juridiquement dans un milieu social »*, et par la suite, *« (...) pour la réalisation de cette idée un pouvoir s'organise qui lui procure des organes »*. Voir aussi J. Mourgeon *ibid*, qui présente les thèses élaborées au fil du temps par Hauriou.

caractériser la réalisation de l'œuvre et en la structure intérieure de l'institution, sans laquelle la réalisation de l'œuvre commune s'avérerait irréalisable[217].

Or, si nous pouvons définir ainsi, de manière schématique, la théorie de l'institution, quelle est sa relation avec le phénomène disciplinaire analysé dans le cadre de la présente étude ? Encore une fois, Mourgeon et son œuvre « La répression administrative », à laquelle nous nous sommes à plusieurs reprises référés, nous serviront de guide.

Pour l'auteur précité, la relation entre la discipline et la théorie d'institution fait son apparition très tôt, à savoir lors de l'analyse des éléments constituant l'institution, auxquels nous venons de nous référer.

Ainsi, en parlant du droit qui régit toute institution, entendue comme « institution sociale », il écrit que le droit institutionnel, « tout à la fois produit et moule de l'institution est double. C'est le droit disciplinaire qui permet la coercition nécessaire (...) »[218] et, juste par la suite, que « L'œuvre étant au centre de l'institution, le droit institutionnel qu'elle fonde ne peut dès lors être un droit arbitraire ; c'est en fonction de l'œuvre et pour elle que le droit disciplinaire existe et s'applique(…) ».

Par ailleurs, l' « identification » absolue du phénomène disciplinaire et du phénomène institutionnel qui est diffusée dans toute l'œuvre de Mourgeon résulte également clairement d'un autre passage de son œuvre dans lequel, après avoir donné une définition de la notion de discipline, fondée sur l'élément de l'obligation, pesant sur les personnes assujetties à une relation disciplinaire, de respecter certaines règles[219], il conclut en affirmant que[220] « ainsi définie, la discipline se rencontre, dans toute institution, primaire ou secondaire, et si secondaire, professionnelle ou non. Il y a discipline dès lors qu'il y a solidarité de personnes autour d'une fin commune ». Un peu plus loin, il soutient qu' « en vérité, le contenu de la discipline importe peu pour la définition de

---

[217] J. Mourgeon, *ibid.*

[218] J. Mourgeon, *ibid*, p. 25.

[219] Il affirme que nous pouvons également soutenir que la discipline, *« elle consiste dans l'obligation, pesant sur tous ceux participant d'une façon quelconque, à une activité, de respecter les règles (même implicites) indispensables au bon exercice de cette activité »,* J. Mourgeon, *ibid*, p. 53.

[220] J. Mourgeon, *ibid.*

celle-ci, dont la notion n'est déterminable qu'en fonction du caractère finaliste de l'institution »[221].

Ainsi formulée, la thèse de Mourgeon révèle indiscutablement qu'il existe une relation étroite entre le phénomène disciplinaire et le phénomène institutionnel. À quel point est-elle néanmoins conforme aux données du droit hellénique ?

bb. Critique

En reliant le phénomène disciplinaire à la notion d'institution, Mourgeon est obligé de conférer un sens très large à la discipline, puisque - selon sa propre analyse - la notion d'institution inclut même l'État[222]. « C'est pourquoi, écrit-il[223], l'on ne peut situer la discipline en dehors de la répression pénale et la réduire au seul domaine de la répression disciplinaire. La discipline ne comporte a priori aucune limite de contenu ».

Pourtant, sa thèse ainsi formulée, est exposée à notre critique dès que nous commençons l'examen des données du droit hellénique.

Nous remarquâmes en effet dans l'analyse qui précéda[224] que - si théoriquement la notion de discipline peut inclure même les relations existant entre l'État et les citoyens, vu que la notion en question est fondée sur la notion d'organisation - il faut néanmoins que certaines conditions soient remplies : tout d'abord que cette extension soit permise par l'ordre juridique, érigeant de la sorte la question au niveau constitutionnel ; par la suite, que le droit positif ait instauré des réglementations de ce genre. Selon les résultats de notre analyse, une telle extension du phénomène disciplinaire n'est pas possible au regard de l'ordre constitutionnel de notre pays, vu que la notion sur laquelle est fondée la discipline dans notre droit positif - à savoir la notion d'organisation - ne peut pas concerner l'ensemble de la population du

---

[221] Malgré le fait que Mourgeon venait d'avouer : *« Dans toutes les hypothèses, la discipline est au cœur de la répression, parce qu'elle est une notion inhérente à toute institution, primaire ou secondaire »*, voir J. Mourgeon, *ibid.*

[222] *« La société politique (ou l'État) est indiscutablement une institution, puisque l'on y trouve un groupement organisé, une structure, et une mission qui même lorsqu'elle est réduite à la seule satisfaction des besoins matériels n'en existe pas moins »*, J. Mourgeon, *ibid*, p. 34.

[223] J. Mourgeon, *ibid*, p. 53.

[224] Voir, plus précisément, *supra* p. 93 et s.

pays, sauf dans des cas exceptionnels et, même alors, de manière limitée.

Dans la mesure donc où, selon le droit hellénique, la notion de discipline est fondée - comme nous venons de le voir - sur la notion d'organisation et que la notion en question a, selon la Constitution, un champ d'application limité, il devient évident que la thèse de Mourgeon fondant la discipline sur le phénomène institutionnel ne peut pas être admise. Et cela, car elle conduit à une extension du phénomène disciplinaire rejetée par l'ordre juridique hellénique[225].

En clôturant cette courte analyse, nous sommes en mesure d'affirmer sans difficulté que le lien du phénomène disciplinaire avec l'organisation d'un ensemble public est prouvé. Or, nous ne souhaitons pas procéder à l'évaluation de la contribution de cet élément à la définition de la notion de « discipline », définition que nous recherchons tout au long de la présente étude, avant de définir de manière plus précise la relation du phénomène disciplinaire avec ce que nous pouvons qualifier de « fonction – ou de fonctionnement, qui est le même- d'un ensemble organisé ».

§ 2. Phénomène disciplinaire et fonction des ensembles organisés

Le lien existant entre le phénomène disciplinaire et la fonction des ensembles organisés pourrait en principe être considéré comme allant de soi. En effet, dans la mesure où, d'une part la notion d'organe est indissociablement liée à celle de sa fonction[226] et, d'autre part, comme nous venons de le déterminer[227], étant donné que les personnes participant à l'organisation d'un ensemble influencent de manière décisive l'activité des organes de l'ensemble en question (par ailleurs en cela consiste le critère de leur participation à l'organisation de l'ensemble), le lien entre la discipline et la fonction des ensembles organisés devient manifeste.

Certes, tout cela n'apparaît pas toujours avec une clarté tellement évidente. Ainsi, l'observation du droit positif fait ressortir l'existence de comportements d'organes de l'ensemble qui ne participent pas au

---

[225] Nous rappelons que, en employant cette conception très large de la notion de discipline, l'auteur finit par identifier théoriquement le phénomène pénal au phénomène disciplinaire. Voir à ce propos tout ce qui fut écrit *supra*, p. 94, note 185.
[226] Quant au lien indissociable entre l'organe et la fonction, voir S. Lytras, *Agents et organes administratifs*, *op.cit.*, p. 53 et s.
[227] Voir *supra* p. 86 et s.

phénomène disciplinaire, ainsi que l'existence de comportements d'organes de l'ensemble qui ne se réfèrent pas à la fonction de l'ensemble.

Ces constats, non seulement ne nous empêchent pas néanmoins d'affirmer la thèse que selon le droit positif hellénique, le phénomène disciplinaire est lié indissociablement à la fonction des ensembles organisés, mais, de plus, la confirment, du moins partiellement[228].

a. La thèse. Approche négative et positive

La thèse que, selon le droit hellénique, le comportement des personnes liées organiquement avec un ensemble public ne participe au phénomène disciplinaire que quand il se réfère à la fonction de l'ensemble en question résulte tout d'abord d'une approche positive.

De ce point de vue, en est caractéristique l'énoncé de l'article 12 de la Loi 1339/83[229], selon lequel (paragraphe 1) « Aux sous-officiers des Forces de l'Ordre, aux gendarmes, aux policiers et aux pompiers est infligée - sur décision de leur Chef respectif- la peine de la suspension de fonction, de 15 jours à 3 mois, pour les fautes suivantes : a) violation du devoir de réserve, b) négligence grave lors de l'exercice de leurs fonctions, c) acte ou comportement répréhensibles lors de l'exercice de leurs fonctions (...)[230]».

De plus, également caractéristique en est l'énoncé de l'arrêt 862/38 de l'Assemblée du Conseil d'État (hellénique) qui admit le caractère disciplinaire de la révocation - sur décision du préfet - d'un membre de la Commission du Port de Vathy (Samos) pour des actes et des abstentions fautifs qui s'avérèrent préjudiciables pour les intérêts du

[228] De plus, cette thèse fait ressortir la différence existant entre notre approche et celle que nous entreprîmes dans le paragraphe précédent. En effet, nous y recherchâmes prioritairement si les obligations des personnes assujetties à la relation disciplinaire (nous ne savons pas encore si celles-ci ont le statut d'organe) sont liées ou non en principe avec un ensemble public. Par contre, ce qui est ici recherché, c'est la réponse à la question suivante : l'activité des personnes participant à un ensemble public, quand elle est liée au phénomène disciplinaire, a-t-elle une relation avec la fonction de l'ensemble auquel elles participent ?

[229] Loi 1339/83, « Réhabilitation et reconstitution de carrière du personnel des Forces de l'Ordre et des Gardes-côtes et de la Garde portuaire qui fut poursuivi pour des raisons politiques, ainsi que règlement de questions concernant le personnel en exercice ».

[230] Voir également dans le même sens l'article 1 par. 2 du Code des fonctionnaires, précité.

Bureau portuaire de Samos, en d'autres termes pour des actes concernant le fonctionnement du Bureau portuaire[231] en question.

Néanmoins, nous arrivons également à la même thèse à travers une approche négative, vu que l'analyse démontre que le droit positif n'hésite pas à tenir loin du phénomène disciplinaire des comportements qui n'ont aucune relation avec la fonction d'un ensemble.

La première preuve dans ce sens nous vient du champ des relations existant entre les fonctionnaires et l'État, vu que selon les dispositions en vigueur dans notre pays[232], ne participe pas au phénomène disciplinaire le comportement d'un fonctionnaire qui est sans relation avec son service, par exemple sa décision d'adhérer à l'association culturelle de son lieu d'origine[233].

L'objection éventuelle que, en vertu des articles 205 et suivants du Code des fonctionnaires, tout comportement d'un fonctionnaire - dans le cadre de son service ou en dehors de celui - active le phénomène disciplinaire quand il a des incidences sur la bonne marche du service, est indiscutablement valable ; néanmoins, elle renforce notre thèse et ceci de deux manières différentes.

D'une part positivement, vu qu'elle confirme le lien entre le phénomène disciplinaire et la fonction d'un ensemble public et, d'autre part, négativement, vu qu'elle éloigne du phénomène disciplinaire tout comportement du fonctionnaire qui pourrait être considéré comme n'ayant aucune relation avec le service public, c'est-à-dire avec la fonction de celui-ci. Cette thèse est par ailleurs inconditionnellement adoptée par la jurisprudence.

L'arrêt CEH 207/62 (Ass) en est de ce point de vue caractéristique : la Cour administrative suprême jugea contraires à la Constitution (et plus particulièrement à l'article 10 qui garantit la liberté de réunion) les dispositions des articles 124 et 127 de la Loi sur l'Université (Loi 5343/32) selon lesquelles, pour organiser une manifestation étudiante en dehors des locaux des établissements de l'université, il ne faut pas obligatoirement s'assurer préalablement de l'autorisation du recteur,

---

[231] Voir également - de manière plus indirecte - CEH 207/67, auquel nous nous référerons par la suite lors de notre étude.

[232] Article 205 et s. du Code des fonctionnaires.

[233] D'autant plus le comportement d'une personne tierce à l'ensemble public, dont le comportement ne saurait pas être intégré à la fonction de celui-ci. Par exemple, le comportement d'un particulier, avec lequel le fonctionnaire est lié contractuellement ; manifestement, le cas en question n'est pas intégré au phénomène disciplinaire, pour la raison supplémentaire – mais essentielle - que, vu tout ce que nous avons jusqu'ici admis, la personne en question n'est pas liée avec l'ensemble organisé.

tandis que celle-ci, conformément à la Constitution, est nécessaire quand la manifestation a lieu dans des locaux de l'université, vu que dans le cas des manifestations en question est appliquée la tutelle administrative des autorités universitaires. En conséquence, l'infraction disciplinaire n'est pas constituée.

Donc, en guise de conclusion, sur la base des données du droit hellénique, il existe un lien indissociable entre le phénomène disciplinaire et la fonction ou le fonctionnement d'un ensemble public[234].

Comme il est démontré par l'analyse, la présente thèse n'est nullement affectée par le fait que, dans certains cas, l'activité des organes d'ensembles publics, bien que liée à la fonction de ceux-ci, ne participe pas au phénomène disciplinaire (b), tandis que, d'autre part, s'harmonise parfaitement avec cette thèse la reconnaissance par le droit positif de la catégorie de mesures dites « d'ordre intérieur », d'une catégorie qui n'est pas toujours délimitée de manière précise face au phénomène disciplinaire (c).

b. Le cas des ministres

Comme il est démontré par l'analyse, les activités de tous les organes d'un ensemble public ne sont pas liées forcement au phénomène disciplinaire, bien qu'elles se réfèrent à la fonction de l'ensemble en question.

Le cas des ministres en est fort caractéristique et classique : ce sont des organes exerçant par excellence des activités pour le compte de l'ensemble public, des activités liées manifestement à sa fonction[235] ;

---

[234] La situation en question est fort judicieusement résumée par Lefondré quand il écrit - se basant sur les données du droit français, M. Lefondré *Recherches sur les sanctions administratives et leur nature Juridique, op.cit.,* p. 218 — que le pouvoir disciplinaire « s' exerce non seulement sur tous les agents publics quel que soit leur statut, mais aussi sur ceux qui, sans acquérir la qualité d' agent public, collaborent au fonctionnement du service public et qui, pour cette raison, font 1' objet d' un contrôle et d' une surveillance administrative ».

[235] D'autre part, il est incontestable que l'exercice des activités en question constitue l'obligation principale des ministres. Car, étant donné que - selon la Constitution (article 83, paragraphe 1) - ils exercent leurs attributions qui sont fixées par la loi, ils sont obligés de les exercer. L'obligation en question devient encore plus claire lorsqu'il est question de compétence liée de l'Administration.

or, comme nous venons de le voir[236], selon la doctrine traditionnelle du droit public, les ministres ne relèvent du pouvoir disciplinaire d'aucun organe.

À première vue, cette constatation paraît attaquer la crédibilité de la thèse à laquelle nous fûmes conduits plus haut, étant donné que dans ce cas[237] il est parfaitement clair qu'il n'existe pas de lien entre le phénomène disciplinaire et la fonction d'un ensemble public. Néanmoins, cette première impression s'avère trompeuse. En effet, ce que nous constatâmes dans le paragraphe précédent, ce fut le lien direct entre le phénomène disciplinaire et la fonction d'un ensemble public, et non pas le contraire. En conséquence, si tout ce qui a trait à la fonction d'un ensemble public ne peut pas être automatiquement qualifié de disciplinaire - la notion de discipline acquerrait alors un caractère général et vague et ne désignerait en réalité rien de précis (par la suite nous aurons l'occasion d'examiner un phénomène similaire[238]) - cela ne signifie pas pour autant que tout ce qui est qualifié de disciplinaire ne se réfère pas à la fonction d'un ensemble public. Les cas examinés ici ne peuvent donc pas affecter et altérer l'approche du phénomène disciplinaire que nous entreprîmes à travers l'analyse qui précéda.

Cette analyse ne peut non plus être affectée par l'étude de la relation existant entre le phénomène disciplinaire et les mesures d'ordre intérieur.

c. Discipline et mesures d'ordre intérieur

Avec le terme de mesures d'ordre intérieur sont entendues par la doctrine et la jurisprudence - dans le domaine du droit administratif plus généralement - les mesures qui sont prises par les autorités publiques, à savoir les organes administratifs, et qui visent à l'aménagement du fonctionnement d'un service ainsi qu'à sa bonne marche[239].

---

[236] *Supra* p. 105, note 211.

[237] Ainsi que - naturellement - dans le cas du Président de la République et du Premier ministre.

[238] Par ailleurs, nous avons déjà analysé les raisons pour lesquelles il n'est pas possible de lancer une poursuite disciplinaire à l'envers des ministres. Voir à ce propos *supra* p. 106.

[239] Voir à ce propos A. De Laubadère, *Traité élémentaire de droit administratif*, T. 1. *op.cit.* p. 272, M. Herquard-Theron, « De la mesure d'ordre intérieur », *AJDA* 1981 p. 35 et s., ainsi que A. Tachos, « Les mesures d'ordre intérieur dans l'enseignement

Les mesures d'ordre intérieur sont donc liées au fonctionnement d'un service public administratif ou d'un ensemble public ; la question qui en résulte pourrait être résumée comme il suit : à quel point les mesures en question sont-elles liées (ou ne le sont pas) au phénomène disciplinaire[240] ?

Tout d'abord, il faut mettre l'accent sur le fait que les mesures d'ordre intérieur ne s'adressent aux administrés que de manière indirecte, vu que leurs destinataires directs sont les organes (subalternes) qui constituent le dispositif administratif d'un service. De ce point de vue, il devient évident qu'il s'ensuit déjà une différence quant aux résultats obtenus jusqu'à présent par notre étude, vu que celle-ci examina la fonction d'un ensemble public via une approche focalisée sur l'extérieur, c'est-à-dire sur les personnes qui sont en général les bénéficiaires de l'action de l'ensemble public.

Néanmoins, l'identification de la différence en question n'est pas en mesure de différencier complètement les deux cas, puisque tout ce qui concerne la fonction d'un service (c'est-à-dire d'un ensemble) peut – d'après les conclusions de notre analyse jusqu'à présent, bien que cela ne soit pas obligatoire- être lié au phénomène disciplinaire.

Par ailleurs, cette thèse est confirmée parfaitement par l'analyse du droit positif, de laquelle résulte irréfutablement le caractère disciplinaire de certaines au moins mesures appartenant à la catégorie de mesures qui sont qualifiées de mesures d'ordre intérieur[241].

De ce point de vue en sont caractéristiques, la sanction disciplinaire du blâme sérieux infligée à un lycéen par le proviseur de l'établissement dans lequel il fait ses études[242] ou l'infliction de sanctions disciplinaires

---

secondaire public », *Revue de Droit Public et Administratif* (en langue hellénique), 1980, p. 115 et s.

[240] Le fait que notre étude prend ce tournant nous oblige ici à ignorer la caractéristique particulière des mesures d'ordre intérieur, à savoir l'impossibilité d'être attaquées -du moins quand elles ont un caractère individuel- auprès des juridictions administratives via le recours pour excès de pouvoir. Sur le statut en question voir A. De Laubadère, *ibid*, et, en ce qui concerne la jurisprudence des tribunaux helléniques, voir à titre indicatif CEH 323/82.

[241] Le terme de mesures d'ordre intérieur comprend les circulaires, les instructions de service, les ordres hiérarchiques et les mesures d'aménagement du service, ainsi que certaines mesures ayant un caractère exclusivement personnel. Voir à ce propos A. De Laubadère, *ibid*, p. 276 et, plus généralement, J. Rivero, *Les mesures d'ordre intérieur administratives*, Thèse, Paris, 1934, et plus particulièrement p. 81 et s.

[242] CEH 323/82, précité.

(punitions) aux militaires, à condition qu'elles ne portent pas atteinte à leur statut[243].

Le fait que toute mesure qui est qualifiée de mesure d'ordre intérieur ne peut pas être automatiquement qualifiée de mesure disciplinaire[244] ne constitue pas pour autant une raison suffisante pour que nous refusions tout lien entre ces deux notions ; toutefois, ce lien n'affecte nullement notre thèse quant à l'essence du phénomène disciplinaire à laquelle nous fûmes amenés jusqu'à présent.

Conclusion :

En clôturant notre courte analyse, nous sommes en mesure de considérer comme donné que - d'après l'ordre juridique hellénique - le phénomène disciplinaire est indissociablement lié au fonctionnement d'un ensemble public, vu que toute intégration dans le phénomène disciplinaire d'une activité ou d'une obligation des personnes liées organiquement à un ensemble public est effectuée par le droit positif sur le seul critère du lien existant entre cette activité ou ce comportement et la donnée susmentionnée.

Cette conclusion ne résume pas seulement une partie considérable de notre étude (nous permettant de la sorte d'élaborer notre thèse finale sur le problème que nous pose la définition de la notion de discipline sur la base du droit positif hellénique), mais, de plus, lors de notre démarche visant à délimiter et à définir la notion de discipline, elle nous permet encore une fois - contrairement à une partie de la doctrine[245]- de nous éloigner de l'élément de la finalité qui est inéluctablement impliqué ici, vu que toute activité de l'ensemble est exercée dans le but

---

[243] Voir la jurisprudence française, CE 27 fév.1929 Terme, *Rec.* p. 253 et CE 8 avril 1937, André, *Rec.* p. 439, ainsi que la jurisprudence hellénique, CEH 3832/82.

[244] Les analyses qui précédèrent (voir à ce propos p. 56 et s.), ainsi que celles qui suivent (voir à ce propos p. 121 et s.), visent à définir clairement le champ d'identification des notions de mesure disciplinaire et de mesure d'ordre intérieur. Néanmoins, nous mettons en ce point l'accent sur le fait que le caractère disciplinaire d'une certaine mesure n'est pas exclu par sa qualification par le droit positif de mesure d'ordre intérieur. C'est le cas des recommandations sévères adressées à un fonctionnaire par son chef de service: la jurisprudence (CE - hellénique - 651/72) considère qu'elles constituent une mesure d'ordre intérieur visant à la « bonne marche du service et à la préservation de l'ordre à son sein », tandis que notre analyse démontra clairement qu'elles ont un caractère disciplinaire. Voir *supra* p. 59 et s.

[245] Voir à ce propos J. Mourgeon, *La répression administrative*, *op.cit.*, p. 50 et s.

de la réalisation d'un certain résultat (prestation de services d'éducation, prise en charge de malades et hospitalisation, etc.), ce qui - comme nous le démontrâmes ailleurs[246]- constitue la finalité pour laquelle est entreprise une certaine démarche.

En effet, dans la mesure où nous pouvons délimiter la notion de discipline en recourant à l'activité de l'ensemble - laquelle constitue une donnée parfaitement visible et vérifiable, vu qu'elle est exprimée en tant qu'attribution[247] accordée à un certain ensemble - nous pouvons considérer comme insignifiant le fait que nous « recourons » à une donnée par excellence « extérieure à l'acte » [dans le sens qu'elle se trouve en dehors du champ de la production ou de l'exécution (juridique ou matérielle) d'une règle de droit] comme c'est la donnée du « but ». Par ailleurs, en reliant - comme le fait Mourgeon[248]- la notion de discipline au but poursuivi par l'ensemble organisé, nous enlevons inéluctablement à cette notion toute particularité, puisque « par définition » tout acte ou tout comportement peuvent facilement être « érigés » en données de ce type[249].

Il ne faut pas oublier d'autre part que nous avions déjà réfuté la thèse qu'il serait possible de fonder la définition de la notion de discipline sur le but, quand nous évaluâmes dans les pages précédentes[250] la possibilité que le bon fonctionnement d'un service public puisse constituer la base sur laquelle nous pourrions fonder la définition de la notion en question.

Quoi qu'il en soit, nous pouvons considérer que la thèse à laquelle nous aboutîmes quant à l'existence d'un lien entre le phénomène disciplinaire et la fonction d'un ensemble public satisfait notre étude

---

[246] Voir à ce propos S. Lytras, *Agents et organes administratifs*, thèse Paris, p. 103 et S. Lytras, *La notion de sanction et la distinction fondamentale des sanctions*, *op.cit.*, p. 84, et s., p.81 et s.de l'édition en langue hellénique de 1984).

[247] Le terme d'attribution est entendu ici au sens large, de manière qu'il inclue –en plus de la compétence *stricto sensu*, à savoir la capacité d'édicter des actes juridiques- toute activité confiée à tout organe public en tant que devoir, et non seulement aux organes exerçant des pouvoirs décisionnels.

[248] J. Mourgeon, *La répression administrative*, *op. cit.*, p. 53.

[249] Naturellement, nous encourons également ce risque - dans un moindre degré évidemment - quand nous tentons de délimiter la notion de discipline en recourant à la donnée de l'activité de l'ensemble public, car - bien que rarement - cette activité ne peut être identifiée qu'en recourant à la donnée du but.

[250] Voir *supra* p. 66 et s.

qui est prête maintenant à procéder à la définition d'une conclusion généralisée sur l'essence du phénomène disciplinaire.

La thèse finale

Lors de l'analyse qui précéda, il apparut clairement que - selon le droit hellénique - la notion de discipline est identifiée à chaque fois qu'une certaine personne, liée à un ensemble donné, est obligée d'observer un certain comportement, lié directement avec la fonction ou l'activité de ce dernier. Donc, manifestement - et malgré une première impression contraire - le contenu essentiel de la notion de discipline, à savoir l'élément avec lequel est constituée sa définition essentielle[251], dispose d'un caractère organique. En effet, de l'analyse qui précéda, il devint évident que le phénomène disciplinaire n'est pas lié au contenu de l'obligation qui doit à chaque fois être réalisée pour que la fonction de l'ensemble soit assurée de manière régulière (obligation de prise en charge des malades, de transport des passagers, etc.), mais au fait lui-même de se conformer auxdites obligations. Pourtant, cet élément constitue une donnée organique, dans la mesure où il se situe - comme nous venons de le voir - dans le champ des relations entre les personnes assujetties à la relation disciplinaire et les ensembles organisés; comme nous venons de le constater, les relations en question sont de caractère organique.

Par ailleurs, cette conclusion fondamentale qui sera renforcée de manière déterminante par les analyses qui suivront tout au long de la présente étude[252] ne peut pas être ébranlée (fournissant de la sorte une autre base sur laquelle pourrait être délimité le phénomène disciplinaire) par le fait que les obligations envers un certain ensemble –dans lesquelles est exprimée la première « substance » de la notion de discipline selon les premières conclusions de notre analyse- sont liées à chaque fois, comme nous venons de le constater, à l'activité de cet ensemble, donnée indiscutablement fonctionnelle.

Pour que l'argument avancé soit valable, il aurait fallu que tout élément lié à l'activité d'un ensemble donné soit doté de caractère

[251] Quant à la notion de définition substantielle, voir note 29.

[252] Voir également à ce propos S. Lytras, *La notion de sanction et la distinction fondamentale des sanctions*, *op.cit.*, p. 69, et s. et, plus particulièrement, p. 110, note 68 et de l'édition hellénique p. 65 et s.

disciplinaire, indépendamment de la personne dont il provient. Comme il résulte toutefois de l'analyse du droit positif, le phénomène disciplinaire est identifié exclusivement au champ consistant au fait que certaines personnes qui sont liées organiquement à un ensemble se conforment aux obligations assumées envers celui-ci. En effet, comme nous le constatâmes, en aucun cas n'est considéré comme ayant un caractère disciplinaire le comportement de personnes liées aux ensembles publics avec une certaine relation, sans toutefois participer à l'organisation de celle-ci, l'élargissant le cas échéant.

En conséquence, associer la notion de discipline aux activités ou à la fonction des ensembles organisés ne vise en effet qu'à mettre l'accent sur le fait que, lorsque les comportements des personnes liées organiquement à des ensembles publics n'ont pas de relation directe avec l'activité de l'ensemble, ils ne sont pas intégrés au phénomène disciplinaire[253].

Donc, en fin de compte, la notion de discipline est délimitée dans le droit hellénique exclusivement sur la base de critères organiques; ainsi, le seul sens que peut avoir le lien existant entre les obligations de la personne assujettie à un certain comportement et l'activité d'un ensemble consiste exclusivement à celui que nous venons de lui attribuer.

Conclusion :

À la fin de la présente étude, nous pouvons considérer que la discipline consiste au fait que les personnes liées organiquement à un ensemble public remplissent leurs obligations envers celui-ci, obligations qui sont liées à l'activité ou à la fonction et - même sous certaines réserves - à la fin de l'ensemble en question. De même, nous pouvons considérer que le phénomène disciplinaire est le phénomène dans lequel nous pouvons intégrer tous les cas où le droit positif instaure, aux dépens de personnes liées organiquement à certains ensembles, des obligations envers ces derniers, obligations qui sont directement liées à leur fonction.

De plus, dans une deuxième approche, nous pouvons également y intégrer tous les cas où le droit positif instaure des sanctions à l'encontre des personnes qui sont assujetties à ces obligations et qui ne s'y conforment pas.

---

[253] Comme par ailleurs ne participent pas à ce phénomène les activités des personnes dépourvues de toute relation organique avec un ensemble public.

Or, si telle est la notion de discipline résultant de l'analyse du droit positif, quels sont les cas dans lesquels le droit hellénique reconnaît un caractère disciplinaire ?

Cette question surgit impérativement à ce point de notre étude et elle nous occupera pendant toute sa deuxième partie. Cependant, avant d'y répondre, il faudra de plus vérifier, si selon le droit hellénique il est possible d'étendre la notion de discipline et, si oui, à quel point. Ce besoin résulta clairement, bien qu'indirectement, de notre analyse.

Appendice : Obligations envers un ensemble public et phénomène disciplinaire élargi.

La question principale qui surgit à cette partie de notre étude peut être résumée comme il suit :

Si dans le phénomène disciplinaire est intégré tout ce qui concerne les obligations d'une certaine personne envers un ensemble organisé avec lequel celle-ci est liée organiquement - que le lien en question consiste en l'institution d'obligations[254] ou en l'établissement et l'infliction de sanctions en cas de manquement aux obligations en question[255] - est-ce que nous devrions élargir le périmètre de la question et admettre que, selon le droit hellénique, tout ce qui contribue à la réalisation de l'œuvre d'un ensemble public est intégré dans ce phénomène ?

Il est évident qu'une réponse affirmative à cette question nous conduirait à adopter une notion large de la discipline que nous devrions

---

[254] Ainsi, les instructions de service ou les ordres qui ont pour destinataires des fonctionnaires ont un caractère disciplinaire et sont intégrés au phénomène disciplinaire (dans le champ des relations entre l'État et les fonctionnaires), dans la mesure où ils créent des obligations pour ces derniers. Pour l'unité de notre discours, nous devons admettre que, tant les lois (formelles) que les actes réglementaires instituant des obligations pesant sur ces personnes, disposent d'un caractère similaire.

[255] Ainsi, d'après notre analyse jusqu'ici, ont un caractère disciplinaire et sont intégrés dans le phénomène disciplinaire, d'une part les comportements qui constituent la condition de l'infliction de sanctions, quand il y a un manquement aux obligations (infractions disciplinaires) et, d'autre part, les sanctions qui sont infligées en raison de manquements de ce type (sanctions disciplinaires). Et, naturellement, sont également intégrés dans le phénomène disciplinaire les organes qui constatent la perpétration des infractions disciplinaires et infligent les sanctions disciplinaires (chefs de service dotés de pouvoir disciplinaire, instances disciplinaires), ainsi que la procédure sur la base de laquelle agissent les organes susmentionnés (procédure disciplinaire). Les données en question constituent ce qui est appelé droit disciplinaire.

fatalement opposer à la notion à laquelle nous avons jusqu'ici abouti, puisque dans ce cas tout ce qui serait lié à la réalisation de l'œuvre d'un ensemble public aurait un caractère disciplinaire.

Ainsi, comme il en résulte de l'analyse du droit positif, on ne saurait donner une réponse affirmative à cette question.

Tout d'abord, il faut répéter ici ce que nous soulignâmes déjà à une autre occasion[256]. Si nous intégrons au phénomène disciplinaire tout ce qui relève de la fonction d'un ensemble public, nous sommes amenés à adopter une notion de discipline très large, et donc superfétatoire en fait, puisque dans ce cas, son contenu pourrait consister en n'importe quoi[257]. De surcroît, et en cela consiste l'objection principale, le droit positif prive fréquemment et sans aucune hésitation du caractère disciplinaire les mesures ou les actes qui ont un lien direct avec les activités d'un ensemble public ou avec la réalisation de ses objectifs. Un exemple caractéristique nous fournissent les mesures visant à assurer l'aménagement du fonctionnement d'un service public et son organisation, prises sur décision du ministre compétent, auxquelles personne ne pourrait conférer de caractère disciplinaire[258], ainsi que la décision de muter un fonctionnaire pour des raisons concernant la bonne marche du service[259].

Nous pouvons en conséquence admettre facilement en ce point qu'une telle notion de discipline (au sens large du terme) n'est pas conforme aux données de notre droit positif, qui relie le phénomène disciplinaire à la donnée des obligations des personnes assujetties à la relation disciplinaire envers un ensemble public.

---

[256] Voir *supra* p.114.

[257] Voir CEH (Ass) 1144/34 pour constater où cela peut conduire, même à y inclure l'édiction de tout acte administratif, bien qu'il n'y soit pas faite expressément aucune référence à la discipline.

[258] Nous remarquons - à titre indicatif - que, en ce sens, le législateur constitutionnel qualifiait d'organisationnels (avant que le paragraphe 3 de l'article 43 de la Constitution hellénique ne soit abrogé par la révision constitutionnelle de 1986) les décrets que le Président de la République pouvait édicter pour régler des questions relevant exclusivement de l'organisation et du fonctionnement des services de l'État ou d'autres organismes publics.

[259] Voir à ce propos CEH 1681/69, bien que l'arrêt en question se réfère à une mesure administrative défavorable. Quant au problème plus général de l'identification - parmi toutes les mesures prises par l'Administration - de celles qui ont un caractère disciplinaire, voir, du point de vue de la doctrine, J.L. Corail, « La distinction entre mesure disciplinaire et mesure hiérarchique dans le droit de la fonction publique », précité p. 3 et s.

Bien que cette réponse s'avère satisfaisante, il faut toutefois s'interroger, d'une part sur l'étendue de la donnée des obligations envers les ensembles publics pesant sur les personnes liées organiquement avec ceux-ci et, d'autre part, sur l'élargissement du phénomène disciplinaire qui en résulte.

Car, le droit positif confère fréquemment un caractère disciplinaire à des données qui - à première vue - ne paraissent pas avoir la moindre relation avec le phénomène disciplinaire.

L'arrêt 862/1938 de l'assemblée du Conseil d'État (hellénique) (précité) en est caractéristique : la Cour administrative suprême –qui devait juger de la légalité de l'acte du préfet de Samos, avec lequel fut révoqué un membre de la Commission du Port de Vathy (Samos)- se prononça sur le caractère disciplinaire de ladite révocation, à laquelle, selon la loi[260], le préfet pouvait procéder si les membres titulaires nommés ou élus des Commissions de Port commettaient lors de leur mandat des fautes punissables ou s'avéraient - de quelle manière que ce soit, directe ou indirecte - incapables ou préjudiciables pour les intérêts des Bureaux portuaires. Vu que la révocation était justifiée par ce dernier motif (et plus précisément par le fait que le membre révoqué avait commis des actes et des omissions qui s'avérèrent préjudiciables pour les intérêts du Bureau portuaire) et non par la perpétration d'actes punissables, il devient en ce point clair que le Conseil d'État n'adopte pas le critère que nous avons jusqu'ici adopté. Cette divergence apparaît plus clairement dans un des motifs de la Cour que nous jugeons utile de citer dans son intégralité. « Vu que le motif formulé dans la requête - à savoir que les griefs reprochés au requérant ne constituent pas de faute encourant une sanction disciplinaire - s'avère dénué de fondement, puisque de la conclusion de l'enquête administrative effectuée, ainsi que d' autres pièces du dossier il résulte que le requérant a commis des actes et des manquements qui, ayant été préjudiciables pour les intérêts du Bureau portuaire, pouvaient encourir la peine qui fut infligée au requérant, à savoir sa révocation, conformément à l'article 1 de la Loi 3968 »[261].

Quel est cependant l'intérêt de cette prise de position exprimée dans la jurisprudence du Conseil d'État ? S'agit-il effectivement d'une divergence du critère qui - comme nous le constatâmes - est en général

---

[260] Loi 3968/1929 « De la ratification du Décret législatif du 23/30 septembre 1925, etc. ».

[261] Voir, dans le même sens, CEH 2347/65, au sujet de la radiation d'un officier de réserve de la Liste Nominative des Officiers de Réserve.

adopté par notre droit positif sur cette question qui nous intéresse grandement?

Il est incontestable que dans cette prise de position il y a un élargissement du phénomène disciplinaire.

Néanmoins, un examen plus approfondi nous permet de constater que l'élargissement en question n'est que le résultat de la constance avec laquelle la Cour entend l'essence du phénomène disciplinaire. En effet, une étude plus attentive de l'arrêt nous amène à constater que le comportement qui provoqua l'infliction de la peine de révocation n'est, en fait, que le manquement aux obligations pesant sur les membres de la Commission du Port envers le Bureau portuaire (dont la Commission est un organe), comportement qui fut jugé dans le cas examiné ici préjudiciable pour les intérêts du Bureau portuaire.

En conséquence, si nous pouvons ici relever une différence[262], celle-ci coïncide avec la confirmation de la dimension substantielle de la relation disciplinaire - et cela dans un champ qui ne dispose pas en principe de caractère sanctionnateur, vu que l'acte de la révocation ne paraît pas avoir forcément un caractère de sanction - et en aucun cas avec l'élargissement de la notion de discipline au-delà des limites posées par la donnée des obligations des personnes organiquement liées à un ensemble public[263].

Il faut également noter que, sur cette question, la jurisprudence du Conseil d'État hellénique manque de constance, vu que -fréquemment-elle ne reconnaît pas de caractère disciplinaire à des mesures défavorables prises à l'encontre d'administrés, préférant les qualifier la plupart des fois d'administratives. Ainsi, quand - jugeant la réforme d'un officier, fondée sur le paragraphe 2 de l'article 32 de la Loi de nécessité du 25.1.1936[264] - il statue que celle-ci « ne constitue pas une peine disciplinaire, mais une mesure administrative de radiation de cet officier des rangs de l'armée, car il fut jugé inapte au service en raison

---

[262] Comme cela se passe dans tout autre cas présentant un caractère analogue.

[263] Certes, en examinant le cas que nous venons d'analyser sous la loupe de la dimension sanctionnatrice de la relation disciplinaire, il est incontestable qu'il constitue un élargissement du phénomène disciplinaire. Néanmoins, l'élargissement en question est contenu dans les conclusions de l'analyse que nous avons entreprise jusqu'ici, ne constituant pas de la sorte une nouvelle donnée pour notre recherche. Nous pouvons cependant parler plus aisément de champ disciplinaire substantiel dans ce cas que lorsque les deux notions concourent.

[264] Loi de nécessité du 25.1.1936 « Du statut des officiers de l'armée de terre ».

des infractions disciplinaires qu'il avait commises à plusieurs reprises lors de la précédente décennie »[265].

Ou quand il considère que l'expulsion d'un élève de Varvakios École Modèle (il fut jugé inapte à suivre le niveau des cours dans cet établissement) n'a pas de caractère disciplinaire, « vu que l'expulsion des élèves jugés inaptes à continuer leurs études dans l'établissement en question constitue une mesure administrative et non pas une peine disciplinaire »[266].

Néanmoins, nous pouvons sans hésiter considérer que dans les cas susmentionnés est également observé un élargissement du phénomène disciplinaire, à chaque fois du moins que l'analyse du droit positif révèle l'institution d'obligations pesant sur tous ceux qui sont organiquement liés avec un ensemble public, indépendamment de la forme sous laquelle se manifeste la réaction quand les obligations en question ne sont pas accomplies et indépendamment des conditions dans lesquelles cette réaction est valable selon le droit positif[267].

Nous retrouvons même de sérieux indices allant dans ce sens aux cas où la décision de l'Administration est fondée sur des données disposant d'un caractère disciplinaire, même au sens strict du terme[268]. Un exemple caractéristique nous en est fourni par l'arrêt CE hellénique 278/32 (Ass), dans lequel la révocation d'un fonctionnaire civil -dont le maintien au service fut jugé contraire à l'intérêt général- fut fondée en vertu des dispositions de la Loi 4952/1931 sur la perpétration d'infractions disciplinaires dans le passé.

---

265 CEH 202/1960.

266 Voir dans ce sens CEH (Ass) 492/33 et, également, 2306/64 (Ass) et 1681,1690/1969. Quant à la jurisprudence française, Thomasset CE 6 mai 1953 *Rec.* p. 206 et Ciret CE 15 mai 1931 *Rec.* p. 535.

267 Nous pouvons constater la relativité des thèses adoptées par le CE hellénique sur des questions similaires en examinant par exemple les arrêts 433/36 (Assemblée) et 280/36 (Assemblée) dans lesquels des peines infligées pour des violations à la législation pharmaceutique, telles que celles visées par les articles 29 et 26 de la Loi 5607/32 « De la codification de la législation pharmaceutique et dispositions la complétant », sont qualifiées de mesures administratives coercitives dans le premier et de sanctions administratives disciplinaires dans le second.

268 Cela se passe quand une certaine donnée est intégrée dans un système de réaction organisée contre des infractions, lequel est expressément qualifié de disciplinaire par la loi.

Conclusions de la première partie

Comme il apparut clairement de l'analyse qui précéda, la notion de discipline est identifiée à chaque fois que le droit positif oblige une certaine personne - la menaçant de sanctions ou non - à observer, envers un certain ensemble avec lequel elle est organiquement liée, un certain comportement lié directement à l'activité ou à la fonction de l'ensemble en question.

De cette même analyse résulte donc que la notion de discipline n'est subordonnée dans le droit positif ni à un statut ou qualité particuliers des personnes assujetties à la relation disciplinaire (par exemple celui du fonctionnaire ou d'une personne exerçant une certaine profession), ni au but pour lequel est créé le phénomène disciplinaire (par exemple le maintien de l'ordre dans un ensemble public, la bonne marche d'un service public ou même le souhait de contraindre les personnes assujetties à la relation disciplinaire à se conformer à leurs obligations) ; elle est exclusivement subordonnée au fait que certaines personnes se conforment à leurs obligations envers des ensembles publics avec lesquels elles sont organiquement liées.

Articulée autour de la donnée d'organisation qui est identifiée dans le droit positif sous une forme de base élémentaire et une forme élargie, la notion de discipline conduit inévitablement à une conception «élargie» du phénomène disciplinaire dans l'espace public : sa nature est telle qu'elles y sont incluses, non seulement des obligations de personnes physiques/organes envers l'ensemble organisé, mais aussi des obligations de personnes physiques sans aucune qualité organique (au sens strict du terme) et même des obligations de personnes morales. Si cette image quant au phénomène disciplinaire est totalement différente de celle à laquelle avait abouti la doctrine classique du droit administratif lors de son interprétation du droit positif, vu qu'elle le cantonnait notamment dans les relations entre les ensembles organisés et les personnes physiques qui sont leurs organes, elle n'est pas toutefois contraire à la logique, du moins dans la mesure où la notion d'organisation (autour de laquelle est articulée, comme nous venons de le voir, la notion de discipline) est visible dans les manifestations partielles de ce phénomène.

Quoi qu'il en soit - à une exception près, de surcroît contestée actuellement comme nous le verrons par la suite - telle est la conclusion qui résulte en ce point du droit positif de notre pays sur ce sujet qui nous intéresse.

Dans la deuxième partie de notre étude, qui est consacrée à l'identification de l'étendue occupée par le phénomène disciplinaire dans l'ordre juridique hellénique contemporain, nous aurons l'occasion de vérifier de manière plus détaillée cette conclusion fondamentale, ainsi que toutes les autres constatations principales auxquelles nous aboutîmes lors du développement qui précéda. Ainsi, cette deuxième partie acquiert, tant un caractère de délimitation de l'étendue du phénomène disciplinaire dans le droit public hellénique contemporain, que - parallèlement- un caractère de documentation de l'argumentation développée lors de la partie précédente, ainsi que de preuve que les thèses qui y furent identifiées constituent des thèses de notre droit positif.

DEUXIÈME PARTIE. ÉTENDUE DU PHÉNOMÈNE DISCIPLINAIRE DANS LE DROIT POSITIF HELLÉNIQUE

Introduction

Il devint déjà clair que la deuxième partie de la présente œuvre sera focalisée sur l'étendue du phénomène disciplinaire dans le droit positif hellénique contemporain. La question principale qui est posée sur ce point ne concerne pas le contenu de la discipline (question qui nous préoccupa lors de la première partie), mais les objets qui appartiennent à cette catégorie, à savoir dans quels cas le droit positif reconnaît que nous nous trouvons face au phénomène disciplinaire.

Comme il résulta clairement jusqu'à présent de l'analyse qui précéda, l'étendue de la notion de discipline dans le droit hellénique contemporain coïncide totalement avec les cas où ce dernier reconnut un caractère disciplinaire à certaines relations[269].

En ce qui concerne les relations en question - qui sont intégrées, soit dans ce que nous pouvons qualifier de champ disciplinaire substantiel, soit dans ce que nous pouvons qualifier de champ disciplinaire sanctionnateur[270] - nous tenterons par la suite de les définir dans le but

---

[269] Selon la définition de la notion de discipline à laquelle nous aboutîmes dans la première partie de la présente étude, disciplinaire est tout ce qui se réfère au fait que des personnes organiquement liées à un ensemble public se conforment à leurs obligations envers l'ensemble en question. Par la suite, sur la base de cette définition, une relation est qualifiée de disciplinaire quand le droit positif instaure aux dépens d'une personne des obligations envers un ensemble public avec lequel la personne en question est organiquement liée ; aux cas où lesdites obligations ne seraient pas accomplies (délibérément ou non), il institue en général des sanctions ou d'autres conséquences défavorables, dépourvues de caractère sanctionnateur.

[270] Avec le terme de champ disciplinaire substantiel, nous entendons l'ensemble des relations disciplinaires substantielles ou, plutôt, des relations disciplinaires dans leur dimension substantielle, tandis qu'avec le terme de champ disciplinaire sanctionnateur nous entendons l'ensemble des relations disciplinaires sanctionnatrices ou, plutôt, des relations disciplinaires dans leur dimension sanctionnatrice. Il faut néanmoins souligner également - bien que cela n'ait pas d'importance particulière sur ce point - que toute relation disciplinaire substantielle ou toute relation disciplinaire dans sa dimension substantielle - prise séparément - forme également le champ disciplinaire substantiel respectif, tout comme par ailleurs toute relation disciplinaire sanctionnatrice ou toute relation disciplinaire dans sa dimension sanctionnatrice - prise séparément - forme également le champ disciplinaire sanctionnateur respectif.

de cerner avec précision le phénomène disciplinaire dans le cadre de l'ordre juridique hellénique.

Il devient évident que, pour que nous puissions délimiter l'étendue du phénomène disciplinaire dans le droit public hellénique contemporain, il faudrait recenser - et de plus, en suivant l'ordre chronologique de leur apparition - tous les cas où ce dernier reconnut un caractère disciplinaire à certaines relations. De cette manière, nous aurions à notre disposition, d'une part l'ensemble des données qui sont qualifiées par notre droit positif de disciplinaires et de l'autre, le relief de toutes les différenciations que présente le phénomène disciplinaire. Néanmoins, pour deux raisons nullement négligeables qui sont d'une importance égale, nous ne procéderons pas de cette manière lors de la suite de notre étude.

La première consiste en la constatation que l'évolution de notre droit positif, du moins en ce qui concerne les éléments qui nous intéressent, ne suit pas de trajectoire constante, partant d'un point de départ logique, constitué de certains critères et aboutissant - après un certain « processus » - à certaines étapes d'évolution plus « avancées ». En effet, comme il apparaît clairement de l'analyse du droit positif (nous en expliquerons par la suite les raisons), ce dernier aboutit rapidement à tous les stades de son évolution ; ainsi, en fait, ce qui apparaît a posteriori comme une étape d'évolution n'est en réalité que le prolongement logique des thèses que le droit positif avait depuis longtemps adoptées.

La deuxième raison consiste en la constatation que nous disposons d'une manière satisfaisante de développer le sujet de notre étude ; elle consiste à procéder à la distinction des personnes liées à un ensemble public en deux catégories : celles qui constituent des organes de l'ensemble en question au sens strict du terme et celles qui sont tout simplement organiquement liées avec l'ensemble, sans toutefois en être ses organes. Vu que - comme nous aurons par la suite l'occasion de le constater - cette manière d'y procéder nous permet un meilleur accès au champ du phénomène disciplinaire, c'est précisément celle-ci que nous choisirons[271].

---

[271] Cela acquiert une importance particulière vu que - comme il deviendra clair au fur et à mesure que notre analyse avance- en procédant de la sorte, nous aurons à tout moment la possibilité de mesurer l'écart entre la doctrine et les thèses du droit positif. Cela constitue un avantage considérable dans la mesure où la doctrine n'intègre - traditionnellement du moins, comme nous eûmes l'occasion de le constater - dans le

Quant à l'identification du caractère disciplinaire d'une certaine relation, elle se fait à l'aide d'éléments (critères) qui, théoriquement, peuvent ou non appartenir à la définition substantielle d'une notion (en l'occurrence, de la notion de discipline). Néanmoins, vu qu'un élément doit être commun à tous les objets d'une certaine catégorie (en l'occurrence, d'une catégorie juridique) pour qu'il puisse servir de critère[272], il devient immédiatement évident que, pour qu'il puisse nous permettre d'y fonder une notion de discipline, l'élément en question ne peut pas être recherché parmi des éléments que nous examinâmes et rejetâmes lors de la partie qui précéda. Il faudra inévitablement que cet élément soit recherché en premier lieu parmi les données qui constituent la notion de discipline au sein du droit positif et, plus particulièrement, dans le lien entre les obligations d'une certaine personne avec l'organisation et le fonctionnement d'un ensemble public. Le résultat de cette analyse acquiert ainsi le caractère d'identification du phénomène disciplinaire et, en même temps, de l'établissement de son essence dans le droit positif.

Après cette courte introduction - et après avoir rappelé sur ce point que, pour arriver au résultat souhaité, il faut rechercher et identifier les relations disciplinaires, tant dans le champ substantiel que dans le champ sanctionnateur - nous examinerons par la suite : dans un premier chapitre (Chapitre A), les cas dans lesquels le droit positif reconnut un caractère disciplinaire aux relations entre les ensembles organisés et les personnes qui constituent leurs organes. Dans un deuxième chapitre (Chapitre B), les cas dans lesquels le droit positif reconnaît un caractère disciplinaire aux relations entre les ensembles organisés et les personnes qui ne constituent pas leurs organes *stricto sensu*, bien qu'elles soient organiquement liées avec eux.

---

phénomène disciplinaire que les relations disciplinaires qui se développent entre les ensembles organisés et les personnes physiques qui en constituent leurs organes, qualifiant tout autre cas d'emploi abusif de la notion de discipline. Voir à ce propos tout ce qui fut mentionné dans la première partie de la présente étude, *supra* p. 33 et s. et s., ainsi que tout ce qui sera présenté par la suite, *infra* p. 146 et s.

[272] Sur la notion de critère qui nous révèle, non l'essence, mais l'étendue de la catégorie, à savoir quels objets sont intégrés dans une certaine catégorie juridique, y appartiennent, voir, entre autres, S. Lytras, *Agents et organes administratifs*, *op.cit.*, p. 250 et s.

CHAPITRE A. Le phénomène disciplinaire dans le champ des relations existant entre les ensembles publics et les personnes qui constituent leurs organes

Les relations entre les ensembles publics et les personnes qui en sont les organes constituent chronologiquement les premiers facteurs « biotiques »[273], qui sont apparus dans l'espace public, auxquels le droit positif de notre pays reconnut[274] un caractère disciplinaire.

---

[273] Nous appelons « facteurs biotiques » les relations qui se développent entre les êtres humains rien que du fait de leur existence en tant qu'êtres vivants, sans que le phénomène du droit y interfère. Faire face à des dangers communs ou « collaborer » pour s'assurer de la nourriture constituent des exemples caractéristiques de « facteurs biotiques ». De ce point de vue, les relations entre les ensembles publics et les personnes qui constituent leurs organes ne peuvent pas être qualifiées de « facteurs biotiques », vu qu'elles se développent sur la base des règles de droit. Néanmoins, étant donné que l'institution de l'État existe surtout pour faire face aux besoins communs des êtres humains, les relations qui sont développées en son sein, à savoir dans le cadre de son organisation, peuvent être qualifiées de « facteurs biotiques », même si elles sont régies par les réglementations du droit. Toutefois, pour éviter toute méprise, nous employons le terme de facteurs biotiques entre guillemets.

[274] Nous ne pourrions pas affirmer qu'il en est de même pour d'autres pays où - notamment en raison du caractère corporatiste de leur organisation sociale - le phénomène disciplinaire apparut dans d'autres groupes sociaux avant d'apparaître chez les fonctionnaires. Ainsi, en France, nous rencontrons des manifestations du phénomène disciplinaire même avant la Révolution française, dans le champ des relations entre les professeurs et leurs étudiants au sein des universités, ainsi que dans celui des activités des avocats qui relevaient du pouvoir disciplinaire du Président et du Conseil de leur Ordre ainsi que du pouvoir des parlements (tribunaux) ; enfin, pour nous cantonner à ces exemples, le phénomène disciplinaire se manifeste dans le champ des violations des obligations professionnelles commises par les magistrats et les gens du roi, qui constituaient en quelque sorte l'équivalent des fonctionnaires contemporains. Après la Révolution française qui supprima les corporations et créa le droit public moderne, nous rencontrons le phénomène disciplinaire initialement chez les avocats (leurs Ordres furent reconstitués très tôt) et, par la suite, chez les magistrats (1810), chez les militaires (1834) et bien plus tard chez les fonctionnaires - du moins avec l'instauration de dispositions législatives - lors de la Troisième République. Voir à ce propos, A. Légal et J. Brèthe de la Gressaye, « Discipline », *Répertoire de droit pénal et de procédure pénale*, précité.

Le caractère disciplinaire fut tout d'abord reconnu aux relations des personnes morales publiques avec les personnes physiques qui agissent pour leur compte sous le statut de fonctionnaire. Cependant, par la suite, suivant un cours évolutif naturel, le droit positif reconnut un caractère disciplinaire à toutes les relations liant des personnes physiques - organes avec des personnes morales publiques.

L'analyse qui suit est consacrée à la description et à l'évaluation de ces étapes de l'évolution du droit positif, lors desquelles ce dernier reconnaît explicitement un caractère disciplinaire à une relation liant une personne morale publique avec les personnes physiques qui en constituent ses organes.

§ 1. Le phénomène disciplinaire dans le champ des relations entre les personnes morales publiques et les fonctionnaires[275]

A. L'identification

Dans le droit positif hellénique, le phénomène disciplinaire apparut assez tôt dans le champ des relations entre les personnes morales publiques et les personnes physiques qui agissent pour leur compte sous le statut de fonctionnaire. Ce phénomène est tout d'abord identifié dans des manifestations du législateur ou des organes agissant à sa place (a). Néanmoins, ce phénomène est régulièrement recensé dans la jurisprudence (b) et est également « adopté » par la doctrine (c).

---

[275] Dans le cadre de cette partie (§ 1), nous employons le terme de fonctionnaire pour désigner, non seulement les personnes qui prêtent leurs services à l'État sous une relation régie par le droit public, mais également toute personne liée avec l'État ou avec une autre personne morale publique - notamment une personne morale de droit public - et cela indépendamment de son statut juridique. Sinon, il faudrait à tout moment préciser de quelle catégorie nous parlons, ce qui entraînerait des difficultés – injustifiées par ailleurs - qui ne permettraient pas à notre analyse d'avancer aussi rapidement que nous le souhaiterions. Pour cette même raison, nous nous référons par la suite à l'État en entendant avec ce terme, en plus de la personne morale publique de l'État, toute autre personne morale publique, notamment les collectivités territoriales et les autres personnes morales de droit public.

a. La législation

Dans l'œuvre du législateur - et nous nous référons plus précisément aux lois régissant le statut des fonctionnaires - la reconnaissance du caractère disciplinaire des relations entre les personnes morales publiques et les fonctionnaires est manifeste à tout moment.

Dès l'époque de la monarchie absolue, le Décret du 12 décembre 1833 « De la fixation des horaires d'ouverture des bureaux »[276] instaurait à l'encontre des fonctionnaires des peines disciplinaires, parmi lesquelles figurait la sanction du blâme et de la retenue sur salaire qui est l'équivalent de l'amende.

Par la suite, des sanctions disciplinaires furent instituées par une série de textes législatifs qui avaient une portée générale ou qui concernaient des catégories particulières de fonctionnaires. À titre indicatif, nous citons ici la Loi du 14 mai 1884 « Des compétences professionnelles des fonctionnaires et des sanctions disciplinaires qui leur sont infligées », la Loi « Des écoles primaires » (article 42)[277], la Loi ΧΛΔ'/29.6.1877 « Du pouvoir disciplinaire dans les services du Ministère des Finances », La Loi ΑΦΛΒ΄ « Du personnel du Service Archéologique » et, enfin, le Décret royal du 15/17 mai 1900 « Des peines disciplinaires infligées aux fonctionnaires du Service Archéologique »[278].

De nos jours également, la thèse adoptée par le législateur est claire : nous citons, à titre indicatif - en plus du Code des fonctionnaires auquel nous nous sommes déjà référés à plusieurs reprises - la Loi 1188/81 « De la ratification du Code "Du statut du personnel des collectivités territoriales"» dans laquelle sont successivement mentionnées les infractions disciplinaires (articles 164-165), les peines disciplinaires (article 166) et la répression disciplinaire (article 170), ainsi que la Loi 1481/84 « De l'organisation du Ministère de l'Ordre Public », dans la septième partie de laquelle (articles 52-53) est instauré le droit disciplinaire du personnel policier et des gardiens communaux.

---

[276] *JO* (hellénique) fascicule 40/12.12.1833.

[277] *JO* (hellénique) fascicule 11/3.3.1834.

[278] Pour d'autres références précises à l'instauration du phénomène disciplinaire dans notre pays lors du XIX siècle, voir T. Flogaïtis, *Guide des fonctionnaires et des agents municipaux* (en langue hellénique), Athènes, 1890, p. 26.

b. La jurisprudence

Sur ce point qui nous intéresse particulièrement, les prises de position de la jurisprudence sont également sans équivoque. Plus particulièrement, nous pouvons souligner le fait que les tribunaux identifient facilement la relation étroite qui existe entre le pouvoir hiérarchique et le pouvoir disciplinaire et reconnaissent sans réserve l'existence du phénomène disciplinaire même là où le législateur ne l'a pas expressément institué.

Ainsi, nous pouvons lire ce qui suit dans un fort intéressant arrêt du Conseil d'État hellénique : « Vu que, selon les règles générales du droit administratif, les chefs de service exerçant un pouvoir hiérarchique disposent, en plus du pouvoir de donner des ordres, de celui de réprimer les infractions aux règles du service ; vu également que le pouvoir disciplinaire en question peut être exercé sans que les actes poursuivis disciplinairement soient définis avec précision, lorsque l'évaluation de la faute disciplinaire et la sanction infligée en raison de celle-ci dans le but d'assurer l'intérêt du service appartiennent au pouvoir de l'organe exerçant le pouvoir hiérarchique et disciplinaire et infligeant une sanction, sujette à un contrôle et proportionnelle à l'infraction, la catégorie de la faute disciplinaire et des circonstances dans lesquelles fut commise ladite faute »[279].

Par ailleurs, suivant fidèlement les prescriptions du législateur, les tribunaux qualifient de disciplinaires les sanctions infligées à des fonctionnaires ; ils qualifient également d'infractions disciplinaires les comportements, qui entraînent l'infliction des sanctions en question, etc.[280].

Nous pourrions résumer en affirmant que le phénomène disciplinaire trouve constamment un domaine bien accueillant dans le champ de la jurisprudence[281].

---

[279] CEH 190/38 (Ass).

[280] Voir - entre autres - CEH 810/70 et 2123/73.

[281] Il est intéressant de noter que les recueils qui contiennent des décisions de tribunaux emploient, dès le XIX siècle des titres d'article du genre « sanctions disciplinaires », « pouvoirs disciplinaires », etc. Un exemple caractéristique nous en est fourni par le Répertoire de la Jurisprudence hellénique de Thémis de 1854, p. 246 et s., dans lequel il est question de « sanctions disciplinaires » et d'« infractions disciplinaires ».

c. La doctrine

Dans le domaine présentement étudié, l'identification du phénomène disciplinaire et son « adoption » en tant que phénomène du droit sont totales.

Ainsi, il n'y a pas d'œuvre traitant des questions du statut des fonctionnaires et de l'exercice de leurs activités qui ne parle pas expressément de pouvoir disciplinaire, de contrôle disciplinaire, de sanctions ou de peines disciplinaires et – plus généralement - de droit disciplinaire[282]. De plus, comme nous le constatâmes déjà, la doctrine - faisant encore un pas en avant - considère la manifestation du phénomène disciplinaire dans le champ des relations entre les fonctionnaires et les personnes morales publiques comme la manifestation typique du phénomène en question[283] ; néanmoins, tant l'analyse qui précéda que celle qui suivra ne nous permettent pas de souscrire sans réserve à cette conclusion.

Nous rappelons de plus que, pour Stasisonopoulos et d'autres auteurs, toute manifestation du phénomène disciplinaire en dehors du champ des relations entre l'État et les fonctionnaires constitue un phénomène « quasi disciplinaire » ou « paradisciplinaire » ; dans ces cas, il est également question de « responsabilité disciplinaire abusive » ou de peine disciplinaire « non authentique »[284].

En guise de conclusion, tant pour la jurisprudence que pour le législateur, le phénomène disciplinaire constitue une donnée de la réalité juridique dans le champ des relations entre les ensembles publics et les fonctionnaires. Il nous reste maintenant à explorer si les données

---

282 Voir à ce propos E. Spiliotopoulos, *Institutions fondamentales du droit des fonctionnaires*, *op.cit.*, p. 107, et, de ce même auteur, E. Spiliotopoulos, *Manuel de droit administratif*, *op.cit*, p. 235 : il y qualifie de disciplinaire le contrôle exercé par une autorité supérieure sur les personnes qui sont titulaires du statut de fonctionnaire (contrôle personnel). Sur le sujet en question, voir également - entre autres - M. Dendias, *Droit administratif*, vol. 1, 5e édition, précité, p. 406 et s., I. Kyriakopoulos, *Droit administratif hellénique*, vol. 3, Partie Spéciale, 4e édition, 1962, précité, p. 276 et s., A Tachos, *Droit des fonctionnaires*, *op.cit.*, p. 152 et s., et G. Nafpliotis, *Interprétation du Code des fonctionnaires de l'État et des personnes morales de droit public, vol. 3, Droit disciplinaire*, 1978, *op.cit.*, passim.

283 Voir à ce propos G. Viché, *La sanction professionnelle*, *op.cit.*, p. 273, pour qui, « L'exemple classique du droit disciplinaire est celui de la fonction publique »; voir aussi tout ce qui fut mentionné *supra* p. 33 et s.

284 Voir, *supra* p. 33 et s.

de la notion de «discipline» qui furent identifiées lors de la première partie de notre étude sont confirmées dans le cas présentement analysé.

B. Le fondement

Vu que la définition de la notion de « discipline » à laquelle nous aboutîmes lors de la première partie était fondée sur des données puisées dans le « champ des relations entre l'État et les fonctionnaires », nous pourrions à première vue considérer que l'analyse entreprise sur ce point est inutile. Néanmoins, un examen plus attentif des choses démontre le contraire. Certes, les liens organiques existant entre les fonctionnaires et l'État ne peuvent pas être contestés, dans la mesure où les fonctionnaires constituent des organes de l'État [comme nous venons de le voir, le droit positif (article 1 paragraphe 2 du Code des fonctionnaires) et la doctrine[285] les qualifient d'organes indirects] et agissent pour son compte. Ainsi, quant à ce point - si l'on excepte peut-être le fait que la structure hiérarchique de l'Administration qui sera par la suite exposée met l'accent sur le caractère organique des liens existant entre l'État et les fonctionnaires - nous n'avons rien d'autre à ajouter et nous renvoyons tout simplement à tout ce que nous avons déjà exposé[286]. D'un certain point de vue, nous pourrions affirmer la même chose quant aux liens existant - dans le domaine étudié - entre le phénomène disciplinaire et la fonction d'un ensemble public, lesquels constituent le deuxième paramètre fondamental de la notion de discipline dans notre droit positif. Et cela pour la raison bien fondée que l'organe et la fonction sont indissociablement liés[287], de manière que

[285] Voir, à titre indicatif, E. Spiliotopoulos, *Institutions fondamentales du droit des fonctionnaires*, *op.cit.*, p. 3. Par ailleurs, la qualification d'un organe d'indirect ne peut nullement affecter le bien-fondé de la thèse ici soutenue. En plus du fait que la notion d' « organes indirects de l'État » n'exprime pas une donnée de notre droit positif dans le sens qui lui est généralement attribué, il n'y a dans le droit positif aucune indication qu'un organe appartenant à la catégorie des organes qualifiés d'« indirects » est lié de manière plus relâchée avec un ensemble public, en comparaison avec un autre organe non caractérisé ainsi. Dans le domaine du droit, la question critique est la suivante : quand l'action de certaines personnes est-elle imputée à une personne morale publique ? Et, sur ce point, qu'il s'agisse d'organes directs de l'État ou d'organes indirects (et dans ce cas peut-être cela ne pose aucun problème) l'imputation est la même. Sur ce sujet, voir - plus généralement - S. Lytras, *Agents et organes administratifs*, *op.cit.*, p. 220 et s.

[286] Voir *supra* p. 85 et s.

[287] S. Lytras, *Agents et organes administratifs*, *op.cit.*, p. 51 et s.

tout ce qui exprime l'organisation d'un ensemble exprime également du coup sa fonction.

Cependant, nous considérons qu'il est nécessaire que nous insistions plus sur ce point, de manière qu'ils apparaissent plus clairement les liens existant entre le phénomène disciplinaire et la fonction d'une Administration, en d'autres termes d'un ensemble public. Par ailleurs, la corrélation de l'organe et de la fonction que nous venons de mentionner reflète l'activité elle-même de l'organe et de l'ensemble public, laquelle ne dispose pas en soi de caractère disciplinaire : par contre, le caractère disciplinaire consiste au fait que les personnes assujetties à la relation disciplinaire se conforment à des obligations ; et c'est précisément grâce à ce fait qu'est assuré le bon fonctionnement d'un ensemble public.

Comme il résulte maintenant de notre analyse - et nous avons déjà insisté sur ce point - la manifestation du phénomène disciplinaire dans le domaine examiné ici, est impérativement liée à la nécessité de réaliser correctement une certaine tâche, plus précisément celle qui fut assignée à l'Administration. Deux raisons principales nous conduisent à la conclusion en question.

Tout d'abord, de l'examen du droit positif résulte, comme nous l'avons déjà souligné, que les sanctions disciplinaires infligées à des fonctionnaires ont toujours comme « cause » des comportements qui affectent, directement ou indirectement (ou qui sont censés d'affecter) le service. Cette conclusion s'impose après l'examen des fautes disciplinaires qui sont visées dans l'article 206 § I du Code des fonctionnaires ; à titre indicatif toujours : établissement de relations de parenté rapprochée avec des personnes dont les intérêts vitaux dépendent de la manière dont sont exercées les fonctions assignées au fonctionnaire (paragraphe 1.4), absentéisme injustifié (paragraphe 1.8), refus d'exécuter les tâches assignées ou attitude dilatoire et attitude d'atermoiement lors de leur exécution (paragraphe 1.18) et, enfin, violation de l'obligation de confidentialité imposée au fonctionnaire sur tout ce qui se réfère à son service (paragraphe 1.21)[288].

---

[288] Nous sommes également amenés à la même conclusion si nous recourons à la clause générale de l'article 205, paragraphe 1 du Code des fonctionnaires qui, comme nous le vînmes, érige en faute disciplinaire toute violation des obligations du fonctionnaire, vu qu'il s'agit d'obligations instaurées manifestement dans le but d'assurer la bonne marche du service.

Il convient par ailleurs de noter que - même au cas où le comportement qui constitue la condition de l'infliction de la sanction disciplinaire serait sans relation directe avec le service - il faut tout de même qu'il affecte d'une certaine manière son fonctionnement. Sinon, la faute disciplinaire n'est pas constituée[289].

Par la suite, à la même conclusion conduit le fait que les comportements qui entraînent l'activation du phénomène disciplinaire dans le champ sanctionnateur se manifestent en général dans le cadre de l'organisation hiérarchique de l'Administration, ce qui comme nous pouvons de supposer entraîne une mobilisation plus forte de l'appareil administratif, du moins sous la forme de l'unité dans l'action des organes administratifs[290].

En effet, les faits constitutifs de l'essence de la hiérarchie[291] - et par conséquent de l'organisation hiérarchique - à savoir l'existence d'organes administratifs dans différents échelons et l'absence d'une participation sur un pied d'égalité de tous ces organes à la réalisation des tâches de l'Administration, entraînent de la sorte du coup la nécessité du contrôle des organes subalternes par les organes supérieurs[292]. Ce contrôle qui est exercé, tant sur les actes (contrôle fonctionnel) que sur les personnes (contrôle personnel), aboutit inéluctablement, au dernier cas, à l'infliction de sanctions à l'encontre de ceux qui n'accomplissent pas correctement leur devoir. Il devient

---

289 Adoptant pleinement cette thèse, le CE hellénique admit dans son arrêt 566/69, que les relations amoureuses d'un enseignant avec une élève constituent un comportement en dehors du service indigne pour un fonctionnaire et que ce comportement doit être sanctionné disciplinairement, en vertu de l'article 206, par. 1b du Code des fonctionnaires, vu que l'affaire a fait scandale ; par contre, le CE hellénique (arrêt 646 /1969) n'admit pas que la liaison amoureuse d'un fonctionnaire constituait un comportement pouvant être caractérisé de la sorte, étant donné qu'il n'y avait pas l'élément du scandale.

290 Ainsi, pour E. Spiliotopoulos, *Manuel de droit administratif, op.cit.*, p. 233, « le contrôle hiérarchique vise à assurer l'unité de l'action des organes d'une seule personne morale publique ».

291 Voir à ce propos A. Lalande, *Vocabulaire technique et critique de la philosophie, op.cit.* p. 413, dans l'article Hiérarchie.

292 « Le contrôle hiérarchique - écrit Demichel, A. Demichel, *Le contrôle de l'État sur les organismes privés. Essai d'une théorie générale, op.cit.*, p. 415 - qu'existe à l'intérieur d'une personne morale est de droit, parce qu'il découle de la notion même du pouvoir hiérarchique. Une autorité administrative qui a sur une autre un pouvoir hiérarchique, peut par le fait même de ce pouvoir contrôler son activité et lui donner des ordres sans avoir besoin de se référer à un texte précis ».

donc évident que les sanctions en question - dont la simple prévision suffit pour fonder le phénomène disciplinaire dans ce domaine[293] - sont pleinement liées à la fonction de l'Administration de manière satisfaisante, en d'autres termes avec le bon fonctionnement d'un ensemble public (de l'État ou d'une autre personne morale publique)[294] et sont infligées à des personnes liées organiquement à celui-ci.

Nous sommes notamment amenés à cette conclusion par la relation directe existant entre le contrôle fonctionnel et personnel, ainsi que par la constatation que ce dernier constitue le complément logique du premier. En effet, il devient évident que - du moment que l'organe hiérarchique supérieur est en mesure d'annuler les actes de l'organe hiérarchique subalterne- il peut également contrôler les personnes qui ont procédé à l'édiction de ceux-ci, leur infligeant le cas échéant des sanctions. Sur ce point, comme l'écrit de manière fort caractéristique Di Malta[295], « Il découle du principe de la hiérarchie des fonctions que tout supérieur hiérarchique doit avoir la faculté de sanctionner tout manquement aux obligations professionnelles de ses subordonnés »[296].

---

[293] En effet, en instituant des obligations à l'encontre des personnes physiques, en obligeant celles-ci à observer un certain comportement envers des ensembles organisés du domaine public et en menaçant d'infliger des sanctions au cas où le comportement en question ne serait pas observé, le droit positif instaure dans le domaine examiné le phénomène disciplinaire et la présente analyse, identifie et recense cet événement.

[294] Sur le fait que l'organisation hiérarchique - et plus précisément le contrôle exercé sur les organes hiérarchiques subalternes - vise à assurer l'unité de l'action d'une personne morale publique, voir E. Spiliotopoulos, *Manuel de droit administratif, op.cit.*, p. 233 p. 233.

[295] P. Di Malta, *Essai sur la notion du pouvoir hiérarchique*, Paris LGDJ 1961 p. 109. Dans le même esprit, C. Eisenmann, *Cours de Droit Administratif*, T 1, LGDJ 1982, p. 248, S. Salon, *Délinquance et répression disciplinaires dans la fonction publique, op.cit.*, p. 2, M. Amzazi, *Étude du principe de la légalité de la répression en droit pénal économique*, Thèse Paris 1978, p. 317, G. Viché, *La sanction professionnelle, op.cit.*, p. 107. En ce qui concerne la jurisprudence, voir CEH 190/38 (Ass), précité.

[296] Néanmoins, deux remarques s'imposent sur ce point. La première concerne la constatation que l'infliction de peines disciplinaires ne relève pas forcément du pouvoir des organes hiérarchiques supérieurs ; cela est plus qu'évident dans des pays comme l'Allemagne où l'infliction de sanctions de ce type à des fonctionnaires relève désormais grandement de la compétence des tribunaux. La deuxième vise à nous faire éviter la conclusion un peu trop facile que le phénomène disciplinaire pourrait être intégré dans le phénomène hiérarchique tandis qu'en fait, il s'agit de deux phénomènes distincts, bien qu'étroitement liés entre eux. La preuve de cette affirmation coïncide avec le constat - auquel nous sommes déjà arrivés - que le phénomène disciplinaire ne constitue pas une particularité des relations hiérarchiques

En guise de conclusion, dans le cas examiné sur ce point, tout ce qui résulte des données du droit positif confirme pleinement la thèse que nous soutînmes plus haut, à savoir que la discipline consiste en l'ensemble des obligations qui sont liées à la réalisation de l'œuvre d'un certain ensemble, comme par exemple dans le présent cas de l'Administration qui est organisée en personnes morales publiques ou intégrée en tant que partie de la personne morale publique État.

En vérifiant dans le domaine de l'Administration l'exactitude de la définition de la notion de la discipline à laquelle nous aboutîmes, nous pouvons affirmer que dans le domaine en question, la discipline consiste en l'ensemble des obligations (ou au fait de se conformer à celles-ci), envers une personne morale publique, pesant sur une personne physique exerçant des fonctions organiques (organe-individu) et intégrée dans celle-ci; les obligations susmentionnées concernent la manière dont ladite personne doit accomplir ces devoirs (c'est-à-dire exercer les activités qui lui furent assignées) ou le comportement dont elle doit faire preuve plus généralement pour que la bonne marche de l'ensemble public en question ne soit pas perturbée.

Comme il résulte maintenant de l'analyse du droit positif, nous sommes amenés à la même conclusion - confirmant de la sorte les conclusions de la première partie de la présente étude - quant au sujet des personnes liées à une personne morale publique et titulaires du statut d'organe, sans pour autant être titulaires de celui du fonctionnaire, au sens étroit et classique du terme.

§ 2. Le phénomène disciplinaire dans le champ des relations existant entre les personnes morales publiques et les personnes physiques ayant la qualité d'organe, sans pour autant être des fonctionnaires

Les relations entre les personnes morales publiques et leurs organes ayant la qualité de fonctionnaire ne sont pas les seules auxquelles le

---

qui se cantonnent dans une relation entre organes (supérieur et subalterne), vu que la relation disciplinaire consiste - avant toute autre chose - en la relation entre une personne et un ensemble public. En d'autres termes, si la structure hiérarchique de l'Administration active le phénomène disciplinaire, tant au champ sanctionnateur qu'au champ substantiel, la coïncidence des phénomènes disciplinaires et hiérarchiques n'est pas confirmée ; par ailleurs, la conclusion en question résultera encore plus clairement lors de la suite de notre étude.

droit positif reconnut un caractère disciplinaire. Le droit positif, abandonnant définitivement la thèse que le phénomène disciplinaire se développe exclusivement dans le cadre de l'organisation hiérarchique de l'Administration, thèse qui, comme nous venons de le voir, semblait être adoptée par la doctrine –ou, du moins, d'une partie de celle-ci-, reconnut finalement un caractère disciplinaire aux relations reliant toute personne effectuant une prestation de services à un ensemble public en tant que son organe, indépendamment de la nature de la relation qui la relie avec celui-ci[297].

Le phénomène en question est identifié dans un premier paragraphe (A) et évalué par la suite dans un deuxième paragraphe (B).

a. L'identification

Dans le champ présentement étudié, le caractère disciplinaire fut pour la première fois reconnu dans les relations de tous ceux qui sont liés à l'État ou à une autre personne morale publique avec un contrat régi par le droit public, ainsi que de tous ceux qui occupent des postes réguliers pour un mandat déterminé; dans ces derniers cas, la notion de relation hiérarchique - du moins au sens traditionnel du terme - est affaiblie ou semble affaiblie. Ainsi, dans l'article 247 du Code des fonctionnaires est stipulé que « Aux dispositions disciplinaires du présent article sont également soumis les agents nommés à des postes réguliers, sur contrat ou pour un certain mandat ». Selon le Code des

---

[297] La relation en question peut consister entre autres –comme nous le soulignâmes à une autre occasion, voir *supra* p. 107,- en une nomination, un contrat ou une élection. Nous profitons ici par ailleurs de l'occasion de mettre l'accent, encore une fois (voir à ce propos ce que nous écrivons *supra* p. 88 et s., ainsi que S. Lytras, *Agents et organes administratifs*, *op.cit.*, p. 227) sur le fait que les organes ne sont pas seulement les personnes physiques qui expriment une volonté « souveraine » pour le compte de la personne morale publique, mais également toute personne agissant pour le compte d'une personne morale publique, à laquelle est imputée son action. Naturellement, notre thèse n'aboutit pas à des affirmations aussi extrêmes que celles de Kelsen, pour qui – v. *Théorie pure du droit*, traduction C. Eisenmann, Collection Philosophie du Droit, 1962 p. 201 - *« Un individu est un organe d'une collectivité parce que et en tant qu'il réalise une conduite attribuable à la collectivité »*, néanmoins, elle diverge également de la théorie organique, selon laquelle les organes sont ceux qui expriment la volonté « souveraine », au sujet desquelles R. Carré de Malberg dans la *Contribution à la théorie générale de l'État*, Tome II, p. 410, se demande si, en fin de compte, le nombre des organes dépasse l'un.

fonctionnaires, il en est de même quant aux agents exceptionnels (article 247 §2 du Code des fonctionnaires).

Dans cette catégorie nous pouvons également intégrer le cas des pilotes - lamaneurs qui - bien qu'ils soient des fonctionnaires titulaires régis par le droit public[298]- ne réunissent pas cependant toutes les caractéristiques requises par le Code des fonctionnaires dans la mesure où ils ne sont pas des organes rémunérés par l'État[299].

Ainsi, selon l'article 29, paragraphe 1 de la Loi 3142/55, « Quant aux violations de ses devoirs afférents au service, ainsi que pour les actes contraires à l'honneur et à la dignité professionnels, ou à ses obligations professionnelles morales, l'ensemble du personnel du Service de lamanage est soumis aux peines disciplinaires a) du blâme, b) d'une amende pouvant atteindre la moitié du salaire mensuel, c) d'une suspension de fonctions allant de 3 jours à 6 mois, d) de la révocation définitive »[300].

Enfin, nous pouvons intégrer dans cette catégorie les sages-femmes (ou, éventuellement, d'autres personnels soignants) servant dans les dispensaires ruraux : interprétant les dispositions y afférentes, la jurisprudence admit qu'elles sont liées à l'État avec une relation de droit public et que, pour cette raison, quant à leurs fautes disciplinaires, elles sont soumises à la compétence disciplinaire du Conseil Départemental de Santé et d'Assurances du département dont relève leur dispensaire[301].

Par la suite, un caractère disciplinaire fut reconnu aux relations liant aux ensembles publics et notamment à l'État les personnes physiques effectuant à ces derniers une prestation de services régie par le droit privé. Ainsi, selon les dispositions de l'article 33 de la Loi 993/79[302]

---

298 Voir la Loi 3142/55 « Du service de lamanage », article 7, par. 4. Sur ce sujet, voir également E. Spiliotopoulos, *Institutions fondamentales du droit des fonctionnaires*, *op.cit.*, p. 6, ainsi que la jurisprudence du CE hellénique 3180/67.

299 Voir l'article 1, par. 2 du Code des fonctionnaires.

300 Voir également les par. 2-6 de ce même article, dans lesquels sont contenues des dispositions de droit disciplinaire substantiel et procédural, ainsi que le décret royal 44/29.3.1958 « De l'exécution de la Loi 3142/55 "Du service de lamanage" », chapitre 13, édicté sur la délégation législative de l'article 35 paragraphe 1 de la Loi 3142/55 et réglementant la procédure de l'infliction des peines disciplinaires au personnel du Service de lamanage.

301 Voir à ce propos CEH 3177/1966.

302 Loi 993/79 « Du personnel de l'État, des collectivités territoriales et des autres personnes morales de droit public embauché avec un contrat de travail de droit privé ».

(chapitre III, section V de cette même loi), à l'encontre du personnel embauché par l'État et les autres organismes publics avec un contrat de travail régi par le droit privé, sont infligées des sanctions (blâmes, amendes), qui sont expressément qualifiées par la loi de disciplinaires.

Dans le champ étudié ici, la jurisprudence reconnaît à son tour inconditionnellement le caractère disciplinaire des relations existant entre les organes et les ensembles publics, bien que les personnes ou les organes dont il est question dans ce cas ne soient pas de fonctionnaires, du moins au sens classique du terme[303].

Ainsi, nombreuses sont les décisions de tribunaux jugeant des litiges dus à l'infliction de sanctions à l'encontre d'agents effectuant une prestation de services à l'État sous un statut de droit privé[304] ; elles qualifient sans aucune réserve lesdites sanctions de disciplinaires, partageant inconditionnellement le point de vue du législateur. Dans aucune des décisions susmentionnées ne sont exprimés des doutes quant au fait qu'il s'agit en l'occurrence d'une manifestation du phénomène disciplinaire[305].

Dans ce domaine, un des premiers arrêts du Conseil d'État hellénique (26/1929, précité) s'avère d'une importance particulière: il s'agissait de l'exercice du pouvoir disciplinaire à l'encontre des balayeurs de la Municipalité de Florina. Selon l'arrêt, «Vu que le Conseil Municipal de Florina, avec l'article 5 du Règlement de Service de nettoyage instaurant pour les balayeurs la peine disciplinaire de l'amende de 25-100 drachmes enfreignit la loi, à savoir l'article 105 paragraphe 2 du Code de Législation de Municipalités et de Communes

---

303 Comme nous venons de le voir, au sens classique du terme, fonctionnaire est toute personne liée à l'État avec une relation spéciale régie par le droit public. Voir à ce propos I. Kyriakopoulos, *Droit administratif hellénique,* vol. 3, *Partie spéciale, op.cit.*, p. 170. Néanmoins, après l'établissement de la Constitution de 1975 – dans l'article 103 paragraphe 3 de laquelle est expressément stipulé que des postes organiques du personnel spécial scientifique, technique ou auxiliaire peuvent être pourvus par des agents embauchés avec un contrat de travail de droit privé - il est évident que cette condition n'est plus valable. Voir quant à cette adaptation, E. Spiliotopoulos, *Institutions fondamentales du droit des fonctionnaires*, *op.cit.*, p. 8.

304 Dans le cadre des dispositions de la Loi 993/79 (précitée), quand il s'agit des agents en question, il est plus pertinent de parler de statut mixte, tant de droit privé que de droit public. Voir à ce propos E. Spiliotopoulos, *ibid.* Pour nous du moins, il n'existe aucun doute que - du point de vue de l'article 103 par. 3 de la Constitution - le statut de ces agents peut être exclusivement régi par les règles du droit privé.

305 Voir à ce propos la décision du Tribunal administratif de première instance d'Athènes 3991/1986, Justice Administrative 1986, (en langue hellénique) p. 159 et s.

stipulant les peines disciplinaires infligées aux agents communaux, étant donné que du contenu des motifs du Conseil Municipal peut être clairement déduite sa volonté d'abolir la peine disciplinaire du blâme prévue par la loi et d'instaurer en tant que peine disciplinaire minimale l'amende de 25 - 100 drachmes. L'argument du Conseil Municipal de Florina - continue l'arrêt - que les balayeurs ne sont pas des agents territoriaux vu que, d'une part ils furent embauchés extraordinairement pour une certaine période et en vue d'assurer un service temporaire et que, d'autre part, ils ne sont pas soumis à des retenues pour pension, n'est pas fondé, car l'agent territorial est caractérisé par la relation spéciale de service le liant à la Municipalité, laquelle –à travers lui- accomplit une des fonctions municipales (…) ».

La doctrine reconnaît également le caractère disciplinaire des relations susmentionnées.

Ainsi, pour Spiliotopoulos[306], la relation légale spéciale qui lie le fonctionnaire à l'État et qui peut être régie, soit par le droit public, soit par le droit public et le droit privé, intègre le fonctionnaire dans la structure organisationnelle du personnel de l'État et implique sa responsabilité disciplinaire ; d'autre part, nous identifiâmes à notre tour le caractère disciplinaire des relations avec l'État de toutes les personnes qui sont liées avec lui en vertu des dispositions de la Loi 993/79, dans notre courte étude portant le titre « Le régime disciplinaire des agents de droit privé employés par des personnes publiques en Grèce »[307].

Certes, pour une partie de la doctrine - et nous faisons ici allusion à Stassinopoulos, dont les thèses il est inutile de répéter - il pourrait être soutenu que dans ces cas, le sens classique de la discipline n'existe pas, vu que les auteurs en question réservent cette notion - comme nous eûmes déjà l'occasion de le souligner - aux relations qui sont développées dans le cadre de l'organisation hiérarchique de l'Administration ou, en tout état de cause, aux relations existant entre l'État ou toute autre personne morale publique et les personnes titulaires de statut du fonctionnaire régi par le droit public. Néanmoins, une telle thèse ne pourrait pas être admise. En plus, du fait qu'elle est contraire au droit positif comme nous venons de le constater, vu qu'elle s'oppose

---

306 E. Spiliotopoulos, *ibid*, p. 6 et s.

307 Dans l'Annuaire Européen d'administration publique, Edit. CNRS 1979, p. 569 et s.

à ses dispositions formelles[308], elle est en disharmonie avec l'évolution générale observée aujourd'hui au droit des fonctionnaires qui a entraîné l'encadrement des services publics avec des personnes physiques qui ne sont pas forcément titulaires du statut de fonctionnaire, au sens qu'elles ne sont pas liées à l'État avec une relation impliquant obligatoirement l'application des règles spéciales du droit public. Cette évolution est résumée clairement par l'article 103 de la Constitution, dont les paragraphes 2 et 3 introduisent, sans la moindre ambiguïté, la notion du fonctionnaire régi par le droit privé.

Par ailleurs, la structure hiérarchique de l'Administration ne coïncide pas forcément avec le placement de l'ensemble des relations hiérarchiques sous les règles du droit public. Le phénomène hiérarchique est également perceptible - bien que sous une forme différente de celle observée habituellement au sein de l'Administration- et caractérise l'organisation des personnes morales et des entreprises, avec des salariés régis par le droit privé dans l'ensemble de leurs activités ou une partie de celles-ci.

En conséquence, la thèse que nous réfutons dans la présente étude, non seulement est privée de fondements dans le droit positif, mais elle renvoie également à une époque révolue, particulièrement éloignée de la nôtre[309].

En guise de conclusion, sur la base de l'analyse qui précéda, le caractère disciplinaire des relations entre l'État et ses organes qui sont privés du statut de fonctionnaire doit être considéré comme une évidence. Il ne nous reste plus qu'à nous demander si les conclusions de notre analyse sur la notion de discipline sont également confirmées dans les cas présentement étudiés.

---

[308] À savoir les articles de la Loi 993/79 instaurant certaines sanctions (sanctions disciplinaires) pour certains comportements (infractions disciplinaires).

[309] Nous ne devons pas par ailleurs oublier le fait que le droit positif reconnaît un caractère disciplinaire aux relations existant entre les ensembles organisés et les personnes physiques qui sont leurs organes dans le champ du déploiement de l'activité privée ; cela n'est susceptible d'aucune contestation et conduit inéluctablement à la thèse que le phénomène disciplinaire ne peut pas être l'apanage des relations entre l'État et les personnes liées à celui-ci avec une relation régie par le droit public. Voir, encore une fois, A. Légal et J. Brèthe de la Gressaye, *Le pouvoir disciplinaire dans les institutions privées*, *op.cit.*

b. L'Evaluation

L'analyse du droit positif quant au point qui nous intéresse, ne conduit pas à des résultats différents de ceux auxquels nous fûmes déjà amenés. Cela est par ailleurs naturel dans la mesure où - bien qu'elles ne soient pas intégrées dans la catégorie classique des fonctionnaires - il apparut clairement que les personnes dont les relations avec les ensembles publics sont ici étudiées constituent des organes des ensembles en question, auxquels est imputée leur activité.

En conséquence - et malgré les objections théoriques qui pourraient être soulevées, objections qui ne sont toutefois pas fondées sur le droit positif - quant au caractère par excellence disciplinaire des relations existant entre les personnes en question et les ensembles publics dans lesquels elles sont intégrées, la confirmation des données constituant la notion de « discipline » (repérées par notre analyse dans la première partie de la présente étude) doit être considérée comme totale[310].

Il en serait autrement s'il était avéré que le droit positif intègre les relations disciplinaires présentement instaurées dans un autre domaine conceptuel ou qu'il les fonde d'une manière différente. Dans la mesure où rien de tout cela n'est prouvé, nous sommes obligés d'admettre que le domaine dans lequel le droit positif intègre les relations existant entre les ensembles publics et les personnes liées avec elles sans bénéficier du statut classique de fonctionnaire, consiste (comme c'est le cas quant aux fonctionnaires) au domaine de l'exercice de l'activité qui est directement liée avec les fonctions d'un certain ensemble, activité exercée par des personnes liées organiquement – au sens strict du terme- avec lui.

Le seul fait que certaines personnes physiques-organes agissent dans le cadre d'une organisation hiérarchique régie par les règles du droit public, ne suffit pas pour différencier le fondement du phénomène disciplinaire dans des cas où l'élément d'une telle organisation est absent ou n'apparaît pas de manière aussi intense, comme cela se passe dans les cas examinés sur ce point.

---

[310] Vu que cette confirmation est manifestement fondée sur affirmation de qualité d'organes des personnes dont il est ici question, il devient tout à fait clair que nous n'avons pas à répéter les arguments développés dans le paragraphe précédent, arguments qui prouvent, tant le lien organique - au sens strict du terme - des personnes-organes avec un ensemble public que les liens existant entre leur activité et le fonctionnement de l'ensemble en question.

Par ailleurs, le degré de l'intensité du phénomène disciplinaire - qui est en principe plus intense dans le cadre d'une structure hiérarchique régie par le droit public - entraînant, soit des sanctions plus lourdes, soit l'assujettissement au processus disciplinaire d'un champ d'activités plus étendues, ne constitue pas pour autant un élément de différenciation du phénomène disciplinaire. Le degré en question, qui dépend totalement des éléments concernant l'opportunité (parmi les plus essentiels figurent l'importance de l'œuvre qui doit être accomplie et le besoin d'en assurer la plus grande efficacité), n'a la moindre relation avec la notion de discipline et son fondement dans le droit positif qui se fait exclusivement sur les critères que nous identifiâmes plus haut[311].

Comme il est démontré par notre analyse, le droit positif utilise les mêmes critères pour instaurer le phénomène disciplinaire dans deux cas supplémentaires qui ne s'intègrent pas dans les catégories examinées jusqu'à présent, bien que concernant des personnes qui sont des organes d'un ensemble public.

Le premier concerne le caractère disciplinaire des relations existant entre les personnes physiques-organes et les ensembles publics, quand les premiers sont membres d'organes administratifs collégiaux (§3). Le deuxième concerne le caractère disciplinaire des relations existant entre l'État et toutes les personnes effectuant leur service militaire dans les forces armées du pays (§4).

---

[311] Il faut par ailleurs souligner que l'intensité que présente le phénomène disciplinaire dans le cadre des relations entre les personnes - organes et les ensembles publics régis par le droit privé ou partiellement par le droit privé n'est pas moindre que celle observée traditionnellement dans le cadre de l'organisation hiérarchique classique de l'Administration. Voir à ce propos l'article 31 paragraphe 1 de la Loi 993/79, selon lequel « Constitue une infraction disciplinaire toute faute commise par la personne embauchée lors de l'exercice de ses fonctions, par acte fautif ou par omission et pouvant lui être imputée » ; il s'agit d'une disposition identique à celle de l'article 205 al. 1 du Code des fonctionnaires. Voir également sur ce sujet S. Lytras, *Le régime disciplinaire des agents de droit privé des personnes publiques en Grèce*, *op.cit.* Sur le sujet plus général de la « diminution » de nos jours des pouvoirs dont disposent les organes hiérarchiquement supérieurs dans le cadre de la structure hiérarchique de l'Administration, notamment à travers l'institution des conseils de service et des conseils disciplinaires, voir : J. C. Groshens, « À propos du pouvoir hiérarchique dans l'administration », *AJDA* 1966 p. 140 et s., J. Rivero, « Remarques à propos du pouvoir hiérarchique », *AJDA* 1966, p. 154 et s.

§ 3. Le cas des personnes physiques-organes, membres d'organes administratifs collégiaux

A. Caractère disciplinaire de la relation

En premier lieu, si nous adoptions la thèse que le phénomène disciplinaire est exclusivement identifié dans les relations entre les fonctionnaires et l'État, nous devrions exclure son existence dans tous les autres cas où des personnes physiques exercent des fonctions organiques pour le compte de l'État sans bénéficier du statut du fonctionnaire.

Un exemple caractéristique en constituent les organes administratifs collégiaux où les personnes physiques qui en sont membres, ne bénéficient pas toujours du statut en question[312]. Néanmoins, comme il est démontré par l'analyse, le droit positif reconnaît également un caractère disciplinaire aux relations de ces membres avec l'État ou avec d'autres ensembles publics : il qualifie par exemple de disciplinaires les sanctions ou d'autres mesures, qui sont imposées aux membres des organes administratifs collégiaux quand ceux-ci négligent leurs devoirs. Nous eûmes l'occasion d'examiner un exemple justifiant cette thèse : l'arrêt CE (hellénique) 862/38 dans lequel la Cour administrative suprême qualifia de disciplinaire la révocation d'un membre de la Commission du port de Vathy (Samos). Cette révocation fut fondée sur le fait que le membre en question avait agi de manière préjudiciable pour les intérêts du Bureau portuaire correspondant[313].

---

[312] Voir E. Spiliotopoulos, *Manuel de droit administratif, op.cit.*, p. 322, 323.

[313] Voir aussi sur ce sujet CEH 1452/67 (Ass). Nous soulignons que, dans cet arrêt, le CE parle de mesure administrative ; néanmoins, il ne faudrait pas y attribuer une importance particulière, tant pour les raisons que nous exposâmes précédemment que pour celles qui seront par la suite exposées dans la présente étude. D'autant plus que dans l'arrêt en question n'est faite aucune opposition entre la mesure administrative et la notion de peine disciplinaire, ce qui pourrait éventuellement conduire à une interprétation différente. Il faut noter que même dans cette éventualité, il ne faudrait pas attribuer une importance déterminante à l'opposition entre la mesure administrative et la peine disciplinaire, vu que - en général - quand le CEH refuse le caractère disciplinaire d'une certaine peine, il refuse tout simplement à cette peine un

Nous pouvons également citer dans le même sens les actes de tutelle de l'État : celle-ci est exercée sur des organes collégiaux d'administration des personnes morales de droit public, par exemple sur les Ordres des Médecins ou sur les Chambres de Commerce et d'Industrie. Les interventions du ministre de l'Hygiène dans l'administration des Ordres des Médecins[314] ou celles du ministre du Commerce dans l'administration des Chambres de Commerce et d'Industrie[315] nous en fournissent des exemples caractéristiques.

Bien que lors des cas en question la Cour parle - du moins la plupart des fois - de mesures administratives, nous devons admettre qu'il s'agit de manifestations du phénomène disciplinaire au sens large, vu que dans tous les cas susmentionnés la mesure n'est pas prise pour des raisons indépendantes du comportement d'une certaine personne, mais, précisément, en raison du comportement en question, indépendamment du fait que celui-ci ne constitue pas d'infraction disciplinaire, au sens qu'il ne constitue pas la condition de l'infliction d'une sanction[316] disciplinaire expressément prévue par la loi comme telle. Tout comme d'ailleurs ne saurait nous être opposé l'argument que le comportement en question ne constitue qu'une condition pour la prise d'une mesure objective visant à assurer le bon fonctionnement du service public et que - en tant que tel - il est dépourvu de caractère disciplinaire. En suivant cette logique, nous serions amenés à refuser également le caractère disciplinaire de la révocation d'un fonctionnaire ayant commis des infractions disciplinaires encourant la peine en question, alléguant que de cette manière le service est assaini. La meilleure preuve du bien-fondé de notre thèse provient de l'arrêt CEH 1/1938

---

caractère de dimension disciplinaire formelle, c'est-à-dire d'une dimension dont le caractère disciplinaire est expressément prévu dans la loi comme tel. Les prises de position de la doctrine conduisent également à des réflexions similaires. Ainsi, voir A. Tsoutsos, « Des organes collégiaux de l'Administration », *in Bulletin de la Direction générale des affaires administratives du Ministère de la Présidence du Gouvernement* (en langue hellénique), édition de l'Imprimerie Nationale, n°19, juillet-septembre1980, p. 6.

[314] Voir à ce propos CEH 2302/65 quant à la destitution du Conseil d'Administration de l'Ordre des Médecins sur arrêté du ministre de l'Hygiène - en application de l'article 56 du décret royal 11.10.1957- car le Conseil d'Administration en question s'avéra préjudiciable pour les intérêts de l'Ordre.

[315] Voir à ce propos CEH 419/65 quant à la déclaration de la déchéance du Vice-président de la Chambre de Commerce et d'Industrie d'Athènes, sur arrêté du ministre du Commerce, dans le but d'assurer le rétablissement du bon fonctionnement de la Chambre.

[316] Ainsi E. Spiliotopoulos, *Manuel de droit administratif, op.cit.*, p. 329.

(Ass) : appelé à statuer sur la révocation d'un membre du conseil d'administration d'une personne morale de droit public, pour négligence avérée lors de l'exercice de ses fonctions, la Cour administrative suprême admit le caractère disciplinaire de la relation dudit membre avec la personne morale de droit public et – par extension - avec l'État au sens large du terme. La Cour statua que la révocation n'était pas légale, vu qu'elle ne fut pas précédée d'une citation à comparaître pour se défendre; cette citation, « qui n'est pas ordonnée expressément par la loi, est pourtant exigée par les principes fondamentaux du droit administratif, constituant le droit de toute personne poursuivie disciplinairement et entretenant une relation de service avec l'État, quelle que soit sa nature ».

B. Le fondement

Néanmoins, si le caractère disciplinaire des relations existant entre l'État et les personnes physiques qui sont des membres d'organes administratifs collégiaux est reconnu par le droit positif, sur quelles données est-elle fondée cette qualification ?

Tout d' abord, il n'existe le moindre doute que les personnes qui sont des membres d'un organe administratif collégial, constituent des organes de l'ensemble auquel appartient l'organe administratif collégial. D'autant plus que, en appliquant les critères de la doctrine traditionnelle du droit administratif, il devient évident – du moins dans les cas examinés - qu'il s'agit d'organes directs de l'ensemble public, vu qu'ils constituent des organes de son administration qui sont prévus dans sa « loi statutaire ». Par ailleurs, nous constatâmes que, dans l'arrêt CEH 1/1938, la Cour administrative suprême se réfère expressément à la relation de service des membres en question envers l'État, sur laquelle elle fonda le caractère disciplinaire de leur relation. En conséquence, le phénomène disciplinaire est identifié encore une fois dans le cadre d'un ensemble organisé.

De plus, tant le texte des arrêts cités que celui des lois que lesdits arrêts appliquèrent ne laissent le moindre doute qu'il s'agit de mesures prises - de quelque manière que ce soit - dans le but d'assurer la bonne marche d'un ensemble public, au sein duquel fonctionnent les organes en question ; par extension, cela signifie également que les obligations correspondantes des personnes assujetties à la relation disciplinaire sont également liées à cette fonction. De ce point de vue, l'arrêt CEH 419/65 (précité) en est caractéristique : il signale que l'arrêté du ministre du

Commerce constitue - d'après la loi - une mesure administrative visant au rétablissement du fonctionnement régulier de la Chambre de Commerce et d'Industrie qui avait été perturbé. L'arrêt CEH 2302/65 en est également caractéristique : cet arrêt motive l'application d'une mesure administrative en invoquant des raisons prouvant que le maintien de son conseil d'administration de l'Ordre en question à son poste s'avère préjudiciable pour lui. Enfin, nous rappelons également l'arrêt CEH 862/38 (Ass) que nous citâmes déjà à plusieurs reprises.

Conclusion:

Également dans le cas des personnes physiques-membres d'un organe administratif collégial, l'étude du droit positif repère le lien entre le phénomène disciplinaire et le fonctionnement d'un ensemble public.

Comme il résulte maintenant de l'analyse, il en est de même quant aux personnes effectuant leur service militaire dans les forces armées du pays.

§ 4. Le cas des personnes effectuant leur service militaire dans les forces armées du pays

À première vue, il serait possible de considérer que le cas des personnes effectuant leur service militaire[317] ne devrait pas être analysé ici, pour la raison que les personnes en question remplissent un devoir fondamental envers l'État, sans pour autant en constituer ses organes[318]. Bien que ce constat soit valable, il n'est toutefois pas en mesure de priver les personnes effectuant leur service militaire de leur statut d'organe de l'État ; elles acquièrent la qualité en question, car elles exercent une fonction publique, à savoir celle qui consiste à assurer la

---

[317] Le cas des militaires de carrière ne pose pas de problème, vu qu'ils sont considérés comme des fonctionnaires (militaires) et sont en conséquence intégrés à la catégorie des fonctionnaires déjà analysée.

[318] Voir l'article 4 paragraphe 6 de la Constitution, selon lequel « Tout Grec apte au service militaire est tenu de contribuer à la défense de la patrie, selon les stipulations des lois ».

défense du pays. Naturellement, leur statut légal diffère de celui des militaires de carrière et plus particulièrement de celui des officiers; toutefois, cela ne constitue pas une raison suffisante qui pourrait nous permettre de considérer que ce ne sont que ces derniers qui constituent des organes de l'État. Tout comme d'ailleurs, il n'existe aucune différenciation entre les officiers de police et les simples agents de police de la Police hellénique, nous ne pouvons non plus différencier les officiers des forces armées des simples soldats, pour la seule raison que ces derniers - en effectuant leur service militaire - remplissent une obligation assumée envers l'État ou qu'ils soient régis par un régime différent. Si nous admettions une affirmation pareille, nous devrions également admettre que les jurés par exemple ne constituent pas des organes de l'État, lorsqu'ils participent à la composition des Cours d'Assises étant donné qu'ils remplissent l'obligation qui leur incombe ; il est à noter que nous pourrions étendre le raisonnement en question à de très nombreux cas[319].

Par ailleurs, le droit positif n'a aucune difficulté à reconnaître le caractère d'organe de l'État à tous ceux qui accomplissent leur service militaire, vu qu'il admet que leurs actes - s'ils portent préjudice à des tiers- obligent l'État à les indemniser en vertu de l'article 105 de la Loi introductive du Code Civil, dans lequel est réglée la responsabilité civile de l'État résultant des actes ou des omissions de ses organes, quand ceux-ci exercent un pouvoir public[320].

---

[319] Voir à ce propos le cas des militaires du rang sous contrat de 5 ans, selon les dispositions de la Loi 1513/85 « Des militaires du rang sous contrat de 5 ans de l'Armée de Terre et autres dispositions », qui, eux aussi, pourraient facilement être également considérés comme accomplissant leurs obligations envers l'État. En fin de compte, nous pourrions également considérer que, dans le cas des fonctionnaires, ceux-ci accomplissent des obligations, basées toutefois sur un consentement initial. Voir, à propos du caractère des conscrits en tant qu'organes de l'État, A. De Laubadère, *Traité élémentaire de droit administratif*, Tome III, 2e éd, 1971, p. 153.

[320] Voir à propos – ente autres - la décision 848/76 du Tribunal d'Instance d'Athènes sur le sujet de la responsabilité civile de l'État découlant de l'action du personnel des forces armées lors des événements dramatiques de la répression des étudiants de l'École Polytechnique qui s'étaient révoltés en novembre 1973 contre le régime dictatorial. La doctrine confirme pleinement ce point de vue. Voir à ce propos – entre autres - I. Kyriakopoulos, Remarques introductives aux articles 104 – 106, *Interprétation du Code Civil 105*, 14 (la jurisprudence précédente y est citée) (en langue hellénique) et M. Stassinopoulos, *Responsabilité civile de l'État, des fonctionnaires et des personnes morales de droit public* (en langue hellénique), 1950,

À la suite de cette prise de position qui s'avère nécessaire, la question qui se pose est de savoir si les personnes effectuant leur service militaire sont soumises au phénomène disciplinaire et, le cas échéant (A), quel est le fondement de ce phénomène (B).

A. Le caractère disciplinaire de la relation

Tout d'abord, il n'y a aucun doute quant au caractère disciplinaire des relations existant entre les conscrits et l'État. Par ailleurs, la présence de l'élément disciplinaire est si forte au sein de l'armée que, si le champ de relations entre l'État et les fonctionnaires a pu être considéré comme le champ classique de la manifestation du phénomène disciplinaire, celui des relations existant entre l'État et les conscrits est - et pour cause- considéré comme le champ dans lequel le phénomène en question se manifeste avec la plus grande intensité.

Quoi qu'il en soit, le caractère disciplinaire des relations existant entre l'État et les conscrits résulte de certaines dispositions de notre droit positif comme le Règlement militaire (article 20 paragraphe 1), qui qualifie la discipline de vertu militaire principale[321] et de nerf de la guerre de l'armée[322], enjoignant à tout subalterne d'obéir à ses supérieurs et d'exécuter leurs ordres sans réplique[323].

Nous pouvons par ailleurs constater cela en analysant la notion de mesures d'ordre intérieur[324]: entre autres, à cette notion sont intégrées par la jurisprudence les sanctions disciplinaires à l'encontre des militaires. Il devient en conséquence évident - bien que de manière indirecte cette fois - que la jurisprudence reconnaît à son tour le

---

réédition en 1968, p. 108. Plus généralement, la doctrine confirme ces prises de position quand elle considère que les conscrits constituent une catégorie particulière de collaborateurs contribuant à la réalisation d'un service public (voir J. M. Auby, *Les sanctions administratives disciplinaires applicables aux usagers volontaires des services publics*, *in Mélanges J. Brèthe de la Gressaye*, 1968, p. 72) et non des simples usagers d'un service public.

[321] Voir l'article 2, paragraphe 4 du Règlement militaire (ratifié par le décret présidentiel 130/10.4.84 « Ratification du Règlement général de Service dans l'Armée »).

[322] Voir l'article 10, par. 2 du Règlement Militaire.

[323] Voir l'article 10, par.1 du Règlement militaire.

[324] Voir *supra* p. 115 et s.

caractère disciplinaire des relations entre l'État et les personnes accomplissant leurs obligations militaires.

Enfin, le phénomène disciplinaire est également reconnu par la doctrine dans le champ des relations existant entre l'État et les conscrits. Ainsi, nous en avons des exemples caractéristiques, d'une part quand la doctrine du droit pénal considère, lors du délit de désobéissance, que la discipline militaire constitue le bien juridique à protéger[325] et, d'autre part, quand Jescheck range les mesures disciplinaires (*Disziplinarmassnahmen*) parmi les peines n'ayant pas de caractère criminel ; invoquant la législation allemande, il range parmi les mesures en question les mesures prises à l'encontre des fonctionnaires et des conscrits[326].

En guise de conclusion, nous pouvons ici considérer comme une évidence que - selon le droit hellénique - le phénomène disciplinaire est identifié au sein des relations existant entre l'État et les conscrits. La question qui est donc automatiquement posée sur ce point est de savoir si les thèses du droit positif sur les éléments qui constituent la notion de discipline sont confirmées dans le cas présentement analysé. Nous traiterons de cette question par la suite.

B. Le fondement

Il n'est pas difficile de confirmer la thèse que - selon le droit hellénique - la manifestation du phénomène disciplinaire dans le champ des relations existant entre l'État et les membres des forces armées reflète le lien existant entre l'activité d'une personne et le fonctionnement d'un ensemble public avec lequel cette personne est organiquement liée. En effet, du moment qu'il apparut clairement de l'analyse qui précéda que les membres des forces armées qui effectuent leur service militaire, sont des organes de l'État, et du moment qu'il est également avéré qu'ils contribuent à la défense du pays (d'autant plus

---

[325] Voir à ce propos A. Papadamakis, *La désobéissance du militaire en tant qu'acte punissable selon l'article 70 du Code Pénal Militaire*, (en langue hellénique), 1987 p. 38 et s.

[326] H. Jescheck, *Lehrbuch des Strafrechts*, Allg. Teil. 3e Aufl. 1978, p. 11. Quant au caractère disciplinaire de la relation existant entre l'État et les conscrits, voir également R. Maurach, H. Zipf, Teilb. 1, *op.cit.* p. 12 et A. De Laubadère, *Traité élémentaire de droit administratif*, Tome III, *op. cit*, p. 158 et s.

que cela se fait selon les dispositions de la Constitution), assurant la prestation d'un service public figurant parmi les plus importants – au sens essentiel du mot[327] - à savoir de celui de la préservation de l'intégrité du pays face à des périls venant de l'étranger[328], la confirmation des données que notre analyse identifia jusqu'à présent sur ce point qui nous intéresse particulièrement, devient évidente, rendant de la sorte inutile - du moins à notre avis - toute analyse supplémentaire sur ce point.

Conclusion:

Qu'elles s'intègrent ou non dans le cadre de l'organisation hiérarchique de l'Administration, qu'elles soient régies par des règles autres que celles réglant les relations entre les particuliers ou par des règles partiellement ou totalement identiques à ces dernières, les relations auxquelles nous nous référons dans le cadre du présent chapitre sont, quoi qu'il en soit, des relations entre des personnes morales publiques et des personnes physiques exerçant des fonctions organiques pour le compte des premières.

La conclusion en question couvre même les cas des personnes constituant des membres d'un organe administratif collégial ou accomplissant leur service militaire, vu que, en fin de compte, dans les cas susmentionnés il est impossible de contester le caractère organique de leur lien avec l'État ou avec un autre ensemble public organisé. Les constats ci-dessus et le fait que - comme il fut démontré par notre analyse - il s'agit dans les cas susmentionnés de l'accomplissement d'obligations liées d'une manière ou d'une autre au fonctionnement d'un ensemble public, confirment pleinement les résultats auxquels aboutît notre analyse lors de la première partie de notre étude, selon lesquels l'essence du phénomène disciplinaire se trouve dans

[327] Nous pouvons intégrer dans cette notion toute activité d'une personne morale publique dans le but d'assurer la satisfaction d'un besoin fondamental des administrés. Voir également, sur ce sens, ainsi que sur le sens du service public de caractère organique ou fonctionnel, A. Laubadère, *Traité élémentaire de droit administratif*, Tome I, *op.cit.*, p. 543 et s.; quant à la doctrine hellénique, voir M. Dendias, *Droit administratif*, vol. 1, 5e édition, 1964, *op.cit*, p. 208 et s.

[328] Voir, sur la mission des forces armées plus généralement, N. Alivizatos, *La place constitutionnelle des forces armées*, 1987 (en langue hellénique).

l'association des obligations d'une certaine personne à l'organisation et au fonctionnement d'un ensemble public.

Comme le montrera l'analyse qui suivra, les mêmes résultats, en principe, sont également confirmés dans tous les autres cas où le droit positif instaure le phénomène disciplinaire au-delà du champ des relations entre les personnes morales publiques et les personnes physiques qui sont leurs organes au sens strict du terme. Nous traiterons des cas en question dans les pages qui suivent.

CHAPITRE B. Le phénomène disciplinaire au-delà du champ des relations existant entre les personnes morales publiques et les personnes physiques qui sont leurs organes

Comme il résulte de l'analyse, en plus des cas identifiés dans le chapitre précédent, le droit positif hellénique reconnaît un caractère disciplinaire à une série de relations qui ont comme dénominateur commun le fait qu'elles se développent entre des ensembles publics et des personnes qui ne constituent pas leurs organes *stricto sensu.*

Dans cette catégorie sont par exemple intégrées les relations existant entre les étudiants et les établissements d'enseignement supérieur, les relations entre les élèves et les établissements scolaires, les relations entre les médecins et d'autres personnes exerçant une profession libérale avec les Ordres professionnels y afférents, etc.

Comme il devient évident, dès la première approche, il s'agit d'une catégorie totalement hétéroclite, vu qu'elle est exclusivement fondée sur une donnée négative, à savoir l'absence de statut d'organe au sens strict du terme chez les personnes assujetties à la relation disciplinaire.

Néanmoins, cela n'est pas en mesure d'affecter l'orientation principale de notre étude. Car - loin de souhaiter distinguer conceptuellement avec une rigueur absolue les catégories partielles qui constituent ce phénomène, démarche qui s'avère sans grande importance du point de vue que nous examinons la question - notre seule préoccupation consiste à démontrer l'étendue du phénomène disciplinaire dans le droit administratif hellénique contemporain et, parallèlement, dans la mesure du possible, de présenter son évolution dans le temps.

En conséquence, dans la mesure où la distinction ici adoptée suffit pour atteindre les objectifs susmentionnés, nous ne voyons pas pour quelle raison nous refuserions d'accumuler et d'intégrer dans une catégorie unique toutes les données disciplinaires résultant de notre acceptation de la distinction susmentionnée[329] [330].

Pour que notre analyse puisse avancer, cette polymorphie qui caractérise forcément cette catégorie qui est constituée d'une pléthore de cas, nous impose de classer ces données dans des unités partielles (unités d'analyse).

Pour des raisons dont le bien - fondé émergera au fur et à mesure que notre étude avance et qui - quoi qu'il en soit - sont liées à notre souhait d'esquisser de manière plus prononcée l'évolution du phénomène disciplinaire dans l'ordre juridique hellénique, nous préférons classer les données disciplinaires appartenant à la catégorie présentement examinée en deux unités principales qui constitueront ainsi les axes autour desquels sera articulée notre recherche. D' une part, dans celle où le phénomène disciplinaire est identifié dans les relations existant entre les ensembles publics et les personnes physiques (paragraphe 1) et, d'autre part, dans celle où le phénomène disciplinaire est identifié dans les relations entre les ensembles publics et les personnes morales (paragraphe 2).

§ 1. Le phénomène disciplinaire dans le champ des relations existant entre les ensembles publics et les personnes physiques

Comme nous eûmes l'occasion de le constater, le droit de notre pays abandonna rapidement la conception que la notion de discipline se cantonne dans les relations existant entre les ensembles publics et les personnes physiques qui constituent leurs organes (relations dans lesquelles fut identifié le phénomène disciplinaire pour la première fois

[329] Toutefois, au fur et à mesure que notre analyse progresse, apparaîtra la « similarité » qui existe entre les données accumulées et intégrées dans cette catégorie : cette similarité justifie pleinement leur classement dans une catégorie commune. En effet, à travers le lien existant entre les personnes susmentionnées et les ensembles publics, est effectué à chaque fois l'élargissement de l'organisation de ces derniers; sur l'élargissement en question est fondé - et en même temps « étendu » - le phénomène disciplinaire.

[330] Dans le cadre de l'analyse qui suivra, c'est cette orientation principale de notre étude qui dicte également certains « classements » des données disciplinaires dans des catégories plus partielles ; naturellement, cela n'entraîne pas forcément un manque d'homogénéité des données ainsi « classées ».

dans l'ordre juridique hellénique). Le droit positif hellénique reconnut progressivement le caractère disciplinaire des relations existant entre les ensembles publics et les personnes physiques, qui ne constituent leurs organes au sens strict du terme, nous permettant parallèlement de la sorte de vérifier pleinement sa prise de position sur le contenu substantiel de la notion de « discipline ».

Les cas auxquels notre droit positif reconnut le caractère disciplinaire des relations pareilles sont classés en deux catégories principales[331]. D'une part celle dans laquelle est visible le lien existant entre les personnes en question avec le fonctionnement d'un ensemble organisé, lien qui coïncide avec la constatation que ces personnes font usage de services dont la prestation est assurée par les ensembles organisés; d'autre part, celle où - dans un deuxième temps - est exclusivement visible un contrôle exercé par l'ensemble organisé sur l'activité des personnes en question. Cependant, à travers l'instauration du contrôle susmentionné, il apparaît clairement que la cohésion ou le bon fonctionnement de l'ensemble organisé dépendent du bon exercice de l'activité de la part des personnes en question ; en fin de compte, il devient ainsi évident qu'il existe un lien entre l'activité de la personne et le fonctionnement de l'ensemble[332].

---

[331] Comme il sera démontré par l'analyse qui suit, nous rencontrons également - en principe du moins - les catégories auxquelles nous nous référons sur ce point dans le champ des relations existant entre les ensembles publics et les personnes morales. De ce point de vue, il pourrait être valablement objecté que nous devrions continuer notre analyse en nous fondant sur la distinction en catégories, en choisissant celle qui apparaît - à première vue du moins - comme la plus importante de toutes. Si toutefois nous ne choisissons pas de continuer notre étude de cette manière, cela est exclusivement dû à la raison que la manière choisie pour le développement de notre analyse nous permet de retracer avec précision toute la réalité juridique dans le domaine qui nous intéresse, à savoir celle de l'identification de l'étendue du phénomène disciplinaire dans le droit administratif hellénique contemporain.

[332] Certes, comme nous le constaterons par la suite, au fond, ces deux cas coïncident puisque ce qui se passe à chaque fois consiste en un élargissement de l'organisation de l'ensemble public qui entraîne la participation - d'une certaine manière, bien définie - de la personne dans le fonctionnement de l'ensemble. Il est clair que, sur cette base, la différenciation que nous adoptons lors de notre étude ne signifie rien d'autre que le lien plus ou moins direct existant le cas échéant entre une personne et un ensemble organisé. Si toutefois nous l'adoptons, cela est dû au fait qu'elle nous permet de recenser de manière plus précise le droit positif et, en conséquence, d'y cerner plus précisément le phénomène disciplinaire, dans le domaine qui nous intéresse. Voir - à propos de ces sujets et, plus particulièrement, à propos de celui de l'élargissement de l'organisation d'un ensemble public à travers l' « absorption » de

A. Caractère disciplinaire des relations existant entre les ensembles publics et les personnes physiques, qui font usage de leurs services

Théoriquement, les cas qui appartiennent dans la catégorie présentement étudiée sont incommensurables. Ainsi, nous pouvons intégrer dans cette catégorie les relations existant entre l'État et les usagers des différents ports du pays, entre les élèves et les établissements scolaires, entre les malades et les hôpitaux, etc. Parallèlement, il devient tout de suite évident que la création d'un nouveau service public – notamment dans le cadre de ce qui est appelé « Administration prestataire »[333] - élargit constamment le champ des relations susmentionnées avec l'augmentation du nombre des usagers des services publics.

Ces constats expliquent la raison pour laquelle, lors de la suite de notre étude, il s'avère sans importance particulière d'intégrer dans des catégories plus partielles les cas qui réalisent le phénomène disciplinaire dans le champ présentement étudié ; par contre, il est bien plus important d'identifier les cas en question et, en même temps, de rechercher et d'étudier les critères avec lesquels le droit positif instaura à chaque fois le phénomène disciplinaire[334]. Nous traiterons par la suite les sujets en question dans trois paragraphes (I), (II) et (III).

I. L'identification dans le droit positif

Le droit positif - se conformant pleinement aux thèses qu'il avait adoptées sur le caractère disciplinaire de certaines relations ou situations et en confirmant parallèlement les critères sur lesquels fut basée cette préférence, tout en ignorant toutes les prises de position

---

certaines personnes physiques qui ne sont pas ses organes en tant que « producteurs » d'une action convergente à celle de l'ensemble public- tout ce qui sera par la suite présenté, p.169 et s., p.189 et s.

[333] À propos de l'« Administration prestataire », voir plus particulièrement P. Dagtoglou, *Droit administratif général*, *op.cit.*, p. 14.

[334] La doctrine repéra sans aucune difficulté la relativité d'une telle distinction. Voir à ce propos J.M. Auby, *les sanctions administratives disciplinaires appliquées aux usagers volontaires des services publics*, *op. cit.*, p. 72.

théoriques contraires - qualifie de disciplinaires les relations existant entre l'État ou un autre ensemble public et tous ceux qui font usage d'un service public. Cela se fait plus particulièrement en qualifiant de disciplinaires toutes les sanctions qui sont infligées à ceux qui contreviennent aux obligations auxquelles ils doivent se conformer lors de l'usage desdits services. Les cas d'identification du phénomène disciplinaire dans le champ présentement étudié sont nombreux ; pour cette raison, nous nous contenterons de citer certains exemples caractéristiques.

Tout d'abord, le droit positif qualifie de disciplinaires les sanctions - et en conséquence les relations y afférentes - qui sont infligées à des personnes physiques qui entretiennent une relation continue ou permanente avec la fonction d'un service public. Un exemple fort caractéristique en constituent les relations entre les étudiants et les universités, auxquelles le législateur confère sans la moindre réserve un caractère disciplinaire.

Ainsi, selon la Loi 5343/1922[335] qui est encore en vigueur sur ce point - malgré son abrogation par la Loi 1268/82[336] (voir l'article 50, paragraphe 8 de la Loi 1268/1982) - la relation entre les étudiants et l'établissement d'enseignement supérieur (L'Université d'Athènes en l'occurrence) est purement disciplinaire. En effet, les étudiants assument envers l'Université certaines obligations : s'ils les enfreignent, ils encourent une « punition disciplinaire » (article 120) qui leur est infligée par des « conseils disciplinaires » (article 122) et qui aboutit à une « sanction disciplinaire » (article 121). L'exemple susmentionné peut également être étendu à tous les échelons du système éducatif[337].

---

335 Loi 5343/32, « De l'organisation de l'Université d'Athènes ». Voir également CEH 2564/68 (Ass).

336 Loi 1268/82, « De la structure et de la fonction des établissements d'enseignement supérieur ».

337 Il convient de noter que la conception moderne de l'université en tant qu'ensemble constitué de groupes, ne peut pas infirmer le caractère disciplinaire de la relation qui existe entre les étudiants et les universités. En effet, si d'après ladite conception les étudiants ne sont plus considérés comme des usagers d'un service public, cela signifie qu'ils sont liés par des liens bien plus forts avec la communauté universitaire, constituant de la sorte une partie importante de celle-ci, et que - en conséquence - ils sont bien plus assujettis au phénomène disciplinaire. Par ailleurs, si nous interprétions autrement cette conception, nous serions conduits à la thèse inacceptable que les enseignants et le personnel administratif sont assujettis à des sanctions disciplinaires tandis que les étudiants - bien qu'ils constituent un groupe d'une importance égale

Par ailleurs, le droit de notre pays reconnaît le caractère disciplinaire des relations entre l'État et les prisonniers[338], ainsi que de celles entre l'État et les élèves[339].

De plus, le droit positif reconnaît le caractère disciplinaire des relations entre l'État et les usagers d'un service public, de manière plus ou moins occasionnelle cette fois.

Ainsi, le droit hellénique reconnaît explicitement le caractère disciplinaire des relations entre l'État et les usagers des ports du pays. L'énoncé de l'article 1 de la Loi 499/1947[340] en est caractéristique : « L'exercice du pouvoir disciplinaire sur tous ceux qui utilisent les ports - y compris les quais - les rades, les baies et le littoral helléniques, de quelque manière que ce soit, appartient aux chefs des autorités portuaires compétentes ; ces derniers, réguleront tout le trafic maritime et tous les travaux dans le port, les rades, les baies et le littoral avoisinants relevant de leur compétence, y maintiendront l'ordre et y assureront l'hygiène, via des Règlements édictés par les Capitaineries de port centrales, les Capitaineries de port et les Sous-Capitaineries de port et approuvés par le Ministère de la Marine marchande, ou via des ordonnances de police édictées par les Brigades de police de port ou par

---

pour l'université - ne sont assujettis à aucune procédure disciplinaire. Évidemment, de la thèse affirmant que les étudiants sont soumis à des sanctions disciplinaires résultent des questions d'une importance particulière : quel sera l'organe qui infligera les sanctions en question ? Les étudiants doivent-ils participer à sa composition ? Et si oui, quel devrait être le quota de leur participation aux organes disciplinaires ? Quels comportements constituent un manquement aux obligations assumées par les étudiants ? En quoi devront-elles consister les obligations en question ? Néanmoins, lesdites questions se posent au-delà de l'affirmation de notre thèse principale que les étudiants - en tant que partie organique de la communauté universitaire - sont assujettis au phénomène disciplinaire.

[338] Voir à ce propos le décret royal du 9/17 juillet 1928 « Du règlement intérieur des prisons », article 31 et s., ainsi qu'un texte plus récent : les articles 94-98 de la Loi de nécessité 125/1967 « Code pénitentiaire de l'application des peines et des mesures de sûreté ».

[339] Voir à ce propos le décret royal 24/6.28.8 1919 « De la codification des dispositions concernant l'enseignement secondaire », article 8, ainsi qu'un texte plus récent : le décret présidentiel 104/1979 (article 26), précité.

[340] Loi 499/1947 « Du pouvoir disciplinaire des chefs des autorités portuaires », comme elle fut codifiée par le décret royal 9/22 juin 1948 « De la codification des dispositions portant sur le pouvoir disciplinaire des chefs des autorités portuaires ».

les fonctionnaires des services portuaires, également approuvés par le Ministère de la Marine marchande »[341].

Concernant toujours le même sujet, le Conseil d'État (hellénique) qualifia de disciplinaires les amendes que le capitaine de port compétent infligea à des contrevenants du règlement qui régit le fonctionnement du port.

« Vu que - selon l'énoncé d'un arrêt fort caractéristique de 1931[342]- l'exercice du pouvoir disciplinaire, et en conséquence l'infliction d'une peine disciplinaire, s'entend, non seulement à l'encontre des fonctionnaires soumis à une subordination hiérarchique directe ou indirecte, mais également à l'encontre de toute personne utilisant les établissements ou les services publics qui sont régis par des règlements intérieurs permettant la poursuite disciplinaire et instaurant l'infliction d'une peine disciplinaire à l'encontre des contrevenants desdits règlements, qui furent édictés précisément dans le but d'assurer l'utilisation régulière, sans entraves et profitable de l'établissement ou du service par tous (*Anstaltsgewalt*)[343]».

Enfin, nous ne souhaiterions pas clore sur ce point notre analyse sans examiner le décret royal du 4.1.56 « Du réajustement des peines judiciaires et disciplinaires, prévues par les dispositions sur l'encadrement policier et l'administration de la Marine marchande », selon l'article 1 duquel « Les montants des sanctions disciplinaires pécuniaires (amendes) prévus par les dispositions sur l'encadrement policier et l'administration de la Marine marchande édictées jusqu'au 31 décembre 1941 sont libellés en drachmes actuelles, à savoir de nouvelle émission, régie par la Loi 2824/54 "Des billets de banque de nouvelle émission"». De l'énoncé des dispositions susmentionnées, il devient clair - de manière indirecte - que, pour le législateur, les amendes prévues généralement par les dispositions sur l'encadrement

[341] Voir également l'article 2 de la Loi codifiée 499/1947 selon lequel « La violation des dispositions de l'article précédent encourt l'infliction de sanction disciplinaire aux contrevenants, d'une amende jusqu'à 300.000 drachmes, infligée sur arrêté motivé du chef de l'autorité portuaire ». Voir à ce propos l'art.136 du d.l. « Du Code du Droit maritime public », bien que dans les articles en question il n'y a pas de référence explicite au pouvoir disciplinaire.

[342] CEH 235/31, précité.

[343] À propos du caractère disciplinaire des amendes en question, voir également P. Tzifras, « Opposition à un arrêté d'autorité portuaire », *Archives de Jurisprudence KE΄* (en langue hellénique), 1974, p. 100 et du même, « Opposition (voie d'opposition) à un arrêté d'autorité portuaire, visant l'annulation d'une amende infligée », *Revue du Droit des Transports* (en langue hellénique), 1975, p. 430 et s.

policier et l'administration de la Marine marchande ont un caractère disciplinaire; ledit caractère est renforcé de manière déterminante lorsque ce même décret, dans son article 2, se réfère aux amendes qui sont infligées en vertu des articles 2 et 4 de la Loi 499/47 (précitée).

À son tour, la doctrine - hellénique et non hellénique - qualifie de disciplinaires les sanctions infligées dans les cas examinés ci-dessus, ainsi que les relations correspondantes qui s'y développent.

II. L'attitude de la doctrine

En premier lieu, le caractère disciplinaire des sanctions infligées aux usagers d'un service public fut souligné - et même très tôt - par la doctrine allemande qui fonde le pouvoir d'infliction de sanctions sur ce qui est appelé « pouvoir de l'établissement » (*Anstaltsgewalt*).

Selon cette thèse de la doctrine[344], avec laquelle flirte de temps en temps la jurisprudence des tribunaux de notre pays[345], toute personne qui vient au contact d'un service public, en d'autres termes toute personne qui entre dans le périmètre de son activité, à l'occasion des prestations ou des services que celui-ci fournit, se trouve automatiquement placée, en raison de ce fait, sous le pouvoir dudit service (pouvoir de l'établissement). Cela se traduit en l'obligation de se conformer d'emblée aux règles que ce service édicte quant à sa manière de fonctionner et à sa manière de fournir ses services ou ses prestations. Le résultat direct de cet assujettissement aux règles du

---

[344] La théorie d'*Anstaltsgewalt* est brillamment exposée dans l'œuvre classique d'Otto Mayer, v. O. Mayer, *Deutsches Verwaltungsrecht* II Band p. 52. Voir également O. Mayer, *Le droit administratif allemand* (Édition française) Partie spéciale p. 52. Sur ce même sujet, voir également plusieurs points analysés par Forsthoff Ern., Verwaltungsrecht, 10ᵉ Aufl., ainsi que la monographie G. Nafpliotis, *Die Anstaltsgewalt und ihre Grenzen, München*, 1967, *op.cit.*, et la critique de N. Bouropoulos sur cette dernière œuvre, qui traite le sujet en question dans le cadre de la Constitution allemande de 1948 (GG) [dans la *Revue de Droit Commercial* (en langue hellénique) 1969, p. 213]. Sur ce même sujet, voir également ce qui fut mentionné dans la première partie de la présente étude (bien qu'examiné sous un angle différent) p. 45 et s., ainsi que *infra* note 346.

[345] Voir à ce propos CEH 235/31, précité. Il faut souligner que, dans cet arrêt, la Cour utilisa, tel quel, le terme allemand (*Anstaltsgewalt*) ; voir également CEH 1802/86 (précité). Voir aussi sur ce sujet M. Stassinopoulos, *Le droit de défense devant les autorités administratives*, *op.cit.*, p. 149 et s.

service consiste - entre autres - au pouvoir de celui-ci d'infliger des sanctions sur l'administré qui perturbe la bonne marche du service en enfreignant son règlement[346].

La doctrine allemande ne manque pas de souligner que nous nous trouvons maintenant - ici - dans le champ disciplinaire ; par ailleurs, nous eûmes l'occasion de le constater dans de la première partie de la présente étude, lorsque nous y considérions que la relation du phénomène disciplinaire et les relations de pouvoir spécifiques constituent le socle sur lequel est fondée la notion de « discipline »[347].

La thèse d'Otto Mayer en est de ce point de vue fort caractéristique quand il écrit que, en vertu du pouvoir de l'établissement, ne peuvent être imposées des restrictions et des charges aux personnes qui sont assujetties au pouvoir en question qu' « ayant pour but de les adapter et de les soumettre à l'intérêt de la bonne marche de l'entreprise », pour compléter juste par la suite que les actes imposant des restrictions pareilles et charges *« (...) n'imposent qu'une obligation de supporter*

---

[346] Sur le contenu plus général du "pouvoir de l'établissement" susmentionné, voir les œuvres citées dans la note 344. Par ailleurs, selon cette théorie (voir O. Mayer, *Deutsches Verwaltungsrecht*, II Band, *op.cit.*, p. 285) le "pouvoir de l'établissement" existe indépendamment du fait de son instauration ou non à chaque fois par la loi (par exemple par le Code pénitentiaire, La Loi « De l'organisation des établissements d'enseignement supérieur », etc.). Les racines théoriques de cette thèse - dont cette forme est contestée de nos jours (voir à ce propos G. Nafpliotis, *Die Anstaltsgewalt und ihre Grenzen, München, op. cit.* p. 43 et s.) - remontent à une conception qui prévalait en Allemagne avant la Constitution de Weimar, d'après laquelle l'Administration devait pouvoir se fonder sur une habilitation législative uniquement pour ses actes qui limitaient la liberté ou portaient atteinte aux biens des administrés; dans tous les autres cas - et, plus particulièrement, dans celui de la régulation de ses propres affaires, à laquelle vise surtout l'édiction de règlements intérieurs de chaque service ou établissement - elle était en mesure d'agir de manière autonome (principe monarchique). Pour une analyse des thèses principales de la théorie en question, voir également N. Bouropoulos (critique de l'œuvre de G. Nafpliotis) dans la *Revue de Droit Commercial*, précitée p. 213. Voir in A. Papalabrou, *La notion du principe de séparation des pouvoirs in Mélanges Al. Svolos*, 1961, p. 351, note 18, une critique de la thèse en question et, parallèlement, une tentative de soutenir la thèse que l'Administration a le pouvoir d'édicter des règles régissant l'usage de ses services par le public, en vertu de l'article 35 de la Constitution (hellénique) de 1952 et, plus particulièrement, de la disposition permettant au chef du pouvoir exécutif d'édicter tous les décrets nécessaires pour l'exécution des lois (donc, également des lois régissant le fonctionnement d'un service public). Voir à propos de ce sujet ce qui fut exposé dans la première partie de notre étude et, plus particulièrement, la note 79 et les auteurs qui y sont cités.

[347] Voir à ce propos p. 47, et plus particulièrement p. 48, note 76.

par l'enlèvement de certains avantages ou par l'imposition de certains maux, tels que les peines ou moyens de discipline »[348].

La doctrine hellénique (surtout celle qui est influencée par la doctrine allemande) reconnaît à son tour sans aucune réserve le caractère disciplinaire des relations existant entre l'État ou d'autres ensembles publics et les personnes qui font usage de leurs services.

La thèse de Kyriakopoulos en est de ce point de vue caractéristique : après avoir constaté que les organes d'un établissement de droit public sont dotés de la capacité de « lever par la force tout ce qui entraverait sa bonne marche[349]», il ajoute que, « grâce à ladite capacité, l'établissement s'impose, tant à toute personne faisant usage de ses services (cette capacité apparaissant dans ce cas spécifique en tant que pouvoir disciplinaire), qu'aux personnes qui entrent tout simplement en contact avec lui (par exemple à la personne rendant visite à un malade dans un hôpital ou à un détenu dans une prison) »[350].

Nous soulignons « enfin » que le caractère disciplinaire des cas ici analysés est également reconnu par la doctrine française, même quand les thèses qu'adopte la jurisprudence des tribunaux français ne vont pas complètement dans ce sens.

De ce point de vue, le cas Delle Chauvin[351] en est caractéristique : la doctrine considéra que la rupture de l'abonnement téléphonique auprès des PTT[352] infligée à un abonné qui insultait téléphoniquement un agent dudit service, constituait une mesure de caractère disciplinaire, indissociablement liée à la manière de faire usage d'un service public. Et cela malgré le fait que le Conseil d'État avait admis le caractère exclusivement contractuel de cette sanction[353].

En guise de conclusion, pour la doctrine, hellénique et non hellénique, le caractère disciplinaire des relations existant entre l'État

---

348 O. Mayer, *Le droit administratif allemand*, *op.cit.* p. 210. Voir également, du même auteur, O. Mayer, *Das Deutsche Verwaltungsrecht*, par. 52, p. 285 et plus particulièrement le point 2 où il est explicitement question d'*Anstaltsdisziplin*. À propos du caractère disciplinaire des relations existant entre les écoles et les élèves, voir notamment H. Maack, *Grundlagen des studentischen Disziplinarrechts*, *op.cit.*, p. 84.

349 I. Kyriakopoulos, *Droit administratif hellénique, vol. 3, Partie spéciale*, 4e édition, 1962, *op.cit.*, p. 455.

350 *Ibid*, p. 455, 456.

351 CE 23.3.1906, S. 1908.3.17 note Hauriou.

352 Postes et Télécommunications

353 Voir à ce propos J. Mourgeon, *La répression administrative*, *op.cit.* p. 198, notes 520-523.

ou d'autres ensembles publics et les personnes faisant usage de leurs services ne fait pas le moindre doute. Ce qui nous reste en conséquence à examiner, ce sont les éléments sur lesquels est fondé dans le droit positif le caractère disciplinaire des relations en question.

III. Le fondement

En suivant de manière constante les résultats de l'analyse qui précéda, nous pourrions être facilement amenés à une conclusion simple, à savoir que le caractère disciplinaire des relations qui y furent identifiées, est reconnu par le droit positif, sur la base du fait que les personnes qui constituent l'objet du pouvoir disciplinaire, participent - au même titre que les personnes-organes - au fonctionnement d'un ensemble public (d'un service public) et peuvent influencer le fonctionnement en question de manière aussi décisive que les personnes-organes.

Une telle prise de position de la part du droit positif est sans aucun doute conforme à la logique, du moins celle que lui-même adopta en qualifiant de disciplinaires les relations existant entre les ensembles publics et les personnes qui constituent leurs organes.

Vu que dans ces deux cas la nécessité de se conformer à certaines règles de fonctionnement s'avère indispensable pour que soit accompli le but qui est poursuivi à travers la constitution et la fonction de l'ensemble (à savoir la bonne et efficace prestation de services à la collectivité ou à une partie de celle-ci), le caractère disciplinaire des relations existant entre les personnes physiques et les ensembles organisés, caractère fondé sur les obligations que les premières assument envers les deuxièmes, est évident. Comme l'écrit de manière fort caractéristique Mourgeon[354], « l'usager du service participe à l'accomplissement de la mission administrative et donc à l'institution administrative. Bénéficiaire de la mission, il est lié à l'institution. Bien qu'étant destinataire de la mission, il est assujetti à la discipline exigée pour l'exécution de cette dernière, qu'il est susceptible par son comportement de troubler ou de compromettre ».

Néanmoins, bien que les constatations susmentionnées soient fondées et malgré l'existence incontestable de la donnée résultant du fait que les personnes assujetties à la relation disciplinaire se

---

[354] J. Mourgeon, *La répression administrative*, *op. cit.*, p. 196-197.

conforment à leurs obligations envers un ensemble public, sommes-nous pour autant en mesure d'affirmer que - selon le droit positif - toutes les personnes utilisant un service public et étant assujetties pour cette raison au phénomène disciplinaire, sont liées organiquement avec l'ensemble public en question?

Notre réponse (a), qui est également adoptée par la doctrine (b), est affirmative.

a. Le droit positif

Il faut tout d'abord que nous rappelions sur ce point que, selon l'analyse qui précéda[355], à la notion d'organisation participent, non seulement les parties qui collaborent au sein d'un ensemble bénéficiant du statut de l'organe de l'ensemble (*stricto sensu*), mais également toutes ces personnes qui - bien qu'elles ne soient pas ses organes au sens strict du terme - influencent à un tel degré l'activité de l'organe qu'elles influencent en fin de compte le fonctionnement lui-même de l'ensemble[356].

Partant du constat susmentionné, il devient immédiatement clair que le cas présentement traité constitue incontestablement un cas d'élargissement de l'organisation de l'ensemble et, donc, d'élargissement de l'ensemble lui-même ; l'élargissement en question rend organique le lien existant entre la personne physique et l'ensemble organisé.

En effet, d'après les conclusions de notre analyse, dans la mesure où l'activité qui s'avère nécessaire de la part des usagers des services d'un ensemble a un impact direct sur la manière de la prestation dudit service, il devient évident qu'elle constitue une donnée liée au fonctionnement - et plus généralement - à l'organisation de l'ensemble, cette dernière n'existant que pour assurer la bonne marche de celui-ci[357].

---

[355] Voir *supra* p. 85 et s.

[356] Il s'agit de conclusions logiques découlant de la constatation que la notion d'organisation est définie par l'existence de parties qui constituent un ensemble, au sein duquel elles collaborent. Voir à ce propos tout ce qui est mentionné dans la première partie de la présente étude, p. 85 et s.

[357] Naturellement, nous nous référons toujours à un usage conforme aux règles de droit. Il est évident que l'usage par des personnes ne bénéficiant pas de ce droit, l'usage arbitraire, n'entraîne pas de lien des personnes en question avec la fonction et

Force est donc de constater que l'activité des usagers d'un service public –dans la mesure où elle est susceptible de perturber la bonne marche de celui-ci de manière déterminante - élargit l'organisation de l'ensemble public ; parallèlement, ces personnes deviennent des vecteurs d'une fonction élargie de l'ensemble[358]. Naturellement, le résultat en question découle de l'assujettissement des usagers d'un service public à un certain régime disciplinaire. Cet assujettissement est précisément révélateur de l'importance que l'activité en question a pour l'ensemble public[359].

À ce point de vue bien-fondé -qui explique par ailleurs l'extension du phénomène disciplinaire dans ce domaine- nous sommes amenés par l'énoncé de l'arrêt CEH 1825/54 (Ass) qui considère (de manière indirecte) que le comportement contraire de celui qui est passible de sanctions constitue une condition de la bonne marche d'un service public. Plus précisément, selon l'arrêt, « Vu que la contribution visée

---

l'organisation de l'ensemble. Cette différence est relevée par les notions de discipline et de police qui sont respectivement employées dans ces deux cas susmentionnés. Voir à ce propos *supra* p. 71 et s.

[358] Certes, en réalité, l'élargissement de l'ensemble coïncide avec l'exercice de toute sorte d'activité de la part de tous les usagers des services publics et non exclusivement avec celle qui peut influencer de manière déterminante - et d'autant plus négative - le fonctionnement de l'ensemble public. Si toutefois nous insistons sur ce point à une présentation plus restreinte, c'est uniquement parce que de cette manière nous avons l'occasion de souligner les points qui - à notre avis - poussent le droit positif à instaurer le phénomène disciplinaire et à élargir ainsi l'ensemble organisé.

[359] Ces constatations ne doivent pour autant nous conduire à la conclusion erronée que c'est la participation au fonctionnement d'un ensemble qui conduit au caractère organique du lien d'une personne avec un ensemble public et non le contraire. Même si, en effet, un organe est constitué pour assurer une certaine fonction, il n'y a aucun doute que ce qui est instauré le premier c'est l'organe et que ce qui est instauré dans un deuxième temps c'est la fonction, en d'autres termes l'activité. Il devient ainsi évident que dans le cas étudié ici, dans un premier temps le droit positif décide d'assujettir une certaine personne à un certain régime qui est qualifié de disciplinaire, sans aucun doute en raison de l'importance de l'activité qu'elle déploiera, et que ce n'est que dans un deuxième temps que le déploiement de l'activité de la personne en question acquiert une importance - juridique du moins - pour l'ensemble organisé. En conséquence, c'est le lien organique d'une certaine personne avec un ensemble public (qui coïncide - dans le cas présentement étudié comme nous démontrâmes plus haut- avec son assujettissement à un régime disciplinaire) qui fait dans un premier temps son apparition ; et ce n'est qu'ensuite que suit le lien fonctionnel, à savoir l'intégration de son activité à la fonction (élargie) de l'ensemble. En fin de compte donc, la manière que nous choisîmes pour développer notre argumentation n'est pas en mesure de renverser l'ordre logique des choses.

dans la disposition de l'article 8 du décret législatif 480/47 (il s'agit du décret 480/47 "De la constitution d'un service administratif chargé du commerce d'exportation") ne constitue pas de sanction pénale, mais une mesure administrative visant à assurer la bonne marche du système des licences d'exportation et d'importation ».

Par ailleurs, cette conception bien - fondée est également adoptée sans réserve par la doctrine, comme nous aurons l'occasion de le constater par la suite.

b. La doctrine

D'autant que nous sachions, la doctrine hellénique n'eut jamais l'occasion de se poser la question sur le caractère de la relation existant entre un ensemble public et les usagers d'un service public, notamment à travers le prisme du phénomène disciplinaire. Nous pourrions seulement mentionner la manière indirecte dont Bouropoulos aborde la question, refusant le caractère organique des liens des personnes en question avec les ensembles publics[360]. Ainsi, sur la question présentement étudiée, l'attitude généralement observée par la doctrine hellénique envers le phénomène disciplinaire, focalisée presque toujours sur sa dimension sanctionnatrice, nous conduit inéluctablement à rechercher des fondements dans la doctrine non hellénique.

Tout d'abord, Lefondré fait une approche substantielle de la question dans son œuvre « Recherches sur les sanctions administratives et leur nature juridique » et nous jugeons utile de présenter son point de vue. Partant, d' une part de la thèse que c'est la collaboration directe avec une administration qui justifie le pouvoir disciplinaire de l'Administration et non le statut juridique de son personnel (des agents publics[361]) et, de l'autre, de la thèse qui en découle, à savoir que sujet du pouvoir disciplinaire est toute personne collaborant avec un service public[362], l'auteur s'interroge par la suite si l'usager d'un service public peut être considéré comme collaborateur du service. « Pour préciser les contours - écrit-il[363]- et les limites de la notion de collaboration, il faut

---

[360] N. Bouropoulos, *La notion de la fonction juridictionnelle*, *op.cit.*, p. 187.
[361] M. Lefondré, *Recherches sur les sanctions administratives et leur nature juridique*, *op.cit.*, p. 215.
[362] *Ibid*, p. 218, 225.
[363] *Ibid*, p. 243.

aussi se demander si toute personne ayant un rapport juridique avec le service public est nécessairement une collaboratrice de celui-ci ; le problème posé est celui de la situation des usagers ».

Après une analyse fort intéressante, l'auteur est conduit à la thèse que l'usager n'est transformé en collaborateur - et donc en sujet du pouvoir disciplinaire - que lorsque, « par son action et par son activité, il apporte son concours à l'exécution d'une tâche administrative »[364] ; la thèse en question le conduit à considérer comme des collaborateurs de l'Administration tous ceux qui font usage du service public de l'éducation, les destinataires des allocations de chômage et, enfin, ceux qui font usage des marchés d'intérêt général.

Bien que la thèse à laquelle est amené l'auteur, ne s'avère pas toujours tout à fait satisfaisante, ni conforme aux données du droit positif français qui –comme nous venons de le constater - reconnaît le caractère disciplinaire même aux relations des personnes qui sont contractuellement liées avec l'État ou une entreprise publique[365], elle démontre toutefois le lien étroit qui caractérise la relation existant entre l'État et les usagers d'un service public : cela - ne fût-ce que dans les cas admis par l'auteur en question - élargit l'organisation de l'État.
Duguit[366] et Hauriou[367], comme ils sont cités par Lefondré[368], se montrent plus favorables envers la thèse présentement soutenue : dans ces cas, ils parlent d'intégration des usagers dans le service public ; cette thèse est également adoptée de nos jours par Auby et Rivero.

« En venant la solliciter (la prestation) - écrit le deuxième[369]-, il se trouve donc soumis (l'usager) *ipso facto* à la loi par laquelle le service s'est organisé pour l'exécution de sa fin. Il n'y a pas, entre l'usager et le service, une hétéronomie telle que l'usager puisse demeurer hors de la loi intérieure. En réclamant sa prestation, il s'agrège, d'une certaine façon, à l'intériorité administrative et il se trouve pris dans les liens d'une intégration, qui a pour effet de le rendre sujet de la règle et du pouvoir intérieurs du service ».

---

364 *Ibid*, p. 257.
365 CE 23.3.1906 Chauvin (précité).
366 L. Duguit « De la situation juridique du particulier faisant usage des services publics » *in Mélanges Maurice Hauriou,* Sirey 1929, p. 253 et s.
367 M. Hauriou, note sur CE 23.3.1906 Dlle Chauvin, S. 1908.3. 17.
368 M. Lefondré, *Recherches sur les sanctions administratives et leur nature juridique*, *op.cit.*, p. 244.
369 J. Rivero, *Les mesures d'ordre intérieur administratives*, 1934, *op.cit.*, p. 261.

Tandis que pour le premier[370], « En demandant la prestation, l'usager accepte de se soumettre à la règle du service et d'encourir les sanctions dont cette règle est assortie. Pour reprendre encore des formules de M. Rivero, son assujettissement au pouvoir disciplinaire est le résultat d'une intégration, d'une incorporation, de degré variable, au service ». Or, en quoi consiste au fait cette incorporation ou intégration auxquelles se réfèrent les auteurs susmentionnés[371], sinon à la participation des usagers d'un service public à l'organisation - entendue au sens large du terme - de l'ensemble public, comme nous l'avons entendue et décrite dans la première partie du présent ouvrage?

Ainsi, quant au sujet présentement étudié, il devient évident que, pour la doctrine également, le phénomène disciplinaire est lié à l'organisation d'un ensemble public.

Conclusion:

À la fin de cette courte analyse, nous pouvons affirmer que le phénomène disciplinaire est également identifié - en ce qui concerne les usagers d'un service public qui s'avèrent en même temps assujettis à une relation disciplinaire - dans le cadre d'une organisation élargie de l'État ou d'une autre personne morale publique; dans le cadre en

---

[370] J. M. Auby, *Les sanctions administratives disciplinaires appliquées aux usagers volontaires des services publics*, *op.cit.*, p. 75.

[371] Voir également R. Carré de Malberg, *Confrontation de la théorie de la formation du droit par degrés avec les idées et les institutions consacrées par le droit positif français*, 1933, p. 123, tandis que nous devons mentionner la thèse de K. Kaiser *Erziehungsmassnahmen und Ordnungsmassnahmen. Rechtliche Sanktionen der Schuldisziplin in Schulpâdagogische Aspecte H.J. Ipfling, (Hrsg.) Disziplin ohne Zwang. Begrundung und Verwirklichung*, *op.cit.*, qui décrit fort caractéristiquement la manière dont influencent le fonctionnement d'un service public tous ceux qui font usage du service en question (en l'occurrence de l'éducation). « *Als Stôrungen des Schulbetriebs durch einen Schüler* - souligne l'auteur, p. 53 - *ist jede Verletzung seiner Verpflichtungen aus der Schulverhältnis anzusehen; die Verletzung der Verpflichtung, sich auf den Unterricht vorzubereiten und am Unterricht mitzuarbeiten, jedoch nur dann, wenn sie zugleich in einer die Aufgabe der Schule gefàhrdenden Weise auf Mitschüler wirkt, so dass die Schule im Interesse der Aufrechterhaltung ihrer Autorität ein permanent schlechtes Beispiel nicht mehr hinnehmen kann, oder wenn ein fauler Schüler seine Mitschüler aktiv negativ beeinflusst* ». Nous ne pensons pas que le rapport substantiel entre la fonction d'un ensemble public et les usagers de ces services pourrait être mieux résumé que dans cette phrase.

question, le phénomène disciplinaire trouve un second - et naturel - champ d'application[372].

B. Le phénomène disciplinaire dans le champ des relations existant entre les ensembles publics et les personnes physiques exerçant des activités sous régulation et contrôle.

L'évolution du droit positif dans le domaine ici étudié ne prend pas fin avec la reconnaissance du caractère disciplinaire des relations existant entre les ensembles publics et les personnes physiques qui sont les usagers des services de ces derniers.

Faisant encore un pas vers dans ce sens[373], ce dernier reconnaît le caractère disciplinaire des sanctions - et, par extension, des relations y afférentes - infligées à l'encontre des personnes qui, sans être des organes de l'État ou d'un autre ensemble public, exercent des activités soumises au contrôle de l'Administration en raison de l'importance particulière que celles-ci présentent pour la collectivité[374].

---

[372] Parallèlement, la thèse de Stassinopoulos que nous examinâmes dans la première partie de la présente étude (voir à ce propos p. 34 et s.) - à savoir que dans les cas présentement examinés l'emploi des termes de « discipline » et de « responsabilité disciplinaire » est abusif et que, en conséquence, il conviendrait d'employer les termes de « quasi peines disciplinaires » et de « peines disciplinaires abusives » - s'avère encore une fois contraire au droit positif [Voir à ce propos M. Stassinopoulos, *Le droit de défense devant les autorités administratives*, *op.cit.*, p. 142 et du même, M. Stassinopoulos, *Droit des actes administratifs,* 1951, *op.cit.*, p. 142 et s)]. Dans la mesure où il s'avère que la notion d'organisation constitue le fondement commun de la notion de discipline, il devient évident que nous devons intégrer dans une catégorie unique tous les cas de la manifestation du phénomène disciplinaire qui correspondent à cette donnée. Sinon, nous devrions cantonner la notion de participation à l'organisation - et, en conséquence, à la fonction d'un certain ensemble - exclusivement à l'activité de personnes physiques-organes et éventuellement même uniquement quand celle-ci est exercée sous un statut juridique bien déterminé ; or, cette thèse, non seulement est réfutée directement par le droit positif comme nous le constatâmes plus haut, mais elle est de surcroît contraire à la thèse adoptée par le législateur constitutionnel, comme nous aurons par la suite l'occasion de le constater (Voir à ce propos p. 209 et s.)

[373] Dans les pages qui précédèrent, nous eûmes déjà l'occasion d'évaluer l'importance d'une telle affirmation. Voir à ce propos *supra* p. 129 et s.

[374] À propos du contenu de la notion de « contrôle », qui n'est pas facilement identifiable lors d'une première approche, voir A. Demichel, *Le contrôle de l'État sur les organismes privés. Essai d'une théorie générale*, *op.cit.*, p. 3. En ce qui nous

Notre intérêt sera focalisé sur deux catégories.

La première est constituée des cas où l'exercice d'une certaine activité est régulé systématiquement par des règles de droit dont l'application est contrôlée par l'État lui-même ou par des organes agissant pour son compte (I).

La deuxième est constituée des cas où l'État ne se contente pas de soumettre une certaine activité - à ses yeux importante - de ses administrés à une régulation effective et au contrôle étatique. En effet, il confie le contrôle de l'activité en question aux intéressés eux-mêmes, les obligeant à adhérer à un certain type d'organisation, à travers laquelle est assuré, tant ledit contrôle que l'infliction de sanctions le cas échéant à l'encontre des personnes qui enfreignent leurs obligations légales, c'est-à-dire à l'encontre de celles qui n'accomplissent pas correctement leurs devoirs (II).

Comme il sera démontré par la suite, dans ces deux cas susmentionnés, le droit positif - à travers la reconnaissance du caractère disciplinaire des relations respectives - confirme pleinement les critères sur lesquels est fondé, selon notre analyse, le phénomène disciplinaire dans les cas examinés jusqu'ici (III).

I. Cas de professions soumises au contrôle de l'État.

a. Le phénomène

Selon le droit hellénique, les cas qui sont intégrés dans cette catégorie sont nombreux. Nous nous contenterons de fournir certains exemples caractéristiques.

---

concerne plus particulièrement dans le cadre de la présente étude, nous considérons comme activité réglementée et soumise au contrôle celle qui est effectuée selon certaines règles qui - si elles ne sont pas observées - entraînent l'infliction de sanctions qui sont spécialement instaurées pour ce cas précis.

1. Le cas des pharmacies et des laboratoires produisant des spécialités pharmaceutiques

Le premier des exemples susmentionnés coïncide avec l'institution par l'État de contrôles étendus sur la manière dont fonctionnent - entre autres - les pharmacies, les grossistes-répartiteurs et les laboratoires produisant des spécialités pharmaceutiques, diététiques ou cosmétiques[375].

Les contrôles du fonctionnement des « entreprises » susmentionnées sont effectués par le service d'inspection des pharmacies du Ministère de la Santé, de la Prévoyance et de la Sécurité sociale qui a - en vertu des dispositions de la loi[376]- le droit de surveiller la stricte application de la législation concernant les médicaments, les pharmacies, etc., ainsi que de celle des circulaires et instructions édictées en vertu de la législation en question.

Toujours en vertu de cette même loi (article 12), en cas de violation de la législation sur les médicaments, etc., sont infligées - sur arrêté du ministre de la Santé, de la Prévoyance et de la Sécurité sociale - et selon la gravité de l'infraction des peines disciplinaires (entre autres, le blâme et l'amende)[377].

En outre, en vertu de la législation en vigueur, des contrôles étendus sont effectués dans tout le circuit de la production, de la distribution et de la commercialisation des médicaments. Le circuit en question est soumis à un régime juridique particulièrement strict, et le contrôle de son application est confié à l'État ou à d'autres personnes morales publiques agissant à sa place[378].

---

[375] À propos d'autres catégories de bureaux ou de magasins auxquelles est étendu le contrôle en question, voir l'article 7 de la Loi de nécessité 1844/39 « De l'inspection des pharmacies ».

[376] Loi de nécessité 1844/39, *op.cit.*, article 7.

[377] Avec l'article 4, paragraphe 1, de la Loi de nécessité 972/46 « Loi complétant et modifiant certaines dispositions de la Loi "De la création et de l'inspection des pharmacies" », aux peines susmentionnées fut ajoutée celle de la fermeture provisoire de la pharmacie allant de 3 jours à 3 mois.

[378] Voir à ce propos le décret législatif 96/73 « De la commercialisation plus généralement des produits pharmaceutiques, cosmétiques et diététiques », comme il fut modifié par la Loi 1316/1983 « De la création, organisation et attributions de l'Organisme National des Médicaments (EOF), de l'Industrie Nationale du Médicament (EF) et du Dépôt étatique de médicaments (KF), ainsi que certaines autres dispositions modifiant et complétant la Législation du Médicament », ainsi que - plus généralement - les dispositions de la plus récente Loi 1316/1983, précitée, qui

Bien que dans la loi qui régit les cas en question, il n'y ait aucune mention à des infractions disciplinaires ou - respectivement - à des sanctions disciplinaires, la jurisprudence n'hésite pas à qualifier lesdites sanctions de disciplinaires, conférant de la sorte un caractère disciplinaire aux relations en question. L'arrêt CEH 280/36 (Ass) nous fournit sur ce point un exemple bien pertinent: « Vu que des dispositions en question[379] il résulte que le législateur, souhaitant sanctionner les violations de la loi sur les médicaments, instaura parallèlement, d'une part la peine principale infligée par le tribunal pénal et, de l'autre, la sanction administrative disciplinaire qui est infligée par le ministre de l'Hygiène ».

L'arrêt CEH 552/78 en est bien plus caractéristique : il se réfère aux dispositions de la Loi 1844/39 qui sont encore en vigueur, ainsi qu'aux fautes et aux sanctions qui y sont prévues, en parlant de « responsabilité disciplinaire » des responsables des pharmacies, qualifiant de « disciplinaires » les décisions infligeant les sanctions prévues par la loi, de « disciplinaire » la procédure d'infliction desdites sanctions, tout en se référant enfin au casier disciplinaire du pharmacien fautif.

Il faut néanmoins souligner que, dans certains cas, quand la jurisprudence se trouve devant des données sanctionnatrices du phénomène disciplinaire similaires à celles présentées ci-dessus, elle ne qualifie pas les sanctions en question de disciplinaires, mais de mesures administratives. Ainsi, quant au cas de la peine d'amende infligée en vertu de l'article 5 du décret du 6/11/1925[380], elle parle de «mesure administrative infligée et existant indépendamment des autres peines».

Toutefois, cette constatation n'est nullement en mesure d'influencer les conclusions auxquelles nous aboutîmes jusqu'ici. Car, si la jurisprudence se réfère sur ce point à des mesures administratives, c'est uniquement dans le but de distinguer les sanctions en question des autres données du domaine sanctionnateur et notamment des sanctions

---

soumettent la production, la distribution et la commercialisation des médicaments à une régulation restrictive et stricte et à un contrôle étendu de la part de l'État ou des personnes morales publiques qui sont ses organes (par exemple l' EOF).

[379] Il s'agissait de l'art. 26 de la Loi 5607/32 « De la codification et des dispositions complétant la législation sur le médicament » (aujourd'hui abrogée), qui instaurait des sanctions à l'encontre des grossistes-répartiteurs ayant enfreint les dispositions de la loi susmentionnée, et plus particulièrement celle interdisant aux grossistes-répartiteurs de vendre à des particuliers ; en d'autres termes, il s'agissait d'infractions relatives à celles citées plus haut.

[380] Décret législatif du 6/11/1925 « De l'inspection des pharmacies ».

pénales ; elle vise à appliquer le cas échéant un régime juridique différent et non à exclure ces données du champ du droit disciplinaire[381]. L'énoncé de l'arrêt CEH 536/51 (Ass) en est de ce point de vue caractéristique. Dans le cas des sanctions infligées en vertu de l'article 44, paragraphe 3 de la Loi 5607/32[382], la Cour administrative suprême affirme fort caractéristiquement que « Par ailleurs, l'infliction des peines administratives par l'Administration n'est pas contraire aux dispositions de la Constitution instaurant la séparation des pouvoirs, vu que ces peines ne visent pas à punir le contrevenant, mais à le contraindre à se conformer aux obligations qui lui sont imposées. Les peines en question constituent une mesure administrative qui peut, selon la jurisprudence, être prise à travers un acte administratif ».

Il convient de plus d'admettre qu'une conclusion contraire ne pourrait pas en être déduite, même pour les cas où le droit positif - en l'occurrence la jurisprudence - oppose les mesures administratives, non de manière générale aux données du champ sanctionnateur, mais - plus concrètement cette fois - à la notion de la peine disciplinaire. L'arrêt CEH 276/62 (Ass) en est de ce point de vue caractéristique : la fermeture d'un grossiste répartiteur sur arrêté du ministre de la Santé et de la Prévoyance, prévue par l'article 7 § 4 du décret 363/41 (précité) est qualifiée de mesure administrative et non de peine disciplinaire. « D'autre part, dit l'arrêt, il est vrai que le principe général du droit disciplinaire exige toujours une assignation en défense avant d'infliger une peine disciplinaire. Or, le principe en question ne peut pas être applicable en l'occurrence, vu que la sanction infligée avec l'arrêté attaqué ne constitue pas une peine disciplinaire, mais une mesure administrative ».

Car, en excluant dans ce cas le caractère disciplinaire d'une certaine sanction, la jurisprudence souhaite tout simplement mettre l'accent sur le fait qu'il ne s'agit pas en l'occurrence d'une manifestation typique du phénomène disciplinaire, lors de laquelle un comportement précis constitue la condition pour l'infliction d'une certaine sanction, comme cela se passe dans le champ des relations existant entre l'État et les fonctionnaires; on ne pourrait pas pour autant refuser le fait qu'il s'agit d'une manifestation du phénomène disciplinaire, bien que toutefois

---

[381] Voir à propos de cette attitude de la jurisprudence dans le domaine plus étendu des sanctions administratives S. Lytras, *La notion des amendes administratives et la conformité à la Constitution de leur infliction*, *op.cit.*, p. 77 et s.

[382] Loi 5607/1925 « De la codification de la législation du médicament et dispositions la complétant ».

celle-ci ait lieu dans un champ moins formel. En conséquence, s'il y a une chose qui est exclue dans le présent cas, ce n'est que l'intégration dans une relation disciplinaire formelle adoptant la forme décrite ci-dessus (une intégration qui est accompagnée certes de l'assujettissement de la relation à un régime juridique particulier) et non l'intégration des relations y afférentes dans le champ disciplinaire[383]. S'il en était ainsi, la jurisprudence n'aurait aucune raison de parler – comme elle le fait dans d'autres cas - de peines ou d'infractions disciplinaires, d'après ce que nous venons de constater[384].

---

[383] La conclusion de notre analyse nous démontre pourquoi l'arrêt CEH 276/62 (Ass.) ne mérite pas l'ironie avec laquelle il fut traité par M. Stassinopoulos, *Le droit de défense devant les autorités administratives*, *op.cit.*, p. 149, quand il écrit : « Nous qualifions cette motivation de "simpliste" - comme nous venons de le voir, l'arrêt concluait qu'une assignation en défense n'était pas exigée, vu qu'il s'agissait d'une mesure administrative et non d'une peine disciplinaire - en premier lieu parce que personne n'aurait naturellement pu imaginer que la sanction en question puisse constituer une peine "disciplinaire", même au sens le plus large que possible du terme (…) ».

[384] Il faut souligner sur ce point que, si la jurisprudence ne fait pas preuve de constance - vu qu'elle qualifie la même donnée sanctionnatrice, tantôt de mesures administratives et tantôt de sanctions (administratives) disciplinaires - cela est dû au fait que la qualification d'une donnée de disciplinaire n'entraîne aucun effet juridique (au-delà du champ de la relation disciplinaire formelle que nous examinâmes ci-dessus). Étant donc donné que l'essence du phénomène disciplinaire y est identifiée, la jurisprudence – en attribuant la qualification de « disciplinaire » à des données qui se trouvent en dehors du domaine de la relation disciplinaire formelle, d'autant plus que cela n'entraîne aucun « coût » - ne fait que preuve de constance et de conséquence (au regard des conclusions de l'analyse qui précéda) envers tout ce qui, selon l'analyse, constitue pour le droit positif l'essence du phénomène disciplinaire. Cette constance n'est pas abandonnée, quand elle parle dans le même champ de mesures administratives, car, de cette manière, elle considère tout simplement que ces données ou mesures sanctionnatrices se trouvent en dehors du champ des relations disciplinaires formelles. Ainsi, elle entend qu'elles se trouvent en dehors du champ de ces relations disciplinaires, dans le cadre desquelles existent une procédure particulière et des garanties pour la constatation de l'infraction et l'infliction de la peine disciplinaire. À propos de cette thèse « divergente » qu'adopte aujourd'hui la jurisprudence en envisageant des amendes ne relevant pas du champ d'une relation disciplinaire formelle, voir l'arrêt CEH 3496/1978 qui en est caractéristique. Enfin, pour clore cette note, nous jugeons utile de souligner – encore une fois - l'importance particulière qu'a pour notre étude l'identification des cas auxquels le droit positif reconnaît un caractère disciplinaire à des relations se trouvant dans le champ formel de la manifestation du phénomène disciplinaire. Et cela parce que nous avons alors une plus grande certitude que, avec l'instauration des sanctions disciplinaires, le

2. Le cas des propriétaires d'établissements d'enseignement privé

Le deuxième exemple coïncide avec la reconnaissance de la part du droit positif du caractère disciplinaire des relations existant entre, d'une part l'État et les propriétaires d'établissements d'enseignement privé et, de l'autre, entre l'État et les enseignants des établissements d'enseignement privé[385]; il considère également de disciplinaires les peines qui sont infligées par des organes étatiques aux propriétaires et aux enseignants des établissements d'enseignement privé[386]. Le législateur considère également de disciplinaire[387]la relation entre l'État et les propriétaires et les enseignants des établissements scolaires privés d'enseignement technique et professionnel, ainsi que les peines qui sont –le cas échéant- infligées dans le cadre de la relation en question.

3. Le cas des agences de voyages

Le troisième (et dernier) exemple concerne le contrôle exercé par l'État sur les agences de tourisme et les agences de voyages.

Ainsi, en vertu de l'article 2 du décret royal 17/30 mars 1939 « Du contrôle et de la surveillance des agences de tourisme et des agences de voyages », « Le contrôle est effectué par les organes compétents en vertu des dispositions de la loi ; il concerne le fonctionnement de l'agence au sens large du terme, ainsi que le déroulement régulier des activités touristiques (…) ».

Si lors du contrôle sont constatées les infractions prévues par l'article 6 paragraphe 1 de ce même décret, « si le ministre juge qu'une poursuite disciplinaire est justifiée, il émet une citation disciplinaire (…) ».

La relation directe entre le contrôle et le phénomène disciplinaire résulte clairement des données législatives susmentionnées.

---

législateur – aux interventions duquel est due l'instauration des relations disciplinaires - souhaita surtout conférer à certaines relations un caractère disciplinaire.

385 Voir l'article 41 de la Loi 682/1977 « Portant dispositions relatives aux Écoles Privées d'Enseignement général et aux Internats scolaires ».

386 Voir l'article 42 de la Loi 682/1977, précitée.

387 Voir les articles 1-3 du D.P. 13/4/11.1.1979, « Du droit disciplinaire des propriétaires et du personnel, au sens large du terme, des établissements scolaires privés d'enseignement technique et professionnel de tous les échelons de l'éducation ».

b. Le caractère disciplinaire de la relation

Dans les cas susmentionnés - et plus particulièrement lors de deux premiers - est plus ou moins instauré un droit disciplinaire organisé pour les catégories respectives d'activité ; il faut même souligner que, dans le deuxième cas, l'objet exclusif de la « loi » consiste en l'introduction du Droit Disciplinaire.

Dans ces cas, la jurisprudence suit fidèlement les prescriptions du législateur et parle clairement d'infractions disciplinaires, de conseils disciplinaires et de responsabilité disciplinaire.

Dans ce sens, l'arrêt CEH 3777/79 en est caractéristique : jugeant la légalité d'un arrêté du Conseil de Service Central du Personnel Enseignant de l'Enseignement Secondaire Technique et Professionnel, édicté en application des dispositions du décret présidentiel 13/1979 (article 9, paragraphe 2), il qualifie de disciplinaire la peine du retrait définitif de l'autorisation de création et de fonctionnement de toutes les classes d'une École Professionnelle et considère que le comportement des propriétaires de ladite École (le changement de professeur sans que l'Inspection de l'Académie compétente en soit informée, ainsi que les modifications ou les radiations intervenues dans les registres des absences) « constituent le non accomplissement des obligations imposées aux propriétaires d'écoles de ce type par la législation en vigueur et, donc, des infractions disciplinaires à celle-ci, pouvant encourir, entre autres, la peine disciplinaire du retrait temporaire ou définitif de l'autorisation de création et de fonctionnement de l'ensemble ou d'une partie de l'école; cette peine est infligée par le Conseil Disciplinaire compétent ».

Quelle est donc la conclusion qui résulte de cette courte analyse ?

Nous croyons qu'elle pourrait être facilement résumée comme il suit :

Dans les cas que nous examinâmes - auxquels pourraient encore être ajoutés de nombreux cas[388]- le droit positif reconnaît un caractère

---

[388] Dans la catégorie présentement examinée pourraient par exemple être également intégrés les cas suivants : - les activités des agents de change et des courtiers visées par les dispositions de la législation boursière (voir à ce propos la Loi 3632/28 « Des valeurs boursières », article 30 et s. et le décret législatif 3078/54 « De la modification et des dispositions complétant les dispositions concernant la Bourse des Valeurs

disciplinaire aux relations existant entre l'État ou d'autres ensembles publics organisés et les personnes dont les activités sont contrôlées par ces derniers. Comme le démontre l'analyse, il en est de même dans le cas où l'État ou d'autres personnes morales publiques agissant à sa place ne se contentent pas de contrôler eux-mêmes une activité, mais confient le contrôle en question aux intéressés qui sont organisés en des personnes morales publiques constituées dans ce but.

II. Cas de professions autocontrôlées

a. Le phénomène

Dans le cadre de l'ordre juridique hellénique, le droit positif confie souvent le contrôle d'une certaine activité, dont l'exercice est jugé particulièrement important pour la collectivité, aux intéressés eux-mêmes et non pas à des organes de l'État.

Cela se passe par exemple dans notre pays dans les cas des personnes exerçant des professions libérales (avocats, pharmaciens, etc.). En vertu des dispositions de la loi, les personnes en question sont organisées en personnes morales publiques de nature corporative[389] (Ordres des Pharmaciens, Barreaux, etc.), qui contrôlent et vérifient si leurs

---

Mobilières », article 2. - Les activités des chauffeurs ou des propriétaires des taxis, visées par les dispositions du décret présidentiel 243/10.24.6.87, articles 7, 8, 21 pour les taxis domiciliés à Athènes et du Pirée et du décret présidentiel 244/10.24.6.87, articles 7, 8, 21 pour les taxis domiciliés à toute autre région du pays à l'exception celle d'Athènes et du Pirée. - Les activités des personnes se livrant au commerce d'exportation, visées par les dispositions du décret législatif 3999/59 « Du contrôle du commerce d'exportation et certaines autres dispositions », - Les activités des commissionnaires en douane visées par les dispositions de la Loi 718/77 « Des commissionnaires en douane », article 18 et s. Enfin, pour nous contenter de ces exemples seulement, les activités des commissaires aux comptes visées par les dispositions du décret 3329/55 « De la constitution du Commissariat aux Comptes », article 6.

[389] Il faut néanmoins souligner que dans notre pays ces personnes morales ne sont pas seulement constituées de personnes exerçant une certaine activité professionnelle, comme on pourrait penser à première vue. Ainsi, selon le droit positif hellénique, il existe des personnes morales publiques constituées de militaires à la retraite, c'est-à-dire de personnes n'exerçant plus de profession pendant cette période de leur vie. Voir à ce propos E. Spiliotopoulos, *Manuel de droit administratif*, *op.cit.*, *op.cit.*, par. 339. 340.Voir également la note juste après.

membres observent lors de l'exercice de leur profession le comportement requis par la loi.

Plus particulièrement, ces personnes morales sont principalement régies par le droit public, appartenant à la catégorie des personnes morales de droit public[390] et, parallèlement, ils servent également les intérêts professionnels de leurs membres, vu que dans les cas présentés ci-dessus il n'existe pas d'autres associations professionnelles à travers lesquelles les professionnels qui en seraient membres pourraient défendre légalement leurs intérêts. La question qui naît ici est la suivante : étant donné que les personnes morales susmentionnées exercent le contrôle de l'activité de leurs membres qui leur est confié par la loi et leur infligent le cas échéant des sanctions quand ils ne font pas preuve du comportement qui est exigé de leur part, agissent-elles dans le cadre de relations auxquelles notre positif confère un caractère disciplinaire ?

Comme il résulte de l'analyse de notre droit positif, la réponse à cette question doit être affirmative.

b. Le caractère disciplinaire de la relation

En principe, lors de la première approche du droit positif, le caractère disciplinaire des sanctions qui sont infligées dans le cadre de la relation existant entre les membres d'une personne morale en question - donc, par extension, le caractère disciplinaire de la relation -

---

[390] À propos de la notion de personne morale de droit public, voir, à titre indicatif, E. Spiliotopoulos, *Manuel de droit administratif*, *op.cit.*, par. 336 et s. et les auteurs qui y sont cités. À propos de la notion des Ordres, pour une première approche, voir dans la doctrine non hellénique, A. De Laubadère, *Traité élémentaire de droit administratif*, Tome I, *op.cit.*, p. 603 et s., E. Forsthoff, *Verwaltungsrecht*, *op.cit.*, p. 485 et s., W. Rudolf, *Verwaltungsorganisation*, *in Allgemeines Verwaltungsrecht, Hrsg, von Erichsen* H.U. *et M. Martens*, 7e Aufl. 1985, p. 572 et s. ; pour plus de précisions, voir J. Berton, *Les ordres professionnels*, Thèse Paris 1951, J. Savatier, *Étude juridique de la profession libérale*, Thèse Poitiers 1946, M. Bazex, *Corporatisme et droit administratif*, Thèse Toulouse 1967, G.Liet-Veaux, « Les ordres professionnels », *Jurisclasseur administratif*, fasc. 145 et 146, A. Heilbronner, *Le pouvoir professionnel*, EDCE 1952, p. 33 et s., O. Henggeler, *Das Disziplinarrecht der freiberuflichen Rechtsanwälte und Medizinalpersonen*, *op.cit.*, M. Hartmer, *Disziplinarrecht der freien Berufe*, *op.cit.*, E. Forsthoff, *Die öffentliche Körperschaft im Bundesstaat*, 1931, H. Lynker, *Die Rechtsgrundlagen der öffentlichen Körperschaft im heutigen Verwaltungsrecht*, Diss. Bonn 1960.

et qui sont dues à la manière dont les membres exercent leurs devoirs, chose qui intéresse particulièrement l'État, résulte de l'œuvre du législateur.

Ainsi, en vertu de l'article 62 de la Loi 3601/28 (précitée), tout pharmacien est tenu d'exercer consciencieusement sa profession, de se conformer aux lois en vigueur et de se montrer digne de l'estime qu'exige l'exercice de sa profession, tant lors de l'exercice de ladite profession que dans toutes ses autres relations. Or, selon ce même article, tout manquement à ses obligations « entraîne l'infliction de sanctions disciplinaires au pharmacien ». Selon l'article 64, paragraphe 1, du Code des avocats[391], il en est de même quant au manquement de la part des avocats aux obligations et aux devoirs qui leur sont imposés par les dispositions dudit Code, par le règlement intérieur de leur Barreau ou par une décision de son Conseil d'Administration : « le manquement en question constitue une faute disciplinaire jugée et punie par le Conseil Disciplinaire du Barreau, en vertu des dispositions en vigueur, avec l'infliction d'une peine disciplinaire, indépendamment de toute autre responsabilité pénale ou de toute autre conséquence prévues par les lois en vigueur »[392]. Il faut également souligner le paragraphe 2 de ce même article, en vertu duquel les avocats assurant la prestation de leurs services à des personnes morales sont exclusivement soumis au pouvoir disciplinaire de leur Barreau respectif : cette disposition met l'accent sur le fait que l'avocat « dépend» uniquement de son Barreau.

De ces exemples peu nombreux que nous pourrions multiplier, vu que les professions libérales sont constituées en personnes morales de nature corporative, il devient évident que - d'après la thèse adoptée par le législateur - la relation existant entre celles-ci et leurs membres exerçant des professions libérales a un caractère disciplinaire. Le caractère disciplinaire de la relation en question est identifié et adopté sans réserve par la jurisprudence et par la doctrine.

Les décisions des tribunaux qui confirment le caractère disciplinaire de la relation existant entre ces personnes morales publiques et leurs membres, sont nombreuses et s'étendent à tous les cas susmentionnés où les professionnels exerçant des professions libérales y sont regroupés par la loi. En conséquence, force est de nous contenter sur ce point de certains exemples seulement.

---

[391] Décret législatif 3026/54 "Du Code des avocats".

[392] Déjà, en vertu de l'article 1 du Code des avocats, les avocats sont considérés comme des fonctionnaires non rémunérés, soumis à un pouvoir disciplinaire en vertu des dispositions de ce même Code.

L'arrêt CEH 25/1986 en est caractéristique de ce point de vue : il devait juger la légalité d'une décision du conseil disciplinaire de l'Ordre des Pharmaciens de l'Attique, avec laquelle avait été infligée à la requérante la peine disciplinaire de l'amende de 9.000 drachmes pour le motif que - en enfreignant les articles 1 et 42 du Code de déontologie des Pharmaciens - elle ne s'était pas conformée à une décision de l'Ordre des Pharmaciens d'Athènes et n'avait pas fermé sa pharmacie le 11.2.80 qui avait été déclaré « journée de grève ». La Cour, analysant dans son arrêt le régime instauré par la Loi 3601/28[393], parle de conseils disciplinaires constitués au sein de chaque Ordre des Pharmaciens, du Conseil Disciplinaire Suprême, qui juge les appels interjetés contre les décisions des conseils disciplinaires susmentionnés, des peines disciplinaires infligées par ces conseils, etc.

Faisant même un pas de plus au-delà de la description formelle des données disciplinaires rencontrées ci-dessus, résultant du texte de la Loi 3601/28, l'arrêt entre également dans l'essence du phénomène disciplinaire, vu qu'il identifie et qu'il souligne les obligations particulières instaurées par la loi pour les pharmaciens lorsque ceux-ci exercent leur profession; tout manquement aux dites obligations constitue une faute disciplinaire encourant des peines disciplinaires.

C'est précisément sur cette base qu'il annula la peine qui fut infligée à la requérante, jugeant que la décision de l'assemblée générale de l'Ordre des Pharmaciens n'était pas obligatoire pour la pharmacienne, vu que le « manquement » qui lui était reproché ne constituait pas dans son cas une faute disciplinaire. Comme il est mentionné dans ledit arrêt - après que la Cour eût reconnu que le pharmacien n'est pas tenu d'appliquer des décisions concernant sa liberté professionnelle, vu qu'il exerce une profession libérale - « ne constitue pas de faute disciplinaire le refus du pharmacien de se conformer aux décisions de l'Ordre des Pharmaciens auquel il est affilié, portant sur l'obligation de s'abstenir de son travail ».

Les arrêts concernant les organes d'infliction des peines disciplinaires - et plus particulièrement les Conseils Disciplinaires Suprêmes - en sont aussi caractéristiques, bien qu'ils n'entrent pas toujours dans l'essence du phénomène disciplinaire.

Ainsi, selon l'arrêt CEH 3884/81, le Conseil Disciplinaire Suprême des Avocats - vu qu'il exerce une attribution d'ordre administratif liée

---

[393] Précitée.

étroitement avec la bonne marche de la justice[394]- est intégré au sein de l'organisation judiciaire de l'État et non pas dans son organisation administrative; il conserve ce caractère même quand il exerce son pouvoir disciplinaire sur les avocats stagiaires. D'après cette conception de la Cour, le lien du Conseil Disciplinaire Suprême des Avocats avec le phénomène disciplinaire devient évident, vu que le Conseil en question exerce des fonctions disciplinaires : il constate des fautes disciplinaires et inflige des peines disciplinaires[395] ou il juge en appel les décisions prises par les Conseils Disciplinaires des Avocats[396]. Dans un domaine très proche, l'arrêt CEH 3699/1986 (Ass) traite cette fois de la question des Conseils Disciplinaires des Ordres des Médecins et du Conseil Disciplinaire Suprême des Médecins. Ainsi, dans le présent cas, nous avons encore une fois -de façon indirecte- la confirmation de l'existence du phénomène disciplinaire dans le champ des relations existant entre les Ordres des Médecins et les médecins qui y adhérèrent. En conséquence, tout ce qui fut mentionné plus haut est également valable dans le cas présent et il ne faudrait donc plus insister sur ce point.

En guise de conclusion, pour la jurisprudence[397], le phénomène disciplinaire est clairement identifié dans le champ des relations existant entre les personnes morales publiques en question et leurs membres, ce qui est par ailleurs naturel, vu que les tribunaux appliquent des dispositions instaurant sans réserve des relations disciplinaires dans ce domaine, même si celles-ci prennent la forme de la prévision de sanctions disciplinaires infligées à l'encontre de personnes ayant commis des fautes disciplinaires avérées.

La doctrine adopte à son tour la théorie susmentionnée. Certes, si nous admettons la thèse de Stassinopoulos, il faudra admettre que, lors

---

[394] Bien qu'étroitement liée à la bonne marche d'un service public, l'infliction de peines disciplinaires n'appartient pas en principe à la responsabilité du pouvoir exécutif. En tant que partie du phénomène sanctionnateur, elle appartient en principe à la responsabilité du pouvoir judiciaire : si toutefois les peines sont infligées par des organes administratifs, cela est dû à la faveur d'une exception explicitement formulée dans la Constitution. Voir à ce propos S. Lytras, *La notion des amendes administratives et la conformité à la Constitution de leur infliction*, *op.cit.*, p. 407 et s. Sur la base des réflexions en question, il est évident que nous ne pouvons pas approuver l'énoncé de l'arrêt susmentionné du CEH.

[395] Décret législatif 3026/54 précité, article 66, paragraphe 3.

[396] Décret législatif 3026/54, précité, article 77.

[397] Voir également à ce propos CEH 25/86.

des cas examinés ci-dessus- le phénomène disciplinaire n'a pas la moindre place. « Vu que, comme l'affirme Stassinopoulos, l'État considère l'exercice des professions en question comme une fonction[398], le comportement plus général de ces personnes et, plus particulièrement, leur comportement qui concerne l'exercice de leur métier, relève d'un contrôle particulièrement strict de la part des autorités administratives. Le pouvoir exercé sur le comportement en question est - dans le présent cas, comme dans plusieurs autres - qualifié à tort de "disciplinaire"». Or, cette thèse ne peut pas être admise et elle ne l'est pas d'ailleurs par la doctrine. Ainsi, en plus de Spiliotopoulos, dont la prise de position indirecte sur l'essence du phénomène disciplinaire fut présentée dans les pages qui précédèrent[399], nous pouvons affirmer sans réserve que la doctrine hellénique adopte la thèse du droit positif; il en est de même quant aux doctrines française et allemande dans leur ensemble. En effet, tant la première[400] que la seconde[401] identifient sans réserve le phénomène disciplinaire dans le champ des relations existant entre les Ordres et leurs membres, sans même s'étonner nullement de leur constatation. Ainsi, A. de Laubadère[402] constate avec une grande aisance que « La troisième attribution fondamentale des ordres consiste pour eux à prononcer des sanctions disciplinaires contre ceux de leurs membres qui ont commis des fautes professionnelles » ; cette constatation ne provoque la moindre réaction; par ailleurs, la même constatation, venant de Rivero[403], n'en provoque aucune non plus.

---

398 M. Stassinopoulos, *Le droit de défense devant les autorités administratives*, *op.cit.*, p. 146.

399 *Supra* p. 65.

400 Voir, entre autres, A. De Laubadère, *Traité élémentaire de droit administratif*, Tome I, *op.cit.*, p. 610 et s., J. Rivero, *Droit Administratif*, Dalloz Précis, 4e éd. 1970, p. 440 et s., G. Vedel, *Droit Administratif*, Coll. Thémis, 4a éd., 1968 p. 658. Voir également de la jurisprudence suisse (romane) B. Knapp, *Précis de droit administratif*, 2e éd. 1982, p. 207.

401 Voir, entre autres, M. Hartmer, *Disziplinarrecht der freien Berufe*, *op.cit.*, p. 1 et – plus particulièrement- p. 10, O. Henggeler, *Das Disziplinarrecht der freiberuflichen Rechtsanwälte und Medizinalpersonen*, *op.cit.*, p. 3 et s.

402 A. De Laubadère, *Traité élémentaire de droit administratif*, Tome I, *op. cit.* p. 610.

403 J. Rivero, *Droit Administratif*, *op.cit.*, p. 440.

Conclusion :

La doctrine, tant dans notre pays qu'ailleurs, en adoptant sur ce point la thèse du droit positif, admet presque dans son ensemble la manifestation du phénomène disciplinaire dans le champ des relations existant entre les personnes morales publiques en question et les professionnels qui en sont leurs membres.

Cette constatation nous permet sur ce point de nous interroger si le droit positif - qui instaure le phénomène disciplinaire dans le champ des relations susmentionnées et présentement examinées - se fonde sur les mêmes données que nous identifiâmes dans la première partie de la présente recherche en tant que données fondant la notion de discipline d'après le droit positif.

III. Le fondement

Comme il résulte de l'analyse du droit positif, les cas des personnes présentement examinés ne peuvent pas être intégrés dans aucune des catégories examinées jusqu'ici et de surcroît elles participent parallèlement à l'organisation de l'État ou d'un autre ensemble public. Tout d'abord, nous pouvons constater facilement et tout de suite que les personnes en question ne constituent pas des organes de l'État au sens strict du terme. De plus, dans le présent cas, il s'agit des personnes agissant uniquement pour leur compte, vu que leur action ne pourrait aucunement être imputée à l'État ; tout simplement, aux yeux du législateur, en raison de leur importance pour la collectivité, leur activité est soumise à la régulation et au contrôle de l'État. Et même s'ils sont qualifiés le cas échéant de fonctionnaires non rémunérés, comme nous eûmes l'occasion de le constater plus haut dans le cas des avocats, cette qualification s'avère sans aucune importance du point de vue dont nous examinons les choses. Tout simplement, la qualification en question vise à souligner l'importance « sociale » particulière de l'activité exercée par lesdites personnes.

De plus, de la part des personnes en question que nous venons d'examiner, il n'y a non plus aucun usage d'un service public du genre que nous vînmes plus haut ; en conséquence, il n'en résulte non plus aucune participation de ces personnes à l'organisation et à la fonction de l'État.

La question qui se pose donc sur ce point peut être résumée de la manière suivante : en reconnaissant un caractère disciplinaire aux relations des personnes susmentionnées avec les ensembles publics respectifs, le droit positif divergerait-il des critères qu'il paraissait jusqu'ici adopter ? Cette question se pose inexorablement, étant donné que - à première vue du moins - la participation desdites personnes à l'organisation et - par extension - à la fonction de l'État et des autres ensembles publics n'est pas visible au tout premier abord.

Comme il résulte de l'analyse, dans les deux cas qui constituent l'unité principale présentement examinée, le phénomène disciplinaire est fondé sur la participation des personnes assujetties à la relation disciplinaire à l'organisation et - par extension - au fonctionnement d'un ensemble public.

L'insistance et la focalisation du droit positif sur le critère qu'il s'avère qu'il adopte, est en premier lieu « vérifiable » dans le cas où le phénomène disciplinaire est identifié dans les relations des personnes physiques dont l'activité est contrôlée directement par l'État, sans l'intervention de personnes morales publiques auxquelles sont organisées professionnellement les personnes physiques en question (a). Néanmoins, dans un deuxième temps, elle s'avère vérifiable même dans ce dernier cas (b).

a. Le cas des professions contrôlées

Le lien d'une personne dont l'activité est tout simplement contrôlée par l'État[404] avec l'organisation de l'ensemble public paraît en principe problématique.

---

[404] Avec le terme d'État nous entendons naturellement également tout autre ensemble public, au-delà de ceux qui sont constitués pour exercer un contrôle sur les professionnels qui y sont affiliés (nous parlerons de ces ensembles dans le paragraphe b qui suit). Un exemple pertinent d'exercice de contrôle de la part des ensembles publics - autres que l'État - nous est fourni par la récente loi 1316/83, précitée, en vertu de laquelle sont transférés à l'Organisme National des Médicaments (EOF) les pouvoirs de contrôle de l'État (ceux de l'actuel Ministère de la Santé, de la Prévoyance et de la Sécurité sociale) sur le circuit de la production, de la distribution et de la commercialisation des spécialités pharmaceutiques ou connexes. Voir plus particulièrement l'article 3 de la loi précitée, avec lequel furent considérablement

En effet, les cas de l'intervention de l'État dans les activités des particuliers sont tellement nombreux[405] qu'il serait presque déraisonnable d'affirmer ici que l'instauration de procédures pareilles conduit assurément à l'élargissement de l'organisation étatique, même si nous entendons le terme en question de la manière la plus large que possible.

Néanmoins, la thèse que dans le cas examiné le phénomène disciplinaire est fondé sur l'élargissement de l'organisation de l'ensemble public qui est l'État demeure valable. Cela est dû au fait que, dans le présent cas, l'État ne se borne pas à soumettre à un certain contrôle les activités de certaines personnes, se contentant de relier le manquement aux ordres qu'il édicte, avec la procédure habituelle du déclenchement de la réaction sanctionnatrice[406]. De plus, il intègre le contrôle exercé dans une procédure visant à assurer le développement approprié et souhaité de l'activité en question ; cette procédure comprend la sanction de toute désobéissance à travers une gamme de sanctions qui sont instaurées de manière à assurer l'accomplissement dudit objectif. Or, agissant ainsi, le droit positif intègre les personnes

---

élargies les attributions du Laboratoire de l'État pour le Contrôle des Médicaments (KEEF): en vertu de la loi précitée, EOF s'est substitué aux droits et aux obligations de la personne morale en question.

[405] En plus des cas déjà examinés (entre autres, le contrôle des activités des secteurs du médicament, de l'enseignement privé, du commerce d'exportation), nous mentionnons à titre indicatif : le contrôle par les services de l'État du fonctionnement des emplacements de camping organisés en vertu des dispositions de la Loi 392/76 « De la création et du fonctionnement des emplacements de camping organisé (campings) et autres dispositions », des Agences de Tourisme en vertu des dispositions de la Loi 393/76 « De la création et du fonctionnement des Agences de Tourisme» et, enfin, de l'exploitation des carrières en vertu des dispositions de la Loi 669/1977 « De l'exploitation des carrières ».

[406] Nous nous référons sur ce point à des réactions du type: toute violation d'une disposition administrative est punissable. Un exemple caractéristique d'une telle réaction constitue l'article 458 du Code pénal, selon lequel « Toute personne violant délibérément une disposition impérative ou prohibitive des lois administratives est passible d'une peine de prison jusqu'à 6 mois ou d'une amende ou de l'infliction de deux peines susmentionnées, pourvu que la disposition spécifique fasse mention à la sanction pénale de la violation prévue dans le présent article ». Il est clair que dans les cas susmentionnés, l'ordre juridique menace de sanctionner un certain comportement, sans pour autant prendre des mesures particulières pour promouvoir l'activité qui serait compatible avec ses objectifs plus généraux. Dans ce cas, il est plus qu'évident que nous ne pouvons pas parler d'élargissement de l'organisation de la personne morale publique qui est l'État.

susmentionnées dans l'appareil – au sens large[407] - de l'État et assure, via cette « orientation » de leur activité, un certain bénéfice en faveur de la collectivité. Sinon, le bénéfice en question ne pourrait être assuré que si l'État lui-même exerçait l'activité en question, ce que pour plusieurs raisons il ne souhaite pas faire[408]. Cette thèse résulte aisément de la jurisprudence (1) et est fréquemment adoptée par la doctrine (2).

1. La jurisprudence

Cette thèse est exprimée de manière exemplaire par l'arrêt CEH 1725/1977 (Ass), dans lequel nous pouvons lire : « avec les dispositions susmentionnées (décret législatif 3999/59 « Du contrôle du commerce d'exportation ») est instauré un système intégré de contrôle des personnes s'adonnant au commerce d'exportation ; en vue de promouvoir l'intérêt général, le système en question vise à assurer la bonne marche des exportations dans le cadre élaboré par la loi, via l'instauration d'une procédure administrative particulière, dans le but de contrôler les personnes qui procèdent à des exportations, de constater les infractions éventuelles et d'infliger les sanctions administratives prévues. Ainsi, vu l'objectif visé par l'exercice du contrôle en question et par la procédure prévue pour l'infliction des peines susmentionnées qui sont qualifiées par la loi de «disciplinaires», les décisions rendues selon la procédure en question constituent des actes administratifs exécutoires, valablement attaqués par recours pour excès de pouvoir auprès du Conseil d'État (…) ». Cette thèse est exprimée de manière aussi exemplaire dans une série d'arrêts du CE hellénique, relatifs au fonctionnement, soit des agences de voyages CEH 1693/74 (Ass)[409], soit des pharmacies ou, plus généralement, relatifs à l'application de la législation pharmaceutique CEH 551/78[410].

---

[407] Quant au fait que les personnes sujettes au contrôle ne deviennent pas des organes directs de l'État, voir S. Lytras, *Agents et organes administratifs*, *op.cit.*, p. 206, note 68.

[408] Entre autres, impossibilité d'assumer le financement d'une masse salariale aussi élevée, souhait de ne pas entraver l'initiative privée, etc.

[409] Nous sommes de l'avis que - bien qu'il ne se réfère pas formellement à des données disciplinaires - l'arrêt CEH 1693/74 doit être intégré dans cette catégorie.

[410] Voir également l'arrêt récent CEH 4845/84 (Ass), dans lequel la Cour administrative suprême souligne l'importance particulière et considérable de la contribution des particuliers à la bonne marche du commerce d'exportation, bien que - en contradiction manifeste avec cette constatation - elle refuse à des données

Également, l'activité des particuliers - dans l'exemple précédent, celle concernant la bonne marche du commerce d'exportation - fait partie d'une fonction élargie de l'État (au sens que nous donnâmes plus haut à ce terme), de manière que le fait que les particuliers se conforment à une procédure prévue par la loi, les conduit à se conformer à des règles garantissant la bonne marche de l'ensemble public, conférant ainsi d'après notre analyse à ce processus un caractère disciplinaire.

La conclusion susmentionnée nous est - entre autres - imposée par l'énoncé de l'arrêt CEH 3770/74 dans lequel nous pouvons lire ce qui suit : « (…) Avec l'ensemble des dispositions susmentionnées (il s'agit de celles de la Loi 3632/28 "De la Bourse des valeurs mobilières" établissant le statut et le régime juridique des agents de change) est instauré un système disciplinaire entier pour le contrôle du comportement général de l'agent de change lors de l'exercice de sa fonction publique; la nécessité dudit contrôle est dictée par le grand intérêt que présente pour la collectivité l'application à la lettre des dispositions concernant la Bourse des valeurs mobilières ; à travers les dispositions en question est recherchée la sécurité des opérations boursières et la promotion de la confiance en la Bourse, afin de servir les intérêts de l'économie nationale (…) ».

Il s'agit d'un arrêt qui illustre de la manière la plus caractéristique - à notre avis du moins - la réalité juridique dans le domaine étudié, vu qu'il donne un aperçu complet du fondement sur lequel repose l'instauration du phénomène disciplinaire dans l'espace public, à savoir la participation à l'organisation et au fonctionnement d'un ensemble public des personnes assujetties à la relation disciplinaire[411].

La jurisprudence française adopte la même logique dans le CE 17 mai 1957, Sieur et dame Schutz *Rec.* p. 317: le contrôle continu auquel les autorités fiscales soumettent les gérants de débits de tabac, est considéré par le Conseil d'État comme l'élément le plus important de leur statut public justifiant l'application des dispositions concernant l'indignité nationale : « Considérant - dit l'arrêt - que les gérants de débits de tabac sont agréés par le directeur des contributions indirectes, qu' ils peuvent être suspendus ou évincés par l' autorité administrative

---

manifestement disciplinaires le caractère sanctionnateur et - en même temps - disciplinaire.

[411] L'intégration des agents de change dans l'organisation de l'État au sens large du terme est soulignée par leur qualification d'officier ministériel par la loi (article 12 de la Loi 3632/28).

et qu'ils restent placés sous le contrôle permanent de l'administration des contributions indirectes au fonctionnement de laquelle ils participent ; qu' ainsi ils doivent être regardés comme occupant un emploi public au sens de l'article précité ; que dès lors les requérants ne sont pas fondés à soutenir que par la décision attaquée le ministre des Finances a fait une fausse application dudit article »[412].

La doctrine aboutit à la même conclusion.

2. La doctrine

Nous voudrions d'emblée mettre l'accent sur le fait que la particularité de la relation des catégories de personnes examinées ci-dessus avec l'État ou d'autres ensembles publics est constamment soulignée par la doctrine, et cela indépendamment de la thèse que celle-ci adopte sur l'élément qui fonde le phénomène disciplinaire.

Tout d'abord, la particularité de ce lien est relevée par tous ceux qui relient le phénomène disciplinaire à la notion d'institution. Ainsi, Mourgeon, abordant la question des sanctions infligées selon le droit français pour des violations de la législation économique, après avoir constaté que les personnes punies ne le sont pas « en tant que citoyens mais en tant que sujets d' une activité économique », il considère que les personnes en question sont soumises à une discipline « imposée par les institutions secondaires administratives quand elles interviennent dans les activités économiques afin d'englober les sujets de celles-ci pour autoritairement les associer à l' accomplissement des missions administratives à finalité économique »[413].

La particularité du lien en question est également identifiée par tous ceux qui relient la notion de discipline à la participation de certaines personnes à un service public, au sens fonctionnel du terme. Ainsi, pour

[412] À propos du caractère disciplinaire de la relation existant entre l'État et les gérants de débits de tabac, voir Heumann, Conclusions in CE 17 Mai 1957 Sieur et Dame Schutz, précitées, *RDP* 1959 p. 895 et s.

[413] J. Mourgeon, *La répression administrative*, *op.cit.*, p. 182.

Lefondré[414], « Dès lors que l'intervention administrative repose, en partie tout au moins sur des considérations de service public, l'exercice d'un véritable pouvoir disciplinaire devient possible et même normal. Assurant un service public et soumis aux obligations correspondantes, les bénéficiaires de l' autorisation de taxis deviennent des collaborateurs de l'Administration »[415].

Enfin, le lien en question est également identifié par tous les auteurs qui ne se sentent pas obligés d'expliquer le phénomène disciplinaire en recourant à des théories, par exemple celle du service public ou de l'institution, auxquelles nous venons de nous référer.

La démarche de S. Salon en est de ce point de vue caractéristique : il admet l'extension du phénomène disciplinaire en dehors du domaine des relations hiérarchiques, sur la base d'un lien spécifique existant entre l'État et les personnes assujetties à la relation disciplinaire. « L'autorité administrative, écrit-il[416], peut exercer son pouvoir répressif à l' encontre des individus qu'un lien particulier situe dans sa sphère d'influence. Il s'agit, notamment, des bénéficiaires des services publics, des participants à l'exécution d'un service public et des titulaires d'une autorisation ». Par la suite, en définissant la relation du phénomène disciplinaire avec ce dernier cas qui est lié à la question présentement étudiée, il affirme[417] : « Les personnes physiques ou

---

[414] M. Lefondré, *Recherches sur les sanctions administratives et leur nature juridique*, *op.cit.* p. 463.

[415] Voir également, dans Lefondré, *ibid*, p. 425, le point de vue du Commissaire du Gouvernement J. M. Galabert, (Conclusions dans l'arrêt Allegretto CE in *AJDA* 1967, p. 534 et s.). Ainsi, selon Galabert - du moins selon son point de vue, tel qu'il est rapporté par Lefondré - le système de la carte professionnelle dont doivent être munies les personnes assumant le travail du docker n'a pas un fondement social, mais économique. « Il s'agit, d'après Lefondré, de pourvoir les ports d'une main - d'œuvre qualifiée et suffisante pour assurer les opérations de chargement et déchargement ». Si tel est l'objectif final du service public, dit-il, rapportant toujours le point de vue de Galabert, « (...) il ne peut être atteint sans la participation des dockers professionnels qui, en définitive, assureront la réalisation de l'objectif poursuivi ». Voir également, dans le même sens, C. Colliard, *La sanction administrative*, *op.cit.*, p. 70 et plus particulièrement la note 207.

[416] S. Salon, *Délinquance et répression disciplinaires dans la fonction publique*, *op.cit.*, p. 32.

[417] S. Salon, *ibid*, p. 34. Éventuellement, les personnes faisant usage des installations des marchés nationaux pourraient être considérées comme des usagers d'un service public. Nous croyons néanmoins que, dans la mesure où les véritables bénéficiaires

morales qui ont obtenu l'autorisation de s'installer sur un marché d'intérêt national et auxquelles un emplacement a été concédé peuvent, aux termes de l'article 34 du décret du 25 août 1958, faire l'objet de sanctions disciplinaires pour infraction aux règles régissant le marché ».

Nous terminons ici notre présentation par deux prises de positions caractéristiques :

En premier lieu, celle de Viché pour qui le critère le plus sûr pour qu'une personne soit considérée ou pas comme agent public-organe public (et pour que - en conséquence - elle soit soumise à un régime disciplinaire) consiste en son autonomie envers l'Administration. « Lorsqu' un individu -écrit-il[418]- peut agir à sa guise, sous la seule réserve des obligations sanctionnées par la loi pénale, il n'est pas un agent public ; s'il est soumis à une discipline imposée par l'administration, alors c'est un agent public ». « Or » - il continue, en focalisant sur le domaine des personnes ayant une qualité et une activité professionnelles – « la législation professionnelle a attribué à un certain nombre d'autorités administratives un pouvoir disciplinaire sur les professionnels. Ceux-ci ne sont donc plus aussi indépendants qu'au XIXe siècle ; ils sont, dans une certaine mesure, assimilés aux fonctionnaires »[419].

En deuxième lieu, une prise de position de la doctrine allemande qui identifie sans réserve chez les personnes exerçant des activités économiques le caractère organisationnel de leur lien avec l'État. Ainsi,

---

d'un marché national sont les acheteurs et non les vendeurs, ces derniers peuvent ne pas être rangés parmi les usagers d'un service public et nous considérons qu'il s'agit du point de vue le mieux fondé.

[418] G. Viché, *La sanction professionnelle*, précité, p. 109.

[419] Bien que l'énoncé de cette thèse donne l'impression qu'elle devrait être rangée dans la présente catégorie, cette prise de position de Viché est rangée parmi celles qui relient la notion de phénomène disciplinaire - dans ces cas - avec celle de service public. Si toutefois nous clôturons notre étude avec l'analyse de cette prise de position de Viché, cela est dû au fait que nous considérons qu'elle rend compte de la meilleure manière de l'essence de tout ce qui découle du droit positif quant à la présente question.

Eb. Schmidt conclut que le contrôle étroit des activités économiques par l'Administration conduit au résultat suivant : « *die Tâtigen organisatorisch zusammengeschlossen und somit einheitlich gelenkt und beaufsichtigt werden* »[420]. Voir également à ce propos Varrentrapp Eb [421], ainsi que W. Leisner[422], qui se réfère même expressément au « *parastaatlichen Organisationen* » ou au « *parastaatlichen Bindungen* ».

En guise de conclusion, en instaurant les sanctions disciplinaires qui furent analysées plus haut, le droit positif se montre fidèle au critère qu'il adopta - comme nous l'analysâmes jusqu'ici -, en subordonnant la notion de discipline à l'organisation et, par extension, au fonctionnement d'un ensemble public[423]. Il en est de même quand l'activité de certaines personnes qui présente un intérêt particulier pour l'ordre juridique est contrôlée, non par l'État, mais par des personnes morales publiques que ce dernier crée dans ce but.

b. Le cas des professions autocontrôlées

Le seul fait que l'État institue des personnes morales publiques distinctes, auxquelles il confie le contrôle de l'activité professionnelle de certaines personnes physiques, en soumettant celles-ci à des sanctions disciplinaires au lieu d'exercer lui-même le contrôle en question, suffit à première vue pour renforcer l'impression que le phénomène disciplinaire coïncide dans le cas présent avec l'élargissement de l'organisation de l'État.

Et cela, car, si l'exercice de contrôle de la part de l'État peut conduire à l'élargissement en question selon les conclusions de l'analyse que

---

[420] E. Schmidt, *Strafrecht und Distziplinarrecht*, *op.cit.*, p.100, 101.

[421] E. Varrentrapp, *Zur Verfassungsmâssigkeit der Berufsgerichtsbarkeit der freien Berufe*, NJW 1971, p. 129,

[422] W. Leisner, *Ôffentliches Amt und Berufsfreiheit*, *op.cit.*, p. 164.

[423] Il est de la sorte encore une fois prouvé le mal fondé de la thèse soutenue par tous ceux qui insistent à placer des phénomènes pareils en dehors du domaine du phénomène disciplinaire. Voir à ce propos M. Stassinopoulos, *Le droit de défense devant les autorités administratives*, *op.cit.*, p. 137 et s., et - plus particulièrement - p. 142.

nous effectuâmes jusqu'ici, à la même conclusion conduit – *a fortiori* pourrions-nous affirmer - la constitution des professionnels concernés en des personnes morales publiques. Cela n'est pas tellement dû au fait que les personnes morales en question contrôlent les professionnels qui en sont membres (car l'État pourrait exercer ce contrôle directement), mais au fait que l'ordre juridique, en constituant les professionnels en question en des personnes morales publiques, met l'accent sur l'importance particulièrement grande de leur activité pour l'intérêt général et, en conséquence, sur leur relation étroite avec l'organisation de l'État[424].

Certes, on pourrait objecter sur ce point que la relation des personnes exerçant une profession libérale avec les personnes morales publiques, auxquelles elles sont inscrites, pourrait aisément être considérée comme appartenant dans le cadre du droit privé, en alléguant que les personnes morales en question servent en fait les intérêts étroitement professionnels de leurs membres ; dans ce cas, il paraît à première vue difficile de parler d'élargissement de la fonction et - en conséquence - de l'organisation de l'État.

Néanmoins, cette objection n'est pas fondée. Et cela, car, le fait que ces personnes morales publiques servent également les intérêts privés des professionnels qui en sont les membres, n'est pas en mesure de nuire à leur caractère public et, parallèlement, au caractère public de leur relation avec leurs membres ; le caractère en question leur est conféré par le fait qu'elles contrôlent l'activité de leurs membres pour des raisons d'intérêt général. Tout comme par ailleurs, d'après notre constatation, le caractère public de la relation existant entre l'État et les particuliers contrôlés ne fut nullement affecté par le fait que les activités exercées par ces derniers sont de nature purement privée, dans le sens qu'elles sont exclusivement imputées à eux.

---

[424] À propos du fait que, par contre, l'attribution à des autorités administratives étatiques du pouvoir d'infliction de sanctions à certains professionnels peut entraîner le renforcement du caractère disciplinaire de la mesure, voir M. de Juglart, « Les sanctions administratives dans la législation récente », précité. À propos du fait pourtant que, dans le cas échéant, il ne s'agit pas de faille à l'organisation de l'État, voir M. de Juglart, *ibid*, quand il souligne emphatiquement que *« La sanction administrative à caractère disciplinaire est l'expression de cette tendance profonde vers le renforcement de l'autorité de l'État, tendance qui entraîne une diminution très nette des garanties individuelles pour les particuliers et surtout pour les fonctionnaires ou les professionnels ».*

Étant données les observations précédentes, il devient évident que le cas des personnes en question ne diffère aucunement du cas des personnes dont l'activité est contrôlée directement par l'État (ou de celui des étudiants ou des élèves). Vu que, en effet, le comportement qui se conforme à certaines normes s'avère d'une importance déterminante pour la manière dont sont exercées certaines activités qui affectent directement le bon fonctionnement de la collectivité (par exemple rendre justice, assurer des soins médicaux, etc.), il devient évident qu'une des préoccupations principales de l'État consiste à s'assurer que les comportements en question ne divergeront pas de ces normes : ainsi, la poursuite dudit objectif devient une fonction secondaire de l'État[425]. Tout comme par ailleurs l'activité des personnes qui sont contrôlées directement par l'État constitue une fonction secondaire de celui-ci. Il faudra même que nous admettions sur ce point que la constitution par l'État de personnes morales publiques particulières auxquelles sont affiliés les professionnels concernés, renforce encore plus la notion de fonction « secondaire » de l'État, vu que le comportement avec lequel est élargie sa fonction est constitué du comportement des personnes affiliées, en fin de compte, à une personne morale publique.

Cette thèse principale résulte de l'analyse du droit positif (1) et elle est parallèlement adoptée sans réserve par la doctrine (2).

1. Le droit positif

En premier lieu, il convient de réfuter la thèse que l'affiliation des professionnels-membres de personnes morales publiques susmentionnées et leur participation à leurs activités constituent également une participation à l'exercice d'un service public ou même un usage de service public, conférant de la sorte un caractère organique à leur lien avec l'État.

À première vue, cette thèse pourrait paraître fondée, vu qu'une personne morale, dont s'agit ici, exerce toujours - par définition, en tant que personne morale publique - une activité publique tandis que, parallèlement, le contrôle qu'elle exerce sur l'activité de ses membres constitue indubitablement un service public au sens substantiel du

[425] Certes, directement liée à un élargissement de son organisation, d'après tout ce qui résulta de notre analyse jusqu'ici.

terme. Selon le Conseil d'État[426], « Vu que la surveillance du métier du pharmacien qui est confiée - en vertu de l'article 62 de la loi- aux Ordres des Pharmaciens constitue une question concernant grandement la santé publique, l'infliction de sanctions disciplinaires à l'encontre de ceux qui exercent ledit métier sans se conformer à leurs obligations professionnelles et déontologiques et à la législation en vigueur, constitue également - et manifestement - l'exercice d'une fonction administrative confiée à ces organismes qui furent précisément constitués dans ce but »[427].

Toutefois, cette thèse qui conduit - comme il est évident, vu notre analyse jusqu'à présent[428]- directement au fondement du phénomène disciplinaire (dans ce domaine également), ainsi qu'à l'élargissement de l'organisation - et donc de la fonction - de l'État, ne peut pas être admise.

Car, d'après les données du droit positif, le seul service public (au sens substantiel du terme) qui est exercé par ces personnes morales publiques, consiste en la surveillance de leurs membres exerçant une profession libérale, ainsi qu'en leur organisation[429]. Pour cette raison, les seuls organes exerçant ce service public, tout en étant des organes publics, ce sont exclusivement les organes qui assurent la discipline des professionnels respectifs ; par contre, ne le sont pas les membres de la personne morale publique intéressée dont le comportement est contrôlé par lesdits organes. De surcroît, ces derniers - contrairement aux élèves ou aux étudiants - ne pourraient pas être considérés comme des usagers d'un service public pour la même bonne et simple raison que dans le présent cas le service public consiste exclusivement au contrôle de leur comportement, qui concerne en principe leurs relations avec les personnes auxquelles ils fournissent leurs services[430]. S'il y avait des personnes qui pourraient éventuellement être considérées

---

[426] CEH 1077/38 (Ass), jugeant l'infliction de peines disciplinaires à des pharmaciens, en vertu des dispositions de la Loi 3601/28 (précitée).

[427] Voir également à ce propos, du point de vue de la doctrine, A. De Laubadère, *Traité élémentaire de droit administratif*, Tome I, *op.cit.* p. 599.

[428] Voir à ce propos *supra* p. 176 et s.

[429] Voir à ce propos A. De Laubadère, *Traité élémentaire de droit administratif*, Tome I, *op.cit.* p. 611 : il parle de « service public de discipline professionnelle ». Voir également M. Lefondré, *Recherches sur les sanctions administratives et leur nature juridique*, *op. cit.*, p. 263 pour son analyse de la jurisprudence. Voir également à ce propos, du point de vue de la doctrine hellénique, S. Tsatsonis, *Le droit disciplinaire des avocats*, *op.cit.* p. 147.

[430] Voir également M. Lefondré, *ibid*, p. 263.

comme des usagers du service public en question, ce seraient alors ces dernières personnes et non les professionnels exerçant une profession libérale et constitués en des personnes morales publiques.

Donc, sur la base de l'analyse qui précéda, la thèse que les professionnels qui sont membres et qui participent à un ensemble public, participent également à un service public ou en sont les usagers, ne peut pas être admise, sans que cela signifie pour autant que - dans les cas présentement examinés et selon le droit positif - le phénomène disciplinaire n'est pas fondé sur l'élargissement de l'organisation et - en conséquence - de la fonction de l'État ou d'un autre ensemble public. En effet, comme nous le signalâmes déjà, il devient particulièrement évident que, si l'action de personnes exerçant une certaine profession ne constitue pas l'exercice ou l'usage d'un service public, la manière dont elle est exercée affecte toutefois de manière déterminante une activité plus globale (par exemple rendre justice ou fournir des soins médicaux), qui intéresse grandement l'ordre juridique. Toutes proportions égales, les personnes qui exercent des activités pareilles, sont finalement intégrées à une organisation étatique élargie, exerçant de la sorte des fonctions étatiques parallèles.

Quels sont toutefois les indices nous montrant que le droit positif partage cette conception ?

En premier lieu, nous pouvons citer les cas où le droit positif reconnaît à des personnes appartenant à la catégorie présentement analysée le statut de l'agent public ou de l'officier ministériel.

Le cas des avocats qui sont considérés par le Code des avocats comme des fonctionnaires non rémunérés en est caractéristique[431]. En qualifiant les avocats de fonctionnaires non rémunérés, le droit positif met l'accent sur leurs liens avec l'appareil de l'État et son fonctionnement. Par ailleurs, cela est illustré de manière fort caractéristique par l'article 1 du Code de déontologie du Barreau d'Athènes, selon lequel « L'avocat est un fonctionnaire non rémunéré et un des trois piliers du triptyque assurant le fonctionnement de la justice et rendant la justice (magistrats, avocats, fonctionnaires de l'ordre judiciaire). Sa mission et son rôle consistent à contribuer, à travers sa participation, à la bonne marche de la justice et, à travers

[431] Article 1 du décret législatif 3026/54 (Code des avocats).

l'exercice de sa profession, à ce que le droit soit correctement appliqué »[432].

Cet état des choses résulte également de l'attitude de la jurisprudence. Ainsi, quand le Conseil d'État hellénique[433] admet que les avocats sont des fonctionnaires ayant comme mission de représenter et de défendre leur client auprès des tribunaux[434] et que la loi, même si elle ne confère pas aux avocats le statut d'organe de l'État, les assimile toutefois aux fonctionnaires et « leur assure un état de service particulier, auquel la loi confère un caractère public éminent, en raison, tant de la coopération traditionnellement étroite des avocats quand il s'agit de rendre justice, que de leur contribution à la bonne marche du fonctionnement de celle-ci ».

Dans le même sens évolue - indirectement - la jurisprudence, quand elle admet[435] que l'amende infligée à un pharmacien par l'Ordre des Pharmaciens auquel celui-ci est inscrit, pour avoir refusé de résilier – comme l'Ordre l'exigeait - le contrat individuel qu'il avait signé avec l'Administration, ne pourrait pas être qualifiée de sanction disciplinaire infligée légalement, vu que le comportement en question ne constitue pas une faute disciplinaire. Car, ledit comportement concerne la liberté du pharmacien de choisir librement son cocontractant - liberté garantie par la Constitution - et non pas des règles et des contraintes spécifiques auxquelles est soumis - de par sa nature - l'exercice de la profession du pharmacien. Nous précisons à notre tour ce que l'arrêt sous-entend : les règles et les contraintes en question sont instaurées au profit des personnes auxquelles le pharmacien fournit ses services, en fin de compte au profit de la collectivité.

En procédant à la distinction susmentionnée, la jurisprudence montre indirectement - mais clairement - que le phénomène disciplinaire est nettement lié à la nature spécifique des obligations du pharmacien envers la collectivité : ces obligations amènent – tant le professionnel que son activité - à participer à une organisation et fonction parallèles de l'État, du type que nous décrivîmes dans un des chapitres précédents.

---

[432] Le Code de déontologie de la fonction de l'avocat du Barreau d'Athènes fut approuvé lors de la séance du Conseil d'Administration du Barreau d'Athènes du 4.1.1980. Ce terme est également employé par l'article 38 du Code des avocats (décret législatif 3026/54).

[433] CEH 15/1943.

[434] CEH 1816/1948 (Ass).

[435] CEH 4356/80.

Selon l'énoncé de l'arrêt 4356/80 du Conseil d'État hellénique[436], « des dispositions susmentionnées résulte que les Ordres des Pharmaciens, en vue de leurs objectifs légalement poursuivis (parmi lesquels est comprise la promotion des intérêts professionnels de leurs membres), peuvent prendre des décisions concernant l'accomplissement de cet objectif. Néanmoins, continue-t-il l'arrêt, même si ces décisions sont conformes aux dispositions de la loi susmentionnées et à celles du Code de déontologie des pharmaciens, elles ne peuvent pas pour autant être contraignantes pour les membres de l'Ordre, si elles portent atteinte à la protection constitutionnelle de la liberté d'exercice de la profession en question (article 5, paragraphe 3 de la Constitution) : de la sorte, leur violation ne peut pas constituer une faute disciplinaire, car, si l'exercice de la profession du pharmacien est régi par des règles et des contraintes spécifiques en raison de sa nature particulière, les pharmaciens ne cessent pas en principe d'exercer une profession libérale ».

À la fin de cette brève analyse, il devient évident que, plus généralement, le caractère disciplinaire de la relation qui est développée entre les professionnels exerçant une profession libérale et les personnes morales publiques auxquelles les premiers sont affiliés illustre l'importance que présente pour la collectivité l'exercice régulier de leur activité. L'importance en question ressort, tant du degré d'organisation des personnes pouvant exercer une telle activité, que – en conséquence- de la nécessité d'assurer un contrôle public sur l'activité en question. Parallèlement, nous sommes en mesure d'affirmer que, sur ce point, le droit positif s'aligne totalement avec sa thèse principale que nous avons jusqu'ici identifiée, à savoir que le phénomène disciplinaire est absolument lié à l'organisation d'un ensemble public, au sens étroit ou large du terme. Cette thèse est à son tour adoptée par la doctrine (2).

2. La doctrine

Dans une première approche, la doctrine hellénique se montre négative quant à la question du fondement organique du phénomène disciplinaire dans le domaine étudié. Comme nous venons de le voir[437], Stassinopoulos adopte avec constance un critère particulièrement étroit

---

[436] Voir également dans ce sens CEH 607/65 et Tribunal de paix d'Athènes 2317/80, ToS (La Revue *La Constitution*) 1981, (en langue hellénique), p. 129 et s.

[437] Voir *supra* p. 187.

quand il s'agit de qualifier une certaine sanction - et par extension une certaine relation - de disciplinaire : il considère que les relations qui sont développées entre les personnes morales publiques de nature corporative et leurs membres, n'ont pas de caractère disciplinaire, vu la manière dont ces derniers exercent leurs activités. Il affirme que[438], plus généralement, « il y a la tendance - dans le cas présent ainsi que dans d'autres cas - de qualifier à tort le comportement de ces personnes morales de “disciplinaire”».

Cependant, en examinant de plus près les choses, nous constatons qu'il n'échappe pas non plus à l'auteur l'importance particulièrement grande que présente pour l'intérêt général l'exercice de l'activité des professions libérales : effectivement, il s'agit d'un facteur qui dicte leur constitution obligatoire en des personnes morales publiques qui contrôlent l'activité de leurs membres.

En effet, quand Stassinopoulos analyse le cas des personnes exerçant des professions de ce genre (il les qualifie de « professions réglementairement surveillées »), il souligne que les personnes en question sont obligatoirement membres de personnes morales de droit public « (...) parce que l'État considère l'exercice des professions en question comme une fonction liée à l'intérêt général »[439].

Ce rappel est d'autant plus remarquable que l'auteur identifie le fait que l'instauration par le droit positif du phénomène disciplinaire dans ce champ est directement liée à l'importance suprême que présente pour l'intérêt général l'activité des personnes susmentionnées[440].

Toutefois, la doctrine n'admet pas toujours cette thèse. Ainsi, pour Tsatsonis[441], « vu que les avocats qui exercent une fonction d'une grande importance pour la collectivité sont reconnus comme des fonctionnaires, ils sont obligés en conséquence de préserver leur dignité, se cantonnant rigoureusement et exclusivement aux activités relatives à l'exercice de la profession d'avocat, étant exclue toute participation de leur part à des activités étrangères à celle-ci ». Un peu plus loin, reliant le statut en question des avocats au phénomène disciplinaire, il écrit : « En conséquence, la loi définit et énumère de manière détaillée les activités jugées incompatibles avec la profession

---

[438] M. Stassinopoulos, *Le droit de défense devant les autorités administratives*, *op.cit.* p. 146.

[439] *Ibid.*

[440] *Ibid.*

[441] S. Tsatsonis, *Le droit disciplinaire des avocats*, *op.cit.*, p. 37.

d'avocat, ainsi que les sanctions disciplinaires infligées à tous ceux qui enfreindraient les dispositions en question ».

La doctrine non hellénique reconnaît encore plus facilement le caractère public, tant des personnes morales auxquelles sont constitués certains professionnels en vertu des dispositions de la loi, que de la spécificité de la relation des personnes morales en question avec les professionnels qui en sont membres.

Selon Demichel[442], la fonction de ces Chambres ne laisse pas le moindre doute quant à leur nature juridique. D'après lui, les fonctions en question consistent, comme il est bien connu de tous, « à organiser la profession en faisant usage d'un pouvoir réglementaire, et éventuellement d'un pouvoir disciplinaire. Il semble impensable de confier de telles tâches à un organisme privé ». La thèse de Hartmer[443] en est également caractéristique: pour lui, le droit disciplinaire des professionnels libéraux *« ist als besonderes Ordnungsrecht Teil einer am Gemeinwohl orientierten staatlichen Daseinvorsorge »*. Il continue même un peu plus loin en affirmant que *« Zwar ist die staatliche Aufsicht durch partizipatorische Elemente der Selbstverwaltung zuruckgeschnitten. Das Disziplinarrecht ist aber kein autonomes Recht, sondern staatlich gesetztes Recht »*.

Enfin, le caractère public et la particularité de la relation développée entre les personnes exerçant des professions libérales et l'État sont soulignés de la meilleure façon - en l'occurrence concernant le champ des relations entre les médecins et l'État - par le jugement suivant de Stillmunkes[444]: « La profession médicale se trouve de plus en plus placée sous l'emprise de l'État et évolue si non vers la fonctionnarisation, du moins vers un régime de droit public ».

Bien que parmi les prises de position théoriques susmentionnées ne figure pas explicitement la reconnaissance du lien existant entre les personnes exerçant des professions libérales et l'organisation élargie de l'État, le caractère organique - au sens large du terme - de la relation avec un ensemble public en résulte clairement.

Pour la majorité écrasante des auteurs existe donc une relation entre l'État et les personnes exerçant des professions du type présentement examiné et organisées en des personnes morales publiques de nature

[442] A. Demichel, *Le contrôle de l'État sur les organismes privés*, *op.cit.* p. 639.

[443] U. Hartmer, *Disziplinarrecht der freien Berufe*, *op.cit.*, p. 15.

[444] P. Stillmunkes, « La notion de profession libérale et son évolution récente », *AJDA* 1964, p. 403 et s. comme il est cité par Lefondré, M. Lefondré, *Recherches sur les sanctions administratives et leur nature juridique*, *op.cit.*, p. 265.

corporative; cette relation nous permet de considérer que, tant leur action que les personnes l'exerçant elles-mêmes, constituent un prolongement de l'action de l'État.

Conclusion:

À travers le contrôle des activités des personnes organisées - ou pas - en des personnes morales publiques et en leur infligeant le cas échéant des sanctions de caractère disciplinaire, le droit positif associe clairement le phénomène disciplinaire à une organisation élargie de l'État, à laquelle sont « conduites » les personnes en question.

Toutefois, ce fait paradoxal à première vue cesse d'étonner quand on réfléchit à la grande importance qu'ont pour la collectivité les activités réglementées ; cette situation conduit, comme nous venons de le souligner, tant à l'instauration de contrôles qu'à la constitution - dans certains cas et, d'un point de vue, dans les plus importants - des personnes contrôlées en des personnes morales publiques jouissant d'autonomie administrative.

La conclusion finale qui résulte sur ce point de notre étude, démontre l'unité de la thèse du droit positif quand il instaure le phénomène disciplinaire qui s'avère de la sorte un phénomène indissociablement lié - du moins dans tous les cas que nous examinâmes jusqu'ici - à la notion de participation de certaines personnes à l'organisation et à la fonction (de base ou élargie) d'un ensemble public. En principe, la même conclusion résulte de l'identification et de l'analyse du phénomène disciplinaire, cette fois dans le champ des relations développées entre les ensembles publics et les personnes morales.

§ 2. Le phénomène disciplinaire dans le champ des relations développées entre les ensembles publics et les personnes morales

À première vue, la thèse que le droit positif reconnaît le caractère disciplinaire des relations développées entre les ensembles publics et les personnes morales paraît, comme nous venons de le souligner, paradoxale[445].

---

[445] Voir à ce propos *supra* p. 103.

Or, comme nous eûmes l'occasion de le développer dans la première partie de la présente étude[446], il n'existe aucun argument logique pour que nous refusions le caractère disciplinaire de relations pareilles.

En effet, dans la mesure où la relation disciplinaire est fondée sur l'accomplissement d'obligations envers un ensemble public-accomplissement dont dépend grandement la réalisation des « objectifs » de ce dernier - il est clair que, théoriquement, nous ne pouvons pas refuser le caractère disciplinaire des relations développées entre les ensembles publics et les personnes morales. Et cela, car l'action des personnes morales est en mesure de contribuer à la réalisation de ce résultat autant que celle des personnes physiques.

La nécessité de reconnaître le caractère en question devient encore plus impérative si nous tenons compte du rôle déterminant que les personnes morales jouent à l'époque contemporaine.

Vu qu'elles constituent un facteur qui influence grandement l'évolution de la société, il serait impensable de refuser a priori le caractère disciplinaire des relations existant entre les ensembles publics et les personnes morales et de nous cantonner dans une conception du droit étroite, anthropocentrique, voire individualiste, focalisée sur les seules personnes physiques.

L'existence de milliers d'associations, de sociétés ou d'autres formes d'association privée, entretenant le cas échéant de relations directes avec l'organisation *lato sensu* de l'État confirme cette thèse[447].

---

[446] Voir à ce propos *supra* p. 103 et s.

[447] Par ailleurs, il s'avère très facile de réfuter l'argument qui est en général avancé pour refuser la responsabilité - pénale notamment - des personnes morales, à savoir que ces dernières agissent à travers la manifestation de la volonté des personnes physiques qui doivent porter la responsabilité de cette manifestation de leur volonté, surtout en ce qui concerne l'infliction de sanctions. Néanmoins, si en effet les personnes morales agissent à travers des personnes physiques, la volonté – qui constitue la condition de l'action - que ces dernières déterminent n'est pas la leur, mais celle qu'elles déterminent pour le compte de la personne morale. La preuve directe de cette allégation consiste au fait que les personnes physiques déterminent cette volonté à travers des procédures qu'une personne physique ne serait jamais obligée de suivre s'il s'agissait d'agir pour son propre compte. Ainsi, malgré le fait que c'est la personne physique qui détermine finalement dans tous les cas une certaine volonté, la volonté en question lui appartient dans la mesure où l'activité qui résulte de cette volonté, est effectuée pour son propre compte et non pour le compte d'une autre personne, d'une personne morale. Dans ce dernier cas, malgré le fait que la volonté de la personne physique émane - en tant que fait naturel - d'elle-même, elle est imputée à la personne morale à laquelle est également imputé le résultat final de

Quoi qu'il en soit - en d'autres termes même si la thèse à laquelle nous venons d'aboutir était réfutée par notre logique - cela affecterait peu la situation. Car, c'est cette thèse qui est adoptée par notre droit positif, comme il résultera clairement de l'analyse qui suit.

En effet, une approche critique du droit hellénique quant au point qui nous intéresse, nous conduit presque inévitablement à l'impression que ce dernier considère de disciplinaires les sanctions infligées le cas échéant par les ensembles publics à des personnes morales et que, parallèlement, il considère de disciplinaires les relations développées entre eux.

Après une analyse systématique du droit hellénique, cette impression est muée en certitude inébranlable.

Nous effectuerons par la suite ce « parcours » en examinant successivement le phénomène des relations disciplinaires existant entre les ensembles publics et les personnes morales, initialement en ce qui concerne les personnes morales publiques (A) et, par la suite, les personnes morales privées (B).

A. Le phénomène disciplinaire dans le champ des relations développées entre les ensembles publics et les personnes morales publiques

Notre analyse (a) identifie avec certitude le phénomène disciplinaire dans le domaine des relations développées entre les ensembles publics

---

l'activité qui en résulte: par ailleurs, l'obtention du résultat en question exige d'autres actes effectués par des personnes physiques (par exemple le fait matériel de la signature d'un contrat), lesquels - bien que situées au même domaine auquel nous rencontrons la volonté - n'appartiennent pas aux personnes physiques dans la mesure où ces actes-là ne sont pas intégrés à une activité effectuée pour le compte de celles-ci. Donc, en fin de compte - et étant donné que, d'une part, la loi impose d'observer un certain comportement aux personnes morales et que, d'autre part, le comportement en question qui consiste au résultat de la volonté des personnes physiques n'agissant pas pour leur compte, est différent de celui-ci des personnes physiques agissant pour leur propre compte - il devient - juridiquement - évident et logique que les notions de discipline et de relation disciplinaire soient admises dans le domaine des relations existant entre les personnes morales et les ensembles publics organisés, et que ces notions ne soient pas cantonnées dans les relations des personnes physiques avec les ensembles organisés, comme le voudrait une conception étroitement individualiste du droit.

et les personnes morales publiques. La suite de notre étude (b) montre comment nous pouvons évaluer le phénomène en question dans le domaine de relations pareilles.

a. L'identification du phénomène

Dans le domaine des relations développées entre les ensembles publics et les personnes morales publiques, notre étude identifie le phénomène disciplinaire dans les relations qui se développent dans le cadre de ce qui est appelé tutelle administrative[448].

Ainsi, sont considérées de disciplinaires les sanctions qui sont infligées par des organes étatiques compétents à des élus des collectivités territoriales en raison de l'exécution défectueuse de leurs fonctions, en vertu des dispositions de la législation sur les collectivités territoriales. Par exemple, les peines de suspension de fonctions et de déchéance[449] qui sont infligées par le préfet à des membres élus des organes des municipalités et des communes (maires, présidents de commune, conseillers municipaux ou communaux, etc.) en vertu de l'article 120 de la Loi 1065/80[450].

Il est même caractéristique le fait que le caractère disciplinaire des sanctions en question résulte - en plus des dispositions citées ci-dessus - de la Constitution elle-même qui conçoit clairement le champ des relations développées entre l'État et les collectivités territoriales comme un champ dans lequel se manifeste le phénomène disciplinaire[451].

Le droit positif considère également de disciplinaires les sanctions qui sont infligées par des organes étatiques compétents à des personnes

---

[448] Nous renvoyons à l'analyse de ce terme par E. Spiliotopoulos, *Manuel de Droit Administratif*, *op.cit.*, p. 239 où l'on renvoie.

[449] Naturellement, les peines en question n'ont la moindre relation avec celles qui sont infligées aux personnes physiques qui sont des agents de ces organismes décentralisés par d'autres organes des organismes en question ; par exemple avec les peines qui sont infligées aux agents municipaux et communaux en vertu de l'article 166 de la Loi 1188/81 « De la ratification du Code "Du statut du personnel des collectivités territoriales" » (précité) et qui sont parfaitement assimilées aux peines infligées par l'État aux personnes physiques qui sont ses agents (elles sont citées *supra* p. 134 et s.).

[450] Loi 1065/80 « De la ratification du Code des municipalités et des communes ».

[451] Voir à ce propos l'article 102 paragraphe 5 alinéa b de la Constitution, qui qualifie explicitement de disciplinaires les peines de suspension de fonctions et de déchéance de leur fonction infligées à des organes élus des collectivités territoriales.

physiques-organes d'organismes décentralisés, cette fois dans le cadre de ladite décentralisation par matière. Un exemple caractéristique en constituent les sanctions infligées par le préfet à des membres de l'Administration des Bureaux portuaires en application du décret royal du 14/19 janvier 1939 « De la codification des dispositions en vigueur sur les Bureaux portuaires » (article 12, paragraphe 3)[452] ou les mesures prises par le ministre de l'Hygiène (actuellement ministre de la Santé, de la Prévoyance et de la Sécurité sociale) en vertu de la législation en vigueur[453] à l'encontre de tous les membres du Conseil d'Administration d'un Ordre des Médecins (ou de certains d'entre eux) si, en raison de leurs tergiversations ou d'autres raisons sérieuses les concernant, ils perturbent le bon fonctionnement des Ordres, de manière que les objectifs de ceux-ci ne soient pas réalisés[454].

En clôturant cette courte analyse, nous sommes forcés d'admettre que, selon le droit positif hellénique, le champ des relations développées entre les ensembles publics et les organismes décentralisés (à savoir - en principe - entre l'État et les organismes décentralisés) constitue le domaine dans lequel se manifeste le phénomène disciplinaire.

---

[452] À propos de la jurisprudence, voir également CEH 862/38 (Ass) précité.

[453] Par exemple, décret royal 11.10.57 « De la modification, de la codification des dispositions de la Loi de nécessité 1565/1939 "Des ordres des Médecins et des Conseils Disciplinaires" et des dispositions les complétant ».

[454] CEH 2302/65 (Ass). À propos du fait que, dans les cas susmentionnés il s'agit des manifestations d'un phénomène disciplinaire élargi, voir *supra* p. 121 et s. Nous rappelons que dans ce domaine, tout comme par ailleurs dans celui des relations entre l'État et les collectivités territoriales, l'intervention de l'Administration ne prend pas toujours la forme de l'exercice du pouvoir disciplinaire *stricto sensu* entraînant l'infliction de sanctions prévues expressément par la loi à l'encontre des infractions liées à la réalisation défectueuse des obligations assumées envers l'ensemble organisé. En effet, la jurisprudence qualifie fréquemment de mesures administratives certains actes qui - bien que liés étroitement au domaine disciplinaire - ne constituent néanmoins pas pour autant des conditions pour l'infliction de peines qui pourraient être qualifiées expressément de disciplinaires ; à travers ladite expression, est exprimé dans tous les cas l'éloignement du champ classique de la relation disciplinaire comme nous le décrivîmes ci-dessus. Néanmoins, comme nous le démontrâmes dans la première partie de la présente étude, cet élément qui, en fin de compte, ne s'oppose pas à la notion de discipline *lato sensu*, n'est nullement en mesure d'amoindrir l'importance de nos constatations sur ce point : il vise exclusivement à illustrer l'intention de la jurisprudence d'éviter d'introduire des procédures et des règles liées au domaine sanctionnateur disciplinaire *stricto sensu* dans des domaines où le phénomène disciplinaire n'est pas expressément instauré.

Quelle est, toutefois, la base sur laquelle l'ordre juridique hellénique fonde la reconnaissance du phénomène disciplinaire dans ce champ ?

b. L'évaluation du phénomène

La première remarque que fait quiconque aborde de manière critique le cas présentement examiné coïncide avec le constat que l'infliction de peines disciplinaires aux organes des organismes décentralisés n'est pas effectuée par les organismes décentralisés eux-mêmes, mais par des organes relevant de l'État, un ensemble public distinct.

Cette remarque pose impérativement la question de savoir si la relation disciplinaire existe sur ce point entre les organes élus et les organismes décentralisés (3), entre ces derniers et l'État (1) ou entre les organes élus et l'État (2). Avant de définir quelle est l'attitude du droit positif quant à la question qui nous préoccupe, il faut répondre à la question ici posée.

1. La relation développée entre l'État et les organismes décentralisés

De tout premier abord, la thèse que la relation existant entre l'État et les organismes décentralisés peut avoir un caractère disciplinaire, peut étonner. Néanmoins, théoriquement, et vu que - comme nous le soulignâmes déjà d'une part et, de l'autre, comme il apparaîtra par la suite au fil de notre étude - il est possible que les relations existant entre l'État ou un autre ensemble public et certaines personnes morales aient un caractère disciplinaire, la réfutation de la thèse en question ne peut être effectuée que sur la base d'arguments logiques. Or, comme il résulte maintenant de l'analyse du droit positif, des arguments de ce type existent.

Tout d'abord, il n'y a pas le moindre indice direct dans la « loi » que sur ce point est fondée directement une relation disciplinaire entre l'État et les organismes décentralisés. Partout, que ce soit dans la Constitution ou dans la législation concernant les municipalités et les communes[455], il est toujours question de sanctions infligées à des

---

[455] Voir à ce propos l'article 102§ 5 de la Constitution et les articles 120-122 du Code des Communes et des Municipalités.

membres élus des organes des collectivités territoriales et jamais de sanctions infligées aux organismes décentralisés eux-mêmes, comme cela devrait en être le cas s'il existait une relation disciplinaire directe entre l'État et ces derniers.

Néanmoins, ce débat pourrait être alimenté par un indice indirect figurant dans la Constitution, ainsi que par une prise de position floue de la doctrine sur le sujet en question.

Ainsi, bien que - en ce qui concerne la loi - cette question soit réglée clairement[456], l'énoncé du paragraphe 5 de l'article 102 de la Constitution crée une impression différente. La question de l'infliction de sanctions disciplinaires à des organes élus des collectivités territoriales qui est traitée dans le deuxième alinéa dudit paragraphe, semble en effet s'intégrer, en tant que cas plus partiel, à la notion de tutelle administrative que l'État exerce sur les organismes décentralisés en vertu du premier alinéa du paragraphe en question. Selon le paragraphe 5 de l'article 102 de la Constitution, « L'État exerce sur les organismes des collectivités territoriales une tutelle qui ne doit pas entraver leur initiative et leur liberté d'action. Les peines disciplinaires de suspension et de déchéance de fonctions ne sont prononcées qu'après l'avis conforme d'un conseil composé majoritairement de magistrats, à l'exception des cas entraînant d'office la déchéance ».

Le même doute découle également de la prise de position de la doctrine sur ce même sujet.

En effet, selon la doctrine classique du droit administratif, la tutelle de l'État sur les organismes décentralisés est distinguée en tutelle sur les actes et en tutelle sur les personnes; de cette distinction résulte logiquement que la tutelle sur les personnes constitue une sorte de tutelle sur les organismes décentralisés. Selon Spiliotopoulos[457], « la tutelle exercée via des actes administratifs émanant de l'organe de tutelle peut comporter des interventions concernant, tant les organes que les actes de la personne morale publique qui fait l'objet de la tutelle ».

---

[456] Voir à ce propos les articles 113-118 du Code des Communes et des Municipalités qui constituent le Chapitre D´ portant le titre « Tutelle sur les actes des conseils communaux et municipaux et de la commission municipale », à l'opposé des articles 119-125 dudit Code qui constituent le Chapitre E´ portant le titre « Responsabilité des organes élus des collectivités territoriales ».

[457] E. Spiliotopoulos, *Manuel de droit administratif*, *op.cit.*, p. 240.

En conséquence, dans la mesure où, selon la doctrine, la tutelle sur les personnes comporte également des sanctions disciplinaires - et même surtout celles-ci[458]-, cela crée l'impression que la doctrine reconnaît un caractère disciplinaire aux relations existant entre l'État et les organismes décentralisés.

Nous considérons toutefois que, si la doctrine classique du droit administratif part de cette thèse que nous venons d'identifier, cela ne signifie pas pour autant qu'elle admette forcément toutes les conclusions qui sont logiquement articulées autour de cette thèse. Tout simplement, n'ayant pas réalisé qu'il serait possible d'arriver à une pareille conclusion logique, elle s'exprime sur ce point avec une « libéralité » qui ne lui parut jamais susceptible d'entraîner des problèmes[459].

Quelle est toutefois la thèse que nous devons adopter face à ces constats ?

L'approche critique et l'analyse du droit positif nous imposent le point de vue suivant : il n'existe pas de relation disciplinaire directe entre l'État et les organismes décentralisés. Nous arrivons à ladite conclusion en extrapolant deux données. D'une part, notre constat de base auquel nous aboutîmes dans la première partie de la présente étude : le noyau sur lequel est « construit » le phénomène disciplinaire est composé d'un ensemble d'obligations qu'une certaine personne assume envers un ensemble public[460]. De l'autre, le constat que - selon les données du droit positif, comme elles sont traditionnellement analysées par la doctrine, tant dans notre pays qu'ailleurs - il n'existe pas sur ce point de relation de « soumission » comme c'est le cas s'agissant de la relation entre l'État et ses agents, mais une relation consistant à un exercice de pouvoir public parallèle – bien que contrôlé

---

[458] Voir à ce propos E. Spiliotopoulos - qui exprime la conception classique de la doctrine du droit administratif - *ibid*, P. Dagtoglou, *Droit administratif général*, *op.cit.*, p. 445,.Voir également sur ce sujet A. De Laubadère, *Traité élémentaire de droit administratif*, Tome I, *op.cit.* p. 89, L. Richer, « La notion de tutelle sur les personnes en droit administratif », *RDP* 1979, p. 971 et s. et, plus particulièrement, p. 995.

[459] Il est possible de se faire une idée sur les problèmes en question en recourant à l'étude de L. Richer, *ibid.*

[460] Voir *supra* p. 78 et s.

- via le transfert aux organismes décentralisés des pouvoirs et des attributions qui, sinon, auraient été exercés par l'État[461].

Ainsi, en exerçant ces pouvoirs, les organismes décentralisés n'accomplissent en aucun cas leurs obligations envers l'État, comme le ferait par exemple un fonctionnaire en exerçant les devoirs qui lui incombent. Ils font tout simplement usage de la faculté qui leur fut conférée par l'ordre juridique, rien de plus, rien de moins.

Certes, l'État, dans le cadre de ce qui est appelé « tutelle administrative», contrôle la légalité de l'exercice du pouvoir qui fut conféré aux organismes décentralisés, arrivant même parfois au point d'approuver jusqu'à la manière dont celui-ci doit être exercé[462].

Néanmoins, dans les cas susmentionnés, il n'est pas question de contrôler si les organismes décentralisés ont accompli de manière adéquate leurs obligations envers l'État. Pour nous limiter aux principales composantes de l'élément de « tutelle administrative », l'État vérifie tout simplement si les conditions instaurées par la loi furent respectées ou même si, dans un cas précis, la solution pour laquelle opta l'Administration constituait la solution optimale.

Sur ce point, la meilleure preuve du bien-fondé de notre réflexion consiste au fait qu'il n'existe pas de sanctions à l'encontre des organismes décentralisés, quand ceux-ci n'exercent pas leurs pouvoirs de la manière la plus adéquate : comme nous venons de le constater, les seules sanctions qui sont instaurées sont exclusivement infligées aux organes élus des collectivités territoriales[463].

Conclusion :

Il n'existe pas de relation disciplinaire directe entre l'État et les organismes décentralisés. Si toutefois la conclusion en question est valable, vu les données du droit positif, comment faudrait-il évaluer le constat que nous venons de faire, à savoir que – dans le cadre de la tutelle administrative - ceux qui sont assujettis à des sanctions

---

461 Voir à ce propos E. Spiliotopoulos, *Manuel de droit administratif*, *op.cit.*, p. 231 et s., 299 et s. ainsi que C. Eisenmann, *Cours de droit administratif*, (1966-1967), La Cité du droit, p. 131 et s., et du même, *Cours de droit administratif*, Paris 1982, L.G.D.J., Tome 1, p. 257 et s.

462 À propos du contenu (ou des catégories) de la tutelle administrative, voir E. Spiliotopoulos, *Manuel de droit administratif*, *op.cit.* p. 219 et s., P. Dagtoglou, *Droit administratif général*, *op.cit.* p. 361 et s. et 439 et s.; de la doctrine non hellénique, voir C. Eisenmann, *Cours de droit administratif* (1966-1967), *ibid*, et du même *Cours de droit administratif* (1982), *ibid*.

463 Voir à ce propos l'énoncé fort caractéristique de l'arrêt du CEH 1063/57.

disciplinaires, ce sont les organes des organismes décentralisés, élus ou non ?

2. La relation existant entre l'État et les organes élus des organismes décentralisés

Le constat que, d'une part, ceux qui sont assujettis à des sanctions disciplinaires, ce sont les organes des organismes décentralisés (et non les organismes en question eux-mêmes) et que, de l'autre, ces sanctions sont infligées par des organes étatiques, nous conduit directement à la conclusion que, s'il n'existe pas de relation disciplinaire directe entre l'État et les organismes décentralisés, celle-ci existe du moins entre l'État et les organes de ceux-ci.

Par ailleurs la doctrine contribue dans le présent cas à la conclusion d'une telle déduction; elle nous en fournit un exemple caractéristique quand elle se réfère au pouvoir disciplinaire étatique sur les organes des organismes décentralisés[464]. Néanmoins, malgré une première impression qui nous fait croire le contraire, cette thèse ne peut pas être retenue.

En effet, le seul fait que des organes étatiques infligent des sanctions disciplinaires à des organes des organismes décentralisés ne s'avère pas suffisant pour que nous puissions en conclure qu'il existe une relation disciplinaire directe entre l'État et les organes en question. Supposons que les sanctions susmentionnées ne sont pas infligées par des organes étatiques (administratifs), mais par des tribunaux : pourrions-nous dans ce cas affirmer qu'il existe une telle relation entre les tribunaux et les organes des organismes décentralisés ? Nous ne le pensons pas.

Pour qu'il existe une relation disciplinaire, il faut qu'il existe également des obligations envers un ensemble public ; pourtant, dans le cas présentement étudié, si les organes des organismes décentralisés assument des obligations, ce n'est pas envers l'État qu'ils le font, mais envers les personnes morales décentralisées.

Donc, en fin de compte, la thèse qu'il existe une relation disciplinaire entre les organes des organismes décentralisés et l'État n'est pas vérifiée ; en conséquence, la question qui se pose est la suivante : existe-

[464] Voir à ce propos P. Dagtoglou, *Droit administratif général*, *op.cit.*, p. 445.

t-elle une relation pareille entre les organismes décentralisés et leurs organes[465] ?

3. La relation existant entre les organismes décentralisés et leurs organes élus

Les personnes physiques qui exercent leurs attributions individuellement, en tant qu'organes d'organismes décentralisés, ou collégialement, en tant que membres d'organes collégiaux, sont obligées de les exercer d'une certaine manière donnée. Elles doivent par exemple participer aux réunions des organes, fonder leurs décisions sur le principe de l'impartialité, résider dans le territoire de l'organisme décentralisé dont elles sont les organes, etc. C'est précisément quand elles n'agissent pas conformément à la manière décrite ci-dessus, qu'elles encourent les sanctions prévues par les lois ou les règlements y afférents.

Il devient ainsi évident qu'il y existe un lien direct entre les obligations assumées par les organes des organismes décentralisés envers ces derniers en premier lieu et envers leur fonction par la suite. Ce constat nous amène à la conclusion qu'il existe entre les organismes en question et leurs organes de direction une relation disciplinaire directe.

Si les sanctions disciplinaires sont infligées aux organes en question par des organes étatiques, cela est exclusivement dû au fait que, au sein des organismes décentralisés, il n'existe pas d'organes hiérarchiquement supérieurs qui puissent les leur infliger[466]. Par ailleurs, comme nous le soulignâmes précédemment, cet élément n'est pas en mesure de créer une relation disciplinaire directe entre l'État et les organes des organismes décentralisés.

---

[465] Il faut toutefois noter que, même si l'on adoptait la thèse contraire, notre analyse ne serait nullement affectée. En effet, dans la mesure où les organes des organismes décentralisés qui sont les sujets de la relation disciplinaire, sont des organes d'un organisme lié organiquement à l'État, ceux-ci constituent en réalité des subdivisions de l'État et il devient ainsi évident que sont vérifiées les bases sur lesquelles est fondé le phénomène disciplinaire d'après notre analyse du droit positif hellénique effectuée jusqu'à présent.

[466] C'est par ailleurs la raison pour laquelle, au niveau des ministres et des autres organes suprêmes du pouvoir exécutif, le phénomène disciplinaire n'est pas identifié, du moins dans sa dimension sanctionnatrice.

Conclusion :

Le phénomène disciplinaire est indubitablement identifié dans le champ des relations entre l'État et les personnes morales publiques. Malgré toutefois le fait que, théoriquement, les relations entre des personnes morales peuvent acquérir un caractère disciplinaire -dans le présent cas et pour des raisons liées à la notion des collectivités territoriales que nous présentâmes ci-dessus- une relation disciplinaire entre l'État et les organismes décentralisés est impensable. La thèse que, dans le cas présentement examiné, il existe une relation disciplinaire entre l'État et les organes contrôlés disciplinairement n'est pas non plus conforme aux données du droit positif. Il ne reste qu'une solution, car nous ne pourrions tout de même pas refuser l'existence du phénomène là où le législateur – et d'autant plus le législateur constitutionnel - l'instaure expressément: elle consiste à considérer comme disciplinaire la relation existant entre les organismes décentralisés et leurs organes. La solution en question soulève des réactions moindres tandis qu'elle ne présente aucune difficulté théorique. Tout simplement, elle place l'analyse entreprise sur ce point dans un contexte qui fut étudié précédemment, quand nous analysâmes les relations entre organes et ensembles publics, auxquels les premiers offrent leurs services[467].

Ces divergences ne seront pas identifiées par notre analyse dans le champ des relations existant entre les ensembles publics et les personnes morales privées. Cependant comme il apparaîtra par la suite de notre étude, nous retrouverons, encore une fois, face à des difficultés théoriques qu'il n'est pas toujours aisé de surmonter.

[467] Voir à ce propos *supra* p. 134 et s. et, plus particulièrement, p. 136. Naturellement, il est superflu de souligner que tout ce qui y fut développé est également valable – toutes proportions gardées - pour la thèse ici développée ; par ailleurs, cela fut ici également démontré par notre présente analyse.

B. Le phénomène disciplinaire dans le champ des relations existant entre les ensembles publics et les personnes morales privées

Quand notre étude aborde le champ des relations existant entre les ensembles publics et les personnes morales « privées »[468], elle n'a aucune difficulté à y identifier le phénomène disciplinaire.

Déjà, de l'analyse qui précéda, une telle possibilité s'était esquissée, vu qu'il apparut clairement que les destinataires des interventions réglementaires et contrôlatrices de l'État pouvaient être, tant des personnes physiques que des personnes morales.

Les cas où le droit hellénique reconnaît le caractère disciplinaire des relations existant entre l'État ou d'autres ensembles publics et les personnes morales privées sont nombreux et relèvent de tous les secteurs dans lesquels est déployée l'intervention contrôlatrice de l'État, sous la forme que nous venons de rencontrer.

En conséquence, nous allons cantonner notre étude dans deux catégories de cas qui ont toutefois la particularité de présenter clairement la « manière de penser » du droit positif sur la question qui nous intéresse[469].

a. L'identification du phénomène : Le droit positif

Dans le domaine présentement étudié, un premier exemple de reconnaissance directe du phénomène disciplinaire de la part du droit

---

[468] À propos des notions de personnes morales privées et publiques, voir ce qui est mentionné dans l'Introduction, *supra* note 27.

[469] Nous observons néanmoins - comme nous eûmes déjà l'occasion de le souligner - que le phénomène présentement identifié, résulte déjà indirectement, mais clairement des exemples fournis dans le chapitre précédent, vu que le caractère disciplinaire des relations entre les ensembles organisés et les personnes morales constitue une conséquence logique du fait que le droit positif prévoit dans certains cas des sanctions à l'encontre de certaines personnes et qu'il s'avère par la suite que les personnes auxquelles sont infligées les sanctions en question, sont des personnes morales (comme cela se passe par exemple dans le cadre de la législation pharmaceutique). De ce point de vue, la particularité des cas présentement analysés consiste au fait que les personnes qui sont assujetties à un certain comportement et qui sont passibles de sanctions, sont incontestablement des personnes morales. Ainsi, quand une certaine relation est qualifiée par le législateur de disciplinaire, celui-ci procède à la qualification en question en toute connaissance de cause qu'il s'agit d'une relation existant entre des ensembles organisés et des personnes morales.

positif nous est fourni par la réglementation de l'enseignement professionnel. Ainsi, selon l'article 1 du décret présidentiel 13/1979[470] - qui constitue le premier article du chapitre intitulé « Infractions-Sanctions »- « Les propriétaires d'établissements d'enseignement professionnel, indépendamment du niveau et du type de l'enseignement dispensé, qu'il s'agisse de personnes physiques ou morales, sont responsables, selon la législation en vigueur, de tout acte positif ou de toute abstention entravant le fonctionnement régulier desdits établissements ». De plus, dans l'article 2 de ce même texte, sont mentionnées les infractions à cette loi qui constituent la condition de l'infliction de sanctions, tandis que dans l'article 3 sont mentionnées les sanctions encourues en raison de la perpétration des infractions susmentionnées : le caractère disciplinaire des sanctions en question est incontestable. Quand le législateur se réfère aux organes disciplinaires (dans l'article 4), aux Chefs disciplinaires (dans l'article 5) et aux Conseils Disciplinaires (dans l'article 6) –tandis que l'ensemble du Chapitre B est intitulé « Compétence Disciplinaire »- il ne laisse le moindre doute quant au caractère disciplinaire de ces données.

La jurisprudence souligne à son tour le caractère disciplinaire des sanctions dans ces cas et, en conséquence, le caractère disciplinaire des relations respectives.

Ainsi, le Conseil d'État hellénique avec son arrêt 3496/78 qualifie expressément de disciplinaires les sanctions qui sont infligées en vertu de l'article 16 du décret 685/72[471]. D'après l'arrêt, « par contre, les peines prévues par l'article 16 du décret susmentionné, ont un caractère disciplinaire et elles sont infligées pour des infractions à la législation en vigueur régissant, tant tout ce qui concerne l'accomplissement des objectifs éducatifs des écoles en question, que les responsabilités assumées, entre autres, par les propriétaires desdites écoles qui doivent précisément assurer l'accomplissement des objectifs en question »[472].

---

[470] Voir les articles 1-3 du D.P. 13/4/11.1.1979, « Du droit disciplinaire des propriétaires et du personnel, au sens large du terme, des établissements scolaires privés d'enseignement technique et professionnel de tous les échelons de l'éducation », précité.

[471] Décret 685/72 « De la définition des conditions de l'organisation et du fonctionnement des écoles privées d'enseignement professionnel », qui était en vigueur avant qu'il ne soit remplacé par le décret présidentiel 13/1979, précité, qui fut édicté en application de l'article 17 de la Loi 817/78.

[472] Voir également à propos de ce sujet les arrêts CEH 1090/77 et 3777/79 qui, bien qu'ils ne se réfèrent pas à des sanctions à l'encontre des personnes morales, en

Encore plus caractéristiques sont les exemples que nous puisons –ou que nous puissions jusqu'à une époque récente- de ce qui est convenu d'appeler « législation sportive »[473]: dans le cadre de celle-ci, des organes étatiques ont le droit d'infliger des sanctions à l'encontre des clubs sportifs, en d'autres termes à l'encontre des personnes morales privées, selon la distinction opérée ci-dessus. Selon le droit positif, les sanctions infligées le cas échéant aux clubs sportifs ont un caractère indubitablement disciplinaire. Tout d'abord, cela résulte du texte de la Loi 75/75, quand - pour nous cantonner aux cas où des organes étatiques infligent des sanctions à des clubs sportifs - il est successivement question de peines disciplinaires à l'encontre de clubs ou de Fédérations (article 25) ou de sanctions disciplinaires à l'encontre des Clubs (article 63, paragraphe 3). Cela est également emphatiquement souligné dans toutes les décisions judiciaires prononcées jusqu'à présent, quand les tribunaux furent appelés à trancher des affaires similaires.

Ainsi, entre autres, se référant aux sanctions infligées à des clubs sportifs en vertu de la législation sportive (par exemple le retrait de points au classement de championnats), le CEH 1854/77 (Ass) parle de « responsabilité disciplinaire purement objective du club », résultant d' un comportement de ses membres contraire aux dispositions de la législation susmentionnée, tout en qualifiant parallèlement de disciplinaires les sanctions prévues par la loi et qui sont infligées au club en raison de ces infractions. Selon un passage de l'arrêt en question, « vu qu'au sens du paragraphe 3 de l'article 63 de la Loi 75/75, pour infliger à l'encontre du club les sanctions disciplinaires y figurant il est nécessaire que son membre, auquel l'acte est attribué, soit assigné en défense ». L'énoncé d'autres arrêts, tranchant des affaires similaires, en est également révélateur[474]. Il faut sur ce point mettre

---

qualifiant de disciplinaires certaines amendes – infligées en application des dispositions du décret 685/72 - révèlent la prise de position de la Cour quant au caractère des amendes en question, au cas où celles-ci seraient infligées à des personnes morales.

[473] Avec le terme de « législation sportive » nous nous référons notamment à la Loi 75/75 « De l'organisation du sport extrascolaire et de la régulation de questions connexes » (de laquelle nous puisons par ailleurs la plupart des exemples fournis), ainsi qu'aux actes réglementaires édictés en vertu des habilitations législatives de cette loi ou d'une autre loi ultérieure.

[474] Voir, plus particulièrement - entre autres - les arrêts CEH 1867/78, 2026/77 (Ass), 333/78, 4454/84 et 1051/85 ; en ce qui concerne la jurisprudence française, voir Tribunal des Conflits, 7 juillet 1980, *Peschaud/Groupement de football professionnel,*

particulièrement l'accent sur le fait que la jurisprudence – et plus généralement le droit positif - reconnaissent un caractère disciplinaire même aux sanctions qui sont infligées à des Clubs sportifs, non pas en raison du comportement des organes qui les représentent ou même de celui de leurs simples membres, mais également en raison du comportement de simples supporters des Clubs, à savoir des personnes qui n'ont aucun lien (juridique) avec les Clubs : en effet, le seul lien avec eux consiste à leur désir de voir l'accomplissement des objectifs de ceux-ci (remporter des championnats, distinction lors des manifestations sportives, etc.).

Un exemple caractéristique en constituait jusqu'à une époque récente l'article 31 du Règlement des Championnats[475], en vertu duquel est infligée au Club la peine de suspension de terrain, si des incidents de violence –dus aux joueurs, à des membres ou à des supporters du Club- surviennent, tant lors du match qu'après la fin de celui-ci.

Le caractère disciplinaire de la peine en question - ainsi que le caractère disciplinaire de la peine d'amende infligée le cas échéant en cas de récidive- résultent de la lettre de la loi elle-même (voir à ce propos l'article 20 de la Loi 75/75 sur habilitation législative duquel fut édicté le Règlement en question[476]).

En concluant cette courte analyse, nous sommes en mesure de considérer sur ce point de notre étude que, dans le champ des activités sportives, le phénomène disciplinaire peut incontestablement caractériser les relations qui se développent entre l'État et les personnes morales.

Toutefois, en Grèce du moins, cette conclusion se heurte à une « catégorie » d'arrêts plus récents du Conseil d'État qui – sans contester le caractère disciplinaire des sanctions prévues par la législation sportive et des relations y afférentes - placent l'ensemble des relations en question, non pas dans le champ du droit public, mais dans celui du droit privé. Ainsi, le Conseil d'État hellénique, avec son arrêt 1739/86, admet successivement que les règles principales qui régissent

---

Conclusions J. M. Galabert, *RDP* 1981, p. 483 et s. et *CE Association Hand-ball club de Cysoing*,13 juin 1984, *AJDA*, 1984, p. 572 et s.

[475] Arrêté du ministre de la Présidence du Gouvernement portant le numéro 16989/1975. Voir l'actuel article 9 du Règlement des Matches de Football (KAP) qui est entré en vigueur avec l'arrêté 14939/31.5.1985 du Secrétaire d'État à la Présidence du Gouvernement, comme il fut modifié par l'arrêté 30949/17/24.12.86 du Secrétaire d'État à la Culture.

[476] Voir à ce propos également CEH 2026/1977 (Ass).

l'organisation du championnat de football, sont édictées par une loi et par un arrêté réglementaire, mais que la participation au championnat se fait sous le statut d'un contrat de droit privé conclu entre l'autorité qui organise le championnat et le club de football qui y participe.

Ces constats amènent par la suite le Conseil d'État à trancher que l'infliction de sanctions par l'ASEAD[477] (auquel –en vertu de l'article 4, paragraphe 2b de l'arrêté A. 5257/26.4.1982 du ministre de la Présidence du Gouvernement- sont transférés les pouvoirs que l'article 60 de la Loi 75/75 conférait à DAE[478]) « (...) est également effectuée dans le cadre de la relation contractuelle susmentionnée et concerne l'exécution des clauses du contrat ». Il en résulte que la contestation de la légalité de cet acte relève « de la juridiction du juge (civil) de la cause et non du Conseil d'État ». Deux ans plus tard, avec son arrêt 2426/84, le Conseil d'État hellénique «adopta» une thèse similaire, avec laquelle il récusait sa compétence ; ledit arrêt devait cette fois trancher la question du caractère juridique des organes juridictionnels unipersonnels de l'EPAE[479] (appelés également « juges sportifs ») qui infligent à leur tour des sanctions disciplinaires dans le cadre de la législation sportive[480] ; l'arrêt susmentionné les qualifia d'organes à caractère privé. Comme il est explicitement mentionné dans l'arrêt, «(...) le statut de magistrat des personnes qui constituent les organes en question et leur nomination par un arrêté ministériel ne s'avèrent pas suffisants pour conférer auxdits organes un caractère administratif, vu qu'il existe une prescription explicite de la loi d'habilitation affirmant le contraire ».

Si on ajoute aux arrêts susmentionnés la décision 448/85[481]du Tribunal de Grande Instance d'Athènes - selon laquelle les arrêtés édictés par le Secrétaire général des Sports pour infliger des peines disciplinaires à des entraîneurs de basketball ou à des clubs de basketball ne constituent pas des actes administratifs, mais relèvent du droit privé -, nous serons forcés d'admettre, contrairement à tout ce que nous venons d'affirmer, que dans le cadre de la législation sportive la jurisprudence place l'infliction de sanctions disciplinaires (qu'elle soit faite par des organes étatiques ou non) dans le cadre du champ privé et

---

477 Conseil Suprême de Règlement de Différends sportifs (hellénique).

478 Commission d'Instruction permanente.

479 Union des Sociétés Anonymes de Football.

480 Voir l'arrêté 17970/25.7.86 du Secrétaire d'État à la Culture « De la réglementation des questions concernant le football et d'autres sports collectifs », article 9 et s.

481 Voir TGI 448/85 in *Justice hellénique* 1985 (en langue hellénique), p. 306 et s.

donc, dans tous les cas, en dehors de celui de l'Administration. Il en résulte que cette partie n'a aucune place dans notre étude.

Toutefois, cette question ne doit pas être considérée comme close, non seulement parce que dans la doctrine prévaut une prise de position contraire (tant dans notre pays que dans d'autres comme nous aurons l'occasion de le constater par la suite), mais également, car cette thèse contraire est admise fréquemment par les organes juridictionnels unipersonnels de l'EPAE eux-mêmes, à savoir les Juges sportifs.

Les décisions 90/1984[482] et 43/1986[483] du « Juge Sportif » en sont de ce point de vue caractéristiques, vu qu'y sont esquissées avec une grande clarté et précision, tant la qualification de l'organe juridictionnel d'autorité publique exerçant notamment un pouvoir disciplinaire public (première décision) que la qualification des peines infligées de peines disciplinaires administratives (deuxième décision).

Néanmoins, avant de passer à la question suivante -à savoir «Sur quelle base est-il fondé dans le droit positif le phénomène disciplinaire en ce qui concerne les cas ici traités ?»- il faut d'abord que nous nous demandions quelle est la thèse de la doctrine.

---

[482] Voir la décision n° 90/1984 du « Juge sportif », *in Justice hellénique* 25 (1984) (en langue hellénique), p. 1267 et s., avec des observations de C. Papadakis.

[483] Voir la décision n° 43/1986 du « Juge sportif », *in Justice hellénique* 27 (1986) (en langue hellénique), p. 1449.

b. L'identification du phénomène : la doctrine hellénique

D'autant que nous sachions, la question de l'infliction de sanctions disciplinaires à l'encontre des propriétaires d'établissements scolaires privés d'enseignement technique et professionnel de tous les niveaux n'a pas préoccupé grandement la doctrine hellénique. Il n'en est pas pourtant de même quant aux sanctions disciplinaires qui sont infligées à l'encontre des personnes morales privées, notamment à l'encontre des clubs sportifs, en application de la législation dite « sportive » : tant la doctrine hellénique que – surtout - la doctrine non hellénique, s'y sont suffisamment penchées[484] [485]. L'identification par la doctrine du

---

[484] Nous citons, à titre indicatif : R. Brichet, « Dans quelle mesure les associations sportives et de jeunesse participent-elles à l'exécution d'un service public ? » *in Mélanges offerts au Professeur R.E. Charlier, Service public et liberté,* p. 371 et s., J.-Y. Plouvin, « Les associations sportives ou le sport à la recherche de son juge et de son droit », *AJDA* 1980 p. 177 et s. De ce même auteur, voir note sur *TC Peschaud c / groupement de football professionnel, Rec. Sirey - Dalloz* 1981 p. 297 et s., CE 13 fév., 1985, *Association sportive « Entente sportive herbretaise », AJDA* 1985 p. 227, obs. L. Richet, J-P Karaquillo, « Le pouvoir disciplinaire dans l'association sportive », *Rec. Sirey Dalloz* 1980, Chronique XVII, p. 115 et s., M Gros - P. Y. Verkindt, « L' autonomie du droit du sport, Fiction ou réalité », *AJDA* 1985, p. 699 et s., M. Taupier, « Recherches sur la nature juridique de fédérations sportives et de leurs actes », *AJDA* 1970 p. 75. À propos de la doctrine hellénique, voir S. Giakoumelos, « Problèmes dans l'institution du juge sportif », *Justice hellénique* 1985 (en langue hellénique), p. 1313 et s., ainsi que I. Deliyiannis, V. Skouris, « Statut juridique du juge sportif et légalité de son pouvoir disciplinaire, Avis Juridique », Armenopoulos 1986 (en langue hellénique), p. 580 et s. Voir également C. Pavlopoulos, *Le Recueil de jurisprudence et de législation, Le football,* Athènes, 1985, (en langue hellénique), ainsi que C. Papadakis, « Observations sur l'organe juridictionnel EPAE (Juge sportif), n° 90/1984 », *Justice hellénique* 25 (1984) (en langue hellénique), p. 1269 et s.

[485] Quant au caractère disciplinaire des sanctions infligées – dans le cadre du droit français - par la Commission de Contrôle des Banques à des personnes morales exerçant des activités bancaires : J. Gosson « Französischerlandesbericht » *in* K. Tiedemann, J. Gosson, *Straftaten und Strafrecht im Deutschen und Französischen Bank—und Kreditwesen, Erst. Deutschfranzösisch Kolloquium uber zivilrechtliiche, verwaltungsrechtlicle und strafrectliche Fragen des Bank -und Kreditwesens,* 19-21 Oct. 1972, Paris, p. 45.

phénomène disciplinaire dans le champ des sports, auquel nous sommes obligés de nous cantonner, est unanime[486].

Le seul problème qui est posé sur ce point consiste en la question suivante : lors de l'infliction de sanctions, nous trouvons-nous dans le champ du droit public ou dans celui du droit privé ?

Par exemple, pour Giakoumelos, le juge sportif – un des organes qui inflige des sanctions à des associations sportives, à savoir des personnes morales privées - constitue une autorité publique exerçant un « pouvoir disciplinaire public »[487] ; Deliyiannis et Skouris partagent cette thèse dans leur Avis juridique susmentionné. D'après eux[488], « de tout ce qui fut précédemment développé, nous arrivons à la conclusion que les organes juridictionnels unipersonnels agissent dans le champ du droit public quand ils infligent les sanctions visées dans l'article 60 des Règlements Généraux de l'EPO et l'article 27 des Règlements du Championnat ».

Par contre, pour Papadakis[489], il serait plus correct d'admettre que les actes de l'organe juridictionnel d'EPAE – en raison du statut de personne morale de droit privé d'EPAE - « ne sont pas administratifs : ils sont de caractère privé ».

Nous pouvons également rencontrer de pareilles prises de position divergentes dans la doctrine française, vu que de différentes thèses y furent formulées.

Ainsi, Galabert[490] et Richet[491] admettent le caractère public des actes des différentes fédérations sportives avec lesquels sont infligées des sanctions disciplinaires à des personnes physiques ou morales, tandis que Genevois[492] avance une thèse diamétralement opposée, selon

---

486 Voir les études que nous citons dans la note 484.

487 S. Giakoumelos, « Problèmes dans l'institution du juge sportif », précité, p. 1313.

488 I. Deliyiannis, V. Skouris, « Statut juridique du juge sportif et légalité de son pouvoir disciplinaire, Avis Juridique », précité, p. 588.

489 C. Papadakis, « Observations sur l'organe juridictionnel EPAE (Juge sportif), n° 90/1984 », p. 1269.

490 J.M. Galabert, Conclusions *in TC Peschaud c/ Groupement de football professionnel*, RPP 1981, p. 483 et s. précitées.

491 CE 13 fév. 1985 Association Sportive « Entente » sportive herbretaise, obs. L. Richet, précité.

492 CE 7 Déc. 1979 Peschaud, conclusions B. Genevois.

laquelle le règlement des différends doit être effectué par les tribunaux civils[493].

Si nous pouvions parler d' « impression » dominante dans la doctrine hellénique, nous conclurions que celle-ci admet le caractère public des sanctions disciplinaires qui sont infligées par des organes étatiques (par exemple le Secrétaire général des Sports, l'ASEAD ou celui qui fut appelé « Juge Sportif ») à des «associations sportives ou à d'autres clubs sportifs ». En ce qui nous concerne, nous partageons également cette thèse. L'intervention d'organes étatiques (comme le Secrétaire général des Sports) dont la nature administrative est incontestable ou de juges en exercice dont la fonction - en vertu de la Constitution - leur impose d'agir uniquement en tant qu'organes publics[494], nous oblige sur ce point à admettre que, en infligeant des sanctions, les organes en question constituent des organes administratifs étatiques particuliers[495]. Vu qu'elle est intégrée dans la dynamique de l'article 16 paragraphe 9 de la Constitution hellénique, en vertu de laquelle les sports sont placés sous la protection et la tutelle de l'État, l'attribution de compétences sanctionnatrices à des organes en principe publics ne peut que conduire - quant à la nature des organes susmentionnés - à l'acceptation de leur caractère public.

L'impasse à laquelle aboutit la thèse contraire apparaît clairement quand par exemple la jurisprudence est obligée d'admettre que le Secrétaire général des Sports, en infligeant des sanctions sur la base du règlement qui régit l'exercice du pouvoir disciplinaire à l'encontre des entraîneurs et des associations de basketball, agit en tant qu'organe de la Fédération Nationale de Basketball, étant donné que ledit règlement fut édicté par l'Assemblée Générale de la fédération susmentionnée[496]. Bien que la décision du Tribunal de Grande Instance d'Athènes présentement commentée renvoie à des arrêts similaires du Conseil d'État hellénique, n'est-il pas paradoxal qu'elle ignore le fait qu'un

---

[493] J. F. Karaquillo, « Le pouvoir disciplinaire dans l'association sportive », précité, p. 115 et s., formule des thèses intermédiaires, tout en entreprenant une distinction bien documentée du pouvoir disciplinaire, au niveau des fédérations sportives (en reconnaissant un caractère public aux sanctions y afférentes) et au niveau des simples associations (en reconnaissant un caractère privé aux sanctions y afférentes).

[494] Voir à ce propos les dispositions des paragraphes 1-3 de l'article 89 de la Constitution hellénique.

[495] Voir également sur ce point les motifs particulièrement convaincants de l'organe juridictionnel EPAE (Juge sportif) sur la décision n° 90/1984, précitée, (en langue hellénique).

[496] Voir à ce propos la décision du TGI 488/85, précitée.

organe public (en l'occurrence le Secrétaire général) ne saurait pas agir en tant qu'organe d'une personne morale privée pour la seule raison que telle est la volonté de celle-ci ? Si néanmoins nous conférons un pouvoir réglementaire au règlement susmentionné (et à notre avis il dispose dudit pouvoir, car ce n'est qu'ainsi qu'il peut engager également le Secrétaire général) quoi de plus naturel que d'admettre que ce dernier, en agissant dans le cadre de cette réglementation, agit en tant qu'organe administratif ?

L'objection valable que toutes les peines qui sont infligées dans le cadre de l'application de la législation sportive, ne peuvent pas avoir de caractère administratif, combinée à la thèse que les organes chargés de l'infliction de sanctions de ce genre ne sauraient pas disposer d'un caractère public (thèse qui est avancée, tant dans notre pays que dans d'autres[497]) ne peut aucunement nous conduire au point de «privatiser» tous les actes d'infliction de peines dans le cadre de ladite législation, quel que soit l'organe qui les inflige.

Si toutefois le caractère disciplinaire public des relations entre l'État et les associations sportives résulte sûrement - du moins de notre point de vue -, tant des données de la doctrine que de celles de notre droit positif (à l'exception toutefois des dernières prises de position de la jurisprudence sur la question des sanctions infligées à l'encontre des associations sportives), quelle pourrait être la base sur laquelle est fondé le phénomène disciplinaire concernant le champ en question ? Naturellement, cette question peut être étendue à tous les cas parmi ceux qui nous examinâmes. L'analyse qui suit (c) est consacrée à cette question.

c. L'évaluation du phénomène

Lors des cas que nous examinâmes ci-dessus, la reconnaissance par le droit positif du caractère disciplinaire des relations existant entre l'État et les personnes morales reflète en principe la philosophie elle-même qui le conduisit à reconnaître au fil du temps un caractère disciplinaire aux catégories que nous rencontrâmes jusqu'à présent. La vérification de notre thèse concernant le domaine des sanctions

[497] Voir, le très caractéristique J.F. Karaquillo, « Le pouvoir disciplinaire dans l'association sportive », précité, p. 115 et s.

infligées dans le cadre de ce qui est appelé « tutelle administrative » est en principe facile[498].

Il est évident que le droit positif - en déléguant des pouvoirs de l'Administration (*lato sensu*) à des organismes décentralisés - leur transfère une partie de l'activité « globale » qui, selon l'ordre juridique, appartient au secteur de la responsabilité de l' « ensemble organisé État » (l'État *lato sensu*) : de la sorte, il crée un ensemble plus partiel. Sur la base de la thèse en question, - et dans le cadre d'un État unitaire comme le nôtre, au sein duquel agissent, d'une part l'État (*stricto sensu*) et, de l'autre, les organismes décentralisés dont l'activité est intégrée dans une activité étatique « globale » (au sens large du terme) - il est évident que le fait que des organes étatiques (*stricto sensu*) infligent des sanctions à l'encontre des organes des organismes décentralisés, en raison de manquements à des obligations concernant le fonctionnement des ensembles organisés, est complètement lié à la notion de discipline, comme celle-ci fut déterminée par notre analyse. Par ailleurs, cela résulte également aisément de l'article 102 paragraphes 5 de la Constitution, en vertu duquel « L'État exerce sa tutelle sur les organismes des collectivités territoriales, sans entraver leur initiative et leur liberté d'action » : cette disposition démontre la profonde unité de l'État (*stricto sensu*) avec les organismes décentralisés[499].

La thèse que nous soutenons ici est aisément vérifiée également en ce qui concerne les cas d'infliction de sanctions à des personnes morales

---

[498] Nous rappelons sur ce point que - comme il fut démontré par notre analyse - il n'existe pas de lien disciplinaire direct dans le champ des relations existant entre l'État et les organismes décentralisés. Il est évident que, de ce point de vue, l'analyse qui suit, souhaite exclusivement démontrer que le phénomène disciplinaire est également circonscrit sur ce point, dans un champ d'organisation, même si nous devons envisager l'organisation en question à travers le prisme du sens large qui caractérise les relations existant entre l'État et les organismes décentralisés.

[499] Quant à cette question, voir également l'énoncé brillant de l'arrêt CEH 1063/57 dans lequel - après avoir précisé le sens des dispositions constitutionnelles qui instaurent les collectivités territoriales dans notre pays - il est expressément mentionné que, en vertu des dispositions en question, n'est pas inconstitutionnelle l'instauration par l'article 130 paragraphe 1 du Code des Communes et des Municipalités de la peine de suspension de fonctions jusqu'à trois mois, infligée par le préfet à l'encontre des autorités municipales ou communales en cas de manquement grave à leurs devoirs : « vu que l'infliction de peine disciplinaire aux organes élus des collectivités territoriales pour les raisons susmentionnées est comprise dans la notion de la tutelle légalement exercée en vertu des dispositions susmentionnées, et vise à assurer la bonne marche des organismes des collectivités territoriales qui s'avère bénéfique, tant pour l'État que pour les organismes en question (...) ».

privées cette fois, même s'il s'impose sur ce point de procéder à certaines différenciations. En effet, il n'existe sur ce point aucun doute que, si le droit positif reconnait le caractère disciplinaire des sanctions de cette catégorie, cela est dû au fait que, dans le présent cas, il existe un lien entre l'obligation non respectée et le fonctionnement d'un ensemble organisé, en l'occurrence l'État (*stricto sensu*) (1). La valeur de cette conclusion n'est nullement amoindrie quand certains aspects du droit positif rechignent à se soumettre à une conception unique du phénomène disciplinaire, celle que nous connûmes jusqu'à présent (2).

1. La règle

Tant le bon fonctionnement des établissements d'enseignement professionnel privés (et plus généralement des établissements d'enseignement privés) que la bonne tenue des matches et des autres rencontres sportives dans une ambiance de calme - pour nous cantonner aux exemples déjà cités - ont indubitablement des répercussions au bon fonctionnement de l'ensemble organisé État (évitement de troubles et maintien du calme dans les milieux des parents, des élèves et des étudiants, ainsi que disponibilité de cadres et de scientifiques bien formés dans le premier des cas susmentionnés, prévention de troubles ou d'incidents violents et de tout risque de perturbation de l'ordre public, incitation des citoyens à participer à des manifestations considérées comme bénéfiques pour la société dans le deuxième cas): en conséquence, avec l'instauration des contrôles disciplinaires et des sanctions disciplinaires, l'État les érige en une de ses fonctions collatérales[500].

---

[500] Certes, sur la base des conclusions qui précédèrent, la fonction en question est exercée à la suite d'un élargissement de son organisation. Il devient parallèlement évident que l'acceptation du caractère disciplinaire existant entre des personnes morales et l'ensemble organisé équivaut à un élargissement exclusivement quantitatif du domaine disciplinaire (tant du substantiel que du sanctionnateur), vu que ledit domaine est à chaque fois différencié par l'instauration supplémentaire d'obligations de faire preuve d'un certain comportement envers l'ensemble organisé que la doctrine (du moins celle qui est qualifiée de « doctrine traditionnelle ») ne considéra pas comme disciplinaires (il faut toutefois remarquer que, comme nous le démontrâmes, ses fondements sur les données du droit positif ne furent jamais particulièrement inébranlables et sûrs). Elle n'équivaut toutefois pas non plus à un élargissement qualitatif de la notion de discipline, vu que ce qu'elle apporte ne consiste en fin de

Quant au juge sportif, Giakoumelos[501] écrit que « son œuvre ne constitue pas une affaire privée, l'affaire d'une union de sociétés anonymes (de l'EPAE). Elle concerne la collectivité et l'intérêt général. Qui pourrait affirmer que la violence dans les stades constitue-t-elle une affaire privée concernant l'EPAE et non pas une affaire concernant l'État ? »

De plus, dans la doctrine française est dominante l'association, d'une part des fédérations sportives ou de tous ceux qui apportent leur concours aux autorités publiques dans le domaine du développement des sports et, de l'autre, de la notion de service public et, en conséquence de l'appareil de l'État *lato sensu*. Ainsi, commentant l'arrêt *TC Peschaud c/ groupement du football professionnel*, Schoettl et Hubac[502] écrivent de manière fort caractéristique : « L'arrêt reconnaît, d'une part, l' existence d'un service public administratif que l'on pourrait qualifier de « service public de la gestion des activités sportives » auquel sont associées non seulement les fédérations sportives, mais l'ensemble des « personnes privées », qui apportent leur concours aux personnes publiques chargées du développement des activités physiques et sportives ».

Ainsi, la seule question qui se pose sur ce point est la suivante : l'instauration, de la part du droit positif, de la responsabilité disciplinaire des clubs sportifs pour les agissements de leurs supporters, constitue-t-elle une faille de la thèse que nous démontrâmes qu'elle est suivie jusqu'à présent par celui-ci ? Car, l'absence du moindre lien organique manifeste entre les personnes

---

compte qu'en l'élargissement quantitatif des données du domaine disciplinaire (tant du domaine substantiel que du domaine sanctionnateur) et non en la différenciation de son essence ; certes, cela ne nous empêche pas de considérer que la reconnaissance du caractère disciplinaire dans les relations avec les personnes morales constitue une étape importante de l'évolution des règles du droit public. La responsabilité disciplinaire des personnes morales est reconnue aussi difficilement – ou même avec une encore plus grande difficulté - que leur responsabilité pénale, vu que les notions en question étaient traditionnellement liées aux activités des personnes physiques : cette évolution constitue une particularité impressionnante du droit contemporain qui ne peut pas être occultée.

[501] S. Giakoumelos, « Problèmes dans l'institution du juge sportif », précité, p. 1314.

[502] J. E. Schoettl, S. Hubac, « Chronique générale de jurisprudence administrative française », *AJDA* 1984, p. 533.

susmentionnées et les clubs sportifs punis soulève à juste titre le doute s'il existe dans le cas présentement étudié l'élément de l'organisation qui s'avère nécessaire pour la notion de discipline, vu que - précisément - c'est sur celui-ci qu'il est constamment fondé le phénomène disciplinaire.

2. L'exception ?

À première vue, la qualification de disciplinaires des sanctions qui sont infligées aux clubs sportifs en raison des agissements de leurs supporters ne paraît pas créer de problèmes à notre analyse. Car, selon la loi, ce sont précisément les clubs qui sont responsables de la bonne tenue des matches.

En effet, en vertu de l'article 29 paragraphe 1 du Règlement des Championnats précité, « lors des matches pour les Championnats et les Coupes, ainsi que lors des matches amicaux, c'est aux équipes en compétition qu'il incombe de prendre les mesures de prévention adéquates pour réprimer les agissements qui portent atteinte au prestige du sport ou qui excitent les spectateurs du match ; elles sont responsables pour tout acte de leurs joueurs, de leurs membres ou de leurs supporters qui serait contraire aux idéaux athlétiques ».

En conséquence, vu que lors de la tenue des matches, les clubs sont tenus de contribuer au maintien d'une ambiance calme - surtout lorsqu'ils jouent à domicile - il est logique et conforme à la loi qu'ils soient punis quand cette ambiance est perturbée, même si la perturbation en question est due aux agissements de personnes avec lesquelles les clubs ne sont liés par la moindre relation juridique.

Donc, en fin de compte, même dans les cas présentement examinés, la notion de discipline - telle qu'elle résulta au fil de notre étude- est valable, vu que dans tous les cas il existe un lien entre un certain comportement (celui des clubs sportifs) et un ensemble organisé (l'État en l'occurrence), à l'organisation et au fonctionnement duquel participent ces premiers.

Bien que cette argumentation soit pertinente[503], il existe néanmoins un point sur lequel nous devons nous attarder pour l'examiner plus attentivement.

---

[503] À condition certes qu'il s'agisse d'actes de leurs supporters et non de personnes qui seraient éventuellement commanditées par des clubs sportifs rivaux dans le but de nuire au club, en se faisant passer comme ses supporters.

De l'analyse qui précéda, il apparut clairement que la responsabilité disciplinaire pesant sur les clubs sportifs en raison des activités de leurs supporters qui ne sont pas conformes aux prescriptions des lois, constitue une responsabilité fondée sur le comportement de personnes qui n'entretiennent aucun lien organique - donc juridique - avec les clubs en question. Or, ce constat - qui différencie le cas présentement examiné de tous les autres cas typiques de responsabilité fondée sur des actes de tierces personnes (lors desquels il existe une certaine relation juridique entre la personne « punie » et les personnes commettant les actes qui entraînent la « punition » de la première), vu qu'entre le club sportif et ses supporters se développent des relations informelles[504] bien que dynamiques - nous pose impérativement la question suivante : le phénomène disciplinaire, est-il vraiment fondé dans le présent cas sur l'élément de la participation d'une certaine personne à l'organisation et au fonctionnement d'un ensemble public ? Car, par définition, aucun lien organique ne relie les supporters avec les clubs sportifs et, par extension, avec l'organisation et la fonction de l'État.

Tout d'abord, en empruntant un terme de la manière dont est organisée l'Administration, nous pourrions parler d'organisation de fait, dans la mesure où le supporter - à travers sa participation à une certaine manifestation sportive - semble s'identifier au club dont il constitue, d'une certaine façon, l'extension naturelle. Il convient toutefois de remarquer que, dans certains autres cas lors desquels nous admîmes la notion d'organisation de fait, il s'agissait toujours d'activités de l'Administration qui, tout simplement, étaient exercées par des personnes sans aucun lien organique (*stricto sensu*) avec elle. Par contre, dans le cas des clubs sportifs, les supporters n'exercent dans aucun cas des activités organiques au sein des clubs : ils se bornent à participer à des manifestations qui les concernent. Ainsi, en fin de compte, dans le présent cas, seule la notion de membre de fait et non de l'organe de fait pourrait être retenue, vu qu'elle crée un lien incontestable entre le club sportif et le supporter. Il est fort probable que le législateur instaura la responsabilité disciplinaire des clubs sportifs pour le comportement de leurs supporters en se fondant sur des considérations pareilles.

---

[504] Quant à un cas analogue, voir l'article 21 par. 3 de la Constitution allemande, en vertu de laquelle sont considérés d'inconstitutionnels les partis qui « *nach ihren Zielen oder nach dem Verhalter ihrer Anhänger darauf ausgehen, die freiheitliche demokratische Grundordnung zu beeinträchtigen oder zu beseitigen oder den Bestand des Bundesrepublik Deutschland zu gefährden* ».

Malgré le fait que cette thèse pourrait théoriquement être admise, elle ne peut néanmoins être retenue que dans la mesure où le supporter ferait preuve d'un comportement de membre, c'est-à-dire qu'il se comporterait comme le club le souhaite, en vertu des statuts qui le régissent. Considérer comme des membres de fait des personnes qui, non seulement se livrent à des activités sans relation avec les activités légales du club, mais qui de plus nuisent à ses véritables intérêts (qu'elles en soient conscientes ou non), cela peut naturellement servir les intérêts de l'ordre public[505] et ses efforts dans le but de faire face à des situations difficiles ; néanmoins, la logique juridique se trouve dans l'impossibilité de fournir le moindre fondement valable à cette tentative. Ainsi, du moins dans les cas précédemment examinés, force est de constater l'échec de notre première tentative de concevoir les relations entre les supporters et les clubs en tant qu'organiques.

Néanmoins, même si nous acceptions sans rechigner la thèse de l'unité organique existant entre les supporters et les clubs sportifs, nous ne serions pas non plus en mesure de fonder en toute logique le phénomène disciplinaire sur l'unité en question et - par extension - sur la participation d'une personne à l'organisation et au fonctionnement d'une personne morale donnée. En effet, un tel fondement implique que l'ensemble disciplinairement contrôlé soit – dans une certaine mesure du moins - capable de contrôler à son tour les personnes dont le comportement lui est finalement imputé. Si en l'occurrence il n'en est pas le cas, comme cela se passe (et cela ne se passe pas, car il n'existe pas la moindre relation juridique entre les clubs sportifs disciplinairement contrôlés et leurs supporters), il est manifeste que les clubs en question - quels que soient le talent, les capacités et les compétences de leurs dirigeants - ne sont pas en mesure d'assurer l'observance du comportement requis par la loi.

Or, où sommes-nous amenés par les constats logiques susmentionnés ?

Assurément pas à la conclusion que, en instaurant le phénomène disciplinaire dans les cas que nous sommes en train d'analyser, le droit positif « divergea » du critère qu'il avait jusqu'à présent adopté. En

---

[505] Le besoin de contenir et d'éradiquer la violence dans les stades, besoin qui se fait de plus en plus sentir en raison de ses conséquences funestes, amena le législateur à instaurer ce genre de responsabilité des clubs sportifs. Bien que cette responsabilité heurte la logique et la morale traditionnelle, elle s'avère néanmoins grandement capable de préserver la « paix » dans les lieux où sont organisées des manifestations sportives.

accordant incontestablement une importance particulière à la réalité qui nous environne, à savoir aux relations simples tout autant que dynamiques, le droit positif considère que le club sportif et ses supporters constituent un ensemble unique : il instaure en conséquence la responsabilité disciplinaire du premier pour les agissements illégaux des seconds. Les agissements en question n'exposent pas seulement leurs auteurs à des sanctions éventuelles : ils constituent également pour le club sportif un manquement à son obligation d'assurer l'ordre et le calme dans le stade, vu que la loi (en d'autres termes l'ensemble organisé) exige que ce résultat soit atteint. Or, de la sorte, il n'abandonne pas - formellement du moins - le critère qu'il adopte jusqu'à présent, comme nous le constatâmes à travers notre analyse jusqu'à présent.

Néanmoins, bien que les constats susmentionnés ne soient pas en mesure d'altérer la forme formelle de la relation disciplinaire existant entre l'ensemble organisé (à savoir l'État) et la personne morale contrôlée pour les raisons qui furent développées ci-dessus, ils perturbent toutefois la forme substantielle (du point de vue de notre approche des choses), dans la mesure où l'observance du comportement auquel consiste l'essence de la discipline, est incontestablement en fonction de la possibilité de la personne disciplinairement contrôlée de l'assurer. Nous sommes en conséquence amenés au point de parler ici de perturbation de la relation disciplinaire organique elle-même, en d'autres termes de la rupture de toute relation disciplinaire existant dans le présent cas entre la personne morale et l'ensemble organisé. Cela nous conduit en conséquence à considérer que - quand le droit positif traite de ce point particulier - il diverge, substantiellement du moins, du modèle logique d'organisation que nous avons connu jusqu'à présent[506].

Cependant, même si nous n'adoptons pas la thèse en question, considérant que nous nous trouvons face à un élargissement encore plus grand du phénomène disciplinaire, il nous semble obligatoire d'admettre que, dans le cas présentement étudié, les notions de relation disciplinaire (publique) et de discipline atteignent leurs limites logiques. En effet, au-delà de ce point, la relation d'un certain comportement humain avec un ensemble organisé (sur laquelle est

[506] Naturellement, sur cette base, nous pouvons comprendre la thèse de Stassinopoulos, quand il parle d'élargissement inacceptable de la notion de discipline en des champs n'appartenant pas à celui des relations existant entre l'État et les agents publics.

fondée, comme nous le constatâmes, la notion de discipline) paraît difficilement soutenable.

Conclusion de la deuxième partie

La notion de discipline, une notion en évolution constante dans le droit positif hellénique, est identifiée actuellement, tant dans les relations existant entre les ensembles organisés et les personnes physiques qui en sont leurs organes que dans celles existant entre les ensembles organisés et les personnes physiques ou morales qui sont les usagères de leurs services ou qui sont contrôlées par eux.

L'identification du phénomène disciplinaire dans d'autres champs - au-delà de celui qui est considéré comme « classique », qui consiste comme nous eûmes l'occasion de le constater en la relation existant entre les ensembles organisés et les personnes physiques qui en sont leurs organes, et plus particulièrement celles qui sont des organes titulaires du statut de fonctionnaire public - fournit à la doctrine l'occasion de parler dans ces cas de « para-discipline » ou de « quasi-discipline ».

De l'analyse qui précéda, il résulta clairement que les qualifications susmentionnées - dues sans aucun doute à une vision fragmentée et donc incomplète de l'état des choses - étaient contraires au droit positif. Il en résulta en effet que la notion de discipline dans le droit positif est fondée constamment - dans tous les cas où nous identifiâmes le phénomène disciplinaire - sur l'élément de l'organisation qui joue un rôle déterminant dans la construction en question. Ainsi, toute identification du dudit phénomène dans des domaines où celui-ci est visible ne pose pas le moindre problème.

Parallèlement, il devient évident que - en ce qui concerne l'apparition chronologique du phénomène disciplinaire dans l'ordre juridique hellénique - celle-ci fut totalement erratique vu que chacune de ses manifestations aurait pu logiquement - et donc juridiquement- précéder une autre. Nous en eûmes un premier indice explicite nous menant à ce constat avec l'instauration d'institutions de tutelle administrative dès l'époque des constitutions adoptées dans les années 1820 par les insurgés grecs lors de l'Insurrection Grecque ; l'examen des droits positifs d'autres pays nous conduit également aux mêmes conclusions.

Certes, les conclusions susmentionnées ne sont pas évidemment valables quand le phénomène disciplinaire est activé par des actes de personnes sans aucun lien organique - et, en conséquence, sans aucun lien juridique- avec les personnes qui sont « punies » disciplinairement. Néanmoins, ce fait qui conduit inévitablement - sur la base d'une logique implacable - à l'acceptation des notions de discipline et de relation disciplinaires différenciées, n'est pas cependant en mesure d'altérer la valeur des conclusions auxquelles nous aboutîmes lors de notre étude, tout comme par ailleurs le fait qu'à la base de la cohérence conceptuelle du phénomène disciplinaire se trouve l'élément de l'organisation, n'est pas en mesure d'occulter l'extension de plus en plus grande du phénomène disciplinaire qui couvre désormais les domaines les plus différents des activités humaines.

Epilogue

Vu que - à de rares exceptions près - la doctrine traditionnelle hellénique du droit administratif ne prit jamais la peine de procéder à une exploration critique de la notion de discipline, elle relia, à travers une approche superficielle, le phénomène disciplinaire exclusivement aux relations existant entre les « agents publics » et les ensembles organisés.

De la sorte, elle fut prise au dépourvu quand elle fut appelée à « adopter» le phénomène disciplinaire, lorsque le droit positif - tentant de faire face de manière efficace aux réalités complexes de notre époque - relia (directement ou indirectement), l'activité de certaines personnes à la fonction de l'État ou d'autres ensembles publics, les « contraignant » à faire preuve d'un certain comportement via l'instauration et l'infliction de sanctions explicitement qualifiées de disciplinaires.

Naturellement, au tout premier abord, la doctrine aurait pu avoir raison, vu qu'une qualification du législateur ne s'avère pas toujours suffisante pour donner une réponse définitive et irrévocable à une question. Néanmoins, comme il résulta de notre analyse - à une exception près, concernant de surcroît un cas contesté - à chaque fois que le droit positif parla de discipline, il relia directement une certaine activité ou une certaine personne au fonctionnement ou à l'organisation d'un ensemble public.

Ce constat délimite indubitablement le noyau de la notion de « discipline », préfigurant sûrement l'intégration dans cette catégorie du droit positif de tout cas dans lequel des éléments pareils seraient identifiés.

Cependant, il ne préfigure pas pour autant le régime juridique, vu que - comme il résulta d'une analyse rapide et à l'exception éventuellement de rares cas - l'intégration d'une certaine relation dans le phénomène disciplinaire n'entraîne pas automatiquement l'application de certaines - et toujours des mêmes - règles de droit.

Cette balance ne s'avère aucunement négative comme certains pourraient trancher en évaluant superficiellement les données et en ne retenant que les notions et les manifestations évidentes et directes du droit positif.

Ainsi, si cette balance penche vers la direction de la délimitation de la notion de « discipline » sur la base de caractéristiques qui n'ont la moindre relation avec le régime juridique - en d'autres termes ne le préfigurent pas - ce n'est que parce que les éléments organiques s'avèrent encore une fois à travers la présente analyse comme les plus importants pour aborder et pour interpréter le droit positif.

BIBLIOGRAPHIE

(Elle ne comprend que les œuvres qui furent citées lors de la présente étude)

A. Ouvrages, monographies, thèses

Aggelopoulos G., *Système de Droit Administratif*, 1886-1894, (en langue hellénique)

Aggelopoulos T., *Droit des fonctionnaires civils en Grèce*, Athènes 1913-1914, fascicules A-B (en langue hellénique)

Amzazi M., *Étude du principe de la légalité de la répression en droit pénal économique*, Thèse Paris, 1978

Androulakis N., *Droit pénal Partie Générale, Partie A, Les fondements*, éd. Ant.Sakkoulas, (en langue hellénique)

Auby J-M – Drago R., *Traité de contentieux administratif*, T.1, 2, 2ème éd. 1975

Baumann J., *Strafrecht Allg.* Teil 8e Aufl. 1977

Bazex M., *Corporatisme et droit administratif*, Thèse Toulouse, 1967

Behl W., *Verändertes Strafrecht, verändertes Disziplinarrecht*, Diss. Würzburg.

Behnke H., *Strafe und Massnahme im Disziplinarrecht. Ein Beitrag zur Neuorientierung des Beamtendisziplinarrechts unter Berucksichtigung (besonderer) des Problems des Doppelbestrafung*, Diss. München, 1972

Behnke K., *Bundesdisziplinarordnung*, 2 Aufl., Kohlhammer Kommentar, 1969

Berton J., *Les ordres professionnels*, Thèse Paris 1951

Bonnard R., *De la répression disciplinaire des fautes commises par les fonctionnaires publics*, Thèse Bordeaux, 1903

Bouropoulos N., *La notion de fonction juridictionnelle*, Athènes, 1951 (en langue hellénique)

Cambier C., *Droit administratif*, Bruxelles, 1968

Carré de Malberg R., *Confrontation de la théorie de la formation du droit par degrés avec les idées et les institutions consacrées par le droit positif français*, 1933

Chiolos K., *Code disciplinaire des fonctionnaires de l'État, des Personnes morales de Droit public, des Collectivités territoriales*, 2e édition, 1979 (en langue hellénique)
Chorafas N., *Droit pénal*, vol. 1, 9e éd., 1978 (en langue hellénique)
Dagtoglou P., *Droit administratif général*, 2e éd., 1984 (en langue hellénique)
Delpérée F., *L'élaboration du droit disciplinaire de la fonction publique*, Paris LGDJ, 1969
Demichel A., *Le contrôle de l' État sur les organismes privés. Essai d'une théorie générale*, Thèse Paris 1958
Dendias M., *Droit administratif*, vol. 1, 5e édition, 1964, 9e édition, 1978 (en langue hellénique)
Dinkelmann J., *Die Rechtsstellung der Schülers im Schülerdisziplinarrecht*, Diss. Freiburg im Schweiz, 1985
Drews B. - Wacke G. - Vogel K. - Martens W., *Gefahrenabwehr (Allgemeines Polizeirecht (Ordnungsrecht) des Bundes und der Länder)*, 9e Aufl. 1986 von K Vogel et Wolf. Martens
Drougkas I., *Le droit disciplinaire des fonctionnaires publics*, 1953 (en langue hellénique)
Duguit L., *L'État, les gouvernants et les agents*, Paris 1903 T. II
Eisenmann C., *Cours de droit administratif*, Paris 1982 LGDJ, T.1
Eisenmann C., *Cours de droit administratif*, 1966-1967, *La cité du droit*
Eisenmann C., *Cours de doctorat*, Paris, 1955-56
Engelhard H. J., Hövelmann I., *Bundesdisziplinarrecht*, 1970
Fleiner F., *Institutionen des deutchen Verwaltungsrechts*, 8e Aufl.1928, (traduction en langue hellénique de Stymfaliadis G., 1932)
Fliedner O., *Die Zumessung der Disziplinarmassnahmen. Schriften zum Őffentlichen Recht*, Band 203, 1972
Flogaïtis T., *Guide des fonctionnaires et des agents territoriaux*, Athènes 1890
Forsthoff E., *Verwaltungsrecht*, 10e Aufl., 1973
Forsthoff E., *Die öffentliche Körperschaft im Bundesstaat*, 1931
Fthenakis C., *Système de droit des fonctionnaires (selon le Code)*, vol. C, 1ere éd., 1967 (en langue hellénique)
Ghenima M., *Les sanctions administratives. En dehors de la fonction publique*, Thèse Bordeaux, 1955
Gunderdie G., *Disziplinarrecht des Sports*, Diss. Iena 1937
Hartmer M., *Disziplinarrecht der freien Berufe*, Diss. Hagen, 1985
Henggeler O., *Das Disziplinarrecht der freiberuflichen Rechtsanwälte und Medizinalpersonen*, Diss. Zurich, 1976

Hesse C., *Grundzüge des Verfassungsrechts der Bundesrepublik Deutschland*, 13e Aufl. 1982

Hochstaedter E., *Die rechtliche Natur der Disziplinarstrafe. Insbesondere der Disziplinarstrafe gegen Beamte*, Diss. Göttingen 1896.

Iliopoulos T., *Système du droit pénal hellénique*, vol. 1, 5e éd., 1936 (en langue hellénique)

Isaak G., *La procédure administrative non contentieuse*, LGDJ, 1968

Jakobs G., *Strafrecht, Allgemeiner Teil,* Die Grundlagen und die Zurechnungen, 1983

Jesch. D., *Gesetz und Verwaltung*, 2e Aufl. 1968

Jescheck, H.H., *Lehrbuch des Strafrechts*, Allg. Teil, 3e Aufl. 1978

Karakatsanis A., *L'ordre juridique de l'exploitation. Des pouvoirs de l'employeur*, 1969 (en langue hellénique)

Karakatsanis A., *Le droit du travail*, vol B/I, 3e éd. 1977 (en langue hellénique)

Karanikas D., *Manuel de Droit pénal, vol. A,* Partie Générale, 2e éd. 1960 (en langue hellénique)

Kelsen H., *Théorie pure du droit*, traduction française de la 2e édition de Reine Rechtslehre par Ch. Eisenmann, 1962

Knapp B., *Précis de droit administratif*, 2ème éd. 1982

Kyriakopoulos I., *Droit administratif hellénique*, vol. 3, Partie Spéciale, 4e édition, 1962, Salonique (en langue hellénique)

Laband P., *Staatsrecht des deutschen Reiches*, B 1, 5e Aufl., 1911

Lalande A. (de), *Vocabulaire technique et critique de la philosophie*, 14e éd. 1983

Laubadère A. (de), *Traité élémentaire de droit administratif*, T. I, II, 5e éd. 1970, T. III, 2e éd. 1971

Lefondré M., *Recherches sur les sanctions administratives et leur nature juridique*, Thèse Caen, 1973

Légal A. - Brèthe de la Gressaye J., *Le pouvoir disciplinaire dans les institutions privées*, 1938

Lindgen E., *Handbuch des Disziplinarrechts fur Beamten und Richter im Bund und Ländern*, B. 2, 1966

Lynker H., *Die Rechtsgrundlagen der öffentlichen Körperschaft im heutigen Verwaltungsrecht*, Diss. Bonn, 1960

Lytras S., *La notion de sanction et la distinction fondamentale des sanctions*, L 'Harmattan 2015

Lytras S., *La notion des amendes administratives et la conformité à la Constitution de leur infliction*, Athènes 1986 (en langue hellénique)

Lytras S., *Agents et organes administratifs*, Thèse Paris, 1973
Maack H., *Grundlagen des studentischen Disziplinarrechts*, Diss. Freiburg im Br., 1956
Makridakis E., *Droit disciplinaire*, 1973 (en langue hellénique)
Malta D., *Essai sur la notion du pouvoir hiérarchique*, Paris, LGDJ, 1961
Mattes H., *Untersuchungen zur Lehre von den Ordnugswidrigkeiten. Erster Halbband*, 1977
Maurach R. - Zipf. H., *Strafrecht Allg*. Teil., Teilb. 1, 5e. Aufl. 1977
Maurer H., *Allgemeines Verwaltungsrecht*, 4e. Aufl. 1985
Mayer G., *Lehrbuch des deutschen Verwaltungsrecht*, Band II, 3e. Aufl. Leipzig 1910
Merigot J.-G., *Essai sur les Comités d'Organisation*, LGDJ, 1943
Merkl A., *Allgemeines Verwaltungsrecht,* Springer, 1927
Mitsou T., *Le droit disciplinaire de l'entreprise*, Athènes 1979, (en langue hellénique)
Morel R., *Les destinées contemporaines du principe de la personnalité des peines*, Thèse Lille, 1968
Mourgeon J., *La répression administrative*, Paris. LGDJ, 1967, (Thèse Toulouse 1966)
Müller R., *Betriebs Disziplinarwesen*, Diss. 1983
Nafpliotis G., *Interprétation du Code des fonctionnaires de l'État et des personnes morales de droit public*, vol. 3, Droit disciplinaire, 1978 (en langue hellénique)
Nafpliotis G., *Die Anstaltsgewalt und ihre Grenzen*, München 1967
Nézard H., *Les principes généraux du droit disciplinaire*, Thèse Paris, 1903
Oikonomou D., *Le contrôle disciplinaire des fonctionnaires publics*, Athènes, 1960 (en langue hellénique)
Pantelis A., *Questions de réserve constitutionnelle*, 1984, (en langue hellénique)
Papadakis G., *Droit disciplinaire des fonctionnaires publics*, 1973, (en langue hellénique)
Papadimakis A., *La désobéissance du militaire en tant qu'acte punissable en vertu de l'article 70 du Code Pénal militaire*, 1987 (en langue hellénique)
Papachatzis G., *Système du droit administratif en vigueur en Grèce*, 6e éd., 1983, (en langue hellénique)
Pavlopoulos C., *Le football, Recueil de jurisprudence et de législation*, 1985

Picard E., *La notion de police administrative*, LGDJ, Publications de l' Université de Rouen, Paris 1984
Plantey A., *Traité pratique de la fonction publique*, 3e éd. 1971, vol. 1.
Plotke H., *Disziplinarrecht*, Schweizerisches Schulrecht, 1979
Portner C., *Die Anstaltsgewalt öff. Schulen mit Beispielen aus dem zürcherischen Recht*, Diss. Zurich, 1979
Rivero J., *Les mesures d'ordre intérieur administratives*, 1934
Rivero J., *Droit administratif*, 4e éd. 1970
Rudolf W., *Verwaltungsorganisation in Allgemeines Verwaltungsrecht*, Hrsg von Erichsen H.U. und M. Martens, 7e Aufl., 1986
Rupp H., *Grundlagen der heutigen Verwaltungsrechtslehre*, 1965
Salon S., *Délinquance et répression disciplinaires dans la fonction publique*, Paris 1969
Saripolos N.N., *Études sur les fonctionnaires*, 1906 (en langue hellénique)
Savatier J., Étude juridique de la profession libérale, Thèse Poitiers 1946
Schmidt E., *Strafrecht und Disziplinarrecht: Deutsche Landesreferrate zum III. Internationaler Kongress fur Rechtsvergleichung*, Londres 1950
Spiliotopoulos E., *Institutions fondamentales du droit des fonctionnaires*, (en langue hellénique), 1984
Spiliotopoulos E., *Manuel de droit administratif*, 4e éd., 1986 (en langue hellénique)
Spiliotopoulos E., *Questions de compétence réglementaire de l'Administration*, Athènes 1968 (en langue hellénique)
Spiliotopoulos E., *La distinction des institutions publiques et des institutions privées en droit français*, LGDJ 1959, préface Eisenmann
Stafgesetzbuch, *Leipziger Kommentar*, Erster Band. 9e Aufl, 1974
Stamatakos I., *Dictionnaire du Grec Ancien*, 1972 (en langue hellénique)
Stassinopoulos M., *Responsabilité civile de l'État, des fonctionnaires et des personnes morales de droit public*, 1959, réédition en 1968, (en langue hellénique)
Stassinopoulos M., *Le droit des actes administratifs*, 1951 (en langue hellénique)
Stassinopoulos M., *Le droit de défense devant les autorités administratives*, 1974 (en langue hellénique)

Stassinopoulos M., *Cours de droit administratif*, 1957 (réédition 1976) (en langue hellénique)
Svolos A. - Vlachos G., *La Constitution hellénique*, Partie I, vol. 2, 1955, (en langue hellénique)
Tachos A., *Droit des fonctionnaires*, 1985 (en langue hellénique)
Tsatsos T., *Études de droit administratif*, 1958 (en langue hellénique)
Tsatsonis S., *Le droit disciplinaire des avocats*, Athènes 1970 (en langue hellénique)
Viché G., *La sanction professionnelle*, Thèse Montpellier, 1948
Welzel H., *Das deutsche Strafrecht*, 11 Aufl., 1969
Wolf H., Bachof O., *Verwaltungsrecht*, B 1, 9e Aufl 1974

B. Articles, études, commentaires, etc.

Auby J.M., « Les sanctions administratives disciplinaires applicables aux usagers volontaires des services publics », *Mélanges Brèthe de la Gressaye*, 1968, p. 69 et s.
Baumann J., "Kritische Gedanken zur Disziplinarstrafe", *JZ* 1963, p. 612 et s.
Bouropoulos N., « Critique de Nafpliotis G.: Die Anstaltsgewalt und ihre Grenzen, München 1967 », *Revue du Droit Public* 1969 p. 213, (en langue hellénique)
Brichet R., « Dans quelle mesure les associations sportives et de jeunesse participent-elles à l' exécution d'un service public ? » *Mélanges offerts au Professeur R.E. Charlier «Service Public et libertés*
Colliard C., « La sanction administrative », *Annales de la Faculté de Droit d'Aix*, 1943 p. 3 et s.
Corail J. (De), « La distinction entre mesure disciplinaire et mesure hiérarchique dans le droit de la fonction public », *AJDA* 1967 p. 3 et s.
Dau K., « Der Begriff des Dienstvergehens und sein Verhältnis zum Straftatbestand », *DvBl*, 1968, p. 62 et s.
Deliyiannis I. - Skouris V., « Statut juridique du juge sportif et légalité de son pouvoir disciplinaire, Avis Juridique », *Armenopoulos* 1986 (en langue hellénique), p. 580 et s.
Delpérée F., « Discipline et changement dans la fonction publique », *Recueil de jurisprudence du droit administratif et du Conseil d'État*, 1969.

Drago R., Note in CE 16 déc. 1955, *Dame Bourokba*, *Rec.* Dalloz - Sirey 1956, p. 392 et s.

Duguit L., « De la situation juridique des particuliers faisant usage des services publics », *Mélanges Maurice Hauriou*, (Sirey 1929) p. 253 et s.

Galabert J.M., Conclusions in CE *Allegreto*, *AJDA* 1967, p. 534 et. s.

Galabert J.M., Conclusions in TC 7 juillet 1980, *Peschaud c/Groupement de football professionnel*, *RDP* 1981, p. 483 et s.

Genevois, Conclusions in CE 7 Déc. 1979, *Peschaud*

Georgel J., « Les sanctions administratives », *Jurisclasseur Administratif*, Fasc. 202

Giakoumelos S., « Problèmes dans l'institution du juge sportif », *Justice hellénique* 1985 (en langue hellénique), p. 1313 et s.

Gosson J., "Französischer Landesbericht *in* K. Tiedemann-Jean Gosson: Straftaten und Strafrecht im Deutschen und Französischen Bank-und Kreditwesen" in *Erst Deutsch - französisch Kolloquium über zivilrechtliche, verwaltungsrechtliche und strafrechtliche Fragen des Bank - und Kreditwesens*, 19-21 Oct. 1972, Paris.

Gressaye (de la) Brèthe J., Légal A., « Discipline » in *Répertoire du droit pénal et de procédure pénale*, T. II.

Gros M., Verkind (P. Yv.), « L'autonomie du droit du sport, Fiction ou réalité », *AJDA* 1985 p. 899 et s.

Groshens J. C., « À propos du pouvoir hiérarchique dans l' administration », *AJDA* 1966, p. 140 et s.

Hauriou M., Note in CE 23.3.1906, *Chauvin*, *S.* 1908. 3.17.

Hauriou M., « La théorie de l'institution et de la fondation », 4e. *Cahier de la Nouvelle Journée*, 1925

Hecquard - Theron M., « De la mesure d'ordre intérieur », *AJDA* 1981, p. 235 et s.

Heilbronner A., « Le pouvoir professionnel », *EDCE*, 1952

Heumann, Conclusions in CE 17 mai 1957, *Sieur et Dame Schutz*, *RDP* 1957, p. 895 et s.

Juglart de (M), « Les sanctions administratives dans la législation récente », *JCP* 1941,1, Doctrine No. 283

K. J-L., Observations in CE 5 Mars 1981, *Ministre du Budget C/M.A.*, *AJDA* 1981 p. 46 et s.

Kaiser K., « Erziehungsmaßnahmen und Ordnungsmaßnahmen, Rechtliche Sanktionen der Schuldisziplin », in *Schulpädagogische Aspekte H.J.-Ipfling (Hrsg) Disziplin ohne Zwang. Begründung und Verwirklichung*

Kallimopoulos M., Avocat général, Avis, 36/57 in *Nomiko Vima* 6, p. 294 (en langue hellénique)
Karaquillo J.P., « Le pouvoir disciplinaire dans l' association sportive », *Rec. Sirey* - Dalloz 1980, Chronique XVII, p. 115 et s.
Krüger H., « Das besondere Gewaltverhâltnis », *VVDStRL Heft 15* (1957), p. 133 et s.
Kugler R., « Ist das Disziplinarrecht verfassungswidrig? », *ZfB* 1960, p. 33 et s.
Kyriakopoulos I., « Observations introductives aux articles 104-106 de la loi introductive du Code civil (Responsabilité de l'État et d'autres personnes de droit public découlant des actes et des omissions de leurs organes) » in *ERMAK* (Interprétation du Code civil) art. 105 (en langue hellénique),
Leisner W., « Öffentliches Amt und Berufsfreiheit », *AöR* 1968 (93) p. 161 et s.
Letourneur M., « Les principes généraux de droit dans la jurisprudence du Conseil d'État », *EDCE* (5) 1951
Liet - Veaux G., « Les ordres professionnels », *Jurisclasseur administratif fasc.* 145 et 146.
Luthe E.-W., « Besonderes Gewaltverhältnis und Sachstrukturen Ein Beitrag zur Théorie des besonderen Gewaltverhältnisses », *DVBI*, 1986 p. 440 et s.
Lytras S., « Le régime disciplinaire des agents de droit privé des personnes publiques en Grèce », *Annuaire européen d'administration publique* éd. CNRS, 1979, p. 569 et s.
Lytras S., « Les structures de l'administration centrale grecque, Annuaire européen d'administration publique », *édit. CNRS*, 1978, p. 446
Magkakis G., « Le problème du droit pénal économique. Parallèlement, contribution à la doctrine du droit administratif pénal », *Chroniques Pénales H*, p. 385 et s. et 465 et s. (en langue hellénique)
Morange G., Note in CE. *Chaverou*, *D.* 1945 p. 228. et s.
Morange G., « Le principe des droits de la défense devant l'Administration active », *D.* 1956, chronique XXVII, p. 121 et s.
Odent R., Conclusions in CE 6 Oct. 1945 *Aramu*, *S* 1946. 3.1.
Papalabrou A., « La notion du principe de séparation des pouvoirs » *in Mélanges Al. Svolos*, 1961, p. 334 et s. (en langue hellénique)
Plouvin J. U., note in *TC Peschaud c/ Groupement du Football professionnel*, *Rec. Sirey - Dalloz* 1981 p. 297 et s.

Plouvin J. U., « Les associations sportives ou le sport à la recherche de son juge et de son droit », *AJDA* 1980, p. 177 et s.

Richer L., « La notion de tutelle sur les personnes en droit administratif », *RDP* 1979, p. 971 et s.

Richer L., Observations in CE 13 fév. 1985, A*ssociation sportive «Entente sportive herbretaise»*, *AJDA* 1985, p. 227

Rivero J., « Remarques à propos du pouvoir hiérarchique », *AJDA* 1966, p. 154 et s.

Rotis V., « L'exercice itératif du pouvoir disciplinaire », *Revue du Droit Public*, 1966, p. 22 et s., p. 152 et s., p. 232 et s. (en langue hellénique)

Schoettl J.-E.- Hubac S., « Chronique générale de jurisprudence administrative française », *AJDA* 1984, p. 531 et s.

Tachos A., « Les mesures d'ordre intérieur dans l'enseignement secondaire public », *Revue du Droit Public*, 1980. p. 115 et s (en langue hellénique)

Taupier M., « Recherches sur la nature juridique des fédérations sportives et de leurs actes », *AJDA* 1970, p. 35

Teidgen P.-H., « L'organisation provisoire de la production industrielle et les principes du droit public français », *Coll. Droit Social* 1941, n° IX p. 2 et s.

Teidgen P.-H., « La loi du 16 Août 1940 sur l' organisation de la production industrielle », *JCP* 1941, I, 196

Tsouloufis E., « Du délit disciplinaire de la non-perception de traitement ou d'autres émoluments de la part du fonctionnaire », *Revue du Droit Public*, 1982, p. 323 et s. (en langue hellénique)

Tsoutsos A., « Des organes collégiaux de l'Administration », *in Bulletin de la Direction des affaires administratives du Ministère de la Présidence du Gouvernement*, édition de l'Imprimerie Nationale, n°19, juillet-septembre1980, p. 6 (en langue hellénique)

Tzifras P., « Opposition en annulation d'un arrêté édicté par une Autorité portuaire », *Archives de jurisprudence*, année KE, 1974, p. 100 (en langue hellénique)

Tzifras P., « Opposition (pourvoi) à un arrêté édicté par une Autorité portuaire, visant à l'annulation de l'infliction d'une amende », *Revue du Droit des transports*, C΄ 1975, p. 430 et s. (en langue hellénique)

Ule, C.H., « Gewaltverhältnis », *besonderes Evangelisches Staatslexicon*, 2e Aufl., p. 862 et s.

Ule, C.H. « Das besondere Gewaltverhältnis », *VVDStRL*, Heft 15 (1957) p. 133 et s.

Varrentrapp E., « Zur Verfassungsmässigkeit der Berufsgerichtsbarkeit der freien Berufe », *NJW* 1971 p. 127 et s.

Waline M., Note in CE 1 avril 1955 *Delarue*, *RDP* 1955, p. 990.

Wiese W., "Der Verfassungssatz - ne bis in idem - Art 103 abs. 3 GG - und das Verhältnis von Kriminalrecht und Dienststrafrecht", *Verwaltungsarchiv* 56, p. 203 et s.

Table des matières

DROIT PUBLIC
AUX ÉDITIONS L'HARMATTAN

Dernières parutions

CONSTITUTIONNALISME ET MÉTISSAGE CULTUREL AU-DELÀ DES DROITS DE L'HOMME

Salvatore Bonfiglio

Les sociétés multiculturelles demandent une réinterprétation des principes constitutionnels, capable de favoriser la cohésion sociale, notamment par l'extension des droits fondamentaux aux « non-citoyens ». Il s'agit de reconnaître à l'individu en tant que tel un statut de droits fondamentaux, pour affirmer ainsi le caractère à la fois moral et juridique de la dignité de la personne.

(Coll. Harmattan Italia, 208 p., 26 euros)

ISBN : 978-2-336-31233-0, EAN EBOOK : 9782140103193

LA CONSTITUTION HAÏTIENNE DE 1987 EST-ELLE UN PRODUIT IMPORTÉ ?
Essai sur le folklorisme médiatique

Luné Roc Pierre Louis

Faire-voir, faire-entendre, faire-croire et faire-rêver sont des marqueurs symptomatiques du jeu des médias. Aussi le présent ouvrage scrute-t-il le folklorisme médiatique à travers la déchéance et le mal-être que véhiculent les indigénistes haïtiens à l'encontre de la Constitution de 1987, amendée par le biais du double préjugé où cette constitution serait à la fois un produit importé d'un Autre et une invention sans précédent dans l'histoire de la formation sociale haïtienne. Pourtant, les présentes sédimentations révèlent que rarissimes sont les dispositions de la Constitution de 1987 amendée qui ne proviennent de l'une ou l'autre de ses 21 prédécesseurs.

(210 p., 21,5 euros)

ISBN : 978-2-343-15533-3, EAN EBOOK : 9782140100550

LA COUR CONSTITUTIONNELLE ET LE PEUPLE AU BÉNIN
D'un juge constitutionnel institué à un procureur suzerain

Oladé Okunlola Moïse Laleye

Préface de Pierre E. Ehoumi - Postface de l'abbé Arnaud Eric Aguénounon

L'institution d'un nouveau juge constitutionnel après la longue nuit du régime révolutionnaire totalitaire au Bénin de 1972 à 1989 s'illustre comme l'achèvement de la lutte du peuple pour la démocratie, les libertés de l'Etat de droit depuis les origines précoloniales du pays. Après un quart de siècle d'exercice de son office, la cour constitutionnelle pèche irrésistiblement par la qualité de sa productivité jurisprudentielle. Cet ouvrage propose d'ouvrir un débat sur la cour constitutionnelle au regard d'une évaluation objective de sa production juridictionnelle, voire institutionnelle. Ainsi la justice constitutionnelle retrouvera son sens et sa mission républicaine.

(Coll. Études africaines, 686 p., 49 euros)

ISBN : 978-2-343-14822-9, EAN EBOOK : 9782140095801

L'ÉVOLUTION CONSTITUTIONNELLE ET JURIDICTIONNELLE DE LA RÉPUBLIQUE CENTRAFRICAINE À TRAVERS LES TEXTES

Danièle Darlan

Préface de Jean-Dominique Penel

Ce livre offre une synthèse claire et indispensable à toute personne qui veut comprendre comment se sont élaborées et modifiées les sept institutions successives de la République centrafricaine depuis l'indépendance en 1960 jusqu'en 2017 et comment, dans le même temps, les institutions judiciaires se sont façonnées et enrichies, du moins au niveau des textes, car l'application, pourtant logiquement nécessaire, de la Justice pose encore bien des problèmes.

(Coll. Études africaines, 174 p., 18,5 euros)

ISBN : 978-2-343-15418-3, EAN EBOOK : 9782140096358

LES FINANCES LOCALES SÉNÉGALAISES

Abdourahmane Dioukhané

L'étude des finances publiques locales du Sénégal, pays membre de l'UEMOA, s'appuie à la fois sur la règlementation édictée au plan communautaire et sur les textes internes régissant la matière. Après avoir présenté le périmètre des finances locales et abordé la question de leur autonomie, l'auteur analyse, successivement, les questions relatives au cadre budgétaire et comptable des budgets locaux, à leur financement, à leur élaboration, à leur exécution et au contrôle de cette exécution.

(Coll. Finances publiques, 236 p., 25 euros)

ISBN : 978-2-343-15088-8, EAN EBOOK : 9782140094101

LE DROIT DE L'ENVIRONNEMENT : DE L'INITIATION AU MÛRISSEMENT

Contribution d'une juriste sénégalaise

Mariane Seck

Préface du pr Babacar Gueye

La protection juridique de l'environnement semble s'être amorcée au niveau local dans la globalité des pays riches ou pauvres. Bien que ces derniers soient à la traîne de par leur capacité à mettre en pratique leur arsenal juridique naissant, il n'en demeure pas moins que l'élan intentionnel international emportera tous les pays dans la vague protectionniste.

(Coll. Harmattan Sénégal, 236 p., 22,5 euros)

ISBN : 978-2-343-14673-7, EAN EBOOK : 9782140090820

VERROUS ET CONTRÔLES CONSTITUTIONNELS EN AFRIQUE

Pour des mécanismes efficients

Claude Kayembe-Mbayi

Préface d'Etienne Tshisekedi Wa Mulumba

Cet ouvrage nous plonge dans la réalité peu reluisante des révisions constitutionnelles intempestives en Afrique. Qu'est-ce qui ne va pas décidément en Afrique ? Ce continent est-il à jamais condamné à jouer le parent pauvre de la démocratie ? Ce système de gestion des Etats lui convient-il ? La pratique électorale lui est-elle adaptée ? Existe-t-il une démocratie propre à l'Afrique ?

(Coll. Études africaines, 466 p., 44 euros)

ISBN : 978-2-343-11187-2, EAN EBOOK : 9782140090547

LA CONSTITUTION CONGOLAISE DU 25 OCTOBRE 2015

interprétée article par article

Lovane Lhakhy-Tsamby

La constitution est la loi suprême d'un État. Lorsqu'elle n'est ni lue, ni comprise, chaque citoyen peut y aller de son interprétation. C'est pourquoi cet ouvrage, à caractère pédagogique, vise à éluder les avis juridiques partisans ou fantaisistes de certains individus.

(Coll. Harmattan Congo-Brazzaville, 200 p., 20,5 euros)

ISBN : 978-2-343-13141-2, EAN EBOOK : 9782140054617

PRÉCIS DE CONTENTIEUX DES CONTRATS PUBLICS AU CAMEROUN

Jacques Biakan

Préface de Alain Ondoua

L'étude met en exergue les caractéristiques particulières du contentieux des contrats publics. Elle rend visible les sources du contentieux des contrats publics et développe d'abord les mécanismes ou instruments "d'évitement du contentieux" et ensuite les techniques "d'accomplissement du contentieux". Ce livre est une source profonde de connaissances scientifiques, techniques et procédurales en matière de contentieux des contrats au Cameroun et, à titre d'exemple comparatif, en France.

(162 p., 17,5 euros)

ISBN : 978-2-343-13541-0, EAN EBOOK : 9782140053139

LA SOUVERAINETÉ DE LA COPRINCIPAUTÉ D'ANDORRE

Diesteffany Gil Machado Leão Torres

Fruit d'une sentence arbitrale entre la France et l'évêque d'Urgel, l'Andorre se présente comme un modèle de souveraineté sui generis grâce ou à cause de l'indivisibilité de sa souveraineté entre le coprince épiscopal et le coprince président de la République française. Cela lui a permis de se construire et de se développer grâce aux soutiens français et espagnol. Mais l'appui des coprinces semble s'affaiblir, et d'autres partenaires, comme le Conseil de l'Europe, voire l'Union européenne, prennent une importance grandissante.

(Coll. Droit comparé, 294 p., 30 euros)

ISBN : 978-2-343-13170-2, EAN EBOOK : 9782140049064

LA RÉFORME CONSTITUTIONNELLE DU 20 MARS 2016 AU SÉNÉGAL

La révision consolidante record

Ismaïla Madior Fall

L'objectif de cet essai est de présenter la vision, la philosophie, les objectifs et le modus operandi de la réforme constitutionnelle du 20 mars 2016 dont l'histoire révélera l'étendue de la richesse et qui est, sans nul doute, en dehors de celle de 1976 ayant fait passer le pays du parti unique au multipartisme, la plus marquante de l'évolution démocratique du Sénégal.

(Coll. Harmattan Sénégal, 200 p., 20,5 euros)

ISBN : 978-2-343-06449-9, EAN EBOOK : 9782140045417

LE SERVICE PUBLIC MARCHAND EN AFRIQUE ET DANS LE MONDE

Rigobert Akoulabo

Le service public marchand a été longtemps le pilier de l'économie de tout État, de l'Occident à l'Afrique. Du fait qu'il soit marchand, le service public est soumis aux règles de la concurrence, soumises elles-mêmes à certaines dérogations. Le système d'arbitrage opte pour une certaine harmonisation des systèmes juridiques en Europe et en Afrique.

(Coll. Harmattan Congo-Brazzaville, 130 p., 14,5 euros)

ISBN : 978-2-343-10354-9, EAN EBOOK : 9782140043437

L'EXPLOITANT DE BANQUE ET LE DROIT AU TCHAD

Thomas Dingamgoto

De toutes les activités entrepreneuriales, le secteur bancaire est de celles qui font l'objet d'un encadrement législatif scrupuleux et d'une veille règlementaire permanente. Si l'histoire du droit bancaire tchadien est étroitement liée à celle du droit bancaire français, les textes législatifs et règlementaires des activités bancaires au Tchad ont connu des évolutions internes notables. Pour l'exploitant de banque comme pour l'ensemble des acteurs de la chaîne économique et financière, ces mutations rendent indispensables l'appropriation de ces normes nouvelles.

(Coll. Études Eurafricaines, 674 p., 49 euros)

ISBN : 978-2-343-16034-4, EAN EBOOK : 9782140104879

L'ÉGALITÉ DE L'HOMME ET DE LA FEMME DANS LE MARIAGE

Etude comparée des droits du Bénin, du Burkina Faso et du Mali

Aïssata DABO

Des États africains ont rénové leurs législations sur le mariage dans l'idée de les conformer au dispositif juridique international, qui place désormais l'égalité homme-femme au centre des débats. Toutefois, l'objectif est largement dévié par le pluralisme juridique qui demeure, en droit et en fait, un frein pour l'indifférenciation des droits des sexes. Cet ouvrage se propose de rechercher la mesure de l'égalité, en matière de mariage, réellement promue par les droits béninois, burkinabè et malien.

(Coll. Études africaines, 614 p., 49 euros)

ISBN : 978-2-343-15377-3, EAN EBOOK : 9782140105197

LA NATIONALITÉ ET L'APATRIDIE EN AFRIQUE

Charles Lasserre Yakite

Le droit à la nationalité est un droit humain fondamental reconnu par le droit international. Les apatrides ne peuvent se prévaloir de la protection de la nationalité et sont donc vulnérables à la privation de leurs droits. Les États africains doivent élaborer des cadres législatifs et mettre en place des politiques nationales pour lutter contre l'apatridie. Cet ouvrage vise à faire des recommandations à l'Union africaine et aux organisations internationales intéressées pour résoudre l'épineux problème de nationalité et de l'apatridie.

(Coll. Études africaines, 156 p., 17 euros)

ISBN : 978-2-343-15353-7, EAN EBOOK : 9782140104725

LE CONTENTIEUX DE L'ANNULATION AU CONGO

Lovane Lhakhy-Tsamby

Dans ce livre, l'auteur examine la question relative au contentieux de l'annulation, au Congo. Lorsqu'un acte administratif est entaché d'illégalité, il est susceptible d'annulation. Au Congo, l'annulation d'un acte administratif illégal relève de la compétence exclusive de la chambre administrative de la Cour suprême. La Cour constitutionnelle est exceptionnellement compétente pour annuler un acte administratif entaché d'illégalité lorsqu'il est pris dans le domaine électoral. Elle n'est pas juge de la légalité des actes administratifs au même titre que le juge administratif ordinaire.

(Coll. Harmattan Congo-Brazzaville, 120 p., 14 euros)

ISBN : 978-2-343-15430-5, EAN EBOOK : 9782140104305

PROTECTION DE LA QUALITÉ DES EAUX DOUCES AU CANADA ET DANS L'UNION EUROPÉENNE

Le partage des compétences

Claire Joachim

Cet ouvrage analyse l'organisation des rapports entre les ordres juridiques par le droit constitutionnel canadien et le droit de l'Union européenne. Cette étude est innovante car : la grille d'analyse du droit constitutionnel canadien a été appliquée à l'Union européenne. Ce qui met en évidence des mécanismes similaires dans le partage des compétences. Le domaine de la protection de la qualité des eaux douces a été choisi pour révéler les enjeux de ces relations dans une perspective globale. Ce travail fait ressortir que l'intégration européenne est accentuée par une centralisation des compétences. Ainsi, la sphère du pouvoir des états membres se vide progressivement de sa substance. Le droit entrerait donc en mutation à l'aune de la protection de l'environnement.

(Coll. Le Droit aujourd'hui, 546 p., 49 euros)

ISBN : 978-2-343-10974-9, EAN EBOOK : 9782140104541

LE BIEN-ÊTRE ANIMAL : DE LA SCIENCE AU DROIT

Sous la direction de Sophie Hild et Louis Schweitzer

Chercheurs, experts, membres de la Commission européenne ou du ministère de l'Agriculture se sont succédé pour répondre à plusieurs questions du plus haut intérêt : quelle définition scientifique donner au bien-être de l'animal ? Sur quels critères l'évaluer ? Quels droits nationaux ou internationaux le prennent-ils en compte ? Quels animaux sont concernés ? Quels obstacles s'opposent au souci d'assurer le bien-être animal ? Les réponses données conforteront les démarches à conduire en faveur de dispositions réglementaires nouvelles.

(Coll. Colloques et rencontres, 364 p., 37 euros)

ISBN : 978-2-343-15918-8, EAN EBOOK : 9782140104329

Structures éditoriales du groupe L'Harmattan

L'Harmattan Italie
Via degli Artisti, 15
10124 Torino
harmattan.italia@gmail.com

L'Harmattan Hongrie
Kossuth l. u. 14-16.
1053 Budapest
harmattan@harmattan.hu

L'Harmattan Sénégal
10 VDN en face Mermoz
BP 45034 Dakar-Fann
senharmattan@gmail.com

L'Harmattan Cameroun
TSINGA/FECAFOOT
BP 11486 Yaoundé
inkoukam@gmail.com

L'Harmattan Burkina Faso
Achille Somé – tengnule@hotmail.fr

L'Harmattan Guinée
Almamya, rue KA 028 OKB Agency
BP 3470 Conakry
harmattanguinee@yahoo.fr

L'Harmattan RDC
185, avenue Nyangwe
Commune de Lingwala – Kinshasa
matangilamusadila@yahoo.fr

L'Harmattan Congo
67, boulevard Denis-Sassou-N'Guesso
BP 2874 Brazzaville
harmattan.congo@yahoo.fr

L'Harmattan Mali
Sirakoro-Meguetana V31
Bamako
syllaka@yahoo.fr

L'Harmattan Togo
Djidjole – Lomé
Maison Amela
face EPP BATOME
ddamela@aol.com

L'Harmattan Côte d'Ivoire
Résidence Karl – Cité des Arts
Abidjan-Cocody
03 BP 1588 Abidjan
espace_harmattan.ci@hotmail.fr

L'Harmattan Algérie
22, rue Moulay-Mohamed
31000 Oran
info2@harmattan-algerie.com

L'Harmattan Maroc
5, rue Ferrane-Kouicha, Talaâ-Elkbira
Chrableyine, Fès-Médine
30000 Fès
harmattan.maroc@gmail.com

Nos librairies en France

Librairie internationale
16, rue des Écoles – 75005 Paris
librairie.internationale@harmattan.fr
01 40 46 79 11
www.librairieharmattan.com

Lib. sciences humaines & histoire
21, rue des Écoles – 75005 Paris
librairie.sh@harmattan.fr
01 46 34 13 71
www.librairieharmattansh.com

Librairie l'Espace Harmattan
21 bis, rue des Écoles – 75005 Paris
librairie.espace@harmattan.fr
01 43 29 49 42

Lib. Méditerranée & Moyen-Orient
7, rue des Carmes – 75005 Paris
librairie.mediterranee@harmattan.fr
01 43 29 71 15

Librairie Le Lucernaire
53, rue Notre-Dame-des-Champs – 75006 Paris
librairie@lucernaire.fr
01 42 22 67 13

www.ingramcontent.com/pod-product-compliance
Lightning Source LLC
LaVergne TN
LVHW010948061026
849535LV00006B/1619
* 9 7 8 2 3 4 3 1 6 1 2 5 9 *

Médecine à travers les siècles

10 ans déjà !

(2006-2016)

Médecine à travers les siècles

Collection dirigée par le Docteur Xavier Riaud

L'objectif de cette collection est de constituer « une histoire grand public » de la médecine ainsi que de ses acteurs plus ou moins connus, de l'Antiquité à nos jours.
Si elle se veut un hommage à ceux qui ont contribué au progrès de l'humanité, elle ne néglige pas pour autant les zones d'ombre ou les dérives de la science médicale.
C'est en ce sens que – conformément à ce que devrait être l'enseignement de l'histoire –, elle ambitionne une « vision globale » et non partielle ou partiale comme cela est trop souvent le cas.

Dernières parutions

Vincent BOUTON, *François II. La mort d'un roi de seize ans*, 2017.
René PRÉDAL, *L'étrange destin du Docteur Voronoff. En quête d'une jeunesse éternelle ?*, 2017.
Philippe SCHERPEREEL, *Philosophie et médecine*, 2017.
Xavier RIAUD, *Dent et archéologie*, 2017.
Michel A. GERMAIN, *Les tables d'opération. De l'Antiquité à nos jours*, 2016.
Philippe SCHERPEREEL, *Médecins et infirmières dans la guerre de Crimée. 1854-1856*, 2016.
Mélanie DECOBERT, *Odontologie médico-légale et Seconde Guerre mondiale*, 2016.
François RESCHE, *Le papyrus médical Edwin Smith*, 2016.
Xavier RIAUD, *Napoléon Ier et ses dentistes*, 2016.
Philippe SCHERPEREEL, *Albert Calmette. « Jusqu'à ce que mes yeux se ferment »*, 2016.
Philippe SCHERPEREEL, *Pietro d'Abano. Médecin et philosophe de Padoue à l'aube de la Renaissance*, 2016.
Bernard DE MARSANGY, *La Psychiatrie vécue au XIXe siècle. Lettres à Louisa*, 2016.
Isabelle CAVÉ, *Etat, santé publique et médecine à la fin du XIXe siècle français*, 2016.
Julien MARMONT, *L'Odontechnie ou l'art du dentiste. Poème didactique et descriptif en quatre chants, dédié aux dames*, 2016.
Patrick POGNANT, *La Folle Clinique sexuelle du professeur P***. De la Belle Époque aux Années folles*, 2016.
Michel CHAUVIN, *Le Geste qui sauve. L'étonnante histoire du défibrillateur cardiaque externe*, 2016.
Henri LAMENDIN, *Docteur Albert Calmette (1863-1933). Pasteurien et co-inventeur du BCG*, 2016.

Sous la direction du
Dr Xavier Riaud

Médecine à travers les siècles

10 ans déjà !

(2006-2016)

L'Harmattan

5-7, rue de l'Ecole-Polytechnique, 75005 Paris

http://www.harmattan.fr
ISBN : 978-2-343-12055-3
EAN : 9782343120553

« Votre collection ! Belle initiative ! Comme toutes les précédentes initiatives du même genre, dans deux ou trois ans, celle-ci aura disparu. »

Un ancien président de la Société française d'histoire de la médecine (2006).

Avant-propos

Souvenez-vous, dans le précédent recueil *Médecine à travers les siècles* paru en 2015, j'écrivais ces mots : « *Lorsque j'ai créé la collection Médecine à travers les siècles, je suis parti sur un coup de tête, sans mesurer l'engouement des gens pour l'histoire de la médecine, ni la générosité des auteurs qui allaient se présenter à moi. Huit années plus tard, cette petite collection, balbutiante en 2006, est devenue, avec son 70ème livre ici présent, la collection n° 1 en France en histoire de la médecine, au nombre de livres publiés.*
Comment je sais cela ? Tout simplement parce que j'ai été compter chez mes principaux rivaux leurs livres parus dans cette discipline. Alors, attention, je ne publie pas pour publier. Il faut une idée cohérente, un manuscrit intelligible, un auteur. En apparence, ce sont trois choses assez évidentes et, pourtant, pas si aisées que cela à réunir, car, parfois, mon travail de directeur de collection, bénévole, je le signale, m'impose, pour aider une idée, un auteur ou encore un manuscrit, de faire des recherches, de développer une argumentation grâce à celles-ci, voire de réécrire un ouvrage, de corriger un texte à la virgule près et parfois, de dépenser mes propres deniers pour favoriser la concrétisation d'un projet. Je le fais sans regret, avec foi et passion, entièrement au service de l'histoire de la médecine, dans le seul but de transmettre un savoir et de permettre à d'autres de vivre ce que j'ai eu l'immense privilège de vivre jusqu'à présent.
Aujourd'hui, c'est une histoire de la médecine éclectique que je peux offrir au lecteur, comme vous allez pouvoir le constater à travers ces quelques pages. Si, au début, ma collection s'est naturellement ouverte - et elle l'est toujours -, de par ma profession, à la chirurgie dentaire, en permettant des parutions en histoire de l'art dentaire comme jamais il y en a eu auparavant[1]*, depuis 2006, elle a offert aussi une tribune aux historiens de la médecine, à des chercheurs, à des médecins, à des chirurgiens et à des*

[1] D'où la création, par mes soins, du prix Georges Villain d'histoire de l'art dentaire en 2013 qui connaîtra son cinquième récipiendaire à la fin 2017.

anthropologues. Tous les sujets imaginables ont été abordés. Malgré tout, il en reste tellement à considérer, l'histoire de la médecine offrant un éventail de thèmes, d'études possibles si vastes, si diversifiés que la collection peut envisager l'avenir avec espoir et sérénité devant une telle profusion. Dans tous les cas, je continuerai le labeur entrepris depuis sa création, sans relâche et avec la même ferveur.
C'est ainsi que l'idée d'une journée, le 8 novembre 2014, a germé dans mon esprit. Elle a offert la possibilité à quelques auteurs de la collection Médecine à travers les siècles de présenter leurs ouvrages devant un public averti ou profane, mais toujours curieux.
Les Editions L'Harmattan nous ont prêté, à cet effet, une salle aménagée pour ce type de réunion. A l'annonce d'une telle rencontre, les auteurs se sont bousculés aussitôt pour y participer. Mettre en place un programme cohérent n'a pas été chose facile pour moi, mais j'avoue que l'aide inestimable du Pr Michel Germain et du Dr André Fabre ont grandement simplifié son organisation. C'était la première fois que je mettais en place un tel colloque. Cela a été, pour moi, une source intense d'angoisse. Et si... ? Et si... ? Autant de questions qui sont demeurées sans aucune réponse devant le succès bien réel qu'a connu cette journée, malgré quelques maladresses, conséquences inévitables de mon manque d'expérience. A la fin, la coupe de Champagne fut libératrice...
Autant de petites erreurs qu'il ne faudra pas réitérer l'an prochain pour les dix ans de la collection... Nous nous y appliquerons. Une chose est certaine. Les auteurs y seront présents. Ils ont répondu avec le même enthousiasme lorsque je leur ai annoncé la parution des actes du 8 novembre 2014. »

En 2016, est venue l'heure de programmer une réunion pour fêter l'anniversaire des 10 ans de la collection Médecine à travers les siècles aux Editions L'Harmattan que j'ai créée en 2006. La direction éditoriale a suivi tout de suite et nous a gentiment prêté une salle plus grande, et plus fonctionnelle que la fois précédente, située au 24, rue des Ecoles, Paris V^e^. Le responsable de la salle s'est proposé d'organiser le buffet des collations. Il a fallu prévoir un restaurant dans le quartier pour le midi et réserver pour le repas de gala le soir. Le Procope, plus vieux café littéraire de Paris, s'est avéré un choix judicieux. Suite à une idée de ma femme, M. le Pr Germain a proposé une formation de musique classique pour finir la journée sur une note festive. Il fallait également commander les médailles que je souhaitais remettre pour l'occasion à divers auteurs, ce que j'ai fait par moi-même. Mme Isabelle Cavé s'est chargée de la promotion de l'événement. Elle a démarché toutes les institutions médicales de la ville de Paris. Elle s'est aussi, à ma demande, occupée de la vente des livres de la collection pendant la journée. De nombreux sites Internet, dont celui de la mairie du Ve arrondissement de Paris, ont relayé l'information. On a eu environ 120 personnes toute la journée grâce à cela.

Au vu des attentats répétés, un nouvel aspect est apparu : la sécurité. Il a fallu engager un agent de sécurité pour fouiller les sacs à l'entrée. Les forces de police étaient informées de l'événement et un lien existait en permanence avec elles. Mais, il a été inutile. Tout s'est bien passé.
J'ai aussi ressenti le besoin que les gens gardent un souvenir de la collection et de cette journée. J'avais donc acheté au préalable 100 exemplaires du livre *Médecine à travers les siècles* paru en 2015 afin de les offrir aux personnes présentes dans l'assemblée. L'essentiel des livres ont pu être donnés.
La journée était fin prête, mais, évidemment, il fallait susciter l'intérêt des auteurs. A l'annonce de cette journée littéraire, j'ai eu un engagement massif de ceux-ci. Malheureusement, deux auteurs malades n'ont pas pu venir : le Dr Gilbert Guiraud et M. Patrick Pognant. J'espère que ce n'est pas trop grave pour eux. A regret, j'ai dû les remplacer. J'ai proposé à Mme Isabelle Cavé et au Pr Philippe Scherpereel de le faire. Ils ont accepté cette mission et l'ont remplie brillamment.
La règle était claire et a été énoncée des mois avant à plusieurs reprises dans plusieurs mails : les communications ne pouvaient pas excéder 15 minutes. Une ou deux minutes de tolérance, mais après, nous devions interrompre et passer au conférencier suivant. Le timing de la journée avant tout. Nous ne voulions pas reproduire les erreurs de la journée de 2014 : cet auteur qui digresse et part dans une communication soporifique de ¾ d'heure que personne n'ose interrompre parce qu'il est un éminent professeur ; celui-là encore qui fait la promotion de sa discipline en entrant dans des considérations plus ou moins techniques et en oubliant de présenter l'ouvrage pour lequel il était venu ; celui-ci encore qui règle ses comptes en mettant en avant nos échanges de mails parce qu'il n'a pas apprécié certains aspects de son livre en oubliant sciemment de rappeler son incapacité, son incompétence à mettre son livre en pages, sans parler des fautes de syntaxe, d'orthographe, pendant plus de six mois au point qu'il a fallu que je prenne son travail en charge pour pouvoir le sortir de l'impasse où cet homme s'était mis tout seul.
De fait, il était convenu que Michel Germain devait assumer le minutage des conférences et rappeler à l'ordre les auteurs qui ne respecteraient pas cette règle. Deux auteurs ont dû être interrompus. Une tribune plus grande leur sera accordée dans les actes de la journée.
De même, pour les présents actes, une date butoir, le 31 janvier 2017 avait été instaurée. Celle-ci avait été communiquée deux ou trois jours après la journée du 12 novembre, à l'ensemble des participants, et rappelée par la suite à plusieurs reprises par mails. Pour avoir participé à de nombreux livres collectifs, les comités éditoriaux sont sans pitié avec ceux qui ne respectent pas les règles édictées. Il n'y a pas de retour avec eux.
Pour des raisons professionnelles, un seul auteur n'a pas pu respecter cette règle, mais je lui ai proposé une solution qui a permis de régler le problème tranquillement et amicalement, solution qui fut acceptée par notre ami auteur.

Il n'était pas question pour moi de courir après un texte pendant trois années, comme j'ai pu le voir dans des livres collectifs auxquels j'ai contribué, mais il n'était pas non plus question d'écarter ou de pénaliser un auteur arbitrairement. Si une date butoir était importante, il était primordial pour moi que tous les auteurs soient présents dans ces actes. Heureusement, ici, tous les auteurs ont joué le jeu. Je les en remercie chaleureusement.
C'est donc, en définitive, tous les auteurs de la journée du 12 novembre 2016 que je publie dans ce livre aujourd'hui. Tous devenus des amis, je l'espère.
Bonne lecture ! Bon anniversaire !

Dr Xavier Riaud
Directeur de la collection Médecine à travers les siècles aux Editions L'Harmattan

Livres parus dans la collection Médecine à travers les siècles

L'objectif de cette collection[2] est de constituer "une histoire grand public" de la médecine ainsi que de ses acteurs plus ou moins connus, de l'Antiquité à nos jours. Si elle se veut un hommage à ceux qui ont contribué au progrès de l'humanité, elle ne néglige pas pour autant les zones d'ombre ou les dérives de la science médicale. C'est en ce sens que - conformément à ce que devrait être l'enseignement de l'histoire -, elle ambitionne une "vision globale" et non partielle ou partiale comme cela est trop souvent le cas.

Année de création : 2006.
Fondateur et directeur : Dr Xavier Riaud.
85 livres publiés.

HORACE WELLS (1815-1848) ET WILLIAM T. G. MORTON (1819-1868)
La rencontre improbable de deux précurseurs de l'anesthésie
Mathieu Bertrand, 2013.
LES SOLDATS ALIENES A L'ASILE DE VILLE-EVRARD
Mars 1915 – décembre 1918
Hubert Bieser, 2015.
DE NEZ A NEZ
Histoire du nez
Vincent Bouton, 2014.
LA FOLIE A ROME
Roland Brunner, 2014.
LES MEDECINS-LEGISLATEURS ET LE MOUVEMENT HYGIENISTE SOUS LA IIIe REPUBLIQUE
Isabelle Cavé, 2015.
ETAT, SANTE PUBLIQUE ET MEDECINE A LA FIN DU XIXe SIECLE
Isabelle Cavé, 2016.

---

[2] Classement par ordre alphabétique des noms d'auteurs.

LE GESTE QUI SAUVE
L'étonnante histoire du défibrillateur cardiaque externe
Michel Chauvin, 2016.
CARACTERISTIQUES DENTO-CRÂNIO-FACIALES DES HOMININES
Elsa Combes Fruitet, 2014.
HYGIÈNE BUCCO-DENTAIRE DU XVIIe AU XIXe SIÈCLE EN FRANCE
Clément David, 2010.
ODONTOLOGIE MEDICO-LEGALE ET SECONDE GUERRE MONDIALE
Mélanie Decobert, 2016.
L'ASEPSIE UN DEMI-SIECLE AVANT PASTEUR
Ignace Semmelweis (1818-1865)
Robert Delavault, 2007.
LES BOITEUX
Mythes, génétique et chirurgie
Frédéric Dubrana, 2011.
L'EXPERIENCE CHIRURGICALE
De la vivisection... à l'expérimentation
Frédéric Dubrana, 2014.
LES DENTS DE L'HOMME
De la Préhistoire à l'ère moderne
Florie Duranteau, 2011.
DE GRANDS MEDECINS MECONNUS...
André Fabre, 2010.
HASCHISCH, CHANVRE ET CANNABIS : L'ÉTERNEL RETOUR
André Fabre, 2011.
Prix Ampli-Gem du Groupement des écrivains médecins 2012.
AXEL MUNTHE, MEDECIN VAGABOND DE L'EUROPE
André Fabre, 2012.
LES MEDECINS DE VENISE
André Fabre, 2014.
PETIT LEXIQUE BUCCO-DENTAIRE DE PROVERBES ET AUTRES EXPRESSIONS
Thomas Ferrante, 2015.
ENTRETIENS AVEC LE DOCTEUR LEVY-LEROY, MEDECIN RESISTANT
Mathilde Fradin, 2013.
LE CHIRURGIEN-DENTISTE DANS LE CINEMA ET LA LITTERATURE DU XXe SIECLE
Marie Franchiset, 2010.
L'EPOPEE DES GANTS CHIRURGICAUX
Michel Germain, 2012.

ALEXIS CARREL, UN CHIRURGIEN ENTRE OMBRE ET LUMIERE
Michel Germain, 2013.
MUSICIENS CELEBRES MALADES
Pourrait-on les sauver aujourd'hui ?
Michel Germain, 2015.
LES TABLES D'OPERATION
De l'Antiquité à nos jours.
Michel Germain, 2016.
LE CLOU DE GIROFLE EN MEDECINE BUCCO-DENTAIRE
Gilles Gros, 2013.
ANDRE BRETON, MEDECIN MALGRE LUI
Gilbert Guiraud, 2012.
LA LONGUE MARCHE DU CORPS HUMAIN
De la bipédie à la parole
Jean-Louis Heim, 2013.
ENQUÊTE MÉDICO-LÉGALE SUR LE NAUFRAGE DU H. L. HUNLEY (1864)
Rozenn Henaff-Madec, 2009.
ODONTOLOGIE MEDICO-LEGALE
Entre histoire et archéologie
Francis Janot & Xavier Riaud, 2010.
ALASTRIM
L'homme et la variole
Serge Kernbaum, 2014.
PRATICIENS DE L'ART DENTAIRE DU XIVe au XXe SIECLE
Recueil d'anecdodonte
Henri Lamendin, 2006.
SOIGNEZ VOTRE BOUCHE PAR LES PLANTES
Remèdes d'hier et d'aujourd'hui
Henri Lamendin, 2007.
DE L'ART DENTAIRE A D'AUTRES ARTS
Henri Lamendin, 2007.
PRÉCURSEURS DE LA PHYTOTHÉRAPIE BUCCO-DENTAIRE OCCIDENTALE
Henri Lamendin, 2008.
HISTORIQUE DE L'ODONTO-STOMATOLOGIE DU SPORT EN FRANCE
Principaux acquis techniques et scientifiques
Henri Lamendin, 2009.
INVESTIGATIONS ET EXPERIMENTATIONS EN ODONTOLOGIE
40 années de recherches
Henri Lamendin, 2009.
CARL VON LINNE,
Médecin précurseur de la pharmacie moderne (1707-1778)
Henri Lamendin, 2012.

THOMAS W. EVANS (1823-1897)
Le dentiste de Napoléon III
Henri Lamendin, 2012.
LAZZARO SPALLANZANI (1729-1799)
Le père de la biologie médicale expérimentale
Henri Lamendin, 2013.
ANTONI VAN LEEUWENHOEK (1632-1723)
Le microscope et les spermatozoïdes
Henri Lamendin, 2013.
LES DE JUSSIEU, UNE FAMILLE DE BOTANISTES AU XVIIIe ET XIXe SIECLES
Henri Lamendin, 2013.
FRANCOIS-JOSEPH TALMA (1763-1826)
Dentiste et acteur favori de Napoléon Ier
Henri Lamendin, 2014.
DOCTEUR ALBERT CALMETTE (1863-1933)
Pasteurien et coinventeur du BCG
Henri Lamendin, 2016.
L'ART DENTAIRE EN EGYPTE ANTIQUE
Pauline Ledent, 2014.
L'ANATOMIE AU CREUX DES MAINS
Au confluent des sciences et de l'Art
Dominique Le Nen, 2008.
LEONARD DE VINCI
Un anatomiste visionnaire
Dominique Le Nen, 2010.
L'ODONTOTECHNIE OU L'ART DU DENTISTE
Poème didactique et descriptif en quatre chants dédié aux dames
(Réédition du livre de 1825 commentée par les Drs Jean-Pascal Durand & Xavier Riaud)
Julien Marmont, 2016.
LA PSYCHIATRIE VECUE AU XIXe SIECLE
Lettres à Louisa
Bernard de Marsangy, 2016.
LA MEDECINE DES PERSONNES AGEES
De la Préhistoire à nos jours
Jean-Pierre Martin, 2012.
INSTRUMENTATION CHIRURGICALE EN FRANCE
Des origines au XIXe siècle
Jean-Pierre Martin, 2013.
INSTRUMENTATION MEDICO-CHIRURGICALE EN CAOUTCHOUC EN FRANCE
(XVIIIe – XIXe siècles)
Jean-Pierre Martin, 2013.

OCULARISTES ET YEUX ARTIFICIELS
De l'Antiquité au XXe siècle
Jean-Pierre Martin, 2015.
LES DENTISTES FRANÇAIS AU XIXe SIECLE
Henri Morgenstern, 2009.
PSYCHOPATHIA SEXUALIS DE KRAFFT-EBING (1886-1924)
Patrick Albert Charles Pognant, 2011.
LA REPRESSION SEXUELLE PAR LES PSYCHIATRES (1850-1930)
Patrick Albert Charles Pognant, 2011.
LA FOLLE CLINIQUE SEXUELLE DU PROFESSEUR Pxxx
De la Belle Epoque aux Années folles
Patrick Albert Charles Pognant, 2016.
JUMEAUX ET JUMELLES
Représentations dans l'art et les sciences de l'Europe moderne (1492-1789)
Jean-Claude Pons, 2015.
LES MEDECINS DE L'ASSISTANCE MEDICALE EN INDOCHINE (1905-1939)
Mathieu Rayssac, 2015.
LE PAPYRUS MEDICAL EDWIN SMITH
Chirurgie et magie en Egypte antique
François Resche, 2016.
L'INFLUENCE DES DENTISTES AMERICAINS PENDANT LA GUERRE DE SECESSION (1861-1865)
Xavier Riaud, 2006.
LES DENTISTES, DÉTECTIVES DE L'HISTOIRE
Xavier Riaud, 2007.
PREMIERE GUERRE MONDIALE ET STOMATOLOGIE
Des praticiens d'exception...
Xavier Riaud, 2008.
QUAND LA DENT MÈNE L'ENQUÊTE...
Xavier Riaud, 2008.
HISTOIRES DE LA MÉDECINE BUCCO-DENTAIRE
Xavier Riaud, 2010.
PIONNIERS DE LA CHIRURGIE MAXILLO-FACIALE (1914-1918)
Xavier Riaud, 2010.
DENTISTES HÉROÏQUES DE LA SECONDE GUERRE MONDIALE
Xavier Riaud, 2011.
CHRONIQUES ODONTOLOGIQUES DES ROIS DE FRANCE ET DE LA DYNASTIE NAPOLEONIENNE
Xavier Riaud, 2011.

LES DENTISTES AMERICAINS DANS LA GUERRE DE SECESSION (1861-1865)
(2ème édition)
Xavier Riaud, 2012.
NAPOLEON Ier ET SES MEDECINS
Xavier Riaud, 2012.
Prix de l'Association des Amis du Musée du Service de Santé des Armées au Val-de-Grâce 2012.
HISTOIRE INDEPENDENTAIRE
Xavier Riaud, 2013.
DES DENTISTES QUI ONT FAIT L'HISTOIRE
Xavier Riaud, 2013.
ODONTOLOGIE MEDICO-LEGALE ET SERIAL KILLERS
La dent qui en savait trop…
Xavier Riaud & Philippe Brousseau, 2014.
ET SI LA SECONDE GUERRE MONDIALE NOUS ETAIT RACONTEE AUTREMENT…
Xavier Riaud, 2015.
MEDECINE A TRAVERS LES SIECLES
Entre rencontres et découverte
Sous la direction de Xavier Riaud, 2015.
NAPOLEON Ier ET SES DENTISTES
Xavier Riaud, 2016.
DENT ET ARCHEOLOGIE
Une expérience vécue
Xavier Riaud, 2017.
MEDECINS JUIFS DU Xe au XVIIe SIECLE
Régis-Nessim Sachs, 2014.
ALBERT CALMETTE
« Jusqu'à ce que mes yeux se ferment »
Philippe Scherpereel, 2016.
PIETRO D'ABANO
Médecin et philosophe de Padoue à l'aube de la Renaissance
Philippe Scherpereel, 2016.
MEDECINS ET INFIRMIERES DANS LA GUERRE DE CRIMEE (1854-1856)
Philippe Scherpereel, 2016.
PHILOSOPHIE ET MEDECINE
Philippe Scherpereel, 2017.
LA VIE ET LES ECRITS DE BERNARD NICOLAS LORINET (1749-1814)
Un médecin des Lumières dans la Révolution
Jean-Jacques Tomasso, 2013.

SAINTE APOLLINE
Sainte patronne des dentistes et de ceux qui ont mal aux dents
Apolline Trioulaire, 2014.
Prix Georges Villain d'histoire de l'art dentaire 2014.
MOLIERE ET LE MONDE MEDICAL AU XVIIe SIECLE
Christian Warolin, 2013.

Programme

La journée du 12 novembre 2016 a vu les auteurs dédicacer leurs livres et effectuer, chacun, une ou plusieurs communications consacrées à leurs ouvrages respectifs, dans l'Espace Harmattan, 24, rue des Ecoles, 75005 Paris, de 9h00 à 19h00.

Les institutions suivantes ont été représentées :
- Académie nationale de chirurgie : Prs Michel Germain et Dominique Le Nen (chirurgiens), Dr Xavier Riaud (chirurgien-dentiste) et Dr André Fabre (médecin).
- Académie nationale de médecine : Pr Michel Germain.
- Académie nationale de chirurgie dentaire : Dr Xavier Riaud.
- Université de Nantes : Pr François Resche (neurochirurgien et ancien président)
- Société française d'histoire de la médecine : Pr Michel Germain et Dr André Fabre.
- Société internationale d'histoire de la médecine : Dr André Fabre (délégué pour la France), Dr Xavier Riaud.
- Société française d'histoire de l'art dentaire : Dr Jean-Pascal Durand (chirurgien-dentiste).
- Groupement des écrivains médecins : Pr Michel Germain, Drs Serge Kernbaum et André Fabre (médecins), Mme Isabelle Cavé (universitaire).

Ont également été présents :
- Drs Regis-Nessim Sachs, Mathieu Rayssac (médecins), Mélanie Decobert, Mathieu Bertrand et Clément David (chirurgiens-dentistes).

- Prs Michel Chauvin (chirurgien) et Philippe Scherpereel (universitaire).
- M. Bernard de Marsangy (haut fonctionnaire).

- Communications :

9h00 – Accueil des auteurs.

9h15 – Xavier Riaud *« Présentation et bilan sur 10 ans d'existence de la collection Médecine à travers les siècles ».*
9h30 – Philippe Scherpereel *« Médecins et infirmières dans la Guerre de Crimée ».*
9h45 – André Fabre *« De grands médecins méconnus ».*
10h00 – Michel Germain *« Histoire des tables chirurgicales ».*
10h15 – Philippe Scherpereel *« Albert Calmette, « Jusqu'à ce que mes yeux se ferment » ».*
10h30 – Serge Kernbaum *« Alastrim ».*

Pause

11h00 – Clément David *« Hygiène bucco-dentaire du XVIIe au XIXe siècle en France ».*
11h15 – Xavier Riaud *« Et si la Seconde Guerre mondiale nous était racontée autrement... ».*
11h30 – Isabelle Cavé *« Etat, santé publique et médecine à la fin du XIXe siècle ».*
11h45 – Isabelle Cavé *« Les médecins-législateurs et le mouvement hygiéniste sous la IIIe République ».*
12h00 – Dominique Le Nen *« L'anatomie au creux de la main ».*

Repas

14h00 – André Fabre *« Les médecins et la politique ».*
14h15 – Michel Germain *« Musiciens célèbres malades ».*
14h30 – Jean-Pascal Durand & Xavier Riaud *« L'Odontotechnie ou l'art du dentiste* (Réédition du livre de 1825 de Julien Marmont) *».*
14h45 – François Resche *« Le papyrus médical Edwin Smith ».*
15h00 – Michel Chauvin *« Le geste qui sauve ».*
15h15 – Mathieu Bertrand *« Horace Wells et William T. G. Morton ».*

Pause

16h00 – Dominique Le Nen *« Léonard de Vinci, un anatomiste visionnaire »*.
16h15 – Mélanie Decobert *« Odontologie médico-légale et Seconde Guerre mondiale »*.
16h30 – Regis-Nessim Sachs *« Les médecins juifs du Xe au XVIIe siècle »*.
16h45 – Bernard de Marsangy *« Une psychiatrie du XIXe siècle »*.
17h00 – Xavier Riaud *« Napoléon Ier et ses dentistes »*.
17h15 – Mathieu Rayssac *« Les médecins de l'assistance médicale en Indochine »*.

Interlude musical (petite formation de musique classique).

18h15 – Bref rappel des 3 livres primés dans la collection par le Dr Xavier Riaud :

- Xavier Riaud, *Napoléon Ier et ses médecins*, Prix de l'Association des amis du musée du service de santé des armées au Val-de-Grâce, 2012.
- André Fabre, *Haschisch, chanvre et cannabis : l'éternel retour*, Prix Ampli-Groupement des écrivains médecins, 2013.
- Apolline Trioulaire, *Sainte Apolline, sainte patronne des dentistes et de ceux qui ont mal aux dents*, Prix Georges Villain d'histoire de l'art dentaire, 2014.

18h30 – Remise de prix par le Dr Xavier Riaud :

- Prix Georges Villain 2016 du meilleur travail d'histoire de l'art dentaire (Président jury : Dr Xavier Riaud ; membres jury : Pr Michel Germain et Dr André Fabre).
- Prix du meilleur livre de la collection Médecine à travers les siècles à l'issue des 10 ans d'existence ;
- Prix de l'auteur le plus prolifique de la collection Médecine à travers les siècles à l'issue des 10 ans d'existence.

19h00 – Clôture (verre de l'amitié).

Repas de gala avec les auteurs et leurs proches.

Dr Riaud dans les rayons de l'éditeur[3].

Les présents actes respecteront l'ordre de passage des différents auteurs prévus dans le programme précédemment cité.
J'aurais évidemment pu imposer des normes éditoriales, ce qui a été fait au préalable, mais, après réflexions et après avoir reçu chacun des textes qui suivent, j'ai décidé de respecter la liberté prise par chaque auteur, à quelques retouches près, ce qui correspond, en définitive, assez bien, aux ouvrages publiés dans la collection.

Dans la salle, le Dr Riaud en cours de communication[4].

[3] Collection privée du Dr Xavier Riaud, © Xavier Riaud, 2014.
[4] Collection privée du Dr Xavier Riaud, © Xavier Riaud, 2017.

Les livres de la collection Médecine à travers les siècles en cours d'exposition/vente. Sous la table, les ouvrages offerts aux personnes de l'assemblée[5].

[5] Collection privée du Dr Xavier Riaud, © Xavier Riaud, 2017.

Présentation et bilan sur 10 ans d'existence de la collection Médecine à travers les siècles

par

Xavier Riaud[6]

Qu'est-ce qu'un directeur de collection? C'est une personne compétente dans le domaine de sa collection, indépendante, qui décide seul - sauf exception en cas de risque de polémique - de la publication d'un livre, mais qui n'est pas éditeur, ni employé de l'éditeur, car bénévole chez L'Harmattan, bien que soumise in fine aux décisions de l'éditeur et à sa hiérarchie. La relation est basée sur la confiance entre l'éditeur et le directeur. Un directeur de collection est censé recruter, lire les manuscrits proposés, faire envoyer les contrats éditoriaux et envoyer les normes de publication, valider les manuscrits mis en pages et les PDF de fabrication. Promouvoir à l'occasion. Mon action a dépassé cela depuis longtemps.

Il ne faut jamais perdre de vue que le travail de directeur de collection est *bénévole* et que je suis dentiste libéral. Beaucoup de choses sont gérées (validation des manuscrits, couvertures, contrats, etc.) entre deux patients depuis mon cabinet où je fais souvent des journées de 13h00 de consultations.

Quid des Editions L'Harmattan ? Plusieurs sites:

- Les éditions ;
- Les librairies ;
- Le Lucernaire (théâtre) ;
- L'Harmattan vidéo ;
- L'Harmathèque (numérique).

---

[6] Chirurgien-dentiste, Docteur en épistémologie, histoire des sciences et des techniques, Lauréat et membre associé national de l'Académie nationale de chirurgie dentaire, membre libre de l'Académie nationale de chirurgie.

Médecine à travers les siècles, L'Harmattan (éd.), Coll. Médecine à travers les siècles, Paris, 2015.

Les maisons d'éditions du groupe L'Harmattan sont multiples et très .diverses : L'Harmattan ; SPM ; Téraèdre ; Odin Editions ; Academia L'Harmattan ; L'Ecarlate ; Pagala ; Editions Pepper ; Michalon ; Orizons.
L'Harmattan en France, c'est:

- Librairie internationale (Paris V): Afrique, océan Indien, Antilles, Asie, Espagne, Portugal, Amérique latine ;
- Librairie sciences humaines (Paris V) ;
- Librairie Méditerranée - Moyen-Orient (Paris V) ;
- La boutique de l'Histoire (Paris V) ;
- L'espace Harmattan (Paris V): philosophie, arts, littérature ;
- Librairie Vidéo (Paris V) ;
- Le Scribe Harmattan (Paris V): Espace culturel arts et lettres arabes ;
- Libraire Harmattan Lille ;
- Librairie Cuisery - Village du livre (Cuisery 71).

L'Harmattan à l'étranger, c'est :
Harmattan Algérie, H. Mauritanie, H. Sénégal, H. Mali, H. Burkina Faso, H. Guinée, H. Côte d'Ivoire, H. Cameroun, H. Bénin, H. Congo, H. République démocratique du Congo, H. Togo, H. Italie, H. Hongrie.
En chiffres, au 12 février 2017, les Editions L'Harmattan, c'est :
49 377 livres ; 23 936 articles ; 43 121 e-books ; 31 614 auteurs ; 1 129 collections ; 2 160 revues ; 1 116 vidéos[7].
C'est en tous cas l'éditeur n° 1 en Europe au nombre de livres publiés/an. En moyenne, paraissent 2 000 à 2 500 opus/an. En 2011, les librairies l'Harmattan ont vendu l'équivalent de 7 prix Goncourt.

Quelle a été la genèse de la collection ? J'ai publié, en 2002, mon premier livre intitulé *La pratique dentaire dans les camps du IIIe Reich*, puis, en 2005, *les dentistes allemands sous le IIIe Reich*, dans la collection Allemagne d'hier et d'aujourd'hui aux Editions L'Harmattan. Le projet de création d'une collection en 2006 autour de l'histoire de la médecine a germé dans mon esprit et a été proposé à l'éditeur qui m'a demandé, avant finalisation, d'en élaborer la maquette.

- Choix du nom

Trouver un nom n'a pas été simple et a demandé un temps de réflexion. « Histoire de la médecine » était trop banal, mais il ne fallait pas un nom trop alambiqué non plus. « Médecine à travers les siècles » s'est imposé de lui-même.

- Choix d'un texte référent qualifiant idéalement la collection (voir chapitre « Livres parus dans la collection Médecine à travers les siècles »).

[7] Bien qu'actualisés, ces chiffres sont en constante évolution. Lorsque le présent ouvrage paraîtra, ils auront déjà changé.

- Choix d'un logo accompagnant l'intitulé de la collection. Le caducée était un choix évident.
- Parrainage

M. Thierry Feral est germaniste, spécialiste du national-socialisme, agrégé d'allemand, directeur de la collection Allemagne d'hier et d'aujourd'hui (106 livres) où j'ai publié mes deux premiers livres, auteur lui-même de nombreux ouvrages... Un maître à penser et un ami qui m'a offert très vite son soutien...

- Maquette avec des auteurs entrant dans le projet

Il a fallu fournir une liste de plusieurs ouvrages possibles pour démarrer la collection. En réalité, sur la liste proposée, deux seulement seront publiés.

- Le premier ouvrage est paru en septembre 2006.

Je ne concevais pas d'ouvrir cette collection sans que le premier ouvrage ne soit pas un des miens. Cette recherche est la première du genre au monde et a été adaptée en BD[8] depuis à la fin de l'année 2014.

- A l'ouverture de la collection, j'ai contacté un confrère connu et reconnu pour ses travaux d'histoire de l'art dentaire, afin de lui proposer une collaboration.

Le Dr Henri Lamendin (4 doctorats, 750 publications) a accepté tout de suite et, trois semaines plus tard, j'avais son premier manuscrit sur mon bureau qui a été publié en janvier 2007, le premier d'une série en cours de douze livres[9]. Il est, à ce jour, l'auteur le plus prolifique de la collection...

- Choix d'une couverture typique de la collection

Le premier livre étant sur la guerre de Sécession, j'ai choisi au début un fond bleu. Je trouvais le rouge médical trop conventionnel, trop entendu. Au bout de deux ans, pour raviver l'intérêt porté à la collection, j'ai demandé à changer le fond de couverture. Il est passé en blanc. Et puis, en 2011, l'éditeur m'a fait une belle surprise ! Leur graphiste venait de modifier les couvertures en rendant libre les couleurs, mais en lui apposant un caducée de fond, ce qui allait dans l'esprit de la collection. Ceci est toujours très actuel.

Quel modus operandi pour envoyer des manuscrits ? La première des méthodes consiste à envoyer son manuscrit (simple manuscrit, mémoire, thèse, etc.) aux Editions L'Harmattan, 16, rue des Ecoles, 75005 Paris, à l'attention de Mlle Virginie Hureau. Un routage le réoriente automatiquement vers ma collection. La deuxième façon de procéder consiste à me contacter directement à l'adresse suivante : 145, route de Vannes, 44800 Saint Herblain, 0240766488, xavier.riaud@wanadoo.fr, ou via mon site Internet www.histoire-medecine.fr, www.riaud.fr. Le démarchage que j'entreprends régulièrement est une troisième méthode.

---

[8] N° 58 des *Tuniques bleues* - « Les bleus se mettent au vert ».

[9] *Praticiens de l'art dentaire du XIVe au XXe siècle - Recueil d'anecdodontes.*
D'autres ouvrages sont en attente (environ six).

J'effectue ainsi de nombreuses recherches et, parfois, je découvre des pépites écrites par divers auteurs que je m'empresse de contacter. Je n'hésite pas non plus à passer des annonces sur différents sites d'histoire de la santé. Des auteurs m'en envoient également d'autres. Cela a été notamment le cas, par exemple, du Pr Dominique Le Nen qui m'a envoyé son ami et collègue, le Pr Frédéric Dubrana. La plupart des auteurs qui publient un opus, s'ils évoluent dans une logique scientifique avérée, réitèrent l'opération avec moi et deviennent des amis.

Quel est mon travail de directeur de collection ? Recruter des auteurs, nous l'avons vu. Il faut aussi recevoir des manuscrits, les lire et faire envoyer des contrats éditoriaux aux auteurs. Je n'ai refusé que 4 manuscrits depuis 2006. Tous les sujets relatifs à l'histoire de la médecine m'intéressent. Il me faut évidemment entrer en contact avec les auteurs et leur faire suivre les consignes éditoriales de fabrication du livre (format 13,5 x 21,5 pour moins de 300 pages et 15,5 x 24 pour plus de 300 pages).
Le contrat est nominatif. Il désigne un livre avec un titre provisoire ou définitif, et il mentionne la future collection d'appartenance. Cinq exemplaires sont envoyés à l'auteur, une fois paru, et deux, au directeur de collection. La publication est à compte d'éditeur. Le contrat précise qu'il y a une franchise de 500 livres avant que l'auteur ne perçoive des droits, qui s'élèvent à 4 % au 501ème et à 6 % au 1001ème.
Il convient d'apprécier le travail de l'auteur au départ et de juger du mieux pour lui. Si un manuscrit proposé (mémoire, thèse) est trop volumineux, il ne faut pas hésiter à lui suggérer de le scinder en deux pour en faire deux ouvrages.
Il existe plusieurs possibilités de mise en pages en fonction de la qualité du manuscrit de départ :

- Soit le manuscrit de départ est sans faute d'orthographe, ni de syntaxe

La mise en pages peut être faite personnellement par l'auteur. Ce dernier peut aussi me demander de la faire (corrections orthographiques et syntaxiques à la virgule près). Il peut aussi solliciter l'éditeur qui la lui fera sur présentation d'un devis que l'auteur lui règlera au préalable.

- Soit le manuscrit de départ comporte de nombreuses fautes d'orthographe et de syntaxe

L'auteur trouve le moyen de faire les corrections lui-même et de faire sa propre mise en pages, ce qui est long et fastidieux par manque d'habitude. Deux ont fait ainsi. Cela a duré plus de neuf mois. Il peut aussi me demander de faire la mise en pages et de corriger son manuscrit. J'ai ainsi mis en pages les 2/3 des livres de la collection. Mon travail est bénévole, je le rappelle. Je refuse toute rémunération pour lui. Aucune modification apportée à un texte n'est faite *sans l'assentiment écrit* de tous les auteurs. Dans tous les cas, les auteurs ont toujours le choix de la solution de mise en pages envisagée.

L'éditeur ne la fera pas si le manuscrit de départ comporte trop de fautes d'orthographe ou de syntaxe. Toutefois, sur présentation de devis, il peut l'envisager.
Je n'ai connu qu'un échec de mise en pages. Il s'agit d'une thèse soutenue par un médecin péruvien qui l'a écrite en phonétique. Elle faisait 400 pages. Au bout de 100, j'ai arrêté, d'épuisement.
Mon rôle de directeur de collection consiste aussi à m'assurer que les droits photographiques sont bien payés. Il m'est arrivé de les payer pour un étudiant et d'aller requérir les droits pour des illustrations venues étoffer le manuscrit d'un confrère que je jugeais trop insipide sans.
Je dois aussi valider la mise en pages une fois faite et veiller au bon envoi du manuscrit à l'éditeur en lui signifiant mon accord pour fabrication, à l'adresse suivante:
Editions L'Harmattan
A l'attention de Mlle Virginie Hureau
16, rue des Ecoles
75005 Paris.
Une version papier du manuscrit, ainsi qu'une version Word ou PDF sur clé USB ou CD-Rom, doivent arriver là-bas. Le livre arrive au service de fabrication où il subit un test orthographique. Dix pages sont prises au hasard et sont corrigées à la virgule près. S'il n'y a pas de faute, le manuscrit part en fabrication. S'il y a des fautes, il faut procéder à une relecture. Ainsi, des manuscrits me demandent jusqu'à 6 mois de travail. Au service de fabrication, je dois valider, par Internet, le PDF du livre, de la couverture et de la 4ème de couverture. Une fois cela effectué, le livre est envoyé chez l'imprimeur. Environ dix jours après, il est publié.
Commence alors sa promotion que j'assure aussi (sites Internet, salons du livre, journaux appropriés, etc.). Le média le plus efficace est indiscutablement la TV. Un seul livre de la collection en a eu les honneurs. C'est aussi celui qui en est le plus vendu. Il y a peu, ou pas, d'impact des revues et des émissions radio. Les sites Internet sont beaucoup plus efficaces aujourd'hui.
Evidemment, la conception et la mise en place de tout cela ne se sont pas faites sans douleur, sans rencontrer de difficultés véritables.
Mais, laissons plutôt la parole à mes amis auteurs, car c'est leur travail exceptionnel, avant tout, qui mérite d'être mis en lumière dans ces fameux actes, tant par sa qualité humaine que par sa qualité scientifique.

Médecins et infirmières dans la guerre de Crimée (1854-1856)

par
Philippe Scherpereel[10]

La guerre de Crimée débuta officiellement le 27 mars 1854, avec la déclaration de guerre de la France et de l'Angleterre à la Russie, et se termina le 30 mars 1856, avec la signature du Traité de Paris. Ses prémisses remontent en fait à 1850, par la querelle engagée avec la Turquie par la Russie à propos des Lieux saints de Palestine, prétexte à la volonté de la Russie d'imposer à l'Empire ottoman sa protection aux chrétiens de rite orthodoxe grec, sujets de la Sublime Porte. La France et l'Angleterre y virent surtout le désir de la Russie de démanteler un Empire ottoman décadent et impuissant, en s'emparant des principautés danubiennes, Moldavie et Valachie, de s'ouvrir l'accès à la Méditerranée et peut-être même de prendre Constantinople, rejetant les Turcs en Asie. Cette guerre fut la première guerre moderne par l'ampleur des moyens militaires, l'importance de la logistique et le déploiement d'armes de plus en plus vulnérantes et destructrices, la mise en place de services de santé performants, l'apparition du rôle des médias avec les correspondants et photographes de guerre. Cette guerre fut un effroyable carnage atteignant un demi-million de morts sur l'ensemble des belligérants, en y incluant ceux qui décédèrent au cours de leur transfert et dans les hôpitaux de l'arrière. La plupart moururent de maladies : choléra, scorbut, typhus, dysenterie. Sur 95 000 morts français, 20 000 furent tués au combat ou moururent des suites de leurs blessures. Sans le dévouement et la compétence des services de santé, le bilan aurait été encore plus lourd.

---

[10] Professeur des Universités, ancien chef du département d'anesthésie réanimation au CHRU de Lille où il exerce des fonctions de médecin médiateur.

Médecins et infirmières dans la guerre de Crimée (1854-1856), L'Harmattan (éd.), Collection Médecine à travers les siècles, Paris, 2016.

La querelle des Lieux saints, qui remonte au schisme de 1054 entre catholiques romains et byzantins, fut le prétexte, l'invasion de la Moldavie et de la Valachie, la raison, et l'expansionnisme russe vers les détroits, et la Méditerranée, la cause de l'intervention des Anglais et des Français, aux côtés des Turcs. Napoléon III, qui venait de prendre le pouvoir, tenta avec les autres puissances européennes réunies à Vienne de désamorcer le conflit, mais la destruction de la flotte turque dans la rade de Sinope par la flotte russe mit fin aux atermoiements. Le 3 janvier 1854, les flottes françaises et britanniques entrent en mer Noire, les relations diplomatiques sont rompues et le 27 mars, la reine Victoria et l'empereur Napoléon III annoncent à leurs peuples l'état de guerre. Dès le 31 mars, les troupes françaises débarquent à Gallipoli, tandis que les Anglais installeront leur camp de base à Scutari face à Constantinople, sur la berge asiatique du Bosphore. Lorsque le médecin général Scrive, médecin chef de l'armée d'Orient, arrive à Gallipoli, le 1er mai, l'état sanitaire des troupes est satisfaisant. Il organise le service de santé sur place, réalise un organigramme très précis du personnel médical et sa répartition dans les ambulances, et les hôpitaux, installe des hôpitaux de l'arrière à Andrinople et à Constantinople.
Les troupes turques engagées dans les provinces danubiennes ayant enregistré un premier succès par surprise sur les Russes, mais nécessitant du renfort, les alliés décident un débarquement à Varna dans les derniers jours de juin. Les premiers cas de choléra se déclarent alors sur un mode foudroyant et, malgré cela, l'ordre de départ de l'expédition de la Dobruscha est donné le 20 juillet aux trois premières divisions. Dès les premiers jours, la contagion se répand. Le premier régiment de zouaves, qui se trouve à deux journées de marche de Kustendjé, doit être rappelé ayant eu 300 hommes touchés en une seule journée et 569 en une semaine. La première division perdra 1 953 hommes atteints du 27 juillet au 10 août et verra son effectif réduit de 12 000 à 7 ou 8 000 hommes encore valides en quelques jours. Une autre catastrophe marque la fin du séjour à Varna, un gigantesque incendie qui s'est déclenché dans le bazar ayant détruit une partie considérable des approvisionnements militaires. Les Russes, craignant une entrée en guerre de l'Autriche s'ils franchissent le Danube, se sont retirés. Le 25 août, devant l'amélioration de la situation sanitaire, le maréchal de Saint-Arnaud et Lord Raglan décident le transfert de l'armée vers la Crimée en vue de prendre Sébastopol. Le départ a lieu le 7 septembre.
A la suite de missions de reconnaissance, le débarquement se déroule le 14 septembre sur la plage d'Old Port, située à mi-chemin de l'embouchure de l'Alma et d'Eupatoria, mais à 46 kilomètres de Sébastopol. Les opérations de débarquement, qui ont été un modèle du genre, se déroulent tout au long de la journée, se terminant par une parade grandiose, drapeaux et musique en tête. Le 20 septembre, les Français ayant dû une nouvelle fois attendre les Anglais, l'armée alliée se prépare à franchir l'Alma, en deux points de passage à gué, surmontés de collines abruptes. L'artillerie, empruntant un

passage muletier très étroit, se hisse sur le plateau où les divisions de Canrobert et du prince Napoléon ont réussi à gravir pour y livrer un combat acharné où s'illustreront les zouaves. Comparée à la vivacité et à l'impétuosité des soldats français, les Anglais s'avancent de façon héroïque en lignes impeccables comme à la parade et se font faucher par rangées. « *C'est sublime !* » dira Saint-Arnaud, mais aussi complètement désuet. Les Français se portant à leur rescousse, les Russes décident de se replier en bon ordre. La cavalerie étant restée en Bulgarie, il n'est pas possible de poursuivre les Russes qui vont se replier sur Sébastopol pour en préparer la défense. Le maréchal de Saint-Arnaud, épuisé, tient à passer en revue ses troupes victorieuses, mais il contracte le choléra et fera ses adieux à l'armée dans un ordre du jour du 26 septembre dans lequel il remet le commandement au général Canrobert. Arrivé le 28 au soir à Balaklava, il embarque le lendemain sur le *Berthollet* sur lequel il mourra le lendemain vers 15 heures. Il est transporté dans la chapelle de l'ambassade de France à Constantinople, qu'il quittera le 4 octobre pour Paris, après avoir reçu un hommage du peuple turc et du Sultan.
Profitant de la supériorité technologique de leur armement, les Français auraient voulu marcher immédiatement sur Sébastopol pour ne pas laisser aux Russes le temps de s'organiser, mais Lord Raglan s'y oppose. Les Anglais se positionnent alors sur la droite, pour être plus proches de Balaklava, les Français à gauche, pour se rapprocher de Kamiesch, où la flotte s'est regroupée. Sébastopol est une belle ville, construite à partir de 1786, en amphithéâtre au sommet d'un mamelon situé entre deux baies, dominant une rade immense. Au pied de la ville, ont été construits un port, des arsenaux, des magasins de munitions, des chantiers et des ateliers de construction, qui en font le grand port militaire de la mer Noire. Dans les premiers jours d'octobre, des milliers de soldats construisent des tranchées autour de la ville, les Français approchant leurs tranchées jusqu'à 800 mètres des remparts. Dans le même temps, les Russes renforcent considérablement leurs défenses et y installent un nombre considérable de canons qui soumettent les lignes alliées à un bombardement permanent, et intense. Dans le même temps, un duel d'artillerie marine se déroule entre les batteries côtières russes et la flotte alliée qui subit des dégâts importants.
Le prince Menchikov, dont l'armée a reçu des renforts considérables, se prépare à attaquer les alliés sur trois fronts simultanément. Pendant que le général Liprandi opère sur Balaklava une puissante diversion, le corps d'armée du général Dannenberg cherche à s'emparer des hauteurs d'Inkermann, prenant à revers l'armée de siège, tandis que les bataillons du général Timofeiv tentent une sortie de Sébastopol. Dans le défilé qui mène à Balaklava, les Russes concentrent 25 000 hommes qui menacent d'enfoncer les lignes anglaises. Les Highlanders, très inférieurs en nombre, tiennent le choc et font refluer les Russes en désordre. Au lieu de donner l'ordre à la cavalerie légère de les poursuivre, Lord Raglan retient ses officiers et ses

cavaliers. Quand il leur donne l'ordre d'empêcher les Russes de récupérer les canons abandonnés par les Turcs, les Russes auront eu le temps de se regrouper et la charge de la brigade légère sera un véritable carnage, malgré l'intervention des chasseurs d'Afrique appelés en renfort. Menchikov décide d'attaquer par surprise les Anglais sur le plateau d'Inkermann en lançant 35 000 hommes sur les 3 500 Anglais de la division Lacy-Evans encore au campement. Bien que surpris dans leur sommeil, les Anglais se défendent avec héroïsme, tandis que les Russes, progressant par un passage étroit, donnant des ordres contradictoires, laissant le temps aux renforts anglais d'arriver, se font massacrer et refouler dans le ravin des carrières. Cependant, d'importants renforts russes, commandés par Dannenberg, arrivent sur le plateau et c'est l'hécatombe parmi les Anglais épuisés et décimés. Après avoir refusé superbement le secours des Français, Lord Raglan finit par appeler à l'aide et l'arrivée de Bosquet, et Bourbaki, avec deux bataillons de pantalons rouges et quatre compagnies de vétérans d'Afrique, repoussent les Russes qui tombent en grappes dans les ravins qui bordent la Tchernaïa. Lord Raglan ira serrer la main de Bosquet en lui disant : « *Au nom de l'Angleterre, je vous remercie* ».
Pour les troupes alliées épuisées, l'assaut de Sébastopol doit être différé. Alors, commence un long hiver de siège dans le froid et la boue. Au mois de janvier, le froid, le vent du nord violent produisent des gelures et des hypothermies mortelles durant les nuits glaciales. D'octobre 1854 à mars 1855, ce sont environ 10 000 hommes par mois qui viennent renforcer les effectifs français, alors que le Tsar informe ses généraux qu'il n'est plus en mesure de leur envoyer des renforts. Au cours de l'hiver, de nombreux cas de scorbut apparaissent malgré les consignes de manger des pissenlits et des salicornes. Le siège devient un calvaire surtout pour les Anglais mal équipés et dénutris. L'opinion publique anglaise, avertie par les correspondants de guerre de ces conditions désastreuses, exige le départ d'Aberdeen et son remplacement par Lord Palmerston. La situation des Russes dans Sébastopol assiégée que décrira Tolstoï est également catastrophique, d'autant qu'une expédition de la flotte franco-anglaise a détruit les approvisionnements en dépôt à Kertch. Les Russes ont renforcé considérablement leurs défenses, surtout dans le secteur du fort de Malakoff qui domine la ville, ses faubourgs et la baie, constituant la clef du dispositif défensif dont la prise signifiera la chute de la ville. Depuis le début juin, les bombardements des défenses sont permanents et, le 18 juin, le général Pélissier lance un assaut mal préparé qui se solde par un échec. L'état sanitaire des troupes alliées redevient préoccupant avec la résurgence du choléra et de fièvres paludéennes.
Le 17 août, commence le bombardement qui ne cessera plus jusqu'à l'assaut final. A partir du 5 septembre, un bombardement continu écrase les défenses de la ville et détruit les bateaux enfermés dans la rade. Les défenseurs et les marins accourus aux remparts subissent une hécatombe. Les tranchées françaises se sont approchées à quelques dizaines de mètres des lignes de

défense des assiégés. Des rampes ont été aménagées et élargies en vue de l'assaut. Le 8 septembre à midi précises, le bombardement cesse soudain, le général de Mac Mahon et le colonel Lebrun, à la tête de leur division, surgissent des tranchées au son des clairons et des roulements de tambour. Les zouaves franchissent d'un bond le découvert qui les sépare du fort de Malakoff avant que les Russes aient eu le temps de réagir. Les hommes déferlent sur les servants des batteries et sur les défenseurs totalement surpris. Les points d'appui tombent les uns après les autres. Sur un saillant de la courtine, d'où l'on observe tout le faubourg de Karabelnaïa, un grand drapeau tricolore est déployé et le général de Mac Mahon y aurait répondu à un officier de liaison anglais qui lui demandait s'il pensait pouvoir s'y maintenir : « *Dites à votre général que j'y suis, j'y reste* ». Les contre-attaques russes sont brisées, le fort de Malakoff est mis en situation de défense, tandis que les Russes reçoivent l'ordre d'évacuer la ville, de faire sauter les batteries et les dépôts de munitions, les redoutes et les forts. Dans la baie, les navires sabordés par leurs équipages flambent et coulent. Le pont flottant reliant la ville au faubourg est démonté. Un armistice leur est accordé pour recueillir leurs blessés et le 12 septembre, les alliés prennent possession de Sébastopol.
Pendant toute la durée des opérations, la direction du service de santé est assurée par le médecin-général Gaspar-Léonard Scrive, supervisé dans les premières semaines par l'inspecteur-général Michel Lévy, et à la fin de la guerre par l'inspecteur-général Lucien Baudens. Le service de santé des armées est encore, à cette époque, sous la dépendance de l'intendance et son autonomie est l'une des principales revendications des personnels de santé dès le retour en France. Scrive, soutenu par Baudens, introduit pour la première fois l'anesthésie au chloroforme sur le théâtre des opérations. L'anesthésie aurait été pratiquée sans aucun accident chez 25 000 patients, à la fois pour des interventions chirurgicales, des pansements douloureux et d'un point de vue charitable pour atténuer les souffrances des mourants. Alors que Baudens préconise l'emploi du cornet de Raynaud, en usage dans la Marine, Scrive utilise, quant à lui, l'appareil de Charrière, dont il démontre l'intérêt. Du côté russe, Pirogoff sera partisan également de l'anesthésie à l'éther. Contrairement aux médecins français et russes, les médecins anglais sont farouchement opposés à l'usage de l'anesthésie.
Les médecins anglais, en particulier le Dr Andrew Smith et le Dr John Hall qui disait : « *J'aime que mes patients ressentent la coupure du couteau* », sont également hostiles à la présence d'infirmières dans les hôpitaux militaires. Du côté français, de nombreuses sœurs de charité apportent soins et réconfort aux malades, et blessés avec un dévouement remarquable. La mauvaise tenue des hôpitaux militaires anglais, la désorganisation du relevage et du transport des blessés, la dureté des médecins sont rapportées, dans un article du *Times* par William Howard Russell. Sidney Herbert, secrétaire d'Etat à la Guerre, qui voulait dès le début du conflit envoyer des

auxiliaires féminines dans les hôpitaux militaires, demande à une amie de sa femme, Florence Nightingale, qui s'apprête à créer, à Londres, la première école d'infirmières, de se rendre à Scutari avec une cinquantaine de ses compagnes. Malgré l'hostilité déclarée des médecins, Florence réorganise les hôpitaux, réclamant du matériel, introduisant l'hygiène et apportant réconfort, et douceur aux pauvres soldats. Elle les visite chaque soir avec une lanterne qui lui a valu la légende de *la dame à la lampe*. Du côté russe, la grande duchesse Helena Pavlowna crée également un corps d'infirmières bénévoles. Valérie de Gasparin, de nationalité suisse, attire également l'attention de l'opinion publique sur les malheurs des soldats. Elle sera, quelques années plus tard, lors de la campagne d'Italie, à l'origine, avec Henri Dunant, de la création de la Croix-Rouge. Lucien Baudens milite également pour que les infirmiers sur le champ de bataille reçoivent un insigne distinctif qui puisse les protéger. Il a été frappé du récit qu'on lui a fait d'infirmiers français qui, après la bataille de la Tchernaïa, se sont rendus sur le champ de bataille pour porter secours à des blessés russes et qui ont été mitraillés par des tirs d'artillerie de soldats français.

La guerre de Crimée connaît également, pour la première fois, des correspondants et des photographes de guerre. Les articles parus dans le *Times* et dans le *Morning Herald* ont eu un retentissement considérable sur l'opinion anglaise, amenant même la chute du cabinet. La reine Victoria, consciente de la nécessité d'informer la population, a décidé d'envoyer des photographes dont Roger Fenton, qui a été le premier reporter photographe officiel de guerre.

La victoire de la guerre de Crimée a été obtenue au prix exorbitant de plus de 500 000 morts, dont un grand nombre du fait d'infections et d'épidémies, et de dépenses colossales afin de projeter au loin des corps expéditionnaires constitués de nombreux soldats, transportés par un nombre considérable de navires. Les protagonistes en sont sortis exsangues. Elle n'apportera aucune conquête territoriale, le Traité de Paris ne faisant que limiter l'expansionnisme russe dans les Balkans et interdisant à la flotte russe l'accès à la Méditerranée. Ce traité ne régle aucun des problèmes qui se posent alors en Europe, que ce soit celui de l'unité italienne ou celui de la Pologne. La France se retrouve confrontée à un nouveau conflit sanglant dans la campagne d'Italie, pendant que la Prusse réalise l'unité allemande et se prépare à la guerre de 1870. La France a laissé, en Crimée et sur les champs de bataille d'Italie, ses meilleurs soldats. Empêtrée dans ses conquêtes coloniales et dans l'aventure mexicaine, elle méconnaît alors le développement du militarisme prussien qui aboutira à la défaite de Sedan et à la honteuse capitulation de Bazaine. Les horreurs de la guerre ont suscité une prise de conscience des opinions publiques qui conduira à la création de la Croix-Rouge, mais s'avèrera insuffisante à éviter des conflits de plus en plus destructeurs et sanglants.

De grands médecins méconnus...

par

André J. Fabre[11]

Voici un voyage dans la vie de médecins qui auraient bien mérité d'être célèbres, mais qui n'ont connu qu'une gloire éphémère ou, pire, sont restés méconnus.
Ces médecins, 35 au total, viennent de toutes les époques : de l'Antiquité au monde moderne, en passant par le Moyen Âge, le siècle des Lumières et le très romantique XIXe siècle qui rêvait d'un savoir scientifique absolu.
Vingt pays sont représentés ici : de la France à la Pologne et du Brésil à la Suisse, contrée trop souvent ignorée de ses voisins.
Nous verrons trois d'entre eux seulement : Adrien Proust pour le XXe siècle, Jean-François Regnard à l'époque de Louis XIV et Garcia da Orta aux Indes portugaises du XVIe siècle.

ADRIEN PROUST (1834-1903)

La mémoire de ce grand nom de la médecine française a été injustement éclipsée par la gloire de ses fils.
Adrien Proust vient d'Illiers, petite bourgade près de Chartres. Son père tient, dans la Grande rue, une boutique d'épicerie ou plutôt, selon certains biographes, une boutique d'épices.
La sœur d'Adrien, Elisabeth Amiot, a là une maison qui existe toujours, lieu favori de vacances pour son neveu, Marcel. C'est là que se situe le célèbre chapitre des "*madeleines*", les célèbres "gâteaux coquillages".

---

[11] Ancien médecin pédiatre, titulaire d'un doctorat en histoire soutenu en Sorbonne - Paris IV, ancien webmestre de l'Académie nationale de médecine, membre libre de l'Académie nationale de chirurgie, délégué pour la France de la Société internationale d'histoire de la médecine.

De grands médecins méconnus..., L'Harmattan (éd.), Coll. Médecine à travers les siècles, Paris, 2010.

Après de solides études au lycée de Chartres, Adrien arrive, en 1855, à Paris, pour y commencer, malgré ses moyens financiers précaires, ses études médicales. Il y réussit fort bien. En 1859, Adrien est nommé à l'internat et, trois ans plus tard, il obtient son diplôme de médecin avec une thèse consacrée au pneumothorax idiopathique.

En 1866, Adrien accède à l'agrégation de médecine avec une dissertation sur les *Différentes formes de ramollissement du cerveau,* suivie, en 1897, d'un ouvrage sur la neurasthénie, inspiré, dit-on, par les problèmes de son fils Marcel.

Une carrière fulgurante commence : médecin des hôpitaux en 1867, chef de service à l'Hôtel-Dieu en 1872, puis, en 1885, professeur d'hygiène à la Faculté, élu, en 1879, à l'Académie de médecine dont il sera pendant plusieurs années le secrétaire perpétuel. Un portrait officiel de l'époque le montre revêtu de la toge professorale, tenant à la main plume d'oie et sablier, symboles de ses fonctions.

Lorsqu'il meurt en 1903, à l'âge de 66 ans, il aura, à Saint-Philippe-du-Roule, l'église la plus aristocratique de Paris, des funérailles grandioses quasi nationales.

Fortement marqué par les travaux de Pasteur, Adrien s'est très tôt intéressé aux problèmes de la santé publique. Il publie, en 1877, un *Traité d'hygiène publique et privée,* un ouvrage tout à fait novateur. Il prend en charge, en 1885, la chaire d'hygiène à la Faculté de médecine de Paris.

Dès lors, il s'intéresse de plus en plus aux problèmes sanitaires internationaux. En 1873, Adrien a publié plusieurs ouvrages sur les maladies tropicales : *Essai sur l'hygiène internationale, ses applications contre la peste, la fièvre jaune et le choléra* et *Défense de l'Europe contre le choléra*.

Il y développe notamment ses idées sur les dangers de propagation des germes liés au développement que prenait la circulation des marchandises et des personnes à travers le monde...

Devenu délégué de la France à toutes les grandes conférences sanitaires, il voyage dès lors dans le monde entier. En fait, Adrien aime passionnément les voyages. Une photographie prise en 1897 le montre, à Venise, souriant au milieu d'une envolée de pigeons sur la place Saint-Marc.

Dès 1869, Adrien fait un grand voyage à travers la Russie et la Perse pour y étudier les propagations du choléra. Cet immense périple lui fait parcourir 15 000 kms, avec les modes de locomotion les plus divers : train, de Paris à Cologne, puis Saint-Pétersbourg, Moscou et Nijni-Novgorod, puis bateau sur la Volga jusqu'à Astrakan, paquebot sur la mer Caspienne, jusqu'à Bakou et, enfin, sur les routes de Perse, carrosse, puis cheval. A Téhéranil, il est reçu, en tant qu'envoyé spécial de l'Empereur, par le ministre de la Santé, puis par le Shah lui-même qui lui offre un magnifique tapis dont héritera Marcel Proust.

- Robert, le fils cadet
Après un baccalauréat en lettres, Robert s'engage dans la même voie que son père, mais, attiré par la chirurgie, il devient l'assistant du célèbre Pr Pozzi, grand ami de la famille Proust. En 1904, il accède à l'agrégation, puis devient, après de brillants états durant la Grande Guerre, chef de service à l'hôpital Broca en 1932.
- Marcel, le frère aîné
Adrien n'a certes jamais accepté la personnalité marginale de son fils, mais restera néanmoins, toute sa vie, un père affectueux et attentif. Une seule photographie subsiste pour montrer Marcel en compagnie de son père. C'est, en 1892, devant le manoir d'une famille amie, en Normandie, mais le père et le fils ne sont pas placés côte à côte. En revanche, Marcel est toujours resté proche de sa mère et de son frère. Une photographie célèbre les montre tous deux, en 1882, l'un contre l'autre.
Cependant, une question demeure : tous les membres de sa famille apparaissent dans ses livres, sous les masques et les noms les plus divers. Pourquoi donc Robert n'est-il jamais là ? Peut-on se risquer à supposer que Marcel aimait trop son frère pour en parler aux autres ?
- Jeanne Weil-Proust, l'épouse exemplaire
Jeanne vient de la haute bourgeoisie parisienne, apparentée au célèbre avocat Adolphe Crémieux, mais aussi à Henri Bergson et, même, à Karl Marx.
Avec beaucoup de tact et d'intelligence, Jeanne assume pleinement son rôle d'épouse et de mère. En témoigne un portrait de 1895, montrant Jeanne tendrement entourée de ses deux fils.
- Les familiers de la maison Proust
Dans leur bel immeuble du 45 rue de Courcelles, non loin du célèbre temple chinois, les Proust reçoivent le Tout-Paris : Alphonse Daudet, littérateur emblématique de la IIIe République et père de Lucien, ami intime de Marcel Proust, mais aussi, Anatole France, pilier des salons parisiens qui aidera Marcel à se faire un nom, et Paul Bourget, romancier analyste de la Belle Epoque qui voyait Marcel comme un précieux "*Saxe psychologique*".
Nombreux également à venir rue de Courcelles sont les grands noms de la médecine comme Jules Cottard, fondateur de l'école neuro-psychiatrique française, et comme le flamboyant chirurgien Samuel Pozzi.
Le fils de l'épicier d'Illiers, Adrien Proust, est arrivé, par son intelligence et par son travail, au sommet de la médecine française. La postérité retiendra surtout que sa famille, devenue célèbre, est restée unie de façon exemplaire.

JEAN-FRANÇOIS REGNARD (1656-1710)
Regnard est né dans la famille d'un riche marchand de poissons des Halles de Paris. Il s'intéresse à la médecine, mais, à cette époque, il ne peut y avoir de vocation médicale pour un fils de poissonnier. Faute de mieux, Regnard voyagera et voyagera beaucoup, la fortune de son père le lui permettant.

Parcourant l'Europe en touriste curieux, Regnard, arrivé en 1678 en Italie, rencontre, à Bologne, une belle Provençale mariée à un riche Italien. Décidé à la suivre partout, il prend place avec le couple à bord d'une frégate anglaise qui part pour la France.
Mal lui en prend, car le navire est attaqué par des corsaires algériens qui amènent les passagers à Alger pour les vendre comme esclaves. Regnard, devenu cuisinier, ne doit son salut qu'à l'intervention de sa famille qui peut racheter sa liberté et celle de la belle amie moyennant douze milles écus d'or.
De retour en France, Regnard ne songe plus qu'à épouser la belle Provençale lorsque surgit le mari à peine sorti des geôles musulmanes. Il ne reste plus, pour Regnard, qu'à reprendre la route des voyages pour oublier sa malheureuse passion et c'est ainsi qu'il arrive en Suède au printemps de 1681.
À Stockholm, Regnard, eu égard à sa fortune, est invité à loger chez l'ambassadeur de France qui le présente à la Cour. Le roi Karl IX fait raconter les voyages de Regnard et lui donne alors le conseil de visiter la Laponie, où aucun étranger ne s'est jamais encore risqué. Il n'en faut pas plus pour décider Regnard et le voilà à bord d'une frégate pour gagner Torneå, au fin fond du golfe de Botnie.
De là, il s'enfonce au cœur de la Laponie qu'il parcourt en tous sens prenant note de tous les aspects de la vie du cercle polaire : les animaux (élans, rennes) et innombrables variétés d'oiseaux comme les snöugglor (les chouettes des neiges), mais aussi les loups et les moustiques, peste de la Laponie.
Les Lapons sont, pour Regnard, les êtres les plus singuliers de la création aussi bien pour leur aspect physique, que leurs mœurs, leurs habitations et leurs équipements : canoës, traîneaux et skis, technologie.
Fin gastronome, Regnard consacre un long chapitre à la gastronomie laponne. Saumons, brochets et harengs sont les aliments de base, mais que dire du "*pain lapon*", mélange d'arêtes de poisson broyées avec de l'écorce de pin ? La viande de renne (langue et moelle) peut se révéler savoureuse, mais que dire du "*saucisson lapon*", vessie de renne remplie de sang congelé par une nuit dehors, coupée ensuite en rondelles et servie saupoudrée de farine de poisson ?
La boisson nationale est le lait de renne. Ils en font un fromage que Regnard a courageusement voulu goûter. "*Aucune saveur, mais odeur forte*".
La mousse et le lichen sauvage sont des aliments très appréciés des Lapons, de même que nombre de baies sauvages, mais le dessert devient une expérience éprouvante pour Regnard. Il s'agit d'une marmelade de groseilles mélangée à des œufs de poisson. "*J'étais prêt de défaillir…*" avoue-t-il sans autre commentaire.
L'état sanitaire des Lapons retient tout autant l'attention du voyageur et, en particulier, la fréquence chez eux des problèmes ophtalmologiques : "*Les*

infortunes de la vieillesse ne sont pas les mêmes en Laponie qu'en France. Un Lapon qui vieillit perd seulement une part de ses forces : les chevelures grisonnantes sont tout à fait rares. Le principal handicap des Lapons est la cécité". Pour Regnard, l'explication est simple : "*Leurs yeux naturellement fragiles sont détériorés par l'éclat du soleil reflété par la neige et par la fumée des cheminées brûlant la nuit et le jour dans les maisons*".
Tout aussi remarquable est la longévité des Lapons. Regnard l'explique par la pratique des bains de vapeur si populaires en Scandinavie. Sa visite au "*bastu*", appelé avec peut-être quelque ironie "*basses touches*" est minutieusement relatée et l'on imagine la stupeur d'un Français de l'époque de Louis XIV devant ce spectacle d'hommes et de femmes nus, et couverts de sueur allant se rouler dans la neige.
La pharmacopée laponne a aussi retenu l'attention de Regnard. Les remèdes sont à base d'onguents. Ainsi, sont-ils d'une préparation de plantes polaires comme une mousse appelée "*jeest*" et une plante semblable à l'Angélique officinale. La résine de sapin et le fromage de renne sont considérés comme des "*remèdes divins*" contre les gelures et toute une gamme de maux, de même qu'une mixture de bile de loup mélangée à du "*brandevin*" (l'alcool des Lapons) et de la poudre à canon, ou encore, une "huile" obtenue en plongeant un tison de fer rouge dans du fromage de renne.
Dans le traitement des blessures, le dernier mot revient à l'application, sur la plaie, aussi longtemps que le patient puisse le supporter sans défaillir, d'un charbon de bois chauffé au rouge. "*Les Turcs,* note Regnard qui avait de l'Orient une longue expérience, *font la même chose : il n'y a pas de meilleur traitement*".
L'alcoolisme, sujet bien rarement abordé à cette époque, est partout présent en Laponie. "*Pas d'autre manière,* nous dit Regnard, *de lier une amitié que de boire ensemble d'énormes rasades d'akvavit* (une eau de vie de céréales et de cumin) ".
Le plus insolite pour Regnard est la vie sexuelle des Lapons. La liberté y est totale dans ce domaine et il n'y a jamais ni mensonge, ni tricherie, encore moins de jalousie… L'explication donnée par le globe-trotter venu de France est simple: "*De même qu'à l'intérieur d'une pierre est un feu qui n'est révélé qu'au contact du fer, de même un principe de vie se révèle pendant l'union sexuelle*".
Regnard, en avance sur tout, forge ici un nouveau mythe destiné à prendre son plein essor un siècle plus tard : celui du "bon sauvage".
Après de longues pérégrinations en Pologne, Hongrie et Autriche, Regnard, revenu à Paris, se trouve brutalement confronté au syndrome de Marco Polo, dont les écrits sur la Chine n'ont pu être acceptés qu'après plusieurs siècles. Le monde étrange qu'avait découvert Regnard était littéralement incroyable, ou plutôt devrait-on dire inconcevable pour ses contemporains.
Regnard, qui était la finesse même, comprend vite qu'il faut oublier ses voyages et se consacrer à une brillante carrière d'auteur de théâtre. Il connaît

tout de suite la célébrité et ses comédies comme *Le légataire universel* ou *Le joueur* sont restées, jusqu'à une date récente, au répertoire de la Comédie-Française.
Devenu seigneur de château Grillon, Regnard a une fin heureuse, conclusion d'une existence véritablement "*pas comme les autres*".
Bien des documents de l'époque attestent de la véracité des récits de Regnard, mais la stèle, qu'il a laissée au bord du lac Torneträsk, tout près de Kiruna, est restée cachée dans l'immensité de la toundra scandinave…

GARCIA DA ORTA (1500-1568)
Garcia da Orta est né au Portugal, à Castelo de Vide, près de Portalegre. Son père, Fernao Isaac da Orta, un riche marchand juif d'Extremadura, et sa mère, Leonor Gomes, ont trouvé refuge au Portugal lors des persécutions religieuses dues aux "*Reyes muy Católicos*".
Garcia étudie d'abord en Espagne, dans les facultés d'Alcalá, d'Henares, puis de Salamanque, la médecine, les arts et la philosophie. Couvert de diplômes, il revient au Portugal, en 1523, pour s'installer comme médecin dans sa ville natale, puis, à partir de 1526, à Lisbonne, où il obtient une charge universitaire.
Cependant, la Sainte Inquisition entreprend une chasse aux "*mauvais catholiques*" et, en 1534, Garcia doit quitter son pays en se faisant engager comme médecin à bord du vaisseau amiral du gouverneur des Indes, Martim Afonso de Sousa.
Garcia da Orta prend part à différentes campagnes de la flotte portugaise, puis, en 1538, s'installe aux Indes, dans la ville de Goa, carrefour commercial où se croisent des négociants venus de tous les pays.
Sa carrière y connaît un succès éclatant. Il devient médecin du sultan d'Ahmadnagar, Burhan Shah, puis de plusieurs vice-rois et gouverneurs portugais. En 1540, parvenu à l'âge de 40 ans, il épouse la fille d'un riche marchand espagnol, Brianda de Solis.
Il partage, dès lors, son temps entre la médecine et l'étude des pharmacopées de l'Inde. Il crée, à cette fin, sur l'île de Bombay; un jardin botanique voué aux plantes médicinales exotiques.
En même temps, da Orta rassemble une documentation minutieuse sur les plantes et les habitants de l'Inde. Il en fera un livre édité à Goa, en 1563, sous le titre *Colloque des simples et des drogues de l'Inde* avec en sous-titre *Conversations sur les simples, les drogues et les substances médicinales de l'Inde*. Il s'agit d'un dialogue entre Garcia et un de ses amis médecins, Ruano, passant en revue non seulement les "simples" (il faut comprendre les plantes médicinales), mais aussi tous les produits venant de l'Inde, sous forme de "colloques", à savoir l'ivoire de l'éléphant, la laque, le diamant.
Un total de 45 plantes médicinales est présenté sous une forme très didactique : commençant d'abord par les appellations et l'étymologie, puis la provenance des substances et l'emplacement des marchés qui les

commercialisent. Arrive ensuite l'étape de l'identification botanique faisant appel, comme au temps jadis, aux critères analogiques relatifs aux différentes parties de la plante. En dernier lieu, vient l'exposé des utilisations médicinales de la plante et des modalités de sa prescription.
Fait remarquable, pour la première fois dans la littérature des pays occidentaux, est présentée, dans le livre, une description détaillée des effets du cannabis et du cannabisme.
En 1549, la mère et deux des sœurs de Garcia, qui ont pu s'échapper du Portugal, peuvent venir aux Indes, mais ce sera pour leur malheur. En effet, la Sainte Inquisition est là qui les attend. Catarina, une des sœurs de Garcia, est brûlée vive sur un bûcher de Goa, en 1569.
Quant à Garcia lui-même, décédé quelques mois plus tôt, la condamnation sera posthume. En 1580, ses restes seront exhumés et brûlés sur la place publique, conséquence d'un autodafé.
Bien des questions sont ainsi posées. Le médecin peut-il trouver une justification à son existence ailleurs que dans le fait de soigner et si possible de guérir les malades ?
Une chose est sûre, les personnages dont nous venons de rapporter l'histoire ont exercé le métier de médecin et la médecine, comme la prêtrise, marque à jamais ceux qu'elle a choisis.

Les tables d'opération, de l'Antiquité à nos jours

par

Michel A. Germain[12]

Le but de ce travail est de comprendre l'évolution des tables d'opération depuis l'Antiquité et d'apprécier les progrès considérables réalisés.
Initialement dans l'Antiquité, les patients étaient traités surtout par traction pour des fractures des membres et en position allongée. Les tables d'opération initiales étaient rudimentaires comportant un simple support plat en bois.
Puis, les patients ont été opérés sur des fauteuils en position assise à partir de 1850, mais on comprend les limites de cette position surtout pour les opérations gynécologiques et du périnée. Ces fauteuils sont toujours utilisés en chirurgie dentaire.
Grâce à des chirurgiens de talent, Trendelenburg en 1890 et Jules Péan en 1892, des tables horizontales, permettant des positions très diversifiées, ont été fabriquées. Ces évolutions ont été permises grâce aux progrès de l'anesthésie à partir de 1846.
Plus récemment après 1950, sont arrivées des tables d'opération extrêmement sophistiquées avec une mécanisation électrique de plus en plus développée, permettant une mobilisation des différentes parties du corps. Parallèlement, la sécurité des tables d'opération a été renforcée en particulier grâce à deux, voire trois commandes de celles-ci.
Il paraît normal que ce soit le chirurgien qui choisisse sa table d'opération. Tous les chirurgiens sont d'accord sur ce point. C'est exactement comme lorsqu'un violoniste choisit entre les deux instruments : un Guarnerius ou un

---

[12] Professeur des Universités, Chirurgien des hôpitaux de Paris, membre correspondant de l'Académie nationale de médecine, membre titulaire de l'Académie nationale de chirurgie et de l'Académie vétérinaire de France.

Les tables d'opération, de l'Antiquité à nos jours, L'Harmattan (éd.), Coll. Médecine à travers les siècles, Paris, 2016.

Stradivarius. Les deux violons sont excellents, mais Yehudi Menuhin préférait le Guarnerius et David Oïstrakh, le Stradivarius. Chacun de ces violons vaut actuellement deux millions de dollars.
Aussi, il paraît nécessaire de satisfaire les désirs du chirurgien, mais encore faut-il les connaître. C'est une difficulté embarrassante. L'objet de cette réflexion est de guider les utilisateurs et les décideurs dans le choix d'une table d'opération.
Six grandes périodes ont permis le développement des tables d'opération : l'Antiquité, avant 1800, de 1800 à 1860, de 1860 à 1920, de 1920 à 2000, après 2000. Un chapitre spécial traite des tables opératoires d'orthopédie, tellement spécifiques. Il convient alors d'élargir le sujet et de traiter la réglementation ou encore les critères de choix.
Le berceau de la science se situe sur les bords de la Méditerranée. Ce fut d'abord le long des fleuves nourriciers qu'apparurent les premières structures sociales et les prémices de la science. Le Tigre et l'Euphrate servirent la civilisation mésopotamienne. Le Nil engagea la civilisation égyptienne. Elles eurent en commun un destin florissant.
La culture grecque, surtout maritime, s'est nourrie de leurs apports. Les Grecs organisèrent de nombreux échanges avec leurs voisins. Le développement des connaissances médicales aussi bien que dans le domaine des arts et des lettres fut énorme dans ces pays. L'histoire propose parfois de curieuses répétitions.
L'histoire médicale connue commence il y a 4000 ans sur les berges des fleuves Tigre et Euphrate. On y découvre les premiers balbutiements de la médecine, mais on s'intéresse alors peu à l'anatomie et à la physiologie.
Hippocrate, né en 460 avant notre ère à Cos, a décrit une table utilisée pour réduire les fractures des membres. Il s'agissait d'une planche rectangulaire sur laquelle le blessé était fermement fixé. Des bandes rigidifiées permettaient de stabiliser la réduction. De même, avant le premier siècle de notre ère, des opérations majeures étaient réalisées, dont les laparotomies. Les instruments alors utilisés sont préservés dans certaines archives, mais les tables d'opération ne sont pas décrites. Elles sont seulement mentionnées. Nous n'avons aucun renseignement à leur sujet. Les opérés étaient fixés sur les tables, mais rien ne nous renseigne sur la nature de celles-ci. A cette époque, les chirurgiens semblaient utiliser les tables les plus adaptées à leurs besoins.

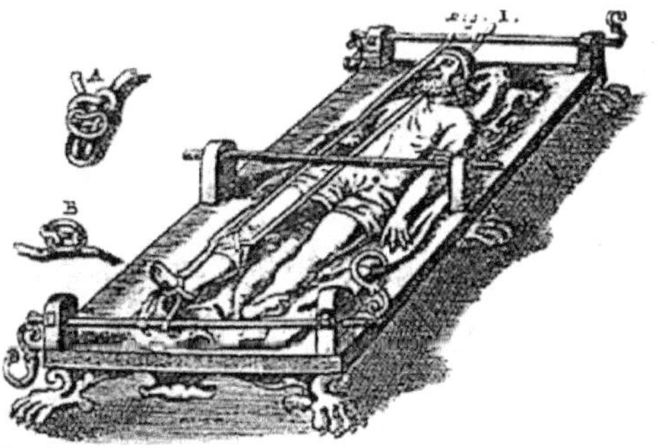

Table d'opération basse utilisée dès Hippocrate, © BIUS.

En 1580, Ambroise Paré, à qui sont attribués des progrès considérables en médecine et en chirurgie, ne semble pas faire évoluer les tables d'opération. Son livre, cependant, montre une opération de lithotritie, le patient étant placé sur une table plane en bois. En 1741, deux cents ans plus tard, Joannis Scultetius, par le biais d'une illustration, apporte des précisions sur la table qu'il utilisait pour la réduction des fractures. Il décrit cette table dans son livre *Armamentarium chirurgicum*. Il donne des informations sous forme de dessins d'instruments utilisés et d'opérations réalisées à cette époque. Dans son célèbre travail sur la chirurgie, dont une traduction anglaise paraît en 1734, il n'existe pas de progrès en matière de table d'opération. Une des figures montre la table qu'il utilisait. Sur un autre dessin, une laparotomie est montrée, le patient étant placé sur un lit ordinaire. Les tables de traction pour le traitement des fractures étaient aussi utilisées.
Au XVIIIe siècle, en particulier entre 1748-1770, il existe trois portraits de chirurgien : le chirurgien de ville, le chirurgien de campagne et le chirurgien militaire. La figure du chirurgien de ce siècle est bien éloignée de celle du chirurgien actuel.
Tout comme il existe 3 portraits de chirurgien, il y a 3 lieux possibles pour réaliser l'opération : chez le patient, à l'hôpital ou sur les champs de bataille. Le chirurgien opère les patients sur une chaise, une banquette, une table ou encore sur un lit. Il s'agit de tables planes en bois sur lesquelles sont fixés des systèmes de traction. La communauté chirurgicale, par l'intermédiaire de l'Académie royale de chirurgie, encourage la présentation des cas chirurgicaux avec gravures à l'appui.
Durant la première moitié du XIXe siècle, les tables d'opération sont toujours fabriquées en bois, sans visée aseptique, notion alors inconnue.
Dans le *London Medical Gazette*, Sir Ashley Cooper recommande une table qui est utilisée au Cheltenham Casualty Hospital. Cette table a été décrite, en 1829, par Charles Averill, chirurgien de cet hôpital à Londres. Il l'a exposée dans le journal référencié. Il décrit une table d'opération en bois permettant d'opérer le malade en position allongée ou assise. Une description de tables d'opération a été publiée dans un journal médical en 1834, mais sans schéma cette fois.

Un autre article intitulé « *Description d'une table d'opération* » a été publié dans un journal russe par L. Koehler, mais sans illustration. Il prouve que d'autres pays commençaient à ressentir le besoin d'une table spécialement construite pour des interventions chirurgicales.
L'Amérique se joint à cette lente évolution et, en 1858, une table en usage au Long Island College Hospital est décrite dans une notice éditoriale de l'*American Medical Gazette*, New York (1858, p. 241). Cette « *table d'opération ingénieuse* » est fabriquée en bois de noyer. « *La table est la plus simple et pratique que nous n'ayons jamais vue* » dit l'éditeur. Egalement en 1858, apparaît une intéressante description faite dans le *Oesterreichische Zeitschrift für praktische Heilkunde*, Wien (1858, p. 877). Cette chaise d'opération a été inventée par le Dr Jaeger. Particulièrement adaptée aux opérations sur la tête, elle comportait un système de têtière, bien qu'elle puisse être utilisée pour les opérations sur toute la partie supérieure du corps.
En 1860, le *Maryland and Virginia Medical Journal* publie une gravure et une description d'une table d'opération en bois de noyer pour les opérations chirurgicales et obstétricales, et les examens vaginaux. Elle comportait des étriers pour permettre la chirurgie gynécologique et du périnée. Elle était décrite par le Dr C. Johnston. Le même auteur parle de la Bradford Eye and Ear Infirmary, ouverte en 1857, qui disposait d'une table d'opération adaptée avec fixation de la tête entre deux planches rembourrées, par l'intermédiaire de vis, sur le principe du presse-livre. C'était l'ancêtre du système de têtière.
Dés 1870, E. Souchon décrivait des tables d'opération portables qu'il rapportait dans le *New Orleans Journal of Medicine* (1870, p. 293).
En 1873, une table d'opération est décrite dans l'*Allgemeine Wiener medizinische Zeitung.* Produit du génie créatif polonais, cette table élégante pouvait, à l'aide d'un mécanisme simple, être transformée en une table d'opération quand c'était nécessaire.
La même année, est décrite, dans le *Berliner Klinische Wochenschrift* (p. 438), une table en fer, la première de ce type rapporté dans la littérature que nous avons étudiée. Aucune description précise de la structure n'est donnée.
Revenons en Amérique. En 1874, on retrouve une description de table dans le *Western Lancet* de San Francisco (1874, p. 381). Elle est dénommée « *Quick Universal Operating Table* ». Elle est décrite par le Dr A. B. Stout. De cette table, il dit : « *L'American Medical Association, qui existe depuis trois ans, exprime toute son approbation sur elle* ».
En France, en Russie, aux Etats-Unis, le concept de table d'opération spécifique est donc né au milieu du XIXe siècle. C'est dans sa seconde moitié que débuta l'ère de la chirurgie aseptique.
La période entre 1860 et 1920 a été une période très dynamique et créative pour les tables d'opération. Les tables d'opération étaient toujours fabriquées en bois. Pendant les trente ans de la seconde moitié du XIXe siècle, les objectifs dans l'amélioration ont porté sur : l'élégance, l'apparence, la durée,

le coût minime et l'usage universel pour toutes les opérations. Durant cette époque, peu de distinction est faite entre les tables d'examen et les tables d'opération. On développe aussi les chaises opératoires qui sont les précurseurs des tables modernes ajustables. Le bois est encore le matériel presque exclusivement utilisé, bien que quelques tables en fer apparaissent.
Dès 1870, de nombreuses tables d'opération portables sont fabriquées. En 1873, une table métallique à plateau basculant est conçue. Cette table fut modifiée et fut décrite en Amérique sous le terme de « *Notre table d'opérations universelle* ».
En 1878, Retslag, en Allemagne, publie son innovation dans le *Berliner klinische Wochenschrift* (1878, XV, p. 368). Il décrit une table d'opération transportable métallique, recouverte de cuir brun, appelé « cuir américain ». Cette table articulée est facilement lavable pour nettoyer le pus et le sang. Elle est articulée pour la démonter facilement.
En 1880, Annandale à l'*Edinburgh Royal Infirmary* possédait une table fabriquée pour cette institution. Elle était nouvelle. Elle était métallique. Sa description apparaît dans le *Lancet*.
En 1879, avec le Dr Frank P. Forster débute une période de tables d'opération massives permettant des opérations variées, dont les opérations gynécologiques, grâce à des étriers. Elles étaient appelées *A combined gynaecological table and instrument case*. Ces tables en bois possédaient à leur partie inférieure des tiroirs de rangement pour les instruments et des étriers métalliques. Elles sont décrites et illustrées dans le *Medical Record* (1879, XV, p. 501). Une telle table a été décrite par William H. Byford, professeur de gynécologie au Rush Medical College, dans le *Chicago Medical Review* (1880, p. 422).
A cette époque, une modification très ingénieuse, la possibilité d'inclinaison latérale, apporte un avantage décisif à une nouvelle table. Malheureusement, celle-ci a l'inconvénient de faire reposer le patient sur le flanc, ce qui lui donne la sensation de pouvoir rouler et glisser de la table. Bien qu'à visée gynécologique, cette table pouvait être utilisée pour la chirurgie générale.
A partir de 1880, on assiste à une évolution rapide dans la construction des tables d'opération, transformation rendue possible par le développement de l'anesthésie qui a débuté dès 1846 et la connaissance de l'asepsie liée aux travaux de Pasteur en 1870. Cependant, le bois continue à être largement utilisé. Beaucoup de ces tables ont donc été similaires entre elles dans leur conception. Ces tables étaient encombrantes comme dans les années précédentes.
Franklin H. Martin de Chicago publie le descriptif de sa table d'opération « *A new operating table* » dans le *Chicago Medical Journal and Examiner* (1884, p. 34). Considérée par son inventeur comme la combinaison ingénieuse de plusieurs idées, elle associe un lit et une table d'opération à la fois gynécologique, et de chirurgie générale. Elle était

inclinable longitudinalement, permettant une bascule de la table. C'était là son originalité principale.

En 1883, Julliard de Genève décrit, dans l'*Illustrierte Monatsschrift der ärztlichen Polytechnik*, Bern (1883, p. 271), une table d'opération fabriquée en chêne et recouverte d'une plaque de zinc multi perforée qui permet l'écoulement des liquides biologiques. Ceux-ci tombent immédiatement dans un réservoir et ne s'insinuent pas sous le malade, qui ne doit jamais être mouillé au-delà du champ opératoire. Un tube de caoutchouc conduit les liquides dans un récipient situé à terre. La table latérale apparaît.

En 1890, Trendelenburg introduit une évolution majeure : la position dite de Trendelenburg. La construction des tables est centrée sur ce point. Naturellement, le premier à présenter une table permettant cette position a été Trendelenburg lui-même, à l'origine d'une notion essentielle. Il pensait qu'une table d'opération devait permettre de donner des positions très diversifiées au malade, en particulier l'inclinaison dans le sens de la longueur. Bien sûr, épaules et pieds devaient être solidement fixés.

Cette table a été initialement imaginée et fabriquée pour la chirurgie du périnée. De plus, la table pouvait être levée ou abaissée grâce à un levier central muni d'une manivelle. Cette table a été présentée à la Société de chirurgie allemande à Berlin en 1890.

Selon Trendelenburg, une table devrait être construite de telle sorte que la surface opératoire puisse être placée dans toutes les positions: 30° dans les deux axes, longitudinal et dans le sens latéral. Elle devait subir très peu de déformation lors de son utilisation, être ajustable à différentes hauteurs et pouvoir donner une bascule de haut en bas. La table de Trendelenburg répondait à ces conditions. Le patient s'asseyait sur elle comme sur une chaise ordinaire. Il existait deux fixe-épaules et un maintien était donné à tout le corps lorsque la table était élevée. Les pieds étaient également fixés. Par l'intermédiaire de pas de vis, la table pouvait être élevée pour lui donner la position désirée. Cette table a été présentée par Trendelenburg devant la German Surgical Society et publiée dans le *Verhanlungen der deutschen Gesellschaft für Chirurgie*, Berlin (1890, p. 53). Elle a été décrite par Willy Meyer dans le *Medical Record* du 13 décembre 1890 (pp. 658-9). Supportée par un pilier central, cette table comportait trois éléments : une têtière mobilisable, une partie pour le tronc et une partie pour les membres inférieurs.

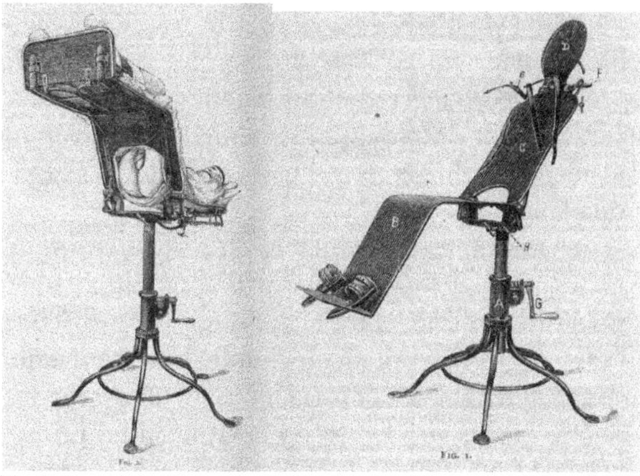

Table de Trendelenburg et ses diverses positions possibles, © BIUS.

En 1892, Jules Péan décrit, à Paris, sa propre table d'opération reposant sur un pilier central et quatre pieds avec une mécanisation déjà très sophistiquée, permettant de lever ou de baisser la table, et d'incliner en longueur ou latéralement les trois parties constitutives (têtière, tronc, membres inférieurs). Les commandes étaient faites directement par l'anesthésiste, par l'intermédiaire de pédalier et de système cranté. Cette table était entièrement métallique, permettant une désinfection soigneuse. Ces deux chirurgiens, Trendelenburg et Péan, ont anticipé sur le futur des tables d'opération modernes.

Table d'opération de Jules Péan en 1892, © BIUS.

Vers 1910, en raison de la grande diversité des tables d'opération décrites, plusieurs exigences se font jour.

- Revêtement : les tables à plateau de verre sont fragiles et peuvent se briser. Elles sont lourdes, leur surface est froide pour le malade, mais elles préfigurent cependant les tables radiotransparentes.
L'avantage du nickel est de prendre rapidement la température de la salle d'opération, de ne pas se briser et ne pas être aussi coûteux que le métal recouvert de porcelaine.
Le nickel est également un bon conducteur électrique et sert comme base de contact pour le courant électrique utilisé par la fulguration.
- Supports à membres inférieurs : les deux supports distaux doivent être séparés, ce qui facilite les opérations unilatérales sur les membres inférieurs. Pour la chirurgie pelvienne, ils doivent pouvoir être rabattus et les pieds doivent pouvoir être placés sur des étriers, permettant d'utiliser le spéculum à poids.
- Table latérale : fixée à angle droit à la table d'opération, elle est extrêmement pratique pour la chirurgie du sein et celle du membre supérieur.
- Table d'instrument : elle doit être présente, solidarisée à la table d'opération et comporter des rebords saillants empêchant les instruments de glisser.
- Position de Trendelenburg : elle est fondamentale. Elle est possible grâce à de solides barres d'acier qui consolident la table.
- Commandes d'inclinaison de la table d'opération : elles doivent être situées du côté de la tête du malade et pouvoir être manipulées par l'anesthésiste, sans gêner le chirurgien.
- Repose-tête : la partie repose-tête de la table doit être mobilisable de façon indépendante du reste de la table, permettant la chirurgie cervicale et céphalique.
- Arceau : un arceau doit permettre de séparer le champ opératoire de l'anesthésiste, respectant l'activité de celui-ci et permettant une asepsie.
A partir de 1920, les tables d'opération sont constituées de deux parties : le pilier ou socle, et le plateau. C'est essentiellement la nature du pilier qui est à considérer.
Trois types de pilier existent : les piliers fixes, les piliers déplaçables avec roulettes et les piliers mobiles. Ce sont surtout les tables à pilier fixe et celles à pilier mobile qui sont intéressantes. Les piliers déplaçables sont très peu utilisés, car leur embase est très encombrante.
Les tables d'opération à pilier fixe, quant à elles, disposent d'avantages très nombreux. Le pilier fixe est stabilisé et encastré dans le béton du sol et étanchéifié. La stabilité de la table est totale. En configuration fixe, la stabilité des plateaux est excellente, particulièrement pour les patients obèses d'un poids supérieur à 250 kg, et pour certaines spécialités nécessitant de grandes translations cranio-caudales comme en orthopédie, et en chirurgie vasculaire. En effet, le poids autorisé par les constructeurs inclut le poids du malade, celui des instruments et des différents accessoires. Il existe également des tables pour grands obèses de 350 kg. Ces tables sont pourvues

de plateaux tout en carbone intégralement radiotransparents. Le pilier fixe autorise une rotation de 350°.
. L'absence de batterie électrique dans le pilier diminue la maintenance, à condition d'avoir prévu la réservation, c'est-à-dire le câblage électrique qui passe sous la dalle de béton.
. Les piliers fixes sont garantis à grande eau et l'hygiène en est totale.
Il existe cependant des inconvénients. Avec le support fixe, toute panne ou maintenance immobilise inexorablement la salle considérée, et la possibilité de se dépanner avec une autre table mobile de secours ne se fera qu'en cohabitation avec le socle fixe.
. L'impossibilité de décentrer le socle fixe est évidente puisqu'il est solidement fixé au béton du sol.
Le principal avantage du pilier mobile est précisément sa mobilité. Cela permet de nettoyer une salle d'opération vide. La stabilité des tables à pilier mobile était un peu inférieure de celle des tables à piliers fixes, mais d'importants progrès ont été réalisés récemment pour obtenir des qualités voisines de celles des piliers fixes, entraînant une sécurité accrue. Les modèles actuels ont leur centre de gravité surbaissé et leur stabilité est proche de celle des tables à pilier fixe.
. En revanche, l'intérêt de la mobilisation du pilier dans la salle est parfois assez limité du fait de la superficie de la salle d'opération et de la présence de ses différents équipements, dont les bras techniques et les scialytiques qui limitent les déplacements des chirurgiens, et des anesthésistes.
. La maintenance et le poids toléré par ces tables (environ 250 kg) sont aujourd'hui similaires à ceux des piliers fixes.

Les inconvénients existent. Une batterie électrique est obligatoirement incorporée au pilier et doit être rechargée une fois par semaine. Elle sert à mobiliser les différents éléments de la table grâce à des moteurs électriques.
Le pilier mobile n'a pas le monopole de l'hygiène. Certes, le pilier mobile permet de vider la salle d'opération aux fins de nettoyage du sol, mais la face inférieure du pilier doit également être décontaminée.
Il existe chez certains fabricants un joint en silicone qui permet de réaliser l'étanchéité entre le sol et le pilier, car ce joint est écrasé par le poids du pilier qui descend.

Le chariot transfert actuel permet de soulever pilier et plateau, et d'aller décontaminer sous la table. Pour les anciens modèles, on peut utiliser un chariot spécifique qu'il faut acheter, stocker et utiliser, qui permet de basculer le pilier qui pèse plus de 200 kg. Le nettoyage du pilier mobile doit se faire selon les procédures internes et les protocoles validés.
L'encombrement du pilier mobile est parfois important, car il comporte une embase qui peut gêner l'opérateur surtout pour certaines spéciali-

tés : gynécologie, obstétrique, chirurgie ano-rectale et urologie. Plus l'embase du pilier est épaisse, plus elle est gênante.
A l'heure actuelle, on dispose de pilier d'encombrement réduit avec une embase d'environ deux cm d'épaisseur chez certains constructeurs (en particulier le socle mobile Trumpf®, le socle mobile Maquet®).

Dans tous les cas, l'équipement homogène du bloc opératoire en piliers de même type est recommandé. Le choix des piliers fixes est préférable lorsqu'une excellente stabilité de la table est nécessaire en particulier en orthopédie. Dans tous les autres cas, il est préférable de s'orienter vers le pilier mobile. Comme on ne connaît pas l'évolution des tables du futur, mieux vaut prévoir la réservation, c'est-à-dire sous la dalle de béton, le passage de câbles électriques qui pourront être utilisés en cas de changement de stratégie.

Parmi les plateaux, deux modèles existent :
. le plateau fixe, solidaire du pilier, qui nécessitera deux déplacements du malade depuis son lit d'hospitalisation (de celui-ci au chariot et du chariot au plateau de la salle d'opération, et inversement en quittant la salle).
. le plateau mobile déplacé grâce au système de *chariot transfert*, nécessitant un seul déplacement du patient. Celui-ci est déplacé seulement de son lit au chariot transfert qui entre en salle d'opération, et sera fixé au pilier de la salle d'opération. C'est ce modèle qui est actuellement retenu. Il faut y voir là la préoccupation majeure du confort du malade.

Table de Trumpf 2010, © Trumpf®.

Tables d'opération actuelles à plateau fixe (à gauche) et à plateau mobile avec le chariot transfert (à droite), © M. Germain et Trumpf ®.

Les tables d'opération modernes sont fabriquées en fibres de carbone. Elles sont très coûteuses, leur prix dépendant du type de plateau. Elles sont utiles pour toute chirurgie nécessitant un contrôle radiologique. Elles sont fondamentales en chirurgie vasculaire, permettant de réaliser des artériographies per opératoires et également en orthopédie.

. Certaines tables d'opération utilisent des jupes de plomb le long de la table. Celles-ci s'adaptent sur le rail de la table. Elles permettent de protéger les opérateurs des rayons diffusés. Ces jupes de plomb sont surtout utilisées en radiologie interventionnelle. Le tube de rayons X est alors placé sous la table.

Ce qu'on souhaite après 2000, ce sont des tables modulables, avec une configuration souple.

- La table doit pouvoir être à volonté raccourcie, rallongée ou équipée de modules spéciaux. En particulier, l'inversion du sens tête/pieds doit être réalisable avec peu de manipulations.
- La table doit être compatible avec toutes les exigences d'applications futures. Les adaptateurs ophtalmologiques, têtières, pédiatriques, les rallonges pelviennes sont motorisés.
- Les translations longitudinales et latérales permettent un positionnement précis sous l'amplificateur de brillance. Cela nécessite aussi des plateaux de table d'opération en fibres de carbone, pour radiotransparence à 360°.
- On souhaite également une grande liberté de positionnement des pieds de l'opérateur sous la table. Ceci est obtenu grâce à un socle ultraplat. Pour certaines tables (Jupiter de Trumpf®), le système de transfert assure souplesse et économie de temps. La zone opératoire n'est plus bloquée pendant les arrivées et sorties de patient. Avec son chariot-transfert, la table permet le transport du patient. Le travail du personnel est largement facilité et les contraintes sont réduites. Les coûteuses minutes en salle d'opération sont ainsi plus efficacement exploitées.

Il y a eu, depuis Hippocrate, des tables d'opération destinées à réaliser de la chirurgie conventionnelle. La notion de chirurgie évolue. Outre la chirurgie

classique, elle devient aussi mini invasive, interventionnelle, par les voies naturelles, voire robotique. Aussi, il est normal que les salles d'opération et les tables d'opération évoluent.
Les blocs opératoires hybrides permettent la chirurgie conventionnelle, c'est-à-dire par voie ouverte, par coelioscopie ou par thoracoscopie, et la chirurgie interventionnelle, que ce soit orthopédique, cardiovasculaire ou urologique.
Cette chirurgie interventionnelle revient à opérer sur des tables de radiologie, en fibres de carbone, radiotransparentes. C'est ce qu'on appelle une salle d'opération hybride. Ces salles contiennent les instruments de chirurgie qui sont métalliques et aussi la radiologie, la fluoroscopie, et le scanner, le robot pour certaines d'entre elles.
Il n'y aura pas d'IRM dans ces salles. En effet, l'IRM est un aimant extrêmement puissant, qui aspire tout le matériel métallique, et donc rendrait impossible toute chirurgie utilisant des instruments en métal.
Aussi, ces salles doivent avoir une superficie importante de 100 m^2 environ, pour permettre de loger des appareils assez volumineux.

Table d'opération Trumpf® à pilier mobile, © Trumpf®.

La pathologie de l'appareil locomoteur, y compris le tronc, représente près de 40% à 50% de la pathologie touchant l'être humain au cours de sa vie. D'ailleurs, actuellement en 2016, les actes de chirurgie orthopédique concernent presque 50% de tous les actes chirurgicaux effectués durant cette année, sur la population, enfants et adultes confondus. C'est pourquoi l'étude des tables opératoires à destinée orthopédique est parfaitement justifiée.
Ce qui caractérise les tables opératoires orthopédiques, c'est la traction que l'on peut installer sur la tête, sur un membre supérieur ou inférieur, sur les 2 membres inférieurs, et placer sur une table opératoire ordinaire en décubitus dorsal, ventral ou latéral, ou le plus souvent sur une table opératoire spéciale dénommée table orthopédique dont les modèles se sont affinés au fur et à mesure du temps.
Cette traction a toujours été la base des thérapeutiques orthopédiques. Traction aiguë, brusque ou progressive, soit pour corriger des phénomènes aigus post-traumatiques où les fractures squelettiques entraînaient déplacements et chevauchements de fragments osseux du fait des tractions

musculaires. Traction lente et continue pour corriger des déformations secondaires liées à des phénomènes de rétractions progressives des éléments capsulaires ou articulaires d'origines variées, dystrophiques, paralytiques, métaboliques, dégénératifs, congénitaux ou acquis.

. Les tables opératoires vont petit à petit s'améliorer et se complexifier pour rendre la chirurgie et le contrôle radiologique de l'acte orthopédique de plus en plus efficace et fiable. Les noms des principaux chirurgiens orthopédistes européens de cette première moitié du XXe siècle sont associés à toutes ces améliorations successives. Codivilla et son élève Putti, Kocher, Bölher, Kuntscher, Chiari, Watson Jones, etc. y sont retrouvés, et les Français, dont Robert Merle d'Aubigné, les frères Judet, Yves Cotrel, ne sont pas en reste.

Les tables d'opération sont un dispositif médical soumis à une réglementation précise. Selon la norme NF C 74-331, la table d'opération est « *un ensemble mécanique destiné à supporter un patient, animé de mouvements nécessaires aux explorations et interventions chirurgicales en salle d'opération, avec leurs parties intégrantes de base, indispensables en utilisation normale* ».

La norme NF S 90-316 concerne le matériel médico-chirurgical-tables d'opération :

« *La présente norme a pour objet de définir les caractéristiques communes à remplir par tous les types de tables d'opérations mues par l'énergie mécanique, pneumatique ou hydraulique. Elle décrit également les essais à effectuer pour vérifier que les conditions requises sont satisfaites. L'annexe A présente une série d'exemples définissant la table avec un minimum d'accessoires par type de chirurgie. Les dispositifs utilisant l'énergie électrique, comme les afficheurs de positionnement ou les systèmes sonores de sécurité, doivent être reconnus conformes au protocole issu de la Norme Générale NF C 74-010 établie par le laboratoire d'essais concerné. Les tables d'opérations mues par l'énergie électrique feront l'objet d'une norme particulière. Les équipements suivants ne sont pas couverts par la présente norme : les brancards d'urgence, les tables à plâtre, les tables et lits d'accouchements, les fauteuils dentaires. Les tables de chirurgie osseuse et orthopédique, de phlébologie, de chirurgie néonatale et pédiatrique, les tables de campagne feront l'objet d'additifs à la présente norme.* »

De plus, « *la table d'opération est destinée à recevoir un patient dont les réflexes ont été amoindris ou supprimés. Par ailleurs, la table d'opération se situe dans un environnement technologique et biologique nécessaire à une intervention chirurgicale.* » Ces contraintes exigent « *que la manipulation soit menée avec prudence, selon les règles de l'art, sous la responsabilité de personnes qualifiées et autorisées, selon les règles d'emploi et avec l'habileté exigée pour les interventions chirurgicales* ».

La table d'opération doit donc être utilisée dans les configurations prévues par le fabricant, avec des accessoires compatibles, selon les recommandations du fabricant.

Pour les bras techniques, le bras plafonnier offre une meilleure flexibilité que les prises murales pour assurer l'arrivée des fluides en salle d'opération. Bien sûr, ces bras ne sont pas indispensables, mais ils ont de nombreux avantages en termes de sécurité, d'ergonomie et d'hygiène.
Le bras anesthésiste n'est pas un élément indispensable au fonctionnement de la salle d'opération, mais il comporte de nombreux avantages pour la sécurité, l'ergonomie et l'hygiène. Cela signifie une meilleure accessibilité au patient surtout à la tête, une amélioration de l'ergonomie de l'espace de travail, une optimisation de l'espace de travail, une absence de câblage et de canalisation au sol, une meilleure manœuvrabilité des équipements, une amélioration de l'hygiène, une diminution des infections nosocomiales en raison de la facilité du nettoyage, une fiabilité du matériel en raison du risque diminué de rupture de câble et de déficit de connections.
Le bras anesthésiste sera positionné du côté de la tête du patient. Il faut éviter toute incompatibilité avec les autres équipements en particulier les éclairages opératoires. Il existe trois solutions pour les bras anesthésistes selon l'organisation de la salle d'opération :
- Le bras simple qui distribue l'ensemble des fluides (oxygène, protoxyde d'azote, air comprimé médical, vide, extraction des gaz d'anesthésie) et les courants forts, et faibles (alimentation électrique 220 V, prises informatiques, téléphone, vidéo, etc.) ;
- Le bras semi-lourd assure les fonctions du bras simple et le support des appareils (moniteurs, pousse-seringues, terminaux informatiques nécessaires à l'équipe d'anesthésie) ;
- Le bras lourd supporte l'ensemble de la station d'anesthésie avec le ventilateur. Il doit pouvoir supporter des charges de 110 à 250 kg. Ses indications sont les salles d'opération où sont réalisées des interventions lourdes et où un matériel d'anesthésie important est nécessaire.

Pour cet éclairage d'ambiance, il existe des appareils de divers types : éclairage direct, éclairage semi-indirect, éclairage indirect placé au plafond, éclairage sur les murs.
Il convient d'éviter tout contraste violent avec l'éclairage du champ opératoire. Cette intensité lumineuse d'ambiance peut être comprise entre 100 et 450 lux avec une moyenne de 150 lux. Le lux est l'unité de lumière visible mesurée avec un luxmètre.

L'éclairage chirurgical est une technique médicale destinée à assister le personnel médical pendant une intervention chirurgicale en éclairant une

région ou une cavité du patient. La combinaison de plusieurs lampes chirurgicales est souvent appelée un système d'éclairage chirurgical.
L'éclairage opératoire est un des équipements fondamentaux de la salle d'opération. La qualité de l'éclairement délivré est déterminante pour la bonne réalisation des interventions chirurgicales. Un éclairage performant est un dispositif qui fournit au chirurgien et à son équipe un éclairage adapté dans un volume de lumière homogène en surface, et en profondeur avec un minimum d'ombres portées, et de rayons calorifiques. Au milieu des années 1850, les salles d'opérations étaient construites avec une exposition vers le sud et des fenêtres situées dans le plafond pour bénéficier de l'éclairage naturel autant que possible.
Une batterie de secours est obligatoire et doit répondre à la norme IEC 601.241 de 1999 en vigueur, relative aux éclairages opératoires. La durée d'éclairage nécessaire, fournie par la batterie, est actuellement d'une heure.
En cas d'interruption de la fourniture d'énergie, la lumière devrait être rétablie en 5 secondes avec au moins 50% de l'intensité précédente. Et en 40 secondes, la luminosité initiale devrait être complètement restaurée.
L'éclairage en salle d'opération doit être conçu pour qu'il réponde à quatre conditions essentielles : le rendu des couleurs, le confort visuel du chirurgien, l'intensité de la plage lumineuse dans le champ opératoire sans ombres portées, la continuité de l'éclairage du champ opératoire.
L'élimination du dégagement de chaleur est la faculté qu'a un éclairage opératoire à évacuer l'énergie calorifique produite par les lampes halogènes.
Il est recommandé de préférer plusieurs petites coupoles plutôt qu'une seule et unique coupole de grande dimension qui risque de perturber le balayage de l'air au-dessus du champ opératoire. Les coupoles des scialytiques doivent être étanches et permettre un écoulement aisé de l'air à leur surface.

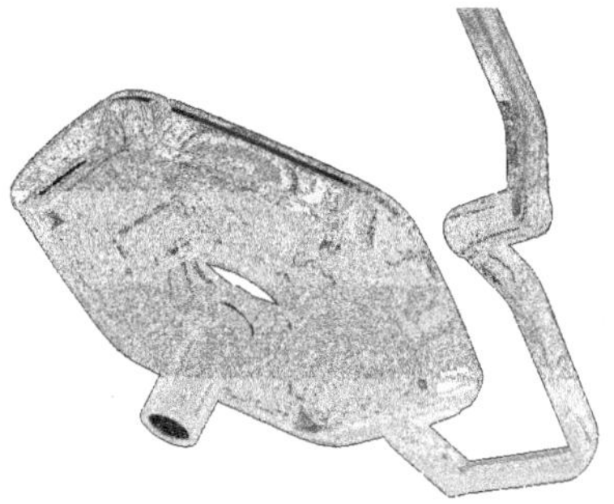

Modèle de scialytique récent, © Trumpf®.

En France, quatre sociétés fabriquent les tables d'opération : Trumpf, AMSA, FH Surgical et ALM (distributeur de tables d'opérations Maquet). Aucun de ces fabricants n'a de monopole. En Allemagne, ce sont les trois mêmes

sociétés. En Finlande, la société Relson fabrique des tables équivalentes. En Suisse, la société Schaerer est réputée. En Italie, il existe plusieurs fabricants de tables d'opération qui ne sont pas exportées, dont Sourdina.
Les budgets d'achat et d'installation sont très voisins selon le type de table. Le prix des tables d'opération est compris dans une fourchette très large : de 10 000 euros pour la table la plus simple à 75 000 euros pour des tables entièrement motorisées, auxquels il faut ajouter 19 000 euros pour les accessoires d'orthopédie.
Plusieurs critères guident le choix d'une table d'opérations :
- Le confort et la sécurité pour le patient et l'équipe chirurgicale ;
- La stabilité, la solidité et la largeur suffisantes. Il existe pour les patients obèses des élargisseurs de table et un poids maximum est prévu par le constructeur. Il convient d'ajouter, au poids du malade, le poids des accessoires et des instruments utilisés ;
- L'ergonomie ;
- La maniabilité du chariot de transfert avec son plateau pendant les phases de déplacement du patient est nécessaire ;
- La facilité et la sécurité de mise en place du plateau sur le pilier, le poids et la facilité de mise en place des accessoires, c'est-à-dire l'encliquetage ;
- La technique de serrage en particulier ;
- Les hauteurs maximales et minimales du plateau de table : celles-ci dépendent de la taille moyenne des chirurgiens. La convivialité du boîtier de commande de la table est importante. Il existe deux types de boîtier : à commande filaire et à commande infrarouge. Il faut de plus exiger une commande de secours sur le pilier de la table ;
- Le minimum de maintenance. Il faut prévoir au moins une révision annuelle de la table. La longévité des tables d'opération est comprise entre 15 et 25 ans selon l'utilisation, l'entretien et leurs qualités ;
- La polyvalence de la table d'opérations. Avec le même plateau, il faut pouvoir opérer tous les malades en changeant les accessoires (chirurgie cardiaque et thoracique, chirurgie digestive, gynécologie, chirurgie plastique, chirurgie cervico-faciale, urologie, cœlioscopie). Font exception, à ces plateaux, l'orthopédie et la chirurgie du rachis qui nécessitent un plateau spécifique ;
- La qualité de fabrication : soudures, finitions, revêtements des matelas en évitant toute aspérité. Il faut dans la mesure du possible privilégier les matelas à mémoire de forme ;
- L'hygiène, c'est-à-dire la facilité de nettoyage, la résistance aux produits d'entretien. L'entretien des tables d'opérations nécessite une détersion, puis une désinfection. Ces deux actions peuvent être réalisées par le même produit. Les laboratoires Anios® ont mis au point le Surfanios® dont la composition comprend : ammonium quaternaire (2,5%), acide éthylène-diamine-tétra-acétique (6%), tensioactif (6%), amine tertiaire (5%), parfum (1%), colorant (traces). Le Surfanios® est présenté en dosettes de 20 ml à

diluer dans 8 litres d'eau. Le produit a des propriétés détergentes et désinfectantes. Il est pulvérisé sur les surfaces de la table d'opérations après chaque intervention. Le rinçage en est proscrit pour favoriser son effet rémanent ;
- Les accessoires et les éléments mobiles : leur poids, la facilité d'entretien permettant une désinfection optimale, leur revêtement solide et uniforme.

Pour les accessoires, la « jambière américaine » est le progrès important des dix dernières années. C'est une botte orientable qui évite les phlébites et les syndromes de loge qu'on observe parfois avec les appuis jambiers simples.

Au total, les critères de choix d'une table d'opération sont très nombreux. Le choix final dépend d'autres éléments, comme les délais, le nombre de tables nécessaires, les prix.

Les tables d'opérations, comme les salles d'opérations, les éclairages, le traitement de l'air, l'informatique, sont donc des équipements à fort potentiel évolutifs. Deux notions majeures sont à considérer :
- Actuellement, les avantages des tables à pilier mobile sont importants (maintenance, nettoyage, absence de réservation, excentration).
- Quelque soit le choix, il convient de privilégier l'homogénéité de tous les piliers dans un même bloc opératoire et d'installer si possible les mêmes tables, et les mêmes piliers dans toutes les salles d'opérations.

Toutefois, si le bloc opératoire est orienté essentiellement vers des actes chirurgicaux nécessitant une excellente stabilité de la table d'opérations (orthopédie) et si l'on peut facilement prévoir les réservations techniques adéquates, il est préférable de s'orienter vers un pilier fixe. Dans tous les autres cas, il vaut mieux se diriger vers un pilier déplaçable, ou pilier mobile.

On recommande également de prévoir, dès la construction des salles d'opérations, une réservation (décaissement, fourreau électrique) afin de ne pas être limité au choix unique du pilier déplaçable, car nous ignorons de quoi sera fait l'équipement des salles d'opérations dans les vingt années à venir.

L'épopée des tables d'opérations s'est faite en six périodes. Dans l'Antiquité, il s'agissait essentiellement de réduire les fractures sur des tables planes en utilisant des tractions. Avant 1800, il s'agissait d'une simple table en bois. De 1800 à 1860, apparaît la nécessité de la table d'opérations, en France, en Russie, aux Etats-Unis. Ce sont des tables peu onéreuses, permettant de réaliser toutes les opérations chirurgicales (examen, chirurgie, gynécologie). La période de 1860 à 1920 est marquée par une évolution rapide des tables d'opérations en raison des progrès de l'anesthésie, de l'asepsie et du talent de plusieurs chirurgiens : Péan ou encore Trendelenburg notamment. De 1920 à 2000, les tables d'opérations deviennent métalliques, mobiles et comportent une motorisation très sophistiquée. Après 2000, les tables modulables sont une nécessité et les salles d'opérations deviennent hybrides, permettant la chirurgie conventionnelle et la chirurgie interventionnelle.

La conception, la réalisation et l'exploitation d'un bloc opératoire nécessitent la mise en commun de compétences nombreuses et variées. Il faut en effet répondre à des impératifs dictés aussi bien par l'hygiène, le confort de l'équipe chirurgicale, les exigences de la chirurgie et de l'anesthésie, avec une place majeure pour la sécurité du patient.
Il est indispensable que tous les acteurs soient associés à la définition des besoins, à l'élaboration du cahier des charges, au choix des matériaux et dispositifs, à la validation des solutions technologiques et matérielles adaptées au bloc opératoire.

Références bibliographiques :

- Aschemann, Dirk : OP-Lagerungen für Fachpersonal. Heidelberg, 2009, Figure pp.53-56.
- Bainbridge W. S., The evolution of the operating table. New York Med. J., 1911, 19, 909, 18.
- Germain M. A., Etienne P. & Wioland Y., Les critères de choix d'une table d'opérations. Interbloc ; 2004, 23, 4, 275- 8.
- Germain M. A., Bonvalot S. & Missana M. C., Les tables d'opérations. Historique. Evolution actuelle. Acad. Nle de Chir., 20 avril 2005, e-mémoire Acad. Nle de Chir., 2005, 4 (3) : 18-22.
- Germain M. A., Bonvalot S. & Missana M. C., L'épopée des tables d'opérations. Annales de Chirurgie, 2006, 131, 2, 162-166.
- Hartley F. & Murray W., Concerning the evolution of the operating table. New York Med. J., 1911, 19, 1276-7.
- Kramme, Rüdiger : Medizintechnik. 3. Edition. Heidelberg, 2007, pp. 830-831.
- Lettre circulaire DH/EM I n° 96-4459 du 12 août 1996 relative à la sécurité d'utilisation des dispositifs médicaux, incidents ou risques d'incidents liés à l'utilisation de tables d'opération (BO 96-37).
- Monographies de techniques hospitalières. La salle d'opération. Ministère des Affaires sociales. Masson & Cie, Paris, 1970, 153 pages.
- Operating Theatre. Old St. Thomas hospital. BMJ, 1962, 3, 1188.
- Petty W. C., The operating table: a historical perspective. Today's Surg. Nurse, 1996, 18, 30- 4.
- Poncet A., Une salle d'opérations. A l'Hôtel-Dieu de Lyon. Rev. de Chir., 1889, IX, 605-637.
- Reverdin A., Nouvelle table d'opérations en usage à la clinique des docteurs Reverdin. Revue de chirurgie, 1888, 592-598.
- Schindler, Herbert: Arbeitsgebiet Operationssaal. Lagerungen, Hygiene, Gefahren. Stuttgart, 1985, p. 26.

Albert Calmette, « *Jusqu'à ce que mes yeux se ferment* »

par

Philippe Scherpereel[13]

Léon Charles Albert Calmette est né à Nice, le 12 juillet 1863. Son père étant secrétaire général de la Préfecture, il naît dans l'ancienne préfecture, située dans le Vieux-Nice, dans le bâtiment qui était le palais des ducs de Savoie avant le rattachement de Nice à la France. Une plaque commémorative de sa naissance est apposée sur la façade. Sa mère, Adèle Charpentier, meurt deux ans après sa naissance, probablement de tuberculose. Il est donc mis en nourrice dans une famille d'Italiens du quartier de la Lanterne. Il est élevé, ainsi que ses deux frères, Gaston et Emile, par la seconde épouse de son père, Marie Quiney, qui l'a éduqué à domicile jusque à l'âge de dix ans. Elle a été pour lui une véritable mère à qui il a voué toute sa vie une grande affection. Noël Bernard écrit : « *La tendre sollicitude qui entoura son enfance si fragile était bien faite pour développer cette délicatesse de sentiments, cette exquise prévenance, ce besoin d'affection qui sa vie durant, exercèrent autour de lui une action si bienfaisante, donnèrent tant de charme à ses relations* ».

Du fait des affectations successives liées à la carrière préfectorale de son père, il passe son enfance et son adolescence dans différentes villes de France. Il effectue ses études primaires et secondaires à Clermont-Ferrand, au lycée de Brest, à l'école Saint-Charles de Saint-Brieuc, ainsi qu'une année au lycée Saint-Louis à Paris. Très admiratif de son frère Emile qui fait une brillante carrière militaire, il souhaite s'engager dans la Marine nationale. Il est donc envoyé comme interne au lycée de Brest qui prépare l'entrée à l'Ecole navale. En octobre 1876, une violente épidémie de fièvre typhoïde

[13] Professeur des Universités, ancien chef du département d'anesthésie réanimation au CHRU de Lille où il exerce des fonctions de médecin médiateur.

Albert Calmette, « Jusqu'à ce que mes yeux se ferment », L'Harmattan (éd.), Collection Médecine à travers les siècles, Paris, 2016.

éclate au lycée. Un grand nombre d'élèves sont atteints, une dizaine d'entre eux vont en mourir et les autres sont renvoyés dans leur famille. Albert contracte la maladie et son état alarmant est même considéré comme désespéré par le médecin du lycée. Son père le ramène à Saint-Brieuc. La maladie est longue et pénible, mais il parvient à la surmonter grâce aux soins et à l'affection de sa seconde mère. Il ne peut pas retourner à Brest, mais il achève sa scolarité à l'école Saint-Charles de Saint-Brieuc. Bien que sa santé se soit rétablie, il comprend cependant qu'il ne pourra pas entrer à l'Ecole navale et faire la carrière militaire à laquelle il aspire dans la Marine nationale.

En 1881, il intègre l'Ecole de santé navale de Brest où il suit un enseignement qui le passionne. Il se liera en particulier avec l'un de ses maîtres, Armand Core, avec qui il correspondra régulièrement tout au long de sa vie. Il s'intéresse tout particulièrement aux infections, aux travaux de Koch et de Pasteur, ainsi qu'à l'hygiène. Sur la base des travaux de Lucas-Championnière, il met au point un pulvérisateur qu'il fera fabriquer avec son argent de poche et grâce auquel il fera sa première publication à l'âge de 19 ans. A l'issue des deux années de formation, il est admis huitième au concours de sortie. Il obtient donc le grade de médecin assistant dans le service de santé de la Marine et il embarque, le 20 novembre 1883, sur le *Mytho* à Toulon, pour rejoindre, en mer de Chine, l'escadre de l'amiral Courbet qui effectue le blocus des côtes chinoises. Il participe durant deux ans à la campagne de Chine où il s'illustre par son courage et son dévouement. D'abord affecté pendant trois mois sur le navire amiral, *La Victorieuse*, il est ensuite en poste sur le cuirassé, *La Triomphante*, pendant dix-huit mois. Au début, la situation relativement calme lui permet de rencontrer, à Hong Kong, un médecin anglais, le Docteur Patrick Manson, qui a découvert le rôle du moustique Culex Pipiens dans la transmission à l'homme de la filaire de Bancroft. Manson l'initie au maniement du microscope, accepte qu'il traduise son livre de l'anglais et puisse préparer sa thèse sur la filariose qu'il devra passer lors de son retour en France. Son esprit toujours en éveil le pousse à visiter Shanghai, qui le fascine malgré les dangers, ainsi que l'observatoire et le jardin zoologique de Zi Ka Wei.

La situation se tend avec les Chinois et la guerre survient. Ce sera son baptême du feu où il se comporte de façon admirable. Il sera profondément ému par la détresse des marins et des soldats victimes d'épidémies dont beaucoup vont mourir dans des conditions misérables. Son navire ayant été victime d'une avarie va devoir aller en réparation durant quelques jours à Saïgon qui l'enchantera. De retour sur la zone des combats, il participe à la victoire navale de Fou Tchéou, puis au débarquement hasardeux des îles Pescadores. Le 8 mai 1855, ayant terminé sa période régulière d'embarquement, il reçoit l'ordre de son rapatriement. Au cours du voyage de retour, il apprendra avec un immense chagrin le décès de l'amiral Courbet. Son bateau étant bloqué à Ismaïlia, du fait d'une drague coulée au milieu du

canal de Suez, il décide de visiter l'Egypte et de rejoindre son bateau à Alexandrie.
De retour en France, il obtient une permission de quelques jours pour revoir ses parents, à Maroué, près de Lamballe où son père s'est retiré au terme de sa carrière préfectorale. Durant ce court séjour, il fait la connaissance d'Emilie de la Salle dont il tombe aussitôt amoureux. Malheureusement, il doit repartir à Cherbourg terminer ses études et, le 6 juillet 1886, il soutient sa thèse à Paris sur les lymphangites filariennes sous la présidence de Peter, un adversaire des thèses de Pasteur. Promu médecin de seconde classe de la Marine, il reçoit son ordre d'embarquer le 1er septembre pour le Gabon. Avant son départ, son frère Gaston le présente à Savorgnan de Brazza qui lui propose de l'emmener avec lui au Congo en obtenant son détachement de la Marine. Malgré son désir d'aventure, il décline la proposition s'étant fiancé quelques jours avant son départ.
Après 36 jours de navigation sur l'Ariège, le bateau arrive à Libreville où il est affecté sur *l'Alceste*, un navire-hôpital ancré dans la rade. Il va découvrir le pays et sa végétation luxuriante, mais le climat est pénible du fait de la chaleur étouffante, et de l'humidité constante. Il va contracter le paludisme et fera de violents accès de fièvre tous les quinze jours qui ne l'empêcheront pas de travailler. Il est alors chargé de l'hôpital indigène qui comporte un grand potager où il va réussir à faire pousser des légumes en mettant au point une technique de culture. En dehors des soins aux malades, il entreprend des travaux personnels de recherche sur l'hémoglobinurie d'origine paludéenne et la maladie du sommeil. Il écrit à Armand Core : « *Je m'applaudis d'avoir eu la chance de venir au Gabon où je vois des choses de toutes les couleurs, que ma naïveté d'autrefois ne m'aurait pas permis de croire possible.* » Il devra prolonger son séjour de quelques semaines, car son successeur meurt, à peine arrivé, d'une bilieuse hémoglobinurique. Il quitte le Gabon, le 4 novembre 1887, et débarque à Brest, le 10 décembre. Ayant à peine le temps de publier les bans, il se marie à Lamballe, le 11 janvier 1888.
Après quelques jours de voyage de noces dans la famille de sa mère à Reims, il doit repartir. Ne voulant pas exposer sa jeune épouse aux dangers du climat africain, il opte pour un séjour de deux ans à Saint-Pierre-et-Miquelon où il débarque le 22 avril. Le climat est froid et brumeux, mais ils vont très bien s'y adapter. Il est le seul médecin de l'île. Il exerce la médecine à l'hôpital maritime, où il pratique également les accouchements et la petite chirurgie, mais aussi des amputations et des interventions pour la cataracte. Par tous les temps, il doit se rendre également au domicile des malades : « *Ce fut une rude école et combien profitable à ma jeune expérience* ». Le jour, il pratique la médecine, mais aussi la recherche au microscope en autodidacte s'étant abonné aux *Annales* de l'Institut Pasteur. Il travaille tard dans la nuit au *Traité de géographie médicale et de climatologie générale du globe* auquel son maître Armand Core a souhaité l'associer. Il entreprend des recherches expérimentales sur le rouge de morue. Il démontre que l'affection,

due à un microcoque, est transmise par le sel utilisé pour la conservation du poisson. Le Dantec publiera un article dans les *Annales* de l'Institut Pasteur, mais sans apporter la preuve de l'origine de la contamination et Calmette sera poussé à publier après son retour en France par l'administration de Saint-Pierre. Il déborde d'activité, prenant des leçons d'anglais avec le pasteur protestant, faisant une demi-heure d'escrime tous les matins, tout en préservant sa vie familiale et sociale. La naissance de son premier enfant, Georges, en octobre 1888, apporte de grandes joies dans son foyer qui seront anéanties dix mois plus tard par sa mort brutale, d'un choléra infantile qui faisait de nombreuses victimes dans la population de l'île. A son départ de Saint-Pierre, le 1er juin 1890, il effectue un court périple au Canada et au nord des Etats-Unis, avant de rentrer sur le *Bretagne* à Bordeaux, le 22 juin.
A son retour à Paris, Calmette demande à passer dans le corps des troupes coloniales, où il est nommé médecin de première classe, et à effectuer un stage de trois mois à l'Institut Pasteur de Paris. Arrivé trop tard pour s'inscrire au « Grand Cours » de microbiologie du Docteur Emile Roux, celui-ci, séduit par son enthousiasme et sa formation autodidacte, lui permet de suivre ses leçons, lui confie un petit laboratoire et guide ses recherches. Ce sera le point de départ de relations d'estime et d'amitié entre les deux hommes qui dureront toute leur existence. A la demande d'Eugène Etienne, secrétaire d'Etat aux Colonies, Louis Pasteur désigne Calmette pour fonder et diriger un centre de production de vaccins et un laboratoire de recherche à Saïgon, filiale de l'Institut Pasteur.
Calmette embarque avec son épouse, le 11 janvier 1891, sur le paquebot *Natal* des messageries maritimes, à destination de Saïgon, où ils arrivent au terme de près d'un mois de navigation. La mission qui lui est confiée est le développement d'une production locale de vaccin antivariolique d'origine animale et la création d'un département de la rage. Les conditions particulières à l'Indochine vont l'obliger à trouver des adaptations aux techniques utilisées en France. Au lieu de génisses rares et faméliques, il va utiliser des buffles qui fourniront une pulpe vaccinale de qualité permettant la réalisation en un an de plus de cinq cent mille vaccinations. Il appliquera au vaccin antirabique la technique de Roux pour conserver les moelles de lapin atténuées dans de la glycérine après dessiccation dans l'air des flacons à potasse. Pour cette vaccination, il lui faut vaincre les réticences de l'administration coloniale qui juge le nombre de cas trop faible pour être rentable.
Calmette entreprend des recherches qui ne sont pas couronnées de succès. Conscient des ravages causés par les épidémies de dysenterie et de choléra, il évoque le rôle joué par le bacille pyocyanique et les amibes dans la pathologie de la dysenterie, sans pouvoir faire la part entre un rôle déterminant ou d'accompagnement. De même, ses études sur le choléra et ses tentatives d'immunisation chez l'animal ne déboucheront pas sur des utilisations humaines. En partant de France, Calmette s'est intéressé aux

travaux de Koch sur la tuberculine dont il a obtenu un flacon. Bien que les premiers travaux de Koch en Allemagne se soient révélés désastreux, Calmette veut essayer d'utiliser la tuberculine dans le traitement d'affections proches de la tuberculose comme le lupus tuberculeux et une forme cutanée, et muqueuse de la lèpre, mais c'est, de son propre aveu, un « fiasco » thérapeutique complet.

En revanche, il obtient des résultats très intéressants avec ses recherches sur les venins de serpent. Durant la mousson, le delta du Mékong connaît une invasion de serpents venimeux, en particulier de cobras et de najas. Après avoir vainement tenté d'obtenir un état de résistance par l'injection de venins chauffés, Calmette s'oriente vers la sérothérapie provenant d'animaux inoculés. Sur le modèle de sérums antidiphtériques et antitétaniques, il développe un sérum antivenimeux polyvalent qu'il a l'occasion de tester sur lui-même en 1901, à Lille, où il poursuit ses études sur les venins. Il est mordu par un cobra lors d'une manipulation au laboratoire. Il en guérit, mais doit être amputé d'une phalangette de l'auriculaire droit du fait d'une surinfection. Avec humour, il explique que le serpent a omis de se laver les dents avant de le mordre.

Dans la grande tradition des travaux pastoriens, telle que l'étude de la fermentation de la bière menée à Lille par Pasteur lui-même, Calmette apporte une contribution à l'économie locale par l'étude de deux types de fermentation. L'utilisation d'un microorganisme, *Aspergillus niger*, lui permet de réduire à quinze jours au lieu d'un an la fermentation de l'opium, procédé rapidement transposé à la fabrication industrielle. De même, utilisant les propriétés saccharifiantes d'*Amylomyces rouxii*, il est possible d'améliorer la production d'alcool de riz « *d'un immense intérêt fiscal pour la colonie* ».

On rapprochera du rôle joué par Calmette en Indochine, celui joué par deux autres contemporains, Alexandre Yersin, voyageur téméraire, organisateur génial, créateur de l'Institut Pasteur de Nha Trang, puis directeur de l'Institut Pasteur de Saïgon, découvreur du bacille de la peste, *Pasteurella pestis*, et Paul-Louis Simond, qui a découvert le rôle des puces dans la transmission de la peste.

Affaibli par la dysenterie, Calmette reçoit l'ordre de rentrer en France. Il arrive à Marseille, le 15 juillet 1893, le jour où paraît, au Journal officiel, sa nomination de chevalier de la Légion d'honneur, alors qu'il n'a que 30 ans. Il revient à l'Institut Pasteur de Paris où il est accueilli chaleureusement par Emile Roux et Pasteur lui-même. Ne pouvant pas être mis hors cadre à la disposition de l'Institut Pasteur et étant sans solde, il devra accepter, pour vivre, un poste à mi-temps de secrétaire du conseil de santé au ministère des Colonies. Pendant deux ans, il y poursuit les études entreprises en Indochine sur la physiologie des venins, la vaccination et la sérothérapie antivenimeuse, réussissant à préparer le premier sérum antivenimeux polyvalent. En collaboration avec Borel et en lien avec Yersin, il contribue à la préparation

de sérums contre la peste. Durant ce séjour à Paris, naîtra, en 1894, un fils Georges, second du nom, tandis qu'un second fils, André, naîtra à Lille en 1898.
A la suite d'une visite d'une délégation du conseil municipal de Lille et des services d'hygiène de la ville, menée par le maire Géry Legrand, Pasteur et Roux confient à Calmette la mission de créer et d'organiser, à Lille, un institut de sérothérapie et de recherches. Il étudie les conditions matérielles et financières du projet, et s'installe dans un laboratoire provisoire à la Halle au Sucre. En 1899, est inauguré, en présence de Mme Pasteur et de ses enfants, l'Institut qui portera le nom de Pasteur, décédé en 1895, quatre ans auparavant. Calmette en devient le directeur. En 1897, Calmette est rejoint par un vétérinaire, Camille Guérin. Ils obtiennent d'Edmond Nocard, dont Guérin a été l'assistant, une culture de mycobactérie bovine, isolée d'une vache tuberculeuse en 1902. Par addition de bile de bœuf, ils obtiennent, en 1908, une amélioration des cultures et, après 230 repiquages successifs, une atténuation de la virulence des souches. Ainsi inactivés, ces bacilles permettent de vacciner, à partir de 1913, de jeunes bovins et des singes de différentes espèces. En 1914, Lille étant occupée, les génisses sont réquisitionnées pour nourrir les troupes allemandes. Calmette ne peut obtenir que, avant leur consommation, elles soient autopsiées afin de vérifier que, malgré une exposition à des germes virulents, elles sont bien restées saines. Pendant les quatre années d'occupation extrêmement dures, subies par la ville, les recherches sur la vaccination contre la tuberculose sont interrompues, faute d'animaux d'expérimentation et du fait de la réquisition du matériel. Cependant, pendant toute cette période, l'Institut Pasteur continue à produire les sérums et les vaccins nécessaires à la population.

Guérin et Calmette, inventeurs du BCG.

Outre cette activité de recherche, Calmette entreprend très rapidement des actions de prévention sanitaire. Dans les années 1900, le taux de décès par tuberculose est, à Lille, de 300 pour 100 000 habitants. Le premier dispensaire de lutte contre la tuberculose, baptisé Dispensaire Emile Roux, sera ouvert à Lille, en 1901. Calmette sera également à l'origine de la création de l'école d'infirmières de la Ligue du Nord contre la tuberculose. En dehors de son action contre la tuberculose, Calmette se préoccupe de l'hygiène, en particulier de l'eau. Il sera à l'origine de la première station française d'épuration de l'eau à La Madeleine et l'Institut Pasteur s'investira, dès cette époque, dans le contrôle de la qualité de l'eau. Emile Roux dira de Calmette, écologiste avant l'heure : « *Par les résultats de cet énorme travail, Calmette a fait surgir en France une industrie sanitaire nouvelle. Il a contribué à l'assainissement des villes, des rivières polluées et à la protection des eaux de source.* » Dès 1896, il a été nommé chargé de cours de bactériologie et thérapeutique expérimentale à la Faculté de médecine de Lille. Il entame des travaux sur l'ankylostomiase, anémie des mineurs, et publiera un livre sur ce sujet avec Maurice Breton qui lui succèdera dans la chaire d'hygiène et de bactériologie de la Faculté de médecine de Lille, dont il sera nommé professeur honoraire en 1914.

Cette période de la vie d'Albert Calmette est marquée par deux évènements dramatiques. Le 16 mars 1914, son frère, Gaston Calmette, directeur du Figaro, est assassiné par Mme Henriette Caillaux, seconde épouse du ministre des Finances, Joseph Caillaux, connu pour avoir créé l'impôt sur le revenu et pour ses positions pacifistes vis-à-vis de l'Allemagne au moment de la crise d'Agadir. Dans une campagne, orchestrée par Louis Barthou et Raymond Poincaré, le Figaro a dénoncé certaines malversations et des conflits d'intérêts, et a menacé de publier plusieurs lettres de sa correspondance privée. Sa seconde épouse, craignant la publication de lettres révélant ses relations intimes avec le ministre durant son premier mariage, a fait irruption dans le bureau de Gaston Calmette et a tiré six coups de feu dont quatre l'ont atteint. Transporté à la clinique de Neuilly, Gaston Calmette, touché à l'artère iliaque droite, a succombé dans la nuit sur la table d'opération. Caillaux a dû démissionner dès le lendemain, mais sa femme, plaidant le crime passionnel, a été acquittée le 27 juillet, précédant l'assassinat de Jaurès, le 31 juillet, et l'annonce de la mobilisation générale, le 1er août 1914.

Dès le début de la guerre, Calmette reprend volontairement du service en tant qu'adjoint du directeur du service de santé de la 1ère région à Lille. Après d'intenses bombardements, les Allemands entrent dans Lille, le 13 octobre. Calmette reste pour assurer les soins aux blessés et à la population civile. « *C'est ainsi que pendant les quatre dures années d'occupation allemande, je restais à mon poste à l'Institut Pasteur, m'efforçant de me rendre utile de toutes les manières et j'ai conscience d'y être parvenu. Je dus subir de multiples vexations de la part des autorités militaires : perquisitions de jour et de nuit, violations de mon domicile, réquisitions de la plus grande partie de mon laboratoire et de mes objets personnels, enlèvement des cuivres, des ustensiles en nickel et en bronze, des matelas de laine, etc. Rien ne me fut épargné.* » Le 11 janvier 1916, à 3 heures du matin, l'explosion des « dix-huit ponts » fait plus d'une centaine de morts et détruit 706 maisons, et 21 usines. Le 12 janvier 1918, son épouse Emilie est déportée comme otage en Allemagne et internée à Holzminden, avec 25 autres femmes de notables lillois. Le récit que Calmette fait de son départ est poignant de tristesse et de courage : « *Le matin du 12, en pleine nuit noire, nous nous acheminons vers le chemin de fer. C'est un calvaire qu'il nous faut gravir. Mais, nous sommes vaillants tous les deux. Les dernières paroles d'au-revoir, de bon courage, sont échangées sur le seuil extérieur de la gare. (...) Le train s'ébranle à 9h30. De la passerelle Sainte-Agnès où je me suis rendu avec mon fils André, nous le voyons passer tout près de nous. Emilie peut nous crier au-revoir. Qu'adviendra-t-il maintenant de ces malheureuses femmes ? Nous nous décidons à rentrer à l'Institut Pasteur et je m'effondre sur un siège ne pouvant plus retenir mes larmes de douleur et de rage* ». Le voyage en train dure 70 heures dans des compartiments sans chauffage. A leur arrivée, les otages sont accueillis par des huées, des cris et des jets de pierres par une foule haineuse, et ricanante. Il leur faudra marcher dans une côte enneigée sur cinq kilomètres, entre la gare et le camp, par un froid de -13°. Elles arrivent à une heure du matin, exténuées de fatigue et de froid. Réveillées chaque jour à cinq heures, elles n'ont pour toute nourriture qu'une soupe immangeable et 200 g de pain noir. Ce ne sont que brimades et humiliations. Curieusement, elles sont autorisées à garder leurs vêtements et une vie sociale s'organise. De nombreuses photos, prises par un otage qui tient boutique *Au violon* nous parviendront. Les otages seront rapatriés en juillet, à la suite d'une convention sur les échanges de prisonniers de guerre. Calmette dira alors : « *Elle m'a été rendue dans un déplorable état de santé, ne pesant plus que 42 kg alors que son poids normal était de 57 kg.* » Son fils Georges fera toute la guerre dans l'artillerie.

Albert Calmette.

Malgré son profond attachement à Lille, Calmette accepte, en 1918, sa nomination en tant que sous-directeur à l'Institut Pasteur de Paris, chargé de la direction du cours de bactériologie en remplacement de Metchnikoff. Il ne prend ses fonctions à Paris qu'en 1919, ayant voulu remettre en état de fonctionner l'Institut Pasteur de Lille dont il confie la direction à Louis Marmier. A Paris, ses conditions de travail sont déplorables et il n'obtiendra la construction d'un bâtiment consacré à la tuberculose qu'en 1928, date à laquelle Guérin, qui était resté à Lille, le rejoindra à Paris. La première vaccination par le BCG aura lieu en juillet 1921 à l'hôpital de la Charité à Paris, sur un nouveau-né âgé de trois jours dont la mère est décédée de tuberculose. En 1928, cent mille enfants auront été vaccinés dont ses propres petits-enfants.

Calmette et ses principaux collaborateurs
à l'Institut Pasteur de Paris.

En dehors de son activité de recherches, Calmette est très sollicité comme expert consultant lors d'épidémies de peste à Porto en 1889, et de choléra à Marseille en 1910, et pour aider les frères Sergent à la création de l'Institut Pasteur d'Alger où il se rendra à 14 reprises de 1909 à 1912. Il est appelé comme conseiller pour la réorganisation du système de santé en Grèce. Il participe à de nombreux congrès en Europe, préside le premier congrès international de lutte contre la tuberculose en 1920 et prend part, en 1928, à la conférence internationale organisée par la Société des Nations consacrée au BCG. Il deviendra directeur de rédaction, en 1919, des *Annales* de l'Institut Pasteur et publiera un nombre considérable d'articles dans les journaux médicaux. Il sera élu à l'Académie de médecine en 1919 et entrera à l'Académie des sciences en 1927.
Ses dernières années d'activité seront marquées par un drame qui l'affectera profondément : le procès de Lübeck qui se déroule du 10 octobre 1931 au 6 février 1932, que certains n'ont pas hésité à appeler le procès Calmette. Sur la demande du Docteur Ernst Alstaedt de l'hôpital de Lübeck, l'Institut Pasteur a fourni gracieusement une souche de BCG. Pendant la préparation du vaccin dans le laboratoire de cette ville, dirigé par Georg Deycke, où il n'existe pas de séparation entre les cultures vaccinales et les cultures de

tuberculose infectieuse, la souche de BCG est accidentellement contaminée par une culture virulente H29 de *Mycobacterium Tuberculosis*, souche Kiel, isolée d'une coxalgie tuberculeuse, facilement identifiable en culture par une légère fluorescence verte, cultivée dans les mêmes locaux. La manipulation a été effectuée par une infirmière, Anna Schültze, consciencieuse, mais non qualifiée en bactériologie. Sur 256 enfants ayant reçu ce vaccin contaminé, 77 meurent et 130 sont atteints de tuberculose chronique. L'Institut Pasteur a vérifié de façon approfondie la chaîne de fabrication, sans trouver la moindre anomalie, tandis que des souches, issues du même lot, ont été utilisées sans aucun incident. Deycke est condamné, le 6 février 1932, à deux ans de prison pour meurtre et atteinte corporelle par négligence, et Alstaedt, à quinze mois de prison pour le même motif. Grâce à l'honnêteté et au courage de scientifiques allemands, en particulier Bruno et Ludwig Lange, l'innocence du BCG a été finalement reconnue, mais Calmette est sorti très marqué psychologiquement, et moralement par ce drame qui lui a causé des tortures morales dont personne n'a pu s'imaginer l'atrocité. Peu avant le procès, le conseil de santé du Reich a publié, le 28 février 1931, des directives d'éthique médicale appelées *Reichsrichtlinien*, basées sur le respect de la vie, l'évaluation minutieuse des préjudices humains en cas d'expérimentation d'un nouveau produit, l'accord du patient, l'antériorité d'expérimentations chez l'animal et l'interdiction de profiter de l'infériorité sociale du patient. Ce procès illustre le principe d'une négligence éthique qui a été à la base d'un délit pénal.

En juillet 1932, Calmette rédige *Quelques notes sur ma vie et ma carrière pour mes fils et mes petits-enfants*. Il se rend avec Emilie à La Haye au dernier congrès auquel il lui sera donné d'assister de l'Union internationale contre la tuberculose. Malgré des ennuis digestifs de plus en plus fréquents, il poursuit son activité tant au laboratoire que dans son bureau où il achève différentes publications. Il se rend plus souvent à Jouy-en-Josas dans la villa que Marguerite Bourget a léguée à l'Institut Pasteur où il aime se promener dans le jardin et y cueillir des fleurs. Au cours d'une promenade avec son jardinier, il lui désigne l'emplacement où il souhaite être enterré, dans une petite clairière, à l'ombre de deux tilleuls. Il décède le 29 octobre 1933, dans son appartement du 61, bd des Invalides, entouré de sa femme et de ses plus fidèles amis, et proches collaborateurs. Emilie le rejoint dans la mort, le 17 septembre 1966, à l'âge de 102 ans.

Calmette a écrit : « *J'espère qu'il me sera donné de travailler jusqu'à ce que mes yeux se ferment à la lumière et que je m'endormirai l'âme en paix avec la conscience d'avoir fait ce que j'ai pu.* »

Alastrim, l'homme et la variole

par

Serge Kernbaum[14]

La variole a été le plus grand tueur de l'histoire. Par exemple, elle a décimé les Aztèques au XVIe siècle. Aux XVIIe et XVIIIe siècles, elle tuait, en Europe, chaque année, environ 400 000 êtres humains et, au XXe siècle, environ 2 millions sur toute la planète. Il n'est donc pas étonnant que les hommes aient voulu s'en prémunir.

C'est une maladie endémoépidémique. Sur un fond grossièrement constant, de nouveaux cas surviennent par hécatombes brusques et éphémères.

Elle est dû à un virus, *Poxivirus*, dont il existe 3 espèces pathogènes pour l'homme : surtout celui propre à l'homme, notre sujet, Smallpox, mais aussi celui de la vache, Cowpox, et du singe Monckeypox. Ils sont apparentés et l'acquisition de l'un des trois protège contre la contamination de l'un des autres de ces 3 virus. L'immunité est définitivement acquise. Le réservoir de Smallpox est l'homme et lui seul.

La maladie humaine est extrêmement contagieuse. Entre un tiers et trois quarts des sujets contacts (par exemple, ceux qui ont traversé la chambre d'un malade isolé) peuvent acquérir la variole. La contagiosité se fait par voie aérienne à partir de la respiration d'air contaminé, par les croûtes des pustules présentes en très grande abondance sur le visage (et en moindre abondance sur les autres parties du corps) des malades.

La maladie ressemble à la varicelle qui serait gravissime, dont tous les éléments cutanés seraient au même stade : papules, puis vésicules, puis pustules, puis croûtes.

---

[14] Médecin clinicien, spécialiste en médecine interne et maladies infectieuses.

Alastrim, l'homme et la variole, L'Harmattan (éd.), Coll. Médecine à travers les siècles, Paris, 2014.

Sa gravité est grande. Au moins 20% des malades décèdent du fait de la diffusion par voie sanguine à tous les viscères. Un tiers environ guérissent avec des séquelles : cécité et, surtout esthétiques, visage tavelé. Les autres guérissent sans séquelle.
La maladie connue depuis 30 siècles a sévit essentiellement en Afrique (Egypte,...) et en Asie continentale. En Inde, il existait une déesse protectrice de la maladie, que l'on honorait chaque printemps. Elle a été diffusée par les voyages : en Amérique latine par les Espagnols, au Japon par les prêtres bouddhistes,... Elle était ignorée des médecins grecs de l'école de Cos et par Galien.

LA PREMIÈRE ÉTAPE DE LA PRÉVENTION UTILISERA LE VIRUS HUMAIN : SMALLPOX

Elle est entreprise par divers médecins, dont on ignore le nom, concomitamment en Chine et en Inde, aux environs du Xe siècle.
Le matériel utilisé se résume à des croûtes desséchées de pustules, qui ont été broyées. Elles sont délivrées aux sujets n'ayant jamais acquis la variole. Par quelle voie ? En Inde, essentiellement par une scarification, donc par voie transcutanée. En Chine, essentiellement par voie narinaire, à l'aide d'un spéculum, dans la narine gauche chez les individus de sexe masculin, par la narine droite pour l'autre sexe. Bien plus rarement, on fait dormir un sujet réceptif dans les vêtements dans lesquels est décédé un varioleux. Plus tard, on délivrera, par une aiguille (donc par voie transcutanée), ce matériel contaminant.
Après sept siècles d'utilisation du virus humain en Asie, au début du XVIIe siècle, arrive un ambassadeur d'Angleterre auprès du Sultan de Constantinople, dont la femme, Lady Montagu, contribue à l'introduction, en Europe, de cette technique. C'est une très grande dame, amie de la femme du futur roi George II, de caractère ouvert, intelligente, courageuse. Elle est la première Européenne à visiter un harem. Elle écrit de très nombreuses lettres à ses amies, dans lesquelles elle décrit l'inoculation notamment. Elle a payé un lourd tribut à la variole, la mort d'un frère bien-aimé, et son propre visage est grêlé.
En 1717, survient une épidémie de variole à Constantinople, la nourrice de sa fille a eu la variole, pas celle de son fils. Elle le fait donc inoculer, malgré les réticences du chapelain de l'ambassade (« *Cela ne marche que chez les infidèles !* ») Il s'est trouvé protégé comme sa sœur.
Elle retourne en Angleterre, en 1721, et se fait l'ardente protectrice de l'inoculation. Mais, son rang à la fois l'avantage et la freine.
L'avantage : amie de la femme du Prince de Galles, elle peut proposer, lors d'une épidémie de variole survenue à Londres, à 3 hommes et 3 femmes condamnés à mort, la vie sauve s'ils acceptent de se faire inoculer. Aucun n'est touché par la variole. Mais, son rang l'empêche de prendre parti sous son nom dans la querelle qui oppose les partisans et les adversaires de cette

technique. Elle signe, sous un pseudonyme, un article dans deux numéros successifs d'un hebdomadaire, le *Maître de Poste*, sous le titre « Description de l'inoculation de la variole par un marchand turc ».
Pourquoi cette controverse ? Parce qu'en 1722, deux sujets inoculés meurent de variole. Il en résulte une violente controverse parmi la population. Pourquoi exposer à la mort un sujet sain ? La prévention est alors inconnue.
En France, d'Alembert s'interroge sur le fait qu'on pratique une technique potentiellement mortelle « *seulement* » pour prévenir. Les autorités médicales sont violemment hostiles. Aucun progrès ne peut venir en dehors d'elles. Les autorités religieuses de même : si Dieu a envoyé à l'homme une maladie aussi grave, ce n'est pas pour qu'il s'en prémunisse. Tous les esprits conservateurs, par principe, condamnent ceci.
Voltaire, anglophile, esprit ouvert, rapporte ces discussions en France et, bien entendu, défend l'inoculation. Ses adversaires se répandent en articles venimeux dans les journaux grand public et médicaux, ou sermons hostiles, ou en caricatures, alors très populaires en Angleterre.
Progressivement cependant, les rares cas inoculés (la technique en plus d'être risquée est coûteuse) étant le plus souvent protégés, la technique se répand. Sa tolérance est améliorée en utilisant des pustules prélevées chez des sujets inoculés plutôt que chez des victimes de la maladie. « *Seulement* » 2 à 5 % des sujets décèdent contre 1/5 des varioleux.
En 1767, Watson mène la première étude clinique prospective quantitative, comparant le nombre de pustules observées par 2 techniques d'inoculation.
De rares médecins étrangers sont venus se former à Londres.
L'inoculation se répand majoritairement dans les pays protestants d'Europe et Diderot fera écrire l'article « Inoculation » de *l'Encyclopédie* par le médecin genevois Tronchin. En France, lui est hostile la coalition de l'Eglise et de la plupart des médecins, surtout des professeurs, des membres du Parlement, des esprits conservateurs et des ennemis des philosophes. Les philosophes (tous sauf Rousseau resté indifférent) soutiennent cette technique. Les plus actifs sont surtout Voltaire, inlassable combattant, et le savant La Condamine, géodésien, naturaliste, grand voyageur.
Toutes ces oppositions sont très affaiblies par le décès, dû à la variole, de Louis XV en 1774. Tronchin, appelé, inocule le même jour ses trois fils (Louis XVI et les futurs Louis XVIII, et Charles X). Voltaire souligne leur courage.
Le bilan de l'inoculation est très positif. Elle a préparé psychologiquement et scientifiquement le terrain à la vaccination. Cependant, son activité certaine est contrebalancée par les 2 à 5 % de décès, sa difficulté, son coût. Elle expose en outre à la transmission interhumaine d'autres agents infectieux, dont celui de la syphilis, risque qui a été délibérément grossi par ses adversaires. Telle a été la première étape de la prévention qui utilisait le virus exclusivement humain, Smallpox.

LA SECONDE ÉTAPE DE LA PRÉVENTION DE CE FLÉAU A UTILISÉ LE VIRUS BOVIN : COWPOX

De sorte que lorsqu'un siècle plus tard, Pasteur, lorsqu'il travaille sur la rage, en hommage à Jenner, propose le terme de vaccination, tiré de vacca la vache.

Tous les paysans du monde ont remarqué ce phénomène. Lorsqu'une vachère trait une vache ayant une pustulose sur ses mamelles, la servante développe une maladie pustuleuse bénigne des avant-bras, que l'on appelait, en France, la picote. Ensuite, lors d'une épidémie de variole toutes les jeunes femmes qui ont eu la picote étaient protégées contre la variole, qu'elles ne développaient jamais.

Cela a été observé pas les paysans anglais. L'un d'eux est le fermier Jesty qui, en 1774, horrifié par le carnage fait par la variole, inocule lui-même, à sa femme et à ses deux fils de 3 et 2 ans, du pus prélevé sur les mamelles d'une de ses vaches. Ses fils survivent à l'épidémie, sa femme meurt d'une probable infection bactérienne du site où il l'a piquée. On ignorait, à fortiori dans une ferme, alors l'asepsie. Jesty est alors persécuté par ses voisins. Mais, plus tard, il sera honoré par les ennemis de Jenner.

Cette protection a été observée par tous les fermiers et paysans du monde, en France comme en Amérique latine (ce que rapporte Humboldt) et ailleurs.

Mais, il faut attendre le génie de Jenner (1749-1823) pour exploiter ce constat. Ce fils de pasteur, né à Berkeley dans le Gloucestershire, a été inoculé à l'âge de 7 ans et en a gardé un mauvais souvenir. Il s'intéresse très tôt aux sciences naturelles et est apprenti de l'âge de 13 ans à celui de 20 ans chez le médecin local, Ludlow, qui peut-être lui enseigne la protection apportée par la picote. En 1770, poursuivant sa formation médicale, il devient l'assistant du célèbre chirurgien anatomiste et expérimentateur londonien Hunter. Hunter lui propose de devenir son associé, ce que Jenner décline pour devenir médecin de campagne à Berkeley. Il observe deux épidémies de variole et codifie une démarche préventive rationnelle, mais ne trouve aucun adulte qui accepte de se faire injecter le matériel prélevé chez une vache. Il décide d'utiliser les pustules des vachères atteintes de picote.

Entre deux épidémies, il expérimente sur son fils, à qui il inocule, en 1729, le pus d'une poxvirose du porc (aujourd'hui disparue), puis lui inocule, en 1790, le virus de la variole sans conséquence.

Le 14 mai 1796, il inocule du pus de lésion de picote à un jeune garçon, James Phipps, qui développe une picote dont il guérit en 15 jours ce qui est habituel. Le 1er juillet 1796, il lui inocule le pus d'un malade décédé de variole, ce qui est sans conséquence. Il répète cette inoculation une vingtaine de fois, sans dommage. Pour le remercier, Jenner lui offre une maison et plante lui-même les rosiers de son jardin.

Jenner répète cette expérience avec succès et, le 10 juillet 1797, il soumet, en vue de publication à la Royal Society, son expérience de 33 cas. Les notables

de cette société n'y comprennent rien et refusent le manuscrit pour « *insuffisance de données* ».
Jenner s'acharne et publie, à ses frais, une monographie de 64 pages. Il poursuit son travail et présente, le 7 mars 1800, au Roi, une brochure publiée à compte d'auteur, rapportant son expérience encore étendue et jamais démentie. Son travail suscite l'hostilité de la plupart des médecins et, à leur tête, des professeurs de la faculté, qui appellent sa technique, le cowpoxing, qu'ils jugent antinaturelle et dangereuse.
Ses ennemis se déchaînent comme contre l'inoculation, par des libellés, des articles publiés par la Royal Academy, des sermons, et des caricatures dont l'une de Gil Bray, diffusée en 1802, représentait un garçonnet sur le front duquel avaient poussé des cornes.
L'un de ses ennemis est le démographe Malthus qui soutient l'opinion que les épidémies étaient d'origine divine et permettaient un certain équilibre des populations, que le succès de Jenner aurait risqué de rompre !
Fort heureusement, un célèbre médecin, Baillie, le soutient, qualifiant son travail de « *plus importante découverte jamais faite en médecine* ».
Dès 1800, la vaccination gagne l'Europe continentale, où en France, l'un de ses plus ardents propagateurs est le Docteur Guillotin. Napoléon est convaincu. Il crée des médailles d'argent, d'or et de vermeil pour récompenser les médecins qui ont vacciné le plus de sujets. Plus tard, il fait vacciner son fils, le Roi de Rome.
En 1801, toute l'armée anglaise est vaccinée. L'Impératrice de Russie appelle Vaccinof, le premier garçonnet vacciné. Le roi d'Espagne, Charles VII, fait vacciner sa famille, puis envoie une flotte vacciner l'Amérique latine et l'Asie, le virus étant entretenu de bras en bras chez des orphelins embarqués avec les médecins, et les prêtres catholiques qui participent à l'expédition.
Le Parlement britannique, en 1802, puis en 1807, vote une gratification à Jenner, mais, à sa mort en 1823, il refuse de lui payer des funérailles nationales. Il repose à Berkeley et non à l'abbaye de Westminster.
Entre-temps, Jenner abandonne la clientèle pour vacciner à temps complet. Il est rejoint par le Docteur Walker. Le Roi l'autorise à créer la Royal Jennerian Society dont il devient président le 3 février 1803.
Le gouvernement crée, en 1808, le National Vaccine Establishment dont Jenner devient le président. Et en 1827, il est nommé médecin extraordinaire de Sa Majesté le roi George IV.
La vaccination est effectuée notamment à l'hôpital Saint-Pancras, aujourd'hui détruit.
Lors d'épidémies, comme en 1881, on hospitalise les malades varioleux sur des bateaux ancrés sur la Tamise.
Lady Montagu et Jenner ont contribué à ce que le XVIIIe siècle soit appelé le siècle des Lumières. Les philosophes qui les ont inlassablement soutenus ont célébré ce succès comme le triomphe de la raison sur les ténèbres.

LA TROISIÈME ÉTAPE MONDIALE A UTILISÉ LE VIRUS BOVIN : COWPOX

L'OMS[15] entreprend, en 1967, presque deux siècles après Jenner, de réaliser son vœu d'éradiquer la maladie de toute notre planète. On observe alors 10 à 12 millions de cas par an, donc au moins 2 millions de décès.
Les responsables de l'OMS sont le Docteur Henderson jusqu'en 1976, puis le Docteur Irita.
Les arguments pour prendre cette décision sont :

- d'abord la gravité de la variole ;
- mais aussi son diagnostic clinique aisé ;
- le fait que l'homme est le seul réservoir de virus ;
- le fait de l'absence de porteur sain, sinon autant emplir les tonneaux des Danaïdes ;
- on dispose d'un vaccin efficace ;
- vaccin qui du fait de la longue incubation de la maladie - 12 jours - aurait le temps de susciter l'apparition d'anticorps protecteurs chez le sujet tout récemment infecté.

Il y a eu cependant beaucoup de discussions. Finalement, on obtient le nombre de vaccins nécessaires. On décide de vacciner tous les individus ayant eu un contact, même bref, avec un patient (active case hunting). Et cela a été un succès. Le dernier cas sauvage est décelé chez une femme de Somalie en 1977. Ensuite, une récompense a été offerte à toute personne capable de signaler un authentique cas de variole.
Le 9 décembre 1979, la maladie a été déclarée éradiquée de la surface de la Terre. Cette campagne de vaccination planétaire a coûté 112 millions de dollars et 687 personnes originaires de 73 pays y ont contribué.
Peu après, du fait de la possibilité d'encéphalites vaccinales, on a cessé de vacciner. Il reste que sont stockées, dans des laboratoires ultrasécurisés et surveillés par l'OMS, des réserves de virus à Bethesda Maryland et en Russie. Souhaitons qu'il ne faille jamais devoir ajouter après le mot triomphe, l'adjectif éphémère.
Car, le virus varioleux, lâché sur des populations non vaccinées, par un avion volant à basse altitude, aurait des conséquences catastrophiques. Or, la guerre bactériologique est la moins coûteuse des guerres. Ainsi, toutes les grandes puissances mondiales travaillent sur un traitement curatif actif, jusqu'ici non découvert, de cette maladie disparue, aux frais des ministères de la Défense.

[15] Organisation mondiale de la santé.

L'hygiène bucco-dentaire du XVIIe au XIXe siècle en France

par

Clément David[16]

L'hygiène bucco-dentaire a toujours existé et ce, depuis l'Antiquité (dentifrices, poudres en Chine en 2637 av. J.-C., cure-dents, bâtonnets masticatoires à base de plantes). Cependant, depuis la Renaissance, on assiste à un déclin général de l'hygiène et, par conséquent, des soins bucco-dentaires. C'est ainsi qu'au XVIIe siècle, selon la théorie des Humeurs, l'immersion du corps dans l'eau favoriserait le passage des maladies par la peau. La crasse serait ainsi perçue comme protectrice.

Dans ce contexte, examinons les personnes qui ont à connaître les problèmes des soins dentaires. Depuis le XIIe siècle, grâce à saint Louis et à Jean Pitard, son chirurgien, la confrérie de Saint-Côme est créée. Cette dernière définit, pour la première fois, le métier de chirurgien avec trois catégories :

- les docteurs de la Faculté de médecine (à peine un millier pour le royaume en 1699) ;
- les chirurgiens de Saint-Côme (ou de longue robe) ;
- les barbiers qui se consacrent à la petite chirurgie, les extractions, la barbe, les onguents et le commerce des perruques.

Ces trois catégories vont se quereller jusqu'en 1699, date de la création d'un statut d'expert pour les dents. Il faut bien reconnaître qu'au XVIIe-XVIIIe siècle, ce sont les charlatans qui dominent le paysage. Ces charlatans, qui sont-ils ? Ce sont souvent des hommes d'Eglise, des dames pieuses. Ainsi,

[16] Docteur en chirurgie dentaire en exercice libéral, diplômé de l'U. F. R. Odontologie de Nantes.

L'hygiène bucco-dentaire du XVIIe au XIXe siècle en France, L'Harmattan (éd.), Coll. Médecine à travers les siècles, Paris, 2010.

Dechaume nous rapporte que le Pont-Neuf, achevé en 1606, « *est devenu le rendez-vous permanent des jongleurs et bateleurs-arracheurs de dents* ». A côté de ces charlatans, on trouve des empiriques qui sont des médecins et des chirurgiens d'occasion, dépourvus de titre, parfois même les cuisiniers de grandes maisons. On trouve enfin des guérisseurs qui ont des pouvoirs magiques, comme le « panseur » qui récite des prières appelées pansement ou le « toucheur » qui soigne en touchant. De manière générale, on a recours aux saints guérisseurs. On invoque notamment :
- sainte Apolline devenue sainte patronne des dentistes ;
- saint Jean qui guérit le mal des dents ;
- saint Pierre qui soigne « du mal de pierre ».

Intéressons-nous maintenant aux motivations de nos aïeux en matière d'hygiène. Elles sont les mêmes qu'aujourd'hui.
Tout d'abord, d'ordre esthétique par la blancheur. « *Il faut que les dents soient blanches comme la neige et d'un émail semblable à celui de la perle* ». Il faut corréler, pour cette époque, la blancheur des dents avec celle de la peau (utilisation de la céruse et de fards), et aussi des linges. La motivation d'ordre social est aussi présente avec la volonté d'avoir une bonne haleine. Ainsi, Scarron, poète du XVIIe siècle, s'adressant à Mme de Hautefort, parle des « *demoiselles coquettes qui ont en bouche cannelle et clou*
Afin d'avoir le flairer doux.
Ou du fenouil que je ne mente
Ou de l'herbe forte comme menthe,
Marjolaine, tin poulliot,
Fleur de lavande et mélilot ;
Comme d'anis elles s'emplissent,
Lorsque leurs entrailles bruissent
Et pour s'empêcher de rotter,
Ce qu'elles nomment sanglotter. »
Au passage, notons, à l'époque, la valeur protectrice des parfums contre la maladie.
Voyons maintenant les instruments d'hygiène. On trouve notamment :
- les cure-dents qui sont un signe extérieur de richesse, en métaux précieux, que l'on porte suspendu à un collier. Leurs boîtes sont de véritables bijoux.
- les couteaux de table. Richelieu les prohibait à sa table pour l'usage abusif qu'on en faisait.
- le doigt. Henri IV se brosse les dents avec son doigt.
- des linges. Montaigne préconise le frottement des dents avec une serviette le matin, à l'entrée et à l'issue de la table.
- les gratte-langues ou racloirs en or, ou en argent.

Etant donné la nature des matériaux utilisés pour les instruments, ceux-ci sont réservés aux élites fortunées.

A côté de ces instruments, on trouve des dentifrices. Utilisés comme poudre, ils sont alors à base de bois de santal, de rose, de coraux préparés, de pain brûlé et de pierre ponce, d'os de sèche, de corne de cerf brûlée, de coquille d'œuf brûlée, de cristal calciné. Utilisés comme des pâtes liquides, on y adjoint du miel rosat ou du sirop de roses sèches. On donne le nom trompeur d'opiat à ces préparations. Enfin, il faut mentionner l'existence de bain de bouche à base d'urine. On en trouve la trace dans les correspondances de Mme de Sévigné. Cela trouverait une explication dans une vieille tradition assyrienne selon laquelle il faudrait soigner le mal par le mal. Urine, excréments d'animaux, graisse de vipère sont alors couramment employés. On trouve aussi des bains de bouche à base de vin ou d'oxymel, mélange de miel, de vinaigre et de sel marin.

La population générale, pour l'essentiel, s'en remet, quant à elle, à la nature généreuse. Elle utilise des plantes comme le fenouil, l'encens (qu'on trouve chez le curé), la ronce, la rose dont on se sert en pommade. Notons qu'il faut attendre la fin du XVIIIe siècle avec l'œuvre de Pierre Fauchard pour voir quelques progrès et la sortie progressive de l'empirisme des débuts.

Le siècle des Lumières sera aussi celui où l'art dentaire devient une branche bien spécifique de la médecine. Pierre Fauchard écrit un ouvrage qui fera tout de suite autorité. *Le chirurgien-dentiste ou Traité des dents* est à la fois un traité scientifique, technique, didactique, illustré par des planches anatomiques et d'instruments. De nombreux auteurs vont s'y référer et participer de fait aux travaux de l'Académie de chirurgie créée par Louis XV en 1731.

Dans tous ces traités, on trouve des recommandations de tous les ordres, alimentaires et diététiques. On retrouve les mêmes protocoles de lavement. Avec tous les matins, l'utilisation d'un cure-dents de plume. On préconise aussi l'utilisation d'un linge ou d'une éponge trempée dans de l'eau tiède, ou mieux, une racine de guimauve pour ses propriétés anti-inflammatoires. Tous les 2 ou 3 mois, l'usage d'un opiat est recommandé. Tous ces traités accordent aussi une grande place au tartre, ou tuf, avec les causes, les conséquences, le détartrage et les instruments à utiliser. Enfin, tous mettent en garde contre les charlatans et les guérisseurs par attouchement.

La fin du XVIIIe siècle voit aussi le début de la commercialisation de l'eau dentifrice avec M. Botot, en 1777, et son eau de Botot, que l'on peut trouver encore de nos jours en pharmacie.

Pour conclure, à la fin du XVIIIe siècle, il y a une multiplication d'ouvrages pour encourager l'hygiène bucco-dentaire. Malheureusement, ces ouvrages sont inaccessibles à la population générale, très illettrée, qui reste sous l'emprise des charlatans, vu le peu d'experts dentistes (en 1786, 40 pour environ 700 000 habitants).

Au XIXe siècle, les charlatans ont encore de belles heures devant eux. En 1791, un décret décide de la suppression des maîtrises et octroie à tous, le

droit de pratiquer tout négoce, art ou métier, moyennant le paiement d'une patente. En 1803, on voit renaître l'enseignement de la médecine. Cependant, l'art dentaire n'est pas mentionné. Ce n'est qu'en 1892 que cette situation prend fin avec la loi Brouardel qui impose l'obtention d'un diplôme afin de pouvoir exercer. En outre, la littérature bucco-dentaire va fleurir au cours de ce siècle, montrant un intérêt croissant de la population pour ces questions. Si on ne compte qu'une soixantaine d'ouvrages au XVIIe siècle, on passe à 190 ouvrages pour une période allant de 1800 à 1842.
La brosse à dents, importée par un voyageur revenu de Chine, à la Cour de Louis XV, va connaître un essor considérable au XIXe siècle. Napoléon, très soigneux de sa personne, se brossait régulièrement les dents et, de ce fait, on trouve une brosse à dents dans tous ses nécessaires de campagne. On peut en voir un au musée Carnavalet à Paris. La brosse à dents va devenir d'un usage courant à partir de 1830, même si on utilise toujours des racines de plantes qui sont progressivement abandonnées. Au début, c'est un objet de luxe. Le manche sculpté de bois, d'os, d'ivoire, d'argent, de nacre, est remplacé par l'acétate de cellulose en 1863. De 1818 à 1884, 10 brevets de brosse à dents sont déposés, certain préconisant même une turbine hydraulique, ou un mouvement à ressort. La France garde le monopole de la fabrication jusqu'à la fin du XIXe siècle.
Pour conclure, sur le plan social, l'hygiène buccale du XVIIe au XIXe siècle ne s'adresse qu'à une minorité de privilégiés. Dans ce contexte, pas étonnant que, pendant des siècles, l'attitude majoritaire a été l'attentisme. Les dents, une fois gâtées, faute de soins d'hygiène, quelles autres solutions à part celle de s'en remettre à Dieu ou au charlatan ? Et comment en aurait-il pu être autrement, quand Paris, au XVIIIe siècle, ne compte que 25 à 30 dentistes reconnus pour une population de 250 000 habitants ?
Sur le plan scientifique, comment ne pas être frappé par l'étonnante modernité des propos des auteurs ? Connaissance du tartre, des parodontopathies, intérêt de conserver les dents dans un souci esthétique et fonctionnel, connaissance de la phytothérapie, tout est développé. Concernant les instruments d'hygiène, depuis l'invention de la brosse à dents, aucune révolution majeure n'a vu le jour, si ce n'est peut-être sur la forme avec l'arrivée de la brosse à dents électrique et l'emploi de matériaux synthétiques rendant possible sa diffusion massive. Certains laboratoires en reviennent même à commercialiser des instruments disparus comme le gratte-langue.
Enfin, sur le plan politique, la fin du XIXe siècle ouvre la voie à des campagnes de prévention gratuites au sein des écoles, ancêtres de nos bilans bucco-dentaires. Tous les citoyens étant concernés, l'hygiène buccale devient une affaire d'Etat.

Et si la Seconde Guerre mondiale nous était racontée autrement...

par
Xavier Riaud[17]

Sur 90 000 médecins en activité en Allemagne sous le IIIe Reich, environ 350 ont commis des crimes médicaux. 50 % des médecins ont adhéré à la NSDAP[18], le parti nazi.
Le procès des médecins nazis de Nuremberg fait suite à celui des dignitaires nazis, mais se tient devant le Tribunal militaire américain[19]. Il se termine le 21 août 1947, après 133 jours de débats. 23 personnes sont jugées : 20 médecins et 3 responsables officiels (Rudolf Brandt, Wolfram Sievers, Viktor Brack). Leur responsabilité dans des crimes de guerre et crimes contre l'humanité, révélée dans les expérimentations médicales ou l'Opération T4 (Aktion T4) d'euthanasie des aliénés mentaux et handicapés physiques, est indéniable[20].
7 sont condamnés à mort, 5 à l'emprisonnement à vie, 2 à 20 ans de prison, 2 à 10 ans et 7 sont acquittés. Qui sont-ils ?

---

[17] Chirurgien-dentiste, Docteur en épistémologie, histoire des sciences et des techniques, Lauréat et membre associé national de l'Académie nationale de chirurgie dentaire, Membre libre de l'Académie nationale de chirurgie.

Et si la Seconde Guerre mondiale nous était racontée autrement..., L'Harmattan (éd.), Coll. Médecine à travers les siècles, Paris, 2015.

[18] NSDAP : *Nationalsozialistische Deutsche Arbeiterpartei*. En allemand, cette abréviation désigne un mot féminin.
[19] Cf. Aziz Philippe, *Les médecins de la mort*, Famot (éd.), Genève, tomes 1 à 4, 1975 & cf. Bayle François, *Croix gammée contre Caducée*, Imprimerie nationale, Neustadt (Palatinat), 1950.
[20] Cf. Riaud Xavier, *Et si la Seconde Guerre mondiale nous était racontée autrement*, L'Harmattan (éd.), Coll. Médecine à travers les siècles, Paris 2015.

- Karl Brandt, autorité médicale suprême du IIIe Reich. Chargé notamment du programme Aktion T4, mis en place pour euthanasier les malades mentaux et les handicapés. Il est condamné à mort et exécuté le 2 juin 1948.

- Karl Gebhardt, médecin de Heinrich Himmler et président de la Croix-Rouge allemande. Jugé pour avoir pratiqué des expériences sur les prisonniers des camps, plus particulièrement sur les femmes détenues de Ravensbrück. Condamné à mort, il est exécuté le 2 juin 1948.

- Waldemar Hoven, médecin du camp de Buchenwald. Jugé pour avoir euthanasié massivement les déportés. Condamné à mort, il est exécuté le 2 juin 1948.

- Joachim Mrugowsky, médecin et chef de l'Institut d'hygiène de la SS. Jugé pour des expérimentations sur les prisonniers des camps. Condamné à mort, il est exécuté le 2 juin 1948.

- Wolfram Sievers, dirigeant de l'Ahnenerbe[21]. Jugé pour ses expériences mortelles sur des humains. Condamné à mort, il est exécuté le 2 juin 1948.

- Kurt Blome, scientifique ayant testé des vaccins sur des prisonniers des camps de concentration. Jugé pour extermination de prisonniers malades et expériences conduites sur des êtres humains, il est acquitté.

- Adolf Pokorny, dermatologue, accusé d'avoir coopéré avec les programmes de stérilisation, acquitté « *pas à cause de, mais malgré sa défense* » qui consistait à rappeler le fait que la méthode de castration qu'il a proposée dans une lettre n'était pas efficace.

- Herta Oberheuser, médecin qui a procédé à l'injection de phénol intracardiaque pour euthanasier des détenues malades. Bras droit de Gebhardt dans ses expérimentations médicales à Ravensbrück, elle est la seule femme à être jugée. Elle est condamnée à 20 ans de prison. Une fois sortie, elle reprend son exercice médical.

- Gerhard Rose, médecin ayant commis des sévices sur ses patients, condamné à la prison à vie. Il bénéficie d'une réduction de peine en 1951 et d'une libération anticipée en juin 1955.

---

[21] *Société pour la recherche et l'enseignement sur l'héritage ancestral.* Institut ayant eu en charge l'étude de la validité des thèses nazies sur la supériorité de la race aryenne.

- Fritz Fischer, médecin ayant collaboré aux expérimentations médicales de Gebhardt, condamné à la réclusion à vie. Sa peine est commuée à 15 ans de prison en 1951. Libéré en 1954, il reprend son exercice médical.

- Viktor Brack, officier de liaison entre la chancellerie et le département de santé du ministère de l'Intérieur. Impliqué directement dans le programme Aktion T4. Condamné à mort et exécuté le 2 juin 1948.

- Rudolf Brandt, officier de liaison du ministère de l'Intérieur, directement impliqué dans la coordination et la réalisation d'expériences médicales dans les camps de concentration. Condamné à mort et exécuté le 2 juin 1948.

- Karl Genzken, responsable du service médical de la Waffen-SS et médecin ayant participé à des expérimentations médicales dans les camps de concentration sur les détenus. Condamné à l'emprisonnement à vie, sa peine est ensuite commuée à 20 ans de prison. Il est finalement libéré en 1954.

- Même condamnation et même libération anticipée en 1954 pour Siegfried Handloser, médecin en chef du service de santé de l'armée allemande, qui, compte tenu de sa position, n'a rien fait pour empêcher les expérimentations médicales dans les camps de concentration.

- Oskar Schroeder, médecin en chef de la Luftwaffe, impliqué dans des expérimentations sur les détenus du camp de concentration de Dachau, condamné à l'emprisonnement à vie. Par la suite, sa peine est ramenée à 15 ans d'emprisonnement.

- Hermann Becker-Freyseng, médecin consultant pour la Luftwaffe, impliqué dans les expérimentations médicales sur les détenus au camp de concentration de Dachau, condamné à 20 ans d'emprisonnement pour crimes de guerre et crimes contre l'humanité. Il n'en fera que 10.

- Wilhelm Beigblöck, médecin consultant pour la Luftwaffe, impliqué dans les expérimentations médicales du camp de concentration de Dachau, condamné à 15 ans de prison. Sa peine est ramenée à 10 ans par la suite. Il reprend son exercice médical après sa détention.

- Helmut Poppendick, médecin en chef du personnel du médecin en chef de la SS Ernst Grawitz, impliqué directement dans des expérimentations médicales sur les détenus des camps de concentration, condamné à 10 ans de prison pour son appartenance à une organisation criminelle. Libéré en 1951, il travaille comme médecin pour les assurances.

- Paul Rostock, professeur, chef du bureau pour les sciences médicales et la recherche. Accusé de complicité, du fait de sa haute fonction, dans les expérimentations médicales sur les détenus dans les camps de concentration, il est relaxé en 1947.

- Konrad Schäfer, médecin de l'Institut de médecine aéronautique de Berlin, impliqué dans des expérimentations sur les détenus dans les camps de concentration. Il est acquitté.

- Siegfried Ruff, directeur du département de médecine aéronautique à l'Institut allemand expérimental pour l'aviation, accusé d'avoir conduit des expérimentations médicales sur les détenus des camps de concentration. Il est finalement acquitté.

- Georg Weltz, directeur de l'Institut pour la médecine aéronautique de Munich, accusé d'avoir mené des expérimentations sur les détenus des camps de concentration. Il est finalement acquitté.

- Wolfgang Romberg, médecin de l'équipe du département de médecine aéronautique à l'Institut allemand expérimental pour l'aviation, accusé d'avoir réalisé des expérimentations médicales sur les détenus des camps de concentration. Il est finalement acquitté.

Ces hommes représentent en définitive une infime partie de ceux qui auraient dû être jugés. Yves Ternon [22] (1997) affirme : « *Pour s'en convaincre, il suffit de nommer quelques « savants » qui n'ont pas été inculpés à Nuremberg :*

- *Hermann Voss, professeur d'anatomie à l'université de Posen, qui recevait les corps des Polonais exécutés par la Gestapo de la ville ;*
- *Julius Hallervorden du Kaiser Wilhelm Institut de Berlin, pour ses recherches sur le cerveau, a examiné des centaines de cerveaux de pensionnaires d'asile gazés au centre de Brandenburg ;*
- *Robert Ritter, professeur à l'université de Tübingen, dont les travaux ont permis l'identification de Tsiganes et autres asociaux ;*
- *Kurt Gutzert, professeur de gastro-entérologie à l'université de Breslau, a injecté du sang de porteurs d'hépatite virale à des enfants juifs d'Auschwitz ;*
- *Kurt Heissmeyer, collaborateur de Gebhardt, à Hohenlychen, a injecté des bacilles de Koch à des enfants du camp de Neuengamme ;*

[22] Cf. Ternon Yves, « Le procès des médecins – Actualisation », in *Revue d'histoire de la Shoah*, 1997, n° 160, pp. 10-30.

- *Heinrich Berning, professeur à l'université de Hambourg, a conduit des expériences de famine sur des prisonniers soviétiques ;*
- *Hermann Stieve, directeur de l'Institut d'anatomie de l'université de Berlin, a conduit des expériences sur des femmes de la prison de Plötzensee et du camp de Ravensbrück ;*
- *Les principaux responsables de la médecine aéronautique allemande ont assisté, en 1942, à Berlin, à la conférence du froid où ont été exposées les expériences sur les détenus du camp de Dachau. De même, le professeur Ferdinand Sauerbruch, le plus célèbre chirurgien allemand, et Wolfgang Heubner, directeur de l'Institut pharmacologique de l'université de Berlin, ont participé à la conférence traitant des expériences sur les sulfamides conduites à Ravensbrück.*

Pendant des années, le nom de Sauerbruch a été intouchable, même bien après la guerre. Et, à partir de 1983, sous l'influence de deux chercheurs, les langues se sont déliées, soit 38 ans après l'armistice. »

On constate aussi que le temps agit sur les mémoires qui oublient ou atténuent les souvenirs, puisque les derniers criminels de guerre jugés à notre époque sont nettement moins lourdement sanctionnés que ceux condamnés dans l'immédiat après-guerre, comme si les mots « *devoir de mémoire* » avaient moins de sens aujourd'hui qu'hier, comme si tuer un homme hier était plus répréhensible à cette époque qu'aujourd'hui, comme si, sur un plan juridique, la valeur de la vie d'un homme était moindre aujourd'hui qu'hier. N'oublions pas que les victimes de ces criminels se chiffrent souvent en milliers d'individus anéantis pour chacun d'entre eux et rappelons qu'il n'y a pas de prescription pour le crime contre l'humanité.

Il est ainsi surprenant que ce procès ait abouti, à mon sens, à des acquittements. Mais, c'est le principe même de la justice qui ne déclare coupable un individu que lorsque la preuve de sa culpabilité a été formellement apportée. Le plus étonnant réside dans le fait que toutes les peines de prison aient été commuées quelques années après ce fameux procès, comme si, tout à coup, on essayait de minimiser la portée des actes de ces médecins. Mais, ce qui ne manque pas d'interpeller, c'est que chacun des médecins incriminés, jugés et condamnés - pour crimes de guerre et crimes contre l'humanité tout de même ! -, reconnus responsables de la mort de milliers de victimes, a pu, sa peine de prison purgée, reprendre un exercice médical florissant [23] . Aucun ordre médical, aujourd'hui, n'autoriserait un professionnel de santé ayant fait l'objet d'un jugement au

[23] Les dentistes ne sont pas en reste. Ainsi, le Dr Hermann Pook, responsable au sein de l'économie de la SS (le SS-WVHA) de la récupération de l'or dentaire en provenance des camps de concentration et de son exploitation, a été condamné à 10 de prison. Il en a fait 5 ans et 9 mois, et a pu reprendre un exercice florissant en cabinet dentaire après. Il est mort en 1983.

tribunal pénal assorti d'une peine de prison, à reprendre son exercice médical après. Cela n'a d'ailleurs aucun sens. Comment peut-on confier le diagnostic raisonné et le traitement raisonnable de patients à des praticiens qui ont le sang de milliers de victimes sur les mains, et qui ont jeté l'opprobre sur toute leur profession ? Voilà, à mes yeux, une incohérence de ce jugement prononcé, non pas par les autorités allemandes, rappelons-le, mais par un tribunal militaire américain. Comment se fait-il qu'en Allemagne, ce jugement n'ait pas été suivi ?

Par ailleurs, n'y a-t-il pas, de l'aveu même des pouvoirs publics, une résurgence marquée des propos et des actes antisémites, et révisionnistes ? Les leçons données par l'histoire semblent ne pas avoir été retenues.

Que dire des Américains qui ont effectué également des expérimentations meurtrières - le vaccin contre la grippe ayant été découvert par leurs scientifiques en 1943 et injecté aux soldats devant débarquer en Normandie après avoir fait l'objet d'inoculations expérimentales sur des aliénés mentaux d'asiles psychiatriques -, mais dont la responsabilité n'a jamais été incriminée ? Que dire des bombardements atomiques sur Nagasaki et Hiroshima ? Aucun coupable n'a jamais été désigné. Aucune responsabilité n'a jamais été définie par la justice. Pourtant, les populations civiles actuelles, enfantées par la génération guerrière, subissent encore stérilité, maladies congénitales et cancers, conséquences directes des radiations émises par les deux bombes atomiques, dont les demi-vies respectives des produits radioactifs mettront des siècles à disparaître des sols de ces deux villes dévastées et produiront plusieurs descendances d'enfants malades. Que dire des Japonais et de leur fameuse unité 731 qui, la première, a initié la guerre bactériologique sur des populations civiles, tuant ainsi des milliers d'innocents, et dont les dirigeants n'ont jamais été condamnés ? Pire, les Américains ont récupéré les archives de cette unité après la guerre pour démarrer leur propre programme de guerre bactériologique et en ont pensionné son principal responsable qui a vécu ainsi jusqu'à la fin de ses jours en toute impunité[24].

Que dire de Staline et de l'épuration qu'il a imposée à son armée, de 1937 à 1938, des colonies du Goulag et de la Sibérie qui ont causé la mort de nombreux opposants au régime en place[25], sans avoir jamais eu à répondre de ses forfaitures devant le moindre tribunal ? Le vainqueur de Stalingrad (1943) a toujours été connu pour ne jamais s'être embarrassé de scrupules…

---

[24] Cf. Riaud Xavier, *Et si la Seconde Guerre mondiale nous était racontée autrement*, L'Harmattan (éd.), Coll. Médecine à travers les siècles, Paris 2015.

[25] On estimerait à 681 692, le nombre de personnes exécutées pour « *crime contre l'Etat* ». De 1 196 369 à 1 881 570 autres auraient été mises dans des camps de travail et les colonies du Goulag. 140 000 individus y seraient morts. Le maréchal Rokossovski, dentiste dans sa prime jeunesse, a été un de ces prisonniers avant d'être réhabilité, fait héros de l'Union soviétique en défaisant l'armée de von Paulus à Stalingrad.

Mais, voilà, les Américains et les Russes ont gagné la guerre... Et les Allemands l'ont perdue...
Alors, ce procès des médecins nazis à Nuremberg, pantalonnade ou symbole, hypocrisie ou nécessité absolue ?
Personnellement, je ne retiendrai pas les accusations, voire les condamnations, qui me semblent insuffisantes face à la gravité des crimes commis. La morale voulait des coupables, des responsables. Même tronqués d'un point de vue numéraire, les Alliés en ont donnés. Pour l'exemple.
Si une chose, pour moi, doit être retenue de ce procès, c'est bien évidemment son jugement qui a défini les grandes règles expérimentales sur l'homme, le fameux code de Nuremberg toujours en vigueur aujourd'hui. Par son jugement, ce procès était une « *nécessité absolue* » et revêt indéniablement un caractère « *symbolique* » fort.
C'est la veille du jugement que sont clairement notifiés au monde par le Tribunal de Nuremberg, les 10 principes essentiels devant régir toutes les expérimentations sur l'homme, ce qui est, depuis, communément appelé le code de Nuremberg[26] :
1- Il faut le consentement éclairé, volontaire, sans contrainte ni supercherie du sujet.
2- L'expérience doit aboutir à des résultats pratiques pour l'humanité.
3- Les fondements de l'expérience doivent être basés sur des expériences antérieures effectuées sur des animaux et sur la connaissance de la genèse de la maladie.
4- L'expérience doit être pratiquée en évitant toute souffrance et tout dommage au sujet.
5- L'expérience ne doit pas être tentée s'il y a un risque de mort ou d'invalidité pour le sujet.
6- Les risques encourus ne devront jamais excéder la valeur positive du problème que doit résoudre l'expérience.
7- Toute éventualité de provoquer des blessures, une invalidité ou la mort du sujet au cours de l'expérience doit être écartée.
8- L'expérience doit être réalisée par des personnes compétentes et qualifiées.
9- Le sujet est libre d'interrompre l'expérience à tout moment.
10- L'homme de science est susceptible d'interrompre l'expérience à tout moment s'il juge qu'il y a un risque quelconque pour le sujet.
Avant ce procès, la notion d'éthique médicale était alors confuse, voire embryonnaire. Par ce jugement, le Tribunal international militaire de Nuremberg en a posé les fondements modernes.

[26] Cf. Aziz Philippe, *Les médecins de la mort*, Famot (éd.), Genève, tomes 1 à 4, 1975 & cf. Bayle François, *Croix gammée contre Caducée*, Imprimerie nationale, Neustadt (Palatinat), 1950.

Si l'éthique médicale était jusqu'alors embryonnaire, elle a pris, une bonne fois pour toutes, son envol ce jour-là. Et c'est ce qui compte finalement, mais que de vies détruites, que de sang versé pour en arriver là… N'y avait-il aucun moyen d'y parvenir autrement avec la même objectivité ?
Le procès de Nuremberg a fait l'objet d'innombrables publications. Mais, en définitive, il a toujours été étudié isolément, hors de son contexte historique. Ses minutes, ses acteurs, ses sentences, son code, tout a été passé au crible, ce qui lui confère une importance primordiale, mais, le plus souvent, sans tenir compte de son environnement historico-politique[27]. Replacé dans son contexte, on se rend compte que tous les belligérants ont les mains tachées de sang. Selon, que l'on soit vainqueur ou vaincu, la morale n'est pas la même pour tous et, considéré sous cet angle, tous les criminels n'ont ainsi pas été jugés. Mais, après analyse, les vaincus, sont-ils les seuls criminels ? Ceux-là même qui ont organisé ce fameux procès et rendu les verdicts ne sont pas non plus exempts de reproches.
Toutefois, le symbole demeure indubitablement et c'est essentiel, car il est le garant, encore aujourd'hui, dans le milieu médical, d'un certain honneur, et d'une certaine probité…

[27] Cf. Riaud Xavier, *Et si la Seconde Guerre mondiale nous était racontée autrement*, L'Harmattan (éd.), Coll. Médecine à travers les siècles, Paris 2015.

Etat, santé publique et médecine à la fin du XIXe siècle français.

Les médecins-législateurs et le mouvement hygiéniste sous la IIIe République (1870-1914)

par

Isabelle Cavé[28]

Fin du XVIIIe siècle, amorce de la mouvance hygiéniste

Fin XVIIIe siècle, l'hygiénisme correspond à la formation d'un cercle indépendant d'intellectuels philanthropes, tous férus initialement de chimie — en particulier des travaux de recherche du chimiste, philosophe et économiste, Antoine Lavoisier (1743-1794)[29] [30] [31] — pour comprendre les questions de l'environnement (l'eau, l'air, la terre...)[32] [33]. Ces travaux de

---

28 Docteur en histoire de la santé contemporaine, diplômée de l'École des Hautes Études en Sciences Sociales de Paris, membre de la Société française d'histoire de la médecine depuis 2011.

Etat, santé publique et médecine à la fin du XIXe siècle français, L'Harmattan (éd.), Coll. Médecine à travers les siècles, Paris, 2016.

Les médecins-législateurs et le mouvement hygiéniste sous la IIIe République (1870-1914), L'Harmattan (éd.), Coll. Médecine à travers les siècles, Paris, 2015.

29 Cf. G. JORLAND, « Une épistémè lavoisienne » in *Une société à soigner. Hygiène et salubrité publique en France au XIXe siècle*, Paris, Gallimard (éd.), Coll. nrf, 2010, chap. 1, p. 16.

30 Cf. J. FLAHAULT, « Lavoisier et les pharmaciens de son temps » (2e partie), in *Revue d'histoire de la pharmacie,* 1996, 84, n° 308, pp. 6-17.

31 Cf. C. VIEL, « Lavoisier avait-il un laboratoire autre que celui de l'Arsenal ? », in *Revue d'histoire de la pharmacie,* 1995, 83, n°307, pp. 369-373.

32 Cf. T. LE ROUX, *Le laboratoire des pollutions industrielles. Paris, 1770-1830*, Paris, Albin Michel (éd.), 2011.

recherches sont très vite rapportés aux problématiques de santé publique pouvant compromettre la préservation vitale de l'homme[34] [35]. Réalisés à titre gracieux, ils sont remis aux académies des sciences physiques, pharmaceutiques et médicales, ou morales, et politiques de l'époque qui peuvent être consultées par le gouvernement.

Le mouvement hygiéniste est actif pendant tout le XIXe siècle en France[36], puis en Europe[37], et à travers le monde. En France, il présente une portée singulière et pionnière en raison de la présence lumineuse, et des découvertes scientifiques prodigieuses de Louis Pasteur (1822-1895)[38]. Paradoxalement, il convient de savoir que les Français seront les derniers Européens[39] à voter leur législation sanitaire sous la IIIe République (période 1870-1914)[40]. Dans ce cercle philanthropique qui au fil du siècle va faire de plus en plus d'émules, nous trouvons des chimistes, des pharmaciens, des économistes, des architectes, des ingénieurs[41], des administrateurs et tout naturellement des vétérinaires, et des médecins. En 1802, est créé le premier *conseil de salubrité et d'hygiène de la ville de Paris* sous l'Empire napoléonien[42]. Il est alors possible d'affirmer qu'à cette date précise l'activité des hygiénistes[43] devient officielle. Cette institution va être confrontée par exemple à l'une des plus grandes épidémies de l'histoire de France — l'épidémie du choléra[44] — frappant les populations du territoire national, à

---

33 Cf. G. MASSRARD-GUILBAUD, *Histoire de la pollution industrielle, 1789-1914*, Paris, École des hautes études en sciences sociales (éd.), 2010.

34 Cf. C. SALOMON-BAYET, *L'institution de la science et l'expérience du vivant. Méthode et expérience à l'Académie royale des sciences. 1666-1793*. Paris, Flammarion (éd.), Coll. Champs Sciences, 1978.

35 Cf. J.-P. GOUBERT, *La conquête de l'eau. L'avènement de la santé à l'âge industriel*, Paris, Robert Laffont (éd.), 1986.

36 Cf. A. FOWLER LA BERGE, *Mission and Method. The Early-Nineteeth-Century French Public Health Movement,* Cambridge, Cambridge University Press, 1992.

37 Cf. S. FRIOUX, P. FOURNIER & S. CHAUVEAU, *Hygiène, santé en Europe. De la fin du XVIIIe aux lendemains de la Première Guerre mondiale,* Paris, SEDES, 2011.

38 Cf. C. SALOMON-BAYET, « La gloire de Pasteur », in *Romantisme*, n° 100, 1998, pp. 159-169.

39 Cf. V. HAROUEL-BURELOUP, *Histoire du droit international de la santé*, Bordeaux, Les études hospitalières (éd.), Coll. essentiel, 2014.

40 Cf. V.-P. COMITI, *Histoire du droit sanitaire en France,* Paris, PUF, 1994.

41 Tous corps de métiers confondus.

42 Fonctionnant sous l'autorité de la Préfecture de police de Paris, il conseille notamment l'administration de la réglementation relative aux manufactures et ateliers « *qui répandent une odeur insalubre et incommode* » à partir du décret impérial du 15 octobre 1810. Il examine aussi la validité des médicaments.

43 Cf. P. BOURDELAIS, *Les hygiénistes. Enjeux, modèles et pratiques,* Paris, Belin (éd.), 2001.

44 Cf. A.-M. BUREAU-RIOFREY, *Du choléra, moyens préservatifs et curatifs ou philosophie des grandes épidémies,* Paris, G. Baillière (éd.), 1847.

plusieurs reprises, en 1832, 1849, 1852, 1854, 1864 et en 1884[45], qui a sévi à travers le monde dès 1817, partie de l'Asie pour atteindre l'Afrique orientale et, à partir de 1823, touchant l'Asie mineure[46], la Russie et l'Europe[47]. Une maladie dont nous pourrions bien nous passer, car elle fait beaucoup de ravages, aujourd'hui, avec l'épisode d'Haïti en automne 2010, où il est annoncé 1 500 morts et 23 000 personnes contaminées, ou tout récemment il y a un mois, dans les Caraïbes avec l'ouragan Matthew[48] [49].

Jusqu'alors en pharmacopée[50], l'usage de l'aspirine (1853)[51], de la morphine (1804)[52] remontant le cours de l'histoire avec l'utilisation du quinquina[53], et de l'épica (au XVIIIe siècle)[54] [55], sont les seules recommandations prescrites par les médecins pour soulager les malades contaminés[56]. Du point de vue médical, au XIXe siècle, les médecins vont pratiquer également la saignée[57], l'auscultation cardiaque [58], le relevé des températures. Les praticiens

---

45 Au sujet de cette maladie, nous pouvons prendre pour références les historiens suivants : François Delaporte, *Desease and Civilization : The Cholera in Paris, 1832,* tr. Arthur Goldhammer (Cambridge, Mass. : 1986), Catherine Jean Kudlick, « *Disease Public Health, and Urban Social Relations : Perceptions of Cholera and the Paris Environnment, 1830-1850* », (PhD Dissertation, University of California, Berkeley, 1988), Patrice Bourdelais & Jean-Yves Raulot, *Une peur bleue : Histoire du choléra en France, 1832-1854* (Paris : 1987).

46 D'une question de santé publique toujours d'actualité, il est recommandé de lire l'ouvrage de Robert Peckam, *Epidemics in Modern Asia,* Hardcover, Cambridge University Press, 2016.

47 Cf. E. KOLODNY, « Panzac D. : Quarantaines et lazarets. L'Europe et la peste d'Orient (XVIIe-XXe siècle) », in *Méditerranée,* 1989, 67, n° 1, pp. 47-48.

48 Cf. R. M. PACKARD, *A history of Global Health. Interventions into the Lives of Other Peoples,* Baltimore, Johns Hopkins University Press, 2016.

49 Cf. Comptes rendus. Colonisations in *Annales. Histoire, Sciences sociales,* 2013, 1, 68e année.

50 Cf. J.-GRAHAM SMITH, *The origins and Early Development of the Heavy Chemical Industry in France,* Oxford, Clarendon, Press, 1979.

51 Beaucoup plus tard, l'image de la pharmacie dans le cadre des expositions universelles (donc des innovations de la période) est décrite dans l'article de C. GUYOT-JEANNIN, « La pharmacie française aux expositions universelles de 1878, 1889 et 1900 », in *Revue d'histoire de la pharmacie,* 1993, 81, n° 298, pp. 313-330.

52 Consulter, sur le site Internet, le magazine électronique du *repère mensuel de tous les médecins*. Histoire de la morphine « Une si longue histoire », article du bulletin n°4 (repere-medical.com/article-317.html).

53 Cf. S. BOUMEDIENE, *La colonisation du savoir. Une histoire des plantes médicinales du Nouveau Monde (1492-1750),* Livre II, Le spécifique des fièvres intermittentes (1670-170), Vaulx-en-Velin, Des mondes à faire (éd.), 2016.

54 Cf. P. GUILLAUME, *Le rôle social du médecin depuis deux siècles (1800-1945),* Paris, Association pour l'étude de la sécurité sociale, 1996.

55 Cf. L. IRISSOU « Un mémoire de pharmacien du début du début du XIXe siècle », in *Revue d'histoire de la pharmacie,* 1950, 38, n° 126, pp. 1-4.

56 Cf. H. BAZIN, *L'Histoire des vaccinations,* Montrouge, J. Libbey Eurotext, 2008.

57 Cf. A. PHILLIPPE, *Histoire de la saignée et des révolutions depuis les temps les plus reculés jusqu'à nos jours,* Vitry, F.-V. BITSCH, 1855.

58 Invention du stéthoscope et écoute du cœur avec Laennec à partir de 1816.

médicaux [59], convaincus par l'hygiénisme, préconisent, eux, les soins thermaux issus du progrès moderne[60], les bains de vapeur, les fumigations de chlore [61], les inhalations, le repos, une alimentation simple à base de bouillons, soupes chaudes, boissons de sang[62], certains laitages (...). Une alimentation saine (viandes et poissons maigres, fruits, légumes...) veillant tout particulièrement au transit intestinal du patient (*'les ingesta'*) et à l'évacuation des aliments (*'les excreta'* [63]) jusqu'à calculer un ratio quantitatif, qualitatif de ces derniers[64].

Même si la médecine française du XIXe siècle[65] [66] [67] progresse pour la première fois dans son histoire à bonds de pensées géantes et d'avancées scientifiques inédites fondées sur la clinique, et la raison[68] [69] [70] — celle-ci représente les origines de notre médecine moderne actuelle — il convient de ne pas oublier que ces médecins du XIXe siècle[71] [72] vont être aidés par les

---

59 Pour une réflexion plus globale sur la pratique des médecins, lire l'interview de P. ASSERAF, « Les langues médicales », in *Gazette médicale,* 97, 3, 1990 avec la Professeur Danielle Gourevitch et le Docteur Jean-Charles Sournia.

60 Liés au développement économique et social du thermalisme émergent dans la seconde partie du siècle. Consulter l'ouvrage de T. LEFEBVRE & C. RAYNAL, *Villes d'eaux d'Île-de-France. Dictionnaire historique des sources d'Île-de-France utilisées à des fins thérapeutiques, hygiéniques ou salutaires,* Paris, Glyphe (éd.), 2016.

61 Cf. P. BACHOFFNER, « Les fumigations de chlore contre le typhus à Strasbourg, en 1814 », in *Revue d'histoire de la pharmacie*, 1977, 65, n° 235, pp. 285-287.

62 Cf. B. BONNEMAIN, « Quand le sang et la viande étaient des médicaments », in *Revue d'histoire de la pharmacie,* 2003, 91, n° 340, pp. 611-626.

63 Cf. B. MONESTIER, *Histoire et bizarreries des excréments... Des origines à nos jours,* Paris, Cherche-Midi (éd.), 2012.

64 Voir toute l'économie et l'organisation des villes sur la récupération des déchets humains mise en place au XIXe siècle, in E. BADOIS, *L'assainissement comparé de Paris et des grandes villes de l'Europe, Berlin, Amsterdam, La Haye, Bruxelles, Londres : tout-à-l'égout, canalisation séparée, épandage, traitement chimique, filtration,* Paris, Baudry (éd.), 1898.

65 Cf. P. PINEL, « The Genesis of the Medical Field : France, 1795-1870, Paris », in *Revue française de sociologie,* 2011, 5, vol. 52.

66 Cf. J.-P. GOUBERT, R. NEY, J. BERTRAND & A. LACLAU, *Atlas de la Révolution française,* 7 : *Médecine et santé,* Paris, EHESS (éd.), 1993.

67 Cf. P.-V. RENOUARD, *Lettres philosophiques et historiques sur la médecine au XIXe siècle,* Paris, J.-B. Baillière et fils (éd.), 1857, 2e édition, p. 31.

68 Cf. F. JOFFRE, *Le microcosme hospitalier à Grenoble et à Meaux au XIXe siècle. Vie quotidienne, place de l'hôpital dans la cité, pratiques médicales, révolution pastorienne, laïcité,* Paris, L'Harmattan (éd.), Coll. Acteurs de la Science, 2016.

69 Cf. E. H. ACKERNECHT, *La médecine hospitalière à Paris, (1794-1848),* Paris, Payot (éd.), 1986.

70 Cf. M. HUNTER, *The face of medicine: Visualing medical masculinities in late nineteenth-century Paris,* Hardcover, Manchester University Press, 2016.

71 Cf. J. LEONARD, « Les relations entre le corps médical et les instances administratives locales en France de 1803 à 1892 », in *Histoire des sciences médicales,* 1988, 22, pp. 289-299.

72 Cf. J. LÉONARD, *La Médecine entre les pouvoirs et les savoirs : histoire intellectuelle et politique de la médecine française au XIXe siècle,* Paris, Aubier-Montaigne, 1981.

hygiénistes [73] qui vont organiser, pour leurs parts, des institutions de surveillance[74], mettre au point des dispositifs de mises en quarantaine[75] et de soins des malades pour enrayer ces pandémies dévastatrices si caractéristiques de la période[76]. Les maladies épidémiques[77] ou infectieuses[78] [79], les plus fréquentes et les plus célèbres d'entre elles, au XIXe siècle, peuvent être les suivantes[80] : la peste[81], le choléra[82], la fièvre typhoïde[83], la gastro-entérite[84], la fièvre puerpérale[85], la variole, la tuberculose[86], la pneumonie, la syphilis[87], la fièvre jaune[88], la teigne[89], la rougeole[90], la

---

73 Cf. B. LECUYER, « Médecins et observateurs sociaux », in *Pour une histoire de la statistique, Les Annales d'hygiène publique et de médecine légale (1820-1850)*, Paris, 1977, pp. 445-475.
74 Cf. L. MURARD & P. ZYLBERMAN, « Experts et notables. Les bureaux municipaux d'hygiène en France », in *Genèses*, 1993, 10, n° 1, pp. 53-73.
75 Cf. S. BOUHDIBA, *Pavillon jaune. Histoire de la quarantaine, de la Peste à Ébola*, Paris, L'Harmattan (éd.), Coll. Acteurs de la Science, 2016.
76 Cf. M. D. HARDT, « History of Infectious Disease Pandemics », in *Urban Societies*, Hardcover, Lexington Books, 2015.
77 Cf. A. FLAHAULT & P. ZYLBERMAN (sous la direction de), *Des épidémies et des hommes*, Paris, de la Martinière (éd.), 2008.
78 Cf. J.-F. GUÉGAN & M. CHOISY, *Introduction à l'épidémiologie intégrative des maladies infectieuses et parasitaires*, Bruxelles, De Boeck Supérieur, 2008.
79 Cf. P. JULIEN, « Histoire de la pathologie infectieuse humaine : Jean Théodirès, Des miasmes aux virus. Histoire des maladies infectieuses », in *Revue d'histoire de la pharmacie*, 1991, 79, n° 291, pp. 471-472.
80 Cf. E. ACKERKNECHT, *History and geography of the most important diseases*, 1st ed. New York, Hafner Pub. Co., 1965.
81 Cf. J.-N. BIRABEN, *Les hommes et la peste*, Paris, Mouton (éd.), 1975 et cf. F. AUDOIN-ROUZEAU, *Les chemins de la peste, le rat, la puce et l'homme*, Paris, Tallandier (éd.), 2007.
82 Cf. A. PROUST, *Le choléra, étiologie et prophylaxie suivi de l'instruction populaire sur les précautions à prendre en cas d'épidémie*, Paris, G. Masson (éd.), 1883.
83 Cf. A. F. RIDREAU, *Dissertation sur l'affection typhique : typhus, fièvre typhoïde : ses causes, son siège, sa nature et sa médication*, Strasbourg, A. Christophe, 1859.
84 Une maladie très meurtrière à l'époque puisqu'elle pouvait conduire à des déshydrations létales touchant les individus plus vulnérables de la société (nourrissons, personnes âgées, incurables). D'une maladie qu'on neutralise aujourd'hui du point de vue thérapeutique, mais qui fait la mémoire de seuils épidémiques inquiétants dans notre pays au regard du réseau médical *Sentinelles* qui déclare ceci pour ce mois-ci : « *Un taux d'incidence des cas de diarrhée aiguë vus en consultation de médecine générale qui a été estimé à 241 cas pour 100 000 habitants, soit 157 000 nouveaux cas au-dessus du seuil épidémique national.* » (2016)
85 Cf. M. DEVAUX, *De Céline, histoire d'une thèse, à Semmelweis, histoire d'une œuvre*, Paris, L'Harmattan (éd.), 2015.
86 Cf. N. VIDAL, « Phtisique ou tuberculeux ? Le discours lillois sur la tuberculose à la Belle Epoque (1895-1914) », in *Revue du Nord*, 1994, 76, n° 304, pp. 91-106.
87 Cf. A. R. HANLEY, *Medicine, Knowledge and Venereal Diseases in England, 1886-1916*, Hardcover, Palgrave Macmillan, « Medicine and Biomedical Sciences in Modern History », 2016.
88 Cf. F. DELAPORTE, *Histoire de la fièvre jaune : naissance de la médecine tropicale*, Paris, Payot (éd.), 1989.
89 Cf. A. GAFFARD, *Guérison des maladies chroniques dépendantes du vice dartreux, telles que dartres, teigne...monographie à la portée des gens du monde*, Aurillac, 1865.

scarlatine[91], la varicelle[92], la grippe[93], la rage[94], le scorbut[95], le botulisme[96], le paludisme[97], etc.[98]

1848. Organisation des institutions médicales et de la santé publique en France

En 1848 — sous décret gouvernemental officiel —, les conseils d'hygiène deviennent des institutions obligatoires imposées dans chaque département français[99]. Un Conseil consultatif supérieur d'hygiène publique de France y voit même le jour. Il s'agit d'une institution qui couronne tous les conseils d'hygiène, à l'échelon local ou départemental du pays, répondant à l'ensemble des problématiques sanitaires de la société française. Les questions abordées renvoient à des domaines d'activités et de situations de vie privée, ou publique très hétérogènes. Pour illustrations, nous pouvons citer : les pollutions industrielles[100], la propagation des épidémies, les maladies contagieuses[101], la surveillance sanitaire des zones portuaires avec

90 Cf. A. OLLIVIER, *Études d'hygiène publique. Fièvre typhoïde, diphtérie, rougeole, scarlatine, varicelle, tuberculose, oreillons,* Paris, G. Steinheil, 1886.

91 Cf. L. NOIROT, *Histoire de la scarlatine,* chapitre XII traitement, traitement hygiénique, Paris, J.-B. Baillière (éd.), 1847, p. 325.

92 Cf. J. GRANCHER, J. COMBY & A.-B. MARFAN, *Traité des maladies de l'enfance. Physiologie et hygiène de l'enfance. Considérations thérapeutiques sur les maladies de l'enfance. Maladies infectieuses,* Paris, Masson (éd.), 1897-1898.

93 Cf. M. L. GUBIAN, *Histoire de la grippe à Lyon en 1837. Rapport demandé par la mairie de Lyon,* Lyon, Louis Perrin, 1837.

94 Cf. J. THEODIRÈS « Utilisation du sel et de l'eau de mer dans le traitement ancien de la rage », *Comptes rendus du 99e Congrès national des sociétés savantes,* Besançon, 1974, fascicule 5, Paris, Bibliothèque Nationale, 1976, pp. 117-122.

95 Cf. M. DA-OLMI, *Précis historico-physique d'hygiène navale, suivi du Recueil analytique des meilleurs écrits publiés sur les quatre maladies les plus redoutables aux navigateurs européens en Amérique et aux Indes (le scorbut, le tétanos, le choléra-morbus, et la fièvre jaune)*, Paris, Pillet aîné, 1828.

96 Cf. J. ARNOULD, *Nouveaux éléments d'hygiène. Deuxième partie, vêtement, aliments et boissons, exercice et repos, soins corporels, hygiène spéciale, organisation de l'hygiène publique et législation sanitaire,* Paris, J.-B. Baillière et fils (éd.), 1900-1902.

97 Cf. J.-M. DEREX, « Géographie sociale et physique du paludisme et des fièvres intermittentes en France du XVIIIe au XXe siècle », in *Histoire, économie et société,* 2008, 2, 27e année, pp. 39-59.

98 À cette liste, je retire de ma communication orale « la pellagre » (maladie très courante à l'époque) qui présente une carence en vitamine PP et qui n'est pas infectieuse, comme me l'a souligné le Dr Serge Kerbaum, présent à la journée. Je l'avais mentionnée, persuadée pour ma part, qu'elle était contagieuse puisqu'elle concerne l'épiderme. Il s'agit donc d'une erreur.

99 Cf. G. D. SUSSMAN, « Enlightened Health Reform, Professional Medicine, and Traditional Society: The Cantonal Physicians of the Bas-Rhin, 1810-1870 », in *Bulletin of the History of Medicine*, 1977, 51, pp. 564-84.

100 Cf. C. MORICEAU, *Les douleurs de l'industrie : l'hygiénisme industriel en France, 1860-1914,* Paris, EHESS (éd.), 2009.

101 Cf. G. FABRE, « Épidémies et contagions. L'imaginaire du mal en Occident », in *Revue Sociologie d'aujourd'hui,* Paris, PUF, 1998.

un contrôle renforcé du trafic ou des cargaisons maritimes, la propreté des villes[102], l'habitat insalubre en référence à la tuberculose[103]. Mais, les hygiénistes du XIXe siècle s'intéressent à une foule d'autres sujets : voiries, réglementation des abattoirs[104], falsifications alimentaires[105], contrôle hygiénique de la production et de la vente des alcools, vaccination humaine[106], propreté corporelle[107] [108] ou santé mentale des individus[109] [110], indigence sociale (soit l'aide et les soins apportés aux plus démunis)[111] [112] [113], abandon ou la maltraitance des enfants, des vieillards ou des incurables, police des mœurs (prostitution[114], délinquance, viols[115], perversions sexuelles...)[116] [117] [118], police sanitaire des animaux[119] [120], stations thermales

---

102 Cf. G. DUPUY & G. KNAEBEL, *Assainir la ville d'hier et d'aujourd'hui,* Paris, Dunod (éd.), 1982.

103 C'est une des grandes maladies des temps contemporains laissant derrière elle pas moins de 100 000 décès sur le plan national pour la décennie de 1910 (période qui correspond à la Grande Guerre) et tout récemment 1,5 million de décès en 2015, à travers le monde dont une vingtaine de pays concernés par la maladie (source de l'OMS). À cet effet, lire N. BRIMNES, *Languished Hopes : Tuberculosis, the State and International Assistance in Twentieth century India,* Telangana, Orient Black Swan, 2016.

104 Cf. E. PHILIPP, *Approvisionnement de Paris en viande. Entre marchés, abattoirs et entrepôts, 1800-1970,* Thèse Doct., CNAM, 2004.

105 Cf. A. STANZIANI, *Au nom du consommateur*, chapitre 7, « Alimentation et santé sous la IIIe République (1870-1914) », Paris, La Découverte (éd.), 2005.

106 Cf. J.-N. BIRABEN, « La diffusion de la vaccination en France au XIXe siècle », in *Annales de Bretagne et des pays de l'Ouest,* 1979, 86, n° 2, pp. 265-276.

107 Cf. G. VIGARELLO, *Le propre et le sale : l'hygiène du corps depuis le Moyen Âge.* Paris, du Seuil (éd.), Coll. L'univers historique, 1987.

108 Cf. G. THUILLIER, « Pour une histoire de l'hygiène corporelle aux XIXe et XXe siècles », in *Revue Annales de démographie historique,* 1975, 1, pp. 123-130.

109 Cf. O. HOUDÉ, *Histoire de la psychologie,* chapitre IV, Les XIXe et XXe siècles, Paris, PUF, 2016.

110 Cf. B. MAJERUS, « Surveiller, punir et soigner ? Pratiques psychiatriques en Europe de l'Ouest du XIXe siècle aux années 1950 », in *Revue Histoire, médecine et santé,* dossier thématique soins, n° 7, 2015.

111 Cf. B. ANGLERAUD, « Combattre la pauvreté. Vulnérabilités sociales et sanitaires de 1800 à nos jours », Axelle Brodiez-Dolino, CNRS (éd.), 2013, in *Revue Histoire de la Protection sociale,* numéro spécial sur Handicap et dépendance. Perspectives historiennes, 2015, 1, n° 8.

112 Cf. A. CATRICE-LOREY, « Les métamorphoses de la protection sociale » (Dossier), in *Revue Regards,* n°43, EN3S, 2013.

113 Cf. P. SASSIER, *Du bon usage des pauvres. Histoire d'un thème politique (XVIe-XXe siècle*), Paris, Fayard (éd.), 1990.

114 Cf. A. CORBIN, *Les filles de noces : Misère sexuelle et prostitution au XIXe siècle*, Paris, Flammarion (éd.), réédition, 1982.

115 Cf. G. VIGARELLO, *Histoire du viol : XVIe-XXe siècles,* Paris, du Seuil (éd.), Coll. Points Histoire, 1998.

116 Cf. F. CAHEN, *Gouverner les mœurs. La lutte contre l'avortement en France, 1890-1950.* Paris, INED, Coll. Classiques de l'économie et de la Population, 2016.

117 Cf. M. GINNAIO, *Homo criminalis. Cesare Lombroso et l'anthropologie criminelle en Italie,* Paris, L'Harmattan (éd.), 2016.

ou hydrominérales[121], contrôle sanitaire des pharmacies, des médicaments[122] [123] et des eaux minérales[124], propreté des collectivités (écoles, casernes, prisons...)[125], gestion démographique de la population[126], formation des médecins ou organisation de la médecine, des institutions de soins ou des hôpitaux[127][128] [129], etc.

Dans la première partie du XIXe siècle, les hygiénistes rédigent des *Traités ou des Encyclopédies de connaissances médicales ou pratiques* [130] à destination du corps médical ou des métiers de la construction ou de l'administration, édictant et imposant de fait leurs princeps de santé à dimensions publiques ou privées, pour garantir la protection de la société entière au plus haut degré. Entre 1855 et 1870, nous avons une période historique qui va intéresser de très près la communauté des hygiénistes avec

---

118 Cf. L. ARBUS, *La médecine légale à Toulouse. Origines et évolutions,* Toulouse, Privat (éd.), Coll. Histoire, 2016.

119 Il est possible de consulter les rapports sur les opérations du service vétérinaire sanitaire de Paris et du département de la Seine, rédigés par le service vétérinaire et sanitaire de la Préfecture de police de Paris (189.-19..).

120 Cf. É. PIERRE, « La souffrance des animaux dans les discours des protecteurs français au XIXe siècle », in *Revue Études rurales,* 1996, 147, n° 1, pp. 81-97.

121 Cf. J. PENEZ, *Histoire du thermalisme en France au XIXe siècle*, Paris, Économica (éd.), Coll. Économie et sociétés, 2004.

122 Cf. L. IRISSOU, « L'inspection des pharmacies : P. Bourdoncle, *Etude comparative de l'inspection des Pharmacies des origines à 1945* », in *Revue d'histoire de la pharmacie*, 1950, 38, n° 128, pp. 115-116.

123 Cf. P. DUPRÉ, *Exercice illégal de la pharmacie, vente de médicaments par les pharmaciens d'hospices,* Paris, Imprimerie nationale, 1886.

124 Cf. P. LABARTHE & A. GUBLER, *Les eaux minérales et les bains de mer de la France, nouveau guide pratique du médecin et du baigneur*, Paris, Reinwald, 1873.

125 Cf. F. COLLARD & E. SAMAMA (sous la direction de), *Poux, puces, punaises, la vermine de l'homme. Découverte, descriptions et traitements, Antiquité, Moyen Âge, Époque moderne,* Paris, L'Harmattan (éd.), 2015.

126 Cf. A. LESAEGE, « La mortalité infantile dans le département du Nord de 1815 à 1914 », in *Revue du Nord*, 1970, 52, n° 205, pp. 238-244.

127 Cf. F. DÉMIER, *Les maux et les soins. Médecins et malades dans les hôpitaux parisiens au XIXe siècle,* Paris, Action artistique de la ville de Paris, 2007.

128 Cf. O. FAURE, *Les cliniques privées. Deux siècles de succès,* Rennes, PUR, Coll. histoire, 2012.

129 Cf. O. FAURE, *Aux marges de la médecine. Santé et souci de soi, France, XIXe siècle*, Aix-en-Provence, Presses Universitaires de Provence, Coll. Corps et âmes, 2015.

130 Nous pouvons citer les travaux d'Emmanuel Fodéré avec son *Traité de médecine légale et d'hygiène publique ou de police de santé adaptées aux lois de l'Empire Français* en 6 volumes (Paris, 1813, première édition en 1799) ou ses *Leçons sur les épidémies et l'hygiène publique* en 4 volumes (Paris, 1822, 4). Le Dr François-Emmanuel Fodéré (1764-1835) est le premier titulaire de la chaire de médecine légale de Strasbourg en 1814. Ou voir plus tardivement les travaux d'Ambroise Auguste Tardieux, médecin des hôpitaux, membre de l'Académie de médecine et titulaire de la chaire de médecine légale à la Faculté de médecine de Paris, auteur du *Dictionnaire d'hygiène publique et de salubrité*, Paris, 1852-1854, 3 volumes, *Des voiries et cimetières de Paris,* 1852 ou *Mémoire sur l'empoisonnement à la strychnine*, Paris, 1857.

les travaux scientifiques[131] en fermentation, en anaérobie, en putréfaction et en pasteurisation, du savant Louis Pasteur[132], qui va s'appuyer lui-même, naturellement, sur les découvertes et les travaux de ses prédécesseurs scientifiques européens, à qui l'histoire de la médecine peut aujourd'hui rendre hommage, en évoquant le microscopiste hollandais Antoine van Leeuwenhoek (1632-1723) pour sa découverte des bactéries en 1677[133], le naturaliste et le zoologiste allemand Christian Gottfried Ehrenerg (1795-1876), spécialiste en microscopie qui utilise pour la première fois le terme de *bactérie* en 1828, et le pathologiste allemand Jacob Henle (1809-1885) qui propose une *théorie des germes* pour expliquer les maladies en 1840[134]. Cependant, revenons en France. Entre 1857 et 1876, Pasteur met en évidence le rôle des micro-organismes dans la fermentation lactique [135] et alcoolique[136], lui permettant d'affiner ses techniques de pasteurisation et de stérilisation[137]. Entre 1877 et 1895, le savant français va démontrer que des maladies sont la conséquence de la présence de ces micro-organismes[138]. De toute évidence, ces découvertes visionnaires, à travers une histoire progressive des sciences [139] [140] et des sciences médicales [141] , viennent conforter pleinement la théorie et les pratiques hygiénistes sur la nécessité de tout nettoyer (lutte contre le milieu microbien, la saleté, la pourriture...)[142] et

---

131 Pour une histoire générale des sciences publiée sous la direction de René Taton, consulter le tome III : *La science contemporaine,* vol.1 : *Le XIXe siècle*, Paris, PUF, 1961.

132 Cf. C. SALOMON-BAYET (sous la direction de), *Pasteur et la révolution pastorienne*, Paris, Payot (éd.), Coll. Médecine et société, 1986.

133 Cf. P. BOUTIBONNES, « L'œil de Leewenhoek et l'invention de la microscopie », in *Alliage*, 39, pp. 58-66.

134 Auteur du *Traité d'anatomie générale, ou histoire des tissus et de la composition chimique du corps humain* (deux tomes, 1843) traduit par Antoine Jacques Louis Jourdan (1788-1848).

135 Cf. L. PASTEUR, *Œuvres de Pasteur réunies par Pasteur Vallery-Radot,* Paris, Masson (éd.), 1922-1939, 7 volumes (consulter en particulier le tome 2).

136 Cf. É. DUCLAUX, *Traité de microbiologie. Fermentation alcoolique,* Paris, Masson & Cie (éd.), 1898-1901.

137 Cf. B. LATOUR, *Pasteur: Guerre et paix des microbes*, suivi de *Irréductions*, Paris, La Découverte (éd.), Coll. Sciences humaines et sociales, 2001.

138 Cf. KRATY L'ARCHIVAIRE, « Qu'à découvert Pasteur », in *Revue d'histoire de la pharmacie,* 1930, 18, n° 71, pp. 264-265.

139 Cf. R. VIRCHOW, *The development of science,* New York, Arno Press, 1981.

140 Cf. FOVEAU DE COURMELLES, *Bilan scientifique du XIXe siècle*, Paris, A. Maloine (éd.), 1907.

141 Pour une réflexion globale sur la médecine et les maladies, consulter l'article de D. GOUREVITCH, « Eléments de biographie et bibliographie choisie de Mirko Grmek », in *Maladie et maladies. Histoire et conceptualisation (Mélanges Grmek)*, Paris-Genève, Droz (éd.), 1992, XIII-LXII.

142 Cf. S. ALIZON, *C'est grave Dr Darwin ? L'évolution des microbes et nous*, Paris, du Seuil (éd.), 2016.

de tout désinfecter (suppression des germes potentiellement pathogènes...)[143], donnant désormais à mieux comprendre l'origine de certaines maladies transmissibles par la présence d'organismes microscopiques nocifs, 'bactéries' ou 'germes', potentiellement dangereux[144] pour la survie des espèces vivantes [145]. Avant Pasteur, les hygiénistes ne savent pas expliquer ces phénomènes[146]. Ils évoquent une chasse aux miasmes[147] du mauvais air ou de la mauvaise eau[148] qu'il faut faire circuler, ou renouveler pour conserver une bonne santé, ou pour se prémunir des éléments pathogènes pouvant affecter la santé de l'homme, et de son milieu [149]. Pendant tout le XIXe siècle, chacune de leurs études seront notées et codifiées. Par exemple, dans le domaine de la construction des immeubles, des maisons ou l'agencement de l'habitat[150], la hauteur et la largeur des fenêtres et des portes ne sont jamais laissées au hasard, et la grandeur des pièces est calculée veillant à un habitat éclairé[151], ventilé, pour disposer d'un habitat sain et agréable[152]. Les cours d'immeubles doivent aussi comporter un minimum de surface pour qu'elles ne deviennent pas, à leur tour, des

---

143 Cf. E.-H. GUITARD, « Les médecins français qui allèrent combattre la fièvre jaune à Barcelone en 1821 : Pierre Chabbert : Pays de l'Ariège », in *Revue d'histoire de la pharmacie,* 1961, 49, n° 171, p. 203.

144 Cf. C. BEAUCHAMP, « Fièvres d'hier, paludisme d'aujourd'hui. Vie et mort d'une maladie », in *Annales, Économie, Sociétés, Civilisations,* 1988, 43, n° 1, pp. 249-275.

145 Cf. E. H. ACKERKNECHT, « Anticontagionism between 1821 and 1867 », in *Bulletin of the History of Medicine,* 1948, 22, pp. 562-593 et cf. R. COOTER « Anticontagionism and History's Medical Record », in the *Problem of Medical Knowledge,* Edinburgh, P. Wright and A. Treacher (ed.), 1982, pp. 87-108.

146 Cf. J. BOUCHER, « Avant Pasteur : les théories de Voizot », in *Revue d'histoire de la pharmacie,* 1933, 21, n° 81, pp. 9-27.

147 Cf. J. TRINQUIER, « La hantise de l'invasion pestilentielle : le rôle de la faune des marais dans l'étiologie des maladies épidémiques d'après les sources latines », in *Actes du colloque international tenu à la Maison de l'Orient et de la Méditerranée-Jean Pouilloux,* les 26 et 27 octobre 2006, Coll. de la Maison de l'Orient méditerranéen ancien, Série littéraire et philosophique, 2008, 39, n° 1, pp. 149-195.

148 Cf. J.-P. GOUBERT, « L'eau et l'expertise sanitaire dans la France du XIXe siècle : le rôle de l'Académie de médecine et des congrès internationaux d'hygiène », in *Revue sciences sociales et santé,* 1985, 3, n° 2, pp. 75-102.

149 Cf. P. ZYLBERMAN, *Tempêtes microbiennes : Essai sur la politique de sécurité sanitaire dans le monde transatlantique,* Paris, Gallimard (éd.), Coll. nrf essais, 2013.

150 Cf. L. MURARD & P. ZYLBERMAN, « L'haleine des faubourgs : villes, habitat et santé au XIXe siècle », in *Recherches,* 1977, n°29.

151 Aux origines des siècles précédents, consulter l'ouvrage récent de S. CASTELLUCIO sur l'histoire de *L'éclairage, le chauffage et l'eau au XVIIe et XVIIIe siècles,* Paris, Gourcuff-Gradenigo (éd.), livre d'art LG, 2016.

152 Cependant, les pauvres, vivant dans des taudis ou dans des logements modestes, ne peuvent pas s'offrir ce luxe de lumière ou de ventilation, car les impôts fonciers sont calculés en fonction du nombre de portes, et de fenêtres de l'habitat. C'est pourquoi nombreux d'entre eux vivent dans des habitats fermés, peu ventilés, fort exposés à entretenir les foyers infectieux des maladies contagieuses.

foyers de propagation microbienne [153]. Poussières, dépôts d'immondices[154] [155] [156], déjections humaines ou animales[157] pouvant s'entasser qui pourraient générer des maladies épidémiques[158]. L'organisation des villes au cours de ce siècle[159] n'est pas laissée au hasard[160] ! En se promenant dans Paris, il n'y a qu'à constater toute l'œuvre architecturale d'Haussmann élaborée au XIXe siècle [161] qui repose sur ces concepts hygiénistes si innovateurs en leurs temps[162]. Dans la deuxième partie du XIXe siècle, à mesure que la société française s'organise [163], notamment en matière d'éducation et d'une nécessité reposant sur les principes de santé physique et mentale[164] des individus[165], de la construction des écoles[166], des lycées, de la démocratisation des bains publics et des piscines dans les grandes villes, de la gymnastique devenue obligatoire sous Camille Sée dans les établissements scolaires [167], les hygiénistes, et plus particulièrement les médecins-hygiénistes, vont rédiger des traités de vulgarisation de la santé et de l'hygiène publiques, à destination des familles, des femmes du logis, des

153 Cf. Y. FILJALKOW, « Mesurer l'hygiène urbaine en épargnant les propriétaires : le casier sanitaire des maisons de Paris », in *Les Annales de la recherche urbaine,* 1991, 53, 1, pp. 73-78.

154 Cf. F. CHARLOT, *La Commune et les Déchets,* Paris, Sorman (éd.), 1990.

155 Cf. J. BOURGEOIS-GAVARDIN, *Les boues de Paris sous l'Ancien Régime. Contribution à l'histoire du nettoiement humain urbain au XVIIe et XVIIIe siècles*, Paris, EHESS (éd.), 1985, 2 volumes.

156 Des deux références précédentes, lire l'article de B. BARRAQUE sur « L'évolution de la problématique de l'assainissement au XXe siècle : hygiène, confort, environnement », in *Revue des sciences sociales et santé*, 1985, 3, n° 2, pp. 103-109.

157 Cf. C. de SILGUY, *La saga des ordures du Moyen Âge à nos jours,* Montrouge, Instant, 1989.

158 La police sanitaire existe au XVIIIe siècle. En 1731, il existe par exemple une sentence de police qui interdit à tous les maîtres rôtisseurs, et en particulier à ceux qui vendent sur le quai des Augustins (ville de Paris), d'apporter sur le pavé leurs ordures, fumiers et immondices.

159 Cf. F. CHEVALLIER, *Le Paris moderne. Histoire des politiques d'hygiène (1855-1898),* Rennes, PUR, 2010.

160 Cf. S. BARLES, *La ville délétère. Médecins et ingénieurs dans l'espace urbain, XVIIIe, XIXe siècle,* Seyssel, Champvallon, 1999.

161 Cf. D. H. PINKNEY, *Napoléon III and the Rebuilding of Paris,* Hardcover, Princeton, 1958.

162 Cf. M. CHARVET, *Les fortifications de Paris. De l'hygiénisme à l'urbanisme, 1880-1919*, Rennes, PUR, 2005.

163 Cf. J. CSERGO, *Liberté, égalité, propreté : la morale de l'hygiène au XIXe siècle*, Paris, Albin Michel (éd.), 1988.

164 Cf. B.-A. MOREL, *Traité des dégénérescences physiques, intellectuelles, et morales de l'espèce humaine et des causes qui produisent ces variétés maladives*, Paris, Londres et New York, J.-B. Baillière (éd.), 1857.

165 Cf. L. GUTTIERREZ, J. MARTIN & R. OUVRIER-BONNAZ, *Henri Piéron (1881-1964). Psychologie, orientation et éducation,* Toulouse, Octarès (éd.), 2016.

166 Cf. F. MAYEUR, *Histoire générale de l'enseignement et de l'éducation en France* (tome III, De la Révolution à l'École républicaine, 1789-1930*)*, Paris, Perrin (éd.), 2004.

167 Cf. S. FRIOUX & D. NOURRISSON, *Propre et sain ! Un siècle d'hygiène à l'école en images,* Paris, Armand Colin (éd.), 2015.

éducateurs, des instituteurs, des militaires, des marins, etc. Il faudra attendre la fin du siècle pour imposer un programme d'enseignement et de formation sanitaires dans certains établissements d'enseignement professionnel.

Engagement médical en politique et émergence de la juridiction sanitaire entre 1870 et 1914

Sur cette période nouvelle de l'histoire, il est nécessaire de comprendre que c'est l'apparition d'une législation sanitaire, première par le vote en nombre des lois au Parlement sur des questions concrètes comme celles sur l'alcoolisation[168] ou l'état d'ébriété des individus[169], la réglementation des cabarets et des débits de boissons[170]. Il faut voir que cette juridiction spécifique répond à la situation démographique du pays qui présente un seuil critique des courbes ascendantes de la population nationale avec un taux de mortalité infantile[171] important et un taux de population vieillissante stagnant[172]. Il faut dire aussi que le constat de la délinquance et de la criminalité, dans les bas-fonds populaires, aux lendemains d'une défaite nationale cinglante de la guerre de 1870, déprime moralement les élites[173]. Par ailleurs, blessés dans leur propre chair d'une crise d'identité nationale profonde[174] et d'une image de marque ternie à travers le monde en termes de puissance économique et diplomatique, les militaires, les politiciens, les littéraires et autres élites sociales[175] viennent à penser que cette société française, avec son lot de population débauchée, alcoolique et oisive, présente la figure d'une statue-martyre mortifiée au regard hébété et dégénéré[176]. Mais surtout, la criante réalité reste la consommation abusive et dangereuse de l'absinthe[177], et des mauvais alcools, l'indigence[178] et les

168 Cf. T. FILLAUT, *Les Bretons et l'alcool. XIXe-XXe siècles*, Rennes, ENSP (éd.), 1991.

169 Cf. C. QUÉTEL & J.-Y. SIMON, « L'aliénation alcoolique en France (XIXe siècle et 1ère moitié du XIXe siècle », in *Histoire, économie et société,* 1988, 7, n° 4, pp. 507-533.

170 Cf. L. F. É. BERGERET, *De l'abus des boissons alcooliques, dangers et inconvénients pour les individus, la famille et la société, moyens de modérer les ravages de l'ivrognerie*, Paris, J.-B. Baillière et fils (éd.), 1870.

171 Il faut lire les travaux de l'Académie d'hygiène contre les maladies du 1er âge et la mortalité des nourrissons, Paris, impr. Goupy et Jourdan, 1884-1897.

172 Cf. J. DUPÂQUIER, *Histoire de la population française,* Paris, PUF, 1988, 4 volumes.

173 Cf. E.-M. CARO, *Le pessimisme en France au XIXe siècle : Leopardi, Schopenhauer, Hartmann,* Paris, Hachette (éd.), 1878.

174 Gestion des flux des populations sur le territoire : migrations, émigrations.

175 Cf. C. CHARLE, *Les intellectuels en Europe au XIXe siècle. Essai d'histoire comparée*, Paris, Le Seuil (éd.), 1996.

176 Cf. M.-F.-J. FERRER, « Contributions cliniques. Comment réagit le cerveau des dégénérés à leurs souffrances physiques ? », in *L'encéphale, Journal mensuel de neurologie et de psychiatrie, organe officiel de la Société de Psychiatrie de Paris,* Paris, H. Delarue Libraire-éditeur, 1910, 5e année, premier semestre, p. 176.

177 Un alcool peut en cacher un autre. Parmi les nombreuses publicités relatives à la promotion du meilleur alcool de l'époque, en voici une : « *Vermouth Lassagne : la qualité de ce vermouth, les soins que l'on a apporté dans le choix des marchandises et par-dessus tout*

maladies tentaculaires qui interpellent avec gravité, les médecins de la nation. Il faut savoir qu'à l'époque, les Français restent les champions d'Europe en matière de consommation d'alcool, suivis des Belges, des Hollandais, des Allemands, des Suisses, des Anglais, des Italiens et des Suédois[179]... Il est de cette ère pionnière de la première moitié de la IIIe République où les parlementaires seront appelés également à légiférer sur les conditions du travail industriel des enfants[180] et des femmes[181], des accidents professionnels[182], de la maltraitance ou de la prostitution des mineurs, de la prise en charge des indigents ou des démunis, de l'organisation des hôpitaux, de l'assistance médicale dans les campagnes rurales[183], etc. Pas moins de cent-une lois sanitaires, à cet effet, seront votées entre 1870 et 1914. C'est une grande première au regard du XIXe siècle français qui disposait de très peu de juridiction adaptée jusqu'à présent pour que les pouvoirs publics ou les hygiénistes prennent des mesures de prévention, et de soins concrets lorsqu'un problème de santé collective se pose[184] ! En perspective, il faut savoir qu'une seule question sanitaire en discussion à la Chambre des députés et au Sénat prendra un délai de dix à vingt années — en pourparlers, réflexions et en ajustements techniques — avant d'être promulguée comme texte de loi. Une des recherches universitaires sur l'histoire sociale et politique de la société française au XIXe siècle qui n'avait pas été inventoriée jusqu'à maintenant correspondait à ces deux constantes croisées des réalités quotidiennes de la vie parlementaire : 1/ l'engagement des médecins comme législateurs ; 2/ l'émergence de la jurisprudence sanitaire au cours de la première moitié de la IIIe République[185]. D'une question initiale autrement formulée, les médecins qui s'engagent en politique à partir de 1870 seront-ils les auteurs-législateurs exclusifs de la mise en place de la santé publique

---

sa supériorité hygiénique sur l'absinthe et le Bitter lui assurent la juste préférence du public », Paris, typographie et lithographie de Renou et Maulde, [s.n.], 1860-1870.

178 Cf. J. SIEGFRIED, *La misère : son histoire, ses causes, ses remèdes,* Paris, G. Baillière (éd.), 1877.

179 Cf. I. CAVE, « Petite leçon d'histoire sociale du vin dans la société française à la fin du XIXe siècle : vertus morales et hygiénistes d'une politique de santé à l'encontre des fraudeurs », Communication donnée au colloque interdisciplinaire « *Les Territoires du Vin* » à l'École supérieure d'Agriculture, Angers Loire, 4 et 5 février 2016 (À paraître).

180 Cf. I. CAVÉ, *Travail industriel des enfants et des femmes : lois de 1874, 1892. Histoire de la législation sanitaire et sociale à la fin du XIXe siècle français,* Sarrebrück, PAF, 2015.

181 Cf. R. BELLET, *La femme au XIXe siècle : littérature et idéologie,* Lyon, PUL, 1978.

182 Cf. T. LE ROUX, *Risques industriels. Savoirs régulations, politiques d'assistance, fin XVIIe – début XXe siècle,* Rennes, PUR, 2016.

183 Cf. O. FAURE, « La médecine gratuite au XIXe siècle : de la charité à l'assistance », in *Revue Histoire, économie et société,* 1984, 3, n° 4, pp. 593-608.

184 Cf. A. LECA, A. LUNEL & S. SANCHEZ, *Histoire du droit de la santé,* Bordeaux, Les études hospitalières (éd.), 2014.

185 Cf. I. CAVE, *Les médecins-législateurs et le mouvement hygiéniste (1870-1914),* thèse en histoire et civilisations sous la direction de Gérard Jorland, Directeur d'études à l'EHESS, Paris (2000-2013). Soutenue le 25 novembre 2013, fichier national des thèses de Lille.

dotée d'une juridiction sanitaire nouvelle à la fin du XIXe siècle ? Mes travaux de thèse, sur le sujet, conduite à l'EHESS de Paris (entre 2000 et 2013) permettent une réponse nuancée. Nous pouvons penser que ces médecins-législateurs ont contribué à la mise en place de la politique de santé publique[186] à la fin du XIXe siècle[187], car ils occupaient les meilleures places, grâce à leurs professions, dans l'échiquier parlementaire pour incarner les médiateurs des découvertes scientifiques auprès de leurs collatéraux politiques à devoir expliquer les recherches pionnières de Pasteur et de ses colistiers français, et européens. Plus de la moitié de la population médicale parlementaire appartenait à ces conseils locaux ou départementaux d'hygiène, ou de salubrité publique. De surcroît, ces médecins étaient d'excellents connaisseurs des réalités au sujet des conditions de pauvreté[188], de la précarité et des types de maladies. Cependant, ils n'auront jamais été entendus comme auditeurs influents d'une cause salutaire et morale dans les chambres législatives sur la question nationale de la santé — parce que les priorités du politique relevaient d'une éthique libérale parlementaire fort soucieuse des priorités pécuniaires —, d'une économie capitaliste du pays et de la nécessité de se recentrer, en urgence, sur les affaires diplomatiques à traiter.

Célébrités médicales avec la présentation de quelques grandes lois sanitaires

Au nombre total de quatre cent six individus comptabilisés[189], ces médecins parlementaires de la IIIe République engagés se répartissent sur onze législatures entre 1870 et 1914. Conformes aux parcours de leurs homologues des deux chambres, les médecins entreprendront une carrière traditionnelle d'élus nationaux visant l'unique accumulation des mandats et des postes. 61% d'entre eux occuperont une fonction de député, 20% d'entre eux occuperont une fonction de député-sénateur et 19% d'entre eux occuperont une fonction de sénateur. Un certain nombre de ces médecins-législateurs deviendront des ministres. À ce titre, nous pouvons citer quelques médecins célèbres, dont le Dr Théophile Roussel (1816-1903), député et sénateur de la Lozère. Il est le grand protecteur et promoteur de la politique de l'enfance donnant deux grandes lois sur le sujet et bien d'autres textes sanitaires. Citons le Dr Hippolyte Félix Larrey (1808-1895), médecin de Napoléon III et député des Hautes-Pyrénées. Il s'engage dans les

186 Cf. O. FAURE (sous la direction de), *Hygiène, santé et protection sociale, de la fin du XVIIIe siècle à nos jours,* Paris, Ellipses (éd.), 2012.
187 Cf. L. MURARD & P. ZYLBERMAN, *L'hygiène dans la République : La Santé publique en France ou l'utopie contrariée : 1870-1918*, Paris, Fayard (éd.), 1996.
188 Cf. H. HATZFELD, *Du paupérisme à la Sécurité sociale, 1850-1940,* Nancy, Presses universitaires de Nancy, de Lorraine, 2004.
189 Il y est inclus une trentaine de pharmaciens.

ambulances, durant la guerre de 1870 où il va participer aux opérations d'amputations sur les blessés ouvrant la voie sacrée aux avancées expérimentales de la pratique chirurgicale. Citons aussi le Dr Georges Benjamin Clemenceau (1841-1929) bien connu au poste de ministre du Conseil et de la Grande Guerre, mais assez méconnu dans sa carrière d'élu local qui a aidé les indigents pendant la Commune sur les buttes de Montmartre et pour sa contribution d'élu politique des départements de la Seine et du Var, impliqué dans l'organisation des sanatoriums et dans leur démocratisation au cours du XXe siècle. Enfin, citons le Docteur en pharmacie Henri Queuille (1884-1970), député de la Corrèze en 1914, ministre de l'Agriculture. Il est soucieux des problèmes sanitaires en lien avec le milieu agricole : viticulture, maladies des vignes[190], pollution des sols, engrais[191], insecticides, lutte contre l'invasion des rongeurs[192], maladies bovines[193] [194], maladies des céréales, etc.

Ces élus nationaux auraient-ils mandaté ou auraient-ils approuvé[195] la loi de leur collègue législateur, le Dr Antoine Chevandier (1822-1893), député de la Drôme, membre de l'Académie nationale de médecine, appliquée à ses travaux sur les bains thermo-résineux et qui a donné son nom à la 'loi Chevandier' portant sur l'exercice de la médecine[196] et de la pharmacie, une mesure juridique votée en 1892 qui a contribué à officialiser l'enseignement et la profession d'ordre médical par la préparation, et l'obtention du titre de doctorat en médecine et de doctorat en pharmacie. Par conséquent, il s'agit d'une juridiction qui a permis de faire disparaître le charlatanisme des deux professions. Les étudiants étrangers et les femmes sont, désormais, autorisés à concourir à l'épreuve du doctorat dans les facultés de médecine et de

---

190 Cf. R. DION, « Note sur les origines de l'invasion phylloxérique en France », in *Bulletin de l'Association de géographes français,* 1970, 47, n° 377, pp. 31-33.

191 Cf. J.-B. DUMAS, *Enquêtes sur le terrain... Rapport à l'Empereur. Projet de loi. Rapport adressé au nom de la commission des engrais à M. le ministre de l'Agriculture... par M. Dumas,... Précédé d'une étude sur les causes de l'épuisement du sol et des conditions de durée de sa fertilité, par M. de Folon,* Paris, J. Rothschild, 1866.

192 À ce sujet, consulter les comptes rendus de séances de la *Société d'agriculture, commerce, sciences et arts de la Marne*, publication en séries imprimées (1813-1855) accessibles sur le site Internet Gallica de la BnF.

193 Cf. J. B. C. RODET, *Médecine du bœuf, ou Traité des maladies les plus meurtrières des bêtes bovines, extrait des ouvrages de MM. Leroi, Metaxa, C. Lessona, etc., traduit de l'italien avec des notes ; précédé d'une introduction et suivi d'un mémoire sur les causes du typhus contagieux,* Paris, L. Cordier, 1829.

194 Cf. J. THÉODIRÈS, « Casimir Davaine (1812-1882) et la thérapeutique du charbon et de la septicémie du bétail », in *Revue d''histoire de la pharmacie,* 1973, 61, n° 216, pp. 334-339.

195 Peut-être n'étaient-ils plus ou pas encore en poste ? À vérifier au regard des dates de leurs mandats.

196 Cf. P. BERCHE, *Le savoir vagabond : histoire de l'enseignement de la médecine*, Paris, Docis (éd.), 2013.

pharmacie[197]. Puis, l'année suivante, en 1893, il est voté une grande loi aux portées sanitaires et sociales considérables, d'une jurisprudence consacrée à l'assistance médicale mise en place à titre gratuit dans les campagnes qui va permettre aux indigents de se soigner, d'acheter les médicaments[198], puis de bénéficier d'aides sociales pour vivre décemment [199]. Les dispensaires médicaux et les bureaux municipaux d'hygiène publique sous la responsabilité du maire de la localité arrêteront la liste des nécessiteux et coordonneront la logistique des besoins, et des soins[200]. Ce texte de loi, discuté pendant de très longues années au Parlement, va reposer sur l'enjeu financier conséquent de ces aides. Il s'agit parfois de très lourdes contributions financières collectives revenant le plus souvent aux petites communes qui ne disposent pas des ressources pour répondre aux dépenses. La question de la responsabilité des coûts a donc été posée aux deux Chambres (défrayant les chroniques du quotidien parlementaire de l'époque...) sur la difficulté de répartir les charges financières entre l'État, les départements et les communes. Bien moins dotées de centres de soins et de moyens de se soigner en comparaison avec les villes, ce texte de loi a été réfléchi pour freiner la désertification des campagnes françaises, par les ruraux qui privilégient de plus en plus les villes, au détriment des villages. Dans la seconde partie du XIXe siècle, les citoyens d'origine modeste partent chercher l'assistance publique dans les villes au même titre que la prospection d'un travail[201]. En 1894, la France va assister à une grande prouesse scientifique médicale, celle de la première vaccination humaine réussie par Louis Pasteur sur un petit garçon atteint de la rage[202]. Il faut préciser que les chercheurs œuvrent dans ce domaine médical depuis la fin du XVIIe siècle[203]. Cette date renvoie aussi à la décennie scientifique (1890) où les savants européens découvrent les origines d'un bon nombre de maladies contagieuses. À mesure de ces découvertes, les vaccins ou les

197 Cf. J. FONTAINE, *Les étudiantes en médecine à la Faculté de médecine de Montpellier au cours de la Troisième République,* Paris, L'Harmattan (éd.), Coll. savoir et formation, 2016.

198 Cf. S. CHAUVEAU, « Entreprises et marchés du médicament en Europe occidentale des années 1880, à la fin des années 1960 », in *Revue Histoire, économie et société,* 1998, 17, n° 1, pp. 49-81.

199 Cf. H. MONOD & L. DREYFUS-BRISAC, *Assistance médicale dans les campagnes,* rapport des deux auteurs au Conseil supérieur de l'assistance publique, Paris, impr. nouvelle, 1889.

200 Cf. Y. MAREC, *Bienfaisance communale et protection sociale à Rouen, 1796-1927. Expériences locales et liaisons nationales*, Paris, La Documentation française (éd.), 2002, 2 volumes.

201 Cf. É. CHEVALLIER, *De l'assistance dans les campagnes, indigence, prévoyance, assistance*, Paris, A. Rousseau, 1889.

202 Cf. P. DARMON, « L'odyssée pionnière des premières vaccinations françaises au XIXe siècle », in *Histoire, économie et société*, 1982, 1, n° 1, pp. 105-144.

203 Cf. Y.-M. BERCÉ, « Le clergé et la diffusion de la vaccination », in *Revue d'histoire de l'Église de France,* 1983, 69, n° 182, pp. 87-106.

sérums thérapeutiques à destination des animaux et des humains sont élaborés. Une loi du 25 avril 1895 sera votée relative à la préparation, à la vente et à la distribution des sérums thérapeutiques, et autres produits analogues. Enfin, pouvons-nous évoquer l'année 1902 avec un texte de loi relatif à la protection de la santé publique qui couronne toutes les mesures sanitaires prises jusqu'ici ? Cette loi va rendre obligatoire la révision de la loi de 1850 sur les logements insalubres, l'obligation de vaccination et la déclaration par les médecins des malades atteints de maladies contagieuses, l'imposition des travaux d'assainissement [204] concernant l'utilisation de l'eau[205] [206] dans les immeubles aux villes supérieures à 20 000 habitants[207] et le renforcement des institutions d'hygiène et de santé publiques qui finiront par donner naissance à un ministère du Travail dès 1906, comprenant pour la première fois une prise en charge sociale des travailleurs salariés par l'État et le bénéfice des assurances et de protection, en matière de prophylaxie de soins et d'hygiène publiques, à tout citoyen né sur le sol français[208].

Conclusion générale

Les médecins députés ou sénateurs, engagés à partir de 1870, ont-ils révolutionné la société et ont-ils renversé le champ sacré du politique français à eux seuls pour y imposer une santé publique médicale nationale et, à l'occasion, y régner en maîtres ? Honnêtement, ce serait une utopie de croire cela ! Même si l'engagement de certains de ces hommes (infimes pourfendeurs hygiénistes visionnaires existant parmi eux) présentait des motivations patriotes à redonner quelques grandes valeurs sanitaires et morales à une société en crise identitaire, et en perte de sens (portrait réaliste post-mortem à la guerre de 1870), ils ne pouvaient pas décider à eux seuls des choix politiques de la Nation. Ils y ont simplement contribué à coups de discours et de votes d'élus nationaux sur un ensemble de propositions ou de projets de loi qui représentaient les enjeux sociétaux, cruciaux, de l'époque ! Il est important de savoir que le fonctionnement réglementaire ou constitutionnel des chambres législatives, en France, sous la IIIe République (1870-1914), sont les garde-fous qui ne permettent pas le regroupement des

204 Cf. S. FRIOUX, *Les batailles de l'hygiène. Villes et environnement de Pasteur aux Trente Glorieuses,* Paris, PUF, 2013.
205 Travaux de l'alimentation de l'eau potable et évacuation des eaux usagées.
206 Cf. F.-X. MERRIEN, *La bataille des eaux* : *l'hygiène à Rennes au XIXe siècle*, Rennes, PUR, 1992. Très belle monographie sur l'histoire de l'hygiène à travers l'exemple de l'eau. À recommander aux lecteurs.
207 Cf. J.-P. GOUBERT, « L'eau et l'expertise sanitaire dans la France du XIXe siècle : le rôle de l'Académie de médecine et des congrès internationaux d'hygiène », in *Revue des sciences sociales et santé*, 1985, 3, n° 2, pp. 75-102.
208 Cf. B. DÄNZER-KANTOFF, V. LEFEBVRE, M. LUCAS & F. TORRES, *Un siècle de réformes sociales : une histoire du ministère du travail. 1906-2006*, Paris, La documentation française (éd.), 2006.

parlementaires, par hobbys ou lubies professionnelles, à titre corporatif. Un système de tirage au sort mensuel pour le renouvellement des commissions d'examen était instauré empêchant toute affinité ou toute tentative de complots ou de fomentations politiques partisanes. Sous la période considérée, il n'est pas possible d'affirmer qu'il existe un clan des hygiénistes parlementaires sous la IIIe République qui aurait décidé du sort de l'organisation de la politique de la santé publique grevant des destinées budgétaires. Ces médecins-législateurs ont répondu selon des convictions personnelles ou d'intérêts collectifs à des questions d'organisation et de création d'une administration de la santé, et de la médecine comme les avocats, les industriels, les agriculteurs... autres élus législateurs des chambres qui ont été appelés à se prononcer sur ces questions. Par contre, expliquer le succès de la juridiction sanitaire toute inédite sur cette période historique résulte d'une démarche intéressante. Il convient de préciser que le mouvement hygiéniste permanent pendant tout le XIXe siècle, en France, qui s'est affirmé par son organisation et ses activités professionnelles reconnues par l'État, en 1848, bénéficiant, par circonstances de purs hasards fortuits de découvertes scientifiques exceptionnelles, de la présence également rayonnante du savant Louis Pasteur, a permis, à ces médecins législateurs (la moitié d'entre eux étaient hygiénistes et Pasteur a fréquenté aussi ce réseau pour ses activités de recherches), de bouleverser une société aveugle sur les nécessités urgentes de devoir régler les situations d'indigences, les très nombreuses maladies et les épidémies récurrentes qui se jouaient au quotidien du sort vital des citoyens et, par conséquent, des taux démographiques inquiétants du pays. C'est pourquoi certains de ces élus n'ont pas hésité à défendre la cause humanitaire par des idées, des discours et des actions qui ont pu peut-être marqué le paysage de la vie parlementaire aux commencements d'un nouveau régime démocratique. La majorité de ces élus nationaux se réclamaient tous d'une république nouvelle, toujours plus libre et plus altruiste. Cependant, rappelons-nous à la réalité, en situation de crises pandémiques, bien au-delà de toutes les colorations ou les clivages politiques de la Nation, la société française avait urgence à devoir s'organiser sur le plan de la salubrité. Et, pour cela, les médecins, occupaient les postes de premier plan à devoir soigner, vacciner ou déclarer les cas de la dernière maladie contagieuse (d'ailleurs en dépit de leurs opinions personnelles sur le sujet !) aux autorités administratives compétentes et à informer les malades et leur entourage sur les risques encourus. Au quotidien, il fallait non seulement une pensée, mais des actions concrètes de solidarité (œuvre de Léon Bourgeois) pour enrayer le mal submergent qui allait fortement contrarier les esprits individualistes épris du laissez-faire, attitude de libre entreprise trop souvent encouragée par l'État. Ce sera fait en imposant dorénavant, un contrôle sanitaire inopiné au cœur des industries, mais aussi au domicile privé des particuliers, des chefs de famille employant les épouses ou des enfants pour leurs activités de gagne-pain, ou une intervention de la police municipale, à partir de plaintes privées de voisinage, sur un dépôt de fumier ou d'immondices qui pouvait nuire à la santé d'autrui. En voici donc de belles mesures réglementaires nouvelles (au demeurant salutaires!) qui allaient contrarier à présent beaucoup de citoyens.

Grâce à leurs formations médicales initiales, il n'était pas difficile pour les médecins-législateurs de voter en faveur des mesures de santé ou d'hygiène publiques sur un principe de pure solidarité communautaire. C'est ce qui s'est donc passé dans le quotidien des chambres législatives entre 1870 et 1914. Seulement, ce courant solidaire a mal tourné dans l'histoire, puisqu'il a été repris par les dérives idéologiques, barbares et criminelles, sur la période contemporaine. Il s'agit, ici, d'évoquer l'eugénisme nazi pour jouer des destinées citoyennes sur le plan mondial. Mais, le courant hygiéniste, au XIXe siècle, ne s'inscrit pas du tout dans cette pensée idéologique désastreuse. Sa philosophie consistait à combattre les maux, les maladies (pour le bien !) en pur esprit solidaire et communautaire, nécessaire au bon fonctionnement d'une société.

L'anatomie au creux des mains
Au confluent des sciences et de l'Art

par
Dominique Le Nen[209]

Alessandro Allori. Études anatomiques de la main (vers 1560).
Cabinet des Estampes. Musée du Louvre, Paris.
© Photo RMN / Madeleine Coursaget.

C'est au travers de la main, organe noble et si spécifique de l'Homme dans sa complexité et sa finition, que des siècles d'histoire nous amènent d'une simple conscience de son existence par les scientifiques et les philosophes de l'Antiquité, à sa consécration pendant la Renaissance au travers de l'anatomie et de la peinture.

Pourquoi dédier un tel ouvrage à la main de l'Homme dans un décor essentiellement « Renaissance » ? La main n'est considérée comme une entité, à quelques exceptions près, ni pendant l'Antiquité, ni au Moyen Âge.

[209] Professeur des Universités, Chirurgien des hôpitaux, Docteur en épistémologie, histoire des sciences et des techniques depuis 2005, Membre titulaire de l'Académie nationale de chirurgie.

L'anatomie au creux des mains, au confluent des sciences et de l'Art, L'Harmattan (éd.), Coll. Médecine à travers les siècles, Paris, 2007.

Grâce aux dissections et à l'iconographie, la Renaissance la fait émerger d'une représentation longtemps réduite au plus simple symbole. Envisager la main à partir des origines de sa connaissance anatomique et fonctionnelle, et de l'explosion que subit son image aux XVe et XVIe siècles est bien plus palpitant que de l'étudier en pleine phase de progression, plus proche de nous, grâce aux technologies modernes du XIXe siècle, et surtout du XXe siècle.
La Renaissance représente une des périodes de l'histoire européenne les plus riches aux plans scientifique, artistique, culturel et politique. Au sortir du Moyen Âge où l'Homme est impliqué dans des guerres — comme de 1337 à 1453, la guerre de Cent Ans —, des épidémies — notamment la peste noire qui décime une partie de la population européenne —, et dominé par une Église toute puissante, la Renaissance représente, pour lui, une réelle valorisation. Le retour aux sources antiques révèle en quelque sorte un désir absolu de connaître l'Homme dans toute sa dimension, à travers tous les domaines de la connaissance. L'Homme, pour la première fois, « lit » dans la main non plus uniquement à partir de symboles, de ses creux, de ses monts ou encore de ses lignes, mais à travers son anatomie, sa fonction et ses représentations graphiques, ou picturales.
Avec la Renaissance, apparaît un véritable engouement pour tout ce qui touche au mouvement et un besoin de le comprendre. La main, mettant en œuvre, pour son fonctionnement, de multiples « pièces », dont l'action conjointe crée une dynamique extraordinaire, constitue, dans ce cadre, l'organe d'étude par excellence. Le mouvement dépasse néanmoins le cadre strict de l'anatomie de la main pour toucher l'Homme — le microcosme de Platon (v. 428-348 av. J.-C.) et de Léonard de Vinci (1452-1519) — en perpétuel mouvement dans le macrocosme de l'univers. De même, dans le mouvement des astres, l'héliocentrisme de Copernic (1473-1543), puis de Galilée (1564-1642), bouscule la théorie qui s'imposait à l'Homme depuis Claude Ptolémée (100-170) : celle du géocentrisme. Avec la conception de nombreuses machines, les sciences de l'ingénieur ont pour objectif principal d'associer des éléments statiques dans le but de créer des systèmes ou des engins se caractérisant par leur dynamique[210]...
À la Renaissance, se développent une expression artistique sans limite, une volonté de représenter et de copier la vérité d'après nature. Dans le cercle des artistes italiens – Italie, berceau de la Renaissance —, se trouve privilégiée une culture dite d'atelier, les *bottega*, où tous les arts — au sens très large du terme au XVIe — se donnent la main et sont complémentaires.
La place de la main dans l'art semble propre à la Renaissance, ou du moins lui permet-elle un mode d'expression encore jamais rencontré par le passé,

---

[210] Le XVIe siècle est celui des machines. Le mouvement, la machine et l'homme se rejoignent dans les concepts de Descartes qui affirmera que rien ne sépare le corps animal d'une machine et qu'il en est tout autant pour le corps humain.

probablement parce que, dès le *Quattrocento*, artistes et anatomistes italiens collaborent étroitement dans leurs recherches sur le corps humain. L'intérêt pour la main et le corps en général se situe au confluent de l'Art et de la Science. Dès lors, plusieurs questions se posent. Qui de l'artiste ou de l'anatomiste nous fait le mieux découvrir la main ? Qu'est la main et que signifie pour l'anatomiste comme pour l'artiste la connaissance de la main ? La dissection a-t-elle aidé les artistes à mieux la représenter ? Dans le domaine de la peinture, les mains les plus belles sont-elles celles dessinées au plus près de la réalité anatomique ou bien celles mises en valeur uniquement par l'aspect esthétique, le jeu des couleurs ou du clair-obscur... ? Autant de questions que nous posons et auxquelles l'ouvrage, centré sur l'étude anatomique de la main dans l'Histoire et sur une analyse des mains dans la peinture des XVe et XVIe siècles, nous aide à répondre.

C'est loin dans l'Antiquité que l'on découvre les premiers textes consacrés à l'étude de la main. Claude Galien (129/131-200), illustre médecin grec exilé à Rome, laisse en héritage les travaux les plus détaillés sur l'anatomie de la main. Ils parviennent jusqu'à nous grâce au talent des traducteurs. L'analyse de ces écrits a d'autant plus de valeur informative qu'aucune iconographie ne vient à l'appui du texte. L'étude de Galien reflète aussi, par ses réflexions et son raisonnement, l'héritage anatomique d'une époque lointaine. Le rôle et la fonction de la main alimentent les débats philosophiques, renvoyant dos à dos, au sujet du rapport entre l'intelligence et la main par exemple, les pensées des présocratiques et celles d'Aristote (384-322 av. J.-C.) ou de Galien. Ces oppositions s'intègrent dans un système médical fondé sur une physiologie erronée, sans support « scientifique » réel, physiologie qui alimente justement ces débats contradictoires. Les travaux de Galien consacrés à la main auront une réelle influence sur les anatomistes du Moyen Âge, jusqu'aux artistes et aux scientifiques de la Renaissance.

Aux XVe-XVIe siècles, scientifiques et artistes s'emparent de la main. La peinture nous fait entrevoir les difficultés qu'ont ces derniers à représenter la main, à obtenir, par leurs doigts agiles, une adéquation entre le geste représenté et la fonction désirée, à rendre réel cet organe si difficile à coucher sur le papier, le mur ou la toile. L'analyse de l'évolution picturale italienne nous permet de prendre conscience de la progression des représentations en fonction des techniques, du style propre et de la sensibilité de l'artiste.

Dans cette période d'émulation réciproque, émergent deux hommes dont le destin allait à jamais marquer l'Humanité. Le premier est artiste et anatomiste : Léonard de Vinci (1452-1519). Il a le talent et le génie, treize siècles après Galien, de mettre en valeur la main par une anatomie iconographique sans équivalent par le passé, d'introduire de nombreuses innovations personnelles, qui feront sa gloire posthume. Bien avant Vésale (1514-1564), considéré comme le « Père fondateur » de l'anatomie, c'est lui qui donne à la main sa dimension propre. Pour Léonard de Vinci, le besoin de connaître « la main anatomique » sous-entend de comprendre la manière dont elle fonctionne dans ses mouvements. Bien que brillant anatomiste, ses découvertes, fruits de ses observations et de ses propres dissections, resteront confidentielles, car elles ne sont pas diffusées de son vivant. Les mains qu'il dessine et qu'il peint seront inconnues pendant les siècles qui suivront. Le deuxième est André Vésale, médecin et anatomiste expérimenté, celui que l'on cite dès que les mots *anatomie* et *histoire* sont associés. Il marque la Renaissance médicale, davantage par sa conception de l'anatomie générale, ses textes et ses gravures que par ses mains, bien qu'elles soient étudiées dans le détail. L'étude consacrée à Vésale nous le situe dans un univers de lutte contre la doctrine de Galien – imprégnant encore complètement la médecine des XVe et XVIe siècles – et de doute quant aux croyances passées. Il marque, à sa manière, un tournant dans la connaissance du corps humain, contribuant, par son œuvre, à côté de l'efflorescence touchant de si nombreux domaines, à donner tout son attrait à la Renaissance anatomique.

En définitive, il ne s'agit pas d'un livre d'anatomie de la main, encore moins d'un ouvrage consacré à l'histoire de l'art pour laquelle l'auteur que je suis n'a aucunement les compétences requises. L'objectif principal de ce livre est d'étudier les étapes de la connaissance de la main depuis l'Antiquité jusqu'à la Renaissance — connaissance autant anatomique que fonctionnelle —, d'apprécier le rôle respectif pendant la Renaissance de l'anatomiste et de l'artiste dans cette merveilleuse quête, de savoir enfin ce que l'Homme apporta à la main et, inversement, ce que la main apporta à la connaissance de l'Homme.

Médecins et politique
Galerie de portraits de médecins politiciens à travers les âges

par
André J. Fabre[211]

Les médecins se sont toujours intéressés à la politique. C'est, en effet, leur vocation même de venir en aide à leurs semblables et de tenter d'améliorer leur sort en toutes circonstances. Cette participation des médecins à la vie politique a pris les caractères les plus divers au fil des siècles. La galerie de portraits de médecins politiciens présentés dans ce livre y fait figurer plus de 300 personnages appartenant à tous les pays et toutes les époques.
Nous présenterons ici trois grandes figures : Eugène Doyen, Charles Patin et Samuel Pozzi.

EUGENE DOYEN (1859-1916)

Eugène-Louis Doyen a été l'un des plus célèbres chirurgiens de son siècle, mais aussi le premier à comprendre ce que le cinéma allait apporter à l'enseignement de la chirurgie. Son père est professeur à l'École de médecine et maire de Reims, mais Eugène décide d'aller faire ses études de médecine à Paris. Il est nommé interne des hôpitaux en 1881 et devient l'élève du célèbre accoucheur Lucas-Championnière, ardent propagandiste de l'antisepsie dans les services de maternité.
A la fin de son internat, Eugène oriente sa carrière vers la recherche et fait sa thèse sur le germe du choléra, dans le laboratoire de l'Institut Pasteur du Pr Nocard. En 1888, Doyen est chargé du cours de pathologie externe et de médecine opératoire à Reims. Adepte fervent de l'asepsie, il crée un petit

---

[211] Ancien médecin pédiatre, titulaire d'un doctorat en histoire soutenu en Sorbonne - Paris IV, ancien webmestre de l'Académie nationale de médecine, membre libre de l'Académie nationale de chirurgie, délégué pour la France de la Société internationale d'histoire de la médecine.

Médecins et politique, galerie de portraits de médecins politiciens à travers les âges, L'Harmattan (éd.), Coll. Médecine à travers les siècles, Paris, 2017 (à paraître).

laboratoire de bactériologie à Reims. Il s'installe définitivement à Paris, en 1896.
Sa dextérité et sa rapidité d'exécution opératoire le rendent bientôt célèbre. Il ouvre au 6 de la rue Piccini, à deux pas de l'avenue Foch, une clinique qui porte son nom.
Doyen a été le premier à comprendre ce que le cinéma pouvait apporter à la chirurgie. Quatre ans seulement après les premiers essais des Frères Lumière, il fait filmer, à des fins d'enseignement, ses interventions. Son premier film : une craniectomie (effectuée en 9 minutes...). Doyen filme une hystérectomie dans sa clinique de l'avenue Piccini, puis, en 1902, une séparation de jumelles siamoises (en fait venues d'Inde).
Par la suite, Doyen a su largement explorer les possibilités techniques du cinématographe, notamment dans l'emploi de la couleur et même de la stéréoscopie. Les films d'Eugène Doyen sont projetés, avec succès, au Congrès de la British Medical Association en 1898, à Edimbourg, mais en France, les critiques pleuvent de toutes parts. Ainsi, l'Académie de médecine exprime sa crainte de voir inconsidérément divulguer les secrets de la profession.
En 1905, Doyen est informé que ses films sont projetés dans les baraques de la Foire du Trône pour amuser les curieux et les amateurs de sensations fortes. Un long procès s'ensuit à la suite duquel Doyen prend la décision, en 1906, d'arrêter ses expériences cinématographiques et de confier la distribution de tous ses films à une firme spécialement créée, la Société générale des cinématographes Éclipse. A la mort de Doyen, en 1916, la presque totalité de ses films a disparu. Cinq seulement des 60 films de la collection ont pu être retrouvés et confiés à la garde de ses héritiers.
Fort heureusement, plusieurs films viennent d'être miraculeusement retrouvés en Argentine et ont été restaurés grâce au mécénat d'un laboratoire pharmaceutique.
On ne peut conclure sans citer Marcel Proust au début des *Jeunes filles en fleur*: « *Ce n'est pas seulement... comme un praticien obscur, devenu à la longue, notoriété européenne, que ses confrères considéraient Cottard* [Doyen]. *Les plus intelligents d'entre les jeunes médecins déclarèrent, au moins pendant quelques années, car les modes changent, étant nées elles-mêmes du besoin de changement, que si jamais ils tombaient malades, c'était le seul maître auquel ils confieraient leur peau.* »

CHARLES PATIN (1663-1693)
Charles Patin est le fils du Doyen de la Faculté de médecine de Paris et a eu une éducation raffinée. A trois ans, il sait déjà lire. On lui apprend sans plus tarder le latin, le grec, l'anglais, l'italien et l'espagnol. Dès l'âge de 14 ans, Charles soutient, en public, une thèse de philosophie. A la fin de sa scolarité, Charles, devenu magistrat, siège durant six années au Parlement de Paris, mais il suit l'exemple de son père et décide de devenir médecin.

Sa carrière de médecin est brillante. Dès 1658, il est chargé du cours d'anatomie à la Faculté de médecine de Paris, puis du cours de pathologie médicale.
Tout bascule en 1666 lorsque Charles s'engage dans une malencontreuse polémique avec un journaliste, protégé de Colbert. Le carrosse où Charles a pris place avec son père est arrêté par la police qui découvre une cargaison entière de livres "*subversifs*", comme *L'Histoire amoureuse des Gaules* de Bussy-Rabutin, les *Lettres provinciales* de Pascal et *Pantagruel* de Rabelais. Aggravant son cas, Charles, envoyé en Flandres par le Roi pour confisquer les "*œuvres blasphématoires*" imprimées aux Pays-Bas, déroge sciemment à sa mission. Le Grand Chancelier décide alors de déférer le coupable devant le tribunal du Châtelet. Il n'en faut pas plus pour aller aux galères et Charles résout de s'exiler.
En 1667, commence alors une longue pérégrination à travers l'Europe : d'abord Heidelberg où il est reçu avec faste par le Grand Electeur, ennemi juré de Louis XIV, puis en Hollande où règne une longue tradition de tolérance. Dans une course éperdue à travers l'Europe, c'est ensuite Amsterdam, Dresde, Constance, La Haye, Delft, Utrecht. Viennent après l'Autriche, Salzbourg, Vienne, Budapest, Berne, Genève et, enfin, en 1672, Padoue, havre de tolérance intellectuelle.
Charles est accueilli à bras ouverts. En 1676, il est nommé coordonnateur des institutions culturelles de Padoue, puis professeur de chirurgie et, en 1678, il est élu à la prestigieuse Académie de Padoue.
Lorsque, en 1681, Louis XIV propose une réconciliation, Patin répond avec hauteur: « D*e quelle grâce veut-on parler ? Je ne connais point mon crime.* » Il ne devait plus quitter Padoue. Il y meurt, encore jeune, à l'âge de 60 ans, d'une « *crise d'étouffement cardiaque* ».
Destin étonnant que celui de ce grand médecin qui, pour secouer le joug pesant de Colbert et du Roi-Soleil, a dû s'exiler jusqu'à Venise pour être reconnu à sa juste valeur. La clé du mystère tient à coup sûr dans la famille, à commencer par Guy Patin, son père anticonformiste patenté. L'épouse de Charles, Madeleine Homanet, a été un écrivain brillant, mais dans un registre tout différent d'écrivain moraliste. Les deux enfants, Charlotte et Gabrielle, ont hérité du père, une passion pour la numismatique, et de la mère, pour la littérature. Toutes deux sont devenues membres de l'Académie de Padoue et, en 1685, Gabrielle, la cadette, y prononce, ce qui ne manque pas de saveur, un panégyrique de Louis XIV.
Que savons-nous invariablement des gens du XVIIe siècle ? Nous ne connaissons que Versailles et ses fastes, Racine et Molière. Derrière cette façade, la réalité était bien différente.

SAMUEL POZZI (1846-1918)

Pozzi a été un chirurgien brillant. Sa carrière a été célébrée dans le monde entier, mais c'était aussi, dans tous les domaines, une personnalité hors du

commun. Cette carrière fulgurante s'annonce déjà dans le célèbre portrait fait par Sargent en 1881. Pozzi, à peine âgé de 35 ans, y apparaît, vêtu d'une ample robe de chambre pourpre, attirail du séducteur ou toge triomphale d'empereur romain. Tout s'est terminé par une mort tragiquement absurde.
Les origines familiales se situent en Italie, mais une branche émigre en Suisse, en se convertissant au protestantisme. Le père, Benjamin Dominique Pozzy, est pasteur. La mère meurt très jeune de tuberculose et le père se remarie avec une Anglaise, Mary Anne Kempe, et c'est ainsi que Samuel apprend dès sa première enfance à parler anglais. Elève à Pau, puis à Bordeaux, Samuel accumule depuis le plus jeune âge tous les succès. Ses condisciples le surnomment l'Enjôleur.
En 1864, Samuel passe brillamment son baccalauréat à Bordeaux, mais sa décision est prise. Il part à Paris pour devenir chirurgien. La carrière de Samuel est jalonnée de succès. Préparateur d'anatomie alors qu'il n'est qu'étudiant, externe des hôpitaux en 1866, interne en 1868, il devient l'élève préféré de Broca et obtient, à 26 ans, la médaille d'or de l'Internat.
Lors de la guerre de 1870, engagé volontaire, il devient chirurgien sur le front et se voit alors confronté aux problèmes des infections postopératoires. Il s'y intéressera toute sa vie. Une fois la paix revenue, Pozzi reprend son ascension fulgurante. En 1873, Samuel obtient son doctorat avec une thèse consacrée aux fistules du rectum. En 1875, il obtient l'agrégation en présentant un mémoire sur les fibromes utérins. En 1877, il est nommé chirurgien des hôpitaux. En 1879, il épouse une riche héritière de Lyon, Thérèse Loth-Cazalis. Le couple s'installe dans le bel immeuble du 10 de la place Vendôme, à deux pas du Ritz.
En 1883, Pozzi prend la direction du nouveau service de gynécologie chirurgicale qui vient d'être créé à l'hôpital Broca, près des Gobelins. Il en fera un centre chirurgical de renommée mondiale. En 1911, Pozzi se voit confier la chaire de clinique gynécologique qui vient d'être créée. Lors de la Première Guerre mondiale, Pozzi reprend du service malgré son âge pour diriger les soins des blessés dans deux centres chirurgicaux qui viennent de se créer au 18, rue Lhomond et à l'hôtel Astoria. Grand précurseur dans le domaine de l'asepsie chirurgical, il met, le premier, en application, dans le domaine de la traumatologie de guerre, les travaux de Lister et d'Alexis Carrel. En 1896, Pozzi est élu à l'Académie de médecine, couronnement d'une carrière où il s'est intéressé à tous les domaines de la médecine et de la chirurgie. Il a d'abord étudié la neurologie et l'anthropologie avec Broca, s'est ensuite passionné pour le traitement des carcinomes cutanés par fulguration électrique avant de connaître une renommée véritablement internationale en tant que chirurgien gynécologique.
Pozzi est assidu des salons les plus élégants et, par là, fréquente toute la haute société parisienne. Il devient ainsi familier des Proust, non seulement du père, le Pr Adrien Proust, devenu épidémiologiste de renom, mais aussi de son fils Robert, qui a été l'élève de Broca, et de son célébrissime frère,

Marcel, à qui il procure, en 1914, la dispense qui lui évite d'être envoyé au front. Samuel est membre du célèbre club des Mirlitons, qui se tenait, à l'emplacement de l'actuelle ambassade des Etats-Unis, sous la présidence du très médiatique marquis de Massa. Il a ainsi côtoyé tous les grands noms de l'époque, en particulier Robert de Montesquiou, insolent roi du Tout-Paris, mais aussi Edmond Rostand, qui a été son malade, Anatole France, Maupassant, Dumas fils et Théophile Gauthier. Paul Valery, qui a eu une longue histoire d'amour avec la fille de Samuel, Catherine, vient souvent à la propriété familiale de Dordogne, à Graulet.

Par des amis communs, Samuel a très tôt rencontré Mounet-Sully et, par lui, Sarah Bernhardt de qui il restera longtemps très proche. Pour Sarah, il est tout simplement « *Docteur Dieu* », mais, pour Samuel, Sarah est « *la divine* ». On a prêté à Pozzi bien des conquêtes féminines : la cantatrice Georgette Leblanc, la grande actrice Réjane et l'extraordinaire Geneviève Straus, veuve de Bizet, fille d'Halévy, mère du grand ami de Marcel Proust et égérie de Charles Haas.

Samuel et Sarah Bernhardt ont connu un amour exemplaire. Quelques missives en témoignent. Durant la guerre de 1870, Sarah l'a aidé à installer un service de premiers soins à l'Odéon. En 1898, Samuel opère Sarah d'un kyste de l'ovaire de la grosseur d'une tête d'enfant de 14 ans. Elle effectue sa convalescence dans sa propriété de Belle-Ile-en-Mer, à la pointe des Poulains. Il existe une longue lettre très émouvante, datée du 20 février 1898, adressée par Pozzi à Robert de Montesquiou sur ce sujet.

Son « *Docteur Dieu* » supervise l'amputation réalisée le 22 février 1915, par le chirurgien Maurice Denuce à Bordeaux, pour juguler la progression de la tuberculose ostéo-articulaire de son genou droit. Il existe toute une saga sur Sarah devenue la plus célèbre unijambiste de l'époque.

Enfin, au mois de mars 1917, une énième crise de pyélonéphrite gauche la terrasse lors d'une tournée aux Etats-Unis. Le Dr Bueger du Rockefeller Institut, puis le chirurgien Brewer du Mount Sinaï Hospital réalisent une néphrotomie, évacuent plus de 200 ml de pus et un calcul de la grosseur d'une noix qui obstrue l'uretère.

Le grand amour de Pozzi a été, non pas son épouse qui s'est très tôt résolue à vivre dans l'ombre, mais Emma Fischhof, fille d'un marchand de tableaux célèbre, qui a partagé sa vie jusqu'à la fin.

Le souvenir du grand séducteur qu'a été Samuel est très bien rendu par la préface qu'a faite, au livre de Vanderpooten sur Pozzi, son petit-fils Claude Bourdet.

Ce qui est le plus remarquable chez Samuel Pozzi est son appétit inlassable pour tout ce qui vient de l'étranger et, bien entendu, pour les voyages. Dès 1874, Samuel publie une traduction du livre de Charles Darwin intitulé *Expressions of Emotion in Humans and Animals*. En 1876, il se rend en Ecosse, à l'occasion d'un congrès et peut ainsi rendre visite au précurseur de

l'asepsie, Lister. Samuel tient à visiter lui-même plusieurs services chirurgicaux en Autriche, en Allemagne, en Angleterre et même au Liban.
L'Outre-Atlantique le fascine tout particulièrement. Il s'est rendu au Canada en 1904, pour le Congrès des médecins de langue française d'Amérique du Nord et a visité les Etats-Unis en 1893, lors de la célèbre Exposition universelle de Chicago. En 1904, il revient aux Etats-Unis. Il rencontre Halsted et Howard Kelly à Baltimore, Webster à Chicago et les frères Mayo à leur célèbre clinique de Rochester. Il ramène, de ses visites, l'idée d'installer, dans chaque grand hôpital, une école d'infirmières et des comités locaux de parrainage hospitalier.
En 1904, Pozzi se rend au Canada et y rencontre Alexis Carrel dont les travaux sur la transplantation d'organes ont, depuis longtemps, retenu toute son attention. La suite en sera, en 1913, l'organisation, à Paris, d'un symposium sur ce sujet, en coopération avec un autre médecin Georges Clemenceau.
Son voyage au Brésil en 1911 est resté mémorable du fait du grand succès qui l'attend là-bas. Samuel Pozzi fait également un voyage à Beyrouth dont le journal de sa fille Catherine fait mention.
Pozzi restera cependant fidèle toute sa vie à la Dordogne et au domaine qu'il a là-bas, à Saint-Aubin-de-Lanquais, commune de 200 habitants, située près de Saint-Nexans. Cette propriété reste encore de nos jours en son état d'origine, grâce à son dernier propriétaire, Moïse Labonne, premier adjoint de la commune, faisant fonction de maire.
Pozzi est un amateur éclairé d'art et collectionneur de *tanagras*, les anciennes statuettes athéniennes de terre cuite. Il est aussi un numismate et possède une collection remarquable de monnaies anciennes.
Samuel est, de 1900 à 1904, conseiller municipal et maire de Saint-Aubin-de-Lanquais, puis, entre 1894 et 1911, conseiller général d'Issigeac.
De 1898 à 1903, Samuel est élu sénateur de Dordogne. Il est à l'origine de plusieurs réformes importantes dans l'enseignement et notamment concernant le baccalauréat. Affichant des convictions clairement opposées à l'antisémitisme qui règne alors partout en France, il vient apporter son soutien, aux côtés de Clemenceau et d'Emile Zola, au capitaine Dreyfus. En 1899, Pozzi est représentant du Sénat au second procès Dreyfus à Rennes et, en 1909, lors du transfert au Panthéon du corps de Zola, Pozzi sauve la vie d'Alfred Dreyfus en s'interposant à lui alors qu'un fanatique a ouvert le feu.
Thérèse Loth-Cazalis (1856-1932), épouse de Pozzi, est la fille d'un chirurgien connu de Lyon, poète à ses heures, le Dr Henri Cazalis. Le frère de Samuel, Adrien Pozzi (1860-1939), est, lui aussi, médecin. Il est nommé professeur à l'École de médecine de Reims lors d'un concours où il a pour concurrent, Eugène Doyen. Il fait une belle carrière politique : maire de Reims en 1904, puis député de la Marne en 1906.
Le fils cadet de Samuel, Jean (1884-1967), a fait une belle carrière dans la diplomatie. Grand séducteur, il se révèle le digne fils de Samuel. Mais, le fils

aîné, Jacques (1896-1980 (?)), a eu un destin tragique. Atteint de manie paranoïaque, il erre d'asile en asile toute sa vie.
C'est par un drame que s'achève cette destinée d'exception. Le 13 juin 1918, un ancien patient de Pozzi, qui accuse Pozzi de l'avoir rendu impuissant en l'opérant d'un varicocèle, vient l'assassiner dans son appartement de la place Vendôme en lui tirant à bout portant quatre balles dans l'abdomen avant de se suicider. Transporté dans un hôtel proche, Pozzi, déjà mourant, est opéré par son élève, Thierry de Martel. Il a refusé l'anesthésie pour pouvoir diriger l'intervention, mais il entre peu à peu dans le coma et meurt sur la table d'opération. Au cours d'une cérémonie grandiose où assistent des milliers de spectateurs, le corps de Samuel Pozzi est transporté à Bergerac pour être enterré en grand uniforme, au cimetière du Pont Saint-Jean. Ainsi, s'achève un destin exceptionnel, sur une fin qui ne manquera pas de faire évoquer les grandes tragédies de l'Antiquité.

Toutes ces dernières années, la politique a été de plus en plus médicalisée et la médecine, politisée. En fait, deux conceptions différentes s'affrontent ici :
. Rôle traditionnel du médecin qui consacre son existence à tenter d'améliorer, par tous les moyens de son art, la condition des malades ;
. La médecine, produit de société, dont le but est de promouvoir par la santé publique le bien-être de chaque individu.
L'équilibre entre l'activité des médecins et des hommes politiques apparaît de plus en plus menacé. Nous ne le savons que trop, rien n'est éternel, mais une chose demeure. Si l'équilibre est rompu, le pire est sans doute à prévoir, mais ne soyons pas, cependant, trop pessimistes. Un aphorisme aux Etats-Unis explique la différence entre un pessimiste et un optimiste : « *Le pessimiste est celui qui voit toujours le pire prêt à survenir, l'optimiste est celui qui compte bien lui survivre...* »

Musiciens célèbres malades, pourrait-on les sauver aujourd'hui ?

par

Michel A. Germain[212]

Combien de savants et d'artistes auraient pu, s'ils avaient vécu plus longtemps, nous faire bénéficier encore de leurs travaux et de leur talent ? Rappelons-nous les peintres Raphaël et van Gogh, tous deux morts à 37 ans, le mathématicien Evariste Galois décédé à 21 ans, le physicien Fresnel, à 39 ans, les médecins Laennec, à 44 ans et Bichat, à 31 ans, pour ne se limiter qu'à ces talents. Ce sont 73 musiciens célèbres que j'ai choisi d'évoquer pour deux raisons : beaucoup sont décédés trop jeunes et la médecine, aujourd'hui, aurait pu très probablement prolonger leur existence. D'autres, plus âgés, auraient eu vraisemblablement une existence plus heureuse.
Les critères retenus pour les rapporter sont multiples : l'âge souvent jeune et la possibilité d'un traitement médical, chirurgical, ou la prévention de la malnutrition.
Comment avoir tous les renseignements concernant ces musiciens? C'est à partir des courriers souvent abondants et de leur correspondance, de leur famille, de leurs médecins surtout, que l'on dispose de ces renseignements. Pour beaucoup d'entre eux, il n'y a pas eu d'autopsie et cette correspondance permet d'établir ou d'évoquer l'histoire médicale des musiciens. Pour certains, on dispose du dossier médical.
Plutôt que de faire un résumé exhaustif de la vie de ces musiciens, qui serait certainement ennuyeux, j'ai choisi de n'honorer que trois d'entre eux : Frédéric Chopin, Ludwig van Beethoven et Amadeus Mozart.

---

[212] Professeur des Universités, Chirurgien des hôpitaux de Paris, Membre correspondant de l'Académie nationale de médecine, Membre titulaire de l'Académie nationale de chirurgie et de l'Académie vétérinaire de France.

Musiciens célèbres malades, pourrait-on les sauver aujourd'hui ?, L'Harmattan (éd.), Coll. Médecine à travers les siècles, Paris, 2015.

Frédéric Chopin,
© Bibliothèque nationale de France, Département Musique.

Frédéric Chopin est né en 1810, à Zelazowa-Wola, près de Varsovie, d'un père français et d'une mère polonaise. Il vient en France, à l'âge de 20 ans, à la suite de la prise de Varsovie par les Russes en 1831. Il ne retournera jamais dans son pays natal devenu province russe. Il meurt à Paris où il est inhumé. En fait, le sang maternel l'a emporté dans son cœur sur le sang français, car la musique nationale polonaise a contribué à l'unité de son œuvre. D'ailleurs, il faut reconnaître que la Pologne n'a jamais vu naître un tel musicien, ni avant, ni après lui. Chopin est une des figures les plus attachantes du romantisme musical et, sans doute, celle qui a suscité le plus de « légendes » et de « vies romancées ». Il est le fils d'un professeur de français installé à Varsovie et d'une authentique Polonaise, tous deux très musiciens.
Après avoir entendu les premières œuvres de Chopin, un des plus grands et redoutés critiques musicaux de son temps, Robert Schumann, écrira : « *Chapeau bas, Messieurs ! Voici un génie !* »
Chopin est un jeune prodige. Il compose, à 7 ans, une Polonaise en sol mineur et donne, à 8 ans, son premier concert public. Il est fêté comme l'a été Mozart (son « dieu » avec Bach). Il est élève du Conservatoire de Varsovie pour l'harmonie, le contrepoint et la composition. Toutefois, au piano, il sait déjà presque tout. Il est rapidement adulé par la haute société varsovienne. Il quitte, cependant, son pays, en 1830, pour des séjours à Vienne, Munich, Stuttgart. C'est dans cette ville qu'il apprend, bouleversé, l'échec de l'insurrection de Varsovie. En 1831, il vient se fixer définitivement à Paris. Désormais, il renonce presque totalement à une

carrière de virtuose. Il voyage peu et ne fait que de brefs séjours en Allemagne avec des visites à Mendelssohn, Berlioz et Schumann. Il fait de rares tournées de concerts. Il vit de ses leçons et de ses compositions. C'est en France qu'il écrit les œuvres pour piano qui le rendront célèbre : les *Etudes*, les *Polonaises*, les *Valses*, les *Ballade*s, les 58 *Mazurkas* et les 24 *Préludes*. A leur propos, Baudelaire dit : « *Cette musique légère et passionnée qui ressemble à un brillant oiseau voltigeant sur les horreurs d'un gouffre* ».

Chopin garde la même fermeté d'écriture jusque dans ses dernières pages, alors qu'il n'est plus qu'un grand malade. Ses fiançailles ont lieu avec Maria Wodzinska. C'est la fille d'une grande famille noble polonaise. Ses fiançailles sont rompues pour cause essentielle de refus de mésalliance et aussi en raison de la fragile santé de Chopin.

En 1826, il n'a que 16 ans. On pense aux premiers symptômes de tuberculose pulmonaire qui l'emportera. En 1836, Chopin a une liaison avec George Sand qui est une maîtresse exigeante. Cela dure neuf ans. Cette femme l'entoure de ses meilleurs soins, en particulier pendant les étés passés à Nohant. Il y écrit alors une grande partie de son œuvre. Grâce à elle, son existence est sans doute prolongée. Il vit à l'écart des salons parisiens. Toutefois, elle lui impose de faire un séjour à Majorque en 1838, en hiver, dans un monastère non chauffé, avec le froid et surtout l'humidité qui y règnent en cette saison. Ce séjour n'est pas indiqué pour un phtisique. Un piano commandé est arrivé après son départ. L'endroit se visite de nos jours. Chopin aurait cependant écrit là-bas la moitié de ses *Préludes*. Après sa rupture avec Sand, en 1847, son état ne cesse de s'aggraver. En 1848, il fait son dernier concert à Paris et entreprend un voyage en Angleterre, et en Ecosse. A l'exception de quelques partitions de musique de chambre et d'un recueil de chants polonais, toute sa production est destinée au piano : *Polonaises, Mazurkas, Préludes, Nocturnes, Etudes, Valses, Ballades, Impromptue, Scherzos, Rondos, Variations*, trois *Sonates* et plusieurs compositions isolées. Les œuvres avec orchestre, toutes datées de la période « varsovienne », forment elles-mêmes une autre exception : deux concertos et quelques pièces de « bravoure », dont les Variations sur « *Là ci darem la mano* » de Mozart, les plus intéressantes. Le piano de Chopin a des caractères et une originalité très personnelle. Paul Locard a un jugement très particulier : « *C'est le miracle de son génie que d'être parvenu aussi haut uniquement avec une musique qui ne se conçoit qu'au clavier. Dans cette œuvre relativement peu abondante, tout, ou presque tout, est trouvaille, et propre à susciter une admiration qui ne se prescrit point* ».

Chopin meurt de tuberculose pulmonaire à Paris, le 17 octobre 1849. Il a 39 ans. Toutefois, cela demeure une hypothèse. Une autopsie a été réalisée par Cruveilhier. Les résultats ont été détruits dans un incendie accidentel en 1871. Sa tombe est très visitée au cimetière du Père-Lachaise.

Laennec, 20 années plus tôt, a démontré l'unité des lésions phtisiques. Mais, c'est seulement en 1869 que Villemin entrevoit l'agent responsable de la tuberculose. En 1882, Robert Koch identifie formellement le bacille responsable. Ce fléau continue à faire des hécatombes et, en 1910, il tue 150 000 personnes en France.
Cependant, une autre hypothèse est émise. Chopin a pu avoir une maladie génétique, comme sa sœur Emilia décédée très jeune, la mucoviscidose liée à un déficit en alpha-1 antitrypsine. En effet, il était très maigre, enclin aux infections pulmonaires avec toux. Il est décédé avant 40 ans, n'a pas eu d'enfant, suggérant une stérilité. Ces signes évoquent fortement le déficit en alpha-1 antitrypsine. Le cœur de Chopin repose dans une urne scellée dans un pilier de l'Eglise de la Sainte-Croix à Varsovie. Les médecins polonais ont déposé une demande officielle auprès du ministère polonais de la Culture pour réaliser un prélèvement et un test ADN sur le cœur. Cette prière a été pour le moment refusée.

A l'époque de Chopin, le traitement de la tuberculose est purement symptomatique : repos, grand air et soleil. Actuellement, contre la tuberculose, le vaccin BCG est la prévention efficace. En cas de tuberculose déclenchée, le traitement simplifié standard comporte une quadrithérapie : isoniazide, rifampicine, pyrazinamide, ethambutol. Il faut souligner actuellement l'apparition d'une tuberculose multi résistante. Quant à la mucoviscidose, outre l'antibiothérapie, de nouveaux traitements apparaissent agissant sur l'immunité.

Références bibliographiques:.
- Adam K. Kubla & Madeleine Young, « The long suffering of Frederic Chopin », in *Chest*, 1998, 113, 210-216.
- O'Shea J.-G., « Was Frederic Chopin's illness actually cystic fibrosis? », in *Med. J. Australia*, 1987, 147, 586.
- Neumayr Anton, *Music and Medicine*, Medi-Ed Press, Bloomington, Illinois 61701, 1995.

LUDWIG VAN BEETHOVEN (1770-1827)

Ludwig van Beethoven est né à Bonn, le 16 décembre 1770. Son père, Johann, est ténor à la chapelle de l'Electeur de Cologne et il veut son fils « enfant prodige » comme Mozart. Sa mère est décédée de tuberculose pulmonaire à 41 ans. Après des études générales très sommaires, il le contraint à une formation musicale avec un rythme effréné. A neuf ans, il est confié à Christian Gottlob Neefe, organiste de la chapelle électorale, et il devient vite son suppléant. A 17 ans, il est ensuite envoyé à Vienne pour y travailler avec Mozart. Leur rencontre est infructueuse. Il en revient pour s'inscrire, en 1789, à l'Université où il étudie la littérature et la philosophie allemandes.

Ludwig van Beethoven,
© Bibliothèque nationale de France, Département Musique.

Il quitte définitivement Bonn pour Vienne, en 1792. Il y travaille avec Joseph Haydn, puis avec Georg Albrechtsberger et Johann Schenk. A cette époque, Beethoven est un mondain et se sait apprécié comme pianiste et improvisateur. Il est admis dans les cercles aristocratiques. Mais, sa personnalité est forgée. Il fait une série de voyages à Nuremberg, Prague, Dresde et Berlin, puis il ne quittera pratiquement plus Vienne, à partir de 1796. Les premières années y sont heureuses. En 1802, le drame éclate : une surdité naissante, que traduit un document poignant, le *Testament d'Heiligenstadt*. L'idée du suicide hante le musicien. Il surmonte cette affection par la pleine conviction de sa mission artistique. Toutefois, irrémédiablement, le mal s'accentue et, en dépit d'une célébrité devenue universelle (visites de Rossini, de Schubert, de Weber, du tout jeune Liszt), le compositeur, emmuré dans son silence, sombre dans la misanthropie. Vers 1812, sa surdité et son isolement ont entraîné une pause dans sa créativité, mais, au cours de ses dernières années, il crée ses œuvres les plus exaltées. Beethoven a mené de dures batailles pour composer et certaines œuvres lui ont demandé des années de gestation pénible. Mais, une fois achevées, en général, elles ont immédiatement plu. La bourgeoisie apprécie leur puissance, leur virtuosité. Les musicologues divisent habituellement la création de Beethoven en trois périodes. Sa période dite « de jeunesse » débute avec son arrivée à Vienne, en 1792. Il a 22 ans. Il travaille alors les idées musicales initiales et préfère quatre mouvements aux trois traditionnels. Ses solos pour piano remportent un vif succès. Ses compositions, dont ses quatuors à cordes opus 18, trois concertos pour piano, deux symphonies et les sonates pour piano *Pathétique* et *Au clair de lune*, sont devenues plus expressives. La *Pathétique* est considérée comme son premier chef-d'œuvre. Sa période

« intermédiaire » débute en 1803, après avoir réalisé la gravité de sa surdité croissante et renoncé à se suicider pour donner, disait-il, « *toute la musique que je sentais en moi* ». A partir de ce moment, sa musique a sa variété et sa puissance. C'est un tournant dans l'histoire de la musique. En 1804, la *Symphonie héroïque* est d'une énergie extraordinaire. C'est la plus longue. Elle dure cinquante minutes. Il a alors une productivité torrentielle. De cette période, datent quatre autres symphonies, *le concerto pour violon, les concertos pour piano n° 4 et 5* et un opéra, *Fidelio*, dont il n'y a que trois représentations à cause de l'occupation de Vienne par les Français. Sa surdité croissante marque le passage à la période « tardive ». Vers 1813, Beethoven met l'accent sur l'aspect lyrique et voilé, avec une prédilection pour la fugue comme dans les *Variations Diabelli*. En 1824, *la Missa Solemnis* et *la Neuvième Symphonie* sont novatrices et connaissent un triomphe qui le laisse indifférent. A partir de 1825, Beethoven ne cesse d'être malade, mais conscient de l'œuvre accomplie, il semble trouver un apaisement.
Devenir sourd quand on est musicien, c'est dramatique. Son destin aurait pu, à lui seul, faire de Beethoven le héros tragique de l'histoire de la musique. Or, par-delà la pathétique infirmité, Beethoven nous laisse un testament en lettres de feu : des sonates parmi les plus belles qui ont jamais été écrites, des symphonies qui sont entrées dans l'éternité et l'apothéose de la musique de chambre. La surdité, pourrait-on dire, n'est venue qu'en contrepoint du parcours déjà écrit, car l'homme était sublime et sa musique était de l'au-delà. Ses tourments d'une vie ne prenaient sens que dans le monde sonore.
Les médecins et les musicologues se sont beaucoup intéressés à sa surdité. Cette surdité débute en 1796. Elle est totale en 1815. La première hypothèse est une otosclérose liée à une infection sévère. L'otospongiose est l'hypothèse évoquée par les médecins ORL, car Beethoven, à l'époque de sa surdité, compose, en plaçant une règle entre son piano et son front de façon à percevoir les notes en court-circuitant la chaîne des osselets. Une troisième hypothèse est une pathologie du nerf auditif, avec la dégénérescence du nerf acoustique, aggravée par l'abus d'alcool. Un traumatisme de l'oreille interne est l'hypothèse la moins probable.

Depuis 1821 jusqu'à son décès en 1827, Beethoven présente un tableau de cirrhose décompensée, dont il meurt. Certes, il présente un ictère en 1821, mais le diagnostic est celui d'une hépatite. En 1825, les signes de cirrhose deviennent évidents. Ils sont accompagnés d'une hémorragie comme une hématémèse, liée à une hypertension portale. Il présente également des épistaxis rattachées à des troubles de la coagulation. L'évolution finale de la cirrhose du foie est le coma hépatique qui survient en mars 1827. Le foie de Beethoven est scléreux et couvert de nodules, ce qui correspond à une cirrhose micronodulaire. La rate a doublé de volume. La cirrhose du foie a été décrite par René Hyacinthe Laennec (1781-1826), dans son livre sur

l'auscultation. La cirrhose ne peut être différentiée clairement des autres maladies du foie que par l'examen histologique. L'alcoolisme est certain chez Beethoven, mais il faut aussi évoquer la cirrhose post-hépatitique et la cirrhose métabolique dont l'hémochromatose, associée à l'alcoolisme.
Celui-ci souffrait de troubles digestifs nombreux : coliques, crampes abdominales, diarrhée, distension gastrique. Certains ont évoqué une brucellose, d'autres, une maladie de Crohn, c'est-à-dire une inflammation de l'intestin. Johann Wagner, qui a fait l'autopsie, écrit que le pancréas apparaissait plus ferme et augmenté de volume, lié en partie à l'élargissement des canaux pancréatiques. Récemment, on estime qu'un tiers des patients souffrant de cirrhose alcoolique du foie a aussi une maladie chronique du pancréas.
Lorsque Beethoven vivait à Bonn, il passe ses soirées dans une brasserie où il boit de la bière, et du vin. A Vienne, dans l'après-midi, il fréquente une brasserie et boit bière, et vin. Lorsqu'il invite ses amis, il consomme de l'alcool. Ainsi, il boit à lui seul deux bouteilles de vin rouge et une bouteille de vin de Tokay.
Que disent les médecins à Beethoven ? Ils ne lui interdisent pas l'alcool, mais lui demandent simplement d'en diminuer la consommation. Ils lui disent de ne pas boire d'alcool fort. Mais, Beethoven n'en fait qu'à sa tête et même continue alors que la maladie du pancréas, et celle du foie s'aggravent. Les dégâts deviennent irréparables. Actuellement, nous considérons que la consommation de soixante à quatre vingt grammes d'alcool pur pendant longtemps conduit à la pancréatite et à la cirrhose. Toutefois, cela n'affecte qu'un tiers des buveurs. Les autres ne développent aucune maladie. Il semble que des facteurs génétiques ont un rôle. Beethoven, notamment, appartenait à une population à haut risque, par ses parents et ses grands-parents.
L'autopsie est réalisée le 27 mars 1827. Elle est faite par le Dr Johann Wagner, de l'Institut de pathologie de l'Université de Vienne. Le protocole de l'autopsie a été découvert récemment. Le corps était couvert de pétéchies violettes. L'abdomen contenait 5 à 6 litres de liquide brunâtre. Le foie était rétréci à la moitié de sa taille normale, de couleur verte. La surface était bosselée, couverte de nodules. Les vaisseaux étaient rétrécis ne contenant pas de sang. La vésicule contenait des sédiments. La rate était doublée de volume et noirâtre. Le pancréas était augmenté de volume et ferme. Les canaux pancréatiques étaient élargis. L'estomac et les intestins étaient distendus par des gaz.
Beethoven meurt à Vienne, le 26 mars 1827. Il présentait une cirrhose du foie dont il est mort à l'âge de cinquante-six ans, après un coma hépatique. Il est victime d'une double pneumonie au cours d'un violent et symbolique orage. A ses obsèques, un cortège de vingt mille personnes lui rend hommage. Parmi celles-ci, Schubert, qui est un ardent admirateur. Ses restes seront exhumés et transportés au cimetière central de Vienne, aux côtés de la tombe de Mozart qui était vide (Mozart a été enterré dans une fosse

commune). Le premier biographe de Beethoven est Anton Schindler (1795-1864).

Les médecins de Beethoven lui demandent seulement de diminuer la quantité de boissons alcoolisées. La médecine préconise actuellement l'arrêt total de l'alcool, une vitaminothérapie, une psychothérapie et une thérapeutique spécifique : le baclofène, traitement de choix.
Quant à la pneumonie, le pneumocoque est le germe habituel. Le traitement antibiotique associe l'amoxicilline et l'acide clavulanique. Les macrolides sont également utiles. Toutefois, les germes deviennent de plus en plus résistants.

Références bibliographiques. :
- Michaux Jean-Louis, *Ludwig van Beethoven. Le génie et ses maladies.* Fiacre (éd.), 2015.
- Schindler A., *Bibliographie von Ludwig van Beethoven*, 3 Aufl., Münster, 1860.
- Bankl H., « Beethoven's Krankheit. Morbus Paget », in *Pathologie*, 1985, 6, 46.
- Magenau C. B., « Beethoven's Gehörleiden und das heiligenstädler Testament », in *Zschrärzil. Fortbild*, 1937, 34, 268.

WOLFGANG AMADEUS MOZART (1756-1791)

Wolfgang Amadeus Mozart,
© Bibliothèque nationale de France, Département Musique.

Mozart est né à Salzbourg, en 1756. Il est baptisé Wolfgang Gottlieb. Son second prénom est latinisé en Amadeus, sous lequel il restera célèbre. C'est un enfant musicalement surdoué. Il découvre la musique en écoutant sa sœur Nannerl, elle aussi enfant prodige, prendre des leçons. Il sait composer un menuet avant d'avoir appris à écrire. Il sera applaudi dans toute l'Europe et

laissera plus de deux cents chefs-d'œuvre. Cependant, il connaît des heures sombres et difficiles, perdant quatre de ses six enfants en bas âge et affrontant de graves difficultés matérielles à la fin de sa brève existence. En 1772, il doit se faire aux réalités d'un poste où son statut social le place entre les valets et les cuisiniers. Malheureux à la Cour de Salzbourg, il tente de trouver un autre poste. Il n'y parvient pas et devient l'un des premiers musiciens indépendants. En 1781, il arrive à Vienne et épouse Constance Weber en 1782. Il donne alors des concerts, publie de la musique et reçoit des commandes pour des opéras. Toutefois, il doit donner des cours de piano, emprunter de l'argent pour mener un grand train de vie.
La production de Mozart est extraordinairement variée. C'est son opéra qui détient la clé de son art. Lorenzo da Ponte écrit le livret *Les Noces de Figaro, Don Giovanni* et *Cosi fan tutte*. Mozart écrit aussi des opéras en allemand. *La Flûte enchantée*, fameuse pour le soprano de la reine de la nuit, rencontre un succès exceptionnel. En 1773, Mozart écrit aussi des œuvres de musique vocale : *Ave verum corpus* et l'éblouissant *Exsultate, Jubilate*, pour soprano et orchestre. La *Missa solemnis* et le *Requiem* sont restés inachevés et témoignent d'une humeur plus sombre. Les musicologues s'étonnent de sa façon d'assortir les nouvelles combinaisons d'instruments comme celles du quintette pour piano et vents, et le *Kegelstatt Trio* (clarinette, viole, piano). Il contribue à faire de la clarinette un instrument régulier de l'orchestre. Jusqu'en 1786, il écrit quinze concertos qui témoignent encore plus de sa virtuosité sur le plan pianistique. En 1787, il se rend à Prague. *Don Giovanni* y est montré pour la première fois. *Figaro* est un succès. Il compose la *Petite Musique de Nuit*. Mozart écrit la majorité de ses symphonies dans sa jeunesse et sa dernière, *Jupiter*, se termine par un pur éclat orchestral. En 1791, il entend, à Prague, *La clemenza di Tito*. *La Flûte enchantée* est un succès à Vienne. Cette année-là, il débute la rédaction de son *Requiem*, inachevé à sa mort. Dans son enfance, Mozart assimile les principales formes musicales européennes. Ses œuvres présentent une fusion de lyrisme italien, d'éclat français et de procédés d'Europe centrale.
Trois mois avant sa fin, il écrit à Da Ponte, l'auteur du livret de *Don Giovanni* : « *Je suis à bout de force... Je suis près d'expirer ! Je termine en ce moment mon chant funèbre, car je ne dois pas le laisser imparfait.* » Toute sa vie est hantée par l'idée de la mort et il laisse inachevées deux de ses grandes œuvres. La première est *la Messe solennelle en ut mineur*, qu'il entreprend d'écrire à la suite d'un vœu pour l'accomplissement de son mariage, et à laquelle il manque *l'Agnus Dei*, et la moitié du *Credo*. La seconde est son fameux *Requie*m, dont la mort interrompt la composition et dont la première exécution a lieu pour ses propres funérailles en 1705. Du moins, Mozart a-t-il le temps de terminer son avant-dernière œuvre, cet admirable concerto pour clarinette, instrument qu'il affectionne particulièrement. Si Mozart avait vécu 77 ans comme sa sœur aînée, il aurait pu entendre *Le Freischütz* de son cousin Weber et la *Symphonie fantastique*

de Berlioz, mais nul ne sait comment il aurait accueilli ces œuvres aux sonorités nouvelles.
Il décède à Vienne, en 1791, à peine âgé de 36 ans, alors que la longévité moyenne dans cette ville est de 53 ans à cette époque. Abandonné de tous, alors que les musicologues de toute l'Europe saluent unanimement son génie, il est enterré dans la fosse commune.
Le mystère est longtemps resté quant aux causes exactes de sa mort, comme l'attestent les nombreux articles parus à ce sujet dans la presse médicale, dès la fin du XIXe siècle à nos jours, les derniers écrits de 1991 n'étant pas exempts d'un ton polémique. En l'absence d'autopsie, aucune certitude scientifique ne s'impose. Des déductions peuvent être tirées seulement des récits faits par des témoins oculaires de son agonie, encore que ces derniers n'aient écrit leurs documents que longtemps après la mort du musicien. « *Mozart fut un enfant souvent malade, mais jamais souffreteux.* » L'analyse faite par le professeur Bernard Lechevalier, membre de l'Académie nationale de médecine, à la suite des médecins, Peter J. Davies et John Stone, permet d'avoir une synthèse des maladies et de ce qui a causé la mort de Mozart.
Le petit Wolfgang a eu de nombreuses infections ORL ou buccales : simples rhumes, amygdalites (tonsilites), sinusites, abcès dentaires. On incrimine le froid et l'humidité durant les voyages, en 1762. Toutes ces infections ont en commun le streptocoque.
Mozart fait une première poussée éruptive précédée de douleur à Schönbrunn après sa visite à la famille impériale. Le diagnostic de scarlatine fait par le Dr Bernhard de Vienne ne résiste pas. Il s'agit d'éléments séparés, maculo-papuleux, avec des taches très rouges, proéminentes et douloureuses. Le diagnostic qui vient à l'esprit est celui d'un érythème noueux dont le streptocoque est une possible étiologie. Cependant, la coloration, très rouge, purpurique fait évoquer la maladie de Schönlein-Hénoch, ou purpura rhumatoïde.
Revenu à Salzbourg, en octobre 1763, il souffre d'une poussée de polyarthrite, avec gonflement des articulations, identique à celle du purpura rhumatoïde de Schönlein-Henoch. Elle se déclare aussi à Munich, en 1766. En 1767, à Olmust, il est atteint de variole. Cela lui laisse des cicatrices indélébiles.
En 1784, à Vienne, il présente des troubles digestifs qui évoquent des infections streptococciques à répétition.
Mozart a une anomalie congénitale de la conque de l'oreille gauche, également présente chez son fils pianiste et prodige. Ceci ne semble pas avoir de conséquence sur la pathologie de Mozart. Certains ont attiré l'attention sur cette malformation congénitale unilatérale de l'oreille externe, présentée par Mozart, et soulignent qu'on a trouvé une anomalie similaire associée à des malformations du tractus urinaire. Rien ne peut confirmer qu'il a été porteur d'une malformation rénale qui serait finalement

responsable de sa mort, mais, si tel est le cas, il faut regretter que René Küss ne soit venu que, près de deux siècles trop tard, pour procéder à une transplantation rénale salvatrice.

- Voici trois hypothèses sur la mort de Mozart.

En l'absence d'autopsie, aucune certitude scientifique ne s'impose sur les causes de sa mort. Des déductions peuvent être tirées des récits faits par des témoins oculaires de son agonie, qui n'ont écrit leurs documents que longtemps après la mort du musicien. Il est possible, mais non démontré, que Mozart, connu pour ses obscénités verbales ou écrites, et son incroyable mémoire, ait été atteint du syndrome de Gilles de la Tourette, qui ne lui a pas été fatal.

- L'empoisonnement repose sur des allégations.

C'est la conviction de Mozart exprimée à son épouse Constance Weber en 1791, et aussi la rumeur publique de son empoisonnement par Antonio Salieri, qui aurait été jaloux. En fait, les deux compositeurs sont complices et travaillent ensemble. Peut-être a-t-il été empoisonné par les francs-maçons, furieux qu'il ait révélé quelques-uns de leurs rituels. Il se pourrait que ce soit eux qui aient emprunté vingt ans plus tard, à *La Flûte enchantée*, « *les épreuves des quatre éléments, car ils n'y figuraient pas à l'époque* » comme l'avance Roger Dachez, historien de la franc-maçonnerie. Le gonflement du corps après la mort était considéré à l'époque comme l'indice d'un empoisonnement, mais le médecin-chef de l'hôpital de Vienne a récusé formellement cette hypothèse. « *L'erreur a été de chercher un criminel* », précise Michèle Lhopiteau-Dortefeuille. En effet, Mozart, cet acharné de travail, écrivait sa musique « *jusqu'à en avoir mal aux doigts* ». Il prenait un médicament, la liqueur de van Swieten, très employée pour redonner des forces. C'était en fait une solution de mercure, d'où le goût de métal qu'il dit avoir ressenti parfois.

- La maladie de Schönlein-Henoch de l'adulte (ou purpura rhumatoïde).

Certes, cette maladie est plus rare chez l'adulte que chez l'enfant. Elle est aussi plus grave en raison de l'insuffisance rénale terminale. L'âge moyen est de 39 ans et on retrouve, à l'origine, une rhinopharyngite, une angine et une diarrhée fébrile, pathologies qu'a présentées Mozart. L'éruption purpurique est bilatérale, symétrique et évolue par poussées. Durant les 15 jours que dure, en novembre 1791, la maladie qui emporte Mozart, les symptômes notés sont en faveur d'une insuffisance rénale aiguë : fièvre, vomissements, exanthèmes, œdèmes douloureux des membres inférieurs, devenant généralisés, immobilité presque complète, lucidité conservée jusqu'au bout avant un bref coma terminal.

L'atteinte rénale fait tout le danger de cette maladie. Elle complique 80 à 100% des formes de l'adulte. Elle peut entraîner une hypertension artérielle, une hématurie, un œdème des poignets, un œdème massif rencontré dans les syndromes néphrotiques. Ceci expliquerait le changement d'écriture sur les partitions du *Requiem*, car, ayant les articulations gonflées, il aurait dicté la suite de son œuvre à un élève médiocre. On peut penser que Mozart a fait un purpura rhumatoïde dont le début remonterait à l'enfance. Il a rechuté à l'âge adulte pour se terminer par une insuffisance rénale fatale. Bien sûr, des questions restent en suspens par manque de renseignements cliniques : les urines, la dyspnée, la brusque aggravation entraînant la mort qui est peut-être due à une hyperkaliémie.

- L'hypothèse de la trichinose, maladie parasitaire des muscles, transmise par l'ingestion de viande de porc ou de cheval, a été présentée récemment.

En fait, Mozart a ingéré de la viande grillée sur du charbon. Cette affection donne un gonflement de la face et des yeux, mais pas l'œdème massif du tronc observé chez Mozart. Il est atteint d'un volumineux œdème du tronc, anasarque de type rénal observé dans les glomérulonéphrites et le syndrome néphrotique. Certains font remarquer que Mozart a été gravement malade dix ans plus tôt, atteint peut-être alors d'une glomérulonéphrite aiguë, conséquence possible d'infections streptococciques répétées. D'autres estiment qu'il a été victime d'une épidémie sévissant alors à Vienne et qu'il est mort vraisemblablement du syndrome de Schönlein-Henoch, lié à une infection par le streptocoque hémolytique bêta.

En fait, Mozart est mort le lundi 5 décembre 1791, dans la nuit, d'une glomérulonéphrite aggravée par les thérapeutiques (mercure et saignées), évolution terminale d'une maladie de Schönlein-Hénoch ou purpura rhumatoïde.

Mozart disparaît à la fin d'une année chargée d'événements historiques. Elle a vu l'Assemblée législative des Etats-Unis voter les fameux dix amendements de la Constitution. Elle a vu Louis XVI, de deux ans à peine l'aîné de Mozart, ne plus être que le roi des Français, en attendant un sort plus tragique. Au moins a-t-il été épargné à notre musicien de connaître les 23 années pendant lesquelles les nations européennes subiront la guerre, en particulier l'Autriche, sa patrie.

A son enterrement, Mozart a droit à un cercueil et à quelques amis pour suivre le corbillard. Son épouse est restée, quant à elle, à la maison, mais c'est alors l'usage. D'autres ont écrit qu'abandonné de tous, alors que les musicologues de toute l'Europe saluent unanimement son génie, il a été enterré dans une fosse commune. Le corps n'est pas identifié après sa mort. On ensevelit en effet les corps par quatre.

A l'époque de Mozart, la médecine est pleine de conceptions périmées, utilisant les saignées, les emplâtres, les drogues végétales actives : opium, digitale, quinquina. Pour sauver Mozart de l'infection streptococcique, la pénicilline aurait sans doute suffit, si l'on admet que le streptocoque est l'agent causal de sa maladie. Une coïncidence étonnante est à signaler. En Grande-Bretagne, les laboratoires Beecham ont apporté une contribution exceptionnelle au développement des pénicillines naturelles, puis des céphalosporines. Or, il est émouvant de constater que les œuvres de Mozart, tout particulièrement ses symphonies, ont retrouvé la faveur du public grâce aux efforts de Sir Thomas Beecham, petit-fils du fondateur des laboratoires, et chef du Royal Philharmonic Orchestra de Londres.

Références bibliographiques :

- Neumayr Anton, *Music and Medicine*, t. 1, Medi-Ed Press, Bloomington, Illinois, 1995.
- Michaux Jean-Louis, *L'autopsie de Mozart*, Age d'Homme (éd.), Coll. Cœur d'Homme, 2006.
- Bär C., *Mozart : Krankheit, Tod und Begräbnis, Schriftenreihe der Internat*, Stiftung Mozarteum Z. Aufl., Salzburg, 1972.
- Franken F. H., *Krankheit und Tod grosser Komponisten*, Baden-Baden, Köln, New York, 1979.
- Lechevalier Bernard, *Le cerveau de Mozart*, Odile Jacob (éd.), Paris, 2006.
- Paton A., Pathor A. & Graham G., « Looking for Mozart's ear », in *Brit. Med. J.*, 1986; 239; 1622.

CONCLUSIONS

La majorité des musiciens que nous avons évoqués dans ce livre sont morts des suites d'une maladie infectieuse. On mesure ainsi le chemin parcouru par la médecine depuis leur fin tragique, en considérant qu'au crépuscule du XXe siècle, la mortalité due aux maladies infectieuses est tombée, en France, à moins de 1,8 %. Cependant, on assiste depuis quelques années à l'émergence de souches de bactéries et de parasites de plus en plus résistantes aux médicaments qui leur sont opposés. C'est une évolution inquiétante. Tout ceci sans compter avec les maladies virales présentes et à venir contre lesquelles la thérapeutique a toujours besoin de nouveaux traitements. La recrudescence de la tuberculose est particulièrement alarmante, puisque, selon l'OMS, près de 3 millions de personnes en ont été victimes, en 1995. Si des mesures ne sont pas prises, le nombre de tuberculeux pourrait atteindre un demi-milliard d'ici cinquante ans.

Malgré tout, les progrès de la médecine prolongent aujourd'hui la vie humaine, soit par la prévention avec les vaccinations des jeunes enfants, soit par le traitement efficace des affections de l'adulte, dont la longévité augmente régulièrement. Si les musiciens précédemment évoqués vivaient aujourd'hui, nul doute que leurs maladies pourraient être empêchées, sinon guéries.

L'Odontotechnie ou l'art du dentiste, poème didactique et descriptif en quatre chants, dédié aux dames

par

Jean-Pascal Durant & Xavier Riaud[213]

1) L'épistémocritique

1-1 Définition

Si l'invention de la science est liée à sa formulation, dénommer la nature, nommer ce qui était avant innommable, est le premier acte scientifique. L'étude de ce rapport langage/science se fait à travers l'épistémologie (domaine de la philosophie des sciences qui prend la connaissance pour objet, amenant une réflexion sur les sciences, leurs statuts, leurs limites et leur rapport à l'homme). L'épistémocritique est l'axe charnière entre science et littérature, lien sublimé par la poésie scientifique. L'*Odontotechnie* de Julien Marmont (1825), différent de son second ouvrage l'*Esthioménie,* doit être revue grâce à cette nouvelle approche textuelle et grâce à son auteur compris à travers l'analyse de sa biographie dans la connaissance du contexte historique.

---

[213] Jean-Pascal Durand est docteur en chirurgie dentaire, titulaire d'un D. U. d'histoire de la médecine soutenu en Faculté de médecine Paris-Descartes et membre du conseil d'administration de la Société française d'histoire de l'art dentaire.

Xavier Riaud est docteur en chirurgie dentaire, docteur en épistémologie, histoire des sciences et des techniques, lauréat et membre associé national de l'Académie nationale de chirurgie dentaire, membre libre de l'Académie nationale de chirurgie.

L'Odontotechnie ou l'art du dentiste, poème didactique et descriptif en quatre chants, dédié aux dames, L'Harmattan (éd.), Coll. Médecine à travers les siècles, Paris, 2016.
Réédition commentée du livre de Julien Marmont de 1825 par les Drs Jean-Pascal Durand et Xavier Riaud.

1-2 La poésie scientifique

Ce genre littéraire ininterrompu trouve son origine chez Galien et Hippocrate, continué par Fracastor, La Fontaine, Poinsinet, Casimir Delavigne... Toutes les grandes étapes de la médecine et de la science ont été louées en vers.

2) Biographie de Julien Marmont

2-1 Autobiographie et son analyse

Devant des sources lacunaires, nous ne connaissons sa biographie que par les indications que Marmont donne dans ses écrits. Mais, son autobiographie est ambiguë et présente de nombreuses lacunes, et incertitudes tant dans ses rapports avec certains patients illustres (Joséphine, Napoléon) qu'avec ses confrères.

3) *L'Odontotechnie*

3-1 Présentation de l'ouvrage

Rédigé en alexandrins, on peut décrire ainsi :

- le chant 1 : importance de la bouche ;
- le chant 2 : les soins dentaires ;
- le chant 3 : le XIXe siècle, siècle de la nouveauté, de la science et de l'éducation ;
- le chant 4 : l'exercice professionnel dentaire.

3-2 Analyse épistémocritique

Malgré une absence de continuité du discours, il ne faut pas faire une analyse linéaire et continue du texte, tant du point de vue du poème en vers que des notes en prose. Ainsi, le poème de Marmont devient une bande annonce incitant le lecteur à un supplément d'idées et de références par la lecture des notes.

3-3 Conseils paternalistes

Tout au long de son ouvrage, Marmont établit (principalement dans les notes) un dialogue avec Fauchard, Anthelme Jourdain et Duval. La fraternité et la connivence qu'il établit avec ses confrères lui permettent de créer un esprit d'école qu'il cherche à redonner dans des conseils pratiques prodigués aux jeunes praticiens. Ainsi, il évoque les qualités que doit posséder le dentiste, la technicité avec laquelle il doit pratiquer et l'enseignement qu'il doit recevoir.

3-3-1 Les qualités du dentiste

Comme tout chevalier, le dentiste doit observer un code d'honneur et son esprit se doit d'être chevaleresque : courageux, inventif, débrouillard, honnête, totalement respectueux de l'autorité (celle dont il est le vassal, c'est pour cela qu'il ne remettra jamais en cause sa formation hippocratique et galiéniste). La moralité, le courage et l'honnêteté doivent être les qualités de base du praticien. A celles-ci, s'ajoutera la modestie qui lui évitera la jalousie des confrères.

3-3-2 Guide de bonnes pratiques

En l'absence d'anesthésie, le praticien se doit d'être empathique et sympathique. De part sa formation, chrétienne et hippocratique, la douleur

étant nécessaire dans le processus thérapeutique, il sait que les mots doux et rassurants seront les seuls réconforts et la seule méthode anesthésique.
Le jeune praticien doit garder un esprit professionnel et froid. Il se doit d'être scientifique, évitant toute passion vis-à-vis du patient. Son honnêteté doit lui interdire des actes irrémédiables. Il conseille un examen clinique précoce et efficace. En ce qui concerne cet examen, pour qu'il soit effectué dans de bonnes conditions, la position du patient assis par terre au pied du dentiste lui paraît non valable et dangereuse pour la femme enceinte notamment. Pour le fauteuil, Marmont recommande un fauteuil ferme et stable, propre et commode. Comme pour certains actes, la position allongée est plus ergonomique. L'utilisation d'un fauteuil à dossier rabattable sera conseillée. Alors que les soins médicaux se font pour la classe aisée à domicile, ce début du siècle marque la rupture dans le type d'exercice avec l'impossibilité de travailler valablement autre part que dans une structure spécialisée : le cabinet médical.
Pour Marmont, le fondamental reste la formation tant initiale que continue. Le dentiste est un scientifique formé par l'expérience et la théorie. Mais, cette formation initiale doit être pratique et théorique. C'est ce qui différencie le dentiste moderne du charlatan. Marmont, positiviste, veut valider d'une manière scientifique le traitement qu'il a mis au point : l'Esthioménie... De cette époque où la soif de découvrir l'emporte sur l'éthique, Marmont se montre, comme nombre de ses confrères, un expérimentateur sans conscience. Sa méthode scientifique est construite sur 3 dogmes : réflexion-expérimentation-conclusion.
Parmi les sciences, la pharmacopée, surtout végétale, doit être connue, apprise et régulièrement revue grâce à cet enseignement. Le dentiste sera ouvert à d'autres cultures et comprendra les attentes du patient qui seront différentes selon ses origines sociales, et géographiques. Ainsi, 20 ans avant Audibran qui affirmera la nécessité d'une obligation de formation des chirurgiens-dentistes et qui fondera, le 7 mai 1845, la Société des médecins-dentistes, 70 ans avant la création du diplôme de chirurgien-dentiste sur 3 ans en 1892, 120 ans avant la création de l'Ordre des chirurgiens-dentistes en 1942, Marmont pose les bases d'une profession réglementée, sécurisée et résolument scientifique.
4) Conclusion
L'étude de l'*Odontotechnie* nous apporte donc un enseignement et une connaissance historique en ce début du XIXe siècle. Ce texte contient des remarques déontologiques ou pratiques importantes pour l'exercice de la profession de chirurgien-dentiste. Si la fin du chant 4 parle des techniques employées par Marmont tant en dentisterie opératoire pour traiter les caries débutantes avec sa technique d'Esthioménie qu'en prothèse avec la réalisation d'appareils amovibles avec des dents naturelles traitées selon une méthode qu'il a mise au point. Il est réducteur de considérer ces 16 vers comme un acte publicitaire. Même si les notes se rapportant à ce paragraphe

sont les plus longues de toutes et occupent 25 pages, où il est question de classification du type de caries, d'analyse des autres techniques et de leurs effets indésirables, elles ne sont pas du tout rédigées comme un argument publicitaire. Laurence Guellec, dans ces vers, y voit une dérive et une publication auto-promotionnelle, « *la plaquette de luxe d'un habile prothésiste* ». Elle juge donc le poème auquel elle trouve quelques vertus, dans 16 vers sur 1 200, soit une négation de 98,67 % du texte. Comme le montre la qualité des conseils délivrés au jeune praticien débutant son exercice, l'*Odontotechnie* ne s'adresse pas exclusivement à la gente féminine et la stratégie de communication n'est pas aussi précise, et distincte qu'annoncée dans l'épître dédié aux dames.

Références bibliographiques:

1) BARON P., « Dental practice in France », in Hillam C., *Dental practice in Europe at the end of the 18th Century*, Rodopi (ed.), Amsterdam, New York, 2003.

2) DAGEN G., « Un dentiste-poète du temps de Charles X: Julien Marmont », in *L'Information dentaire*, 14 avril 1966, pp. 1597-1600.

3) DEFLANDRE M.-A., *Répertoire du commerce de Paris...*, Paris, 1828 et 1829, p. 112 (1828), p. 84 (1829).

4) DELAVINE C., *Poésies diverses, précédées d'un poème sur la vaccine*, chez Ladvocat, Paris, 1823, gallica.bnf.fr/ark:/12148/bpt6k5447999g.

5) DUVAL J. R. R., *Le dentiste de la jeunesse...*, chez Méquignon-Marvis, Paris, 1817 (1ère éd. 1805), www.biusante.parisdescartes.fr/histmed/medica/cote?40517x01.

6) FAUCHARD P., *Le Chirurgien-Dentiste ou Traité des dents*, chez l'auteur rue des grands cordeliers, Paris, 1746.

7) LA FONTAINE J., *Poème du quinquina*, chez Denis Thierry, Paris, 1682, books.google.com/.../Poëme_du_Quinquina_et_autre_ouvrages_en.html.

8) GALIGNANI A. G., *Galignani's new Paris guide*, rue Vivienne, Paris, 1827.

9) GUELLEC L., « Le commerce de la science: poésie scientifique et rhétorique publicitaire », in Louapre M., Marchal H. & Pierssens M. (éd.), *La Poésie scientifique, de la gloire au déclin*, ouvrage électronique mis en ligne en janvier 2014 sur le site Epistémocritique, pp. 339-359.

10) JOURDAIN A., *Traité sur les maladies de la bouche*, chez Valleyre l'aîné, Paris, 1778, https://books.google.fr/books?id=xXpXkCaNfokC.

11) JULIEN P., « La pharmacie dans le Bazar parisien », in *Revue d'histoire de la pharmacie*, 1991, n° 289, pp. 133-146.

12) MARCHAL H., *Muses et ptérodactyles. La poésie de la science de Chénier à Rimbaud*, du Seuil (éd.), Paris, 2013, pp. 104-105.

13) MARMONT J., *L'Odontotechnie ou l'art du dentiste, poème didactique en quatre chants...*, chez l'auteur, Paris, 1825, source gallica.bnf.fr.

14) MARMONT J., *L'Esthioménie, procédé découvert depuis l'année 1807...*, chez l'auteur, Turin, 1835, (source BIUM cote?APHPF00287) ou Milan, 1839 (source books.google.com).
15) POINSINET le jeune, *L'Inoculation. Poème...*, Paris, 1756, gallica.bnf.fr/ark:/12148/bpt6k5544379z.
16) RIAUD X., « Julien Marmont, dentiste de Joséphine et occasionnellement de Napoleon Ier », in *www.napoleonicsociety.com/french/pdf/riaudmarmont.pdf.*
17) RUEL-KELLERMAN M., « Dubois de Chémant: dissertation sur les avantages des dents incorruptibles de pâte minérale... », in *La littérature odontologique française du XVIIe au XVIIIe siècle*, BIUM, sources de l'odontologie, Paris.
18) WENGER A., « Poésie et médecine au XIXe siècle. Les traductions françaises de *Syphilis* (1530) de Fracastor », in Louapre M., Marchal H. & Pierssens M. (éd.), *La poésie scientifique, de la gloire au déclin*, ouvrage électronique mis en ligne en janvier 2014 sur le site Epistémocritique, pp. 171-188.
19) ZIMMER M., « Dubois de Chémant: nouveaux éléments biographiques », in *Actes de la SFHAD*, 2010, Vol. 15, pp. 55-58.

Le papyrus médical Edwin Smith
Chirurgie et magie en Egypte antique

par
François Resche [214]

Le papyrus Edwin Smith apporte un éclairage direct sur le mode de formation et les connaissances des médecins égyptiens de l'Antiquité. Il s'agit de l'unique exemplaire découvert à ce jour d'un traité de pédagogie médicale, daté de la fin de la Deuxième Période Intermédiaire, vers 1550 av. J.-C. Il s'agit d'une copie tardive d'un document dont la version princeps remonte à l'Ancien Empire, un millénaire plus tôt, transmis de génération en génération, au moyen de copies successives réalisées et conservées dans des

---

[214] Professeur émérite de neurochirurgie. Président honoraire de l'Université de Nantes.

Le papyrus Edwin Smith, Chirurgie et magie en Égypte antique, L'Harmattan (éd.), Coll. Médecine à travers les siècles, Paris, 2016.

Cet ouvrage représente la première édition critique francophone consacrée spécifiquement au papyrus Edwin Smith dans son intégralité, près de 90 ans après la publication princeps anglophone de James Henry Breasted (1930). Le travail préparatoire a été réalisé au sein de l'Université permanente de Nantes (Dir. Mme Gwénaëlle Le Dreff) dans le cadre du cours d'initiation à l'égyptien hiéroglyphique professé depuis l'année 2007-2008, par cycles de trois ans. Je remercie de leur active participation : Mmes Michèle Bessaud, Michèle Cébula, Gilberte Chayard, Anne Ducreux, Josette Le Téno, Sylvie Lefèvre, Colette Remaud et Nicole Robinet, MM. Hubert Carnec, Jean Pennanéac'h, Yves Priou, Bruno Ramstein et Daniel Taraud.
La découverte dans le cadre professionnel au début des années 80 du papyrus Edwin Smith, de sa valeur épistémologique, un intérêt ancien pour l'histoire et la civilisation de l'Égypte antique m'ont conduit à vouloir en apprendre la langue afin d'entreprendre un travail personnel d'analyse du papyrus avec une vision d'anatomiste et de neurochirurgien. Mes remerciements vont en priorité à MM. les professeurs Jean Yoyotte (†) et Jean Leclant (†) pour leurs encouragements et leur soutien, à M. le professeur Pascal Vernus, directeur d'études honoraire en linguistique égyptienne et philologie à l'École pratique des hautes études et à M. Patrice Le Guilloux, diplômé de l'EPHE, pour la qualité de leurs enseignements.

Maisons de Vie, annexes des temples, lieux d'instruction des prêtres et des médecins. Le sous-titre *Chirurgie et magie en Égypte antique* exprime le contenu du papyrus. Chirurgie parce qu'il s'agit, pour l'essentiel, contrairement aux autres papyrus médicaux de l'Égypte antique (papyrus de Kahun, papyrus Ebers, papyrus Hearst, papyrus 10059 de Londres, etc.), d'un traité de pathologie externe comportant la description rationnelle de lésions traumatiques, de cas de tumeurs et d'abcès superficiels. Magie parce qu'au verso du papyrus, figurent des incantations et diverses recettes correspondant à cette pratique, et que le recto n'en est pas totalement exempt, en raison de la présence d'une observation ajoutée secondairement.

L'ouvrage se compose de deux parties bien distinctes. Après une introduction situant le papyrus tant dans son contexte historique qu'au sein des textes médicaux de l'ancienne Egypte, puis retraçant ses pérégrinations depuis son acquisition par Edwin Smith à Louqsor, en 1862, jusqu'à son dépôt en 1948, à la bibliothèque de la New York Academy of Medicine, l'ouvrage se poursuit par l'exposé de ses caractéristiques physiques, de la nature des textes, et de leurs particularités.

Suivent la transcription, la translittération et la traduction originales du document. Après un exposé de la méthodologie suivie, sont présentés les fac-similés photographiques en couleur des vingt-deux colonnes que compte le papyrus avec, en regard, la transcription du hiératique en écriture hiéroglyphique de même orientation (de droite à gauche). La section suivante comprend la transcription en hiératique de gauche à droite, la translittération, puis la traduction, effectuées ligne à ligne, des deux faces du document : le recto d'abord où figure la copie d'un traité malheureusement incomplet de pathologie externe comptant quarante-huit observations, puis le verso, assemblage disparate de huit incantations magiques, de deux brèves prescriptions médicales, et de trois recettes à visée cosmétique. Cette partie de l'ouvrage, la plus importante, s'accompagne de commentaires en tête de chaque observation du recto ou de chaque incantation, prescription ou recette du verso. De nombreuses annotations sont présentées, d'ordre sémantique, syntaxique ou grammatical, assorties chaque fois que nécessaire d'une revue critique des travaux antérieurs.

À l'usage du lecteur souhaitant en priorité se faire une idée personnelle des connaissances médicales de l'époque sans s'intéresser (du moins dans un premier temps) au texte original, une traduction suivie est présentée, avec insertion des références aux numéros de colonne et de ligne. Elle peut ainsi être abordée d'emblée, avec à tout moment possibilité de retour vers le texte original et la traduction ligne à ligne annotée.

La traduction suivie précède les outils linguistiques constitués tout d'abord d'un lexique égyptien-français répertoriant la totalité des termes présents et donnant pour chacun, outre ses occurrences dans le texte, sa nature grammaticale, les variantes graphiques constatées et pour les verbes, leurs modifications éventuelles suivant leur catégorie et leur aspect. Un index

thématique français-égyptien suit le lexique, précédant la conclusion de cette première partie.
L'un des buts de ce travail étant que, curiosité aidant, le lecteur ait envie de dépasser la traduction suivie et veuille s'immerger dans la traduction ligne à ligne, et peut-être ainsi se sentir motivé par l'apprentissage de la langue, l'ouvrage comporte, dans sa seconde partie, une initiation à l'égyptien hiéroglyphique, construite en deux sections. La première explique, de manière simple, le système d'écriture des Égyptiens de l'Antiquité. La seconde est un abrégé de grammaire du moyen égyptien qui constitue une approche, abordable sans connaissances préalables, devant permettre à celles et ceux qui le souhaiteront de s'engager dans un autoapprentissage guidé de l'égyptien classique.
L'ouvrage se termine par la liste des références bibliographiques utilisées dans les deux parties de l'ouvrage avec les clefs en facilitant l'usage. L'objectif de ce travail est ainsi de contribuer à la découverte d'un document primaire unique, vieux de plus de trente-cinq siècles, en le rendant accessible à tous, et ce faisant, d'intéresser non seulement les professionnels de santé concernés par l'histoire de la médecine, mais aussi toute personne passionnée par la civilisation égyptienne antique, son histoire, ses pratiques et ses mythes. Il a de plus l'ambition de susciter auprès du plus grand nombre, l'envie d'apprendre à lire et à comprendre cette langue imagée, remarquable à bien des égards, en usage sous ses différentes formes pendant plus de trois mille ans, qui survit encore en Égypte et ailleurs dans la langue liturgique copte.

L'histoire récente du papyrus commence en 1862. Edwin Smith, né en 1822 à Bridgeport (Connecticut), après des études d'égyptologie qu'il aurait menées à Londres et à Paris, apparaît à Louqsor, en 1858. Il y fait l'acquisition du papyrus auquel est attaché son nom, auprès d'un autochtone (Mustapha Aga) qui lui vend, en janvier 1862, le corps principal du rouleau et plusieurs petits fragments et, deux mois plus tard en mars 1862, trois fragments complémentaires plus importants correspondant comme les précédents à des reliquats de la première colonne d'écriture. On ignore tout des conditions financières de la transaction et du statut du vendeur (marchand officiel d'antiquités ou receleur, et vendeur à la sauvette), mais, quel que fût ce dernier, il est certain que la présence du papyrus sur le « marché » était le résultat d'un pillage de tombe, située peut-être à Deir-el-Medineh, et non d'une fouille officielle.
Cette même année 1862, Edwin Smith fait l'acquisition d'un autre papyrus, beaucoup plus long, qui portera également son nom quelques années avant de se retrouver, en 1869, sur un catalogue de vente d'antiquités. Ce second papyrus Smith, acheté par l'égyptologue allemand Georg Ebers (1837-1898) qui en vit immédiatement l'intérêt, prendra le nom de ce dernier acquéreur. Contrairement au papyrus Smith, le papyrus Ebers n'attendra pas près de

soixante ans avant d'être publié. Il sera en effet présenté à la communauté scientifique par son possesseur dès 1875.
Concernant Edwin Smith, il est difficile de savoir quel était son degré de connaissance du hiératique. Suffisant sans doute pour lui permettre d'interpréter correctement la date située au verso du futur papyrus Ebers et de reconnaître un contenu médical dans les deux papyrus acquis par lui en 1862. Sanchez et Metzger ont publié en 2012[215], le fac-similé de treize pages de notes manuscrites rédigées par Edwin Smith, possible travail préparatoire d'une traduction qu'il ne réalisa jamais.
En 1876, Edwin Smith quitte définitivement l'Égypte et regagne les États-Unis, emportant le papyrus dans ses bagages, non sans l'avoir découpé en neuf grands fragments pour en faciliter le transport, et conservant sans chercher à les repositionner, dix-huit fragments épars, reliquats de la colonne I. Parmi ces derniers, dix seulement s'avéreront exploitables et seront repositionnés ultérieurement par Breasted (voir *infra* – Fig. 4a).
Peu après la mort d'Edwin Smith (27 avril 1906), sa fille, Mrs Leonora Smith, fera don du papyrus et des notes d'accompagnement à la New York Historical Society. Cette dernière les conservera pendant quatorze ans avant de mandater, en 1920, l'Oriental Institute de Chicago et son directeur, le Professeur James Henry Breasted (1865-1935), en vue de la réalisation d'une publication exhaustive.
Né à Rockford (Illinois), Breasted étudia l'égyptologie en Allemagne et, sous la direction d'Adolf Erman, prépara une thèse consacrée à la révolution monothéiste amarnienne. Il sera, en 1894, le premier Américain docteur en égyptologie. Après cinq ans de travail de terrain en Égypte, il est nommé professeur à l'université de Chicago et sera à l'origine de la création de l'Oriental Institute qu'il dirigera à partir de 1919, et également le fondateur de la Chicago House à Louqsor, en 1924. Il mettra dix ans pour mener à bien la publication du papyrus Smith, avec l'aide d'un conseiller médical, le Dr Arno B. Luckhardt (1885-1957), professeur de physiologie à l'université de Chicago. Le travail de Breasted est publié en 1930[216].
Le papyrus Smith réintègre alors les locaux de la New York Historical Society, puis est placé en dépôt au musée de Brooklyn en 1936. Enfin, le 3 décembre 1948, lors d'une cérémonie solennelle dont la presse locale se fit

[215] Sanchez Gonzalo M. & Meltzer Edmund S., *The Edwin Smith Surgical Papyrus – Updated translation of the trauma treatise and modern medical commentaries*, Lockwood Press, Atlanta, 2012, pp. 326-38.
[216] Breasted James Henry, *The Edwin Smith Surgical Papyrus published in facsimile and hieroglyphic transliteration with translation and commentaries in two volumes. Vol. I : Hieroglyphic Transliteration Translation and Commentary* - Oriental Institute Publications III; *Vol. II : Facsimile plates and line to line hieroglyphic transliteration* - Oriental Institute Publications IV, The University of Chicago Press, Chicago, Illinois, 1930..

l'écho[217], il est remis à la bibliothèque de la New York Academy of Medicine où il se trouve exposé depuis.
Le papyrus Smith a fait l'objet d'une présentation au grand public lors de l'exposition *The Art of Medicine in Ancient Egypt* qui s'est tenue au Metropolitan Museum of Art à New York du 13 septembre 2005 au 15 janvier 2006[218].

Le rouleau de papyrus (« *medjat* »), support noble de l'écriture non monumentale de l'Egypte antique, représentait le « livre » égyptien. Il était formé par enroulement d'une bande de papyrus de longueur variable, résultant du collage de plusieurs feuillets. Chaque feuillet était lui-même façonné à partir de lamelles de 10 à 15 mm de largeur obtenues par section longitudinale de tronçons découpés sur la tige de la plante de marais *Cyperus papyrus L.* Ces lamelles, débarrassées de leur écorce, puis écrasées, étaient assemblées ensuite en deux couches disposées perpendiculairement l'une par rapport à l'autre avant d'être mises à sécher. Les feuillets ainsi obtenus étaient alors collés les uns à la suite des autres avec une petite zone de recouvrement, pour constituer en définitive une bande de longueur variable, dépendant du nombre de feuillets assemblés. Cette bande était secondairement enroulée sur elle-même de la gauche vers la droite pour former *in fine* le rouleau proprement dit, support de l'écriture[219].
Le rouleau de papyrus pouvait être écrit sur une face (face antérieure ou interne ou recto), ou sur ses deux faces (recto et verso), généralement en lignes horizontales d'écriture hiératique – forme cursive de l'écriture hiéroglyphique apparue dès 3000 av. J.-C. – orientées de droite à gauche, se succédant de haut en bas en formant des colonnes d'écriture de hauteur et de largeur variables. Ces colonnes, qui se succédaient de la droite vers la gauche, n'épousaient pas la largeur des feuillets constitutifs du rouleau. La hauteur des colonnes dépendait de la hauteur du papyrus et de l'importance des marges supérieure et inférieure. La largeur des colonnes d'écriture pouvait être ou non régulière. La hauteur des lignes et donc le nombre de lignes, et leur parallélisme pouvaient varier d'une colonne à l'autre, en fonction de l'application du scribe, mais aussi sans doute de l'aspect de la « *mise en page* » du document-source dont il assurait la copie.
Le mode d'enroulement (de la gauche vers la droite) explique que l'extrémité droite du rouleau en constituait la partie la plus superficielle et lui servait d'enveloppe. Cette extrémité droite, manipulée lors de la saisie du rouleau, se trouvait ainsi la plus exposée aux altérations d'origine externe.

---

217 *New York Times* des 3 et 5 décembre 1948.
218 Allen James Peter, *The Art of Medicine in Ancient Egypt: exhibition held at The Metropolitan Museum of Art, New York (from September 13, 2005 to January 15, 2006)*, Yale University Press, New Haven & London, 2005.
219 Ainsi, le papyrus d'Ani, conservé au British Museum, avait à l'origine (lui aussi avant découpage pour « faciliter » son transport) une longueur de 23 mètres.

La première colonne de texte, écrite à la face antérieure de la partie droite du papyrus, s'avère toujours de ce fait être la plus dégradée.

Le papyrus Smith formait à l'origine un rouleau de près de cinq mètres de longueur résultant de l'assemblage de douze feuillets de 39-40 cm de largeur, collés entre eux (onze zones de collage), d'une hauteur de 32-33 cm.
Il est formé de vingt-deux colonnes d'écriture hiératique bichrome, noire et rouge, dix-sept rédigées à la face antérieure du papyrus et cinq, à sa face postérieure. Il ne comporte aucune illustration. Les colonnes sont de largeur irrégulière (les colonnes II à V du recto ont une largeur bien supérieure aux suivantes). Il compte un total de 469 lignes, 377 au recto, 92 au verso.
Deux apprentis-scribes sont intervenus dans sa réalisation, dans des proportions très inégales. Le premier a rédigé les dix-sept colonnes du recto. Ayant interrompu son travail de manière inopinée près de la fin de la dix-septième colonne, il a repris le même support, après un délai indéterminé, pour copier au verso trois colonnes et les huit premières lignes d'une quatrième, d'un texte protéiforme sans lien avec le thème du texte principal occupant le recto. Un second scribe est intervenu alors pour copier treize lignes supplémentaires sur cette même colonne, puis quatorze lignes formant une cinquième et dernière colonne, n'occupant que la moitié de la hauteur du support.
Les premières photographies connues du papyrus Smith sont présentées dans le second volume de la publication de Breasted. Il s'agit de la reproduction de clichés de teinte bistre où la différenciation des couleurs d'écriture est souvent malaisée. Ce volume de grand format offre en revanche l'avantage de présenter les colonnes à l'échelle 1/1. De plus, il s'agit de photographies prises dans le laboratoire de l'Oriental Institute de Chicago avant le début des travaux de restauration et des tentatives de décollement des cartonnages mis en place à titre de support plus de quatre décennies auparavant par Smith, travaux qui provoqueront sur le papyrus des dommages supplémentaires irréversibles, intéressant la colonne II. L'examen comparatif de ces premiers clichés et des dernières reproductions en couleur du papyrus, que nous avons obtenues pour la réalisation de notre ouvrage, montre parfaitement les différences liées à ces interventions hasardeuses, signalées par Breasted lui-même.

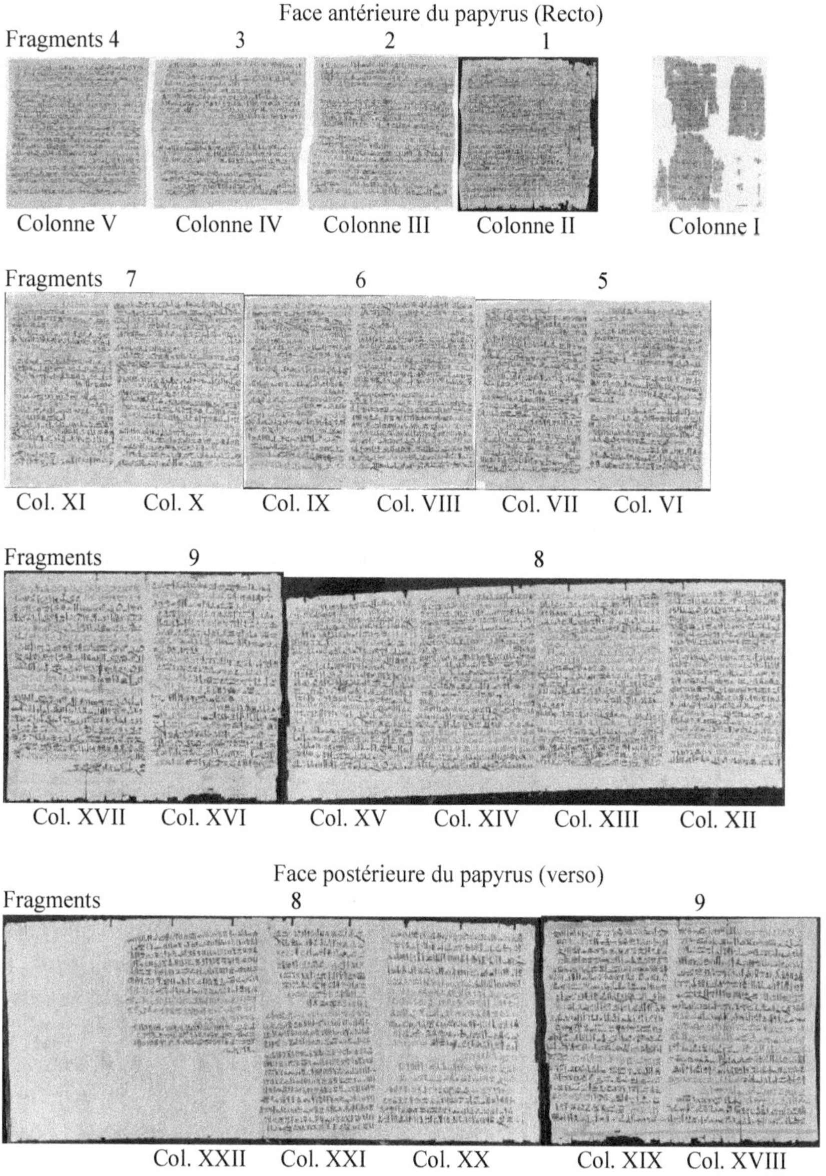

Fig. 1 : État actuel du papyrus Edwin Smith - Fac-similé (échelle 0,1 au format A4).
Avec la permission de The New York Academy of Medicine Library.

Les clichés fournis par la New York Academy of Medicine Library[220], reproduits ci-dessus (Fig. 1), présentent l'état actuel du papyrus tronçonné en

[220] Les clichés numérisés du papyrus, soumis à copyright, dont nous avons pu disposer (remerciements à Mrs Arlene Shaner, Historical Collection Librarian - The New York Academy of Medicine Library), datent du 15 novembre 2004. Ils furent réalisés en vue de l'exposition programmée l'année suivante, au Metropolitan Museum of Art.

9 grands fragments : les fragments 1 à 4 du découpage effectué par Smith supportent les colonnes II à V, les fragments 5, 6 et 7 respectivement les colonnes VI et VII, VIII et IX, X, et XI du recto. Le fragment 8 supporte les colonnes XII, XIII, XIV et XV du recto et les colonnes XX, XXI et XXII du verso. Le fragment 9 supporte les colonnes XVI et XVII du recto et XVIII, et XIX du verso.
Ces clichés montrent également le repositionnement des reliquats de la colonne I effectué par Breasted (voir également *infra* – Fig. 4a), les différences de largeur des colonnes, et la situation respective des colonnes du verso et du recto : sur le fragment 8, la colonne XX est au dos de la colonne XV et de la partie la plus à gauche de la colonne XIV, la colonne XXI au dos du reste de la colonne XIV, et la colonne XXII au dos de la colonne XIII ; sur le fragment 9, la colonne XVIII se situe au dos de la colonne XVII, et la colonne XIX au dos de la colonne XVI.

Plusieurs opérations sont nécessaires pour passer du hiératique à la traduction en langue vernaculaire. Tout d'abord la transcription du texte hiératique en caractères hiéroglyphiques, strictement conforme à la présentation du document primaire, en lignes orientées de droite à gauche. La transcription hiéroglyphique de gauche à droite, sens typographique adopté dans les ouvrages contemporains, constitue la seconde étape nécessaire avant la translittération de l'écriture hiéroglyphique en caractères de type latin, précédant la traduction.
À partir des clichés numérisés au format .jpg transmis par la NYAML, nous avons réalisé un travail de séparation-reconstruction numérique à l'aide du logiciel éditeur d'images GIMP2 [221] afin de présenter séparément dans l'ouvrage chaque colonne à l'échelle maximale pouvant figurer sur un format A4 orienté portrait[222] (cf. exemple ci-dessous : colonne VII – Fig.2).
À partir des fac-similés de chacune des vingt-deux colonnes d'écriture, a ensuite été effectuée la transcription hiéroglyphique numérisée, ligne à ligne, au moyen du logiciel InScribe2004[223], au plus près de l'écriture d'origine et respectant naturellement la bichromie d'écriture noire, et rouge du document primaire. Le texte hiératique ayant été transcrit en totalité en écriture hiéroglyphique en lignes horizontales orientées de droite à gauche, on a pratiqué ensuite, dernière étape avant la translittération, la transcription hiéroglyphique de gauche à droite, en inversant seulement l'orientation des

---

[221] GIMP2 - 2.8.4 copyright © 1995-2013 Spencer Kinball, Peter Mattis *& al.*
[222] Au format A4, échelle voisine de 0,5 pour les quatre colonnes les plus larges (colonnes II à V) et échelle proche de 0,7 pour toutes les autres colonnes du recto et les cinq colonnes du verso.
[223] InScribe2004 copyright © 1993-2004 Saqqara Technology Ltd - 81 Sandfield Road Headington, Oxford, Oxfordshire, OX3 7RW United Kingdom – Le logiciel dispose de la fonte de caractères hiéroglyphiques du Griffith Institute d'Oxford et est doté d'une fonte littérale pour la translittération *(Inscribe Phonetic)*.

lignes et des caractères, et en conservant la disposition originale de ces derniers[224]. La transcription hiéroglyphique de gauche à droite est suivie de la translittération, opération qui a pour finalité de transformer un texte hiéroglyphique en un texte littéral, « alphabétique », au moyen de lettres minuscules correspondant, par convention, aux sonorités supposées (consonantiques et de vocalisation) du moyen égyptien. La langue égyptienne ne connaît pas de ponctuation. Les mots constitutifs de phrases, et les phrases elles-mêmes se suivent sans séparation. Il n'y a pas de paragraphe pour marquer les diverses parties du discours. Dans la translittération, il est donc indispensable de séparer les mots par un espace, et d'avoir recours à un certain nombre de caractères typographiques de ponctuation pour repérer divers éléments fondamentaux de la grammaire égyptienne.

Fig. 2 : Colonne VII - Fac-similé (échelle 0,57 au format A4).
Avec la permission de The New York Academy of Medicine Library.
24 lignes.

[224] Présentation retenue de préférence à une présentation artificielle reconstituée en cadrats de l'écriture hiéroglyphique telle qu'elle a été retenue par Breasted.

La traduction ligne à ligne peut alors intervenir avec l'ambition d'assurer la meilleure restitution possible des concepts de l'auteur de l'Antiquité. Dans le domaine médical, objet principal du papyrus Smith, il convient également de rester au plus près du savoir des praticiens de l'époque ou plus exactement de ce que l'on peut en connaître, en fonction des différentes sources disponibles, et ce en évitant deux écueils. Le premier consisterait à mésestimer ce savoir, en se fondant sur la pertinence qui peut paraître faible, au vu des connaissances actuelles, des solutions thérapeutiques proposées, il y a plus de 3 500 ans. Ces traitements étaient le fruit d'une longue expérience collective acquise au fil des siècles et des millénaires précédents, depuis le moment où, au sein des petites communautés humaines préhistoriques, certains hommes se virent investis de la fonction redoutable de soulager leurs semblables et d'essayer de différer l'échéance inéluctable, la mort. Leurs connaissances, fruits de l'expérience, furent transmises par voie orale dans une longue chaîne humaine, de génération en génération, jusqu'au moment où l'écriture permit de les fixer à l'usage de quelques initiés. On sait par ailleurs, grâce aux témoignages de voyageurs de l'Antiquité, que la médecine égyptienne avait acquis très tôt un développement et des potentialités remarquables à tel point que des médecins égyptiens étaient appelés à exercer leur art hors de leur pays[225]. Le corps médical était structuré[226] et les médecins directement responsables de leurs actes, la faute médicale inexcusable pouvant être punie de mort[227]. Inversement, il faut se garder de sur-interpréter les textes, et de faire dire à l'auteur de l'Antiquité, ce qui ne pouvait en aucune manière lui être accessible de son temps.

Texte hiératique

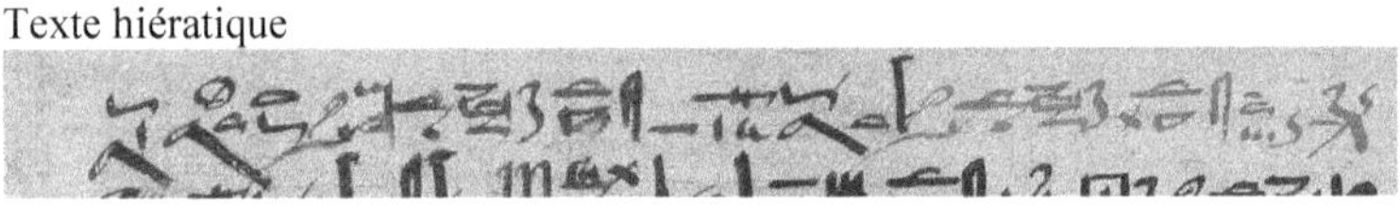

Transcription hiéroglyphique (écriture de droite à gauche)

[225] Hérodote, *Histoires – Livre III – Thalie*, Texte établi et traduit par Ph.-E. Legrand, Société d'édition Les Belles Lettres, Paris, 4e tirage, 1967, III 1, p. 37.

[226] Hérodote, *Histoires – Livre II – Euterpe*, Texte établi et traduit par Ph.-E. Legrand, Société d'édition Les Belles Lettres, Paris, 6e tirage, 1982, II 84, p. 120.

[227] Diodore de Sicile, *Bibliothèque historique – Livre I*, Texte établi par Pierre Bertrac et traduit par Yvonne Vernière, Société d'édition Les Belles Lettres, Paris, 1993, I 82-3, pp. 154-5.

Transcription hiéroglyphique (écriture de gauche à droite) et translittération

šȝw (nty)wt sd m mndt.f jr ḫȝi.k z n(y) sd m mndt.f rdj.ḫr.k ʿ.k

Traduction
Instructions pour un fracas de la pommette : Si tu es conduit à examiner un homme présentant un fracas de la pommette, tu placeras ta main ...

Fig. 3 : Colonne VII
Ligne 1 : du hiératique à la traduction

L'ensemble de ces opérations a été effectué pour la colonne I (qui correspond à la description de trois cas de traumatismes de la voûte du crâne) après reconstitution des parties manquantes, en grande partie possible par comparaison avec des observations homologues situées plus loin sur le papyrus Smith (concernant des traumatismes de la région temporale), et aussi avec quelques parties de textes présents sur le papyrus Ebers. La transcription hiéroglyphique de la colonne I est illustrée ci-après (Fig. 4b).

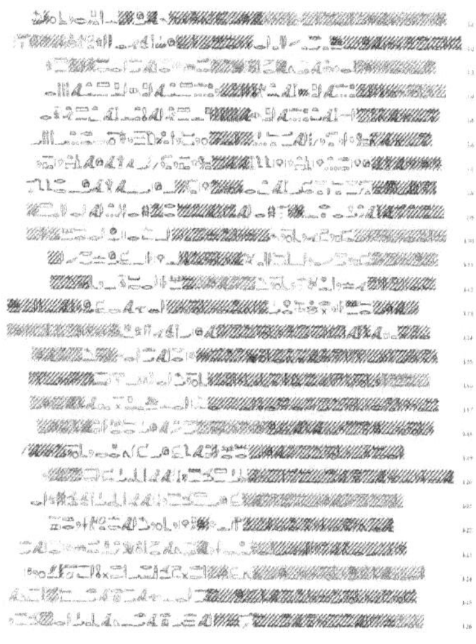

Fig. 4a : Reliquats de la colonne I. Fig. 4b : Reconstitution (transcription).
Fac-similé (échelle 0,74 au format A4), 26 lignes.
Avec la permission de The New York Academy of Medicine Library.

La nature des textes est totalement différente d'une face à l'autre du document. Ceci constitue l'un des arguments suggérant que le papyrus Smith est le résultat d'un exercice d'entraînement confié à des scribes en formation au sein d'une Maison de Vie. Le recto comporte sur ses 17 colonnes répertoriées de I à XVII, 48 observations de pathologie externe, traumatique et non traumatique, ainsi réparties : 27 observations de traumatismes de la

tête (9 observations de traumatismes de la voûte du crâne et de traumatismes cranio-cérébraux, dont une, la neuvième, à caractère magique dominant ; 8 observations de traumatismes faciaux supérieurs ; 6 observations de traumatismes de la région temporale ; 4 observations de traumatismes faciaux inférieurs) ; à la suite et sans démarcation, sont exposées 6 observations de lésions traumatiques cervicales (1 observation de plaie de la face antérieure du cou et 5 observations de lésions traumatiques du rachis cervical) ; viennent ensuite 15 observations de pathologie externe de la ceinture scapulaire, du membre supérieur et du tronc (5 observations de lésions traumatiques de la région claviculaire et du bras et 10 observations de lésions traumatiques et non traumatiques du tronc dont, parmi ces dernières, un cas évoquant une neurofibromatose de type1).
Sur les quatre colonnes et demi du verso (colonnes XVIII à XXII), figurent à la suite, sans plan structuré, huit incantations à visée apotropaïque, une conduite à tenir *en présence d'une aménorrhée douloureuse*, deux recettes à visée cosmétique pour « *améliorer l'état de la peau* » et « *embellir le visage* » (présentes dans les papyrus Ebers et Hearst). Copiées par le second scribe, se succèdent une troisième recette pour « *transformer un vieillard en jeune homme* », et enfin une conduite à tenir « *en présence d'une maladie de l'anus* ».

Le paradigme de présentation des observations du recto du papyrus comporte :

- L'intitulé qui précise d'emblée le mal auquel le médecin se trouve confronté. Il apparaît derrière un terme égyptien inaugural correspondant à « *instructions pour* », « *conduite à tenir en présence de* ».
- L'examen clinique, présenté après l'intitulé, commence toujours par la formule « *si tu examines un homme présentant ...* »[228], suivie du rappel de l'intitulé et de la description des gestes préconisés à visée diagnostique (« *tu inspecteras* », « *palperas* », « *sonderas* », etc.).
- Les données de l'examen sont alors introduites par la formule « *si tu constates en permanence* » suivie de la description des constatations faites.
- Puis, apparaît, au terme de l'exposé clinique, la formule « *alors tu diras de lui, voici un (homme) qui présente* » précédant le rappel de l'intitulé et des constatations faites (reprenant de manière tautologique délibérée les données de l'examen, avec parfois un élément nouveau).
- Intervient alors l'énoncé du verdict, temps décisif de l'observation, avec trois éventualités : « *un mal sur lequel je vais agir* », « *un mal avec lequel je vais me battre* », « *un mal pour lequel rien n'est à entreprendre* ».

Le premier verdict correspond, dans l'expérience du maître-médecin, aux circonstances dans lesquelles le pronostic est dans tous les cas favorable,

[228] Le tutoiement correspond au mode direct d'expression qu'avaient les Egyptiens pour communiquer entre eux. Ainsi, s'adressait-on au roi suivant la formule « *ta Majesté* ».

sous réserve de traiter le patient suivant les préconisations qui seront précisées immédiatement après «*jusqu'à sa guérison*». Le second verdict indique que le pronostic est incertain, que l'évolution peut mener le patient à la guérison, mais aussi que, malgré le traitement préconisé, son état est susceptible de se dégrader. Le maître-médecin conseille de surveiller le patient «*jusqu'à ce que le temps de son traumatisme soit passé*» ou «*jusqu'à ce que tu saches qu'il a atteint le « point décisif »*», c'est-à-dire jusqu'à savoir «*s'il vivra ou s'il mourra*». Enfin, le dernier verdict correspond à un mal au-delà de toute possibilité thérapeutique, sans le moindre espoir d'amélioration, qui aboutira inexorablement à la mort.

- Faisant suite aux deux premiers verdicts, un traitement est proposé, dont les modalités sont clairement définies et dont on donnera plus loin quelques exemples, ainsi que sa durée, comme on vient de l'indiquer. L'énoncé du verdict 3 met le plus souvent fin à l'observation. Dans quelques cas cependant, le maître-médecin prodigue des conseils relatifs à l'installation du patient, visant à soulager sa fin de vie, remarquable anticipation des soins palliatifs contemporains.

- Il existe dans un petit nombre de cas une ou deux formes cliniques dont l'énoncé, succédant à la description de la forme-type, donne lieu à un complément d'examen, à des conclusions nouvelles et à une révision du verdict.

- De nombreuses observations comportent une ou plusieurs gloses (il en existe un total de 70). Ces gloses, d'un très grand intérêt, viennent éclairer un terme ou une expression nécessitant impérativement une explication. Elles sont présentées suivant le paradigme «*par... [terme isolé ou expression appelant un commentaire], il faut comprendre [explication]*». Parmi les précisions à caractère médical, certaines sont relatives à des archaïsmes recopiés par les générations de scribes qui, tombés en désuétude au fil du temps, sont devenus incompréhensibles, imposant donc à un maître-médecin la rédaction d'une interprétation actualisée, sans toucher au texte primitif.

Au-delà du paradigme de présentation des observations, respecté dans la majorité des cas, le caractère didactique du document est confirmé par l'ordonnancement méthodique des observations. Elles sont en effet présentées dans un ordre qui tient compte de deux éléments, la topographie et la sévérité de la lésion. Les observations sont présentées par grandes régions anatomiques : successivement la tête, le cou, la ceinture scapulaire et la partie proximale du membre supérieur, et enfin le tronc où figurent de manière moins ordonnée des lésions traumatiques, et des tumeurs. On reconnaît donc là, sans ambiguïté, le mode logique de présentation suivant la progression anatomique « *a capite ad calcem* ».

La progression se fait en fonction également du degré de gravité du mal exprimé par le type de verdict. Pour une région donnée, sont décrites d'abord les atteintes curables (verdict 1), elles-mêmes présentées suivant un degré

croissant de complexité, puis sont exposées les atteintes donnant lieu au verdict intermédiaire d'incertitude (verdict 2), qui précèdent à leur tour les cas de pronostic fatal (verdict 3).
Cette organisation structurée connaît toutefois quelques entorses, liées à des ajouts secondaires d'observations nouvelles et sans doute aussi à des erreurs de scribe qui se sont pérennisées.
Par le caractère disparate de son contenu qui contraste avec celui du recto et par l'intervention successive de deux scribes, le verso du papyrus Smith confirme la nature de ce dernier. Il représente un exercice d'apprentissage et d'entraînement proposé à des scribes en formation, comportant la copie de divers textes sans lien entre eux.
Contrairement aux quarante-huit observations médicales du recto, aux huit incantations magiques à visée apotropaïque et aux trois recettes de nature cosmétique présentes au verso, qui possèdent toutes un intitulé précis, les deux prescriptions médicales du verso n'en possèdent pas. Elles sont présentées de manière similaire à la majorité des prescriptions figurant dans les autres textes médicaux de l'ancienne Egypte[229]. Elles sont également dépourvues de verdict.

Le papyrus Edwin Smith est un document primaire unique, sans équivalent connu à ce jour. Se démarquant nettement des autres textes médicaux de l'Égypte antique, remarquable par l'objectif pédagogique de formation de futurs médecins qui transparaît dans sa forme, il autorise une approche du raisonnement médical dans l'Antiquité égyptienne et, par son contenu, représente un apport unique à la connaissance de l'histoire de la médecine.
Outre l'exposition méthodique des observations suivant une double progression, topographique et lésionnelle (suivant le degré de gravité conditionnant le pronostic), le caractère didactique du document s'exprime dans la forme du discours, celle d'un maître s'adressant à un élève, et dans le caractère homogène des observations, présentées suivant un plan structuré (presque immuable) où les « mots-clefs » sont répétés avec insistance. Il s'exprime également dans les gloses apportant à la fois des précisions concernant la conduite de l'examen lui-même et diverses structures anatomiques (encéphale et ses enveloppes ostéoméningées), des précisions d'ordre pathologique concernant divers types lésionnels présentés (plaie béante, fracture simple du crâne, perforation osseuse, fracas osseux, entorse vertébrale, luxation vertébrale, fracture ouverte d'os long). On y trouve aussi des précisions d'ordre sémiologique (sur le pouls, l'aphasie traumatique), et des éclaircissements concernant le traitement, tant dans ses modalités en expliquant par exemple la formule obscure « *tu l'amarreras à son poteau*

---

[229] La première de ces prescriptions, pour aménorrhée douloureuse, diffère des deux prescriptions pour troubles des règles présentes dans le papyrus Ebers [Eb832b & 833a] par ses circonstances et le traitement appliqué.

d'amarrage » (… « *cela signifie qu'il aura été placé sur sa couche habituelle et qu'aucune médication ne sera préparée à son intention* »), que dans sa durée « *jusqu'à ce que tu saches qu'il a atteint le point décisif* » (formule préfigurant la notion hippocratique de « *crisis* »). On apprend également dans les gloses l'existence d'autres ouvrages (authentiques « *références bibliographiques* »), le *Livre des blessures* et *le Traité de l'embaumeur*, qui demeurent inconnus à ce jour.
Le papyrus Smith, dont on ignore le lieu exact de découverte, connaît des imperfections et des carences liées pour une part à sa nature d'outil d'apprentissage pour scribes en formation. Si l'on peut regretter la dégradation de la partie initiale du rouleau altérant de manière importante la première colonne de texte, elle témoigne néanmoins du fait que le rouleau n'est sans doute pas resté simplement entreposé dans une Maison de Vie, mais qu'il a été manipulé par divers lecteurs de nombreuses fois.
Il s'agit, rappelons-le, de la copie d'un document-source, soumise aux insuffisances d'apprentis-scribes, sans connaissances médicales et assez peu soigneux comme en témoignent l'utilisation abondante et sans grand discernement des rubriques, et de nombreuses omissions, erreurs et fautes d'étourderie, dont seul un petit nombre a été repéré et corrigé. Le document-source copié était lui-même corrompu comme en témoignent la présence incongrue d'une observation à caractère magique (obs. 9), le désordre dans la présentation des traumatismes du rachis cervical et du bras, le caractère incomplet de la description des lésions traumatiques du membre supérieur (d'où sont absentes celles du coude, de l'avant-bras, du poignet et de la main, dont on peut penser qu'elles figuraient dans le document-princeps). Avec l'interruption inopinée du texte du recto au milieu d'une phrase (obs. 48), dont on ne sait si elle existait telle quelle sur le document-source soumis à copie, c'est surtout toute la fin du traité initial qui malheureusement nous échappe.
Malgré ces défauts, le papyrus Edwin Smith demeure le témoignage unique de tout un pan de médecine pragmatique qui le différencie des autres textes de médecine égyptienne actuellement connus. On y trouve pour la première fois mentionnés des éléments anatomiques tels, en sus du cerveau et de ses enveloppes osseuses et méningées (avec description du liquide cérébrospinal), la fontanelle bregmatique, les sinus frontaux, les vertèbres, la moelle épinière, le cœur (dont l'image constitue autant de hiéroglyphes), etc. Sur le plan sémiologique, la fièvre est décrite, de même que l'épistaxis et l'otorragie, la paralysie faciale, l'aphasie et l'hémiplégie traumatiques, la raideur de la nuque, le trismus, les troubles de la vigilance, et dans une observation de luxation-fracture du rachis cervical avec complications neurologiques, d'une précision clinique remarquable, la description d'une tétraplégie s'accompagnant de rétention d'urines avec mictions par regorgement, d'une paralysie intestinale, et d'une forme clinique avec

priapisme et écoulement spermatique conséquence d'une forme topographique spécifique.
Il faut retenir la pertinence de nombreuses mesures thérapeutiques proposées telles l'installation en position surélevée des traumatisés crâniens, le rapprochement des berges et la fermeture des plaies béantes par bandes adhésives et suture, leur recouvrement à l'aide de pansements protecteurs (charpie) et de bandages (toile de lin), l'usage d'hémostatiques et de cicatrisants (viande fraîche, miel, graisse animale, substance minérale *imirou*), d'anti-inflammatoires (décoctions de feuilles de saule). On peut retenir aussi la réduction excellemment décrite de luxations (temporo-mandibulaire, sterno-claviculaire), la réduction et la contention (par attelles) de fractures de l'humérus, l'usage de la cautérisation *(« bâton à feu »)* dans des lésions « *chaudes* » et enfin l'abstention bienvenue vis-à-vis de tumeurs thoraciques sous-cutanées multiples évocatrices d'une neurofibromatose de type 1.
Ainsi, malgré son caractère incomplet et sa nature de simple exercice d'instruction pour étudiants, et en dépit de la frustration de ne pouvoir traduire avec certitude un petit nombre de termes spécifiques (relatifs à des substances d'origine végétale ou minérale préconisées à titre thérapeutique), le papyrus Edwin Smith est d'un apport épistémologique majeur, révélant de manière saisissante des connaissances médicales très anciennes, telles qu'elles furent pour la première fois consignées par un auteur inconnu, cinq siècles environ après l'apparition de l'écriture en Égypte, vers 3150 av. J.-C.
Sur le plan linguistique, non abordé dans le cadre de cette brève communication, il contribue à la connaissance de l'évolution de la langue, tant sur le plan lexical que grammatical, pendant le millénaire qui s'est écoulé entre la première version du texte et la copie dont on dispose. Il a enfin l'intérêt de nous mettre en relation, à travers les siècles, avec ces Maisons de Vie où s'effectuait la formation des médecins et des scribes, avec leurs insuffisances et leurs faiblesses bien humaines.

Le geste qui sauve : l'étonnante histoire du défibrillateur cardiaque externe

par

Michel Chauvin[230]

Il est parfois étonnant de constater des rapprochements inattendus entre des personnages que rien a priori ne devait rassembler et que l'histoire a pourtant réuni. Ainsi, quel lien direct peut-il exister entre l'inventeur de l'ampoule à incandescence, Thomas Edison, et le chirurgien qui a effectué la première défibrillation cardiaque chez l'homme ? Apparemment aucun. Ils ne se sont probablement jamais rencontrés. Le premier ignorait tout de la médecine, le second, de la distribution électrique. L'un était un génial inventeur et un habile homme d'affaires, l'autre, un excellent chirurgien. Et pourtant leurs talents sont devenus un jour si complémentaires qu'ils sont à l'origine d'un des progrès médicaux les plus décisifs du XXe siècle.
Cette extraordinaire histoire mérite d'être contée dans le détail. De la lumière d'une ampoule à incandescence a jailli la vie...

Dans la salle d'opération, l'atmosphère est calme, presque recueillie. On entend de temps à autre quelques rares crépitements, un bruit métallique d'instruments jetés sur une table, les insufflations régulières d'un respirateur que surveille un anesthésiste. C'est tout. Une large baie diffuse une lumière diaphane qui fait briller faiblement les carreaux de faïence blanche recouvrant les murs.

Tout enraidi dans son sarreau blanc stérile, les deux mains gantées serrées contre la poitrine, le masque en tissu maintenu en arrière du crâne par deux cordelettes et le calot descendu sur les sourcils, le jeune assistant se soulève avec effort sur la pointe des pieds. Il regarde attentivement par-dessus

[230] Cardiologue, Professeur à la Faculté de médecine et chef du service de cardiologie des hôpitaux universitaires de Strasbourg, Ancien président du Collège de stimulation cardiaque, et membre titulaire de la Société française de cardiologie.

Le geste qui sauve, l'étonnante histoire du défibrillateur cardiaque externe, L'Harmattan (éd.), Coll. Médecine à travers les siècles, Paris, 2016.

l'épaule du « maître » pour ne rien manquer de ses gestes. Son regard est fixé vers le cône de lumière projeté par l'énorme scialytique qui descend du plafond. Face à l'opérateur, dont il ne contemple que la nuque et devine les branches de lunettes, se trouve un second chirurgien : c'est le principal assistant, celui qui, sans qu'aucun ordre ne lui soit donné, anticipe chacun des gestes de l'opérateur. Il cautérise un saignement, présente un lacs ou sectionne un fil de suture. Une troisième personne les assiste à la gauche de l'opérateur. Grande et frêle silhouette féminine, elle est devant une table recouverte d'un impressionnant étalage de compresses et d'instruments rangés méticuleusement selon leur usage et leur taille. Ces quatre personnages sont penchés vers le puits de lumière au fond duquel palpite un cœur dans une plaie béante, ouverte entre des champs blancs maculés de sang.
Sous ces champs, est allongé un adolescent de 14 ans, Richard Heyard, que le chirurgien Claude Beck, chef du service de chirurgie de la Western Reserve University School de Cleveland, opère d'un pectus excavatum plus communément appelé « thorax en entonnoir ».
Nous sommes le 10 décembre 1947. Le jeune assistant sait que l'intervention se termine et que le Dr Beck lui laissera le soin de « fermer », d'effectuer les sutures cutanées. Ce moment est arrivé. Comme délivré d'une attention trop longtemps soutenue, Claude Beck se redresse, quitte ses gants ensanglantés et entame une discussion animée avec ses collaborateurs, invitant du regard son jeune assistant à mettre la touche finale à l'intervention. Celui-ci s'approche du champ opératoire. Appliqué, et quelque peu inquiet par l'importance de la tâche que vient de lui confier son maître, il entreprend un surjet, ne se doutant pas qu'il va vivre un moment historique…
La suture vient à peine de commencer qu'on ne perçoit plus le pouls du patient. La pression artérielle s'effondre... C'est le drame. Il ne faut que quelques instants à Beck pour comprendre que le patient est en état de mort apparente.
Sans l'ombre d'une hésitation, il écarte le jeune assistant et rouvre la plaie pour exposer le cœur, un cœur animé seulement de faibles mouvements désordonnés, manifestement inefficaces. Beck le saisit à pleine main et le masse, régulièrement.
« *Injectez 1 mg d'épinéphrine !* », ordonne-t-il.
Le médicament est destiné à redonner de la vigueur au muscle devenu inerte et violacé. Peine perdue : toujours pas de contractions spontanées. La canule d'intubation intra-trachéale est rebranchée sur le respirateur artificiel. Et Beck poursuit inlassablement le massage, dix minutes, quinze minutes, trente-cinq minutes, interrompant parfois brièvement sa manœuvre pour observer une éventuelle reprise d'activité. Mais rien. Aucune contraction. Dans la salle, l'espoir semble avoir abandonné médecins et infirmières. Mais, Beck y croit encore.
« *Trouvez le Dr Pritchard, il doit être au labo !* »

Beck et Pritchard travaillent depuis des années sur une technique de défibrillation cardiaque par choc électrique délivré directement sur le cœur. Les études animales sont déjà bien avancées. L'appareil mis au point donne de bons résultats. Pritchard arrive dans l'instant. Juste le temps pour lui de se pencher sur le champ opératoire et de constater, à son tour, les mouvements fibrillatoires du cœur. Pas de grand discours. Il a compris la situation, fait demi-tour et s'engouffre dans un escalier le menant au quatrième étage, celui du laboratoire. Quelques minutes plus tard, il est de retour avec un enregistreur électrocardiographique portatif qui est branché sur le jeune homme. Beck arrête momentanément son massage : les oscillations d'un minuscule faisceau lumineux dessinent bientôt les contours d'un électrocardiogramme fixé sur une pellicule photo. Celle-ci est contenue dans une cartouche que Pritchard extrait de l'appareil et qu'il transporte en trombe dans la chambre noire pour la développer. Pas de doute : la pellicule révèle bel et bien une fibrillation ventriculaire, le trouble du rythme le plus grave qui soit, celui qui conduit inéluctablement à la mort ! Le médecin remonte en salle et donne son diagnostic. « Alors, William, on y va ? »
Pritchard acquiesce. « On n'a pas le choix, Claude ! »
Tous les deux ont envisagé l'ultime solution : une défibrillation avec leur appareil expérimental. Pritchard se tourne vers une infirmière :
« Mademoiselle, courez vite nous chercher le défibrillateur au labo. »
La jeune femme s'exécute. Revenant rapidement avec l'appareil, elle l'installe à côté de Beck et le branche sur une alimentation murale. Certes, le défibrillateur n'est pas dans l'état idéal souhaité pour un usage en salle d'opération : de la poussière, quelques taches de sang séché... Mais, l'urgence commande d'ignorer ces détails ! On le nettoie donc rapidement pendant que Beck se lave les mains et chausse des gants, pour des raisons d'asepsie, mais également pour assurer une isolation électrique. Le « défibrillateur » est allumé. Beck saisit avec détermination deux électrodes, deux sortes de cuillères métalliques plates enrobées d'un fin tissu mouillé. L'une est glissée sous le ventricule gauche, l'autre appliquée sur sa face antérieure. Pritchard abaisse l'interrupteur. Un choc est délivré. Aucun résultat, la fibrillation ventriculaire persiste. Un second choc est délivré. Cette fois, le cœur s'arrête, puis, imperceptiblement, commence à se contracter de façon synchrone...
« Donnez-moi de la procaïne ! »
Beck l'injecte dans le ventricule droit et reprend le massage pour cinq minutes supplémentaires. Pas de doute. Il sent bientôt le cœur battre régulièrement, de plus en plus vigoureusement... Sous ses doigts, c'est le sang qui circule de nouveau, c'est la vie qui reprend ! Après un instant de stupéfaction, chacun manifeste bruyamment son enthousiasme. Les visages s'illuminent. Mais, en homme d'expérience, Beck temporise : « Attendons, attendons ! Rien n'est assuré ! Dans l'immédiat, on observe tout simplement,

on surveille, et dès qu'on est à peu près certain que le danger est passé, on referme ! »
La surveillance dure vingt longues minutes et l'espoir revient peu à peu. Le cœur continue de battre normalement. On referme l'incision (l'histoire ne dit pas si la fermeture est effectuée par Beck lui-même ou le jeune assistant qui venait sûrement de vivre une des plus grandes émotions de sa carrière). Dix minutes encore et l'on extube le patient qui respire tout à fait normalement. La pression artérielle reste encore très basse pendant quelques heures, puis remonte jusqu'à des chiffres presque normaux. Trois heures après la défibrillation, le jeune patient se réveille et, huit heures plus tard, il est parfaitement disert bien qu'un peu éprouvé... Ce qui était à craindre n'est pas arrivé : la réanimation n'a endommagé aucune de ses fonctions neurologiques. Si bien que le patient peut sortir de l'hôpital au trente et unième jour après l'intervention. Richard Heyard vécut encore près de vingt-deux ans après son opération. Il est mort en 1968.
Pour comprendre comment tout cela a été rendu possible, remontons le temps...
- Leipzig (Saxe), 1887
Un témoin de l'époque aurait peut-être pu croiser un personnage hors du commun dans la très animée Grimmaische Strasse. Cette fameuse rue marchande du centre de Leipzig, réputée pour ses magasins chics, alignait de magnifiques immeubles aux façades élégantes agrémentées d'auriels et de tourelles. On aimait y déambuler pour admirer les vitrines ou se rendre à son travail en empruntant les trams électriques. Le personnage qu'aurait pu rencontrer notre témoin est un homme de 71 ans, le visage marqué de traits volontaires, les yeux petits et vifs derrière de fines lunettes rondes sous un front dégagé. Elégant dans son costume sombre et sa chemise blanche au col rigide cassé et nœud papillon plat, sa démarche est noble et assurée. Encore quelques mètres et il aurait débouché sur la vaste Augustus Platz bordée de bâtiments à colonnes comme on aimait alors les décorer. Parmi ces constructions, souvent monumentales, se trouve l'Université. Le vieil homme s'y serait très certainement rendu. Quel est ce personnage ? Son nom inspire, pour toute la communauté médicale européenne et américaine du moment, une profonde admiration : Carl Ludwig, le plus célèbre des physiologistes de la seconde moitié du XIXe siècle. Avant de connaître une immense notoriété, non seulement dans une Allemagne récemment unifiée mais également à l'étranger, il a beaucoup voyagé. Né prussien, formé tour à tour dans deux universités prussiennes, puis en Suisse alémanique et à Vienne, alors capitale de l'Empire austro-hongrois, il s'est établi en Saxe, à Leipzig, pour diriger la toute récente chaire de physiologie, un an tout juste avant l'avènement de la petite Allemagne de Bismarck, prélude à la formation de l'Empire allemand quatre ans plus tard.
Le laboratoire créé et animé par Carl Ludwig à Leipzig a une telle renommée qu'il attire quantité de jeunes physiologistes en formation. Ils viennent

d'Allemagne bien sûr, mais aussi de l'Europe entière (en particulier de Grande-Bretagne) et d'Amérique. Aujourd'hui, nous dirions que c'était le laboratoire où l'on devait se former pour faire carrière. Sa spécialité était la physiologie cardiaque. Un de ses élèves américains, W. Mendelson, a pu écrire à son sujet que « *quiconque avait eu le privilège de travailler sous sa direction en revenait, non seulement avec les fruits du remarquable enseignement qu'il avait reçu de ce professeur exceptionnel, mais également avec l'enthousiasme que cet homme génial et bon communiquait, et lui vouait une véritable affection doublée d'une grande vénération* ».

Quel est le rapport entre Carl Ludwig, alors sur la fin de sa carrière (1887), et cette fameuse journée du 10 décembre 1947 dans la salle d'opération de la Western Reserve University School de Cleveland ? Attendons un peu... Et restons en 1887, lorsque le grand physiologiste allemand fréquentait encore l'université de Leipzig, pour nous transporter, cette fois-ci, vers le nord de l'Europe, plus précisément en Ecosse...

- Aberdeen, 1887

Dans le port écossais, vient d'accoster un bateau en provenance de Boston. Un homme jeune, la trentaine, débarque d'un séjour qu'il vient d'effectuer à Washington où s'est tenu un congrès de physiologie suivi par plus de 2 500 personnes. Ce n'est pas la physiologie cardiaque qui intéresse le plus les participants de ce congrès. C'est surtout la bactériologie, que William Welch considère comme la plus passionnante des disciplines médicales de l'époque. Et pourtant, ce jeune homme fraîchement débarqué du bateau qui le ramène d'Amérique est bien décidé à démontrer que la physiologie cardiaque est tout autant digne d'intérêt (Par un clin d'œil de l'histoire, William Welch deviendra, une quinzaine d'années plus tard, le premier directeur du Rockefeller Institute de New York où seront initiées, dans les années 1930, les plus importantes recherches sur la défibrillation cardiaque...). John MacWilliam, c'est le nom de ce jeune homme, fait charger ses bagages dans un fiacre qui le conduit à la bibliothèque d'Aberdeen. Il goûte la satisfaction de retrouver sa ville, celle où il est né, où il a poursuivi de brillantes études de physiologie à l'université. Il remonte Castle Street où se croisent quelques omnibus hippomobiles parmi de nombreux passants qui traversent sans précaution la chaussée. Il se sent enfin chez lui. Franchissant le pont qui enjambe les voies de chemin de fer pour suivre l'Union Terrace bordée de belles demeures et de jardins verdoyants, il découvre aussitôt la silhouette familière de la bibliothèque. C'est un curieux monument que celle-ci. Elle présente un fronton néoclassique supporté par quatre colonnes et surmonté d'un dôme majestueux. Les deux ailes qui l'encadrent mélangent curieusement classicisme et architecture plutôt extravagante. Le fiacre le dépose devant un perron de l'aile gauche. MacWilliam lisse d'un geste familier moustache et barbe, puis descend prestement pour franchir le perron après avoir intimé au cocher de l'attendre, juste le temps d'emprunter des ouvrages dont il a besoin pour ses travaux.

Peut-être qu'à l'instant même où MacWilliam franchit l'entrée de la bibliothèque d'Aberdeen a-t-il une pensée pour ce vieil homme qui traversait l'Augustus Platz de Leipzig ? MacWilliam a été son élève quelques années auparavant, sur les conseils de son professeur de physiologie d'Aberdeen, William Stirling, qui a fait lui-même un séjour à Leipzig, bien des années plus tôt. MacWilliam en est revenu avec une thèse sur la structure des fibres musculaires cardiaques et il se prend surtout de passion pour la physiologie du cœur. Et cette passion fera faire à la cardiologie des progrès considérables. Qu'on en juge. D'abord, il devient professeur de physiologie en 1886. Il entreprend ensuite des recherches dont l'intérêt est tel pour la cardiologie qu'un certain H. MacLean a affirmé qu'elles « *ont influencé la cardiologie à un niveau qu'aucun autre chercheur de l'époque n'a atteint.* » Non seulement il a décrit, très exactement, la fibrillation ventriculaire telle que nous la connaissons aujourd'hui, mais encore l'a-t-il associée à la mort subite ainsi qu'à son étiologie la plus fréquente : l'ischémie du myocarde. Et cela sans les tracés électrocardiographiques qui sont aujourd'hui si familiers aux médecins ! C'est un peu comme si un sourd avait reconnu le génie de Beethoven en n'observant que les mouvements des musiciens (cet exemple n'est d'ailleurs pas loin de la réalité concernant ce compositeur), ou comme si Koch avait décrit l'agent de la tuberculose sans l'aide d'un microscope.
Autre preuve de son génie : il écrit en 1887, qu'en cas de disparition de toute activité électrique cardiaque, les battements normaux du cœur peuvent être rétablis par une série de chocs électriques d'intensité modérée « *délivrés à travers le cœur, une électrode étant appliquée à l'apex et l'autre au niveau de la sixième ou septième vertèbre dorsale, l'électrode ayant une surface « conséquente ». Les chocs doivent être d'une fréquence identique à la fréquence d'un cœur normal* ». En d'autres termes, il a fondé les bases de la stimulation cardiaque. Il faudra quand même attendre les années 1950 pour appliquer cette découverte en pratique clinique…
Résumons ce qui vient d'être écrit. Tout d'abord, une école de physiologie réputée, d'un niveau international, celle de Leipzig. A sa tête, Carl Ludwig, une référence incontestée dans sa discipline. Des élèves en provenance de tous les pays où la recherche en physiologie cardiaque se développe et qui viennent profiter de ses enseignements. Leur apprentissage terminé, chaque élève retourne chez lui, gagné par la passion de la physiologie cardiaque. Le plus fameux d'entre eux est sans nul doute John MacWilliam d'Aberdeen, le surdoué !
Ensuite, Warren P. Lombard, élève de Carl Ludwig, qui deviendra professeur de physiologie en 1892, à l'université de Worcester, Massachussetts. Et encore Arthur R. Cushny, un élève de MacWilliam, donc indirectement de Carl Ludwig, qui exercera la physiologie à Berne, à Strasbourg, à l'université du Michigan, puis enfin à Londres. Et bien d'autres encore qui, à leur tour, transmettront les leçons de Leipzig à de nouveaux élèves. Bref, une école saxonne de très haut niveau qui forme ou

influence de prestigieux physiologistes dont certains ont fondé les bases qui serviront à la conception d'un défibrillateur cardiaque (nous pensons notamment à Prevost et Battelli de Genève).

Le rapport avec Claude Beck commence à se préciser. C'est normal, mais il nous manque encore quelques étapes. Et la plus paradoxale est celle de l'oubli ! Voici une pléiade de physiologistes hors normes, dont les travaux (surtout ceux de MacWilliam) aboutissent à identifier la fibrillation ventriculaire comme étant à l'origine de la mort subite et à préciser que son étiologie est surtout ischémique (l'infarctus). Des conclusions capitales qui tombent momentanément dans l'oubli pour n'être redécouvertes que des décennies plus tard !

Pourquoi ? Tout simplement parce que si l'on sait induire une fibrillation ventriculaire, on ne sait pas l'interrompre ! Nous avons vu que les Italo-suisses Prevost et Battelli, à Genève, instruits vraisemblablement des travaux de MacWilliam, ont découvert qu'une fibrillation ventriculaire pouvait être traitée par un choc électrique. Mais, qui a lu leurs travaux lorsqu'ils ont été publiés ?

Les élèves de Carl Ludwig qui essaiment à travers l'Europe et jusqu'aux Etats-Unis, s'intéressent aux effets de l'électricité sur la physiologie cardiaque, sans vraiment trouver d'applications pratiques à leurs recherches. Et, pendant ce temps, de nombreuses morts subites à domicile, sur la voie publique ou sur les lieux du travail, continuent à être déplorées. Pourquoi ces personnes meurent ? De toutes façons, on ne peut rien y faire. Et tous ces fabuleux travaux qui continuent à garnir les bibliothèques des laboratoires et à prendre la poussière… Jusqu'au jour où, quarante ans plus tard…

- New York, Sud Manhattan, septembre 1929

C'est d'abord une sirène rauque que l'on perçoit sans pouvoir définir sa provenance. Le son est partout, dans des rues rectilignes bordées d'une forêt de hauts buildings, constructions récentes aux solides murs de pierres percés de très nombreuses petites fenêtres, parfois en arcades, qui écrasent progressivement les anciennes constructions de cinq à dix étages. Certains passants s'arrêtent, les quelques voitures présentes ralentissent. La sirène précède un long fourgon Plymouth noir qui surgit de la 38e Rue. Surmonté d'énormes projecteurs, encadré d'échelles solidement arrimées sur ses flancs, il s'engouffre immédiatement à gauche dans la 1ère Avenue. A son bord, un policier en vareuse noire à boutons dorés, col rigide et casquette à visière s'accroche à son volant. Un autre à sa droite frappe frénétiquement sur une cloche, tandis qu'un troisième se tient debout sur le marchepied, agrippé au montant du pare-brise. Le véhicule s'arrête bientôt sur les berges de l'East River, devant un énorme complexe de bâtiments en briques rouges surmontés d'imposantes cheminées et d'un nombre impressionnant de grues, et de constructions métalliques. Accueillis par deux de leurs collègues, tout juste descendus d'une petite Ford garée devant l'entrée, les policiers se précipitent vers l'intérieur du bâtiment, l'Edison's Waterside Station de la

Consolidated Edison Company, le plus grand générateur électrique à vapeur de l'époque, assurant l'électrification de la partie basse de Manhattan. Un employé vient d'être accidentellement électrocuté… Tous les regards des badauds se portent un instant vers une imposante Chandler noire rutilante qui passe à petite allure au milieu de cette agitation. Derrière le chauffeur en livrée, on devine l'élégant costume d'un passager caché des regards. Sûrement un important personnage. La voiture se dirige vers le sud de Manhattan. Elle arrive bientôt à Wall Street, comme toujours très animée. Des hommes pressés, en chapeaux mous et casquettes, se bousculent. Quelques policiers à cheval se frayent difficilement un chemin parmi cette foule qui s'écarte à peine au passage d'un incessant va-et-vient de « Ford ». La Chandler dépasse le Federal Hall, gardé par la statue de Georges Washington, tourne à gauche et s'arrête devant le Stock Exchange. A l'angle de Wall Street et de Nassau Street, un gosse vendeur de journaux crie à tue-tête les nouvelles du jour : la hausse des actions, le passage du *Graf Zeppelin*, le discours du président Hoover,… Pas un mot de l'assassinat du ministre des Affaires étrangères allemand Gustav Stresemann, pas un mot non plus des violentes manifestations nazies de Berlin qui « célèbrent » le deuxième anniversaire du congrès de Nuremberg, pas un mot sur le krach financier de la City de Londres… Un homme parmi la foule se détache, jette quelques pièces sur le tas de journaux et s'empare d'un exemplaire. Sous le chapeau mou, aucun regard pour le gosse. L'inconnu porte un paquet, certainement quelque ustensile devenu soi-disant indispensable à l'Américain moyen de l'époque et qui viendra s'ajouter aux autres appareils achetés à crédit. Tout à la lecture de son journal, il descend vers les quais de l'Hudson et hèle un taxi. Il ne remarque pas sur le trottoir d'en face des ombres misérables. Un homme marche en tête, vêtu d'un vieux manteau sombre, coiffé d'une casquette cassée. Il tire une carriole remplie d'objets hétéroclites. Une femme le suit, la robe sans forme couverte d'un tablier jadis vraisemblablement blanchâtre. Elle semble harassée, la démarche pénible et porte avec difficulté le plus petit de deux très jeunes enfants blonds. L'autre suit comme il peut, hâtant souvent le pas pour rattraper sa mère et lui saisir la main. La misère les a déracinés de leur campagne. Leur lendemain ? La recherche désespérée d'un hypothétique travail, le plus souvent précaire, qui leur fournira au jour le jour de quoi se loger et subsister. En attendant, ils vont grossir les attroupements des pauvres qui patientent dans la file d'attente d'une distribution de soupe populaire… Au loin, se devine la construction de l'impressionnant Chrysler Building, image bientôt fragile d'un capitalisme encore triomphant. C'est Manhattan à l'automne 1929, à la veille du Jeudi noir, le krach boursier…
Un ouvrier vient de mourir électrocuté à la Waterside Station. Un mort de plus sur la liste déjà longue des victimes de la centrale électrique… Désarmé par ces drames au sein de ses compagnies, Edison a décidé, un an plus tôt, de dépêcher John Lieb, vice-président de la Consolidated Edison Company de

New York, auprès des milieux scientifiques et médicaux. C'est ainsi qu'un jour d'automne 1928, une limousine noire s'engage dans l'allée qui mène au Rockefeller Institute de New York. Le bâtiment à cinq étages, encadré de deux ailes, est imposant. Les arbres ont leurs teintes automnales et on entend les sirènes des bateaux à vapeur qui naviguent sur l'East River, juste derrière l'Institution. La voiture s'arrête. John Lieb en descend, petit personnage rond à la moustache malicieuse. Il est aussitôt accueilli par un homme élégant. Son visage a des traits encore jeunes malgré la soixantaine, des yeux rieurs derrière une paire de bésicles que domine un large front surmonté d'une chevelure courte soigneusement séparée par une raie centrale. C'est le célèbre Simon Flexner, directeur de l'Institut, mondialement connu pour ses travaux sur la poliomyélite et le traitement des méningites.

Après les civilités d'usage, les deux hommes montent les quelques marches du perron et se rendent dans le bureau de Flexner où chacun s'enfonce dans un fauteuil en cuir, un verre de whiskey à la main. La conversation en vient rapidement à l'essentiel.

- Simon, vous connaissez sûrement nos problèmes ? Nous déplorons régulièrement des décès par électrocution parmi notre personnel. Et on ne peut rien faire pour sauver les victimes. Quoi que nous fassions, respiration artificielle ou autre, ils meurent !

- Je sais John, on en parle régulièrement dans les journaux.

- Il n'est pas possible de laisser nos employés prendre de tels risques. Imaginez les drames ! Et nos concurrents ! Vous pensez bien qu'ils exploitent chacun des accidents pour nous discréditer…

- Sans compter que l'on rapporte régulièrement des électrocutions mortelles chez des particuliers !

- C'en est trop ! Il faut trouver une solution ! La prévention, c'est notre job, on s'en occupe. Mais pour les pépins, c'est à vous, scientifiques, de nous dire ce qu'il convient de faire pour sauver nos gars ! On vous donnera tous les moyens qu'il vous faut.

- Très bien ! Mais pourquoi choisir notre Institut ?

- Parce qu'il nous paraît le plus dynamique et le plus capable de mener ces études. On avait bien pensé à la Western University de Cleveland...

- J'y pensais aussi. Ils travaillent dans ce domaine depuis que le frère de Guthrie, qui était, je crois, employé du téléphone dans le Kentucky ou dans le Missouri, je ne sais plus, est mort électrocuté, il y a une vingtaine d'années.

- Exact. Et l'équipe est bonne. On avait contacté des gars comme Crile, Sollman, Stewart et d'autres encore dont j'ai oublié les noms.

Mais vous, vous nous paraissez plus capables de mener ces travaux. Et en plus, on est voisins !

- Merci ! Et que représente cette collaboration que vous nous proposez ?

- 10 000 dollars ! 10 000 dollars et vous nous trouvez la solution pour sauver nos électrocutés !

- Vous êtes convaincant !
- Débrouillez-vous ! Organisez les recherches comme bon vous semble. Nous, ce qu'on demande, ce sont des résultats !
- Ok, vous les aurez. J'en parle dès demain devant le conseil de l'Institut.
Le conseil accueille, bien sûr, très favorablement les propositions de John Lieb. A ce stade de notre histoire, il est raisonnable de penser que les choses vont aller bon train, car on sait depuis la fin du XIXe siècle et les travaux de Prevost et Battelli, que l'électricité fait fibriller le cœur et qu'il suffit d'un choc électrique d'énergie suffisante pour faire cesser l'arythmie. Logiquement, il suffirait de reprendre les travaux déjà connus et d'appliquer les résultats à l'être humain pour mettre à profit rapidement l'aide de 10 000 dollars ! Certes, mais encore faudrait-il avoir pris connaissance des travaux suisses, écrits en français ! Ces travaux n'intéressent pas grand monde au moment de leur publication... Ils sont déjà oubliés trente ans plus tard et en particulier par le Rockefeller Institute et le Johns Hopkins Hospital de Baltimore dont on connaîtra bientôt son rôle décisif dans cette aventure... Alors, par méconnaissance, tout est repris à zéro ou presque, car on savait déjà que parmi les effets dangereux de l'électricité, la survenue d'une fibrillation ventriculaire était vraisemblablement la plus fréquente et la plus grave.
Quelques conférences d'informations sont organisées dans l'Institut et des commissions sont mises en place. Les rôles sont attribués. D'abord, bien sûr, la Commission sur l'électrocution : elle sera présidée par un certain H. B. William de l'université de Columbia (un illustre inconnu !). Ensuite, la Commission d'« Engineering » : normal, le sujet est très technique. Elle sera présidée par le Dr Philip Drinker de l'université d'Harvard. Jusqu'à présent, tout semble logique dans la création des commissions. Par contre, la place de la Commission de cytologie, autrement dit l'étude des cellules, présidée par W. J. Osterhout du Rockefeller Institute est plus difficile à comprendre. Idem pour la Commission sur l'anatomie - pathologie, présidée par W. B. MacCullum de l'université Johns Hopkins de Baltimore. Les choix seraient-ils « politiques » ? Reste que la dernière commission, celle de la Physiologie présidée par le Dr W. H. Howell, lui aussi de l'université Johns Hopkins, est assurément la plus importante. C'est elle qui va d'ailleurs effectuer l'essentiel des travaux. Vous aurez compris que le Rockefeller Institute assure si l'on peut dire la « logistique », les équipes laborieuses venant surtout de Baltimore, d'où est issu le Docteur-Président W. H. Howell. Le Johns Hopkins Hospital, de l'université de Baltimore, a beaucoup d'atouts. Architecturaux d'abord, même s'ils peuvent paraître secondaires. On est accueilli par une élégante construction ressemblant au premier abord à une chapelle de style plutôt composite en briques rouges surmontée d'une tour octogonale coiffée d'une coupole. On accède ensuite à une immense cour intérieure entourée de bâtiments à deux étages également en briques rouges qui rehaussent le blanc éclatant des fenêtres et des colonnes ornant l'entrée.

Mais surtout, l'hôpital s'est construit une solide réputation, parfaitement justifiée, dans la recherche médicale. C'est bien entendu son atout décisif dans le choix des équipes. Comment Howell s'entoure-t-il ? En faisant appel à un physiologiste, ce qui semble pour le moins normal : le Dr R. D. Hooker. Puis à un neurologue, le Dr O. R. Langworthy. Nous autres médecins ou profanes potentiellement électrocutables du XXIe siècle pouvons trouver ce choix curieux alors que nous savons bien qu'une électrocution provoque avant tout des accidents cardiaques et non neurologiques. Mais, n'oublions pas qu'à l'époque, beaucoup pensent encore que les courants à haute tension (ceux qui électrocutent les employés de l'Edison Company) inhibent les centres respiratoires, alors que les courants de plus faibles tensions (ceux qui électrocutent les consommateurs) provoquent des accidents du rythme cardiaque. Les travaux européens n'ont guère encore traversé l'Atlantique…
A côté d'un physiologiste et d'un neurologue, il faut bien sûr un électricien. C'est un ingénieur en électricité de la School of Engineering de l'université Johns Hopkins : William B. Kouwenhoven. Ses compétences feront de lui l'un des plus grands découvreurs du XXe siècle dans le domaine de la réanimation.
L'équipe est constituée. On se met au travail. Et les travaux s'orientent selon deux voies bien différentes. La fibrillation ventriculaire étant considérée comme une des conséquences d'une électrocution, Hooker se lance dans le traitement de ce trouble du rythme. Kouwenhoven et Langworthy choisissent, quant à eux, de travailler sur les autres conséquences supposées. Le plus surprenant pour nous autres, humbles humains d'aujourd'hui, préparés pour la plupart à nous précipiter sur le premier défibrillateur venu en cas de mort subite, est de découvrir que le traitement d'une fibrillation ventriculaire par l'électricité est bien loin d'être le centre d'intérêt des équipes de recherche dans les années 1920-1930. C'est même l'exception. Il faut donc faire abstraction de toutes les notions actuelles et commencer par un bref aperçu des moyens de l'époque. Le massage cardiaque direct, la ventilation artificielle et les traitements médicamenteux injectables sont les voies de recherche dans l'approche du traitement de la mort subite. C'est pourquoi le Dr Hooker entreprend d'étudier le traitement médicamenteux de la fibrillation ventriculaire. Bien des drogues injectables ont été testées. Pour les férus de détails et au risque de lasser les autres lecteurs, sachez que l'on a utilisé le sulfate de quinidine, la caféine, la coraline, la coramine, la digitaline, l'ouabaïne (apparentée à la digitaline), l'uréthane, le chlorure de strontium, l'adrénaline, l'hirudine (!), la rilocarpine, d'autres encore. Le choc électrique est bien loin ! La focalisation sur le chlorure de potassium à hautes doses est étonnante. Le lecteur averti des effets de ce produit aura sûrement sursauté. Pourquoi ? Parce que si l'on désire assumer une vengeance meurtrière ou bénéficier plus tôt que prévu d'un héritage, son injection à hautes doses est une méthode de choix qui ne laisse aucune trace… Il est même un des produits utilisés pour les exécutions capitales aux

USA, préférant les injections létales à la chaise électrique ou la chambre à gaz ! Alors pourquoi le chlorure de potassium, expérimenté d'ailleurs depuis plus de trente ans avant Hooker ? Eh bien précisément pour ses propriétés létales ! Le raisonnement est d'une simplicité désarmante. Qu'est-ce qu'une fibrillation ventriculaire ? Des cellules cardiaques, plus précisément celles des ventricules, sont excitées par les courants électriques naturels du cœur d'une manière totalement anarchique. Un vrai chaos ! Plus aucune organisation, donc plus aucune contraction et plus de circulation sanguine.
Et cette désorganisation n'est jamais spontanément réversible. C'est la mort assurée à très court terme. Injectons alors du chlorure de potassium. Que se passe-t-il ? Les cellules cardiaques seront « empoisonnées » par le produit et cesseront toute activité, électrique et contractile. Elles deviennent totalement inertes ! Et puisqu'elles arrêtent de « fonctionner », à plus forte raison elles cessent de fibriller. Le but est atteint ! L'inconvénient de la méthode n'aura échappé à personne. La fibrillation ventriculaire est certes stoppée, mais au prix d'un arrêt total du cœur ! En d'autres termes, le passage d'une mort par fibrillation ventriculaire à une mort par arrêt complet de toute activité cardiaque n'est pas, pour la victime, la marque d'un progrès médical considérable. C'est vrai, sauf qu'en faisant disparaître toute activité électrique cardiaque, les compteurs sont remis en quelque sorte à zéro et le cœur est de nouveau prêt à reprendre une activité. Mais, à la condition, premièrement que le chlorure de potassium, qui continue d'empoisonner, l'organisme, soit rapidement éliminé et deuxièmement que les centres électriques naturels du cœur soient stimulés. Pour la première condition, il suffit de neutraliser le chlorure de potassium par du chlorure de calcium. Pour la seconde, il faut entreprendre un massage direct du cœur, l'action mécanique aidant d'une part à éliminer le toxique, d'autre part à stimuler la réapparition des centres électriques normaux. Il fallait y penser ! Finalement, le choc électrique que nous délivrons de nos jours ne fait rien d'autre que de remettre aussi les compteurs à zéro, sauf que l'organisme n'est pas empoisonné et que l'ouverture du thorax pour un massage cardiaque direct est évitée. Deux détails qui ont leur importance. Hooker s'emploie donc à étudier les effets thérapeutiques du chlorure de potassium sur la fibrillation ventriculaire, ce qui, rappelons-le, n'est pas tout à fait innovant. L'objectif nouveau est d'exploiter ce traitement chez l'homme ! Impossible sans expérimenter en premier chez le chien. Hooker injecte donc le chlorure de potassium dans le sac péricardique de l'animal, puis directement dans le ventricule gauche, puis dans l'oreillette droite. Aucun succès, même lorsque l'injection est suivie d'un choc électrique direct sur le cœur. Ça commence bien !
Alors, Hooker utilise un protocole déjà exploité à quelques variantes près par Crile et Dolley de Cleveland. Il faut d'abord que le chlorure de potassium parvienne le plus rapidement possible au cœur et surtout aux coronaires. Comment ? C'est simple. Prenez un chien. Endormez-le avec de l'éther et de

la morphine. Lorsqu'il est bien ensommeillé, dégagez une de ses carotides, peu importe laquelle. Canulez-là, c'est-à-dire que vous y introduisez un petit tuyau destiné à injecter le potassium. Pourquoi la carotide ? Parce qu'elle est proche des coronaires, bien sûr. Rasez ensuite deux petites surfaces de part et d'autre du thorax de l'animal afin d'y coller deux électrodes. Faites passer ensuite du courant continu sous une tension de 110 V pendant deux secondes dans ces électrodes. Vous pourrez constater que c'est suffisant pour provoquer une fibrillation ventriculaire. Comment la reconnaissez-vous ? Pas par un électrocardiogramme, vous n'en avez pas (eh oui !), mais uniquement par l'enregistrement des courbes de pression artérielle. Injectez alors dans la canule la solution de potassium réchauffée à la température du corps de l'animal. Les esprits les plus attentifs objecteront que le produit sera diffusé dans l'organisme et non vers le cœur puisque les artères partent du cœur et ne s'y rendent pas ! C'est vrai, sauf que vous injectez avec une pression telle que le potassium remonte à contre-courant la carotide jusqu'aux coronaires qui sont ainsi perfusées. Attendez ensuite une minute environ, puis injectez de la même manière du chlorure de calcium pour neutraliser le poison précédent. Potentialisez le tout avec de l'adrénaline, censée réveiller les centres électriques du cœur et attendez... Certains préfèreront fignoler avec un massage cardiaque direct, mais l'expérimentation perd un peu de son aspect pratique. Hooker procède de la sorte chez vingt chiens : dix-neuf survivent ! Un chien plus chanceux que les autres est adopté par Hooker lui-même qui le prend en affection, peut-être pour avoir eu la délicatesse de ne pas mourir du traitement préconisé ! Le médecin le chouchoute, lui administre des stimulants. Et lorsque ce brave animal recouvre la santé, il le ramène chez lui. Et devinez de quel nom il l'affuble ? « Knowsy », c'est-à-dire « celui qui sait », car selon lui, l'animal a connu la frontière qui sépare la vie de la mort ! Voilà pour les travaux de la « branche » Hooker.

W. Kouwenhoven et O. Langworthy appréhendent différemment le problème. Si Kouwenhoven utilise lui aussi le chlorure de potassium pour traiter les fibrillations ventriculaires induites chez le chien, très vite, il en comprend les limites : protocole inadapté aux conditions de survenue du trouble du rythme, surcharge en calcium pouvant faire réapparaître l'arythmie. Bref, il faut envisager une autre solution et reprendre les données du problème à leur début. Et tout d'abord, dans quelles conditions surviennent les accidents ? Pour le savoir, il suffit d'aller sur les lieux des drames. Kouwenhoven et Langworthy se rendent donc de nouveau chez John Lieb, dont on se souvient qu'il est vice-président de la Consolidated Edison Company à New York. Ils reçoivent toutes précisions utiles à leurs travaux, visitent même la Consolidated Edison Hudson, avenue Generating Station, sœur jumelle de la Brooklyn Station, mais construite sur la rive opposée de l'Hudson. Les expérimentations peuvent commencer. D'abord sur le rat. Et pendant presque deux années, Kouwenhoven et Langworthy étudient comment les courants continus et alternatifs provoquent une fibrillation ventriculaire, et tuent les rats. Ils comparent les effets respectifs de ces deux types de courants. Chacun d'eux a raison des pauvres rongeurs, mais avec une nette supériorité en terme de rapidité et de facilité pour le courant alternatif. Ce n'est certes pas très rassurant pour les consommateurs qui utilisent majoritairement ce courant, mais l'Edison Company accepte de bonne grâce ces conclusions. Souvenons-nous qu'Edison avait justement tiré profit de cette propriété pour déconsidérer le courant alternatif de Westinghouse lorsqu'il s'est agi d'électrifier Manhattan, lui qui ne disposait que du courant continu. Comment pouvait-il maintenant se dédire !

Les recherches avancent, mais apparemment pas comme l'aurait souhaité Howell. Un jour d'automne de 1930, il convoque les trois membres de la commission, Kouwenhoven, Langworthy et Hooker, dans son bureau. Il leur tient à peu près ce genre de dialogue :

- Ça fait maintenant combien de temps que vous travaillez sur le sujet ?
- Deux ans, pourquoi ?
- Hooker, vous avez montré que les médicaments donnent de bons résultats, mais comment envisagez-vous de les utiliser sur le terrain, à l'usine ou au domicile des électrocutés ? Bien sûr, on retient le dénouement heureux de vos expériences qui vous ont permis d'adopter un compagnon : c'est touchant, mais reconnaissez que les résultats sont maigres !
- D'accord patron, mais encore fallait-il le démontrer !
- Si l'on veut…

Se tournant ensuite vers Kouwenhoven et Langworthy :

- Quant à vous deux, voilà deux ans que vous démontrez la dangerosité du courant alternatif utilisé depuis bientôt quarante ans à New York pour exécuter les condamnés !
- Oui, mais sans en connaître exactement ses conséquences sur le cœur
- Détrompez-vous ! Elles pouvaient très bien être envisagées ! Il suffisait tout simplement de lire cet article qui ouvre une voie originale quant au traitement !

Et Howell de présenter à chacun de ses collaborateurs une copie traduite de la publication princeps de Prevost et Battelli parue plus de trente ans auparavant, en 1899.

- Lisez ce papier, messieurs ! Vous y apprendrez comment on peut faire cesser une fibrillation ventriculaire induite chez le chien par un simple contre-choc de courant, alternatif ou continu, directement appliqué sur le cœur. Retournez dans vos labos et répondez-moi rapidement à cette question toute simple : « confirmez-vous les résultats des Suisses ? »

Et chacun de repartir vers son laboratoire…

Sous l'impulsion du patron, Kouwenhoven, Langworthy et Hooker se concertent. Fini d'électrocuter des rats lorsque les Suisses expérimentent sur des chiens. Pour comprendre ce qui se passe chez l'homme, ils décident d'utiliser des singes. Après tout, c'est assez proche de l'homme…

Problème : où trouver un singe ? Par chance, le Johns Hopkins Hospital est situé tout près du zoo de Baltimore. Ils rendent visite à son directeur. Qui sait ? Peut-être comprendra-t-il l'importance de sacrifier un primate dans l'intérêt de l'humanité ? Et la chance sourit aux audacieux. Le directeur du zoo accepte de leur donner un singe Rhésus. Oh, bien sûr, s'ils s'attendent à revenir au laboratoire avec un jeune singe resplendissant de santé, ils sont sûrement déçus. L'animal est, aux dires de Kouwenhoven qui rapporte cette histoire, « *in very poor physical con*dition », euphémisme pour signifier que l'animal n'est pas loin de rendre l'âme et que le directeur du zoo a trouvé là l'occasion inespérée de s'en débarrasser. Malgré tout, et faute de mieux, ils se contentent de ce triste animal pour débuter les expérimentations.
A peu de choses près, ce sont celles de Prevost et Battelli puisque le patron l'exige. Le singe est endormi. Son thorax est ouvert pour exposer le cœur. Deux électrodes sont appliquées sur le myocarde, des électrodes rondes, spécialement conçues pour ces travaux. Elles sont connectées à un défibrillateur « rudimentaire » délivrant des chocs électriques d'intensité et de durée variables. Le but étant de faire fibriller le cœur et de tester les possibilités « antifibrillatoires » de chocs complémentaires. Voici le récit de cette expérience que chacun pensait être décisive.
Un faible choc est délivré. Le cœur fibrille ! Le début est prometteur. On attend quelques instants tout en préparant l'appareil pour un second choc qui sera cette fois-ci « thérapeutique », d'intensité et de durée supérieures au précédent. Tout est prêt, mais stop ! La fibrillation a cessé d'elle-même, sans avoir besoin de délivrer un choc. Il faut arrêter la procédure. Nullement déconcertés, nos scientifiques appliquent un nouveau choc. Le cœur fibrille, mais l'arythmie s'arrête encore spontanément au bout de quelques secondes. Une certaine perplexité se lit dans les regards. Résigné, un troisième, puis un quatrième choc sont délivrés en vain. La fibrillation ventriculaire ne parvient pas à se pérenniser. Pour un singe que chacun s'accordait à considérer dans une déchéance physiologique avancée ! Beaucoup envieront cette condition animale capable de s'accommoder aussi bien des risques électriques, professionnels ou domestiques, à l'exception bien sûr des scientifiques ! Ont-ils voulu sauver la face devant la communauté scientifique ? Les blouses blanches en tirent aussitôt la conclusion suivante : cette race de singe ne pouvait développer une fibrillation ventriculaire durable et par conséquent mortelle. Exit du singe comme modèle expérimental !
Alors sagement, le modèle canin est repris. Au moins, était-on certain de ses aptitudes à fibriller, sans espoir de guérison, sauf bien sûr à appliquer un traitement qu'il convient maintenant de découvrir.
Les consignes du patron sont de refaire les expériences de Prevost et Battelli pour voir si elles sont reproductibles. C'est en quelque sorte le cahier des charges imposé par J. Howell. Mais, l'équipe de Kouwenhoven souhaite aller plus loin. Les Suisses ont montré qu'un choc appliqué directement sur le cœur, donc à thorax ouvert, peut interrompre une fibrillation ventriculaire.

Mais, même si l'on parvient à reproduire leurs travaux, sur quelles applications peuvent-ils déboucher ? Allait-on ouvrir des poitrines sur le trottoir, dans la cuisine ou près d'une génératrice de courant industriel, bref dans les milieux domestiques et professionnels, ceux pour lesquels l'Edison Company finance les travaux ? Bien sûr que non. Dans la pratique, il fallait que les travaux soient effectués en délivrant les chocs à travers le thorax fermé, et non directement sur le cœur. Voilà l'idée astucieuse et réaliste de Kouwenhoven !

Le concept est innovant autant qu'ingénieux, la tâche ardue. En la résumant, Kouwenhoven et son équipe veulent dans un premier temps connaître la quantité d'énergie qui atteint réellement le cœur lorsqu'un courant est délivré entre deux électrodes appliquées sur le thorax. Pas facile ! Ils entreprennent des calculs savants, des mesures minutieuses. Ils apprennent à faire fibriller un cœur de chien sans ouvrir le thorax. Ils déterminent les conditions pour interrompre la fibrillation ventriculaire par des chocs transthoraciques, c'est-à-dire encore une fois à « thorax fermé ». Mais, les résultats ne sont pas au rendez-vous. La défibrillation externe est expérimentée chez 19 chiens, dont 14 meurent sans que l'on puisse faire cesser la fibrillation ventriculaire. Pas fameux...

A regret, l'équipe est bien obligée de revoir ses ambitions à la baisse et de revenir aux travaux de Prevost et Batelli. Finie l'innovation. Au moins dans l'immédiat, il faut de nouveau ouvrir les thorax. Une série de travaux sont lancés pour confirmer ce qui a été démontré près de trente-cinq ans auparavant. Cela manque peut-être de panache, mais ne discréditons surtout pas les travaux de Kouwenhoven et de ses collaborateurs qui sont considérables dans d'autres domaines que celui de la réanimation : le massage cardiaque externe et la ventilation assistée. Ce n'est quand même pas si mal !

Il faut par conséquent se rendre à l'évidence : la défibrillation électrique ne peut encore se concevoir que par application directe du courant sur le cœur après massage. Or, qui a le plus souvent l'opportunité et les compétences pour pratiquer ces gestes ? Comme toujours, le chirurgien bien sûr. C'est lui qui a un accès rapide au cœur. A cette époque, un patient a une chance de survivre à un accident rythmique cardiaque grave si celui-ci survient au bloc opératoire.

Et les employés des compagnies d'électricité qui s'électrocutent ? N'oublions pas que c'est surtout pour eux que l'Edison Company a débloqué des fonds de recherche. On comprend que le problème n'est pas résolu par les conclusions de Kouwenhoven et de son équipe. Ces résultats quelque peu décevants, ont-ils été la raison invoquée pour réattribuer les fonds de recherche à une autre équipe ? Le saura-t-on un jour ? Et comment cette nouvelle équipe a-t-elle été choisie par la Consolidated Edison Company ? Peu de chercheurs s'intéressent à l'époque, dans les années 1930, aux Etats-Unis - comme ailleurs -, à la défibrillation cardiaque... Il faut dire que la

situation géopolitique mondiale est alors compliquée. Un peu partout dans la vieille Europe, se font entendre des bruits de bottes, de Madrid à Berlin, de Rome à Bucarest. La guerre civile espagnole ouvre des plaies qui seront longues à cicatriser, les morts de la tyrannie soviétique se comptent déjà par millions tandis qu'à Munich les démocraties s'inclinent devant les dictateurs. Les cerveaux commencent à s'exiler. La seule équipe qui peut véritablement travailler sur la problématique posée par l'Edison Company se trouve à Cleveland, plus exactement à la Western Reserve University où est située une des plus prestigieuses écoles de médecine des Etats-Unis, reconnue comme telle depuis plus de quatre-vingts ans. Les recherches y sont de très grande qualité. Une équipe s'intéresse d'ailleurs aux mécanismes de l'électrocution : elle est dirigée par Ch. Guthrie (qui a perdu son frère, en 1902, électrocuté). Ses collaborateurs sont G. Crile, T. Sollman, G. Stewart notamment. C'est la raison pour laquelle Howell se tourne vers elle.
Le hasard tient très peu de place dans le choix des orientations de la recherche scientifique. Jugez-en. L'équipe en question est donc dirigée par le frère d'un électrocuté. Pas étonnant qu'il s'intéresse à ce type d'accident...
Ajoutez à cela que l'équipe fait partie d'un laboratoire dont le patron est un certain J. J. R. MacLeod, détenteur de la chaire de physiologie. Il ne vous évoque rien ? Pourtant, il est le « découvreur » de l'insuline et pour cela, il reçoit le prix Nobel en 1923. Belle référence, mais quel rapport avec la défibrillation cardiaque ? Il est simple et ce rapport s'appelle MacWilliam, d'Aberdeen. Vous souvenez-vous ? MacWilliam et ses très importants travaux sur la description et l'explication des mécanismes de la fibrillation ventriculaire ?
MacLeod a été son élève. Et lorsqu'en 1918, auréolé de gloire, il quitte sa chaire de physiologie, c'est pour la laisser à Carl Wiggers (qui deviendra un des leaders américains de la physiologie cardiaque des années trente). Carl Wiggers devient donc le patron de l'équipe de Guthrie. Un hasard ? Pas tout à fait. Revenons à MacWilliam. Il a été, on s'en souvient, l'élève du grand physiologiste, Carl Ludwig de Leipzig, tout comme P. Lombard, cité plus haut. Mais, MacWilliam a eu lui aussi beaucoup d'élèves : on vient d'en découvrir un, MacLeod. Citons encore A. Cushny, un Américain. Figurez-vous que A. Cushny et P. Lombard ont été un peu les « maîtres à penser » de C. Wiggers.
Comprenez-vous maintenant pourquoi C. Wiggers a effectué de nombreuses et importantes recherches sur la physiologie du système cardiovasculaire, en particulier sur la mort subite par fibrillation ventriculaire ? Le hasard tient très peu de place... Si on veut trouver encore des filiations et des affinités, on pourra préciser que c'est Howell lui-même, à qui les fonds de recherche venaient d'être « retirés », qui recommande de les redistribuer à C. Wiggers. En recevant ces fonds, C. Wiggers précise que : « *... Les fonds mis à la disposition du Dr Howell étaient certes limités, mais suffisants pour (nous) permettre de former de nouvelles équipes de recherche. C'était important*

pour moi car cela nous donnait l'opportunité d'étendre les programmes de recherche du département sans interférer avec ceux déjà en cours ».
La boucle est bouclée. Des travaux fondamentaux effectués à la fin du XIXe siècle et qui ont été, sinon totalement oubliés, du moins classés sur des étagères faute d'applications, sont redécouverts par les élèves mêmes des auteurs qui les ont produits et à la faveur d'une demande précise de l'industrie privée.
Et les employés des compagnies électriques qui s'électrocutent…? On ne voit pas beaucoup de solutions à leur problème. Le monde scientifique intéressé par le sujet ne suscite pas beaucoup l'intérêt de laboratoires. Et les autres laboratoires voient même, dans cette problématique, matière à perdre son temps.
C'est le très grand électro-physiologiste américain, Gordon Moe, qui raconte cette anecdote. Il voulait se former dans le laboratoire de C. Wiggers. Quelle idée ! Tout a été fait pour l'en dissuader. Pensez donc : « *Il sera tenu de travailler sur la fibrillation ventriculaire, autrement dit un accident de toutes façons fatal, contre lequel on ne peut rien, et, par conséquent, (Gordon Moe) perdra un an dans sa carrière scientifique.* » Ensuite, les deux seules équipes qui se sont penchées sur le traitement électrique de la fibrillation ventriculaire, celles de Wiggers et Kouwenhoven, ont conclu en une efficacité du choc uniquement lorsqu'il est directement appliqué sur le cœur, autrement dit, dans une situation d'intervention chirurgicale. Nous sommes en 1936.
Maintenant, un rappel. C. Wiggers travaille dans le département de physiologie de la Western Reserve University Medical School de Cleveland, établissement dans lequel travaille un certain Claude Beck ! Lorsqu'un célèbre physiologiste affirme, travaux à l'appui, qu'il n'est capable de sauver des vies que dans un bloc opératoire et qu'il cohabite avec un chirurgien qui a connu des décès qui auraient sans doute été évités si lesdits travaux avaient été approfondis dans la pratique, ça ne peut que favoriser les contacts…
En 1936, Wiggers peut déjà donner la conduite à tenir en cas de survenue d'une fibrillation ventriculaire : « *Je suggérais de débuter le massage cardiaque direct le plus rapidement possible après le début de la fibrillation et de le poursuivre jusqu'à ce que les électrodes soient prêtes et appliquées sur le cœur.* » La même année, il rapporte le succès de sa méthode chez 40 chiens sur une population totale de 47 animaux. Deux ans plus tard, ce sont 168 succès qui sont enregistrés sur un total de 187 tentatives. Et Wiggers de préciser que : « *La procédure a été standardisée dans le laboratoire. Son usage, entré dans la routine par (ses) associés, a permis de toute évidence de traiter des fibrillations chez l'animal dans au moins 1 000 cas.* »
Prenant connaissance des succès de son « voisin d'université », Claude Beck ne peut que s'intéresser à la défibrillation électrique. Ce qu'il fait et bien. Certes, il recommence d'abord les expérimentations de Wiggers, sans doute pour mieux se familiariser avec la défibrillation cardiaque. Mais, il est

rapidement en mesure de pouvoir tester l'efficacité d'un appareil (appelons le « défibrillateur ») qu'il a mis au point, adapté, pensait-il, à la défibrillation chez l'homme et non plus chez l'animal. Comment se présente ce défibrillateur ? C'est un coffret en bois de quelques dizaines de centimètres de hauteur, de largeur et de profondeur. Sur la façade avant, se trouvent le cadran d'un ampèremètre, un gros bouton permettant de faire varier l'intensité du courant délivré et un interrupteur. Dans le coffret, le montage est simple : un transformateur, de quoi isoler le patient des 110 V d'alimentation et une résistance que l'on fait varier pour obtenir l'ampérage désiré. Le défibrillateur est branché sur le secteur (110 V, 60 cycles). Deux câbles s'en détachent terminés par deux électrodes ressemblant à deux cuillères métalliques rondes aux manches en bois et dont les extrémités sont recouvertes d'un tissu imbibé d'eau pour le contact. C'est tout ! On aura compris que le courant délivré est un courant alternatif (encore appelé sinusoïdal par les spécialistes), cette précision étant importante à retenir pour comprendre les améliorations techniques apportées par la suite aux défibrillateurs cardiaques. Quant à la durée de l'impulsion électrique, elle est fixée tout simplement par une action manuelle sur l'interrupteur. Dès 1938, Claude Beck n'attend donc plus que le moment d'appliquer sa méthode de défibrillation. Les occasions ne tardent pas à se présenter. La première, c'est le 7 décembre 1938. Jusqu'à ce jour, il est probable qu'aucun homme n'a jamais survécu à une fibrillation ventriculaire. Et bien sûr, jamais un choc électrique, sous quelque forme que ce soit, n'a été délivré pour faire cesser ce trouble du rythme. Le 7 décembre 1938, allait-il devenir la date historique, l'événement de référence pour la défibrillation cardiaque ? Claude Beck et son équipe sont prêts. Depuis des mois, Beck informe régulièrement ses collègues, médecins et surtout chirurgiens, qu'il est possible de tenter un traitement, semble-t-il très efficace, contre un arrêt cardiaque per opératoire.
Le 7 décembre 1938… Beck est peut-être dans son bureau à régler des affaires courantes ou bien est-il au chevet d'un patient qu'il a opéré la veille, ou encore prend-il tout simplement un café en discutant avec quelques collègues de dossiers ou plus prosaïquement des difficultés de circulation routière en cette fin d'automne neigeuse. Qui sait ?
Le 7 décembre 1938… Dans une salle d'opération du Johns Hopkins Hospital, une intervention du genou chez un homme jeune se termine. Les chirurgiens referment la plaie opératoire. En général, c'est le moment où les infirmières préparent les pansements pendant que l'anesthésiste attend l'instant où il devra réveiller le patient. C'est très probablement ainsi qu'on se prépare à finir l'intervention, ce 7 décembre 1938. L'opération est un succès. Le jeune homme pourra bientôt marcher de nouveau normalement. Mais, c'est connu, l'accident survient souvent quand on l'attend le moins. C'est l'anesthésiste qui donne l'alerte. Il ne perçoit plus le pouls du patient !
A cette époque, la surveillance scopique de l'électrocardiogramme n'existe pas au bloc opératoire. Mais, anesthésistes et chirurgiens ne savent que trop

bien ce que signifie la disparition du pouls en fin d'intervention. C'est le plus souvent un arrêt cardiaque par fibrillation ventriculaire et personne ne s'en est jamais remis malgré les manœuvres de réanimation préconisées.
Pourtant, ce jour-là, le chirurgien se souvient que Beck a demandé de l'appeler en pareille situation, ce qu'il fait. Et Beck surgit quelques minutes plus tard seulement, porteur de ce curieux appareil conçu avec ses collaborateurs. Quelques minutes, disons sept ou huit, ça peut paraître court, mais c'est déjà suffisamment long pour qu'une personne en arrêt cardiaque et respiratoire subisse d'importantes lésions cérébrales. D'autant que du temps a déjà été perdu entre le moment où l'accident est survenu et celui où Beck a été appelé ! Qu'importe ! Beck tient entre ses mains l'ultime chance de sauver le patient. Il faut la tenter. Et l'on procède au protocole maintes et maintes fois répété chez l'animal. Beck ouvre le thorax. Le cœur apparaît, inerte. Il débute le massage, d'abord sans ouvrir le péricarde, puis après son ouverture pour plus d'efficacité. Chacun peut se rendre compte des mouvements fibrillatoires du cœur. Vingt minutes durant, le chirurgien masse sans relâche, avec une efficacité que l'on peut apprécier à la palpation du pouls temporal. Mais, les pupilles restent dilatées. Pas bon signe... Poursuivant toujours son protocole, Beck injecte directement dans l'oreillette droite quelques centimètres cubes de procaïne, un médicament sensé traiter les arythmies cardiaques. Puis, il se saisit des deux électrodes reliées à son étrange appareil et les applique sur le ventricule gauche. Un assistant appuie sur un bouton et un choc est immédiatement délivré. Le corps du jeune homme sursaute. C'est un échec. La fibrillation perdure. Un deuxième choc, puis un troisième viennent enfin à bout de l'arythmie qui cesse. Mais, le cœur est maintenant inerte. L'injection d'un stimulant cardiaque dans l'oreillette droite, l'épinéphrine, n'a aucun effet. On injecte encore du chlorure de calcium et, comme les sursauts du jeune homme à chaque choc ont éjecté la canule trachéale de la respiration artificielle, il faut la remettre rapidement en place. A très exactement 10 h 12, soit quarante-sept minutes après la disparition du pouls, le cœur se remet enfin à battre à peu près régulièrement. Les pulsations reprennent de la force. Le rythme redevient normal. Après vingt minutes d'observation, on juge qu'il est temps de refermer le thorax. Mais, à midi, le cœur cesse de nouveau de battre... On ne peut rien faire... Le jeune homme meurt...
Peut-on considérer qu'il s'agit d'un échec ? Au plan humain, certainement, puisque le patient est décédé. Au plan scientifique, Beck a finalement réussi à interrompre la fibrillation et à faire repartir le cœur dans un rythme normal. Echec ? Réussite ? Chacun appréciera.
Huit mois plus tard, le scénario se répète. Il s'agit, cette fois, d'un jeune patient opéré d'un œil. Même scénario et même dénouement tragique deux heures après avoir pourtant choqué efficacement une fibrillation ventriculaire, et rétabli un rythme cardiaque normal.

Trois autres tentatives suivront. Aucune n'a permis de sauver les patients alors que les chocs ont d'abord été efficaces. Pourquoi ? Beck en comprend la raison. Si l'on est parvenu à interrompre les troubles du rythme, les manœuvres de réanimation, et surtout les chocs électriques, ont été mis en œuvre beaucoup trop tard. Les centres nerveux ont subi une trop longue attente. Ils ont été détruits. Beck prend ainsi la mesure de ce que plusieurs chercheurs ont constaté avant lui, à savoir que pour réussir une réanimation, pour qu'un choc électrique soit efficace, il faut intervenir le plus tôt possible. Et pour ce faire, il faut sensibiliser chirurgiens et anesthésistes. Ils doivent avoir la présence d'esprit de faire appel immédiatement à Beck s'il survient un accident au cours d'une intervention. Une campagne d'information est organisée. Et comme Beck devient, après la guerre, en 1946, président de l'Association américaine de chirurgie, il profite de cette situation privilégiée pour faire inscrire, dans les conditions de certification des centres, l'obligation d'assurer la présence d'une équipe dite « de survie », prête à tout moment à intervenir pour appliquer le protocole qu'il a mis au point. C'est en 1946. L'information circule. Et cependant, aucun patient n'a encore survécu après une défibrillation pourtant réussie ! Jusqu'à ce jour du 10 décembre 1947, exactement neuf ans, jour pour jour, après la première tentative, où « *tout enraidi dans son sarreau blanc stérile, les deux mains gantées serrées contre la poitrine, le masque en tissu tenu en arrière du crâne par deux cordelettes et le calot descendu sur les sourcils, le jeune assistant de Claude Beck se souleva avec effort la pointe des pieds pour regarder par-dessus l'épaule du maître…* ». Nous connaissons la suite.
Ce jeune assistant sera presque malgré lui au cœur d'un moment historique, acteur modeste d'une étape capitale de l'histoire de la médecine. Peut-être ignore-t-il d'ailleurs ce que peut être un choc électrique et quelle est son utilité. Pourtant, il découvrira que, pour la première fois au monde, un choc électrique va sauver un être humain d'une mort certaine par fibrillation ventriculaire.
Il ne sait sûrement pas, ce jeune assistant, que cette « première » n'aurait pu être réalisée sans la sollicitation et les fonds privés provenant de Thomas Edison, l'inventeur de l'ampoule électrique à filament. Et que ce pas de géant, franchi dans la lutte contre la mort subite, est l'aboutissement de recherches menées depuis près d'un siècle par des hommes et des équipes exceptionnels à Leipzig, Aberdeen, Genève, New York, Cleveland et dans bien d'autres villes encore. Des recherches apparemment indépendantes, mais qui reconnaissent toutes une filiation commune à travers des réseaux internationaux de diffusion des connaissances, d'enseignements de maîtres à élèves.
La grandeur et l'efficacité de la recherche scientifique sont faites d'une communauté de chercheurs. Si des compétences hors du commun se détachent de cette communauté, elles n'ont jamais pu s'épanouir sans une « antériorité », ni un environnement propice.

Quel est le devenir de la méthode de réanimation mise au point par Claude Beck ? De par les conditions du massage cardiaque et de la défibrillation, cette méthode, conçue par un chirurgien, ne peut être applicable que par un chirurgien, même si certains la voient déjà mise en œuvre dans les lieux publics. Elle sera pourtant utilisée pendant plus d'une dizaine d'années encore.

Sa diffusion se fait relativement lentement, ce que l'on peut comprendre compte tenu de son aspect peut-être trop innovant et de ses résultats encore aléatoires. Quatre ans après la première défibrillation réussie n'est publié que le quatrième cas seulement.

La production des défibrillateurs de Beck commence réellement à se développer au début des années 1950. Des améliorations substantielles y sont apportées : commande au pied, détermination automatique de la durée des chocs (généralement 0,5 sec) et de l'intervalle de temps séparant deux chocs. Des milliers de vies ont été sauvées grâce à lui.

Certes, tout ne va pas toujours comme on souhaiterait. Fin 1952, l'équipe du I. K. R. MacMillan du Saint Thomas Hospital de Londres rapporte ses trois premiers cas. Pour l'un d'eux, une réanimation en cours d'intervention se passe comme prévu jusqu'au moment où l'on s'avise d'appliquer des chocs électriques chez un homme de 62 ans qui est en fibrillation ventriculaire. Le défibrillateur cardiaque n'étant pas sur place, il faut le faire venir d'un autre hôpital. Ceci prend environ quarante-cinq minutes, un temps pendant lequel anesthésistes et chirurgiens se relayent pour masser directement le cœur. Malgré le choc enfin délivré, le patient ne survivra pas…

Ce qui surprend aujourd'hui les professionnels de santé à la lecture des témoignages de l'époque, c'est l'absence d'électrocardiogrammes en salle d'opération et surtout au cours d'une réanimation. Bien sûr, la surveillance électro-cardioscopique n'est pas encore développée (rappelons qu'elle est une obligation actuelle dans toutes les salles d'opération), mais l'enregistrement pendant et même au décours d'un accident rythmique, qui est lui tout à fait possible, n'est absolument pas la règle et constitue plutôt une exception. Comment fait-on alors le diagnostic d'une fibrillation ventriculaire ? De manière relativement empirique.

C'est d'abord l'anesthésiste qui alerte sur l'absence de pouls. Par expérience, dans cette éventualité, on a le choix entre un arrêt de toute activité électrique cardiaque ou une fibrillation ventriculaire. Le diagnostic est alors précisé par l'observation directe du cœur. Comme de toutes façons, on l'aborde pour le masser, le diagnostic s'en trouve facilité. L'électrocardiographe est pourtant largement répandu, dans les établissements hospitaliers comme dans les cabinets. Mais lorsqu'un accident per-opératoire survient, l'électrocardiogramme ne sert qu'à vérifier la bonne récupération du rythme normal pendant un, deux, voire plusieurs jours après l'épisode. C'est ainsi que, dans la très sérieuse équipe londonienne de MacMillan, un diagnostic d'infarctus sur l'électrocardiogramme a été réalisé quatorze jours après l'arrêt cardiaque. Dans une équipe de Philadelphie, un patient sauvé d'une mort per-opératoire a eu un électrocardiogramme vingt-quatre heures plus tard, un second, une semaine après et enfin un troisième vingt-deux jours après l'accident seulement.

En 1948, R. E. Dripps de Philadelphie écrit : « *La seule méthode qui permet de savoir avec certitude si le cœur bat encore est la palpation ou l'observation du cœur ou des grosses artères. (...) On peut encore s'aider d'un ophtalmoscope. Quant à l'électrocardiogramme, il n'est pas fiable* ».

Et maintenant, peut-on conclure qu'il a été répondu à la question posée par l'Edison Company ? A-t-on apporté une solution pour secourir la centaine d'employés électrocutés chaque année ? Et les consommateurs qui meurent à leur domicile d'une électrocution, a-t-on appris à les sauver ? Bien sûr que non. Si le protocole de Claude Beck est parfait lorsque survient une fibrillation ventriculaire au bloc opératoire, on voit mal des secouristes, qui arriveraient de toutes les façons trop tard, faire une thoracotomie sur le trottoir, dans la cuisine d'un particulier ou au pied d'une dynamo ! Et où trouver un défibrillateur ? Sur quelle alimentation le brancher ?

Toutes ces questions sont encore sans réponse, même si, incontestablement, les équipes de Baltimore et de Cleveland ont franchi un grand pas dans la conception d'un défibrillateur cardiaque. Beaucoup reste encore à faire pour une défibrillation « à la portée de tous ».

Nous devons à la vérité historique de signaler sur le sujet les recherches exceptionnelles entreprises dans un pays en proie à la guerre civile et à l'implacable dictature d'un tyran paranoïaque. Car, en 1925, une élève de Louis Prevost et de Federico Battelli de Genève quitte la Suisse pour suivre un destin hors du commun en URSS : il s'agit de Lina Stern. Mais, ceci est une autre histoire…

Horace Wells (1815-1848) et William T.G. Morton (1819-1868) La rencontre improbable de deux précurseurs de l'anesthésie

par

Mathieu Bertrand[231]

Wells et Morton sont connus comme étant les deux hommes à l'origine de la découverte des propriétés anesthésiques du protoxyde d'azote pour Wells et de l'éther sulfurique (ou di-éthyléther) pour Morton, permettant des interventions chirurgicales largement plus supportables qu'elles ne l'étaient auparavant, voire même presque « confortables ».

Les premières descriptions des effets anesthésiques du protoxyde d'azote et de l'éther sulfurique.

Toutefois, d'autres ont déjà, avant eux deux, décrit les effets anesthésiques de ces composés.

1- Pour le N2O, c'est le célèbre chimiste britannique Humphry Davy qui, fort de ses expérimentations et observations, démontre, dès 1800, non seulement les effets anesthésiques de ce gaz, mais mieux, suggère de l'utiliser à des fins chirurgicales. Malheureusement, son idée n'est pas suivie d'effet. Le monde scientifique et médical se désintéresse quasi totalement des applications anesthésiques de ce gaz en chirurgie. Il reste dès lors cantonné, en Europe comme aux Etats-Unis, à un usage récréatif où on lui préfère le nom de gaz hilarant.

2- Pour l'éther sulfurique, on sait que, dès le XVIe siècle, le scientifique et médecin Paracelse a constaté les vertus anesthésiques de ce composé. D'autres comme Matthew Turner (1761), puis Thomas Beddoes (1798) et

[231] Docteur en chirurgie dentaire en exercice libéral, diplômé de l'U. F. R. Odontologie de Nancy.

Horace Wells (1815-1848) et William T.G. Morton (1819-1868), la rencontre improbable de deux précurseurs de l'anesthésie, L'Harmattan (éd.), Coll. Médecine à travers les siècles, Paris, 2013.

Michael Faraday (1818) feront des descriptions similaires sans pour autant suggérer une utilisation à des fins chirurgicales.

Qui sont Horace Wells et William T. G. Morton ?

1- Horace Wells est né le 21 janvier 1815, à Hartford, dans le Connecticut. Il commence sa scolarité à l'âge de 6 ans dans divers établissements de qualité et termine ses études à 18 ans. Affecté par la mort de son père, il songe à entrer en religion. Il abandonne ce projet et, pour d'obscures raisons (ou peut-être en voyant passer des praticiens exerçant leur art de manière itinérante comme c'était souvent le cas à l'époque), décide d'apprendre le métier de dentiste En 1834, il part donc pour Boston où il débute son apprentissage. En 1834, point de faculté ou d'école dentaire pour former les dentistes (Il faut attendre le 6 mars 1840 pour voir la création du Baltimore College of Dental Surgery grâce aux efforts de Horace H. Hayden et de Chapin A. Harris). C'est donc le compagnonnage avec un dentiste aguerri qui est indispensable pour apprendre le métier. Si on ne peut dire avec certitude qui a été le « maître » de Wells, on pense qu'il est hautement probable qu'il s'agisse de Nathan Cooley Keep, un des meilleurs dentistes de Boston. Il commence certainement à exercer la profession de manière itinérante.

2- William Thomas Green Morton est né le 9 août 1819, à Charlton, dans le Massachussetts. Il bénéficie dès 5 ans d'un enseignement de qualité dans divers établissements proches de la résidence des Morton. En 1837, les Morton sont frappés par une crise financière majeure et William doit interrompre ses études, les frais de scolarités étant trop onéreux. Il devient alors commis dans une entreprise de vente et de publication de livres religieux pour assurer sa subsistance. Rapidement, il abandonne son travail et se lance dans des entreprises peu honnêtes qui lui font traverser les USA d'est en ouest jusqu'en Californie. Son but est visiblement de réaliser des profits rapides au mépris de ses engagements envers ses clients. En 1841, Morton cesse ses affaires plus ou moins frauduleuses et décide de continuer ses études. Il opte pour l'art dentaire et aurait intégré le tout nouveau Baltimore College of Dental Surgery. Des doutes subsistent quant à l'admission de Morton au sein de l'établissement. En avril 1859, un rédacteur anonyme de l'*American Dental Journal of Dental Surgery* (il est possible qu'il s'agisse de Chapin Harris) y a formellement démenti la présence de Morton. Pourtant, le diplôme de Doctor in Dental Surgery (DDS) de Morton existe bien…

Quelle pratique de l'art dentaire pour Horace Wells ?

Le 4 avril 1836, Wells annonce dans le *Connecticut Courant* l'ouverture de son cabinet dentaire à Hartford. On peut dire que la pratique de l'art dentaire de Wells est résolument moderne en dépit de l'équipement archaïque de son époque. Les instruments dont on peut disposer à cette période ont peu ou pas évolué depuis la fin du XVIIIe siècle. Le premier fournisseur de matériel dentaire ne verra le jour qu'en 1844 (S. S. White). Comme ses confrères, Wells est amené par nécessité à concevoir et à construire - ou faire construire - ses propres instruments dentaires. N'oublions pas que le gaz et l'électricité n'existent pas encore, et que les seuls moyens d'éclairage restent la lumière du jour, ou les lampes à huile, ou bien encore les bougies. En 1836, le fauteuil dentaire le plus moderne est celui de Snell commercialisé depuis 1832. On peut avoir une idée précise de la conception clinique de Wells grâce à son ouvrage novateur publié en 1838, intitulé *An Essay on Teeth : Comprising a Brief Description of their Formation, Diseases, and Proper Treatement.* Il a ainsi compris l'importance de l'hygiène dentaire, des dents temporaires et des méfaits des sucreries. Wells accorde aussi une grande importance à la qualité de l'éviction du tissu carieux et de l'obturation des cavités. Il utilise presqu'exclusivement des feuilles d'or, plus rarement de l'étain ou de l'amalgame à base de mercure-argent. Wells pratique aussi naturellement les avulsions dentaires et réalise des prothèses amovibles. La nature et le volume des actes réalisés peuvent être estimés précisément grâce à son *Day Book A,* témoin au jour le jour de la pratique dentaire de Wells du 13 mai 1841 au 5 novembre 1845. Il y est consigné les honoraires dus et les sommes encaissées. Peu de temps après l'ouverture de son cabinet, les affaires sont florissantes et Wells est vite reconnu comme comptant parmi les meilleurs dentistes de Hartford.

Les débuts de Morton dans la profession et sa rencontre avec Wells.
Selon toute vraisemblance, Morton a rencontré Wells vers 1841, année où il commence son apprentissage chez Wells. D'autres l'ont précédé comme le célèbre John Riggs. Morton apprend beaucoup aux côtés de Wells. Le 21 octobre 1843, les deux hommes s'associent dans un cabinet à Boston. Mais, les relations entre les deux hommes sont tendues et Wells est sur le point de rompre l'association neuf jours plus tard. Morton parvient à le convaincre de rester. Ainsi, une annonce de l'*American Traveller* du 30 janvier 1844 atteste du maintien de leur collaboration. Malgré tout, la situation semble toujours tendue entre les deux dentistes, puisque le 4 mars 1844, Wells réclamera à Morton une rétribution *a posteriori* pour les enseignements prodigués. Il sera le seul élève à qui Wells demandera une compensation pécuniaire pour « *les interventions et les instructions dans l'art dentaire* » comme noté dans le *Day book A*. Bien qu'encore associés, les deux hommes exercent rapidement séparément, Wells étant retourné à Hartford et Morton étant resté à Boston. Les divergences de Wells et de Morton sont importantes. Wells reproche à Morton sa grande vénalité. Ce dernier s'est en effet adjoint les services de deux assistants pour accroître ses bénéfices. Par ailleurs, il arrive à Wells d'accomplir quelques travaux pour les patients de Morton, notamment des travaux prothétiques que Wells facture à son associé. Qu'en est-il dès lors du

niveau technique de Morton ? Le 24 octobre 1844 marque la dissolution de leur partenariat comme attestée dans le *Boston Daily Atlas*.

Genèse de la découverte d'Horace Wells des effets anesthésiques du protoxyde d'azote et de son utilisation à des fins chirurgicales.

La mise en évidence par Wells des effets anesthésiques du protoxyde d'azote lui a été pour ainsi dire inspirée par les nombreux camelots qui parcourent les USA pour faire des démonstrations des effets de ce gaz. Un des plus célèbres d'entre eux est Samuel Colt (inventeur du célèbre Colt 45) mieux connu lors de ses représentations comme étant le « Dr S. Coult de Calcutta, Londres et New York ». Mais, c'est Gardner Quincey Colton, le 10 décembre 1844, qui donne réellement, à Wells, l'idée d'utiliser le protoxyde d'azote à des fins chirurgicales, en voyant les effets anesthésiques de ce composé sur son ami apothicaire Samuel A Cooley. Ce dernier s'étant porté volontaire pour inhaler le gaz s'érafle sérieusement le tibia avec l'angle saillant d'un siège. Sous l'effet du protoxyde d'azote, il poursuit un « ennemi imaginaire ». En constatant que Cooley ne s'est absolument pas rendu compte de sa blessure, Wells suggère d'utiliser le gaz pour abolir la douleur provoquée par une avulsion dentaire. Il vient alors trouver le soir même son ancien élève John Riggs et lui demande de lui extraire une de ses dents de sagesse cariée. Le 11 décembre 1844, Wells démarche aussi Colton afin que ce dernier lui fournisse un sachet de protoxyde d'azote. Une fois Wells sous l'influence du gaz, Riggs lui extrait sa dent, sous l'œil de Colton et de Cooley. L'intervention n'occasionne visiblement aucune douleur à Wells qui s'exclame : « *Une nouvelle ère pour l'extraction dentaire !* ».

Quelques semaines après plusieurs essais heureux, Wells entreprend une démonstration à la Medical School of Boston. Un étudiant voit ainsi sa dent extraite par Wells après avoir inhalé le protoxyde d'azote. Malheureusement pour Wells, l'assistance entend un râle et conclut à l'échec de l'anesthésie, et à l'inefficacité du composé. Durement éprouvé par ce succès partiel, Wells tombe malade et doit interrompre son activité de dentiste le 7 avril 1845. Il ne reprendra que le 8 septembre 1845. Pendant ce temps d'inactivité, il met au point une démonstration d'histoire naturelle et se consacre à une de ses passions, l'ornithologie. Plus tard, Wells se fera connaître en réalisant trois anesthésies dans le cadre d'interventions plus lourdes : l'ablation d'une tumeur testiculaire le 17 août 1847, l'amputation d'une jambe le 1er janvier 1848, l'ablation d'un adipome le 4 janvier 1848.

Genèse de la découverte de William T. G. Morton des effets anesthésiques de l'éther sulfurique et de son utilisation à des fins chirurgicales.

Le récit des travaux et des expérimentions qui ont amené Morton à découvrir et à utiliser les propriétés anesthésiques de l'éther sulfurique est controversé à bien des égards. S'il existe une histoire officielle mise notamment en écrits par Poore en 1856, avec *Historicals Materials for the Biography of W. T. G.*

Morton, M. D., Discoverer of Ethérisation, with an account of Anaesthesia, et Rice en 1859, avec *Trials of a public Benefactor, as Illustrated in the Discovery of Etherization*, de nombreux éléments de la genèse de la découverte de Morton peuvent apparaître suspect ou contradictoire suivant les témoins. Ainsi, Morton affirme avoir pratiqué une avulsion dentaire sous anesthésie au moyen d'un mouchoir imbibé d'éther, le 30 septembre 1846, chez un patient nommé Eben H. Frost. Il serait parvenu à identifier ce composé comme agent anesthésique pouvant abolir la douleur lors d'une intervention chirurgicale, après de nombreux questionnements et essais, notamment en expérimentant l'éther sur son épagneul. Ses détracteurs, notamment le Pr Charles T. Jackson (qui a été le tuteur de Morton alors que ce dernier commençait des études de médecine au début de l'année 1844), affirment que Morton ne connaissait pas les propriétés anesthésiques de l'éther avant le 30 septembre 1846. C'est Jackson qui aurait indiqué à Morton le protocole exact à suivre dans le but d'anesthésier Eben Frost. Peut-être plus que celle de Wells du 11 décembre 1844, l'histoire a davantage retenu la fameuse et spectaculaire démonstration de Morton au Massachussetts General Hospital en ce jour du 16 octobre 1846, mieux connue sous le nom d'« Ether Day ». En la présence de nombreux médecins, chirurgiens et étudiants en médecine, Morton administre à Edward Gilbert Abbott de l'éther sulfurique (en affirmant qu'il s'agit d'un composé mis au point par lui et baptisé « Letheon » alors qu'il s'agit bien d'éther mélangé à d'autres composés sans intérêt et, ce, dans le but de masquer la vraie nature du composé actif qu'est l'éther) au moyen d'un dispositif spécifique. Il s'agit d'un globe en verre creux rempli d'une éponge imbibée et muni de deux tubes pour l'admission d'air, et l'inhalation par le patient. Le chirurgien officiant est John Warren Collins, chirurgien en chef du Massachussetts General Hospital. Warren est surpris de voir son patient sans réaction alors qu'il incise. Le patient certifie à son réveil n'avoir ressenti aucune douleur. C'est un triomphe pour Morton qui enchaîne les anesthésies à l'éther avec succès. Il ne pense dès lors qu'à breveter sa découverte dans le seul but de s'enrichir. Il dépose, en accord avec Jackson, un brevet le 27 octobre 1846, accepté le 12 novembre 1846. Ce brevet protège l'usage de l'éther sulfurique comme composé anesthésiant et protège également l'inhalateur conçu par Morton. Le contrat est favorable à Morton qui recevra la majorité des bénéfices générés par son brevet. Une circulaire baptisée *Letheon Circular* prévoit les sommes dont doivent s'acquitter les praticiens. Mais, rapidement, nombreux sont ceux qui refusent de payer, en affirmant notamment que le Letheon est en réalité de l'éther sulfurique, composé connu et à disposition de tous chez les apothicaires. Wells vient de plus affirmer à son tour qu'il connaissait déjà parfaitement les effets de l'éther sulfurique avant Morton, mais devant choisir entre ce composé et le protoxyde d'azote, ce dernier gaz a eu sa préférence, car il l'a trouvé plus facile et plus sûr à utiliser. Il ira

notamment plaider sa cause à l'Académie des sciences et à l'académie de médecine en France.
A noter aussi qu'un médecin, le Dr Crawford Long clamera avoir administré, en mars 1842, de l'éther sulfurique afin de réaliser l'ablation d'une tumeur chez James Venable.
Encore avant lui, durant l'hiver 1841-1842, le Dr William Edward Clarke administre de l'éther à une patiente avant qu'un dentiste ne lui extrait une dent sans aucune douleur.

Epilogue

Wells meurt en se suicidant dans sa cellule, le 23 janvier 1848. Il est incarcéré pour avoir lancé une fiole d'acide sulfurique sur deux femmes alors qu'il est sous l'emprise du chloroforme dont il expérimentait les effets anesthésiques. Morton, après la mort de Wells, continue avec acharnement à revendiquer la paternité de ce qu'il pense être sa découverte et fait parvenir pas moins de quatre pétitions au Congrès des USA. Il faillit même vendre son brevet à l'armée fédérale des USA pour la somme faramineuse de 100 000 $. Devant la pugnacité du sénateur Truman Smith, il n'a jamais eu gain de cause. Morton participe à la guerre de Sécession en qualité d'anesthésiste sur les recommandations du chirurgien général de l'Union. Il soulagera plus de 2 000 soldats des souffrances engendrées par le couteau du chirurgien. Il meurt le 15 juillet 1868, à New York, des suites d'un accident vasculaire cérébral.
Jackson luttera avec obstination contre les prétentions de Morton. Il entendra être reconnu comme le découvreur des effets anesthésiques de l'éther sulfurique et de son utilisation à des fins chirurgicales. Frappé en 1873 par un accident vasculaire cérébral, il s'éteint le 28 août 1880.

Léonard de Vinci, un anatomiste visionnaire

par

Dominique Le Nen[232]

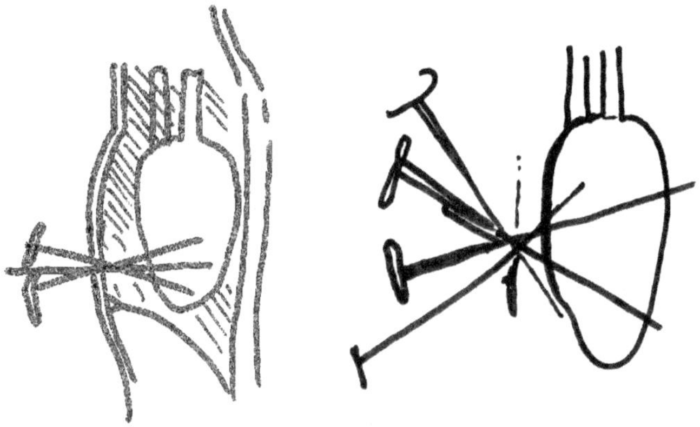

Poinçon enfoncé dans le cœur d'un porc (d'après Léonard de Vinci).

L'art d'un peintre, d'un ingénieur ou d'un homme de science, comme Léonard de Vinci, naît de la conjugaison de ses dons, de sa curiosité et de l'instinct qui le porte à l'étude pour nous révéler ses recherches, au plus juste de ses créations. Dans cet ouvrage, nous nous proposons d'entrer avec lui dans le domaine de l'anatomie, car, sa vie durant, il se passionnera pour le corps humain. La relation particulière unissant Léonard de Vinci à

[232] Professeur des Universités, Chirurgien des hôpitaux, Docteur en épistémologie, histoire des sciences et des techniques depuis 2005, Membre titulaire de l'Académie nationale de chirurgie.

Léonard de Vinci, un anatomiste visionnaire, L'Harmattan (éd.), Coll. Médecine à travers les siècles, Paris, 2010.

l'anatomie nous le dévoile au travers d'une des facettes de son talent jusque-là assez peu exploitée en dehors de quelques ouvrages de référence. Ce travail s'inscrit dans le monde en mouvement de la Renaissance. Il a pour objectifs de nous éclairer sur sa méthode de travail, sur ce qu'il est en réalité, le révélant tant dans ses interprétations, souvent prisonnières des sources antiques, qu'au travers d'opinions tranchées, parfois infondées, diffusées à son encontre dans une riche littérature composée principalement de sources secondaires.

Si les témoignages transmis jusqu'à nos jours par ses principaux biographes nous aident à mieux le connaître, il garde néanmoins certains secrets, et même beaucoup de secrets, qui accentuent avec le temps le mystère autour de sa personne. Il est apparu intéressant, voire même amusant, de tenter de mieux percer sa personnalité, à partir des données de la littérature et de la dissection de son œuvre, et d'en dresser un portrait, avec notre sensibilité de chirurgien et notre curiosité d'historien des sciences.

Pour le lecteur à la recherche d'une information exhaustive autant que synthétique sur la vie de Léonard de Vinci, un chapitre lui consacre une brève biographie chronologique, le situant dans l'Italie de la fin du XVe siècle, en pleine Renaissance, dans ce macrocosme au sein duquel l'homme - le microcosme - évolue, en vertu des similitudes existant à ses yeux entre ces deux « mondes », du moins à une certaine période de sa vie.

Il était difficile d'évoquer l'œuvre anatomique de Léonard sans situer, en préambule et dans le détail, l'état des connaissances et l'évolution de l'anatomie, de l'Antiquité jusqu'au milieu du XVe siècle. L'anatomie et l'art de la dissection, au service de l'homme de science, resteront des siècles durant paralysés par des croyances et des tabous annihilant tout progrès. Les scientifiques feront du XVIe siècle ce que l'on peut considérer comme « l'âge d'or de l'anatomie ». La Renaissance connaît en effet une quête effrénée vers la connaissance de l'homme - de la « Nature » de manière générale -, dans ce qui constitue son intimité, quête d'ailleurs menée de manière simultanée, indépendante comme en association, par les artistes et les anatomistes. Deux mondes apparemment sans rapport se retrouvent ainsi autour de la dépouille de l'homme, riche de tant de secrets longtemps interdits. C'est main dans la main que les uns et les autres poseront les fondations de cet « édifice ».

Situer Léonard dans le vaste champ de ses sources d'inspiration annonce, dans une grande mesure, les liens et l'attachement l'unissant aux dogmes et aux connaissances de son époque. Léonard est en effet un scientifique, doublé d'un littéraire, mû d'une curiosité intellectuelle sans aucune borne, qui scrute dans le passé le support de ses interrogations et de ses études. Bien qu'il puise la matière de ses réflexions dans l'observation et l'expérience, tel un homme vivant dans son siècle, il s'imprègne de lectures qui auront sans conteste, à côté de l'aide apportée par d'illustres « mentors », un rôle majeur dans son parcours et ses prises de position.

Ses préoccupations autour du corps prennent différentes formes : il se passionne pour les proportions et mensurations, qui représenteront pour lui un champ d'investigation important avant la fin du XVe siècle, et pour l'anatomie de l'homme. Si Léonard peint à partir de modèles - corps nus, esquisses, sculptures, maquettes... -, il subit également l'attrait « ambiant » de la dissection. Une prise de conscience nouvelle des contours de l'homme, de l'orientation spatiale de ses formes, de ses volumes, de l'homme au-delà de sa surface corporelle, placera Léonard en maître absolu dans le domaine de l'anatomie et de ses applications au tournant du XVIe siècle. Il surpasse de loin ses contemporains dans ce domaine. Grâce à l'apport progressif, mais lent de la dissection, il considèrera l'homme autant au travers de sa corporéité extérieure que des mécanismes qui mobilisent ses pièces articulées, tel un ingénieur.
Tout d'abord, il est clair que Léonard disséqua ce qu'il observa. Sa soif de connaître, cette volonté de chasser le détail et un esprit de synthèse exceptionnel sont certainement les ingrédients qui lui ont permis de réaliser de tels dessins. Néanmoins, il laissa certains aspects de l'anatomie inexploités, à moins que ce ne fût la perte de certaines planches[233]. Sans doute n'a-t-il pas toujours eu le temps d'achever son travail, notamment dans la période qui l'a conduite à Rome à partir de 1513 ? Les dissections laissées de côté et l'analyse des dessins que l'histoire nous a livrés plaident aussi pour une implication de Léonard dans des études davantage mécaniques qu'anatomiques pures. L'anatomie des muscles et des tendons, c'était de toute évidence dans l'esprit de Léonard autant une anatomie tournée vers la fonction qu'une anatomie destinée à percer les mystères de la vie, une anatomie visant à comprendre le corps. Mais, s'il disséqua ce qu'il observa, quel en fut le fil conducteur, quels sont les facteurs qui ont offert à Léonard cette compétence pour disséquer aussi loin dans l'infiniment petit, aussi loin dans le détail ? Par quel hasard arriva-t-il au plus profond des couches de la main et du pied, au plus profond des entrailles et selon quel plan, car de telles dissections imposent systématisation, méthode, et quelques éléments de connaissance ? Cette aide fut-elle livresque ou sut-il s'entourer de compétence ? Sans aucun doute les deux à la fois. Mais, scrupuleux jusqu'à l'extrême, il s'intima « l'ordre » d'aller plus loin dans ses travaux futurs. Observait-il une tubérosité, une anomalie anatomique qu'il souhaitait étudier ce phénomène dans d'autres régions du corps. Ne savait-il pas comment fonctionnait une articulation qu'il s'interrogeait, ouvrant ainsi la voie à des études futures. Son œuvre n'est donc qu'un commencement, qu'un travail en cours, probablement inachevé, et qui n'aurait de toute manière jamais réellement été terminé, même s'il en avait eu matériellement

[233] D'après Clayton et Philo, l'œuvre anatomique tardive de Léonard de Vinci, après 1510, a « *subi de si lourdes pertes qu'il est impossible d'établir avec certitude son étendue et sa chronologie* » (*Léonard de Vinci, Anatomie de l'homme*, Seuil (éd.), Paris, 1992).

les moyens et le temps nécessaire, tellement l'obsession du parfait le tenaillait. Le nombre inachevé de ses peintures et de ses autres réalisations procèdent du même phénomène.
Même s'il dessina sur les lieux mêmes de la dissection, il le fit probablement parfois de mémoire. N'ayant pas eu les bases nécessaires pour redresser certaines des erreurs qu'il a faites, nous comprenons mieux certaines divergences d'interprétation avec nos propres dissections[234]. Ce n'est pas néanmoins la seule explication. Certainement, aussi fut-il lié par son allégeance à Galien. Le recours de Léonard à la dissection animale, des débuts probablement difficiles en anatomie avant de côtoyer tardivement Marcantonio della Torre, expliquent pour une part aussi les erreurs. Mais, les inexactitudes qu'il laissa dans les proportions des muscles, leur aspect, leurs attaches, les rapports, ne le rendent-elles pas à nos yeux plus « humain », lui le « mythe ». Il s'est trompé, comme tout un chacun, car il n'était ni médecin, ni anatomiste, mais son œuvre est unique et surtout… elle est sienne. Et puis, nous devons replacer ses études dans le contexte renaissant : rien d'aussi beau et d'aussi précis n'avait été dessiné avant Léonard. En cela, il est extraordinaire. Dans l'étude de l'anatomie, une véritable passion, Léonard de Vinci se distingue nettement de ses contemporains. Il réussit dans la dissection et dans la composition des structures tissulaires là où la plupart des autres peintres, voire des anatomistes, a échoué. Il manie le scalpel aussi bien que la pointe de métal et la plume, alliant de ce fait l'art du dessin, concrétisation de ses dissections, et l'art pictural, art qu'il considère tel un scientifique et qu'il semble placer au sommet de toutes ses préoccupations. Pourtant, concernant la peinture, personne plus que lui ne laissera autant de côté le détail anatomique. Ce n'est en fait qu'une apparence, car les dissections l'aident avant tout pour la vision des structures musculaires ou tendineuses dans l'espace, dans l'appréciation des volumes, dans la représentation des gestes si variés, simples ou complexes de la vie quotidienne. Disséquer lui permet de comprendre, d'entrer dans l'intimité tissulaire, pour en dominer le mécanisme afin de mieux en prendre possession.
Si Léonard de Vinci exerça la dissection avec une vision mécanique, l'aspect artistique n'était jamais très loin. Dans son esprit, et cela paraît fondamental, il construit la peinture avec la précision, la finesse, la patience avec lesquelles il dissèque le corps humain. Rien n'est laissé au hasard. Elle ne représente pour lui que l'aspect final d'une longue étude. À travers les dessins et les notes, il nous révèle le moteur même de ses recherches : le mouvement. Il lie, avec quel enthousiasme et quelle persévérance, l'anatomie et la peinture grâce ou par le mouvement. Le mouvement du

[234] Le Nen D. & Laulan J., *La main de Léonard de Vinci*, Springer (éd.), 2010.

corps et de ses parties constituantes est inscrit dans son esprit et dans toutes ses recherches.

Certes, son œuvre anatomique « disséquée » est un aspect moins connu du peintre florentin, mais combien révélateur de la passion, du savoir-faire d'une époque ouverte à toutes les sources de la connaissance, époque où les anatomistes et les autres artistes se donnent volontiers la main. Et lorsque Léonard de Vinci disparaît, il abandonnera, à Francesco Melzi, son élève, les secrets de ses découvertes anatomiques qui seront pour longtemps englouties dans l'oubli. L'anatomie poursuivra malgré cela sa formidable ascension, sortant de la relative « clandestinité » dans laquelle Léonard l'avait plongée. André Vésale sera le premier des anatomistes du début du XVIe siècle à faire inconsciemment de l'anatomie l'instrument d'une révolution scientifique sans précédent de même qu'un formidable support pédagogique. À sa manière, André Vésale, sans don particulier pour la peinture, s'offrant pour graver ses dessins les services d'un peintre de l'atelier du Titien à Venise, établit aussi un lien direct entre l'anatomie et la peinture, par ses seuls talents d'anatomiste et de pédagogue. À sa manière, il concrétisera ce que Léonard de Vinci rêvait de réaliser : transmettre au plus grand nombre, artistes et anatomistes, le fruit de ses découvertes.

Ainsi, à partir d'une analyse fouillée de son œuvre, l'objectif principal de cet ouvrage est de retracer le parcours de cet anatomiste visionnaire, d'y puiser la substance même de son génie créatif et inventif, de « lire » dans ses dessins et ses notes pour imaginer quel aurait pu être *il libro dell'anatomia*, ce livre d'anatomie que Léonard préparait et qui ne vit en fait jamais le jour.

Odontologie légale et Seconde Guerre mondiale

par

Mélanie Decobert[235]

L'odontologie médico-légale est une discipline scientifique et médicale vaste impliquant également des notions de paléontologie, d'anthropologie, d'éthique, de droit et de philosophie. Elle constitue une branche majeure de la médecine légale, notamment dans le domaine de l'identification des personnes. En effet, l'organe dentaire, par ses caractéristiques anatomiques, histologiques, physiologiques et thérapeutiques, constitue un élément clé dans une procédure d'identification. Son caractère imputrescible et sa résistance face aux agressions extérieures favorisent la reconnaissance de sujets en dépit du temps écoulé depuis le décès ou des conditions parfois extrêmes auxquelles sont soumis les corps.

Des techniques de plus en plus performantes sont utilisées pour l'identification de personnalités historiques, mais également pour la reconnaissance de personnes anonymes, particulièrement dans le cas de catastrophes. L'avènement de techniques comme l'analyse moléculaire ou la reconstitution faciale assistée par ordinateur a apporté de nouvelles perspectives dans le cadre d'identifications d'individus exhumés plusieurs décennies après leur décès. Ainsi, l'implication de l'odontologie légale est particulièrement pertinente pour l'étude de cas historiques et archéologiques.

En l'année du 70ème anniversaire de la fin de la Seconde Guerre mondiale, il m'a semblé intéressant d'évoquer cette période pour illustrer l'apport de l'odontologie médico-légale au domaine historique. Ce conflit, considéré

[235] Docteur en chirurgie dentaire en exercice libéral, diplômé de l'U. F. R. Odontologie de Paris VII, chargée de cours dans l'enseignement optionnel d'histoire de l'art dentaire de cette même faculté et prix Georges Villain du meilleur travail d'histoire de l'art dentaire pour l'année 2015.

Odontologie médico-légale et Seconde Guerre mondiale, L'Harmattan (éd.), Coll. Médecine à travers les siècles, Paris, 2016.

comme une guerre totale, s'est distingué par une violence extrême et le dépassement des limites de la barbarie, et de l'horreur. L'utilisation de nouveaux moyens de destruction a touché particulièrement les populations civiles avec un bilan humain très lourd. La Seconde Guerre mondiale a été également une guerre idéologique au cours de laquelle les libertés individuelles et les démocraties ont été particulièrement menacées.
J'ai choisi d'évoquer deux identifications symboliques, celles d'Adolf Hitler et de Josef Mengele, qui ont fait appel à deux grandes techniques d'odontologie légale : la comparaison de données ante et post-mortem, et la reconstitution faciale.
À travers cette étude, il était important de démontrer comment l'identification en odontologie médico-légale a permis de préciser les connaissances sur cette période historique au point d'obtenir des certitudes, même sur des sujets extrêmement sensibles.

Adolf Hitler
Devant l'imminence de l'offensive des Soviétiques sur Berlin, Adolf Hitler s'enferme, le 16 janvier 1945, dans le Führerbunker situé sous la Chancellerie à Berlin, avec l'intention bien arrêtée de ne plus en sortir. Depuis l'attentat du 20 juillet 1944 organisé par le colonel von Stauffenberg, visant à éliminer le Führer, la santé de Hitler s'est fortement altérée. Il souffre d'un affaiblissement de la mémoire, d'une totale incapacité à se concentrer et de fréquentes absences. Parallèlement, le IIIe Reich s'affaiblit considérablement à mesure que les Alliés progressent à l'ouest et les Soviétiques, à l'est. Le déclenchement de la phase finale de l'offensive soviétique sur Berlin est prévu pour le 16 avril 1945.
Le 20 avril 1945, jour de l'anniversaire du dictateur, les hauts dignitaires tiennent à venir affirmer leur fidélité, mais ils sont plutôt venus faire leurs adieux. L'après-midi, le Führer a fait l'une de ses toutes dernières apparitions dans les jardins de la Chancellerie pour décorer quelques jeunes volontaires qui se sont distingués dans les premiers combats autour de Berlin. Le soir, Eva Braun donne une fête dans un salon abandonné de la Chancellerie. Le 21 avril 1945, vers 9 h 30, le centre de Berlin fait l'objet d'intenses tirs d'artillerie lourde, ce qui ébranle Hitler qui s'étonne que les Russes soient déjà si près. Le 26 avril, la ville de Berlin est totalement encerclée. La bataille contre les Soviétiques semble perdue d'avance. Weidling, à qui le Führer a ordonné de défendre la ville « *jusqu'au dernier homme* », ne dispose que de 45 000 soldats, composés de membres des Jeunesses hitlériennes et de membres du Volkssturm, milice populaire allemande créée en 1944 pour assurer la défense du territoire allemand. En face, 20 armées russes fortes chacune de 8 à 10 divisions. Le 29 avril, Adolf Hitler et Eva Braun se marient au cours d'une brève cérémonie civile. Goebbels et Bormann, le premier secrétaire du dictateur, sont leurs témoins. Hitler rédige alors deux testaments, un politique et un personnel. Dans le premier, il prédit

une renaissance du national-socialisme. Dans le second, il fait part de ses dernières intentions : « *Moi et ma femme choisissons la mort pour échapper à la honte de la déposition ou de la capitulation. Notre désir est d'être brûlés immédiatement sur les lieux où j'ai fourni la plus grande partie de mon travail quotidien pendant les douze années passées au service de mon peuple.* »

Le 30 avril, vers 14h30, Hitler et sa femme se retirent dans leurs quartiers. Une heure plus tard, le valet de chambre du Führer, accompagné par Goebbels, Bormann et Axmann, chef des Jeunesses hitlériennes, pénètrent dans le salon de Hitler et y découvrent les deux corps. En l'absence de témoins oculaires, les circonstances du suicide ne sont pas clairement établies. D'après les témoignages, le Führer est retrouvé affalé sur le divan, un pistolet à ses pieds. Eva Braun gît à ses côtés, les jambes repliées sous elle, les lèvres serrées et bleuâtres, exhalant une odeur de cyanure.

Quelques minutes après que la mort ait été constatée, les corps du Führer et de sa femme sont enveloppés dans des couvertures et transportés jusqu'aux jardins de la Chancellerie pour y être brûlés. Les seuls témoins de la scène sont Martin Bormann, Joseph Goebbels, Hans Krebs (chef d'état-major de Hitler), Wilhelm Burgdorf et Otto Gunsche (ses aides de camp), et Erich Kempla, le chauffeur personnel du Führer. Ces derniers quittent rapidement le lieu pour rejoindre le bunker, sans s'assurer de la disparition complète des corps.

Le 2 mai 1945, l'armée soviétique pénètre dans la Chancellerie à la recherche du corps du Führer. Ceux de Joseph, de Magda Goebbels et de leurs 6 enfants sont rapidement retrouvés. Trois jours plus tard, les Soviétiques retrouvent, dans un cratère, les restes de plusieurs corps calcinés, placés côte-à-côte. Au total, 13 corps sont découverts par le Smersh[236] et transportés à l'hôpital militaire de Bush pour y être autopsiés. Pendant près de 20 ans, l'armée russe gardera le secret sur l'identité de ces corps et sur le déroulement des autopsies.

En 1954, Fritz Etchmann, le prothésiste dentaire de Hugo Blaschke[237], est libéré après 9 ans de détention en Russie. Son témoignage apporte les premiers éléments sur l'identification des corps retrouvés dans les jardins de la Chancellerie. Il est arrêté à son domicile par les services secrets russes, le 9 mai 1945, et est immédiatement interrogé sur l'état bucco-dentaire d'Adolf Hitler et d'Eva Braun. Les interrogateurs russes lui présentent une mâchoire inférieure calcinée avec deux bridges en or et un autre bridge, composé de

---

[236] Organisation appartenant aux services secrets soviétiques.

[237] Hugo Blaschke a été un général SS et chirurgien-dentiste allemand, connu pour avoir été le dentiste personnel d'Adolf Hitler de 1933 à avril 1945. Il a occupé en outre de hautes fonctions au sein de l'appareil sanitaire du IIIe Reich. Il a organisé notamment les soins dentaires au sein de la Gestapo et de la SS. Après la guerre, il a été condamné à 10 ans de prison pour crimes de guerre et crimes contre l'Humanité.

neuf pièces, issu de la mâchoire supérieure. Etchmann reconnaît alors un travail qu'il a lui-même réalisé pour Hitler. Il rédige, au cours de sa détention, un rapport de neuf pages incluant des descriptions et schémas dentaires de ses patients. Par ailleurs, Käthe Heusermann, l'assistante dentaire de Blaschke, est également libérée en 1954. Elle déclare avoir reconnu les éléments dentaires qui lui ont été présentés lors de sa détention comme étant ceux de Hitler et d'Eva Braun. Avec ces deux témoignages, il y a peu de raisons de douter du scénario suivant : le couple s'est suicidé le 30 avril 1945. Leurs corps calcinés ont ensuite été retrouvés par les Russes, puis identifiés grâce à des éléments dentaires. Cependant, des doutes persistent et de nombreux experts à travers le monde remettent en cause l'identification du couple. Des témoignages affirmant que Hitler et Eva Braun sont toujours en vie continuent de circuler pendant plusieurs années. Il devient alors indispensable de fournir un rapport officiel parfaitement documenté et constituant une preuve irréfutable de l'identification d'Adolf Hitler et d'Eva Braun.

Hugo Blaschke.

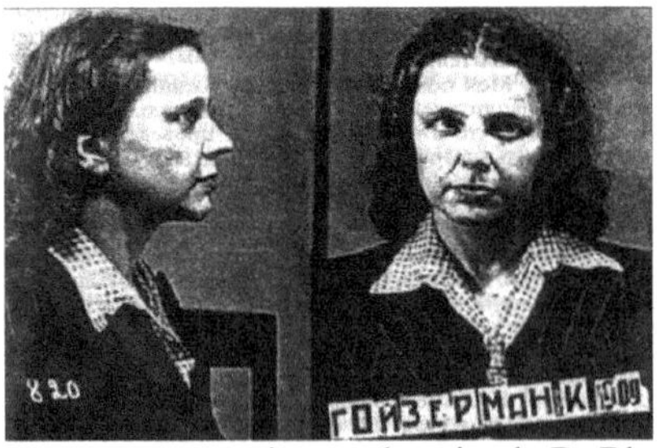

Käthe Heusermann, assistante dentaire du Dr Blaschke.

En 1966, de nouveaux éléments sont rendus publics. Un journaliste russe, Lev Bezymenski, publie un ouvrage intitulé *Der Tod des Adolf Hitler* (*La mort d'Adolf Hitler*) dans lequel sont évoqués les témoignages du colonel Gorbushin, chef des services secrets russes, et du colonel Schkarawski, membre de la commission chargée de l'autopsie des treize corps retrouvés près de la Chancellerie. Le livre dévoile les descriptions complètes des autopsies ainsi que des photographies des pièces dentaires (bridges désolidarisés) associées aux corps n°12 et n°13. Bezymenski fournit ainsi des éléments tangibles sur lesquels des experts peuvent s'appuyer pour l'identification de Hitler et de sa femme. Cependant, pour que l'étude soit rigoureuse, il est nécessaire de comparer les informations issues de l'autopsie à des données ante-mortem fiables.

Les démarches d'identification sont entamées en 1971, par le Dr Ferdinand Strøm, un expert reconnu en odontologie médico-légale, qui exerce à Oslo. Il fait appel au professeur Reidar Sognnaes afin d'obtenir d'autres éléments du dossier dentaire de Hitler. Les deux experts s'intéressent à la capture de Hugo Blaschke, à Berchtesgaden, par l'armée américaine, en novembre 1945. Ce dernier a quitté Berlin en avion, en avril 1945. Les deux hommes sont convaincus qu'il doit probablement exister un rapport de son interrogatoire, conservé dans les archives militaires. Le Pr Sognnaes est autorisé à faire des recherches dans les archives nationales à Washington et retrouve le dossier concernant la capture, et l'interrogatoire par les services secrets américains de Hugo Blaschke, entre novembre et décembre 1945. Le document ne contient aucune radiographie ou extrait du dossier dentaire, mais des descriptions et des schémas réalisés de mémoire par Blaschke. Après d'autres investigations, Sognnaes retrouve également cinq radiographies céphaliques de Hitler datant du 19 septembre et 21 octobre 1944.
En utilisant les éléments issus des archives soviétiques et américaines, il est donc possible pour les deux experts d'entamer une étude rigoureuse afin de corroborer l'identification d'Adolf Hitler. Ce travail s'appuie essentiellement sur une comparaison entre les données recueillies lors de l'autopsie, les données ante-mortem issues de documents objectifs (radiographies) et les interrogatoires de Blaschke, et d'Etchmann.
Les dossiers des services secrets russes, dévoilés dans le livre de Lev Bezymenski en 1968, contiennent des données à la fois descriptives, photographiques et schématiques. Cette description livre des éléments dentaires caractéristiques qui pourront être exploités lors de l'identification en les comparant avec des données ante-mortem. Le rapport d'autopsie précise que certaines pièces ont été prélevées sur le corps, notamment un bridge maxillaire en or de 9 éléments et un fragment de mandibule portant 15 dents. Ce sont ces éléments qui ont été présentés à Fritz Etchmann et Käthe Heusermann, ces derniers ayant reconnu le travail prothétique réalisé pour Hitler. L'ouvrage de Bezymenski montre également des photographies riches en informations.
Par ailleurs, au cours de sa détention par l'armée américaine, le Dr Blaschke remet un rapport de huit pages décrivant l'état bucco-dentaire de Hitler observé lors de leur dernière consultation en avril 1945. Ce rapport contient l'essentiel des données dentaires ante-mortem disponibles. Les informations

restent subjectives, car elles reposent sur un interrogatoire et non sur des documents objectifs.

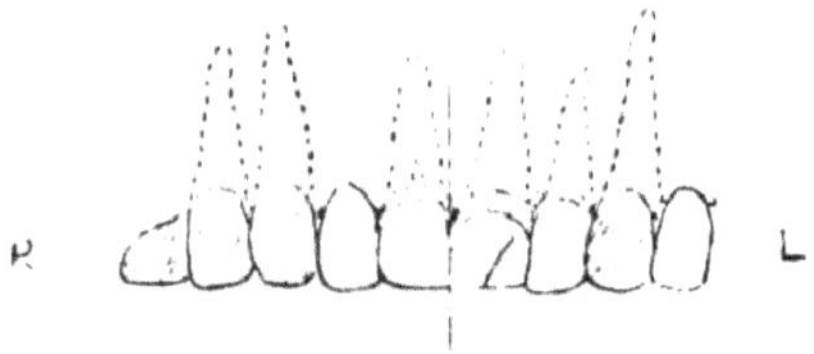

Schéma du bridge maxillaire de 9 éléments réalisé par le Dr Blaschke pendant son interrogatoire en 1945.

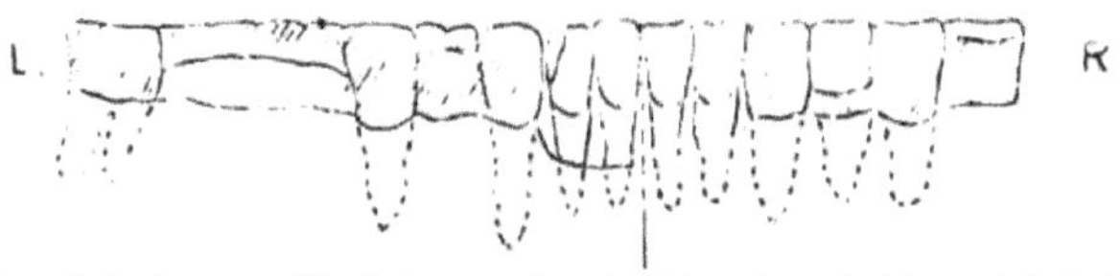

Schéma de la mâchoire mandibulaire représentant les deux bridges et l'alvéolyse dans le secteur antérieur (Blaschke, 1945).

Les recherches d'archives menées par le Pr Sognnaes également ont permis de mettre à jour cinq radiographies de la tête réalisées le 19 septembre et le 21 octobre 1944 par le Dr Giesing. Hitler le consultait pour des douleurs dans la région sinusienne gauche.
A partir de toutes ces données (descriptions, schémas, radiographies), les professeurs Strøm et Sognnaes réalisent un schéma récapitulatif de l'état bucco-dentaire d'Adolf Hitler en 1945. Ce diagramme présente une vue occlusale et une vue vestibulaire. Il indique les dents naturelles restantes, les dents dévitalisées, les éléments dentaires restaurés par des prothèses en précisant leur nature (couronne classique, de type Richmond, pontique) et les matériaux utilisés (métal, porcelaine).

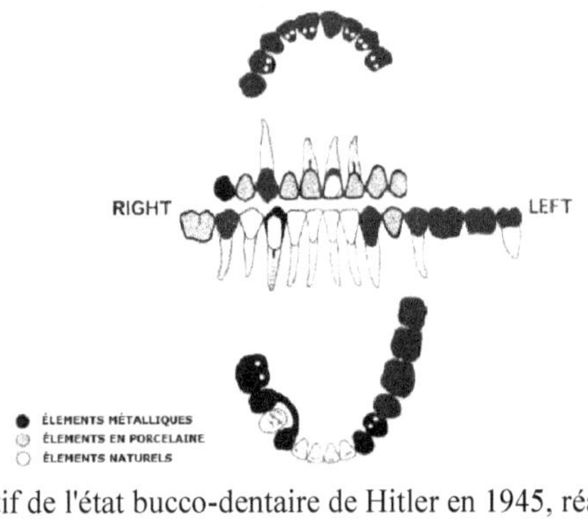

Diagramme récapitulatif de l'état bucco-dentaire de Hitler en 1945, réalisé par les Prs Strøm et Sognnaes en 1972, à partir des archives américaines (interrogatoires et radios).

Grâce à l'étude des archives soviétiques et américaines, les deux experts possèdent toutes les données disponibles pour établir l'identité du cadavre n°12 retrouvé dans les jardins de la Chancellerie, le 3 mai 1945. La technique d'identification repose sur une comparaison entre les éléments ante-mortem recueillis sur Adolf Hitler et les observations faites lors de l'autopsie. À partir de ces comparaisons, il est possible d'établir une correspondance sur de nombreux éléments significatifs.
Ainsi, les professeurs Strøm et Sognnaes ont conclu que le cadavre n°12, dont l'autopsie est décrite dans les archives soviétiques publiées par Bezymenski, était bien celui d'Adolf Hitler. Cette identification a été complétée, en 2000, par les travaux du Dr Michel Perrier de l'Institut universitaire de médecine légale en Suisse. À partir de films de propagande datés de 1934 et de 1944, où Hitler est vu souriant ou en train de faire un discours, il a effectué, à l'aide d'un équipement cinématographique sophistiqué, une comparaison entre les images révélées par ces reportages et les archives dentaires du Führer.

Reidar Sognnaes

Josef Mengele

Josef Mengele est né le 16 mars 1911, à Günzburg. Son père est un riche industriel catholique et nationaliste. En 1927, Josef adhère à la ligue pangermanique de la jeunesse. En 1930, il débute ses études de médecine à Munich et les poursuit à Vienne. Il soutient sa thèse qui traite des différences raciales dans la structure de la mâchoire inférieure et dans laquelle il veut prouver la supériorité de la race germanique. En 1942, il est affecté comme médecin militaire à la division SS Viking et est envoyé sur le front de l'Est. Il est blessé en été 1942 et déclaré inapte au service. Il retourne alors à Berlin à l'Ahnenerbe et décide de poursuivre ses recherches en intégrant le camp d'Auschwitz, le 30 mai 1943. Il se fait attribuer une équipe de médecins et d'infirmiers, et mène des expériences d'un intérêt scientifique

douteux, dénuées d'éthique au cours desquelles ses victimes sont torturées, puis exécutées afin d'être autopsiées. Il participe également aux sélections des convois vers les chambres à gaz. Il serait responsable de la mort d'environ 400 000 personnes.
En janvier 1945, il quitte Auschwitz pour Gross-Rosen où il continue ses expérimentations. Avant l'arrivée de l'Armée rouge, il s'enfuit déguisé en soldat de l'infanterie allemande. Fait prisonnier par les Américains, il réussit à se procurer de faux documents et s'échappe du camp de prisonniers sous le nom de Fritz Hollmann. Il travaille 3 ans comme ouvrier agricole près de Rosenheim, en Bavière. En octobre 1948, il décide de partir pour l'Amérique du Sud sous le nom de Helmut Gregor.
Pendant plusieurs années, Mengele reçoit le soutien de sa famille en Argentine et prospère au sein d'une entreprise de manufacture agricole. En 1959, Mengele part pour le Paraguay, puis rejoint le Brésil en 1960. Il est hébergé pendant plusieurs années sous le nom de Pedro Hochbichler chez un couple d'expatriés hongrois, les Stammer, qui connaissent sa véritable identité.
Malgré les efforts internationaux pour le trouver, il n'est jamais capturé et vit pendant 35 ans sous divers pseudonymes. Le 7 février 1979, alors qu'il se trouve chez ses amis Wolfram et Liselotte Bossert dans la ville de Bertioga, il a une attaque cardiaque pendant une baignade et se noie. Il est enterré à Embu sous le nom de Wolfgang Gerhard, un ancien SS qu'il a rencontré en Amérique du Sud et dont il utilise la carte d'identité depuis 1971.
Cependant, la traque du dignitaire nazi se poursuit plusieurs années après sa mort. Après avoir rencontré des représentants américains et israéliens à Francfort, les autorités allemandes décident le 31 mai 1985 de perquisitionner la maison d'Hans Sedlmeier, un vieil ami de Mengele. Elle y découvre des copies de lettres dont l'une, écrite par Bossert, mentionne sa mort. Les autorités allemandes informent alors la police brésilienne qui interroge les Bossert. Ces derniers révèlent l'emplacement de la tombe où Mengele a été inhumé. L'exhumation du corps à Embu, le 6 juin 1985, est un évènement médiatique. Cependant, il reste à établir une identification formelle du squelette retrouvé.
Le 21 juin 1985, une équipe de six experts américains, dont le célèbre anthropologiste Clyde Snow ainsi que l'expert en odontologie légale Lowell Levine, publie, suite à l'exhumation du corps retrouvé à Embu, un rapport préliminaire dont la conclusion est : « *Le squelette est celui de Josef Mengele avec une certitude scientifique raisonnable* ». Cependant, les éléments recueillis ne suffisent pas et ne peuvent aboutir à une identification rigoureuse. L'équipe d'experts décide de revoir les circonstances d'exhumation et découvre que le protocole habituel n'a pas été suivi. Ils obtiennent l'autorisation pour une seconde exhumation sur le site d'Embu et recueillent ainsi de nouveaux éléments osseux, et dentaires.

D'autre part, un autre expert, le docteur allemand Richard Helmer, est lui aussi appelé à Sao Paulo pour travailler sur le cas. Il développe une nouvelle technique d'identification basée sur une reconstruction en deux dimensions. Le procédé utilise deux caméras de haute résolution et un processeur d'images qui comparent les images du crâne exhumé et reconstitué, aux photographies connues de Mengele. Pour assurer une précision de comparaison, le crâne doit être aligné précisément avec le même angle que la tête dans la photographie. Pour compléter la comparaison, il est nécessaire d'estimer l'épaisseur de la peau et des tissus. En utilisant des tableaux et des formules sur la topographie de crânes, Helmer ajoute au présent crâne des marqueurs permettant de représenter l'épaisseur et la forme du visage du disparu. A l'aide de trente broches séparées, fixées chacune avec de l'argile à la surface du crâne et marquées en blanc à l'endroit où la peau aurait dû être, il recrée les contours manquants. Le crâne et les photographies sont ensuite disposés côte à côte, face à deux caméras montées sur des rails permettant d'effectuer des mouvements vers l'avant et vers l'arrière. Les images vidéo sont transmises à un processeur d'images, puis à un écran. Helmer fait glisser les caméras d'avant en arrière jusqu'à ce que les images du crâne et du visage soient de la même taille sur l'écran. Avec ce processeur, il superpose les images, l'une sur l'autre, en alignant les contours du visage sur la photo aux repères blancs disposés sur le crâne, puis il compare les résultats obtenus. Cette technique allemande présente un intérêt considérable pour l'étude du cas de Mengele, au vu des éléments dont dispose l'équipe américaine. Cependant, l'épaisseur des tissus peut varier de manière importante d'un individu à l'autre, au cours de la vie. En conséquence, les approximations des contours du visage basées sur l'épaisseur moyenne des tissus ne sont pas toujours fiables. Toutefois, cette technique ne dépend pas uniquement de ce facteur. Helmer est également en mesure de comparer les repères osseux et les contours du crâne avec les photographies, ce qui permet d'éviter le biais résultant des estimations de l'épaisseur des tissus.

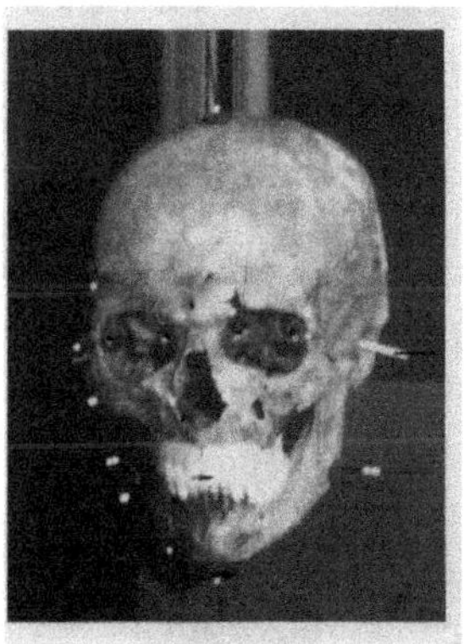

Photographie du crâne exhumé en 1985 et préparé avec des marqueurs préfigurant la forme, et l'épaisseur des tissus de la face (Helmer, 1987).

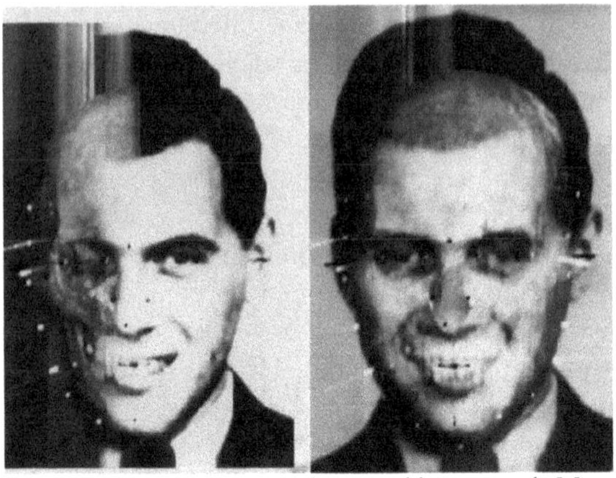

Comparaison de l'image du crâne avec une photographie connue de Mengele, vue de face (Helmer, 1987).

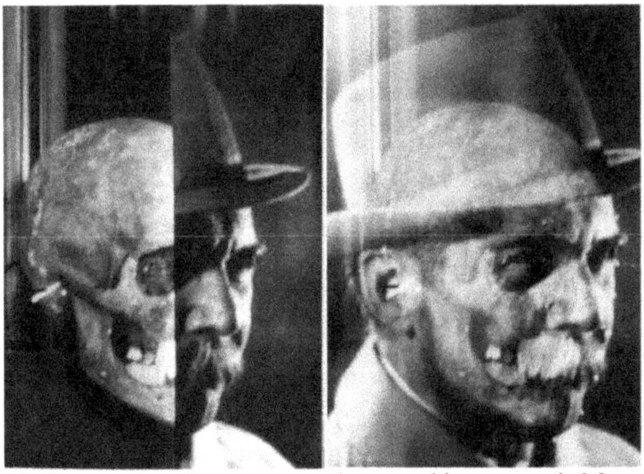

Comparaison de l'image du crâne avec une photographie connue de Mengele, vue de ¾ (Helmer, 1987).

En janvier 1986, des experts américains du Département criminel de l'OSI (Office of Special Investigations) se réunissent avec le Dr Helmer afin d'évaluer la fiabilité de cette technique. Bien que la sienne n'ait pas encore été soumise à des tests en laboratoire et bien qu'elle repose uniquement sur des tests préalables effectués sur une large gamme de crânes et de photographies, Helmer explique que les conditions étaient presque idéales dans le cas de Mengele, car il disposait de nombreuses photographies connues de Mengele, de haute qualité, provenant de son fichier SS et de découvertes faites au Brésil, en 1985. De plus, il ajoute que même si le crâne a été fracturé lors de l'exhumation, sa reconstruction a été faite avec précision, ce que confirment les experts américains. Le Département constate que le procédé de comparaison a été utilisé avec soin par un scientifique compétent. Cependant, ce même Département estime que, pour confirmer la fiabilité de cette méthode, elle doit être testée en laboratoire sur un grand nombre d'échantillons de photographies et de crânes afin d'établir une base statistique fiable. Pour ces raisons, après évaluation de toutes les données concernant cette technique, les experts américains déclarent que la comparaison photos/crâne est concluante, mais pas définitive. Helmer expose tout de même les résultats de son étude dans l'article « Identification of the cadaver remains of Josef Mengele » publié en novembre 1987 dans le *Journal of Forensic Sciences*.

D'autres éléments médicaux et anthropologiques relevés sur le squelette sont pris en compte par l'équipe de légistes américains : fractures de la hanche et de l'omoplate, circonférence du crâne, différence de longueur entre les jambes, etc. Ces données, comparées aux éléments ante-mortem disponibles sur Mengele, se sont avérées probantes, mais toujours insuffisantes pour confirmer l'identification.

Le FBI (Federal Bureau of Investigation) est alors chargé de réaliser une analyse comparative de l'ADN et obtient le droit d'accès aux restes squelettiques en janvier 1989. Afin de comparer les séquences, les experts obtiennent l'autorisation de prélever des échantillons sanguins chez Rolf Mengele, le fils d'Irène et de Josef Mengele. L'étude comparative n'est effectuée qu'en février 1992. Comme le décrit le rapport préparé par la suite par le Dr Jeffreys et ses collaborateurs, l'analyse scientifique faite sur les deux échantillons (osseux et sanguin) a établi que « *l'ADN du squelette a un génotype compatible avec celui du père de Rolf, avec une probabilité de plus de 99,9%.* » L'équipe du Dr Jeffreys conclut donc « *que les restes squelettiques sont au-delà de tout doute raisonnable ceux de Josef Mengele.* »

Avec la conclusion positive de la comparaison de l'ADN, le bureau du procureur de Francfort annonce, le 8 avril 1992, que le tribunal de l'État de Hesse va clore l'affaire Mengele. Dans un communiqué, le ministère israélien de la Justice annonce, le même jour, que : « *Tout doute raisonnable est retiré. Il est possible d'affirmer que Josef Mengele est bien mort en 1979* ».

Références bibliographiques

1. BULLOCK A., COLSON G., *Hitler ou les mécanismes de la tyrannie*. Verviers : Marabout université, 1963.

2. KERSHAW I., DAUZAT P.-E., *Hitler: 1936-1945 : Némésis*. Paris: Flammarion, 2000.

3. SOGNNAES R. F., STRÖM F., « The odontological identification of Adolf Hitler. Definitive documentation by X-rays, interrogations and autopsy findings. » *Acta Odontol. Scand.* 1973. Vol. 31,43-69.

4. RIAUD X., *Les dentistes, détectives de l'histoire*. Paris, France: L'Harmattan, 2007. 178 p.

5. BEZYMENSKIĬ L., MAZAL HOLOCAUST COLLECTION., *The death of Adolf Hitler: unknown documents from Soviet archives*. New York: Harcourt, Brace & World, 1968.
6. SOGNNAES R. F., « Dental evidence in the postmortem identification of Adolf Hitler, Eva Braun, and Martin Bormann ». *Leg. Med. Annu.* 1977. Vol. 1976, pp. 173‑235.
7. KIRCHHOFF W. *Zahnmedizin und Faschismus*. Marburg: Verlag Arbeiterbewegung und Gesellschaftswissenschaft, 1987.
8. OFFICE OF SPECIAL INVESTIGATIONS C. D., SHER N. M., ROSENBAUM E. M., *In the Matter of Josef Mengele: A Report to the Attorney General of the United States*. Washington D. C., 1992.
9. KEENAN T., WEIZMAN E., PORTIKUS (GALLERY), *Mengele's skull: the advent of a forensic aesthetics*. Berlin: Sternberg Press, 2012.
10. ECKERT W. G., TEIXEIRA W. R., « The identification of Josef Mengele. A triumph of international cooperation ». *Am. J. Forensic Med. Pathol.* Septembre 1985. Vol. 6, n°3, pp. 188‑191.
11. JEFFREYS A. J., ALLEN M. J., HAGELBERG E., SONNBERG A., « Identification of the skeletal remains of Josef Mengele by DNA analysis ». *Forensic Sci. Int.* Septembre 1992. Vol. 56, n°1, pp. 65‑76.

Médecins juifs du Xe au XVIIe siècle

par

Régis-Nessim Sachs[238]

La médecine juive trouve ses racines dans la Bible où la fascination des Juifs s'exprime dans leur attitude et intérêt pour la vie et la mort. La vie est le bien le plus sacré de l'Homme dont la sublimation résulte de sa création à l'image de Dieu.

La particularité de la médecine biblique se situe dans sa nature prophylactique et hygiénique rangée au niveau d'un commandement. Le Talmud ne fait que confirmer, dans ses textes dispersés, la sainteté de la vie humaine et la valeur de la santé, tant physique que morale.

Au XIIe siècle, les textes médicaux traduits, peu nombreux, le sont à partir de sources latines, elles-mêmes reprises des traditions gréco-arabes. MAÏMONIDE, dit RAMBAM, ou Rabbi Moshé Ben Maïmon, est le médecin juif le plus emblématique de cette époque. Sa biographie sera sommairement présentée dans ce texte.

Il est une des plus grandes figures du judaïsme de tous les temps et la plus illustre de l'ère post-talmudique, atteignant l'excellence dans les domaines de l'exégèse du Talmud, de la philosophie et de la médecine. Il a été celui qui a scellé une alliance durable entre le judaïsme et la philosophie gréco-musulmane de son temps.

Moshé ben Maïmon, dit Abou Amram Ibn Abd Allah, dit RAMBAM (acronyme de Rabbi Moshé Ben Maïmon), naît à Cordoue, en 1135. Cette date correspond à la fête de Pâque de l'an hébraïque 4895. Sa mère meurt en couches. Son père est le grand juge Joseph ben Maïmon, dirigeant communautaire érudit.

---

238 Médecin, AIHP, ACCA, Praticien hospitalier à la retraite. Diplômé de l'EPHE.

Médecins juifs du Xe au XVIIe siècle, L'Harmattan (éd.), Coll. Médecine à travers les siècles, Paris, 2014.

A l'époque du calife Abd al-Rahman III (912-961), la ville de Cordoue était, et cela depuis plusieurs siècles, un centre culturel florissant où Juifs, Chrétiens et Musulmans cohabitaient harmonieusement. Les Juifs cultivaient les arts et les lettres, composaient des poèmes en arabe et en hébreu, et étudiaient la médecine. Ils se livraient au commerce et entretenaient des relations d'affaires avec les pays les plus lointains.

En 1148, les Almohades (dynastie musulmane d'origine berbère), les confesseurs de l'Unité, venus d'Afrique du Nord, chassent les Almoravides et persécutent Chrétiens et Juifs. Malgré leur rigorisme religieux et leur mœurs, les califes almohades ont favorisé l'éclosion d'une architecture passionnante, avec la production de nombreux chefs-d'œuvre, et autorisé une activité intellectuelle intense où brillèrent les philosophes, en particulier ibn Tufayl et Averroès.

De 1150 à 1160, la famille Ben Maïmon erre en Espagne. Elle symbolise les errances des Juifs fuyant les persécutions des Almohades. Avec Joseph, son père, Moïse étudie et annote le Talmud, et publie l'Epître sur la consolation. Elle s'adresse aux Juifs contraints à la conversion à l'Islam, dont la conscience est troublée par leur apostasie. Pour les rassurer, son texte précise : « *Il suffit de dire quelques prières, même abrégées, et d'accomplir de bonnes œuvres pour rester un vrai Juif* ».

Les travaux les plus récents indiquent comme année de naissance 1138. Dans son colophon du *Commentaire de la Michna*, Maïmonide indique qu'en 1168, il avait 30 ans. Cette légende « *meurt en lui donnant naissance* », est contredite par Haddad qui précise que Moïse était le fils aîné d'une fratrie de trois enfants, deux garçons et une fille, mais ajoute que leur mère est morte jeune. Rosner signale le décès de la mère en couches. Attali ne s'embarrasse pas de cette question. Il précise qu'après la naissance de Moïse, sa mère Rebecca donnera naissance à son frère David et à une sœur.

Il publie également le *Traité de Logique*. Remarquable introduction à la logique aristotélicienne. Première œuvre de logique rédigée par un auteur juif.

En 1160, La famille Maïmon s'installe au Maroc, à Fez. Moïse Maimonide poursuit l'étude du Talmud sous la direction du Rabbin de grande renommée, Yéhuda Ha Cohen ibn Shushan. Il fréquente l'université de Fez et poursuit son initiation à la médecine. Il avait fréquenté auparavant le Dar al-Hikma fondé par Hasdaï ibn Shaprut à Cordoue. Il publie l'*Epître sur la persécution* où il autorise la conversion sous la contrainte. « *Il ne faut pas hésiter à se convertir à l'Islam, religion monothéiste et non idolâtre, pour sauver sa vie. Mais aussi vite que les conditions le permettent, il faut fuir la région dangereuse, rechercher refuge en des contrées plus tolérantes et revenir à sa foi* ». Selon certaines opinions, non partagées, c'est cette ligne de conduite qu'a sans doute adoptée la famille Maïmon.

Inquiétée pour l'aide apportée à ses frères juifs, la famille Maïmon quitte le Maroc, vers 1165. Elle accoste en Palestine, s'arrête successivement à Saint-

Jean-d'Acre (Acco), Jérusalem et Hébron, avant de gagner l'Égypte et de s'installer à Alexandrie (1166). La Palestine est alors déchirée par les croisades. Le royaume de Jérusalem est encore momentanément triomphant et la situation des Juifs est misérable. Le père Maïmon meurt pendant cette période. Ce deuil laissera des traces profondes dans le cœur de Maïmonide.
Les démêlés avec les Caraïtes, secte juive qui refuse la tradition orale et rejette le judaïsme talmudique, et rabbinique, l'obligent à quitter Alexandrie et à s'installer à Fostat, vieille ville du Caire. Maïmonide combat l'influence des Caraïtes, qui sont sur le déclin, et réussit à imposer son autorité. Il devient le chef spirituel, Naguid, et politique de l'ensemble de la communauté juive.
En l'an 1173, son frère David, soutien de la famille, périt en mer, corps et biens, alors qu'il était en route pour l'Inde. Ce désastre plonge Maïmonide dans une profonde mélancolie dont il ne sortira jamais tout à fait. La communauté juive lui propose de subvenir à ses besoins en rémunérant le rôle de maître et de juge qu'il occupe, mais il refuse.
Démuni, il entreprend l'exercice de la médecine. Ses qualités sont reconnues et appréciées par al-Fadil, vizir de Saladin et gouverneur d'Egypte, qui le nomme médecin de la Cour.
En 1186, Maïmonide se remarie. L'année suivante, naît Abraham qui succèdera à son père comme chef de la communauté israélite.
Le 13 décembre 1204, Maïmonide meurt à Fostat. Selon une tradition, sa dépouille est transportée des années plus tard à Tibériade où elle est enterrée.

Maïmonide le talmudiste
Pour Maïmonide, le contenu de la Révélation est double : politico-religieux pour la masse aux yeux de laquelle la religion doit faire figure de première éducatrice et éthico-métaphysique pour les rares élus qui sauront se conduire comme tout le monde dans le cadre social tout en se dévouant totalement au culte de la spiritualité pure, c'est-à-dire des vérités suprêmes dérobées au vulgaire.
Dès son adolescence, Maïmonide manifeste un respect profond pour la tradition transmise auquel il associe sa libre réflexion. La première grande œuvre d'exégèse talmudique de Maïmonide est rédigée en arabe. Il s'agit du *Commentaire de la Michna*. Le commentaire de chacune des six parties de la Michna est précédé d'une longue introduction générale. La plus célèbre est celle d'Avot, connue sous le nom de Huit chapitres. Ce texte constitue en fait un court traité de philosophie et d'éthique, avec une première esquisse d'harmonisation de l'éthique d'Aristote et de l'enseignement rabbinique.
Commentaire, Responsa, livre des Commandements (Mitzvot) ne sont qu'une préparation à l'œuvre maîtresse *Michné Torah* (répétition de la Loi) publiée en 1177. Il y travaille pendant dix ans. Dans son introduction, il y dénonce doucement les commentaires des Geonim (Exilarques siégeant à

Bagdad) et explique les raisons qui l'ont conduit à la réalisation de cette œuvre.
La vaste littérature talmudique et post-talmudique, et les questions traitées d'une manière non systématisée dans le Talmud, sont classifiées et codifiées, sujet par sujet. Dans sa recherche d'une synthèse, il dénombre 613 commandements et 14 principes l'ayant guidé dans leur dénombrement. C'est le seul ouvrage que Maïmonide écrit en hébreu. Il inclut dans ce code d'importants développements philosophiques et scientifiques.
Le *Michné Torah* demeure jusqu'à nos jours le plus grand monument de la jurisprudence rabbinique.

Maïmonide le philosophe
En 1185 (1190 ?), apparaît le *Guide des Egarés* (ou plutôt des perplexes), œuvre ésotérique réservée au petit nombre, écrite en arabe et traduite en hébreu par son contemporain Samuel ibn Tibbon.
Ces ouvrages représentent l'œuvre théologique et philosophique majeure de Maïmonide, bâtie pour répondre à la nécessité d'amender la foule. Pour les simples, une somme théologique et juridique, le Michné Torah, et, pour les adeptes de la spiritualité, un legs philosophique, le *Guide des Egarés*. Le projet du « Guide » signifie concrètement que la philosophie grecque et l'enseignement rabbinique ne s'opposent pas, mais, au contraire, se soutiennent, et convergent vers une même quête de la vérité. La vérité reste la vérité et il importe peu en définitive de savoir qu'elle est énoncée par Aristote, un païen.
L'esquisse ici rapportée de sa philosophie représente le trait d'union nécessaire pour comprendre la médecine de Maïmonide, ce qu'il établit dans le *Guide des liens avec la santé du corps*. Unité et incorporéité absolues sont les deux qualités fondamentales de l'essence divine aux yeux de Maïmonide qui interprète les homonymes et les anthropomorphismes bibliques dans un sens philosophique, ou spirituel. Seuls, les attributs d'action peuvent être prédiqués de Dieu. En accord avec un courant néoplatonicien et certains mutazilites, Maïmonide déclare n'attribuer à Dieu que des attributs négatifs. Tous les attributs essentiels accolés à Dieu comme la vie, la science, la puissance, la sagesse, la bonté, etc. se confondent en réalité avec Son essence.
Dieu est perpétuellement intellect (suprême), intelligent et intelligible. Comme Aristote, Maïmonide pense que la providence divine, science et justice, s'identifie aux lois de la nature, ne s'étend qu'aux espèces et non aux individus. Le problème de la création du monde est dans l'idée de Maïmonide, embrouillé volontairement, car se partageant entre la Loi qui annonce la création ex nihilo et les opinions philosophiques.
Mais, comme s'interroge Sirat Colette : « *Maïmonide était-il un philosophe désespérant de connaître jamais autre chose que ce monde corruptible et cherchant une raison de continuer à comprendre et à espérer ?* » L'œuvre

philosophique de Maïmonide assure son prestige universel, en particulier dans le monde chrétien. Elle marque une date dans l'histoire générale des idées.
Les positions théologiques, mais surtout philosophiques de Maïmonide ont été pendant longtemps à l'origine d'une controverse nourrie en Orient et surtout en Occident.

Maïmonide le médecin

Le génie médical de Maïmonide n'est pas une légende. Héritier directe d'Hippocrate et de Galien, certains de ses écrits médicaux, le *Traité sur les poisons* et le *Traité sur l'asthme*, gardent, dans certains chapitres, une étonnante actualité.
On ne dispose pas de documents relatant le parcours suivi par Maïmonide pour son éducation médicale. Quelques informations sont glanées de ses propres écrits qui suggèrent qu'il a suivi l'enseignement de ses prédécesseurs, informations que l'on trouve dans les premières pages de son traité intitulé *Aphorismes de Maïmonide*. Il a pu fréquenter, à Cordoue, Dar al-Hikma et poursuivre sa formation à Fez. Il devait être un lecteur avide et ses écrits médicaux traduisent la connaissance profonde qu'il avait de la médecine grecque. Les œuvres de Galien, mais aussi d'Hippocrate et d'Aristote en arabe, ont été assimilées. Il en tire l'essentiel de son inspiration. Il cite aussi souvent, dans ses devanciers, ibn Zuhr (Avenzoar), al Razi et al Fârâbî.
Les informations concernant la formation médicale de Maïmonide sont plutôt pauvres. Il est probable qu'il n'a pas reçu une formation pratique, pendant son séjour andalou, auprès d'un médecin confirmé comme c'était le cas habituellement à l'époque, et qu'il a acquis, selon toute vraisemblance, un début de formation pratique à Fez, comme il le précise lui-même. Il cite aussi sa rencontre avec les enfants des médecins qui ont soigné le successeur de l'émir Ali ibn Yusuf ibn Tashfun, qui a succombé à une dose non appropriée de thériaque, un antidote de poison. Cette rencontre destinée à lui apprendre des enseignements utiles s'est heurtée à leur silence. Maïmonide recourt à l'exercice de la médecine pratique comme moyen de subsistance après le décès de son père en 1166 et surtout de son frère.
Il devient médecin de la Cour auprès d'al-Fadil, vizir de Saladin et régent de l'Egypte. A cette époque, on cite son refus de la proposition de Richard Cœur de Lion de devenir son médecin personnel.
Il devient plus impliqué médicalement, dans les suites du décès de Saladin, auprès de son fils al Afdal Nour el Din Ali.
Deux historiens de la médecine, de grande renommée, contemporains de Maïmonide, nous ont fourni des renseignements de première main, le concernant. Ce sont Ibn al Qifti (1172-1248) et Ibn Abi Usaybi'a (1203-1270). Le premier est un ami proche de Joseph ibn Shim'on, le disciple de

Maïmonide. Quant au second, c'est le collègue d'Abraham, le fils unique et également médecin, de Maïmonide.
Ibn Abi Usaybi'a a indiqué l'estime que lui accordaient le sultan Saladin et son fils al Malik al-Afdal. Il rapporte aussi les vers d'un poète écrits à la gloire de Maïmonide :
« *L'art (science) de Galien guérit les corps*
Mais, Abu Amram guérit le corps et l'âme
Il peut guérir grâce à sa sagesse la maladie de l'ignorance
Si la lune devait solliciter son art (ses services)
Il la débarrasserait de ses taches par temps de pleine lune
Corrigerait ses défauts périodiques
Et lui restaurerait, au temps de sa conjonction, son caractère complet ».
Cependant, l'appréciation de l'activité de Maïmonide telle que la rapporte ibn al-Qifti apparaît négative. Il fait remarquer qu'en dépit de la possession d'une excellente base théorique, Maïmonide a peu d'audace pour la pratique médicale. En réalité, il partage ses opinions avec les autres médecins et ne s'interdit pas de solliciter leurs opinions pour traiter les malades, et prévenir les maladies. Maïmonide, lui-même, explique la difficulté majeure à retenir tout et à mémoriser tout l'apprentissage de la médecine. Il souligne, malgré son expérience, l'utilité qu'il y a à confronter et à réunir le savoir de plusieurs médecins de qualité, pour en faire bénéficier le malade.
Extrait : « *Al Razi dit : celui qui fait appel à deux médecins est susceptible de cumuler leurs erreurs. L'auteur dit : cela est vrai quand il les sollicite séparément. Alors qu'en les réunissant, comme le font les rois et les personnes avisées, ils confrontent leurs opinions et choisissent la meilleure option dans l'intérêt du patient ; il n'est pas du pouvoir de chaque individu de mémoriser tout ce qu'il lit, et la difficulté pour tous les érudits est non point la compréhension (du texte), mais plutôt sa mémorisation* ».
Le texte suivant suggère l'importance de la place qu'occupe Maïmonide, le médecin, au sein de la population, car il se livre aussi à l'enseignement de la médecine. Transmis en caractère hébraïque, mais en langage arabe, il traduit le moyen de communication courant des Juifs comme les manuscrits de la Genizah du Caire l'ont révélé.
Voici quelques passages de ce texte trouvé sur un fragment de manuscrit issu de La Genizah du Caire qui informe sur la pratique médicale de Maïmonide et de ses contemporains.
L'auteur, en lien avec Maïmonide, décrit sa volonté d'apprendre un peu de médecine. Maïmonide l'aura dirigé vers un confrère, étant lui-même débordé, qui lui a réservé un excellent accueil. L'auteur s'est plaint des ennuis de santé et d'une fièvre à ce confrère qui a demandé à voir ses urines dans un flacon et lui a dit qu'il n'avait pas de fièvre. Après avoir pris son pouls, il lui a dit qu'il était déshydraté et qu'il devait prendre une décoction d'orge pour se soigner. Cet extrait indique le moyen courant de l'apprentissage de la médecine auprès d'un médecin réputé tant pour les étudiants que pour tous

ceux qui s'y intéressent sans devenir pour autant des médecins. L'analyse des urines, de leur couleur, de leur odeur, de leur consistance et de leurs sédiments représente, et cela depuis l'enseignement d'Hippocrate, un moyen diagnostique aussi important que l'étude du pouls que l'on retrouve dans les aphorismes de Maïmonide.
Maïmonide écrit également dix œuvres médicales, dont le texte et les extraits ci-devant sont essentiellement repris d'Alfred Rosner, complétés par Gerrit Boss.
Le livre 1 : *L'Art de Guérir* ou *Extraits de Galien.* Les écrits médicaux de Galien dépassent 100 livres et sont très volumineux. Maïmonide s'est attaché à extraire ce qui lui semblait le plus important pour son époque et les a intégré dans une composition « verbatim », c'est-à-dire mot à mot, destinée aux étudiants en médecine. Ce travail ainsi que l'ensemble des travaux médicaux de Maïmonide sont écrits en arabe. Il n'existerait à ce jour que deux manuscrits, l'un écrit en lettres arabes et l'autre en lettres hébraïques.
Bien que la reproduction des traités soit très fidèle à Galien, Maïmonide adopte une classification personnelle des sujets : la définition des maladies, les plaies, les maladies des organes pairs, les désordres fébriles et les tumeurs. Les exemples auxquels il recourt pour illustrer les discussions sur les maladies reflètent sa propre expérience professionnelle.
Maïmonide a une bonne connaissance de l'anatomie telle qu'elle est perçue en son époque. Quant à la physiologie, elle est, et pour longtemps encore, exprimée par le principe d'Aristote des quatre qualités : chaud, froid, sec et humide, et par la doctrine d'Hippocrate des quatre tempéraments (humeurs) : sanguin, flegmatique, mélancolique et bilieux. L'état de maladie résultait, selon ces concepts, d'un déséquilibre (dyscrasie) des qualités, des humeurs ou de l'ensemble. Maimonide adhère à ces concepts et en rationalise les attitudes thérapeutiques.
L'extrait suivant rapporte une citation d'un texte de Galien, repris par Maïmonide, emprunté dans *De Inequali Intemporie* (*De l'imperfection des humeurs*) :
« *La fièvre qui réunit simultanément la sensation de grande chaleur et de froid secouant (frissons), a pour cause l'excès de flegme vitreux et mixture du genre jaune (bile), qui envahissent le corps et gagnent les organes sensibles de manière à ce que chaque petite région soumise au froid avoisine une région soumise au chaud. C'est ainsi qu'une sensation mixte simultanée de chaud et froid provient de l'intérieur du corps (mais non de source extérieure).* »
L'adhésion à la théorie des pneumata de Galien est traduite dans ce texte :
« *Il importe en premier de s'assurer de la qualité de l'air, puis de l'eau et de la nourriture. Cela est ainsi, car les médecins nomment pneuma des vapeurs fines présentes chez les êtres vivants (animaux, dont l'Homme). Leurs compositions et leur essence proviennent de l'air inspiré de l'extérieur. La vapeur sanguine présente dans le foie se nomme pneuma naturel ; la vapeur*

présente dans le cœur et les vaisseaux se nomme pneuma vital, et la vapeur présente dans les ventricules cérébraux et qui circule dans les pores nerveux se nomme pneuma psychique ».

Le livre 2. *Commentaires sur les Aphorismes d'Hippocrate*. Ces aphorismes ont été traduits du grec en arabe par Hunayn Ibn Ishaq au IXe siècle. C'est sur cette traduction que portent les commentaires de Maïmonide. Maïmonide apporte son commentaire sur le 1er aphorisme, fameux, d'Hippocrate : la vie est courte, l'art (médical) est long, l'occasion est furtive et le jugement (décision) difficile. Il rajoute et explicite que le médecin doit être éduqué non seulement pour appliquer ce qui est juste en soi, mais il doit obtenir la coopération du patient et tenir compte de son environnement.

Extraits : Maïmonide transmet l'opinion de Galien sur les aphorismes d'Hippocrate.

« *Hippocrate dit : deux choses sont nécessaires et qui s'imposent (aux médecins), la première est d'être utile au patient et la deuxième de ne pas lui nuire.* »

« *Galien dit : je pensais (à mes débuts dans la profession) que cela allait de soi et qu'Hippocrate ne devait même pas en faire état. Mais, j'ai assisté des médecins célèbres, qui, par leur comportement, causaient des torts à leurs patients qui par la phlébotomie, qui par l'autorisation du bain, qui par des prescriptions médicamenteuses, qui par la permission accordée au malade de boire de l'alcool et de l'eau froide. Depuis, j'ai pris soin de m'efforcer avant de soumettre un patient à un traitement lourd de m'interroger sur son bien-fondé.* »

« *L'auteur dit: regarde bien, cher lecteur, comment nombre de médecins de bonne réputation se sont trompés du temps de Galien et ont ainsi entraîné de sérieux dégâts chez leurs patients. Hippocrate, lui-même, a sans doute commis des erreurs et c'est la raison de ses mises en garde. Et si Galien, malgré son expertise et sa longue expérience en médecine, sa dévotion complète, et sa consécration exclusive au métier, doutait de ses décisions et y réfléchissait souvent; qu'en était-il de la situation des médecins de son époque qui se consacraient davantage à la pratique médicale en sacrifiant la formation nécessaire pour la mémorisation des textes même partiels ? Sachant que toute une vie ne suffit pas à cela. C'est la raison de mon conseil de ne pas te confier et d'abandonner ta personne facilement au premier médecin venu. Contente-toi de respecter le bon régime dont j'ai défini le bien-fondé. L'erreur des médecins étant plus fréquente que leur action bénéfique.* »

Le livre 3. *Les aphorismes médicaux de Moïse*. Il contient 1 500 aphorismes repris pour l'essentiel des auteurs médicaux gréco-latins. Ce livre se décompose en 25 chapitres, chacun consacré à un domaine différent de la médecine. Y sont traités l'anatomie, la physiologie, la pathologie, la symptomatologie et les diagnostics, les fièvres, les étiologies des maladies et leurs traitements, les phlébotomies, les laxatifs et vomitifs, la chirurgie, la génétique, l'hygiène, les bains, les régimes, les médicaments enfin les curiosités médicales. Un manuscrit arabe se trouve en Allemagne. Le manuscrit a été traduit en latin dès le XIIIe siècle. De nombreuses éditions de la traduction en hébreu ont été publiées, la dernière étant celle de S. Muntner en 1959. Une édition de la traduction anglaise signée par F. Rosner et S. Muntner est également disponible.

Les quelques passages suivants témoignent de la valeur de la médecine de Maïmonide.

« *L'on peut établir un pronostic*, précise-t-il, *en observant un accident vasculaire cérébral, dénommé apoplexie. Si l'apoplexie est sévère, c'est la mort certaine, mais si elle est modérée, la récupération est possible, mais laborieuse. La pire des situations est celle où l'on enregistre des pauses respiratoires.* »

Maïmonide explique que le diabète est rarement rencontré en Europe, à cause du climat froid, mais est plus fréquemment rencontré dans le climat chaud de l'Afrique. « *En Egypte, en dix ans, j'ai observé environ 20 personnes atteintes de ce mal.* » signale-t-il dans son 69ème aphorisme. Il pense que : « *Les eaux suaves du Nil pourraient en être responsables* ».

Une description encore actuelle de la bronchopathie chronique obstructive se retrouve dans le chapitre consacré aux maladies respiratoires. Il reprend également la description de l'hippocratisme digital en traitant de la phtisie. A propos de la pneumonie, il décrit avec pertinence ses symptômes : fièvre aiguë, un point de côté, une respiration accélérée et courte, un pouls variable et de la toux, l'ensemble associé à une expectoration.

L'hépatite est décrite de la manière suivante. Les signes de l'inflammation hépatique sont au nombre de huit : fièvre élevée, soif, anorexie totale, une langue rôtie qui devient noire, vomissements biliaires de couleur jaune devenant vert noirâtre, douleur du flanc droit qui irradie jusqu'à la clavicule, parfois une toux modérée et une lourdeur du flanc droit qui diffuse ultérieurement.

Extrait : *De la phlébotomie*.

Les contrindications ou les circonstances qui doivent différer la phlébotomie : (traité 12 des aphorismes de Maïmonide)

« *Les conditions et les symptômes qui s'opposent à la saignée, et même si les stigmates de plénitude (humeur excessive) sont bien apparents, sont : le spasme, l'insomnie sévère, algies intenses, la chaleur excessive, le froid vigoureux, les contrées très chaudes ou très froides, un tempérament personnel particulièrement chaud et sec, la chaire du patient molle qui se décompose à toute vitesse, quelqu'un très obèse ou très maigre, un enfant ou un vieillard, un patient paniqué, ou non accoutumé aux saignées ou que son estomac souffre et est épuisé par l'indigestion, touché par des humeurs malfaisantes ou encore une personne volubile.*

Quand la saignée du patient se fait néanmoins obligatoire en présence d'une plénitude extrême et en dépit de la présence de l'une ou plusieurs de ces

circonstances, elle se fera avec attention et précaution en soustrayant une petite quantité de sang. » (Galien, *Ad Glauconem de methodo medendi*).
La phlébotomie est couramment utilisée au Moyen Âge, comme moyen thérapeutique et préventif selon les humeurs pathologiques (en excès), mais l'on enregistre la prudence avec laquelle Maïmonide porte ses recommandations, s'inspirant d'ailleurs de l'école antique des Grecs et où l'on note non seulement les influences des conditions personnelles, la force de l'état général et le psychisme des individus, mais aussi la pression des conditions environnementales. Ce bref aphorisme nous renseigne sur l'ambiance de la médecine médiévale.
Livre 4. C'est le *Traité sur les hémorroïdes*. C'est un traité écrit à la demande d'un noble, vraisemblablement un membre de la famille du Sultan. Il comporte 7 chapitres sur la digestion normale, les aliments bénéfiques et les aliments nocifs aux personnes se plaignant des hémorroïdes, les mesures thérapeutiques générales et locales notamment les bains de siège, les huiles et les fumigations. Maïmonide s'oppose à la chirurgie, sauf dans les cas très invalidants et à la saignée. Il appartient ainsi aux réflexions modernes de la médecine sur le sujet. Il y développe le point de vue nécessaire de la recherche d'une cause locale susceptible d'être à l'origine d'une récidive.
Le livre 5. Est l'objet de l'étude des rapports sexuels. Ce traité est écrit à la demande du neveu de Saladin, le sultan Omar ibn Nour el Dine. Ce dernier avait une activité sexuelle débordante et sollicitait Maïmonide pour accroître ses capacités sexuelles. L'étude développe des recettes alimentaires et aborde les drogues aphrodisiaques et anti-aphrodisiaques. Par ailleurs, Maïmonide recommande une activité sexuelle modérée et décrit les tempéraments physiologiques sexuels des individus.
Le *Traité sur l'asthme*. Le sixième livre. Il ne s'agit pas d'un traité exclusivement centré sur l'asthme, ses causes et ses traitements, mais bien plus, il s'étend sur le régime sanitaire que doit suivre l'illustre patient qui le lui commande. En treize chapitres, Maïmonide expose les règles de la diète et du climat qui sont favorables généralement, mais aussi spécifiquement, aux asthmatiques. Il fournit les recettes alimentaires et les médications, et décrit les climats qui règnent au Moyen Orient. Il soutient que le climat sec d'Egypte est efficace et favorable aux asthmatiques qu'il met en garde contre les remèdes durs. Les éditions existent en hébreu, anglais et une traduction française a été conjointement réalisée par I. Simon et Muntner. L'édition récente de Gerrit Bos, en arabe et en anglais, est empruntée pour l'essentiel au manuscrit présent à la BNF. C'est à cette édition que j'ai emprunté les extraits présentés en arabe, que je traduis en français. Le dernier chapitre du traité contient des conseils et aphorismes adressés aux malades, mais aussi aux personnes saines. C'est ainsi qu'il écrit : « *La première chose à considérer est la qualité de l'air ambiant qui doit être frais, l'importance d'une eau propre, et une diète saine. L'air frais dans la cité se trouve plus spécialement dans les résidences bien exposées, et dans les étages élevés des*

immeubles hauts, bien exposés à la lumière du soleil. Les toilettes doivent être à l'écart des chambres principales. L'air doit être constamment humidifié par des essences douces et des fumigations. L'air sain est la principale règle de prévention de la santé physique et mentale. » Ces positions, signifiées voilà plus de 800 ans, frappent par leur actualité au XXIe siècle.

Des illustrations sont présentées pour l'explication des mécanismes de la maladie asthmatique et de son traitement développée par Maïmonide :

« *Et si le cerveau venait à se remplir d'humeurs, leurs résidus gagneraient les poumons, comme c'est habituellement le cas dans cette maladie, et inonderaient les tuyaux de la trachée et les obstrueraient* ».

Préparation médicinale servant à son tout début :

« *De la réglisse pelée et écrasée, de la guimauve, et de la langue-de-bœuf (plante dépolluante), deux dirhams de chaque ; de la coriandre jeune trois dirham ; cinq à six cœurs de fenouillet frais. Faire bouillir l'ensemble et verser sur du julep (liquide aromatisé ou sucré servant de base pour des potions pharmaceutiques)* ».

Et parmi les poudres médicinales « *qui purifient les poumons en faisant mûrir (l'humeur agressive) et en facilitant son expectoration à prendre jour et nuit pendant toute la durée de la maladie, préparer à parts égales du raisin sec et du fenugrec (plante légumineuse aromatique) que l'on fait cuir dans de l'eau pure ; verser l'eau et servir autant que nécessaire (continuellement) le précipité après l'avoir réchauffé. Et progressivement, on peut recourir au sirop de pavot qui évite les fluxions, permet de dormir, durcit les matières molles (qui rendent malade) et permet leur expectoration.* »

Suivent plusieurs compositions médicinales à base essentiellement de plantes, des fumigations et des lavements (déconseillés chez les vieilles personnes) qui sont très utiles quand elles sont bien indiquées.

Il est bien clair que les crises d'asthme, qui profitent des mêmes mesures prophylactiques, hygiéniques et environnementales décrites par Maïmonide, et avant lui par Galien qu'il suit, sont comprises et traitées différemment de nos jours. Mais, il importe de souligner combien cela paraissait raisonnable pour l'époque de recourir à des fumigations et au pavot à doses réfléchies pour lutter contre la dyspnée, et l'inconfort des crises.

Le *Traité des poisons et des antidotes*. Il s'agit de son septième traité. C'est l'un des traités les plus appréciés, en raison de sa valeur scientifique et moderne. Il servit de livre de référence en toxicologie pendant le Moyen Âge. Ce livre a été écrit à la demande d'al-Fadil, le grand vizir et juge suprême, afin de servir à tout individu avant l'arrivée du médecin. Il y fait mention de la demande d'al-Fadil d'importer les plantes manquantes en Egypte pour la fabrication des antidotes, spécialement la thériaque et l'élixir de Mithridates.

La 1ère partie traite des morsures de serpents et de chiens, et des piqûres d'araignées, de scorpions, d'abeilles et de guêpes. Dans son 1er chapitre, il

développe la conduite à tenir en cas de piqûre ou de morsure. Il faut mettre immédiatement un garrot au-dessus de la plaie pour empêcher la diffusion du poison. Simultanément, un aide doit effectuer une incision avec une petite lance juste au-dessus de la plaie, sucer énergiquement l'endroit incisé après s'être lavé la bouche avec de l'huile d'olive ou encore de l'alcool mélangé à de l'huile. Si la succion n'est pas possible recourir à des ventouses avec ou non préchauffage. Enfin, appliquer la thériaque.
Dans ce même livre, Maïmonide indique la durée d'incubation de la rage. Il en existe de nombreux manuscrits en arabe, hébreu et en latin. Il en existe également une traduction allemande (Steinschneider, 1873) et une française (Rabbinowicz, 1875). Muntner en publie une version en hébreu (1942) et en anglais. Une dernière version signée G. Bos est disponible à la Brigham Young University Press, et combine le texte arabe, et sa traduction anglaise.
Le régime sanitaire. Le huitième livre est écrit en 1198, pendant le règne du fils de Saladin, le sultan al Afdal, un sultan avide de plaisirs, de boissons et de femmes. Le 1er chapitre de ce traité expose les règles de diètes alimentaires empruntées à Galien et à Hippocrate. Le second chapitre recommande le respect des règles d'hygiène alimentaire, des médicaments et, ce, en l'absence du médecin. Le 3ème chapitre extrêmement important contient la conception maïmonidienne d'un « esprit sain dans un corps sain ». C'est là une des descriptions les plus anciennes de la médecine psychosomatique. Le dernier chapitre parcourt les recommandations concernant le climat, l'habitation, le travail, les bains, le sexe, le vin, la diète et les infections respiratoires. Maïmonide était d'une extrême prudence quant au bien-fondé des interventions médicales. N'a-t-il pas dit : « *Quand la maladie est plus forte que le médecin, il ne faut pas espérer guérir le malade, et aucun médecin ne pourra le sauver. Et quand le patient est plus fort que la maladie, il n'a pas besoin de médecin, car la nature le guérira* ». Il conclut : « *La plupart des hommes meurent de la médecine, car les médecins ignorent la nature* ». Le succès du livre tient à sa brièveté, mais aussi à sa concision. De nombreux manuscrits de ce livre existent. Une traduction hébraïque a été produite par Moïse ibn Samuel ibn Tibbon en 1244. Des traductions en latin ont été éditées dès le XIIIe siècle. De nombreuses autres éditions ont été publiées en hébreu, en anglais, en allemand et en espagnol. La version définitive en hébreu est due à Muntner, en 1957. Ces nombreuses éditions traduisent bien l'intérêt porté à ce traité et sa popularité.
L'édition de Gerrit Bos sur l'asthme, actuellement disponible, a des textes dans son chapitre 13 qui sont reproduits également dans son livre *le régime sanitaire*. Il sert à l'emprunt de ces extraits.
« *Al Razi dit : si la maladie est bien plus manifeste que la force (du malade), alors le traitement n'est d'aucune utilité ; et si l'énergie du patient est supérieure à la maladie, alors en principe, le médecin n'est pas nécessaire ; et ce n'est que si la maladie et l'énergie du patient sont équivalentes qu'il*

faudra recourir au médecin qui soutiendra et renforcera l'énergie contre la maladie. L'auteur dit : de la parole de cet homme compétent, on apprend que l'on peut se passer raisonnablement du médecin le plus souvent dans plusieurs maladies. Il saura d'ailleurs par sa compétence ne pas contrarier et détourner la nature de son comportement efficace ».

Le neuvième livre de Maïmonide est dévolu au discours sur le maintien de la forme. Il a été écrit en 1200. Il a été élaboré également à la demande du sultan al Afdal et est parfois considéré comme la suite du *Régime de la Santé*. Dans ce traité, Maïmonide s'aligne sur les recommandations des autres médecins du Sultan, concernant le vin, les laxatifs, les bains, l'exercice physique, etc. Il établit un plan quotidien précis à appliquer par le Sultan. De nombreuses éditions en différentes langues existent aussi. Celle de Muntner en hébreu date de 1966.

Le dixième et dernier livre médical est un glossaire des drogues. Découvert au XXe siècle à Istanbul, par Max Meyerhof, ophtalmologiste installé en Egypte, il en effectue une traduction en français qu'il publie, avec le texte arabe, en 1940. Il s'agit là d'une pharmacopée contenant les noms des drogues en arabe, en grec, en syrien, en persan, en berbère et en espagnol.

Ces livres médicaux attestent de l'intérêt porté à la médecine par Maïmonide, ainsi que sa maîtrise de la littérature médicale arabe et de ses connaissances étendues de plusieurs langues. Les écrits médicaux de Maïmonide manifestent la même lucidité, la même concision, la même capacité hors du commun à organiser et à systématiser, rencontrées dans ces remarquables œuvres théologiques et philosophiques. Les livres sur les poisons, du régime de santé et des aphorismes médicaux de Maimonide sont devenus des classiques dans leur domaine respectif, au Moyen Âge.

Il serait incomplet de parler de Maïmonide le médecin sans évoquer la *Prière* de Maïmonide. Cette prière a été composée en 1783, par Herz Marcus, en Allemagne. Rosner Fred a réuni les arguments qui authentifient cette assertion, mais il précise aussi qu'une preuve définitive manque et, sans doute, manquera à jamais. Si certains pensent qu'elle a été l'œuvre d'un médecin juif, Zahalon Jacob, au XVIIe siècle, il est généralement admis qu'elle correspond bien à l'esprit de Maïmonide et à celui des médecins juifs du Moyen Âge.

« *Je m'apprête à reprendre mon travail : Ô Seigneur, soutiens-moi dans cette noble et redoutable tâche ! Fasse que je réussisse, car sans ton aide, tous les efforts humains sont vains. Que mon âme soit imprégnée de l'amour de mon art et qu'elle ressente un attachement pour tes créatures ! Que l'appât du gain, la recherche de la fortune et de la gloire n'entravent jamais mon travail ! De tels sentiments vont à l'encontre de la vérité et de l'amour des hommes ; ils pourraient m'éloigner de mon grand dessein qui vise le bien-être de tes créatures. Que mon âme et mon corps conservent toujours leur vigueur afin que je puisse aider les amis et les ennemis, les bons et les méchants, les riches et les pauvres ! Aide-moi à ne voir que l'homme en celui qui souffre ! Que mon esprit soit docile et reconnaissant envers tous ceux qui veulent m'instruire : c'est que le domaine de la médecine est si vaste ! Mais, si des fous m'accablent de leurs critiques imaginaires, (alors) que l'amour que j'éprouve pour ma profession me rende aussi dur que le fer, qu'il m'aide à rester fidèle à la vérité contre toutes considérations liées à l'âge, aux personnes ou à la notoriété : c'est que dans ce domaine, le moindre fléchissement aurait pour conséquence la mort ou la maladie de tes créatures. Que mon âme soit douce et sereine lorsque des collègues plus âgés et imbus d'eux-mêmes se moquent de moi en voulant m'instruire ! Fasse que cela me profite aussi, car ces hommes savent tant de choses que je devrais savoir. Que leur caractère présomptueux ne m'offense guère ! Ils sont si âgés et le poids des ans ne les aide guère à maîtriser leurs passions ».*

La psychiatrie vécue au XIXe siècle. Lettres à Louisa

par

Bernard de Marsangy[239]

L'aventure racontée dans ce livre, aussi folle que vraie, se situe dans les années 1880.

C'est le récit en direct, pratiquement au jour le jour, de l'internement d'un grand bourgeois parisien riche, d'intelligence brillante, la quarantaine flamboyante, auteur maladroit d'une tentative de meurtre, évadé de l'hôpital de Charenton, de son errance en Europe, de sa lutte pour recouvrer sa fortune et la liberté.

Ce récit est servi par les lettres qu'Emmanuel Artaud-Haussmann adresse à Louisa, son ex-femme, après leur divorce prononcé sur pression familiale, mais qui demeurera son épouse fidèle devant Dieu, car ils sont tous deux catholiques fervents.

La couverture du livre donne le portrait de Louisa. Elle a ici 37 ans. Elle est jolie, fraîche, sans être d'une beauté extraordinaire. Bonne éducation, dessin, piano, elle a un sourire désabusé, mais le regard est vif. On l'a mariée 20 ans plus tôt - elle n'avait pas dix-sept ans -, à Emmanuel, baron Artaud-Haussmann, de dix ans plus âgé, neveu du préfet Haussmann.

Ce fut un mariage arrangé. Une situation assez banale. Plus originale est la décision d'Emmanuel, protestant converti au catholicisme et hagiographe des vierges saintes de l'Eglise, de respecter son vœu de chasteté dans le mariage. Les parents des deux côtés acceptent volontiers la décision

---

[239] Docteur en droit, diplômé de Sciences Po Paris. Ancien légionnaire, observateur militaire des Nations Unies au Moyen-Orient. Haut fonctionnaire, directeur financier d'un office de matériels sensibles avant d'être inspecteur du patrimoine et de l'administration générale du ministère de la Défense.

La psychiatrie vécue au XIXe siècle. Lettres à Louisa, L'Harmattan (éd.), Coll. Médecine à travers les siècles, Paris, 2016.

d'Emmanuel. Sa mère, sœur du baron Haussmann, veuve, entretient, pour son fils, une affection possessive exagérée et les parents de Louisa Girard de Cailleux sont éblouis par la notoriété, et la fortune des Artaud-Haussmann. Seule, Louisa n'est pas avertie de cette clause non écrite. L'école ne lui a pas enseigné les choses de la vie. Elle s'étonne de ne pas attendre d'enfant et ses neuvaines à saint Joseph de Cupertino restent stériles.
Emmanuel et Louisa mènent une vie mondaine de bon ton à Paris et à Lyon. Il est auditeur au Conseil d'Etat et s'est fait remarquer par des œuvres littéraires de qualité, notamment des études sur l'art poétique allemand au Moyen Âge.
Au bout de douze ans de mariage, Louisa apprend de son confesseur, un éminent dominicain, que son mari a été ordonné prêtre et élevé à la prélature dans une église schismatique. Le comportement d'Emmanuel est parfois bizarre. Son ordination qui devait rester secrète s'est vite ébruitée. Il sort souvent en soutane et les domestiques racontent qu'il porte des perruques pour des promenades nocturnes mystérieuses.
Un matin d'hiver, c'est la catastrophe.
Emmanuel est arrêté à l'hôtel du Louvre, le grand hôtel de la rue Saint-Honoré. Il a tenté d'assassiner un homme d'affaires en lui jetant à la tête la pendule de la cheminée et a voulu l'achever à coups de pistolet. La victime, le crâne ouvert, s'est échappé en hurlant dans le couloir. Arrogant devant le commissaire de police, Emmanuel ne prend pas l'incident au tragique et fait appeler son oncle Haussmann afin que cette malheureuse affaire soit vite classée et qu'il soit libéré sur le champ. Haussmann est à la retraite, mais il a conservé des relations utiles dans l'administration et au Palais. Il redoute que cette nouvelle extravagance de son neveu porte atteinte à la réputation de la famille et coûte cher en réparation.
Les journaux parisiens, et même internationaux paraissant à Paris, tiennent un beau sujet. On y lit les déclarations d'Haussmann qui affirme la folie d'Emmanuel avant même que les experts psychiatres à l'infirmerie spéciale de la préfecture de police aient terminé leurs examens. A ceux-là, Haussmann préfère les aliénistes de l'hôpital Sainte-Anne qu'il connaît bien. L'irresponsabilité pénale est constatée, une décision administrative d'internement est prise. Emmanuel est déclaré interdit et Haussmann, nommé tuteur.
Après un court séjour à Mazas, la nouvelle prison cellulaire, Emmanuel est interné à Sainte-Anne. Les conditions d'enfermement y sont sévères. Il écrit à Louisa tous les jours, comme il lui écrira tous les jours jusqu'à sa mort.
Parfois, abattu, il implore sa pitié. Elle est la seule personne qui soit capable de le comprendre et de le sortir de l'hôpital pour reprendre leur vie commune. Il l'appelle « *ma chère petite amie* », « *ma seconde maman* ».
Le discours est souvent une déclaration de guerre contre son oncle dont la cupidité peine à se cacher sous une fausse affection. Il a vite compris que son

oncle veut le dépouiller de sa fortune, écarter Louisa et prolonger son internement.

Il est scandalisé de la façon dont Haussmann traite Louisa, l'obligeant à lister les bijoux et les meubles qu'elle détient, lui rappelant qu'elle est divorcée et la menaçant de couper le paiement de sa pension si elle maintient visite ou courrier avec Emmanuel. Lui seul, en qualité de tuteur, a la responsabilité de son neveu.

Pour être clair, Haussmann déclare à Louisa au cours d'une colère particulièrement violente : « *La fortune d'Emmanuel est à moi ; c'est moi qui l'ai faite ; Emmanuel est un fou légal et j'en userai.* »

Haussmann rappelle, dans ses *Mémoires*, que, depuis la chute du Second Empire, la modeste pension de retraite servie par la République, sans revenu autre par ailleurs, ne lui assure pas les moyens qu'il mérite pour vivre décemment à Paris et pour payer les travaux dans son château de Cestas.

Peut-être Emmanuel est-il fou ? Mais, il a l'intelligence de la manœuvre.

En même temps qu'il promet soumission à son oncle et l'assure qu'il ne va pas contester l'interdiction à condition que ses conditions d'internement soient améliorées, il ne cesse d'imaginer avec la famille de Louisa des projets d'évasion, non seulement parce qu'il a peur de devenir fou au milieu des fous, mais aussi parce que Louisa et lui doivent rester solidaires dans la bataille pour récupérer sa fortune.

Il est alors transféré à la maison du Dr Blanche de bonne réputation. La description faite par Emmanuel de la maison du Dr Blanche est nettement moins favorable que celle faite par Laure Murat dans son excellent livre. Il tente de s'évader, c'est un échec. Il obtient son départ de chez Blanche pour être interné à Charenton dont le confort, la qualité des soins et la distinction des pensionnaires lui sont vantés par son oncle. En réalité, le récit des conditions de vie à Charenton est pathétique.

Avec l'aide d'anciens valets de la famille, il réussit enfin à s'évader et s'enfuit en Belgique. Il y est repéré par des relations de son oncle. Il doit fuir encore. Cavale en Suisse, en Italie, puis installations diverses en Angleterre. Persuadé d'être surveillé dès qu'il sort de sa chambre, il évoque sa peur permanente d'un enlèvement commandité par Haussmann.

Les lettres à Louisa témoignent de sa pauvreté et de la faim, de la solitude, du climat glacial de la province anglaise, de la malhonnêteté des logeurs. Louisa lui impose, comme dame de compagnie, la vieille cuisinière allemande de sa mère. Sa bêtise l'exaspère. Il explique à Louisa, qui semble assez circonspecte, ses rêves de naturalisation anglaise, puis son projet d'émigration aux Etats-Unis. Ses lettres sont aussi des cris de remords de ses extravagances passées et des supplications de pardon.

Louisa, à Paris, assure la motivation des hommes de loi, magistrats, notaires, avoués, avocats. Elle leur transmet les consignes d'Emmanuel, qui sont souvent contradictoires, car les procédures vont bon train pour contrer les prétentions d'Haussmann et pour plaider la levée de l'interdiction. C'est elle

qui envoie, vers l'Angleterre, les mandats mensuels pour alimenter la survie du fugitif.
Puisque la vie est impossible en Angleterre, Louisa organise son déménagement vers Nyon, près de Genève, car la Suisse est proche de Paris, Louisa devrait pouvoir venir plus souvent jusqu'à lui. Il accepte d'être suivi par un médecin réputé, pratiquant des méthodes de soins plus libérales, le Dr Rist. Ainsi, sa bonne raison sera démontrée et les juges lèveront son interdiction, du moins l'espère-t-il.
Quand on évoque les procédures, les experts apparaissent.
Les plus célèbres d'entre eux défilent dans cette aventure. Ils sont présents, dans les lettres d'Emmanuel, les grands aliénistes que les bourgeois peuvent payer (en l'occurrence, c'est Louisa qui finance). On rencontre ceux qui fondent la psychiatrie moderne : rénovateurs et précurseurs éminents, professeurs dont les leçons sont ouvertes au plus large public, conscients de leur propre valeur et de la nullité de leurs confrères. Ils savent commercialiser leur science en créant, hors de l'hôpital, leurs maisons privées pour une clientèle fortunée. Les expertises judiciaires sont une part importante de leurs activités et de leurs revenus.
C'est l'époque où la folie est un thème à la mode dans la littérature de café, la presse et les réunions mondaines, comme le chante un quatrain rapporté par Jules Claretie, mémorialiste de la vie parisienne à l'époque de l'affaire d'Emmanuel Artaud. C'est peut-être encore, très actuel :
« *Ce monde est plein de fous*
Qui ne les veut point voir
Doit rester dans sa chambre
Et casser son miroir. »
Parmi tous ces experts, les uns sont de vieilles connaissances du baron Haussmann datant de ses fonctions de Préfet de la Seine.
Ainsi, Jean-Pierre Falret, fils de Jules, qui le premier a défini la folie circulaire (nous parlons plutôt aujourd'hui de troubles bipolaires) chez qui Emmanuel refuse d'aller, car il se souvient que Falret a hébergé sa tante, épouse d'Haussmann, qui entretenait alors Mlle Cellier de l'Opéra.
Valentin Magnan, aussi, est un obligé du baron Haussmann. Théoricien de la dégénérescence, on le surnomme avec respect « le Maître de Sainte-Anne ». Il est bien connu en littérature, au moins des lecteurs de Gide. Dans *Si le grain ne meurt*, Gide raconte son renvoi de l'Ecole alsacienne (il avait douze ou treize ans), car on l'a surpris en étude, les deux mains sous son pupitre, l'une plongée dans une boîte de pralines au chocolat et l'autre s'agitant à des caresses intimes. Sa mère l'a conduit chez Magnan. « *Je vois de quoi il s'agit* », lui avait dit Magnan… « *Si cela continue, je vais devoir t'opérer… avec ces instruments que tu vois ici* » et, se retournant, il désigne, le bras tendu vers le mur, une panoplie de lances touaregs. Gide conclut : « *Je retournai bientôt à l'Ecole alsacienne, j'étais guéri… enfin, autant qu'on peut l'être* ».

Du côté du baron Haussmann, le Dr Blanche aussi est persuadé, comme Magnan et Falret, de la dangerosité d'Emmanuel envers lui-même et envers la société et du caractère inguérissable de sa folie.
Côté favorable à Emmanuel Artaud, on compte Legrand du Saulle, l'auteur notamment de la *Folie devant les tribunaux* qui le premier a examiné Emmanuel à l'infirmerie spéciale de la préfecture de police au moment de l'affaire du Louvre.
Benjamin Ball aussi ne justifie ni l'enfermement, ni l'interdiction.
Ball, titulaire de la première chaire des maladies mentales à Paris, est l'un des plus grands experts judiciaires de l'époque. Dans la fameuse affaire de « la malle sanglante de Millery », il examine Gabrielle Bompard qui, avec son amant, a assassiné un agent de change. La peine capitale est requise pour les deux coaccusés. Ball conclut que l'intelligence de Mlle Bompard est supérieure à la moyenne, mais note que, chez elle, le développement du sens moral n'a pas accompagné le développement intellectuel. Seul, l'amant sera guillotiné.
Pour Ball, la preuve de la guérison d'Emmanuel est donnée par sa vie parfaitement calme et sensée depuis l'évasion de Charenton, malgré la misère dans laquelle il subsiste. Si on craint la récidive de la maladie, la rechute dans la folie se serait déjà produite depuis longtemps.
Le Dr Rist, à l'ombre duquel, à Nyon, Emmanuel est venu s'installer, témoigne de son observation quasi quotidienne en milieu ouvert pour estimer le bon équilibre mental revenu et la parfaite sociabilité d'Emmanuel.
Nous n'avons pas les lettres adressées par Louisa à Emmanuel, mais nous en connaissons la teneur en contrepoint des lettres d'Emmanuel emplies de références, d'approbations, de promesses, de plaintes d'avoir été mal compris, d'être abandonné.
La pieuse Louisa plane avec une certaine naïveté sans doute, mais surtout avec une étonnante bonté. Le mariage religieux lui a conféré la mission de veiller sur son mari. Elle a conscience de sa maladie. Elle espère sa guérison et se dévoue pour l'assurer. Mais, sa bonté n'interdit pas la fermeté. Lorsqu'Emmanuel insiste sur le caractère sacré, inaltérable de son ordination, lorsque, caché sous un faux nom dans le Sussex, il exige qu'elle lui envoie son col romain violet et sa croix pectorale de prélat, elle lui répond : « *Entre le mariage et la soutane, il faut choisir ; jamais je ne serai la femme d'un prêtre* ».
Et plus tard, lorsqu'il avouera sa liaison d'occasion avec une jeune femme rencontrée à Genève et qu'évoquant l'éventualité d'épouser cette inconnue, il demande conseil à Louisa en même temps que ses lettres sont emplies de serments de fidélité, alors, à lire les réponses d'Emmanuel aux lettres de Louisa, on comprend qu'elle n'apprécie pas l'aventure sentimentale de celui qui mendie sa protection et ses finances.
Après la lecture de ces lettres, il est difficile de justifier le maintien de l'internement et de l'interdiction d'Emmanuel, même si un passage à l'acte

meurtrier les a initialement imposés et malgré l'épisode amoureux en Suisse du « *démon des quarante ans* » (selon l'expression d'Emmanuel).
A l'époque, on est fou ou on ne l'est pas.
Dans l'aventure d'Emmanuel Artaud, tous les mythes associés à la psychiatrie asilaire sont rencontrés en caricature dans une situation réelle : internement arbitraire, soumission des experts aux puissants, complot familial pour capter la fortune, mort sociale créée par l'interdiction, enfer de l'asile, rivalités entre médecins.
On en vient naturellement à se demander : « *Qu'en est-il aujourd'hui ?* »
Certaines dispositions sécuritaires de la loi du 5 juillet 2011 sur les soins sans consentement ne s'avèrent-elles pas plus sévères que la loi de 1838 qui a permis et organisé l'internement d'Emmanuel ? La question fait débat entre les lecteurs de ce livre.
Au-delà des situations rocambolesques où le ridicule cache souvent le drame, ces lettres d'Emmanuel à Louisa retracent le vécu intime et douloureux d'un homme qu'on décrète fou et sa révolte contre le processus implacable de son exclusion. Acculé à la misère physique et morale, il se consume de l'intérieur. Il décrit ses souffrances avec une terrible précision. On assiste à la destruction de son corps, jour après nuit.
La fin est là. Il se réfugie chez Louisa pour mourir.
Oui, cette histoire est folle assurément, mais Emmanuel était-il fou ?

Napoléon Ier et ses dentistes

par

Xavier Riaud[240]

Si l'on s'attarde un instant sur le tableau du baron général Louis-François Lejeune intitulé *La bataille de la Moskova* peint en 1822, on remarque dans un angle un homme debout, les cheveux bruns, en uniforme, en train de panser le visage d'un blessé. Si l'on regarde plus attentivement, on identifie sans peine le chirurgien en train d'officier qui n'est autre que Dominique Larrey, chirurgien en chef de la Grande Armée en 1812. Larrey, chirurgien en chef de la Garde, panse le général Morand, dont la mâchoire vient d'être fracassée par un éclat d'obus. Sa lèvre inférieure et son menton sont lacérés. Celui-ci commandait la 1ère division d'infanterie du corps de Davout. L'événement a dû se produire entre 10 heures et 11 heures du matin, lors de l'assaut mené par Bonnamy qui sera tué. Le tableau représente l'assaut lancé vers 15 heures. Larrey officie déjà depuis longtemps. Ceci est une libre interprétation du peintre [3]. Grièvement blessé à la mâchoire lors de la bataille de la Moskova, Morand devra commander par gestes pendant toute la retraite [2]. Larrey se souvient de son intervention : « *Je simplifiai cette blessure grave, je fis l'extraction des fragments osseux détachés de la mâchoire, et je pratiquai plusieurs points de suture qui rétablirent les formes normales du visage et prévinrent la difformité* [18]. »

---

240 Chirurgien-dentiste, Docteur en épistémologie, histoire des sciences et des techniques, Lauréat et membre associé national de l'Académie nationale de chirurgie dentaire, membre libre de l'Académie nationale de chirurgie.

Napoléon Ier et ses dentistes, L'Harmattan (éd.), Coll. Médecine à travers les siècles, Paris, 2016.

Fig. 1 : « Bataille de la Moskova, le 7 septembre 1812 (seconde attaque de la grande Redoute) » par Louis-François Lejeune (1775-1848) peint en 1822 [1].

Fig. 2 : Gros plan de l'angle droit du tableau intitulé « Bataille de la Moskova, le 7 septembre 1812 (seconde attaque de la grande Redoute) » par Louis-François Lejeune (1775-1848) peint en 1822 [1].

Brièvement, qui est Dominique Larrey ?...

Dominique Larrey (1766-1842) a été présent lors de toutes les campagnes de la Grande Armée : soit 25 campagnes, 200 affrontements, 40 batailles. Il a été blessé à six reprises au feu. Chirurgien en chef de la Garde impériale en 1804, il est fait officier de la Légion d'honneur en 1804. Il est nommé à la fonction d'inspecteur général du Service de santé en 1805. A la bataille d'Eylau, en 1807, il effectue 800 amputations en 3 jours. Napoléon le fait baron d'Empire en 1809, sur le champ de bataille de Wagram. Succédant à Heurteloup, il est nommé chirurgien en chef de la Grande Armée en 1812 [18]. Admiratif, Napoléon dit de lui à Sainte-Hélène: « *C'est l'homme le plus vertueux que j'aie connu. Il a laissé dans mon esprit l'idée du véritable homme de bien* ». De même, Wellington, général en chef de l'armée britannique, à Waterloo (1815), s'exclame en l'apercevant : « *Je salue l'honneur et la loyauté qui passent.* » Il fait arrêter le feu de ses soldats en apercevant Larrey [7 ; 20 ; 22].

Fig. 3 : Dominique Jean Larrey (1766-1842) [4].

Quels sont les aménagements médicaux prodigués par Larrey avec une influence directe sur la chirurgie maxillo-faciale ?

En 1793, notre chirurgien invente 3 types d'aiguilles à suturer les plaies du cou et de la face qui lui valent de recevoir la médaille d'or de l'Académie de chirurgie. A partir de cette année, il est présent sur tous les champs de bataille au milieu des soldats. Extrêmement rigoureux en matière d'hygiène, il se frictionne tous les jours le corps d'eau vinaigrée. En 1794, de retour à Paris, son système d'ambulances volantes est unanimement salué par le Comité de salut public [14 ; 16].

En 1795, il devient professeur à l'Ecole de santé du Val-de-Grâce où il enseigne l'anatomie et la médecine opératoire (Gourdol (2010) affirme qu'il s'agit d'anatomie et de chirurgie militaire, et qu'il est le premier nommé à cette nouvelle chaire).

En 1801, alors qu'Alexandrie est assiégée par les Britanniques, une épidémie de scorbut apparaît. Les mesures alimentaires et hygiéniques préconisées par Larrey ont raison de tous les symptômes. Il déplore très peu de morts en définitive [18].

En 1805, il visite les hôpitaux de Vienne et met en place des mesures d'hygiène très strictes pour éradiquer toute épidémie [18].

En 1806, à Iéna, Larrey instaure la sélection des blessés en fonction de la gravité de leur état [14 ; 16].

A Wagram, en 1809, il utilise le froid pour anesthésier ses blessés et entreprend de les évacuer aussitôt que possible pour éviter les infections de leurs plaies [18]. Il opère 1 200 blessés, effectue 300 amputations et n'enregistre que 45 décès.

« *C'est à Larrey que revient le mérite d'avoir érigé en système, le principe de tri et du classement des blessés par ordre d'urgence lors de leur arrivée massive* [18]... », classement toujours en vigueur au XXe siècle, au cours des deux conflits mondiaux notamment.

Quels préceptes de chirurgie maxillo-faciale ?

Ce sont les préceptes préconisés par Dominique Larrey qui seront, autant que faire se peut, appliqués aux blessés de la face de la Grande Armée.

- Pour toute plaie de la face, quelle que soit son étendue, Larrey (1812) préconise une « *suture immédiate.* » « *La suture immédiate permet de rapprocher les berges de la plaie plus facilement, surtout au niveau de la face et de limiter ainsi les difformités* [8]. »

En cas de délabrement important au niveau de la face avec une perte conséquente des parties molles, Larrey effectue une suture en enroulant le fil en 8 autour d'une aiguille traversant de part en part les deux berges de la plaie, ce qui garantit une plus grande solidité de la suture [8].

« *Pendant la campagne d'Egypte, M***, aide de camp du général Verdier, fut atteint à la bouche d'un coup de pistolet qui lui emporta toute la joue gauche, depuis la commissure des lèvres jusqu'au masséter, en sorte que les deux arcades alvéolaires, la langue et une portion de ses muscles furent mis à découvert. Les bords de la plaie étaient renversés et noirâtres ; l'officier éprouvait de vives douleurs. Je me hâtai de rafraîchir les lambeaux, et de régulariser la plaie pour en mettre les lèvres en contact parfait, et je les fixai par neuf points de suture entrecoupée, soutenus par un bandage approprié. Le blessé fut mis à la diète et à l'usage des rafraîchissants qui prévinrent la fièvre et les autres accidents. Le traitement ne dura que dix-sept jours, et il y eut très peu de difformités* [10]. »

- Selon Karine Ferret-Dussart [8], en cas de fracture au niveau de la face, Larrey prend le temps d'enlever patiemment toutes les esquilles osseuses. Puis, il réduit la fracture. Enfin, à l'aide de ligatures dentaires réalisées grâce à des fils d'or ou de platine, ou par l'entremise d'une gouttière intra-buccale et d'une mentonnière, il immobilise la mâchoire. Malheureusement, cette technique est peu payée de succès, puisque les séquelles sont récurrentes [8 ; 10].

- Karine Ferret-Dussart [8] ajoute : « *Pour les plaies peu étendues, Larrey suture la plaie et met en place une sonde de gomme élastique pour modeler les narines. La rhinopoïèse par lambeau de voisinage est pratiquée avec succès par Larrey dès 1820.* »

A la lecture du témoignage de Larrey, la maîtrise de la technique semble évidente et le résultat, probant. Larrey est sûr de lui, pragmatique et technique.

« *Un de mes anciens élèves et de mes dignes compagnons d'Egypte, M. le docteur Zink, chirurgien-major à l'hôpital de Givet, m'adressa, à la fin de l'année 1820, un sous-officier de la légion d'Aude, affligé d'une difformité horrible et d'un aspect insupportable, provenant d'un coup de feu que cet infortuné s'était donné dans un accès de mélancolie, dix-huit mois auparavant* [11].

(...) Toute la portion palatine des os maxillaires comprise entre les dents canines supérieures fut emportée ; les portions labyrinthiques du nez, ses os propres, et les cartilages de cette éminence furent détruits ou expulsés. Les deux ailes du nez étaient rétroversées en dehors et en arrière ; la sous-cloison faisait partie de la narine gauche.

Cette blessure fut pansée comme toutes les plaies d'armes à feu, c'est-à-dire avec les émollients et un appareil simplement contentif ; elle a parcouru les périodes de la suppuration et de la détersion jusqu'à la guérison sans nul accident. La cicatrice s'est opérée spontanément dans l'état d'écartement et de renversement des bords frangés. Ces bords ont contracté une adhérence intime avec la surface extérieure des apophyses montantes des maxillaires, de manière à produire au niveau du visage une échancrure très irrégulière, rouge, caverneuse, et d'un aspect repoussant. Ce sujet était privé de l'odorat, très gêné dans la mastication et dans l'exercice de la parole ; à peine pouvait-il articuler les mots les plus simples.

Tel était l'état d'esprit de ce sergent lorsqu'il se présenta à l'hôpital de la garde royale, en décembre 1820. (...) Je l'examinai avec soin, je projetai un mode d'opération que je communiquai aux personnes qui suivaient ma visite, et sans perdre de temps, je mis ce plan opératoire à exécution.

Assisté du docteur Ribes (...), et le sujet assis sur une chaise, je commençai par détacher les bords tégumenteux et adhérents dans tout le pourtour de cette horrible plaie ou échancrure ; j'en poursuivis la dissection à plusieurs lignes d'étendue, vers les pommettes, sur la surface des os maxillaires, afin d'avoir une assez grande étendue de peau pour franchir l'espace compris entre les bords de cette division, et pour en obtenir la réunion lorsqu'ils seraient mis en contact [11]. *Je détachai ensuite les adhérences que les deux divisions des ailes du nez et de la lèvre supérieure avaient contractées avec les bords de l'échancrure palatine. Cette dissection fut longue et difficile. Après avoir isolé toutes les parties molles qui appartenaient jadis au nez, j'en rafraîchis les bords à l'aide de ciseaux évidés, avec l'intention de donner à chaque coupe la forme qu'elle devait avoir pour affronter exactement et d'une manière uniforme. Cette dissection finie, je fis trois points de suture provisoires : le premier, au milieu de la côte du nez ; le second, au sommet de cette éminence et vers la sous-cloison des narines que j'avais eu soin de conserver ; le troisième, aux deux bords de la lèvre supérieure. Je réunis ensuite et maintins rapprochées les parties molles de tout le dos du nez, au moyen d'une suture enchevillée, composée de six anses de fil, à l'effet de ramener de loin les portions de peau qui devaient servir à former cet organe, et de prévenir la déchirure qui aurait lieu si j'avais employé la suture entrecoupée. Enfin, j'adaptai les bords de la lèvre réséqués et détachés de la mâchoire au moyen d'une suture entortillée, faite avec deux aiguilles d'or, tranchantes à leurs extrémités. Cette opération faite, j'appliquai un bandage contentif, unissant, garni de compresses graduées, pour protéger les points des diverses sutures, et pour en seconder les effets. L'opéré fut mis à la diète, à l'usage des boissons rafraîchissantes, mucilagineuses et antispasmodiques (...). Au neuvième jour de l'opération, je levai l'appareil, et je trouvai, à ma grande surprise, tous les bords couturés, parfaitement réunis et cicatrisés ; cependant, je laissai les chevilles et les épingles en place jusqu'au quinzième jour, époque où ces derniers moyens d'union furent totalement enlevés. La cicatrisation était exacte, uniforme, linéaire, et l'on voyait évidemment qu'elle ne s'était opérée que par la communication et l'adhésion naturelle des vaisseaux des bords de cette énorme plaie. Il est impossible de découvrir dans les interstices la moindre parcelle de substance gélatineuse étrangère à ces vaisseaux. Enfin, la cicatrice est parfaite, et le nez a repris une conformation assez régulière et telle que la physionomie du sujet n'offre plus rien de pénible à la vue. La parole, la prononciation et la mastication se sont perfectionnées ; l'écartement considérable qui existait aux os maxillaires et dans les parois des fosses nasales s'est déjà considérablement resserré ; et ce rapprochement augmentera sans doute par la suite, en sorte que les traits de la face deviendront de plus en plus réguliers* [11]. »

Maîtrise-t-on une technique chirurgicale qu'on utilise pour la première fois ? Peut-on faire un compte-rendu aussi détaillé et aussi précis après une première intervention de ce type ? J'en doute fort. Je suis au contraire convaincu que Larrey, à l'heure où il écrit ces quelques lignes, a déjà accompli de multiples interventions de reconstruction de la face, ses fonctions obligent, avec des procédés similaires et des pourcentages de réussite très élevés. C'est la raison pour laquelle j'ai tenu à faire figurer un témoignage datant de 1820 alors que l'Empire s'est effondré en 1815. Bien que rien ne l'atteste avec certitude, il est fort vraisemblable que Larrey employait ces techniques sur les champs de batailles des guerres napoléoniennes.

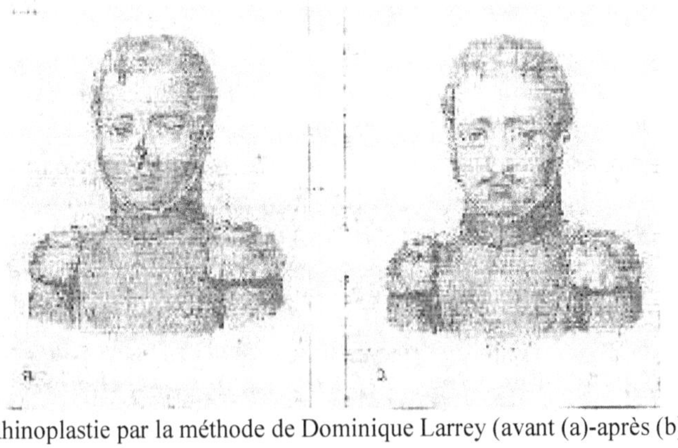

Fig. 4 : Rhinoplastie par la méthode de Dominique Larrey (avant (a)-après (b)) [19].

Voici brièvement des recommandations chirurgicales en cas de blessure de la face [10 ; 18] :
Blessures à la tête et au cou >> Usage du trépan.
Blessures ouvertes de la face >> Sutures immédiates (fermeture de la plaie le plus vite possible).
Pas d'anesthésie >> Rapidité opératoire et dextérité du chirurgien, 2 verres de gnôle (parfois), du laudanum (cas exceptionnel).
Fièvre >> 1 verre de rhum, du jus de 2 citrons avec 1 cuillerée de sel et de poivre. Quinquina parfois en fonction de l'approvisionnement (provenance : Amérique).

Autre cas.
Le 26 juillet 1812, « *Un colonel russe, un des premiers portés à l'hôpital, avait reçu de l'un de nos cavaliers un coup de sabre qui lui avait coupé le nez à la base dans toute sa longueur. On voyait d'une part toute l'étendue des fosses nasales et de la cavité de la bouche, sans arcade alvéolaire, de l'autre le lambeau de la totalité du nez, de la lèvre supérieure et de la voûte palatine, renversé sur le menton* [18]. »
Le chirurgien ajoute : « *J'eus quelque peine à enlever des caillots de sang qui remplissaient les fosses nasales et que la poussière avait rendu concrets. Je détachai ensuite la portion de la voûte palatine qui tenait au lambeau. Elle se composait de la moitié antérieure de l'arcade alvéolaire supérieure. Elle avait été séparée du reste de la mâchoire, d'un côté entre la canine et la première molaire, et de l'autre, entre les deux premières molaires. Je détachai aussi du lambeau plusieurs portions des os propres du nez et des apophyses montantes des os maxillaires. Je remis en rapport le nez et la lèvre et je procédai à leur réunion par la suture entrecoupée, commençant par la racine du nez, et descendant successivement sur ses deux côtés, dont les bords furent réunis par dix points parallèles de suture* [18]. »
Larrey enfin termine : « *Un linge fin, trempé dans l'eau salée, fut appliqué sur toute l'étendue du triangle qui indiquait la plaie. J'introduisis dans les narines deux portions de grosses sondes de gomme élastique, pour en conserver la forme et le diamètre. Elles furent assujetties à l'extérieur au moyen d'un cordonnet de fil que j'avais passé à leur extrémité antérieure. Des compresses graduées furent placées sur les côtés du nez et un bandage contentif termina l'appareil. J'eus la satisfaction d'apprendre à mon retour de Moscou que cet officier supérieur était parfaitement guéri et sans nulle difformité* [18]. »

Personnalités du Premier Empire blessés à la face.
En 1793, à Lauterbourg, une balle traverse les deux joues du général Desaix. Ne pouvant plus parler, c'est avec des gestes qu'il poursuit son commandement auprès de ses hommes au bord de la débandade. Il ne quitte le champ de bataille pour se faire panser qu'une fois, ses soldats tous ralliés

à ses ordres. Son visage est dit « *couturé de cicatrices, (...) raccommodé à la hâte par des chirurgiens de fortune* » [6].

Lors du siège de Saint-Jean-d'Acre, le 1er avril 1799, le général Pierre Devaux (1762-1819) reçoit une balle dans le visage. A ce propos, Larrey écrit : « *Le général baron Devaux reçut à l'un des assauts de Saint-Jean-d'Acre un coup de feu à la face, lequel fut suivi de fracas aux deux mâchoires et de la perte de plusieurs dents. Je le pansai à mon ambulance de la tranchée avec un si grand succès que, lorsque cette plaie fut guérie, il n'y avait presque point de difformité et le général put continuer son service actif* [12 ; 15]. »

A la bataille d'Aboukir, le 25 juillet 1799, en capturant le pacha Mustapha, Joachim Murat reçoit une balle qui lui traverse la mâchoire de part en part. Par chance, la langue n'est pas atteinte : il avait la bouche ouverte à ce moment-là. « *C'est la première fois qu'il l'a ouverte à propos* », commente son chef. Dans une lettre à son père du 28 juillet, Murat évoque cette blessure : « *Vous saurez qu'un Turc, (...), m'a fait la gentillesse de me traverser la mâchoire d'un coup de pistolet. C'est vraiment un coup unique et extrêmement heureux, car la balle qui est entrée par un côté, à côté de l'oreille, est sortie directement à côté de l'autre, n'a offensé ni mâchoire, ni langue, ni cassé aucune dent. On m'assure que je ne serai nullement défiguré. (...) On me fait espérer que, dans quinze jours, je serai parfaitement en état de reparaître en campagne* [23]. » Cette blessure ne laissera pas trop de traces, mais il est possible qu'elle ait été encore visible lors du portrait de Wicar (1808). On y voit un col remonté très haut. Mais, une autre blessure l'affecte davantage. En 1803, à Milan, un accident de chasse ou un exercice de tir ayant mal tourné à cause d'une arme défectueuse, ou mal nettoyée, lui paralyse la lèvre supérieure. « *Un certificat médical établi par le médecin de garnison fait état d'une paralysie de la lèvre supérieure du général à la suite d'un coup de feu reçu par celui-ci* [9]. »

Malheureusement...

« *Enfin, je vis venir un dragon qui me donna des nouvelles plus précises et meilleures ; (...) le malheureux avait reçu, dans la mêlée, une affreuse blessure d'un coup de sabre : un cavalier anglais lui avait fendu la joue, qui lui retombait sur l'épaule (...)* [5]. » Les hussards se laissaient pousser des nattes de cheveux le long des joues en guise de protection contre les coups de sabre.

Nous avons vu les préceptes de chirurgie maxillo-faciale recommandés par Dominique Larrey, mais tous les soldats n'ont pu en bénéficier et n'ont reçu que des soins très primaires.

Le 18 octobre 1812, à la bataille de Winkowo, le lieutenant Danel du 9ème hussard est grièvement blessé au visage. « *(...) je tombai atteint d'un coup de pistolet tiré à bout portant. Le projectile me frappa immédiatement au-dessous de la pommette de la joue droite, m'emporta tout le bord supérieur alvéolaire et les dents qui, dans leur trajet, labourèrent ma langue et la déchirèrent en plusieurs parties. L'os maxillaire fut également touché, d'où s'ensuivit la perforation du palais* [5]. » « *J'éprouvai une douleur sourde avec tintement et un fort engourdissement.* » C'est le colonel du régiment qui le fait emmener à l'ambulance la plus proche. « *(...) ma figure ensanglantée avait un aspect étrangement effrayant. Le sang coulait à partir de l'ouverture de la balle jusqu'à sa sortie par la joue opposée où pendait une partie du bord alvéolaire supérieur dont les dents ayant déchiré la joue gauche en trois ou quatre endroits donnaient à penser que ma figure était partagée en deux ! Je voulus parler, je ne pus articuler aucun son...* » Le chirurgien-major Cuynat est un ami. Il le rassure aussitôt : « *C'est grave sans doute, mon ami, mais mortel, non ! Les blessures de tête se guérissent promptement (...).* » « *Le premier appareil posé, on me dirigea sur le village de Winkowo. (...) Trois heures depuis mon pansement s'étaient à peine écoulées, que mes joues se gonflèrent à un tel point que bientôt je ne pus plus faire jouer mes paupières et ma vue fut totalement interceptée ! J'étais muet et aveugle* [5]*!* » Avec d'autres blessés, Danel est acheminé vers Moscou. « *Quant à moi, sous la puissance d'une fièvre de suppuration provenant de mes blessures du palais et de la langue, suppuration que je ne pouvais rejeter par l'expectoration, par l'impossibilité de remuer la langue et d'en frapper le palais, j'en vivais donc en partie, ne prenant de temps à autre que de l'eau sucrée* [5]. » Mis entre les mains d'officiers de santé, « *on leva les bandes qui m'entouraient la tête depuis plus de quatre jours, on nettoya mes blessures et tout marcha convenablement pendant quelques jours. Mes joues se dégonflèrent et me permirent de rouvrir les yeux* [5]... » Moscou brûle. La retraite s'organise. A l'aide d'une théière, Danel ingurgite une bouillie en plaçant le col directement dans la gorge, sa perforation au palais l'empêchant de conserver aucun liquide dans sa bouche. Cet état durera près de six mois. Pendant cette retraite, le froid est si saisissant qu'il « *fait de nouveau gonfler mes joues, je redevins aveugle.* » Le temps s'adoucissant, les « *tumeurs de mes joues* » se ramollissent et Danel peut ouvrir les yeux. « *Après Smolensk, M. Eve, chirurgien en chef du corps d'armée, me fit des incisions sous les yeux qui, donnant passage à une grande quantité de sérosités et de matières, me permirent d'ouvrir presqu'entièrement les yeux. (...) Déjà ma langue pouvait frapper le palais et je commençai à parler, mais d'une manière inintelligible* [5]. » Le lieutenant Danel a survécu à la Bérézina, au Premier Empire et aux Cent-Jours pour ne décéder qu'en 1854.

Autre exemple rapporté par Jean-François Lemaire (1999). « *L'espoir de retrouver quelques-uns de mes amis me fit visiter les nombreux hôpitaux de Leipzig. Quels hôpitaux, grand Dieu ! Des églises, des magasins, des écuries, des galetas vides, un lit de paille hachée étendue sur le pavé ; et par là-dessus des corps humains couchés l'un contre l'autre, les uns morts de la veille, les autres agonisants. Ceux-ci gémissant, ceux-là criant qu'on les*

débarrasse du voisinage d'un cadavre, tous ces malheureux couverts de sang, la tête et les membres entourés de sales chiffons, quelques chirurgiens fort rares [15]... »
Pas d'asepsie. Pathologies ou blessures mélangées sans classement, ni discernement. Nous sommes là bien loin des préceptes de Dominique Larrey...

Un mot de dentisterie.
Il n'y a pas de dentiste au sein de l'armée napoléonienne. Ce sont donc les chirurgiens militaires qui se chargent de la chirurgie dentaire sur le front [13]. Les traitements ne se résument qu'à des extractions dentaires [21].

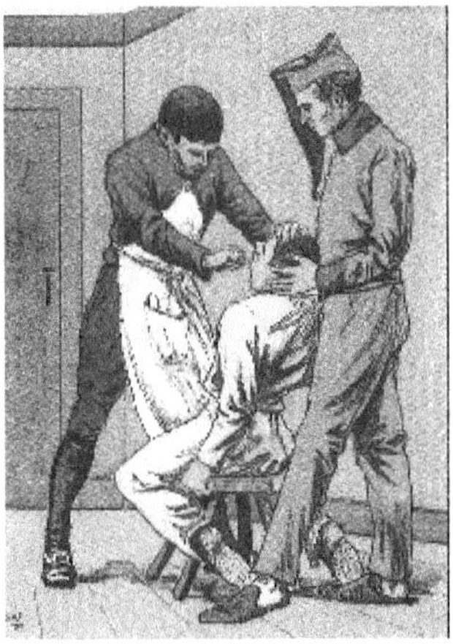

Fig. 5 : Elève chirurgien et chirurgien en tenue en cours d'opération dentaire en 1805 [19].

Références bibliographiques :
1- Agence photographique Réunion des Musées Nationaux, Grand Palais (Château de Versailles), photo Daniel Arnaudet/JeanSchormans, Paris, 2016.
2- Allégret Marc, « Morand Charles Antoine Louis Alexis (1771-1835), général, comte d'Empire », in *Revue du Souvenir napoléonien*, décembre 2005-janvier 2006, 462; 75-76.
3- Benoît Jérémie, « La bataille de la Moskova par le général baron Lejeune », in *Revue du Souvenir napoléonien*, décembre 2004, 455-456: 45-54.
4- Bibliothèque interuniversitaire de Santé (BIUS), communication personnelle, Paris, 2010.
5- Bourachot Christophe, *Les hommes de Napoléon – Témoignages (1805-1815)*, Omnibus (éd.), Paris, 2011.
6- desaix.unblog.fr, « Desaix », 2008.
7- Gourdol Jean-Yves, « Baron Dominique Larrey (1766-1842), chirurgien militaire français, baron d'Empire », in *http://www.medarus.org*, 2010, pp. 1-16.

8- Ferret-Dussart Karine, *La chirurgie maxillo-faciale à travers l'histoire*, Glyphe (éd.), Paris, 2004.
9- Haegele Vincent, *Murat*, Perrin (éd.), Paris, 2015.
10- Larrey D. J., *Mémoires de Chirurgie Militaire et Campagnes*, Tome II, Paris, 1812.
11- Larrey D. J., *Clinique chirurgicale exercée particulièrement dans les camps et les hôpitaux militaires depuis 1792 jusqu'en 1829*, 5 vol., Paris, Baillière (éd.), 1829-1836.
12- Larrey D. J., *Relation médicale de campagne et voyages de 1815 à 1840*, Baillière (éd.), Paris, 1841.
13- Lecomte O. & Tristan D., « Les praticiens des armées dans l'histoire de l'art dentaire », in *Médecine et armées*, 2010 ; 38 (5) : 469-476.
14- Lemaire Jean-François, *Napoléon et la médecine*, François Bourin (éd.), Paris, 1992.
15- Lemaire Jean-François, *Les blessés dans les armées napoléoniennes*, Lettrage Distribution, Paris, 1999.
16- Lemaire Jean-François, *La médecine napoléonienne*, Nouveau Monde/Fondation Napoléon (éd.), Paris, 2003.
17- Long François-Xavier, « Les blessés de la face durant la Grande Guerre : les origines de la chirurgie maxillo-faciale », in *Revue d'Histoire des sciences médicales*, 2002 ; 36 (2) : 175-183.
18- Marchioni J., *Place à Monsieur Larrey, chirurgien de la Garde impériale*, Actes Sud (éd.), Arles, 2003.
19- Musée du service de santé des armées, communication personnelle, Paris, 2004 et 2016.
20- Riaud Xavier, *Napoléon Ier et ses médecins*, L'Harmattan (éd.), Collection Médecine à travers les siècles, Paris, 2012.
21- Riaud Xavier, *Napoléon Ier et ses dentistes*, L'Harmattan (éd.), Collection Médecine à travers les siècles, Paris, 2016.
22- Soubiran André, *Le Baron Larrey, chirurgien de Napoléon*, Fayard (éd.), Paris, 1966.
23- Tulard Jean, *Murat*, Fayard (éd.), Paris, 2016.

Les médecins de l'Assistance médicale en Indochine (1905-1939)

par

Mathieu Rayssac[241]

La France prend Saïgon en 1859, créant un établissement permanent dans cette ville afin d'ouvrir aux confins de la Chine une voie nouvelle à la civilisation et au commerce de l'Occident, et faire respecter les missionnaires chrétiens et leurs disciples. Le traité de Saïgon du 5 juin 1862 conduit l'empereur Tuduc à céder la Cochinchine à Napoléon III. En plus de la Cochinchine, colonie au sens propre, la France impose son protectorat progressivement sur les états de la péninsule indochinoise : Annam, Tonkin, Cambodge et Laos.

Dans ce contexte, les premiers médecins français de l'Indochine sont ceux du corps expéditionnaire. A coté des militaires, des médecins sont aussi intégrés aux différentes missions scientifiques, comme la mission Delaporte d'exploration du Mékong en 1873.

La mise en place d'un système de santé est donc initialement militaire, géré et financé par le ministère de la Marine, puis le sous-secrétariat d'Etat aux Colonies.

Mais, l'installation pérenne de la France devait aller de paire avec un transfert de la charge médicale du militaire vers le civil, l'Assistance médicale devant désormais être supportée par le budget du gouvernement de la colonie. L'expansion donnée à l'organisation de la santé en 1905 ne permet plus aux militaires de faire face à leurs occupations. Les régiments de la métropole manquent de médecins et la relève est impossible. Par arrêté du 30 juin 1905, le gouverneur général Paul Doumer crée l'Assistance médicale de l'Indochine (AMI) et élabore l'organisation du corps des médecins de

---

[241] Docteur en médecine diplômé de la Faculté de médecine de Toulouse.

Les médecins de l'Assistance médicale en Indochine (1905-1939), L'Harmattan (éd.), Coll. Médecine à travers les siècles, Paris, 2015.

l'Assistance médicale visant à remplacer les militaires par des civils. Pour Charles Grall, médecin inspecteur qui l'instaure, l'Assistance médicale est la plus haute synthèse de la politique d'association appliquée. C'est l'acte colonisateur par excellence. Il prépare les bras à l'agriculture, la main d'œuvre à l'industrie, les clients au commerce d'échange et, par la préservation des adultes et des enfants, des collaborateurs nombreux pour prendre part, à côté des soldats français, à la défense éventuelle du sol national.

Une organisation similaire a été déjà mise en place à Madagascar, en 1902, sous l'impulsion du général Galliéni. De fait, l'Assistance médicale a un triple but :

1- politique : rallier à lui les populations hostiles qui, poussées par les autorités malgaches, se sont levées après la prise de Tananarive. Le général a eu recours aux médecins et leur a prescrit de donner partout des consultations, de distribuer des médicaments, de faire des opérations, et de gagner par tous les moyens la confiance des Malgaches. Le colonel Lyautey, alors commandant supérieur des provinces du sud, pouvait écrire au Général : « *Envoyez-moi des médecins, je vous renverrai des compagnies* ».

2- humanitaire : donner, à des populations écrasées d'impôts et de corvées par le gouvernement malgache, une assurance médicale ouverte à tous et qui les met à l'abri des maladies, et des épidémies qui jusque-là les déciment.

3- économique : augmenter le nombre de bras, donner à la colonie de la main-d'œuvre nombreuse et forte.

Les médecins de l'AMI sont nommés par le Gouverneur général de l'Indochine après avis du directeur général de la santé. Les médecins doivent être français et âgés de moins de 35 ans. Avant la titularisation, un stage de 2 ans est nécessaire, stage dont sont dispensés les internes titulaires des hôpitaux et les officiers démissionnaires du corps de santé des armées comprenant trois années d'exercice.

En 1907, ils sont 111. Ils se regroupent en Association amicale des médecins de l'assistance médicale de l'Indochine, préfigurant un syndicalisme médical. Leur but est de resserrer les liens de confraternité et d'union, d'entretenir les relations de bonne amitié et les rapports d'intérêts réciproques, de sauvegarder les intérêts généraux des membres, de soumettre à l'autorité supérieure toute question intéressant le corps, de prêter assistance à ses membres et à leur famille, et de s'occuper de l'entretien des tombes des médecins décédés.

Après la Première Guerre mondiale, l'effectif médical européen diminue. De 93 médecins civils en 1914, ils passent à 70 en 1916. On y remédie en confiant aux médecins auxiliaires la direction de postes provinciaux. Ces médecins sont le rouage intermédiaire entre l'infirmier et le docteur en médecine, formé en 4 ans à l'école de Hanoï et correspondant aux anciens officiers de santé, dont la suppression a eu lieu en métropole en 1898.

Le gouvernement favorise aussi la propagande de recrutement dans les universités et la presse médicale.
Dès 1922, les médecins indigènes, qui ont acquis le titre de docteur, bénéficie d'avantages par rapport aux médecins auxiliaires et, en 1928, le gouverneur général Varenne admet les Indochinois à égalité de titres et de diplômes dans les cadres français.
Les médecins de l'Assistance sont des fonctionnaires des cadres locaux. A ce titre, ils sont pourvus d'un statut qui leur assure des droits et des garanties d'avenir. Il existe une solde coloniale et une solde de métropole. Ils bénéficient de diverses indemnités. Les médecins peuvent pratiquer l'exercice de la médecine privée, en dehors de leurs heures de service sous réserve de ne pas commettre d'abus. Tous les trois ans, les médecins ont droit à un congé de 6 mois. Le droit à la retraite est acquis à 55 ans après 25 ans de service, dont 15 dans la colonie. Cette limite peut être portée à 57 ans et 60 ans pour ceux qui ont 3 enfants. Le minimum retraite est égal à la moitié de la dernière solde.
Le principal rôle des médecins de l'AMI est la médecine préventive et la santé publique. Le médecin participe aux visites sanitaires des villages et est consulté pour l'amélioration de l'urbanisme, et de l'assainissement. Il contrôle l'emmenée d'une eau potable pure, l'éloignement des matières usées, le remblaiement des mares urbaines et la disparition des habitations insalubres.
Il participe également à la prophylaxie aux frontières maritimes et terrestres en fonction de la localisation de son poste. Il surveille les désinfections des marchandises et des personnes. Il a aussi la charge du contrôle des denrées et des abattoirs.
Les maladies vénériennes sont un fléau en Indochine. L'institut prophylactique de Saïgon a traité, de 1926 à 1933, 41289 syphilitiques. Les prostituées inscrites à la police se présentent à une consultation hebdomadaire obligatoire. Le contrôle ne s'exerce pas sur la prostitution clandestine, largement répandue.
Pour faire œuvre de prévention, il faut éduquer les patients à l'intérêt d'appliquer les mesures d'hygiène et les gestes préventifs pour les principales maladies : paludisme, peste, choléra, infections vénériennes…
L'éducation sert aussi à faire accepter, à la population, des soins qui ne sont pas dans ses habitudes : injections et hospitalisations. Le praticien organise alors des conférences publiques, des tournées médicales, des consultations. Il est aidé dans sa tâche par les médecins auxiliaires dont la langue maternelle est celle des patients.
Il participe également à la rédaction de brochures informatives dans la langue de la région et à l'élaboration d'affiches de propagande.
Part importante et emblématique de l'œuvre préventive médicale, la vaccination antivariolique est instaurée en 1867, en Cochinchine, et est rendue obligatoire en 1902, comme en métropole. Elle a permis une

éradication quasi complète de la maladie en moins de 30 ans. L'administration organise des tournées vaccinales avec les médecins, de façon annuelle dans les écoles ou dans les salles communales. Un service de vaccine mobile sera également créé à cet effet. Dans le centre où exerce le médecin, une demi-journée hebdomadaire est consacrée à la vaccination.
Les médecins sont chargés de la distribution de la quinine dans les zones impaludées, dans le cadre du service dit de Quinine d'Etat. Cette chimioprophylaxie doit s'accompagner d'une éducation thérapeutique.
Le soin curatif fait aussi partie des attributions des médecins. Chaque jour au dispensaire, à heure fixe, les indigènes sont soignés gratuitement et les traitements leurs sont donnés. Le médecin donne aussi à l'hôpital ou à son domicile une consultation gratuite à laquelle sont admis tous les Européens qui ont peu de ressources. En dehors de ses horaires de consultation, le médecin peut réclamer des honoraires qui doivent rester modérés. Les soins ambulatoires sont encouragés par l'administration, car moins onéreux, et ils sont mieux acceptés par la population indochinoise.
En 10 ans, de 1917 à 1927, le nombre de consultations a plus que doublé pour atteindre 485 000 actes annuels ambulatoires, ce qui témoigne de l'adhésion de la population à cette médecine occidentale. Les visites à domicile sont gratuites pour les fonctionnaires et leur famille, les mandarins et pour les patients non transportables. La demande doit être adressée au lieu de résidence du médecin.
Rapidement, la volonté de l'organisation est de proposer un service comparable à celui de la métropole. Chaque structure dispose alors de différentes salles de malades, de blocs opératoires, de maternité, de laboratoire, d'une radiologie. Les grands hôpitaux ont les services dont ils ont besoin : psychiatrie, instituts ophtalmologiques, mais aussi instituts du radium pour le traitement des cancéreux. L'hospitalisation, c'est aussi l'isolement des contagieux dans les lazarets en périphérie des villes et les léproseries implantées sur les zones éloignées des centres urbains.
Initialement limitée, l'Urgence se développe avec l'amélioration des voies de communication et des moyens de transports. Dès la création de l'Assistance, tous les moyens disponibles doivent être mis à disposition des médecins pour faciliter le déplacement sur le terrain. L'instruction de 1924 rappelle que les équipes des hôpitaux principaux doivent être mises en route sans délai pour pratiquer à l'extérieur. Dès 1920, la direction sanitaire de l'Indochine demande à être pourvue d'une aéronautique médicale au ministre des Colonies.
Plusieurs stations climatiques, côtières ou d'altitude, permettent aux Européens de se reposer du climat tropical. Certaines, comme Dalat, disposent d'un hôpital et d'un institut Pasteur, d'autres bénéficient de la visite hebdomadaire d'un médecin de l'Assistance. Dans certaines villes, un médecin est détaché pendant la saison climatique.

Les médecins peuvent être requis pour pratiquer des expertises médico-légales selon les attributions liées à l'exercice de la médecine, comme en métropole.
Les indigènes ont obligation de déclaration de tous les décès. Ils doivent déclarer les maladies au chef du village. De son côté, le médecin adresse un bulletin décadaire épidémiologique qu'il transmet à l'inspection sanitaire locale et qui reflète l'état de santé de la colonie.
Une circulaire de 1913 définit le rôle de tous les éléments concourant à l'assistance et insiste sur l'entente absolue qui doit exister entre les médecins, et les autorités administratives. Le médecin-chef de poste de l'Assistance travaille ainsi avec les médecins auxiliaires qui exercent sous sa responsabilité. Il correspond aussi avec les médecins des grands centres hospitaliers et des instituts Pasteurs.
A côté des médecins, on retrouve les sages-femmes diplômées et, dans les postes ruraux, les accoucheuses qui, après un stage en maternité, ouvrent aux premiers soins en l'absence des médecins, et peuvent les appeler si besoin. Il y a aussi les infirmiers et les vaccinateurs qui peuvent être détachés dans des postes sanitaires avancés, au terme de leur formation. Enfin, les religieuses, premières actrices de l'Assistance médicale en Indochine, ont terminé leur œuvre dans l'Assistance médicale en 1907, par un souhait de rendre un soin laïc, dans un pays à majorité bouddhiste.
Les médecins de l'Assistance médicale en Indochine ont aussi la charge de la formation dans les écoles de médecine de Hanoï, mais aussi dans les écoles d'infirmiers vaccinateurs, de sages-femmes.
La recherche en Indochine n'est pas l'apanage des seuls Pasteuriens. Chaque médecin rédige un rapport mensuel obligatoire qui permet une étude épidémiologique de la colonie et de suivre l'évolution sanitaire des campagnes de prévention.
Les médecins mènent ainsi des expériences qu'ils communiquent via les revues médicales : les *Annales d'hygiène et de médecine coloniale*, et dans le *Bulletin de la société médico-chirurgicale de l'Indochine*. Ils se regroupent en association dans la société médico-chirurgicale de l'Indochine afin d'échanger sur leurs pratiques, de se faire parvenir de la documentation dans les postes dépourvus de bibliothèque, et de concourir à l'amélioration de leurs pratiques justement.
Par les congrès de l'Association de médecine tropicale d'Extrême-Orient, regroupant les médecins de l'ensemble de la région (Japon, Indochine, Indes britanniques, Siam, Philippines et Indes néerlandaises), ils communiquent avec les différents acteurs du soin, en lien avec le patronage de la Société des Nations.
Le rôle politique est aussi important. La création des postes médicaux consulaires est une volonté de Paul Doumer, dans les villes de Chine et du Siam, dans le but d'étendre l'influence française, de mettre en confiance les populations locales et de faciliter les transactions commerciales. Les rapports

de l'Assistance rapportent que les médecins de Canton et de Yunnanfu, en Chine, ont su acquérir une telle autorité qu'ils sont devenus conseillers du vice-roi de Chine, et sont consultés pour l'organisation politique du territoire. Le rôle est aussi de concurrencer les implantations britanniques et américaines dans le sud-est asiatique.

L'activité d'une médecine universitaire moderne doit tourner autour du soin, de l'enseignement et de la recherche. En tous ces points, l'activité du médecin de l'Assistance médicale en Indochine, dès 1905, est un modèle de modernité que nous avons réintégré dans la spécialité de médecine générale depuis 2004. La loi HPST définit les rôles du médecin généraliste de premier recours et le fait entrer dans le code de la santé publique. Elle rappelle que le médecin contribue à l'offre de soin ambulatoire, assure la prévention et le dépistage, le diagnostic, le traitement et le suivi des malades ainsi que l'éducation pour la santé. Ces missions peuvent s'exercer dans les établissements médicaux ou médico-sociaux. Le médecin doit orienter ses patients selon les besoins, assurer la coordination des soins, veiller à l'application des protocoles et des recommandations, et contribuer à l'accueil et à la formation des stagiaires de 2e et 3e cycles des études médicales. Ainsi, le médecin de l'AMI est un pionnier pour le médecin contemporain.

Prix littéraires

par

Xavier Riaud[242]

Des prix littéraires ont été remis à certains ouvrages de la collection (L'Harmattan (éd.), Coll. Médecine à travers les siècles, Paris). Les voici pour mémoire :

- Napoléon Ier et ses médecins (2012) par Xavier Riaud.

Prix de l'Association des amis du musée du service de santé des armées 2012.

En 1792, un décret de l'Assemblée législative confirmé par l'ordonnance du 8 août 1793 de la Convention nationale officialise la fermeture des organisations enseignantes, des académies et autres sociétés savantes. A la fin de l'année 1794, une nouvelle école de médecine voit le jour, celle d'une république naissante. D'autres suivront. Des Corvisart, des Chaptal, des Berthollet ou encore des Fourcroy réforment la santé en profondeur, lui conférant de vraies lettres de noblesse. Un savoir médical unique en Europe se concentre sur le sol français. Un enseignement hospitalo-universitaire est créé : la divulgation de préceptes théoriques aux étudiants s'accompagne d'une mise en pratique directement sur le malade au sein d'une structure hospitalière. Puis, apparaît en 1808, l'Université...

Ces grands médecins ont brillé à tous les échelons supérieurs de l'administration impériale, au service de leur pays. Voilà pourquoi nombreux sont ceux qui ont été décorés de la Légion d'honneur et/ou ceux qui ont été élevés à la noblesse d'Empire.

Il convient évidemment de ne pas oublier la chirurgie militaire qui a occupé une grande place en ce début de siècle conquérant pour la Grande Armée. De grandes figures s'y sont illustrées comme Larrey, Percy ou Desgenettes notamment.

Ce livre retrace l'histoire de ces hommes, l'histoire des grandes réformes au sein du corps médical sous l'Empire, enfin l'histoire de la médecine à cette époque et des rapports que Napoléon Ier nourrissait avec celle-ci.

- Haschisch, chanvre et cannabis : l'éternel retour (2011) par André Fabre.

Prix Ampli-Gem 2013.

A travers la culture des mille et une nuits, le faste des palais orientaux, des sultans et des maharadjahs d'Asie mineure, André Fabre nous emmène dans un long périple historique à la découverte des origines du haschisch jusqu'à nos jours.

---

242 Directeur de la collection Médecine à travers les siècles aux Editions L'Harmattan, Paris.

Mêlant les préceptes médicaux des praticiens de l'Antiquité aux délires cannabiniques littéraires des plus grands écrivains occidentaux, grands consommateurs de chanvre en quête de spiritualité qu'ils trouvaient parfois dans des paradis artificiels, l'auteur nous dépeint cette longue marche qui, si elle est parfois discutée sur un plan éthique, légiférée, voire sanctionnée, n'en demeure pas moins celle d'un éternel retour.

Ne s'arrêtant pas à sa seule genèse, André Fabre nous entraîne dans un pèlerinage qui traverse tous les continents à la recherche des empreintes digitales de son passage, de son exploitation et de sa consommation. Ainsi, nous retrace-t-il son arrivée en Europe, en 1801, dans les bagages des restes de l'expédition d'Egypte organisée par Bonaparte en 1798. De même, nous décrit-il sa prolifération sur le sol américain en précisant les moyens mis en œuvre pour lutter contre. Sans jamais se départir d'une dimension philosophique forte au service de l'histoire de la médecine, l'auteur, à travers des références incontestables, nous pose, avec pertinence, des questions sociétales contemporaines concrètes qui amènent chacun d'entre nous à des réponses très précises.

- Sainte Apolline, sainte patronne des dentistes et de ceux qui ont mal aux dents (2014) par Apolline Trioulaire.

Prix Georges Villain d'histoire de l'art dentaire 2014.

En 249 ap. J.-C., sur les invectives d'un prophète, un soulèvement populaire particulièrement violent serait à l'origine de la persécution d'Apolline, une « *vierge âgée et admirable* » en tous points, une des quatre victimes du jour. « *Après avoir fait sauter toutes ses dents en frappant ses mâchoires, ils construisirent un bûcher devant la ville et menacèrent de la brûler si elle ne prononçait pas avec eux les formules de l'impiété. Elle s'excusa brièvement, puis, s'étant un peu reculée, elle s'élança vivement dans le feu et fût consumée.* »

Devenue sainte par son martyre, Apolline est fêtée tous les 9 février depuis. Devenue sainte par son martyre, tout comme saint Vincent, saint patron des vignerons, Apolline est devenue logiquement et légitimement, par tradition multiséculaire, la sainte patronne de tous les dentistes et de ceux qui ont mal aux dents.

En parcourant la France, partie à la découverte de ses chemins, de ses villages, de ses églises et de ses chapelles, partie à la recherche des sites commémoratifs, des statues, des tableaux et autres objets de culte entièrement dédiés à la sainte, mais aussi de son folklore, Apolline Trioulaire s'est engagée dans un voyage initiatique qu'elle nous invite, dans cet ouvrage richement illustré, à partager.

Ne se contentant pas de cette étude géographique, la jeune chirurgien-dentiste s'est aussi appliquée à consulter les textes saints afin de déterminer la vraie histoire des légendes prêtées à sainte Apolline.

Enrichie d'un véritable récit liturgique, agrémentée de textes et d'archives religieuses exceptionnels, étoffée par un nombre considérable de photographies originales prises par l'auteur elle-même, qui n'omet, dans son approche, aucun aspect relatif à la sainte, Apolline Trioulaire s'est livrée, sur la question, à une investigation unique en son genre qui mérite d'être saluée et félicitée.

Après un interlude musical d'une qualité et d'une émotion extrême, j'ai jugé nécessaire de récompenser les auteurs et ouvrages qui ont brillé pendant les 10 années d'existence de la collection (L'Harmattan (éd.), Coll. Médecine à travers les siècles, Paris) que j'ai fondée en 2006. Bien évidemment, ne pouvant être juge et partie, je me suis écarté de ces prix. Les livres primés ont tous été marquants pour moi, car ils ont constitué le franchissement d'une étape, d'un palier pour la collection.

- Prix de l'auteur le plus prolifique.

Henri Lamendin totalise 12 livres : Praticiens de l'art dentaire du XIVe au XXe siècle (2007) ; Soignez votre bouche par les plantes, remèdes d'hier et d'aujourd'hui (2007) ; De l'art dentaire à d'autres arts, anecdodontes biographiques (2007) ; Précurseurs de la phytothérapie bucco-dentaire occidentale (2008) ; L'historique de l'odonto-stomatologie du sport en France, principaux acquis techniques et scientifiques (2009) ; Investigations et expérimentations en odontologie, 40 années de recherches (2009) ; Carl von Linné, médecin précurseur de la pharmacie moderne (1707-1778) (2012) ; Thomas W. Evans (1823-1897), le dentiste de Napoléon III (2012) ; Lazzaro Spallanzani (1729-1799), le père de la biologie médicale expérimentale (2013) ; Antoni van Leeuwenhoek (1632-1723), le microscope médical et les spermatozoïdes (2013) ; Les De Jussieu, une famille de botanistes au XVIIIe et XIXe siècles (2013) ; François-Joseph Talma (1763-1826), dentiste et acteur favori de Napoléon Ier (2014) ; Docteur Albert Calmette (1863-1933), Pasteurien et co-inventeur du BCG (2016).

- Prix des meilleurs ouvrages de la collection.

* Léonard de Vinci, un anatomiste visionnaire (2010) par *Dominique Le Nen* (voir le chapitre consacré à ce livre plus avant dans ces actes).
* Les médecins de Venise (2014) par *André J. Fabre*.

Venise, la ville des amants millénaires, la ville des amoureux secrets... Sa lagune, son arsenal, son palais des Doges, sa place Saint-Marc, son pont Rialto et tant d'autres belles bâtisses... C'est aussi son carnaval, ses idylles, sa magnificence, sa poésie... Mais, Venise, c'est également ses canaux, ses eaux souillées et grouillantes, ses inondations, ses épidémies de peste qui ont dévasté la ville... Pour survivre, pour lutter efficacement contre la maladie, des médecins, une université, celle de Padoue, ont instauré un enseignement, des comités de salubrité, d'hygiène et de surveillance, de nombreux hôpitaux enfin, ou lazarets, faisant de cette ville, à l'heure médiévale, une ville pilote de la médecine européenne, une ville référence en définitive à la pointe du savoir médical.

André J. Fabre nous emmène dans un périple initiatique à la rencontre de cette ville et de son histoire médicale, de ses innovations, de ses aventures romanesques à travers la vie de Casanova notamment, la musique d'Antonio Vivaldi ou la romance de George Sand avec son médecin. Tchekhov, Daudet, Freud, Proust, tous des médecins attirés par la Sérénissime et venus en villégiature... Il nous livre un récit dense, complet et unique sur la médecine vénitienne au fil des siècles.

Venise a légué, à la postérité, un message de splendeur et de séduction, mais aussi, de ténacité et de courage. La destinée de Venise a été grandiose, personne n'en disconviendra, mais les médecins y ont énormément contribué.

* Le geste qui sauve. L'étonnante histoire du défibrillateur cardiaque externe (2016) par *Michel Chauvin* (voir le chapitre consacré à ce livre plus avant dans ces actes).

- Prix Georges Villain d'histoire de l'art dentaire 2016.

Mathilde Longueville, Art dentaire en Préhistoire. Etat des connaissances et reconstitution expérimentale, Thèse Doct. Chir. Dent, Bordeaux, 2016.

Epilogue

J'ai souhaité parler d'une épilogue, plutôt que d'une conclusion, parce que cette journée du 12 novembre n'est pas une fin en soi, tout au plus une étape de la vie de la collection. Conclusion me semblait beaucoup trop « définitif » dans la présente circonstance. J'étais, de plus, de retour au travail dès le lendemain.
10 ans... C'est si peu et si important à la fois dans le milieu éditorial et littéraire. La collection Médecine à travers les siècles est devenue depuis la n°1 en France au nombre de livres publiés. Joyeux anniversaire donc ! Une vie longue, douce et prospère d'un point de vue littéraire bien sûr !
Le 12 novembre a été une belle journée dont le déroulement s'est avéré parfait. Demain est un autre jour. D'autres livres à écrire. D'autres auteurs à publier. Pour ma part, après la remise de médailles du jour, ce 12 novembre, seul dans mon bureau, la nuit tombée, après notre retour de Paris, je me dis que, finalement, moi, je n'aurais eu aucune médaille. J'en éprouve puérilement et égoïstement une certaine tristesse.
Deux jours plus tard, le 15 novembre 2016, à 3h00 du matin, en consultant le dernier Journal officiel, je verrai mon nom apparaître dans le contingent de la Chancellerie pour la nouvelle promotion civile dans l'Ordre national du Mérite. Je venais d'être élevé au rang de chevalier dans l'Ordre national du Mérite sur décret signé par le Président de la République lui-même. La remise de médaille a eu lieu le 9 février 2017, à la Faculté de chirurgie dentaire de Nantes, des mains d'un de mes maîtres, le Pr Simon Bérénholc, ancien président de l'Académie nationale de chirurgie dentaire et du comité national odontologique d'éthique, qui avait, pour l'occasion, fait le déplacement depuis Paris, le jour de la sainte Apolline, sainte patronne des dentistes et de ceux qui ont mal aux dents. Quelle heureuse coïncidence !

Bien sûr, j'ai connu des difficultés, des jalousies, des désillusions même, mais je suis au service de l'histoire de la médecine toujours...
Hier, aujourd'hui et demain...

Les arbres nous enseignent la patience: ils ne baissent pas les bras à la première tempête venue.

Discours lors de la cérémonie du 9 février 2017[243].

[243] Collection privée du Dr Xavier Riaud, © Xavier Riaud, 2017.

Remerciements

Je tiens bien évidemment à remercier les Editions L'Harmattan, son équipe directrice (Mrs Denis Pryen, Xavier Pryen et Alice Bonneau), son équipe éditoriale (Mlles Virginie Hureau, Perrine Fourgeaud et Mme Marianne Ravaud) pour leur soutien depuis dix ans et le travail qu'elles font.
Je tiens aussi à remercier les auteurs présents le 12 novembre 2016 et ceux qui n'ont pas pu venir à cette journée. Par leur travail et leur générosité, ils ont donné vie à la collection et, aujourd'hui, ils la nourrissent. En particulier, j'ai une pensée très affectueuse pour le Pr Michel Germain et Mme Isabelle Cavé qui, par leur logistique, ont permis le bon déroulement de cette journée.
Je tiens à remercier tous les auteurs pour avoir amené leurs ordinateurs et en particulier le Pr Dominique Le Nen qui a assuré la logistique informatique du jour.
Enfin, je tiens à dire merci à un Monsieur sans l'amitié duquel, finalement, je n'aurais jamais pu créer cette collection et vivre cette aventure : M. Thierry Feral, directeur de la collection Allemagne d'hier et d'aujourd'hui aux Editions L'Harmattan.
Je n'oublie pas tous les autres (les Prs François Resche et Simon Bérénholc, et le Dr Henri Lamendin notamment) à qui je dois tant et tant.
Je n'oublie pas non plus ma femme et mes enfants que j'aime tellement…

Table des matières

Santé et Médecine
aux éditions L'Harmattan

Dernières parutions

LOI NATURELLE ET PROCRÉATION MÉDICALEMENT ASSISTÉE
Questions fondamentales de bioéthique et d'éthique biomédicale
Onambele Luc - Préface de Thierry Collaud
Cet ouvrage analyse, d'une part, l'enchantement devant les prouesses techniques qui suscitent des espoirs contre la stérilité et l'infertilité et, d'autre part, les angoisses générées par le spectre de la déshumanisation de l'enfant issu de ces techniques. Mais la solution la plus efficiente contre l'infertilité et la stérilité n'est-elle pas la prévention et non le recours à la procréation artificielle. Le corps humain posséderait une intelligibilité, un ordre, une finalité, qui constituerait son bien propre, sa loi naturelle. Obéir au langage du corps réduirait considérablement l'incidence de l'infertilité.
(32.00 euros, 308 p.)
ISBN : 978-2-343-10702-8, ISBN EBOOK : 978-2-14-002605-8

LES PRATICIENS DU TOUCHER THÉRAPEUTIQUE
Vers une éducation et une formation professionnelles
Leclercq Patrick
Cet ouvrage explore l'histoire du toucher thérapeutique dans ses rapports au savoir-faire, au savoir expérimental et au savoir-être. Il s'intéresse à l'histoire des connaissances de la main et au développement des pédagogies sur le sensoriel, la sensibilité et le sensible, enfin il met en perspective les enseignements des pratiques aussi diverses que sont la masso-kinésithérapie, l'ostéopathie, la chiropraxie.
(45.00 euros, 572 p.)
ISBN : 978-2-343-10872-8, ISBN EBOOK : 978-2-14-002680-5

LA CHIROPRAXIE
Une méthode reconnue et méconnue
Jolliot Chantal - Préface de Pierre Erny
Cet ouvrage se propose de faire connaître la chiropraxie et de participer à la compréhension de cette pratique et à son évolution. Les chiropracteurs jouissent dorénavant d'un statut officiel dans toutes les régions du monde et pourtant subsistent des jugements bien éloignés des caractéristiques de cette méthode de soin. Le lecteur trouvera dans cet ouvrage les principes fondamentaux et la théorie sur laquelle repose cette pratique. Un glossaire et une chronologie complètent cette présentation.
(14.00 euros, 120 p.)
ISBN : 978-2-343-11020-2, ISBN EBOOK : 978-978-2-14-002726-0

L'EMPRISE DE POIDS
Initiation au *body-building*
Perera Éric - Préface de Taïna Kinnunen
À travers cet ouvrage, l'auteur nous plonge dans l'univers du body-building. Son immersion dans une salle de musculation du Sud de la France lui permet de porter un regard sur les manières de «fabriquer» du muscle. Comment des sensations qu'il percevait comme négatives sont apprises

et transmises comme positives ? Il nous livre les étapes de son initiation menée sous forme d'observation participante, guidé par son coach qui impose son autorité et son savoir-faire au cours des séances d'entraînement.
(Coll. Mouvements des Savoirs, 22.00 euros, 214 p.)
ISBN : 978-2-343-11090-5, ISBN EBOOK : 978-978-2-14-002825-0

LA MARCHANDISATION ACTUELLE DU CORPS HUMAIN
De Puytorac Pierre, Artusse Auriane
La marchandisation du corps humain est plus que jamais d'actualité avec le marché des pièces détachées du corps, le commerce des brevets et le marché du corps vivant. Les déclarations et réglementations sur les droits des personnes ne parviennent alors pas à empêcher les inégalités économiques et d'accès aux soins de santé entre les pays pauvres et les pays riches, celles-ci étant aggravées par les biotechnologies. Un biologiste et une juriste collaborent ici pour faire une synthèse précise et accessible à tous de ces différents sujets.
(13.50 euros, 114 p.)
ISBN : 978-2-343-10732-5, ISBN EBOOK : 978-978-2-14-002715-4

LE SYNDROME D'EHLERS-DANLOS À TRAVERS QUATRE GÉNÉRATIONS D'UNE FAMILLE
«La Dame en bleu» Témoignage autobiographique
Burner-Lehner Virginie - Préface de Claude Hamonet
Professeur émérite, docteur en anthropologie sociale, médecin à l'Hôtel Dieu, Paris
Le syndrome d'Ehlers-Danlos est une maladie génétique, orpheline et méconnue du corps médical. Avec ce récit, Virginie Burner-Lehner décrit le combat et la souffrance de quatre générations de membres de sa famille. Cet ouvrage contribuera à mieux faire connaître cette maladie et à aider toutes les autres personnes concernées. Cette nouvelle édition est enrichie d'une préface actualisée du Pr Hamonet et d'une nouvelle préface de l'auteur rendant compte des évolutions et perspectives.
(Coll. Récits de vie, série Santé et Maladie, 23.50 euros, 218 p.)
ISBN : 978-2-343-10565-9, ISBN EBOOK : 978-2-14-002606-5

SERVICES À LA PERSONNE
Services à domicile
Les clés pour comprendre
Foucault-Giroux Laurent – Préface de Paulette Guinchard – Contributions de Bernard Ennuyer, Brigitte Lescuyer, Philippe Patry, Jérôme Pigniez, René Raguenes, Daniel Reguer et Céline Tondereau
Bien que les associations d'aide à domicile existent depuis la fin de la Deuxième Guerre mondiale, aujourd'hui on «découvre» le nouveau concept économique du secteur des services à la personne. Les «services de proximité de la vie quotidienne» sont une solution d'avenir. C'est pourquoi ce guide constitue un outil de référence mettant à disposition les textes législatifs et permettant de partager l'expérience dans le domaine du secteur social et médicosocial.
(Coll. Défis, 41.00 euros, 468 p., Quadrichromie)
ISBN : 978-2-343-10558-1, ISBN EBOOK : 978-2-14-002567-9

L'OAREIL
40 ans d'action gérontologique
Amyot Jean-Jacques
En quarante ans, l'OAREIL (Office Aquitain de Recherches, d'Études, d'Information et de Liaison sur les problèmes des personnes âgées) a traversé les profondes métamorphoses de l'action gérontologique. Sa force tient dans sa position originale entre le public et le privé, entre médicosocial et socioculturel, entre le terrain et l'université, entre «séniors» et «grande vieillesse», entre actions locales et présence nationale. Cette capacité à étirer son activité sur la question de la vieillesse a été cruciale pour sa survie et sa créativité.
(Coll. La gérontologie en actes, 20.50 euros, 202 p., Illustré en N&B)
ISBN : 978-2-343-10720-2, ISBN EBOOK : 978-978-2-14-002586-0

EAU MINÉRALE ET MÉDECINE THERMALE
Deux millénaires d'histoire
Jaltel Michel
Préface du professeur Patrice Queneau
Avec plus de 500 000 curistes qui fréquentent chaque année les stations françaises, la médecine thermale peut être considérée, en ce début du XXIe siècle, comme une « vieille thérapeutique encore pleine d'avenir ». En fonction des époques, des influences religieuses ou politiques, des progrès de la science et de la médecine, le thermalisme sera considéré tour à tour comme une source de purification, de régénération et de véritable mode de vie. La médecine thermale reste une médecine naturelle dont on connaît mieux le mécanisme, les effets favorables, tant sur le plan curatif que préventif.
(Coll. Acteurs de la Science, 24.00 euros, 274 p.)
ISBN : 978-2-343-10033-3, ISBN EBOOK : 978-2-14-002650-8

DENT ET ARCHÉOLOGIE
Une expérience vécue
Riaud Xavier
Écrits sous la forme de rapports, les comptes rendus détaillés des travaux du docteur Xavier Riaud nous emmènent à la rencontre de l'histoire, celle de rois français (Louis XI et Henri IV) et celle de 68 soldats français morts pendant la guerre de Crimée (1853-1856) et exhumés lors d'une fouille archéologique récente en Ukraine. L'auteur fait ici appel à des notions abouties en odontologie médicolégale mais aussi à une iconographie et une approche historique remarquable qui complètent judicieusement l'étude sur site.
(Coll. Médecine à travers les siècles, 13.00 euros, 110 p.)
ISBN : 978-2-343-11244-2, ISBN EBOOK : 978-978-2-14-002824-3

SOINS PÉRI OPÉRATOIRES DES FISTULES OBSTÉTRICALES ET NON OBSTÉTRICALES
Tebeu Pierre Marie
Préface du Pr Fru Fobuzshi Angwafo III
Le souci de soulager les souffrances des femmes a fait occulter certains fondamentaux de la chirurgie et en particulier les manuels de prise en charge des fistules génitales parmi lesquels celui des soins. Ce manuel du praticien vient combler cette attente. Il est à l'usage des chirurgiens, urologues, gynécologues, médecins généralistes et paramédicaux qui sont désormais engagés dans la réparation chirurgicale des fistules génito-urinaires et génito-digestives.
(20.00 euros, 204 p.)
ISBN : 978-2-343-10329-7, ISBN EBOOK : 978-2-14-002479-5

MÉDECINE TRADITIONNELLE ET ARTS DIVINATOIRES
Le cas du Mandé au Mali
Toumanion Bakary, Sanogo Rokia, Dolo Souleymane, Malé Salia
Sous la direction de Dr Sergio Giani. Préface de Mandjou Yattara
Le Festival International des Cauris du Mandé a célébré, en décembre 2015, sa 9e édition avec comme thème central : « Problématique de la médecine traditionnelle et des arts divinatoires dans le système de santé en Afrique ». Ces contributions abordent des itinéraires thérapeutiques, des pratiques et les représentations face à la maladie en Afrique et le rôle de la médecine traditionnelle dans les soins de santé primaires au Mali. Autant de réflexions ayant pour but de produire une amélioration réelle de l'état de santé des populations.
(Harmattan Mali, 12.50 euros, 104 p.)
ISBN : 978-2-343-10552-9, ISBN EBOOK : 978-2-14-002518-1

LES ARCHIVES HOSPITALIÈRES
Regards croisés
Sous la direction de Sophie Monnier et Karen Fiorentino
Les archivistes hospitaliers sont confrontés à de nombreux défis : dématérialisation, normalisation, traitement et valorisation des archives. D'un autre côté, les juristes doivent démêler les règles

applicables, partagées entre le Code de la santé publique et le Code du patrimoine, mais aussi veiller à la protection des droits des patients. Le législateur et le juge assurent un arbitrage entre ces droits. Ces archives procurent de riches sources d'information pour retracer l'histoire de la médecine, celle du droit de la famille et de la protection sociale. Elles donnent accès à des pans entiers de l'histoire sociale.
(Coll. Droit du Patrimoine culturel et naturel, 20.00 euros, 190 p.)
ISBN : 978-2-343-10519-2, ISBN EBOOK : 978-2-14-002373-6

LES ÉPIDÉMIES RACONTÉES PAR LA LITTÉRATURE
Gualde Norbert
Ces dernières années, les survenues d'épidémies ont été suivies de la parution d'un grand nombre d'ouvrages et d'études transdisciplinaires. Ce sont donc, à chaque fois, des spécialistes qui font état de l'avancée de la recherche. Mais que valent les œuvres des écrivains abordant les épidémies ? Sont-ils *a priori* animés par des désirs esthétiques qui outrepasseraient la vérité factuelle ? En fait, les recensions romanesques sont souvent plus authentiques que les textes d'historiens. Cet ouvrage propose un corpus de textes littéraires et philosophiques traitant des épidémies, montrant que la littérature ne nous éloigne pas du monde réel mais l'éclaire.
(Coll. Acteurs de la Science, 27.50 euros, 276 p.)
ISBN : 978-2-343-10402-7, ISBN EBOOK : 978-2-14-002295-1

SE NOURRIR OU MANGER ?
Les enjeux du repas en établissement de santé
Sous la direction de Clémentine Hugol-Gential
Préface de Stéphane Le Foll - Postface du Professeur Éric Fontaine
Cet ouvrage collectif se penche sur les repas préparés et distribués en établissement de santé. Dans une première partie, les auteurs s'intéressent à ce qui nous pousse, physiologiquement, à manger. Dans un second temps, les EHPAD seront plus spécifiquement étudiés, alors que la troisième partie s'intéresse au suivi des publics hors de l'institution. Il s'agit ici de ne pas opposer le soin et le prendre soin, mais de penser conjointement les besoins nutritionnels et les plaisirs alimentaires.
(Coll. Questions alimentaires et gastronomiques, 21.00 euros, 206 p., Illustré en N&B)
ISBN : 978-2-343-10373-0, ISBN EBOOK : 978-2-14-002135-0

MÉDECINS ET INFIRMIÈRES DANS LA GUERRE DE CRIMÉE (1854-1856)
Scherpereel Philippe
La guerre de Crimée, qui dura de mars 1854 à mars 1856, fit un demi-million de morts, et fut la première guerre moderne par l'ampleur des moyens militaires. Du point de vue médical, le plus grand nombre de victimes fut causé par des épidémies, cinq fois plus meurtrières que les blessures de guerre. De nombreux progrès furent accomplis dans la prise en charge des malades et des blessés, avec la présence d'infirmières sur le front, la création d'une médecine de l'avant, la première utilisation généralisée de l'anesthésie au chloroforme, la prise de conscience de l'importance de l'hygiène, l'organisation des transports vers les hôpitaux de l'arrière et la nécessité d'individualiser le corps de santé de l'intendance.
(Coll. Médecine à travers les siècles, 15.50 euros, 142 p.)
ISBN : 978-2-343-10108-8, ISBN EBOOK : 978-2-14-002151-0

L'HARMATTAN ITALIA
Via Degli Artisti 15; 10124 Torino
harmattan.italia@gmail.com

L'HARMATTAN HONGRIE
Könyvesbolt ; Kossuth L. u. 14-16
1053 Budapest

L'HARMATTAN KINSHASA
185, avenue Nyangwe
Commune de Lingwala
Kinshasa, R.D. Congo
(00243) 998697603 ou (00243) 999229662

L'HARMATTAN CONGO
67, av. E. P. Lumumba
Bât. – Congo Pharmacie (Bib. Nat.)
BP2874 Brazzaville
harmattan.congo@yahoo.fr

L'HARMATTAN GUINÉE
Almamya Rue KA 028, en face
du restaurant Le Cèdre
OKB agency BP 3470 Conakry
(00224) 657 20 85 08 / 664 28 91 96
harmattanguinee@yahoo.fr

L'HARMATTAN MALI
Rue 73, Porte 536, Niamakoro,
Cité Unicef, Bamako
Tél. 00 (223) 20205724 / +(223) 76378082
poudiougopaul@yahoo.fr
pp.harmattan@gmail.com

L'HARMATTAN CAMEROUN
TSINGA/FECAFOOT
BP 11486 Yaoundé
699198028/675441949
harmattancam@yahoo.com

L'HARMATTAN CÔTE D'IVOIRE
Résidence Karl / cité des arts
Abidjan-Cocody 03 BP 1588 Abidjan 03
(00225) 05 77 87 31
etien_nda@yahoo.fr

L'HARMATTAN BURKINA
Penou Achille Some
Ouagadougou
(+226) 70 26 88 27

L'HARMATTAN SÉNÉGAL
10 VDN en face Mermoz, après le pont de Fann
BP 45034 Dakar Fann
33 825 98 58 / 33 860 9858
senharmattan@gmail.com / senlibraire@gmail.com
www.harmattansenegal.com

www.ingramcontent.com/pod-product-compliance
Lightning Source LLC
LaVergne TN
LVHW010948061026
849535LV00006B/1618